नयी सदी का पंचतंत्र

उदय प्रकाश

वाणी प्रकाशन

वाणी प्रकाशन

4695, 21-ए, दरियागंज, नयी दिल्ली 110 002

फ़ोन : +91 11 23273167 फ़ैक्स : +91 11 23275710

शाखाएँ

अशोक राजपथ, पटना 800 004, बिहार

कॉफ़ी हाउस कैम्पस, महात्मा गांधी मार्ग, इलाहाबाद 211 001, उत्तर प्रदेश

महात्मा गांधी अन्तरराष्ट्रीय हिन्दी विश्वविद्यालय, वर्धा 442 001, महाराष्ट्र

सुल्तानिया रोड, मोतिया पार्क, भोपाल 462 001, मध्य प्रदेश

www.vaniprakashan.com
marketing@vaniprakashan.in
sales@vaniprakashan.in

NAI SADI KA PANCHTANTRA
by Uday Prakash

ISBN : 978-93-5229-312-4
Criticism

संस्करण 2008, 2012
तृतीय संस्करण 2020

मूल्य : ₹ 795

सिटी प्रेस, दिल्ली-110 095 में मुद्रित

वाणी प्रकाशन का लोगो मक़बूल फ़िदा हुसेन की कूची से

भूमिका

कहते हैं एक समय हर लेखक के जीवनकाल में ऐसा आता है, जहां से वह अपने अतीत से मुक्त होकर अपनी एक नयी शुरुआत करना चाहता है। अपने ही अंत और अपने ही आरंभ का एक विभाजक मोड़। पिछले सारे असबाब, पिछले सारे किये-धरे को समेट-बटोर कर, उसकी गठरी बांध कर एक ज़गह छोड़ देना, और फिर निहत्थे, खाली हाथ, किसी और ठिकाने की ओर चल देना। एक नयी यात्रा। नयी चुनौतियों, संकल्पों, कठिनाइयों और उत्तरदायित्वों से भरी किसी अनिश्चित-सी दिशा की ओर एक पुनर्यात्रा। एक लंबी सांस भर कर, अब तक के श्रम का धूल-पसीना पोंछ कर, चोटों-खरोचों पर मरहम-पट्टी चढ़ा कर फिर एक बार। विस्मरण और स्वप्न की एक फिर नयी सुरंग। एक बार फिर वही लेखन की ज़िल्लत की रोटी, भाषा की मजूरी, निर्वासन और दंड का एक और नया सिलसिला। यह एक नये ज़िद की शुरुआत है। फैज़ का शेर याद आता है–

> 'लाजिम है कि हम भी देखेंगे!'
> और फिर मीर तक़ी मीर की पंक्तियाँ भी कहीं कौंधती हैं :
> 'जैसी अिज़्ज़त मिरे दीवान को अमीरों में हुई,
> वैसी ही उनकी भी होगी मिरे दीवान के बीच।'

भाषा में रहना और भाषा में जीना, उसी में होना और उसी में बीत जाना। सब कुछ को ऐसे देखना जैसे यह सब भाषा का प्रपंच है लेकिन इसी प्रपंच के पार झलकता हुआ वह धुंधला-सा सच भी, जिसे कहने में जीवन की सारी निश्चितता निरस्त हो जाती है। संस्थानों, व्यवस्थाओं और इमारतों के दरवाज़े बंद होने लगते हैं। अपमानों और कलंकों की एक नयी सूची जारी हो जाती है। लेकिन इसी के बाद शुरू होता है आकुल-व्याकुल लोक, वह अनागरिक संसार, सत्ताहीनता का वह मनुष्य-लोक, जहाँ असंख्य पाठक, अजनबी, मित्र और इसी जैसे जीवन में साँस लेते अनगिनत-असंख्य लोगबाग हैं। एक-दूसरे को पुकारते हुए, एक-दूसरे को ढाढ़स बंधाते हुए, एक-दूसरे का हाथ थामते हुए! मैं कुछ उन बहुत भाग्यशाली लेखकों में से

एक हूँ, जिन्हें अपने समय के लोगों-पाठकों का भरपूर भरोसा और प्यार मिला। और मैं उन सबसे यह गर्व से कह सकता हूँ कि उसे बनाये रखने की मैंने कीमत भी कम नहीं चुकाई। मेरी हर कहानी और हर कविता के बाद शेष रहा मेरा जीवन इसका प्रमाण है। 'नयी सदी का पंचतन्त्र' मेरे छिटपुट यहां-वहां लिखे गये आलेखों-टिप्पणियों, निबंधों-समीक्षाओं का संकलन है। इन सबका लेखन काल 1983-84 से लेकर हाल-फिलहाल तक फैला हुआ है। शोध छात्र-छात्राओं और पाठकों की अरसे से यह मांग थी कि ऐसा एक संकलन तैयार हो। मेरा जैसा जीवन है, भागमभाग और हर तरह की अनिश्चितताओं से भरा, उसमें ऐसा हो पाना कठिन लग रहा था। लेकिन लगभग पंद्रह वर्षों से मेरे सहयोगी युवा पत्रकार और मीडियाकर्मी अजय कुमार शर्मा और मेरी पत्नी कुमकुम ने इस संकलन की प्रारंभिक सामग्री इकट्ठी की। अजय ने ही मेरे पिछले निबंध संग्रह 'ईश्वर की आंख' की सामग्री का संकलन किया था। युवा लेखक तथा जे.एन.यू. के शोधछात्र शिवानंद ने इसके अंतिम प्रूफ देखें और आवश्यक संशोधन किया। इस सबके बाद मेरे मित्र और आत्मीय युवा आलोचक ज्योतिष जोषी ने इसे मौजूदा स्वरूप दिया। यह शीर्षक भी उन्हीं का दिया हुआ है। मैं इन सबके लिए वास्तव में कृतज्ञ हूं। अपने मित्र और प्रकाशक अरुण माहेश्वरी का भी, जिनकी मोबाइल पर हमेशा बिस्मिल्लाह खान की शहनाई सुनाई देती है। सम्मोहक और शांति से भरी।

आशा है आप सब पुराने सामान से भरी अपने लेखक इस गठरी को हमेशा की तरह स्वीकार करेंगे।

—उदय प्रकाश

अनुक्रम

अप्रासंगिक

दृष्टिकोण

समीक्षा

व्यक्तिगत

अप्रासंगिक

लौट आओ, रघुनंदन

जब तक वे थे, उनका होना कोई खबर नहीं थी। और इसी दस जुलाई 2004 को जब वे नहीं रहे, तब भी उनका न होना कोई बड़ी खबर नहीं थी। वे बहुत संकोची और शर्मीले थे। नए लोगों के सामने या भीड़ में उन्हें बोलते लगभग नहीं देखा गया था। किसी कोने में खिसककर वे चुप बैठे रहते थे। किसी के सामने वे तब तक नहीं खुलते थे, जब तक उन्हें भीतर से यह भरोसा नहीं हो जाता था कि उसके सामने खुलते हुए वे बाद में सुरक्षित रह पाएँगे। लेकिन जो उनके निकट थे, वे यह अच्छी तरह से जानते थे कि साफ-सुथरे जल जैसे पारदर्शी अंतर्मन का यह अत्यंत संवेदनशील रचनाकार दरअसल एक जिंदा, चलता-फिरता, हाड़-मांस का पवित्र दरवेश या फकीर है। जमाने से उन्हें कोई शिकायत नहीं थी। सत्ताओं से कोई दरकार नहीं था। उनकी हथेलियाँ कुछ पाने के लिए फैली हुई कभी नहीं दिखीं। वे दाता थे। सिर्फ देना जानते थे। और कुछ नहीं तो फ़कत दुआ ही सही। किसी की निंदा करते उन्हें कभी नहीं देखा-सुना गया। अगर ऐसा कहीं होता तो वे विचलित हो जाते और चुपचाप वहाँ से उठ लेते।

मैं उन्हें लगभग अठारह वर्षों से चुपचाप जानता था। उनकी कहानियाँ, जो बहुत कम ही, कभी-कभार छपतीं, मैं उन्हें खोज कर पढ़ता। वे स्वयं यह सूचना देते हुए सकुचाते थे। उनके कुछ ऐसे पत्र मेरे पास हैं, जिन्हें कोई दूसरा नहीं लिख सकता। पिछले कुछ महीनों से उन्होंने मोबाइल पर एसएमएस करना शुरू कर दिया था। उनके एसएमएस बिल्कुल अलग होते। जिन दिनों वे निर्मल वर्मा का 'अंतिम अरण्य' पढ़ रहे थे, उसका कोई वाक्य अगर उन्हें भीतर तक छू जाता, तो उद्वेलित हो उनकी उँगलियाँ मोबाइल के नन्हे-नन्हे दानों को दबाने लगतीं और हजार किलोमीटर दूर दिल्ली में, रात के देर गए पहर, मेरे कमरे में, मेरे सिरहाने पॉलिफोनिक जलतरंग बजने लगता। मैं झुँझलाते हुए आधी नींद-उनींद में उठता तो अपने मोबाइल के स्क्रीन पर 'अंतिम अरण्य' के रोमन में उभरे वाक्यों को धुँधली-नीली आभा में जलता हुआ पाता। फिर एक-एक कर, अनिश्चित अंतराल के साथ, लगभग रात बीत जाने तक, उनके द्वारा पढ़ी जा रही किताब के वाक्य मेरे कमरे में पहुँचते रहते और अंधेरे में चमकते।

समकालीन हिंदी कहानी में उनके जैसा सृजनात्मक, कविता और आख्यान के बीच निरंतर आवाजाही करता हुआ गद्य बहुत कम देखने में आया है। निर्मल वर्मा, ज्ञानरंजन और विनोद कुमार शुक्ल के बाद की जिस पीढ़ी में मोहन थपलियाल, शशांक, नवीन नैथानी, जयशंकर, संजय खाती, योगेंद्र आहूजा, आनंद हर्षुल, हरीचरन प्रकाश आदि ने गद्य को नई संभावनाएँ देने में कल्पनाशील परिश्रम किया, और घटनात्मकताओं पर निर्भरता से कहानी को मुक्त करने का प्रयत्न किया, वे उसी शृंखला की अत्यंत महत्त्वपूर्ण कड़ी थे। वे कहानी के किसी एक वाक्य पर मोहन थपलियाल की तरह कई-कई दिनों तक मेहनत कर सकते थे। वाक्यों की शब्द-शक्ति और उसकी शब्दार्थता का महत्त्व उन्हें मालूम था। उनके कहानी संग्रह 'वह लड़की अभी जिंदा है' की कहानियाँ इसका प्रमाण हैं।

उन्होंने कहानी के लिए चुनौतीपूर्ण अनुभवों को चुना है और आख्यान में ढालने की बेहद ईमानदार कोशिश की है। कुछ-कुछ उस गड़रिए की तरह, (यह उदाहरण स्वयं उन्होंने ही दिया था) जो अपने द्वारा अकेले देखे गए जंगल के सौंदर्य और अनुभव को दूसरों तक संप्रेषित करने के लिए अपनी संदूकची में पहाड़ों के पत्थर, जंगल की हवा, मिट्टी, फल-फूल, झरने का पानी, पत्तों का हरापन भर कर अपने गाँव लौटता है और जब संदूकची खोलता है, तो वे सिर्फ कुछ भाग्यशाली लोग ही होते हैं, जिन्हें उस पिटारे में वह सारा सौंदर्य नजर आता है, जो दरअसल उस जंगल से ज्यादा स्वयं उस गड़रिए की आत्मा में मौजूद था।

अभी पिछले वर्ष उनकी कुछ कहानियों का मराठी अनुवाद सुप्रसिद्ध मराठी अनुवादक जयप्रकाश सावंत ने किया था और उसकी व्यापक प्रतिक्रिया मराठी साहित्यिक समाज में हुई थी। लाहौर से निकलने वाली प्रतिष्ठित उर्दू साहित्यिक पत्रिका 'आज' में कुछ कहानियों के अनुवाद अजमल कमाल (संपादक और सुप्रसिद्ध अनुवादक) ने किए थे, और उनके अनुसार रघुनंदन की कहानियों को पाकिस्तान में भी भरपूर प्रशंसा मिल रही थी। यह उनके प्रतिष्ठित होने का बहुप्रतीक्षित समय था।

नौ जुलाई की जिस रात जोधपुर में मशहूर उर्दू शायर निदा फाजली का कार्यक्रम था, रघुनंदन त्रिवेदी देर रात स्कूटर से अपने घर लौटे। सुबह उनकी पत्नी ने पाया कि वे नींद में ही चले गए। मैं इस कल्पना से ही सिहर जाता हूँ कि उनकी अनुपस्थिति में जोधपुर अब कैसा लगेगा और उनके वे दोस्त इस समय कैसा महसूस कर रहे होंगे, जिनके साथ वे देर रात तक जोधपुर की गलियों में घूमते-भटकते थे। वे कहते थे- 'किसी भी शहर का असली चेहरा देखना हो तो, उसे रात में देखो।' शायद रात में हर शहर अपने दिखावटी, कृत्रिम वैभव का कॉस्मेटिक्स उतारकर अपनी वास्तविक शक्ल में होता है।

उनका रहना और न रहना, दोनों सूचनाओं और समाचारों के बाहर की घटना थी। वे उसी तरह नहीं रहे, जैसे जंगल में एक दिन एक कोई पेड़ नहीं रह जाता या

एक कोई झरना नहीं रह जाता। उसी तरह जैसे एक किसी दिन कोई कुआँ या पोखर चला जाता है। जैसे एक किसी दिन कोई एक चिड़िया या तितली नहीं रह जाती। कुछ-कुछ उस तरह जैसे कोई पवित्र कोमल जीव समुद्र के किनारे, रेत पर एक सुंदर शंख अपने पीछे छोड़ कर, पता नहीं कहाँ चला जाता है। ऐसे किसी रचनाकार के न रह जाने पर जिसकी आँखों में सबसे पहले और सबसे देर तक जल छलकता है, वे आँखें ईश्वर की होती हैं। रघुनंदन त्रिवेदी ने कुछ महत्त्वपूर्ण अविस्मरणीय कहानियाँ लिखी हैं। हमारी स्मृतियों में वे शंख की तरह सदा रहेंगी।

(जनसत्ता : 17 अगस्त 2004)

पद-प्रक्षालन

पिछले साल मई महीने की बात है। गाँव गया था। आसपास के गाँवों में सबसे सीधे और ईमानदार माने जाने वाले गया प्रसाद जी आए। ब्राह्मण हैं। द्विवेदी। पैंसठ से ऊपर की आयु। निम्न-वित्त किसान परिवार। छोटे बेटे का विवाह था। निमंत्रण तो पहले ही दे चुके थे, फिर भी चिंता में थे। पता चला बारात साठ किलोमीटर दूर एक दूसरे गाँव जानी है। किराए की बस का प्रबंध तो हो गया है, लेकिन नात-बिरादरी के लोग कह रहे हैं कि अगर कार और हो जाए तो दूल्हे की शोभा बढ़ जाएगी। कारण कि दुल्हन जरा संपन्न परिवार की है। उन्होंने कहा, ड्राइवर का इंतजाम मैंने कहीं से कर लिया है। मैंने उनकी उलझन और संकोच को भाँपते हुए कहा, चिंता की कोई बात नहीं। आप जब चाहें निस्संकोच कार ले जाएँ।

गाँव से बारात जाने का समय बीतता जा रहा था। काफी देर हो चुकी थी, जब वे गाँव की ओर से आते हुए दिखे। पता चला, जिस ड्राइवर से करार किया था, वह ज्यादा पैसे के लोभ में किसी दूसरी बारात में चला गया। वे चुपचाप खड़े थे। मैंने उनकी उस उलझन का अंदाजा लगा लिया, जिसे वे संकोच के मारे छिपा रहे थे। आप चिंता न करें, कार मैं खुद ड्राइव करूँगा। आप चल कर दूल्हे को तैयार करें। मैंने देखा उनकी आँखों में कृतज्ञता का जल छलक आया था।

बारात पूरे रंग में थी। साठ किलोमीटर की टूटी-फूटी, संकरी, बीहड़ सड़क। वैसी ही सड़कों में से एक, जिन्होंने एक साल बाद इस प्रदेश के मुख्यमंत्री की कुर्सी छीन ली। शासकीय भ्रष्टाचार और निकम्मेपन का एक साधारण-सा उदाहरण। लगता था कि कार का संस्पेंसन खराब हो जाएगा, और कमानी टूट जाएगी। बिल्कुल नई कार थी, तीन महीने पुरानी। दूल्हा बगल की सीट पर बैठा था। साँवला-सलोना और अपने विवाह के सपनों में डूबा एक दिन का 'स्टार'! पहले हल्दी के छींटे वाला जामा-जोड़ा या शेरवानी-अंगरखे में दूल्हे सजते थे; अब गर्मियों के बावजूद सूट था। हालाँकि किसी वजह से कलगी वाली पगड़ी पर टेढ़ा-सा टिका हुआ 'मउर' अब भी बरकरार था। तिलक-टीका भी। कमर से बँधी कटार तो थी ही। हाँ, ग्रामीण इलाकों में कार ने घोड़ी को विस्थापित कर दिया है। घोड़ी पर सवार दूल्हा अब शहरों में ही दिखता है। लेकिन वहाँ भी संपन्न

घरों के दूल्हों में घोड़ी की जगह रथ का प्रचलन आम होता जा रहा है। यह दरअसल बारात में रथ-युग है; जिसकी शुरुआत एक-डेढ़ दशक पहले राजनीति ने की थी।

जनवासे से निकलकर कार गाँव की सँकरी गली में चल रही थी। तरुण और युवा बाराती आगे-आगे ब्रेक डांस और मुंबइया मिक्स कर रहे थे। 'पाँव में पायल. ..हाथ में कंगन औ' माथे पे बिंदिया...दिस हैपेंस ओनली इन इंडिया' की धुन बैंड पूरे जोरों पर थी। दूल्हे के बगल में ड्राइवर बनने का भरपूर आनंद मैं उठा रहा था। कार के ऊपर फूल और गुलाल फेंके जा रहे थे। लड़कियाँ शीशे के अंदर झाँक कर दूल्हे की झलक पाने के लिए खिलखिलाती हुई एक-दूसरे को धकिया रही थीं।

अब तक सब कुछ अच्छा चल रहा था। अचानक द्वारचार के दौरान बारातियों और घरातियों के बीच ऐसा विवाद पैदा हुआ कि लगा, अब बारात ही लौट जाएगी। हुआ यह कि गाँव में अब तक चली आ रही पुरानी रस्म 'पौं-पखनी' अथवा 'पाँव-पखारन' संपन्न कराने से गाँव के नाई ने मना कर दिया था। बाराती रूठ कर द्वार पर ही रुक गए ।

मैंने देखा सब एक आधुनिक से शहरी युवक को घेर कर उससे बहस कर रहे थे। सुंदर और शिक्षित लगने वाला 25-26 वर्ष का यही नौजवान वह नाई था, जो सारे विवाद की जड़ में था। नाम था मनोज वर्मा। 'मैं तो गाँव-बिरादरी के लिहाज के मारे यहाँ आ गया। एमए फर्स्ट डिवीजन हूँ। सरकारी नौकरियों पर इन्हीं लोगों का कब्जा है। गाँव-देहात में भी हमारी इज्जत नहीं।' वह गुस्से में बोल रहा था। मनोज ने पीतल की उस बड़ी-सी परात की ओर इशारा किया, जिसके पास ही बाल्टियों में पानी भरा रखा था और एक बड़ा-सा कांसे का लोटा। 'ये लोग कहते हैं, मैं इन सबके पाँव धोऊँ। यह मुझसे नहीं होगा।' मैं मनोज को देख रहा था। अपनी अवमानना की आँच में उसका चेहरा कुम्हला रहा था।

मैंने बारातियों को समझाने की कोशिश की कि यह एक बहुत पुरानी, उस जमाने की रस्म है, जब बाराती कई कोस दूर के गाँवों से पैदल चल कर आते थे और उनके पैर रास्ते की धूल-मिट्टी, कीचड़-गोबर में सन जाते थे। उस जमाने में बारातियों के पैर धुलाने के पीछे स्वच्छता और आत्मीय अभ्यर्थना का एक अर्थ भी था। अब तो सभी लोग कारों और बसों में आते हैं। जूतों-मोजों के भीतर पैर पहले से ही साफ-सुथरे हैं। अब इस फालतू हो चुके 'पाँव-पखारन' के रिवाज को चलाते रहने का कोई तुक-तर्क नहीं। बारातियों में भी जो युवा और शिक्षित थे, वे मेरी बात से सहमत थे। मनोज वर्मा ने बताया कि उसने पास के शहर में अपना सैलून खोल रखा है। इनकी जात के तीन शागिर्द मैंने सैलून में रखे हैं और इतनी पगार देता हूँ, जितना ये मुझे इस शादी को नेग-न्यौछावर में भी नहीं देंगे। वह गुस्से में बोल रहा था। वह बागी था। उसके चेहरे पर स्वाभिमान की पवित्र और अबोध चमक थी।

आखिर गया प्रसादजी के हस्तक्षेप से विवाद निपटा। पीतल की परात में पानी

भर कर द्वार पर रख दिया गया और बाराती एक-एक करके, अपने जूते उतार कर, परात के जल में पाँव छपछपाते आगे बढ़ते जा रहे थे। मेरी आँखों के ठीक सामने किसी अन्य समुदाय के मनुष्य को अपने से हीन बनाने वाली एक कुत्सित जातिवादी परंपरा उस पीतल के परात में डूब कर दम तोड़ रही थी। और मेरे बगल में मनोज वर्मा खड़ा था। उसके चेहरे पर स्वाभिमान की चमक थी। मैं सोच रहा था, हमारी संस्कृति, भाषा और साहित्य से भी पद-प्रक्षालन की इस परंपरा को तोड़ने का साहस कोई मनोज वर्मा कभी करेगा क्या?

(जनसत्ता : 9 मार्च 2004)

कउआ काटे

कहते हैं कभी मध्यप्रदेश के बुंदेलखंड इलाके में एक काले रंग का कौआ हुआ करता था। उसका ज़िक्र वहाँ के लोकगीतों में मिला करता है। बाद में सत्तर-अस्सी के दशक में जब बीड़ी नंबर सत्ताइस बनाने वाली मशहूर कंपनी छोटा भाई जेठा भाई पटेल एंड कंपनी के युवा स्वामी बिट्ठल भाई पटेल ने आर के प्रोडक्शंस की सुपर-डुपर हिट फिल्म 'बॉबी' के लिए उसी लोकगीत को अपने नाम से लिखा, तो वह काला कउआ महान गायिका लता मंगेशकर के जादुई कंठ से होता हुआ एचएमवी के मार्फत सारे हिंदुस्तान में विख्यात हो गया। गली-गली, हर शादी-ब्याह और हर प्रेमी-प्रेमिका के चरम एकांत क्षणों में कसमे-वादे, प्यार-वफा आदि के असमंजस त्रिशंकु क्षणों के बीचोंबीच वह गाना गूँजने लगा—'झूठ बोले कउआ काटे, काले कउए से डरियो, मैं मइके चली जाऊँगी, तुम देखते रहियो!'

राष्ट्रीय स्वतंत्रता के पश्चात झूठ बोलने वाले युग अर्थात देसी असत्य-युग का वह आदिकाल था। तब तक बुंदेलखंड के लोकगीत का वह काला कउआ कहीं न कहीं बचा हुआ था, जो किसी भी झूठ बोलने वाले आदमी या औरत को फौरन जाकर काट लेता था। एक नैसर्गिक ईश्वरीय 'लाइ डिटेक्टर' नहीं, बल्कि 'लाइ डिस्ट्रॉयर'। झूठ को मारने वाला—झूठमार काला कउआ। तब तक ऋषि कपूर और डिंपल कपाड़िया अपने टीन एज की दहलीज पर खड़े ही हुए थे और एक दूसरे को संदेह की नज़रों से देखते हुए भी आश्वस्त थे कि चलो दोनों में से कोई अगर झूठ बोला भी तो काला कउआ अभी आकर उसे काट लेगा। उस काल में नेहरू युग गुज़र चुका था। शास्त्रीय युग भी बीत गया था। वह प्रथम गाँधी युग था, जिसे राजनीति में इंदिरा युग के नाम से याद किया जाता है। जब 'बॉबी' फिल्म सिनेमाहालों में अपनी सिल्वर-डायमंड आदि-इत्यादि जुबलियाँ मना रही थी और इस गाने से 'टाइम तथा स्पेस' भरपूर गूँज रहा था, तब राजनीति में गरीबी हटाओ, प्रिवीपर्स की समाप्ति और बैंकों के राष्ट्रीयकरण के नारे के साथ नई कांग्रेस ने बूढ़े नेताओं वाली पुरानी कांग्रेस यानी 'सिंडिकेट' को चुनाव के मैदान में पछाड़ दिया था। प्रथम गाँधी युग की प्रथम प्रधानमंत्री श्रीमती इंदिरा गाँधी ने देखते-देखते पाकिस्तान को दो टुकड़ों में तोड़ कर बंगलादेश नामक

एक नए स्वतंत्र, सार्वभौम राष्ट्र को इस उपमहाद्वीप में पैदा कर डाला था।

उस समय तक भाजपा का जन्म नहीं हुआ था। जपा-सपा-बसपा-राकांपा वगैरह का जन्म भी नहीं हुआ था। लेकिन उस समय भी विपक्ष की सबसे जोरदार आवाज अटल जी की ही हुआ करती थी। उन्होंने पाकिस्तान के पराजय और बांगलादेश के जन्मकाल के उत्तेजक ऐतिहासिक दिनांकों में, दिल्ली के इसी पार्लियामेंट में इंदिरा गाँधी की तुलना अट्ठारह भुजाओं वाली सिंहवाहिनी जगदंबिनी दुर्गा से की थी। माँ शेरां वाली। उस समय तक सुप्रसिद्ध चित्रकार एमएफ हुसैन ने 'गजगामिनी' के बारे में सोचा भी नहीं था। क्योंकि तब तक 15 मई 1967 को पैदा होने वाली माधुरी दीक्षित चार वर्ष से भी कम उम्र की थीं। तब उनके स्वप्न में 'मीनाक्षी' फिल्म का आइडिया भी नहीं आया था। इसलिए उन्होंने अपने कैनवास में श्रीमती इंदिरा गाँधी को दुर्गा के रूप में पेंट किया। उस पेंटिंग की भरपूर चर्चा हुई और दुर्गा जैसी हिंदू देवी को बनाने के बावजूद मकबूल फ़िदा हुसैन साहेब बिल्कुल नहीं डरे। तब तक दरअसल किसी भी चित्रकार या लेखक आदि को डरने की ज़रूरत भी नहीं थी, क्योंकि तब तक बजरंग दल जैसे संगठनों का जन्म नहीं हुआ था। वीएचपी-शिवसेना अगर कहीं रही भी हो, तो उनका अता-पता संस्कृति और समाज में किसी को नहीं था। आह! क्या निरापद दिन थे।

जब 'बॉबी' फिल्म की सुपरहिट जोड़ी ऋषि और डिंपल के प्रेम की अटकलें फ़िजां में थीं, लेकिन तब के सुपरस्टार राजेश खन्ना डिंपल कपाड़िया को कपूर न होने देकर खन्ना बना डालने में लगभग कामयाब हो चुके थे, उसी दौर में अचानक पता चला कि गरीबी हटाओ की बात करने वाली कांग्रेस पार्टी को काले कउए ने काट लिया है। यह खबर सारे हिंदुस्तान में फैल गई और देश में आपात्काल लगा दिया गया। दरअसल अपनी कुर्सी बचाए रखने के लिए ऐसा करना ज़रूरी था। 'किस्सा कुर्सी का' नामक फिल्म उसी काल की देन है, जिसने मनोहर सिंह जैसे अभिनेता की पहचान बनाई।

बाद में, हमें याद है कि 1977 में, आपात्काल के हटने के ठीक बाद जब लोकसभा चुनावों की घोषणा हुई और जयप्रकाश नारायण ने पुरानी दिल्ली के रामलीला मैदान में जनता पार्टी की पहली जनसभा की घोषणा की, तो उस दिन टीवी के नेशनल नेटवर्क में 'बॉबी' फिल्म ही दिखाई जा रही थी। यहाँ दो बातें महत्त्वपूर्ण हैं। पहली यह कि तब तक टीवी में मुख्य एक ही चैनल होता था, और वह स्याह और सफेद हुआ करता था। इसलिए खेल, ग्लैमर और राजनीति में रंग नहीं होते थे। दूसरी बात यह कि तब भी यह धारणा आम थी कि मीडिया और सिनेमा बहुत ताकतवर होता है। उस समय कांग्रेस के युवा नेताओं को टीवी और सिनेमा पर उतना ही अटूट भरोसा था, जितना इन दिनों भाजपा के युवा नेताओं को है। 'बॉबी' फिल्म को उसी दिन टेलिकास्ट करने के पीछे रणनीति यह थी कि देश के सारे लोग टीवी से चिपक जाएँगे और जेपी की

रैली फ्लॉप हो जाएगी। (जनता को दर्शक और समाज को ऑडिएंस मानने की यह समझ पुरानी है।) उस दिन ऐसा नहीं हुआ। बॉक्स ऑफिस पर जो 'बॉबी' सुपर-डुपर हिट हुई थी, वह उस दिन पुरानी दिल्ली के रामलीला मैदान में बुरी तरह से फ्लॉप हुई। सारी बसें बंद कर दी गई थीं, सीमाएँ सील थीं, बाहर से आने वाली ट्रेनें रोकी जा रही थीं, फिर भी लोग पता नहीं कहाँ से और कैसे इतनी संख्या में आए कि वहाँ जनता का समुद्र लहराने लगा। हम लोग तब छात्र थे और जवाहरलाल नेहरू विश्वविद्यालय से पदयात्रा करते हुए रामलीला मैदान पहुँचे थे। यह तब की बात है जब रथयात्राएँ नहीं थीं। और जनसभाओं को रोड शो नहीं कहा जाता था।

लेकिन तीन साल भी ठीक से नही गुज़रे और पता चला कि जनता पार्टी को भी काले कउए ने काट लिया है। और फिर तो इतनी जल्दी-जल्दी सरकारें आती-जाती रहीं कि प्रधानमंत्रियों की गिनती लगाना आसान नहीं रहा। अब लंबे अर्से के बाद पहली बार ऐसा लग रहा है कि एक लंबी पारी वाली सरकार केन्द्र में आई है। पाँच साल बीतने के बाद भी यह सरकार 'गुड फील' कर रही है।

लेकिन क्या आपने सोचा कि ऐसा संभव कैसे हुआ। हर रोज हर नेता हर पार्टी हर मंत्री झूठ बोलता रहा और हमारे उस बुंदेलखंडी लोकगीत वाले काले कउए का कहीं पता ही नहीं चला, जो झूठ बोलने पर फौरन आकर काटता था। लगता है मीडिया अब खुद एक बड़ा बलशाली रंगीन कौआ बन गया है। जैसे ही कोई नेता झूठ बोलता है और जैसे ही 'झूठ बोले कउआ काटे' गीत बजता है—मीडिया और नेता दोनों एक साथ, फिल्म 'पड़ोसन' के महमूद की तरह ठुमका मार कर खुद ज़ोर-ज़ोर से गाने लगते है—'कागा रे, जा रे, जा रे, जा के नाले के पानी में मुँह धो के आ, कागा रे. .. जा रे जा रे...।'

काले कागा से अब कोई नहीं डरता। जनता का नैसर्गिक 'लाइ डिटेक्टर' फेल हो गया है। झूठ से मैनिफेस्टो भरे पड़े हैं और काला कउआ डरा हुआ किसी पेड़ की खोखला में छिपा हुआ अपनी जान बचा रहा है।

(राष्ट्रीय सहारा : 27 अप्रैल 2004)

नगन्नारायण

छोटा-सा कस्बा है। रात के दस बजते-बजते रेलवे स्टेशन के आसपास की कुछ चाय-भजिया की दुकानों को छोड़ कर लगभग सारी दुकानें बंद हो जाती हैं। सिर्फ कुछ कुत्ते बचते हैं या कभी-कभार स्टेशन की ओर आते-जाते कुली-खलासी-रिक्शे वाले। कलारी के आसपास जरूर ग्यारह-बारह तक मदक्कियों या दारूकुट्टों की चहल-पहल रहती है। तब तक, जब तक वे डगमगाते अपने गाँव-घर नहीं लौट जाते।

उस रात भी यही था। लेकिन दस के आसपास एक ट्रक कस्बे की सँकरी सड़क से गुजरा। एक तेज आवाज-सी हुई, जैसे वह ट्रक कहीं टकराया हो। तब तक कस्बे की सारी दुकानें बंद भी नहीं हुई थीं। लोगों ने देखा, पुलिस चौकी के सामने, फाटक के पास एक अधेड़ उम्र का आदमी लहूलुहान पड़ा है। बेहोश। लोगों ने निष्कर्ष निकाल लिया कि मदक्की है। कलारी से लौट रहा होगा और ट्रक के सामने पड़ गया। ड्राइवर की क्या गलती? जिसे निसंवेदीकरण या 'डिसेंसिटाइजेशन' कहते हैं, वह अब सिर्फ दिल्ली-मुंबई जैसे महानगरों की ही चारित्रिक विशिष्टता नहीं है। यह शहरीकरण और विकास में अंतर्व्याप्त एक सार्वभौमिक सामाजिक प्रक्रिया है। किसी घायल, कमजोर या संकटग्रस्त मनुष्य की मदद के असुविधाकारी बोझ से बचने के निमित्त ऐसे निर्णय निकाले जाते हैं, जिसमें संकट की सारी जिम्मेदारी संकटग्रस्त मनुष्य पर ही डाल कर अपना पल्ला उस मानवीय या सामाजिक उत्तरदायित्व से झाड़ लिया जाए।

उस रात भी यही था। थाने के ठीक सामने, ट्रक की टक्कर से लहूलुहान एक अज्ञात अधेड़ आदमी सड़क पर औंधा पड़ा था और वह स्वयं अपने इस संकट के लिए उत्तरदायी घोषित हो चुका था। कुछ कांस्टेबल भी आए, जिन्होंने देशी दारू भट्ठे से थोड़ी-बहुत सूंट रखी थी। वही निष्कर्ष था। नशा उतरेगा तो खून पोंछकर गाँव चला जाएगा। दारूकुट्ट मरते नहीं हैं। आसानी से। कुछ महीने पहले एक साइकिल सवार मदक्की एक ट्रक की चपेट में आया था। साइकिल गुड़ीमुड़ी हो गई। सड़क पर वह रात भर पड़ा रहा। अगली सुबह वह खुद डॉक्टर से अपनी मरहम पट्टी कराने आया और उसने साइकिल भी ठीक करवाई। बहरहाल, थाने के ठीक सामने, अपनी विपदा का स्वयं दोषी वह अजनबी, अज्ञात अधेड़ सड़क पर उस रात अपने खून में

औंधा पड़ा रहा और कस्बा, दुकान-बाजार समेट कर रोज की तरह निर्जन हो गया।

रात डेढ़ बजे एक सरकारी जीप उस बेहोश मनुष्य के पास आकर रुकी। जीप में ड्राइवर के अलावा तहसीलदार, स्थानीय कॉलेज के व्याख्याता, आबकारी के अधिकारी और एक स्वामी जी थे। एक लोकल पत्रकार भी। वे लोग जिले के पाठक मंच द्वारा आयोजित कविता गोष्ठी से लौट रहे थे। काव्यपाठोपरांत विदेशी रस-रंजन की खुमारी में काव्यमय और मानवीय। खैर, बेहोश, लहूलुहान आदमी को जीप में लाद कर कवियों की टोली सरकारी अस्पताल पहुँची। कस्बे के चार बिस्तर वाले अस्पताल में इतनी रात कौन नर्स-कंपाउंडर होता है! सो, डॉक्टर चतुर्वेदी को उनके घर से उठाया गया। इतने अधिकारियों की मानव-सेवा ने डॉक्टर को भी उत्साहित किया। उन्होंने उस आदमी की हालत देखी। रक्तस्राव बहुत हो चुका था। फौरन ग्लूकोज चढ़ाने की आवश्यकता थी। उन्होंने आपात्कालीन दवाइयों की सूची आगे बढ़ाई—'ये चीजें फौरन ले आइए। देर करना ठीक नहीं। आदमी खतरे में है।'

व्याख्याता ने सूची देखी। चौदह सौ के करीब का बिल बनना था। सूची आबकारी अधिकारी और तहसीलदार से लेकर पत्रकार और स्वामी जी के हाथों के बीच घूमती रही। आखिर किसी ने कहा, 'देखिए डॉक्टर साहब ! ये हमारा कोई रिश्तेदार तो है नहीं। हम तो इसे जानते भी नहीं। मानवीयता के चलते हमने इसे अस्पताल तक पहुँचाया।' डॉ. चतुर्वेदी ने कहा, 'तो अपनी मानवीयता को जरा और पसारिए। चौदह सौ रुपए के बराबर। आपने सड़क पर पड़ी हुई मानवीय समस्या को मेरे सिर पर लाकर पटक दिया और अब महान बनते हुए जीप से भाग जाना चाहते हैं?' पत्रकार ने धमकाया, 'एक मरते हुए आदमी का इलाज नहीं कर सकते तो अस्पताल यहाँ क्यों है? आप 'सैलेरी' किस बात की लेते हैं?' डॉक्टर चतुर्वेदी भड़क गए, 'सैलेरी इसलिए लेता हूँ कि दिन-रात ड्यूटी बजाता हूँ। तीन बेटियाँ हैं और दो बेटे। गुजारा नहीं होता। पत्नी स्कूल में पढ़ाती है, तब जाकर खर्च चलता है। इस स्वास्थ्य केंद्र पर आसपास के गाँवों के बासठ हजार लोगों के इलाज की जिम्मेदारी है। सरकारी बजट में हर साल कटौती हो रही है। चिकित्सा का निजीकरण हो रहा है। बजट के हिसाब से प्रति व्यक्ति प्रति वर्ष तीस पैसे बैठते है। मैं तीस पैसे देता हूँ, आप दवाइयाँ ले आइए। अगर मैं अपनी जेब से खर्च करने लगूँ तो मेरी सैलेरी किसी मुनाफाखोर कारपोरेट एक्जिक्यूटिव के बराबर होनी चाहिए।'

जीप बेहोश अनाम आदमी को छोड़ कर चली गई। एलिक बेस्ट ने ठीक लिखा था कि पूँजीवाद में नकदी का संजाल (कैश-नेक्सस) एक ऐसा दानव होता है, जो मनुष्यता के सारे संबंधों, संवेदनाओं और मूल्यों को निगल जाता है। अगर कभी-कभार मानवीय संवेदना के लक्षण कहीं दिखते भी हैं, तो वे ठीक वहीं खत्म होते हैं, जहाँ से नकद (कैश) का राज शुरू होता है। लोकोक्तियों में इसीलिए नकद को नरों में

सर्वश्रेष्ठ कहा गया है : 'नगन्न नारायण!' पूँजीवाद में इसके अलावा जो भी है, वह है लफ्फाजी। वागाडंबर। मानवीयता का आभास देने वाले महान शब्दों का फालतू भूसा। चोकर।

वह बेहोश आदमी बच गया। वह मदक्की नहीं सीमा सुरक्षा बल का जवान था। एक महीने की छुट्टी लेकर डेढ़ साल बाद गाँव लौट रहा था। उसने एक ट्रक से लिफ्ट माँगी। रास्ते में ट्रक वालों ने लूट कर, लोहे की सरिया से सिर फोड़ कर उसे नीचे फेंक दिया था। डॉ. चतुर्वेदी की टिप्पणी है : 'आप सही हैं। यहाँ भी नगन्न नारायण का ही मामला था।'

(जनसत्ता : 8 अप्रैल 2004)

एक नास्तिक का स्वर्ग

उसकी घोषणा में दर्प है कि वह नास्तिक है। नास्तिक है इसलिए आधुनिक, प्रगतिशील, योग्य और विद्वान है। और उधर वह, जो आस्तिक है, वह एक अवैज्ञानिक, पिछड़े और अनाधुनिक अंधविश्वास को मानते रहने के लिए लज्जित और ग्लानिमग्न है। इतने आधुनिक महानगर में वह अपने दड़बे से बाहर निकलने से भी डरता है। चूँकि वह नास्तिक नहीं है, इसलिए आधुनिक नहीं, अयोग्य है। आस्तिक है, इसलिए धर्मनिरपेक्ष नहीं, धार्मिक है। धार्मिक है, इसलिए सांप्रदायिक है और इसी तर्क से वह फासिस्ट है। आस्तिक को नास्तिक समाज ने बहिष्कृत कर दिया है। आस्तिक को न कहीं कोई रोजगार मिलता है, न किसी सरकारी-अर्द्धसरकारी संस्था का सम्मान, न कोई राजनीतिक पार्टी उसे अपना मानती है। नास्तिक अगर मैट्रिक भी पास है या लद्धड़ तरीके से बीए-एमए तो उसकी सत्तर हजार से लेकर लाख-डेढ़ लाख की तनख्वाह है। वह हवाई जहाज में उड़ता है, फाइव स्टार होटलों में ऐश करता है और तमाम सरकारी-स्वायत्त-निजी संस्थानों को चरता-विचरता है। चार्वाक ने कहा भी था : 'यावत जीवेत सुखम् जीवेत।' ईट, ड्रिंक एंड बी मेरी! नास्तिक यह मान ही नहीं सकता कि कोई आस्तिक कभी कोई महत्त्वपूर्ण काम कर सकता है। कलाम आस्तिक होते हुए भी इतने बड़े परमाणु वैज्ञानिक कैसे बन गए, इस पर उसे संदेह होता है। क्रिकेट के मैदान में आसमान की ओर उम्मीद से देखतीं, दुआ माँगतीं सचिन, इरफान, सहवाग की आँखों पर उसे क्रोध आता है। गांगुली और मुरली कार्तिक के गले में उनकी माँ के हाथों बाँधी गई ताबीज-माला से वह चिढ़ता है।

इधर, आस्तिक के जीवन पर जब संकट और दुख असह्य हो जाते हैं तो वह किसी मंदिर-मस्जिद या दरगाह में ईश्वर से प्रार्थना करता है। उसके अकेलेपन में उसके गर्म और लाचार आँसू पत्थर के फर्श पर बिना किसी शोर के गिरते हैं। उधर राजधानियों में जो नास्तिक पाया जाता है, वह इतना गरीब नहीं है कि चेखव की कहानी 'वांका' की तरह घोड़े की गर्दन से लिपट कर रोए। नास्तिक तो परेशानी आने पर फौरन फोन दबाता है और किसी ऊँचे अफसर, मंत्री, सेठ या किसी तिकड़मी उस्ताद के सामने रोना रोता है। उनके दर पर 'अंधेर' भले हो, 'देर' नहीं होती। तुरत काम

सुलटता है। वह एक संस्थान से दूसरे संस्थान, एक कंपनी से दूसरी कंपनी तक, कल्पनातीत वेतन और भत्ते की निर्बाध यात्रा करता हुआ एक सुसम्मानित कामयाब जीवन जीता है। फिराक ने कहा है : जो कामयाब हैं दुनिया में उनकी क्या कहिए/है इससे बढ़के भले आदमी की क्या तौहीन।

नास्तिक चूँकि 'वैज्ञानिक दृष्टि' का होता है इसलिए जो चीज तर्क-संगतिवाद के जरिए सिद्ध नहीं की जा सकती, उसे वह नहीं मानता। जैसे—'नैतिकता'! इसलिए उसे करोड़ों गरीब आस्तिक जनता के टैक्स से बने सांस्कृतिक फंड के बाँट-बखरे में कोई हिचक नहीं होती। भ्रष्ट आचरण करते हुए वह सीबीआई से भले डरे, ईश्वर की सत्ता से कतई नहीं डरता। पाप-पुण्य की दुविधा उसकी अंतरात्मा को नहीं सताती क्योंकि 'अंतरात्मा' अवैज्ञानिक होने के कारण उसमें होती नहीं, और पाप-पुण्य या कुफ्र-दीन को वह ब्राह्मणों-मौलवियों की साजिश मानता है। वह हर नास्तिक को महान बनाने की सांस्कृतिक योजनाओं में सक्रिय भूमिका निभाता है। वह कबीर-तुलसी, मीरा-जायसी से लेकर निराला, मुक्तिबोध और शमशेर जैसे भुक्खड़ आस्तिक-आस्थावादी कवियों के नाम पर पुरस्कारों की स्थापना करता है और आपस में एक-दूसरे के गले में समारोह-पूर्वक टाँगता है। नास्तिक के भाषाविज्ञान के अनुसार संस्कृत, लैटिन, जेंद, पालि, तमिल जैसी भाषाओं का निर्माण धर्मांधों ने किया है।

चूँकि नास्तिक की पहुँच और दखल सरकार के भीतर तक होती है, इसलिए वह सरकारी खरीद करवा कर विभिन्न पुस्तकालयों में अपनी रचनाओं और पत्र-पत्रिकाओं का वितरण करता है। ऋग्वेद, महाभारत, गीता आदि को वह संघ या विश्व हिंदू परिषद की रचनाएँ मानता है। कुरान को जमात-ए-इस्लाम और बाइबिल को किसी कट्टर ईसाई पंथ की। लेकिन अंतिम दोनों के बारे में वह चुप ही रहता है क्योंकि इससे उसके 'सेक्यूलर' होने में बाधा आ सकती है। नास्तिक समझता है कि जाति-पाँति का निर्माण आस्तिक ने ही किया है, जबकि आस्तिक की आँखों में ब्राह्मण, मुल्ला, पादरी और राजनीतिक नेताओं का चेहरा, नास्तिक के चेहरे से ही मिलता-जुलता दिखाई देता है। क्योंकि ये सब अरबों-करोड़ों आस्तिक जनता की आस्थाओं को ठग कर, अपना धंधा चलाते हुए एक गरीब देश में जगमगाते अमीर धंधेबाज स्वर्ग का निर्माण करते हैं।

आस्तिक निर्बल होता है इसलिए उसका बल राम होता है। 'कबिरा कूता राम का'। कबीर नामक कवि राम-रहीम का 'कुकुर' होता है। किसी बॉस, पार्टी-एजेंट, मंत्री, थैलीशाह, अफसर का 'टॉमी' नहीं। लेकिन वास्तविकता यह है कि हर सच्चा आस्तिक, हर ऐरे-गैरे नास्तिक से भी बहुत डरता है। कारण यह कि हाल-फिलहाल के इतिहास से दो नास्तिक महापुरुषों का चेहरा बार-बार उसकी आँखों के सामने झलकता है। इनमें से एक था राष्ट्रवादी समाजवादी, दूसरा साम्यवादी समाजवादी। एक ने जर्मनी में साठ लाख आस्तिकों को गैस चैंबर में डाल दिया था और दूसरे ने हजारों-लाखों को साइबेरिया के लेबर कैंप में।

दूसरी तरफ, दिल्ली की एक प्रार्थना सभा से निकलते हुए एक बूढ़े आस्तिक को एक फासिस्ट ने गोली मार दी थी। मृतक मोहन दास के उस शॉल में अभी तक खून के दाग हैं। आस्तिक को यह लगता है कि किसी भी आस्तिक का जीवन तो दरअसल वह बरसीम की घास है, जिसे नेशनलिस्ट, सोशलिस्ट, कम्युनिस्ट और फासिस्ट—कोई भी घोड़ा कभी भी चर सकता है। वह नास्तिकों के इस स्वर्ग में नर्क का जीवन गुजारते हुए शीघ्र इस यंत्रणा से मुक्ति के लिए एकांत प्रार्थना करता है। अपनी ही नहीं, समूचे निर्बल, असहाय आस्तिक-नास्तिकों की मुक्ति की प्रार्थना। क्योंकि आस्तिक दीन होते हैं और दीनों का जो बंधु होता है, उसको ही ईश्वर के नाम से जाना जाता है। अब यह ठीक से ज्ञात नहीं कि ईश्वर अगर होता है, तो वह स्वयं आस्तिक होता है या नास्तिक।

(जनसत्ता, 29 मार्च, 2004)

मार्च एक महागाथा

कुछ तो अजब था, कोई जादू, कुछ जो कल्पनातीत था। कुछ ऐसा, जो अप्रत्याशित था मार्च दो हजार चार में। कुछ ऐसा, जो पिछले किसी मार्च में नहीं पाया गया था। अभी तक मार्च का चेहरा, अंग्रेजों के जमाने से लेकर आज़ादी के बाद के देसी शासनकाल तक, किसी मुनीम, बैंक के किसी कैशियर, किसी चार्टर्ड अकाउंटेंट या किसी सरकारी दफ़्तर के बाबू-क्लर्क के चेहरे से मिलता-जुलता हुआ करता था। मुंशी प्रेमचंद के साहूकार-महाजन से लेकर आज के कारपोरेट बादशाहों के चार्टर्ड-अकाउंटेंट का चेहरा। रिटर्न भरने और साल भर का हिसाब-किताब करने वाला मार्च का मुंशी चेहरा। अचानक कोई जादू-सा हुआ। एक हैरतअंगेज़ उलट-फेर, और उसी मार्च ने एक नया चेहरा पहन लिया। वीडियो एडिटिंग की भाषा में बोलें तो, मार्च के पुराने शॉट्स के ऊपर एक बिल्कुल नए मार्च के शॉट्स सुपरइंपोज़ हो गए। एक नया मोंताज बना। नए मार्च का नया प्रोमो।

हँसता हुआ, गर्व में दिपदिपाता, पसीने और उल्लास में डूबा एक ऐसा चेहरा जो बोलता था—'देखो मेरे चेहरे को गौर से। इसमें इतिहास है।' जैसे एक विज्ञापन सीमेंट का आता है—'इस सीमेंट में जान है।' फूकोयामा पस्त पड़ गया है। सैम्युअल पी हंटिंग्टन चारों खाने चित है। उन्होंने तो इतिहास ही नहीं, सभ्यता और सारे मेटा-नैरेटिव्स के अंत की घोषणा कर दी थी। सारे विद्वान् और बुद्धिजीवी भौंचक हैं। मुक्तिबोध के शब्दों में बोलें तो—'सारे सभासद निर्वाक्।' सब काठ के उल्लू या मोम की ममी में बदल गए हैं। बीसवीं सदी में मध्यप्रदेश के एक छोटे से शहर खंडवा से मुंबई पहुँचा हुआ एक सदाबहार, हर दिल अज़ीज़ गायक किशोर कुमार की आवाज स्मृतियों में ज़ोर-ज़ोर से गूँजती है—'ये क्या हुआ, कैसे हुआ, क्यों हुआ ....ये ना सोचो. ..हूँ...हूँ...हूँ..!!'

यह एक अभूतपूर्व मार्च था। इस मार्च ने अब तक दिखते, जगमगाते, शोर मचाते दृश्यों को एक झटके में नेपथ्य के पीछे धकेल दिया और मंच पर बिल्कुल अप्रत्याशित पात्रों को उतार कर नया दृश्य रच दिया। जो दृश्य विज्ञापनों में करोड़ों रूपए फूँक कर, तमाम मंत्रालयों, सरकारी विभागों और काले-तरल धन से तैयार किए गए थे,

बड़े-बड़े मीडिया विशारद और विज्ञापन विशेषज्ञ, धुरंधर छवि निर्माता और पार्टी प्रचारक जिन दृश्यों को चुनाव के पहले अख़बार, इंटरनेट, टीवी, मोबाइल के जरिए रच रहे थे, अचानक उन्हीं सारी जगहों पर मार्च ने दूसरा दृश्य रच दिया। सड़क, दुकान, गली, मोहल्लों, महानगरों से लेकर गाँव-देहात तक में जो दृश्य पैदा हुआ, उसने सिद्ध किया कि यह मार्च एक महान डिजाइनर मार्च था। रथियों को विरथ करता हुआ। रोड शो वालों को सरहद पार दौड़ाता हुआ। राजधानी के महल-अट्टालिकाओं में नहीं, नजफगढ़, बडोदरा, इलाहाबाद, हैदराबाद की गलियों में नए-नए नायक पैदा करता हुआ।

इस मार्च ने एक झटके में अमेरिका, चीन और पाकिस्तान तीनों को धकिया कर कहा—पीछे हटो। अब हम इतिहास बनाएँगे। उनचास साल में पहली बार, सूफियों के शहर मुल्तान और दिल्ली के आधे दिल लाहौर में पाकिस्तान के तूफानी गेंदबाजी को अपने बल्ले और गेंद दोनों के हुनर और शौर्य से 'वन डे' और 'टेस्ट मैच' दोनो में हरा कर मार्च ने ऐसा इतिहास बनाया कि वर्षों के बाद पहली बार लगा कि हमारी राजनीति के केंद्र में हिंदुत्व-मुसलमानत्व नहीं, क्रिकेट है, नेता और फिल्मी सितारे नहीं, मेहनतकश जाबांज खिलाड़ी हैं, जात-पाँत, धर्म-मजहब नहीं, नौजवान बच्चों की टीम है, जिनकी जात उसी तरह नहीं पूछी जाती, जैसे साधु-संत-पीरों और फकीरों की। अर्से बाद लगा कि सारा भारतीय उपमहाद्वीप एक साथ गा रहा है, खेल रहा है, हँस रहा है और रो रहा है। सौ-सवा सौ करोड़ दिलों को जोड़ कर एक इतना बड़ा दिल बना दिया इस मार्च दो हजार चार ने, जिसकी कोई सरहद ही नहीं थी। कबीर बाबा के शब्दों में 'हदे छांडि बेहद भया'। एक अनहद का मैदान बना, जिसमें ढोल-ताशे बजने लगे। दमामे-नगाड़े गूँजने लगे। लेकिन जब जनता के बीच ऐसा आनंद मचे, ऐसी एकसता, ऐसा मेलजोल पैदा हो तो कुछ ऐसी आँखें जरूर होती हैं, जिनमें किरकिरी गिरती ही है। वे आँखें फूट भले जाए, पर ऐसा दृश्य उन्हें राई-रत्ती नहीं सुहाता। पहली किरकिरी गिरी धरती के दादा, सुपर भाई अमेरिका की आँख में। लॉकहीड, जी.ई. बोइंग, मार्टिन जैसी हथियार कंपनियों और महा-ठेकेदारों की एजेंट सरकार ने पॉवेल को फौरन भेजा। पॉवेल ने, वर्षों के बाद, सारे पुराने गिले-शिकवे दूर करके, एक-दूसरे से गले मिलते खेलते और नाचते दो पड़ोसियों के बीच में नाटो का पासा फेंक दिया। यह मिसाइलों, बमबार जहाजों और टैंकों से लैस 'डॉलर डेमोक्रेसी के एक्सपोर्ट की तैयारी है। तो पलट के मार्च दो हजार चार ने एक धक्का डॉलर को भी मारा। जो डॉलर फूल कर इतराता हुआ पचास रुपए की ऊँचाई छूने जा रहा था, मार्च के थप्पड़ ने उसे तिरालिस के नीचे पहुँचा दिया। उधर इराक में इसी डिजाइनर मार्च ने वियतनाम बनाना शुरू किया तो न्यूयार्क में पेट्रोल इतना महँगा हो गया कि लगा ये महावली दुर्जेय डॉलर तो हमारे रुपए के अगले धक्के में चालीस के भी नीचे चला जाएगा। रुपए ने हमारी राष्ट्रीयता की नाक पहली दफा ऊँची की। करिश्मा यहीं खत्म नहीं

हुआ मार्च का। विश्व बैंक जिस चीन को आर्थिक क्षेत्र में सब से तेज आगे बढ़ता हुआ देश बता रहा था, उसी विश्व बैंक की आँखें चौंधिया गईं, जब उसने चौंतीस-पैंतीस साल बाद पहली बार देखा कि भारत का 'जीडीपी' दस प्रतिशत के अप्रत्याशित हद को पार कर गया। मार्च ने यहाँ भी एक चौका मारा। कृषि ने गन्ने को छोड़ कर दहलन, तिलहन, दूध, अनाज, मछली सब में बंपर छलाँग मारी। थैंक यू मानसून सन् दो हजार तीन। सूचना प्रविधि यानी आई.टी. के क्षेत्र में जहाँ अमेरिकी चुनाव में जार्ज बुश की पतली हालत देख कर लगने लगा कि आउटसोर्सिंग अब बंद हुआ कि तब, उसमें अचानक दिखा कि विप्रो, इनफोसिस, दक्ष, स्पेक्ट्रामाइंड, जीई आदि-इत्यादि कंपनियों के काल सेंटर छोट-छोटे शहरों में भी धड़ाधड़ खुलने लगे। ये तो छोटी-सी सूची है। मार्च की महागाथा में और भी कई अध्याय है। अब यह तो ठीक है कि ये सारा प्रपंच, ये सारा खेल और ये सारा जगमग तमाशा सिर्फ पाँच-दस प्रतिशत लोगों के बीच का मामला है। इसका देश के अस्सी-नब्बे करोड़ लोगों से क्या लेना-देना? तो ठीक यही बात चुनावों पर भी लागू होती है। जो राजनीतिक पार्टी आप लोग बना कर बैठे हो, उसका 80-90 करोड़ लोगों से क्या सरोकार? लेकिन यह भी तो सच है कि गरीबी की रेखा के नीचे का चालीस प्रतिशत भयानक भूखा आदमी जब सहवाग को मुल्तान में छक्का मार कर तीन सौ रन बनाते देखेगा, तो ताली बजाएगा कि नहीं?

और जो वे कई करोड़, नौजवानों के बेरोजगारी में खाली हुए बेकार हाथ फालतू पड़े हैं, जब उन्हें पता चलेगा कि हमारे सकल राष्ट्रीय उत्पाद की रफ्तार दुनिया में सबसे आगे है, तो वे ताली बजाएँगे कि नहीं? आखिर प्रजा के हाथ ताली बजाने और वोट डालने के लिए ही तो होते हैं।

(राष्ट्रीय सहारा : 4 अप्रैल 2004)

साहिब, भया तमाशा

मशहूर शायर जावेद अख़्तर ने एक कोई नया गीत लिखा है, जिसका म्यूज़िक कैसेट चुनावों के पहले रिलीज़ होकर बाज़ार में आ जाएगा। यह गीत नई पीढ़ी के युवाओं के लिए है। 18 से 25 वर्ष की आयु के युवा इस कैसेट के 'टारगेट' हैं। इस गीत में उनसे अपील की गई है कि वे इस बार के चुनाव में वोट डालने के अपने हक का इस्तेमाल ज़रूर करें और हर हाल में अपना वोट डालें। यह उनका लोकतांत्रिक अधिकार है। गुस्से और हताशा में घिरे जावेद अख़्तर का कहना है—'यह एक गंभीर राजनीतिक दौर है और चुनाव तथा राजनीति के नाम पर जो हास्यास्पद खेल हम देख रहे हैं, उसे रोकने-बदलने के लिए युवाओं को बड़ी संख्या में हस्तक्षेप करना चाहिए। मैं इस गीत के जरिए युवाओं को वोट डालने के लिए 'मोटिवेट' कर रहा हूँ।' फिल्म, टीवी सीरियल, फैशन, खेल वगैरह के इलाके से अभूतपूर्व ऐतिहासिक संख्या में राजनीतिक पार्टियों में शामिल हो रहे जुगनुओं-सितारों को देख कर ही जावेद अख़्तर ने यह गाना लिखा होगा, जो जल्द ही चुनावों के दौरान बजेगा।

अब, मान लीजिए उनके गीत से प्रेरित कोई युवा आज की राजनीति में हस्तक्षेप करने के महान लोकतांत्रिक और राष्ट्रीय उद्देश्य से भरा हुआ, पोलिंगबूथ पहुँचता है। यह उसके लोकतांत्रिक अधिकारों के उपयोग का सबसे महत्त्वपूर्ण क्षण है, जिसे भारतीय संविधान ने 18 वर्ष की वयस्कता आयु हासिल कर लेने के बाद एक नागरिक के रूप में उसे प्रदान किया है और संयुक्त राष्ट्र संघ की महासभा ने 1948 के अधिवेशन में आर्टिकल 21 (3) के तहत विश्व मानव अधिकार के रूप में जिसकी घोषणा की है। मतदान का अधिकार संसार के हर देश के उस नागरिक को प्राप्त है, जो किसी तानाशाही, सर्वसत्तावादी या निरंकुश शासन के अधीन नहीं है। जनादेश ही किसी लोकतांत्रिक सरकार को अधिकृत करता है कि वह सत्ता का इस्तेमाल करे। यानी लोकतंत्र में सर्वोच्च सत्ता अंततः और प्रथमतः मतदाता या उसके प्रतिनिधियों के ही पास होती है। साफ-सुथरे और निष्पक्ष चुनावों के दौरान कोई भी नागरिक अपनी इसी 'सर्वोच्च लोकतांत्रिक सत्ता' का इस्तेमाल करता है। जावेद अख़्तर युवाओं से उसी अधिकर के हस्तक्षेप की माँग कर रहे हैं।

और बस, समस्या यहीं उठ खड़ी होती है। मतदाता उस सूची में से किस उम्मीदवार और किस राजनीतिक पार्टी के सामने वाला बटन दबाए? जो मतदाता सचमुच बड़ी गंभीरता के साथ अपने क्षेत्र या समाज की समस्याओं के हल के लिए इस महत्त्वपूर्ण लोकतांत्रिक अधिकार का प्रयोग करने गया है, उसकी दुविधा, असमंजस और तनाव की यह सबसे उत्तेजक घड़ी है। उस सूची में एक चुका हुआ फिल्मी सितारा है, एक कुख्यात अपराधी है, एक ठगी और जालसाजी करने वाला व्यापारी है, एक कोई किसी पार्टी का डमी उम्मीदवार है, एक कट्टर धर्मांध है, एक किसी दूसरे प्रांत और राज्य का निवासी है, जो उस क्षेत्र की समस्याओं के बारे में कुछ नहीं जानता, एक सिर्फ अपनी खास पार्टी का भोंपू है, एक पाँच साल में सिर्फ एक बार दिखाई देने वाला मंत्री है और बस वह सूची यहीं खत्म हो जाती है। अगर मतदाता इस सूची में से किसी को न चुनना चाहे तो? वह अगर सारी राजनीतिक पार्टियों और उम्मीदवारों को खारिज करना चाहे तो? अगर वह इन्हें नहीं, किसी और को अपना प्रतिनिधि बनाना चाहे तो? जाहिर है, मौजूदा मतदान प्रणाली मतदाता के सामने ऐसा कोई विकल्प नहीं छोड़ती। इसका रूपक बनाना चाहें तो वह ऐसा होगा कि एक भूखे आदमी के सामने एक थाली परोस दी गई है और संविधान ने उसे खाने का लोकतांत्रिक अधिकार दे रखा है। अब समस्या यह है कि वह भूखा आदमी सामने रखी थाली में से क्या खाए क्योंकि थाली में सेल्युलाइड फिल्म, वीडियो कैसेट, रिवाल्वर, क्रिकेट का बल्ला, त्रिशूल, हँसिया-हथौड़ा, क्रीम-साबुन, कागज़ और कंप्यूटर रखा है। थाली क़े बगल में पानी का गिलास तक नहीं है कि भूखा मतदाता पानी ही पीकर उठ जाए। वह इनमें से किसे चुने? अगर वह अपनी भूख को सर्वोच्च प्राथमिकता देते हुए, इन सबको खारिज करते हुए रोटी और पानी को वोट देना चाहे तो?

आप कहेंगे कि यह खासा अराजनीतिक, अराजकतावादी, सिनिकल और अवयस्क किस्म का सवाल है। लेकिन असलियत में हमारी मतदान प्रणाली से जुड़ा यह एक गंभीर और महत्त्वपूर्ण यक्ष-प्रश्न है, जिसकी ओर संसदीय लोक लेखा समिति के पूर्व अध्यक्ष तथा समाजविज्ञान संस्थान के वरिष्ठ फेलो एरा सेझियाँ ने इशारा किया है। उन्होंने नार्वे जैसे देश की मतदान प्रणाली का हवाला दिया है, जहाँ मतसूची में एक खाली चौखटा मतदाता के सामने विकल्प के रूप में रहता है। इस खाली चौखटे में वह ऊपर छपे सभी उम्मीदवारों और राजनीतिक पार्टियों को खारिज कर सकता है और उस जगह अपनी पसंद के उस व्यक्ति का नाम लिख सकता है, जिसे वह अपना प्रतिनिधि बनाना चाहता है। एरा सेझियाँ के चुनाव आयोग से मतदान की समूची गोपनीयता और निष्पक्षता को बरकार रखते हुए, ऐसा विकल्प प्रदान करने की माँग भी की है और उनकी सूचना के अनुसार चुनाव आयोग ने ऐसा एक प्रस्ताव सरकार के पास भेजा भी है। दुःखद यही है कि इस बार के चुनाव में मतदाता चाहे जावेद अख़्तर के गीत से कितना भी 'मोटिवेट' होकर आए, उसे उन उम्मीदवारों में से किसी

एक को ही चुनना पड़ेगा, जो राजनीतिक पार्टियों के हाईकमानों ने बिना उसकी राय और अनुशंसा के, उस पर थोप रखे हैं। एक अबोध-सी जिज्ञासा यह भी है कि इस बार के चुनाव में कोई एक भी राजनीतिक पार्टी अपना उम्मीदवार उन लोगों को क्यों नहीं बनाती, जो बरसों से समाज के विभिन्न क्षेत्रों में काम कर रहे हैं। उनके कार्यक्षेत्र का दायरा गाँवों की आत्मनिर्भरता, स्वरोजगार, साक्षरता से लेकर जल संग्रहण, वैकल्पिक ऊर्जा की खोज, भ्रष्टाचार विरोधी मुहिम, विज्ञान, पर्यावरण, मानव अधिकारों आदि तक फैला हुआ है। अगर बात गोलमोल न करके सीधे कही जाए तो आखिर वह कौन-सा कारण है कि किसी भी पार्टी की सूची में अन्ना साहब हजारे, एम.एस. स्वामीनाथन, बाबा आमटे, राजेंद्र सिंह, सुंदरलाल बहुगुणा, सुनील पांडे, अरुंधति राय, सुनीता नारायण, वंदना शिवा, भंवरी देवी आदि का नाम क्यों नहीं है? क्या इस बार के चुनावों में कोई सत्येन्द्र दुबे जैसा ईमानदार अभियंता या सरिता-महेश और संजय रॉय जैसा सामाजिक शहीद या फिर टी.एन. शेषन, खैरनार, ब्रह्मदेव शर्मा, हर्ष मंदर, लिंग्दोह जैसा प्रशासक किसी राजनीतिक दल का उम्मीदवार है। अगर नहीं है तो क्या इसका कारण यह हो सकता है कि ये सारे लोग कुछ ऐसा सामाजिक काम कर रहे हैं, जिसे हमारे 'साहिब लोग' पसंद नहीं करते? साहिब लोगों को भरोसा फिल्मी सितारों और ग्लैमर के जुगनुओं पर ज़्यादा है। जाने क्यों संत कबीर का एक पद इन दिनों बार-बार दिमाग़ में गूँजता है। कबीर की भाषा सधुक्कड़ी की भाषा है। उम्मीद है इसे सह पाने लायक लोकतांत्रिक तमीज हमारे राजनीतिक और बौद्धिक भद्रलोक में ज़रूर बची होगी–

'साहिब, भया तमाशा
इस घर साधू भूखा जाए भंडुआ खाय बताशा ॥'

तो आज की राजनीति साहिब लोगों का वही घर है, जिससे किसी विकास और सामाजिक समाधान की बहुत उम्मीद साधु-मतदाताओं को नहीं बाँधनी चाहिए।

(राष्ट्रीय सहारा : 28 मार्च 2004)

एक अनर्गल तमाशा

शायद मशहूर फिल्मकार महेश भट्ट ने अपने एक इंटरव्यू में जो कहा, उसमें थोड़ी अतिरंजना होगी। एक तरह की तात्कालिक खीझ। लेकिन इस सबके बावजूद उनकी टिप्पणी में एक दार्शनिक किस्म की सच्चाई है। महेश भट्ट ने कहा कि राजनीति अब मनोरंजन उद्योग की जगह ले चुकी है और अभी चुनावों के पहले हम जो कुछ देख रहे हैं, वह आने वाली पाँच साल लंबी फिल्म का 'प्रोमो' (प्रचार-विज्ञापन) है। उनके अनुसार मुश्किल यह है कि सबसे घटिया फिल्में अक्सर सबसे अच्छा 'प्रोमो' बनाती हैं। बॉलीवुड की अधिकांश फिल्मों का विज्ञापन तो हिट हो जाता है, लेकिन फिल्में बॉक्स ऑफिस पर बुरी तरह पिट जाती हैं।

इन दिनों हम सब भी आने वाले चुनाव के एक से एक दिलकश 'प्रोमो' ही टीवी पर देख रहे हैं। सिनेमा, खेल, फैशन, व्यापार, पुलिस, नौकरशाही और टीवी के तमाम 'स्टार्स' हर रोज वेंकैया नायडू या सुरेश कलमाड़ी के इर्द-गिर्द दिखाई दे रहे हैं। वे सितारे भी गुमनामी की गर्दिश से निकल कर टीवी कैमरों के सामने जगमगा रहे हैं, जिनकी किसी फिल्म ने वर्षों से परदे का चेहरा नहीं देखा। सब के सब राजनीतिक पार्टी में शामिल हो कर 'समाज' और जनता की 'सेवा' करना चाहते हैं। भाजपा और कांग्रेस में होड़ लगी है क्योंकि यही दो पार्टियाँ मोटे तौर पर पक्ष और विपक्ष का प्रतिनिधित्व करती है। अपनी एक से बढ़कर एक टिप्पणियों के लिए दुनिया भर में विख्यात थामस जेफर्सन ने कहा था कि सारी दुनिया के सारे देशों में बस दो ही राजनीतिक पार्टियाँ हुआ करती हैं–'व्हिग' और 'टोरी'। हाँ, हर देश में इनके नाम अलग-अलग होते हैं। लेकिन हकीकत यह है कि आपस में लड़ने-झगड़ने वाली इन दोनों पार्टियों में दरअसल कोई अंतर होता नहीं है। वे वास्तव में एक ही होती हैं।

हमारे देश में 'व्हिग' और 'टोरी' का नाम 'भाजपा' और 'कांग्रेस' है। उसी तरह जैसे अमरीका में 'रिपब्लिकन' और 'डेमोक्रेट' हैं या इंग्लैंड में 'कंजरवेटिव' और 'लेबर' हैं। लेकिन हर देश की जनता, जो अपने वोट डाल कर उन्हें सरकार बनाने के लिए चुनती है, वह यह सच्चाई अच्छी तरह जानती है कि दरअसल इन दोनों में कोई अंतर नहीं है। मतदाता तो दरअसल हर बार किसी एक राजनीतिक दल को

सजा देता है, जिसका फायदा दूसरी राजनीतिक पार्टी को अपने आप मिल जाता है और वह सरकार बना लेती है। यह सच्चाई हर राजनीतिक नेता जानता है, कि शायद ही कोई नागरिक उस पर विश्वास करता हो, इसलिए वह स्वयं जनता पर अविश्वास करता है। उसके प्रति संदेह और शंका से भरा होता है। यही कारण है कि उसे जनता का वोट पाने के लिए सिनेमा, खेल, टीवी, फैशन-ग्लैमर आदि इलाकों से उन लोगों को अपने प्रचार में उतारना पड़ता है, जिनकी विश्वसनीयता, साख और लोकप्रियता जनता के बीच उस राजनीतिक पार्टी के नेताओं से ज्यादा होती है। हर नेता जानता है कि जो वायदे वह जनता के सामने कर रहा है, जनता उस पर कतई भरोसा नहीं करती, इसलिए वह खुद भी उन बातों, वायदों या घोषणाओं पर भरोसा नहीं करता जो वह मंच, टीवी, मेनिफेस्टो, रेडियो, भाषण, इंटरव्यू में बोल रहा होता है। नेता सिर्फ बोलता है। वह अपने मुँह से एक ऐसी भाषा उगलता है, जिस भाषा के सारे शब्द खोखले हो चुके हैं। उनके अर्थों को मीडिया और राजनीति पहले ही खो चुकी है। राजनीति उस भाषा का इस्तेमाल करती है, जिसका इतना ज्यादा उत्पादन और पुनरुत्पादन हो रहा है कि वह भाषा रह ही नहीं गई है। वह सिर्फ एक ब्रह्मांड-व्यापी शोर है। उसका कोई मतलब नहीं रह गया है। कभी आपने किसी मेले या हाट के बीचोंबीच खड़े होकर चारों तरफ से कान और दिमाग तक आने वाले शोर को ज़रूर सुना होगा। एक मीडिया-बहुल समाज में सबसे ज्यादा कारखाने जिस चीज़ का उत्पादन करने में लगे हैं, यह चीज़ कुछ और नहीं भाषा ही है। भाषा का उत्पादन कोल्डड्रिंक, फास्टफूड, कार, कॉस्मेटिक्स जेवर-कपड़ा वगैरह सबसे ज्यादा है।

उत्तर-आधुनिक लोग कहते हैं कि कोई चीज़ जब बेतहाशा, बिना किसी उद्देश्य और मकसद के पैदा की जाने लगती है तो वह कबाड़ में बदल जाती है। अमेरिका और कुछ अन्य पश्चिमी देशों में हजारों एकड़ जमीन फालतू और अतिरिक्त हो चुके उपभोक्ता कबाड़ के लिए लीज पर ली जाती है और विलासिता तथा भोग के इस नए कबाड़ी को सिर्फ उस फालतू कबाड़ को रखने भर से भारी मुनाफा होता है। ठीक यही हाल भाषा के साथ है। मीडिया समाज में उसका इतना बेतहाशा और अनियंत्रित उत्पादन होता है कि भाषा कबाड़ और कचरे में बदल जाती है। इस भाषा के शब्दों में अर्थ नहीं होते। प्रख्यात कवि और समीक्षक विष्णु खरे के शब्दों में वह 'चूसे हुए शब्दों का विशाल मलबा' होती है और विलक्षण आलोचक-चिंतक रोलां बार्थ इसे 'चैटर' कहते हैं। भाषा नहीं 'चैटर'। जिसके द्वारा एक मनुष्य दूसरे मनुष्य को कुछ संप्रेषित नहीं करता, कुछ 'कहता' नहीं, बल्कि 'चैट' करता है। 'चैटर' को हिंदी में 'अनर्गल' कह सकते हैं। एक अर्थहीन उच्चार। इस 'अनर्गल' की सबसे ज्यादा खपत राजनीति में होती है। फिर खेल और मनोरंजन के इलाके में। टीवी चैनल पर बिना रुके, लगातार बोलते हुए एंकर्स को आपने देखा होगा। क्रिकेट के कमेंटटेर्स को देखा होगा। यहाँ हर बल्लेबाज और गेंदबाज 'महान' होता रहता है और नया 'इतिहास' बनाता रहता

है। फिल्मी गॉसिप करने वालों को देखा होगा। यहाँ भी 'महानों' की कमी नहीं है। वे टीवी एंकर जो ऐसा बोलते हैं और वे लिक्खाड़ जो ऐसा लिखते हैं, सब के सब 'चैटर्स' हैं। वे भाषा को कबाड़ में बदलने वाले असंख्य कारखानों में से कुछ कारखानों के वेतनभोगी कामगार हैं। वे अपनी मूर्खताओं से सम्मोहित करते हैं और ग्लैमर तथा हरकतों से मन बहलाते हैं। उनकी भूमिका भाषा को 'कर्कट' में बदलने, व्याकरण को चौपट करने और राजनीति को तमाशा में तब्दील करने के लिए होता है। नेता भी दरअसल राजनीति का 'एंकर' या 'लफ्फाज' ही होता है। इससे कोई फर्क नहीं पड़ता कि वह किस पार्टी का है। कई साल पहले फ्रांस के तत्कालीन राष्ट्रपति चार्ल्स देगाल ने कहा था कि चूंकि हर राजनीतिक नेता अपने कहे हुए पर सबसे ज्यादा अविश्वास खुद करता है, इसीलिए जब उसे उसकी बात याद दिलायी जाती है तो या तो वह आश्चर्य प्रकट करता है या फिर उसका खंडन करता है। इसीलिए शायद देगाल ने यह भी कहा था कि, 'राजनीति एक ऐसी गंभीर चीज़ है, जिसे राजनीतिकों के हाथ में नहीं छोड़ना चाहिए।'

इस सबका कुल मिलाकर यही अर्थ निकला कि 'अर्थ' जैसी फिल्म बनाकर अपनी निर्देशन प्रतिभा की धाक जमाने वाले महेश भट्ट की टिप्पणी में अतिरंजना के बावजूद एक किस्म की सच्चाई है। वर्षों पहले जब हिंदी के उपेक्षित कवि सुदामा पांडेय 'धूमिल' ने लिखा था कि 'हमारे यहाँ समाजवाद/मालगोदाम में लटकती उन बाल्टियों की तरह है/ जिनमें 'आग' लिखा है/ लेकिन बालू और पानी भरा है।' तो निश्चित ही वे कविता में वही कह रहे थे, जो महेश भट्ट ने अपने इंटरव्यू में कहा।

(राष्ट्रीय सहारा : 7 मार्च 2004)

गुंबद का रहस्य उर्फ सत्ता की सुरंग

रात का अँधेरा है। उस विश्वविद्यालय के कैंपस में एक उजाड़, पुराने खंडहर की ओर चुपचाप, संदिग्ध कदमों से चलते हुए, अपने चेहरों को मॉस्क में छुपाए, एक-एक कर कुछ लड़के-लड़कियाँ बढ़ते हैं और उस भग्न हवेली में समा जाते हैं। कुछ ही देर के बाद आहाते में काले रंग की कुछ लंबी कारें रुकती हैं, जिनमें से कुछ अधेड़ और कुछ बूढ़े निकलते हैं और उसी खंडहर की ओर बढ़ते हैं। इनके चेहरे भी मॉस्क से ढके हुए हैं। इमारत के दरवाजे पर पहुँचकर वे सब-के-सब फुसफुसाते हैं—'थ्री. ..टू...टू..'। यह कोई मंत्र है या कोई सीक्रेट कोड, कोई नहीं जानता। चरमराती, जंग खाई आवाज के साथ पुराने काठ के किवाड़ खुलते हैं और वे सब उसमें दाखिल हो जाते हैं।

अंदर सत्ता यानी 'पावर' की गुह्य साधना चल रही है। जैसे तांत्रिक या कापालिक चामुंडा या महाकाली की साधना करते हैं। यह अमेरिका के विख्यात येल विश्वविद्यालय की एक पुरानी, उन्नीसवीं सदी की इमारत है। बिल्कुल संभव है कि यह सब कल्पना की उपज हो। सनसनीखेज पत्रकारिता का एक बाजार बिकाऊ फार्मूला। गंभीर पत्रकारिता ऐसे विषयों से ज़रा बचकर ही रहती है। लेकिन 'न्यूयार्क टाइम्स' की पत्रकार-लेखिका अलेक्सांद्रा रॉबिंस की नयी किताब 'गुबंद का रहस्य : मुंड और अस्थि तथा सत्ता का गुप्त मार्ग' एक ऐसे ही डरावने और ऐय्यार किस्म का किस्सा बयान करती है। यह किताब बताती है कि आज के अमेरिका पर असली शासन किसी राजनीतिक तंत्र का नहीं, बल्कि कुछ 'गुप्त संगठनों और गुप्त समाजों' का है। इनमें से एक है 'स्कल एंड बोन्स' ('मुंड और अस्थि' या 'खोपड़ी और हड्डी') नामक 'समाज'। इस संगठन की गतिविधियाँ अत्यंत गोपनीय रहती हैं। हर कोई इसका सदस्य नहीं बन सकता। चौंकाने वाली सूचना यह है कि इस समय अमेरिका में राष्ट्रपति के डेमोक्रेट उम्मीदवार जॉन केरी और मौजूदा राष्ट्रपति जॉर्ज बुश, दोनों 'मुंड और अस्थि' के सदस्य हैं। यानी चुनावों में केरी जीतें या बुश, डेमोक्रेट जीतें या रिपब्लिकन, असली शासन तो सत्ता के इस 'गुप्त गुंबद' का ही होगा। इस गुप्त संस्था के सदस्य केवल राजनीतिक लोग ही नहीं, कुछ उद्योगपति, न्यायाधीश, व्यापारी, सीआईए और

एफबीआई के उच्चाधिकारी, व्हाइट हाउस में महत्त्वपूर्ण पदों पर बैठे लोग, सीनेट के सदस्य, रक्षा और गृह विभागों के अधिकारी, मादक पदार्थों और हथियारों के तस्कर, पत्रकार, बिल्डर और ठेकेदार तथा कुछ बड़ी बौद्धिक हस्तियाँ भी हैं। रॉबिंस के मुताबिक 'स्कल एंड बोन्स' अमेरिका का सबसे ताकतवर 'एलीट पॉवर-नेटवर्क' है और इसकी पकड़ अंतर्राष्ट्रीय राजनीति में भी है। राष्ट्रपति जॉर्ज बुश और उनके प्रतिद्वंद्वी जॉन केरी, दोनों अपने छात्रकाल से ही इस संस्था के सदस्य रहे हैं। दोनों येल विश्वविद्यालय में पढ़ाई के दौरान इसके संपर्क में आए। इस विश्वविद्यालय में भर्ती होने वाले हर नए छात्र पर इस गुप्त संस्था की नज़र होती है और हर साल इनमें से 15 'होनहार' छात्रों को छाँट कर उन्हें इसमें भर्ती किया जाता है। बाद के जीवन में, अलग-अलग क्षेत्रों में रहने के बावजूद वे एक-दूसरे के संपर्क में रहते हैं और किसी संकट की घड़ी में एक-दूसरे की 'मदद' करते हैं। पहले इस 'समाज' के सदस्य सिर्फ पुरुष ही होते थे, लेकिन संसार भर में पिछले कुछ समय से बढ़ी हुई 'नारी की सत्ता में साझेदारी' की माँग को देखते हुए 1992 से महिलाएँ भी इसमें शामिल होने लगी हैं।

एक अन्य चर्चित अमेरिकी पत्रकार के अनुसार सत्ता और पूँजी की गुप्त तंत्र साधना करने वाले संगठन और भी कई हैं। विश्व प्रसिद्ध हावर्ड विश्वविद्यालय में भी एक ऐसी ही संस्था पिछली सदी से सक्रिय रही है, जिसका नाम 'किताब और साँप' ('बुक एंड स्नेक') है। अगर आपने हिटलर की जीवनी पढ़ी हो तो उसमें भी स्कूली शिक्षा के दौरान गुप्त नाजी संगठनों की गतिविधियों के बारे में आपने जाना होगा। हिटलर के मन में यहूदियों के प्रति घृणा और भय के बीज उसी समय बोए गए थे। अल कायदा, हमास, जैश-ए-मोहम्मद, अल जिहाद, हरकतुल मुज़ाहिदीन आदि बहुतेरे संगठन इस्लाम धर्म के घोषित और खुले में काम करने वाले संगठन नहीं हैं। वे भी 'मुंड और अस्थि' जैसे सत्ता के 'गुप्त गुंबद' ही हैं, जो अपने सदस्यों की भर्ती मदरसों और कॉलेजों की शिक्षा के दौरान करते हैं तथा अन्य समुदायों के प्रति भय और घृणा के बीज उनके कच्चे मानस में बोते हैं। हमारे यहाँ 'आनंदमार्ग' जैसे कई उग्रवादी गुप्त संगठन इसी तरह सक्रिय रहे हैं। अगर जॉर्ज बुश को बार-बार यह संदेह होता है कि लीबिया, इराक, सीरिया आदि के राज्यप्रमुख कहीं ओसामा बिन लादेन के 'अल कायदा' से जुड़े तो नहीं हैं तो, इसका मुख्य कारण यही हो सकता है कि उनकी अपनी दाढ़ी में कोई तिनका हो। अगर अलेक्सांद्रा रॉबिंस पर भरोसा करें तो भला उनसे अधिक ऐसे संगठनों की गुप्त गतिविधियों की जानकारी किसे होगी? पूँजी, राजनीतिक सत्ता, संस्कृति और प्राकृतिक संसाधनों को अपने कब्जे में लेने की जैसी होड़ आज के विश्व में चल रही है, उसमें अलग-अलग धर्मों, नस्लों, जातियों और स्वार्थ समूहों के ऐसे 'गुप्त केंद्रों' की गतिविधियाँ अचानक बढ़ गई हों तो इसमें आश्चर्य की बात नहीं है। ऐसी ही एक अन्य चर्चित किताब इन दिनों केविन फिलिप्स की आई है, जिसका शीर्षक है 'अमेरिकन डायनेस्टी, एरिस्टोक्रेसी, फार्च्यून एंड पॉलिटिक्स

ऑफ डिसीट इन दि हाउस आफ बुश'।(अमेरिकी राजशाही, भद्रलोक, तकदीर, धोखाधड़ी की राजनीति तथा जॉर्ज बुश की हवेली) यह बहुत अच्छा होगा अगर ये किताबें सिर्फ सनसनीखेज पत्रकारिता की ही मिसाल हों और इनमें कोई वास्तविकता न हो, फिर भी हमारे जैसे देश में जहाँ भाषा, धर्म, नस्ल, जाति, संस्कृतियों की इतनी हैरतअंगेज विविधता है, वहाँ 'खोपड़ी और हड्डी' जैसे सत्ता के गुप्त तांत्रिक केंद्रों के पनपने और फलने-फूलने के लिए भरपूर खाद-पानी और उपजाऊ ज़मीन है। खासतौर से पिछले कुछ वर्षों में जैसी कुछ घटनाएँ सामने आई हैं, उन्हे देखते हुए यह सब कुछ सिर्फ कोई 'फैंटेसी' नहीं लगती। इसे सच में बदलते देर नहीं लगेगी। हवाला से लेकर तेलगी कांड तक की चपेट में राजनीति, पुलिस, पत्रकार, अपराधी और प्रशासन से लेकर हमारा एलीट बौद्धिक वर्ग (जिसमें न्यायाधीश तक शामिल हैं) तक आ चुका है। किसी ईमानदार अधिकारी द्वारा किसी अपराधी पर हाथ डालते ही जिस तरह 'ऊपर' से आदेश आता है और संबंधित अधिकारी का तबादला होता है, या फिर प्रधानमंत्री के कार्यालय से जिस तरह एक पत्र के लीक हो जाने से सत्येंद्र दुबे जैसे ईमानदार अधिकारी की हत्या होती है और फिर उतने ही रहस्यपूर्ण तरीके से उसके दो चश्मदीद गवाह 'आत्महत्या' कर लेते हैं, इसे देखते हुए कोई भी डरावनी फैंटेसी अब सिर्फ दुःस्वप्न भर नहीं रह गई है। दरअसल चिंता की बात यह है कि सत्ता के इन गुप्त गुबंदों के कारनामों का शिकार सिर्फ कुछ ईमानदार व्यक्ति ही नहीं होते, कभी-कभी इसकी कीमत समूचे देश और राष्ट्र को चुकानी पड़ती है। इसका सबसे बड़ा उदाहरण है इटली। क्या कोई सोच सकता है कि विश्व युद्ध के बाद उभरता हुआ इतना संभावनाशील राष्ट्र, जो समूचे यूरोप के पुनर्जागरण का केंद्र रहा हो, ईसाई धर्मस्थल वेटिकन, महान कलाकारों और साहित्यकारों-दार्शनिकों-वैज्ञानिकों का देश, उसी महान इटली को माफिया गिरोहों और ऐसे गुप्त गुबंदों ने किस तरह बरबाद कर डाला।

(राष्ट्रीय सहारा : 15 फरवरी 2004)

एक कोमल प्रार्थना

इसी वर्ष वे पचहत्तर के होंगे। पहली बार उनसे लगभग तेरह साल पहले मिला था। कुछ ही दिनों पहले अमेरिका में उनके हृदय का गंभीर ऑपरेशन हुआ था। ओपेन हार्ट सर्जरी। चिकित्सकों ने उन्हें आराम की सलाह दी थी। मैं उनसे राजस्थान की लोककलाओं के बारे में जानकारियाँ और परामर्श लेने गया था। मन में अपराधबोध भी था कि ऐसी अवस्था में उन्हें बौद्धिक दबाव में डाल रहा हूँ। उनकी आवाज क्षीण थी, लेकिन जैसे-जैसे वे लोककलाओं के बारे में बोलते जा रहे थे उनमें एक तरह का उल्लास बढ़ता जा रहा था।

उन दिनों मैं पीटीआई टीवी की सांस्कृतिक पत्रिका का काम देख रहा था। जोधपुर जिले के भीतरी इलाकों में जाकर सामग्री जुटाने का काम था। उनसे बातचीत के दौरान बहुत सारे महत्त्वपूर्ण नोट्स लिए और सुबह यात्रा पर रवाना होने के पहले एक बार फिर मिलने की बात तय हुई। फाइनल इंस्ट्रक्शंस।

कैमरा यूनिट के साथ बिल्कुल तड़के, जब सूरज भी नहीं उगा था, हमारी वैन उनके फाटक पर रुकी तो वे हमारा इंतजार कर रहे थे। बच्चों जैसी उमंग और उल्लास से भरे हुए। मैं हतप्रभ था। मैंने उन्हें समझाने की कोशिश की, 'आप विश्राम करें। अगर कोई दिक्कत आई तो मैं संपर्क कर लूँगा। यहाँ के दुर्गम, ऊबड-खाबड़ कच्चे रास्ते और आपकी तबीयत...।' वे किसी भी तरह नहीं माने और वैन में बैठ गए। बिल्कुल एक टीम मेंबर की तरह। मुझ यह देखकर आश्चर्य हुआ कि हर लोक कलाकार न सिर्फ उन्हें जानता था, बल्कि उनके प्रति आदर और कृतज्ञता से भरा हुआ था। उन्होंने हर किसी के लिए कुछ न कुछ किया था। मांगणियार और लंगा लोक कलाकारों की गायकी को पहली परिभाषा और अंतर्राष्ट्रीय पहचान दिलाने में उनकी केंद्रीय भूमिका थी। अपने जिन रागों, स्वर-संरचनाओं को स्वयं लोकगायक भूलते जा रहे थे, प्राचीन संगीत के इस मर्मज्ञ ने उस संगीत को उन्हीं के लिए संरक्षित कर लुप्त होने से बचाया था। लंगाओं की सारंगी के विलुप्त होते जा रहे कई रूप और रावणहत्था जैसा अद्‌भुत लोकवाद्य आदि उन्हीं के कठिन प्रयास से बच सके हैं।

शताब्दियों से जिन राजघरानों और महाजनों के संरक्षण में इन सामुदायिक

लोककलाओं को प्राणवायु मिल रही थी, आजादी के बाद की सरकारें उस ओर बिल्कुल उदासीन थीं। बहरहाल, उस दौरान सबसे अविस्मरणीय थी कथावाचक डालूराम से भेंट। हमने सारी रात उनके जादुई-सम्मोहक गद्य को रिकार्ड किया। ग्रामीण श्रोताओं को अपने विलक्षण अलंकृत गद्य से किसी इंद्रजाल में मंत्रबद्ध कर देने वाला यह महान लोक-कथाकार अब हमारे बीच नहीं है, लेकिन उसकी नब्बे घंटे की रिकार्डिंग उनके पास है। कथाएँ हिंदू मिथकों और पुरागाथाओं से भरपूर थीं, लेकिन वे स्वयं पाँच वक्त के नमाजी मुसलमान थे और उनके बेटे का नाम प्रहलाद राम था। इसी तरह थी उत्तेजक और कामकेंद्रित लोक-शृंगार-नृत्य 'तेरह ताली' की विलक्षण कलाकार माँगी बाई से मुलाकात। वे उन्हें गुरु मानती थीं। अगर वे न होते तो यह दलित जाति सामंती समाज द्वारा अवमूल्यित अपनी कला को त्याग कर कोई दूसरा काम अपना चुकी होती। अब अगर वह एक सम्मानित और संस्कृति के ग्लोबल बाजार में एक आकर्षक लोककला है, तो इसका श्रेय भी उन्हीं को जाता है।

हम लोग ग्रामीण इलाकों में कहीं भी रुक जाते। कहीं भी सो जाते। कुछ भी खा लेते। दिन-रात की मेहनत। लेकिन वे किसी शिशु की तरह उमंग में भरे रहते जबकि उनका स्वास्थ्य ठीक नहीं था। मैं लगातार अपराधबोध से घिरता जाता।

इसके बाद उनसे कई बार मिलना हुआ। उनके साथ एक लंबी बातचीत की, जिसका एक हिस्सा पीयूष दईया द्वारा संपादित पत्रिका 'लोक' में प्रकाशित हुआ। उसकी व्यापक प्रतिक्रिया हुई। एक साल पहले फरवरी के महीने में जयपुर दूरदर्शन के कार्यालय में उनसे फिर मिलना हुआ। वे उतनी ही वत्सलता से भरे हुए थे। लेकिन यह जान कर स्तब्ध रह गया कि उनको कैंसर है और वह भी लगभग अंतिम अवस्था में। उनके घर जोधपुर उनसे मिलने गया तो वे उतने ही उल्लास और उमंग से मिले। उन्होंने कहा—'टाटा मेमोरियल अस्पताल से अभी लौटना हुआ है। डॉक्टरों ने जो दवाइयाँ दी थीं, उनको खाने से मन और शरीर ठीक नहीं रहता था। मैंने सारी दवाइयाँ बंद कर दी हैं।' कुछ ही दिनों पहले 'पेंगुइन इंडिया' ने रुस्तम भरूचा की लिखी पुस्तक 'राजस्थान : ऐन ओरल हिस्ट्री' प्रकाशित की थी। रुस्तम ने डेढ़ साल तक अलग-अलग बैठकों में उनसे बात करके एक स्वतंत्र किताब लिखने की बात सोची थी, फिर उन्हें लगा कि इस बातचीत को ज्यों-का-त्यों लिख देना ही बेहतर होगा। क्योंकि जब आप उनसे बात कर रहे होते हैं, तो आप लोक कलाओं के किसी महा-विश्वकोश के सामने होते हैं। मैंने उन्हें अंग्रेजी में अनूदित अपना कहानी संग्रह 'रेज, रिवेलरी एंड रोमांस' भेंट किया।

वे पाकिस्तान जाने वाले थे, पता चला कि अचानक उनकी तबीयत ज्यादा बिगड़ गई और वे नहीं जा पाए। मैं फिर उनसे मिलने गया। वे मेरा कहानी संग्रह पूरा पढ़ चुके थे। उमंग में बोल रहे थे। मैं कहीं भीतर तक द्रवित और अभिभूत था। देर तक बैठा रहा। कुछ विदेश से आए लोग भी थे। सभी उनको देखने आए थे। मन बहुत भारी

था। लेकिन उन्होंने कहा—कैंसर तो 96-97 में ही डिटेक्ट हो गया था। डॉक्टरों ने तीन साल की अवधि दी थी। अब तो सात-आठ साल हो गए।' और हँसने लगे। फिर कहा, 'दिल्ली जाओ तो मेरे लिए टैगोर का लिखा लेख 'राजा इन फोक टेल्स' जरूर भेजना और 'मार्फोलॉजी ऑफ फोकलोर।' अब भी वे और अधिक पढ़ने के लिए बेचैन हैं।

अभी उनको पद्मभूषण दिया गया है। इससे उन्हें नहीं, स्वयं संदिग्ध हो चुके इस अलंकरण को सम्मान मिला है। जी हाँ, अगर आपने अनुमान लगा लिया है तो ठीक है, मैंने ऊपर कोमल कोठारी के बारे में ही लिखा है। वे शतायु हों। आखिर विनोबा ने भी तो अपने कैंसर को वर्षों तक काबू में रखा था। मैं सच्चे और भरे मन से ईश्वर से एक चमत्कार की प्रार्थना कर रहा हूँ।

(जनसत्ता : 13 फरवरी 2004)

दिल्ली में चौपाल

चार रुपए किलो मोटी जलाऊ लकड़ी और सात रुपए किलो पतली जलाऊ चैलियाँ। कुल उन्तीस रुपए में, अगर किफायत बरती जाए, तो लगभग तीन घंटे तक दिल्ली की कँपकँपाती ठंड में बैकुंठ की आँच का सुख। हड्डियों की गाँठ-गाँठ और पोर-पोर तक उतरता अग्निदेव का ऊष्म-स्पर्श। गुनगुनी छुअन।

फ्रीलांसिंग यानी स्वतंत्र लेखन के साथ अनिश्चितता का वही संबंध होता है जो आग और धुएँ का। कब लपटें उठेंगी और नोट-दाना-पानी आएगा और कब तक उठता रहेगा आँखों में से पानी निचोड़ने वाला धुआँ, कोई आजाद लेखक-कलाकार नहीं बता सकता। कभी-कभी तो महीनों तक राख में दबे-ढँके अंगारों में से कोई चिनगारी फूटने की सिर्फ उम्मीद। अगर आपने आइजक बशाविस सिंगर की कहानियाँ पढ़ी हों तो उसकी लगभग हर दूसरी-तीसरी कहानी में किसी दरवेश की तरह भटकते लेखक की अनिश्चित जिंदगी को जरूर देखा होगा। कभी इतना अधिक काम का बोझ कि एक पल को मोहलत नहीं और कभी अगले किसी काम की प्रतीक्षा में फुर्सत और निठल्लेपन के तनाव भरे बेचैन अजगर जैसे लंबे दिन।

इस बार दिसम्बर-जनवरी की ठंड में कुछ ऐसे ही दिन थे। पिछले काम का पारिश्रमिक अटका हुआ था और नए का इंतजार था। सुबह और रात में कोहरा इतना घना होता था कि ट्रेनें और हवाई उड़ान तक स्थगित। आँख को हाथ और कार को सड़क न सूझे, ऐसा। शीत लहर ऊपर से। बस यही मौका था जब ठंड से बचने और वक्तकटी के लिए नुक्कड़ पर आग जला ली और बैठ गया तापने। लपटें बिल्कुल ताजा और पवित्र, जैसे सृष्टि की पहली अग्नि यही हो। बचपन का गाँव याद आने लगा। अगहन-पूस के महीने में खलिहान और गाँव की चौपाल। ताश के खेल, पंचायत की राजनीति और गाँव-घर के किस्से।

देखते ही देखते नुक्कड़ की उस आग ने लोगों को अपनी ओर बुलाना शुरू कर दिया। एक के बाद एक लोग आने लगे। ठंड और कोहरे में से निकलती हुई मानव आकृतियाँ। वे सब के सब दिल्ली की उस आबादी का हिस्सा थे जो सड़कों और पटरियों पर ही हुआ करती है। ठेले-रेहड़ी वाले, पनवाड़ी, काम की खोज में निकला

कोई कारपेंटर या प्लंबर। ठेले पर पौधे लेकर उन्हें बेचने निकला माली, भदोही की कालीन और दरियाँ रिक्शे पर लाद कर फेरियाँ लगाता बे-दुकान व्यापारी, झाड़ू लगाने वाला सफाई मजदूर। तरह-तरह की जिंदगियों के बीच में से रेंग कर आने वाले मनुष्य। सब के सब मेहनतकश लेकिन इस माया और सत्ता की नगरी में संदिग्ध बना दिए गए अपरिभाषित जीवन के लिए किसी लेखक की तरह ही अभिशप्त।

वे सब आग को घेर कर बैठ गए थे, जबकि मैं, जिसने रुपए खर्च किए और फूँक मार-मार कर सूखी लकड़ियों में लपटें पैदा कीं, पीछे खिसका दिया गया था। वे सब आग के आनंद को अपने शरीर में भरते किसी उत्तेजना में सिहर रहे थे। एक-दूसरे को ठेलते हुए, एक दूसरे से सटते हुए। और वहाँ शुरू हो गई थीं बातें। मायावती, अटल बिहारी वाजपेयी, सोनिया गाँधी, विपाशा बसु, अजय देवगन, राहुल द्रविड की बातें। किसी को अपनी जिंदगी से कोई शिकायत नहीं। उन सबके चेहरों में दुख और असंतोष की कोई झलक तक नहीं थी। एक ने कहा—

'दूर बैठ गुड्डू नहीं तो तुझे धुएँ से आसमान पठा दूँगा, जैसा बीरबल ने अकबर अली को पठाया था।' वे सबके सब हँसने लगे। ताज्जुब था कि इनमें से कोई टीवी सीरियलों की बात नहीं कर रहा था। शायद आबादी की यह हिस्सा टीवी का दर्शक नहीं है। लेकिन एक-दो के पास मोबाइल फोन जरूर थे। इसका मतलब ये हमारे मनोरंजन उद्योग के उपभोक्ता नहीं, सूचना-संचार प्रविधि के उपभोक्ता जरूर है। तकनीक ने इन्हें लाभ तो पहुँचाया है, लेकिन आनंद और मनोरंजन के टीवी से अलग इनके स्रोत हैं।

फिलहाल वे आग का आंनद ले रहे थे। मेरी तरह। ठीक तभी एक की निगाह मुझ पर पड़ी। 'अरे बाबूजी, खुद पीछे रह गए।' उसने दूसरों को ठेला—'इन्होंने ही आग सुलगाई और तुमने उन्हें पीछे कर दिया। आने दो इन्हें इधर।' कितने पैसे खरच किए आपने लक्कड़ पर?' दूसरे ने पूछा। 'उन्तीस रुपए,' मैंने कहा तो वे सहम गए। लगा मैंने उन्हें असुविधा में डाल दिया है। सहज बनाने के लिए मैंने कहा, मैं अपने गाँव की एक कहावत सुनाता हूँ। सुनिए—'राजा दीठे, जोगी पीठे, अहिर बकोटे, बाम्हन पेटे। मतलब राजा दीठ से, यानी दूर से देख कर आग तापता है, जोगी और साधु-संत पीठ से आग तापते हैं, गडरिए और कामगार आग को बकोट लेते हैं, बिल्कुल जैसे आप लोग। और बाम्हन अपने पेट से आग तापता है' वे सबके सब ठहाका मार कर हँसे। 'तो आप राजा की नाईं आग ताप रहे हो बाबूजी? लेकिन मूँछें तो रखी नहीं आपने?...और इसे देखो, गुड्डू? ये अपने पेट से आग तापने में लगा है।'

'तू बाम्हन है क्या बे?' एक ने गुड्डू को कुहनी मारी। गुड्डू ने अपने दाँत चियार दिए। मैंने सचमुच पाया कि मेरे गाँव का चौपाल या खलिहान सड़क के उस नुक्कड़ पर धीरे-धीरे बनने लगा है। अगर आप भी चाहें तो बस थोड़े से पैसे और थोड़ी-सी फुर्सत खर्च करके न्यूयार्क और लॉस एंजेल्स बनती जा रही दिल्ली में अपने गाँव का

चौपाल पा सकते हैं। यह पक्का समझें कि वह इंडिया इंटरनेशल सेंटर के बार से बिल्कुल अलग अनुभव होगा।

'फिलहाल मैं नुक्कड़ की आग बुझाता हुआ अग्नि को विदा दूँ : 'गच्छ-गच्छ सुरश्रेष्ठ स्वस्थाने परमेश्वर। यत्र ब्रह्मादयो देवास्तत्र गच्छ हुताशन।'

जाओ, जाओ, हे देवताओं में सर्वश्रेष्ठ, अपने स्थान को पधारो परमेश्वर। जहाँ ब्रह्मा इत्यादि देवता रहते हैं, वहीं जाओ धूम्र आरोही। विदा! मैं भी चलूँ तिल और गुड़ के लड्डू खाने।

(जनसत्ता : 15 जनवरी 2004)

लेखक का अमंगल काल

इसी सप्ताह बर्लिन में रहने वाले सुविख्यात जर्मन विद्वान और हिंदी साहित्य के मर्मज्ञ डॉ. लोठार लुत्शे से फोन पर बात हो रही थी। वे मराठी के चर्चित कवि और फिल्मकार दिलीप चित्रे की स्थिति को लेकर चिंता में थे। दिलीप चित्रे को उन दिनों महाराष्ट्र के संभाजी ब्रिगेड के हमले के भय से पुलिस की सुरक्षा में रहना पड़ रहा था। दिलीन चित्रे की वही स्थिति थी, जो पिछले वर्ष हिंदी के वरिष्ठ बौद्धिक-लेखक और 'हंस' के संपादक राजेन्द्र यादव की थी, जब एक उग्रवादी हिंदू संगठन ने 'हंस' के कार्यालय पर हमला करने की धमकी दी थी । आपको याद होगा कि 5 जनवरी को पुणे के महत्त्वपूर्ण भंडारकर ओरिएंटल रिसर्च इंस्टीट्यूट पर मराठा महासंघ के 'संभाजी ब्रिगेड' ने धावा बोल कर संस्थान की बहुत सी दुर्लभ पांडुलिपियों को नष्ट कर डाला था या क्षति पहुँचाई थी। इस सबके केंद्र में थी ब्रिटिश इतिहासकार जेम्स डब्ल्यू लेन द्वारा लिखी गयी एक किताब 'शिवाजी : हिंदू किंग इन इस्लामिक इंडिया'। संभाजी ब्रिगेड और मराठा महासंघ ने उन लेखकों के भी सामाजिक बहिष्कार करने और उन पर हमला करने की धमकी दी थी, जो किसी न किसी रूप से इस प्रोजेक्ट से जुड़े हुए थे। जिन लेखकों ने भयवश माफी माँग ली, वे तो बच गए, लेकिन दिलीप चित्रे ने ऐसा नहीं किया था । डॉ. लोठार लुत्शे का कहना था कि किसी लेखक के साथ घटने वाली ऐसी घटना किसी भी समाज में बढ़ रही सांप्रदायिक-सामुदायिक असहिष्णुता, द्वेष और अति-संवेदनशीलता का प्रमाण है।

अजीब विरोधाभास है। एक तरफ तो लगता है कि जैसे किताबों और लेखकों का जमाना ही गुजर गया। जो लिखा हुआ और छपा हुआ है, उसकी आज के मीडिया-बहुल उपभोक्ता समाज में कोई हैसियत ही नहीं बची । टीवी ने किताबों को उसी तरह बेदखल कर दिया है, जैसा रंगमंच को पहले सिनेमा और बाद में टीवी ने किया। लेकिन दूसरी तरफ देखें तो एक दूसरा ही दृश्य नज़र आता है। मुंबई के जुहू या मेरीन ड्राइव में सलमान रुश्दी अगर दिखायी दे जाते हैं, तो कुछ मुस्लिम संगठन 'रुश्दी को फाँसी दो' को बैनर लिए हुए प्रदर्शन पर निकल आते हैं और कट्टरपंथी उनके खिलाफ फतवे जारी करने लगते हैं । 'लज्जा' लिखने के खमियाजे में जलवतन

भोगती बंगलादेश की लेखिका तस्लीमा नसरीन जब इस साल भारत के कलकत्ता में दिखायी देती हैं तो उनका 'मुँह काला करने के लिए' एक कट्टरपंथी मुस्लिम संगठन बीस हज़ार का इनाम घोषित करता है । जाहिर है इसकी प्रेरणा उसे ईरान के अयातोल्लाह खुमैनी से मिली होगी, जिन्होंने 'सैटेनिक वर्सेस' लिखने के अपराध में उसके लेखक सलमान रुश्दी की हत्या करने पर 1989 में लाखों डॉलर का इनाम घोषित किया था और रुश्दी को अपने जीवन के सबसे ऊर्वर, रचनाशील और महत्त्वपूर्ण वर्ष भय और तनावों से भरे गुहावास और आत्मनिर्वासन में गुजारने पड़े थे।

और अभी सूचना है कि 4 फरवरी को गुजरात की मोदी सरकार ने 'सुनो नदी क्या कहती है' नाटक के मंचन को प्रतिबंधित कर दिया है। बहुराष्ट्रीय कंपनियों द्वारा तीसरी दुनिया के प्राकृतिक संसाधनों, जिनमें सबसे महत्त्वपूर्ण जल है, पर कब्जे के साथ-साथ सांप्रदायिकता के बढ़ते खतरों को कथानक बनाने का अपराध सरूप ध्रुव के लिखे और हीरेन गाँधी द्वारा निर्देशित इस नाटक ने किया था। इसके ठीक पहले चिरविवादित चित्रकार मक़बूल फ़िदा हुसैन की प्रदर्शनी को निशाना बनाया जा चुका है और इसके कुछ पहले हबीब तनवीर के नाटक 'पोंगा पंडित' पर हंगामा हो चुका है।

समस्या लेकिन इतनी सरलीकृत नहीं है कि उसे सिर्फ फासीवाद या किसी एक खास राजनीतिक दल और समूह तक सीमित करके देखा जा सके। यह दरअसल एक तरह की प्रवृत्ति है, जो किसी भी राजनीति के सर्व-सत्तावादी आचरण में दिखायी देती है । तस्लीमा नसरीन की दो किताबें 'लज्जा' और 'द्विखंडित' तो पश्चिम बंगाल की वामपंथी सरकार ने ही प्रतिबंधित की हैं।

याद कीजिए विख्यात चीनी उपन्यासकार ल्यू शाए के साथ घटी घटना, जिन्हें सांस्कृतिक क्रांति के दौरान गिरफ्तार करके इसलिए 'यातना शिविर' में भेज दिया गया था, क्योंकि उनके घर की तलाशी में विख्यात कथाकर चेखव का कहानी संग्रह 'लाल सिपाहियों' को मिल गया था, जिसकी वजह से ल्यू शाए को 'रूसी एजेंट' घोषित कर दिया गया था। स्वयं समाजवादी रूस में पास्तरनाक, मांदेल्सताम, अख्मातोवा, मिखाइल बुल्गाकोव, सोल्जेनित्शिन आदि असंख्य अत्यंत महत्त्वपूर्ण लेखकों को यातना देने, जलावतन करने या कैद करने की घटनाएँ घटित हुई थीं। दरअसल किसी राजनीतिक दल के साथ संबद्धता के चलते स्वयं को लेखक-आलोचक मनवा लेने वाले लोग भी मूलतः उस दल या संगठन के राजनीतिक कार्यकर्त्ता ही होते हैं और किसी भी स्वतंत्र लेखक को उनसे भी वही खतरा होता है, जो खतरा किसी सांप्रदायिक ताकत से होता है। क्योंकि राजनीतिक सत्ता की दोनों ही संरचनाओं में जो एक चीज़ अनुपस्थित होती है, वह है लोकतांत्रिक सहिष्णुता। इन दोनों ही छतरियों के नीचे रचनाकार नहीं, काडर और स्वयंसेवक निर्मित होते हैं। अगर उमा भारती मध्य प्रदेश

में मुख्यमंत्री की कुर्सी सँभालते ही पंकज बिष्ट द्वारा संपादित पत्रिका 'समयांतर' तथा अजेय कुमार द्वारा संपादित 'उद्भावना' और उसकी पुस्तिकाओं को प्रतिबंधित करती हैं तो इसके पीछे राजनीतिक प्रतिशोध ही असली कारण है। अगर वे 'जदुमणि नाचकारिया' जैसी हिंदी की उत्कृष्ट कविता लिखने वाले कवि-अधिकारी पूर्णचंद्र रथ और भारत भवन के आलोचक-अधिकारी मदन सोनी को बर्खास्त करती हैं, तो इसके पीछे भी राजनीतिक प्रतिशोध ही है। मदन सोनी हिंदी के अत्यंत प्रतिभाशाली आलोचक हैं और पूर्णचन्द्र रथ एक समर्थ कवि। जहाँ तक मेरी जानकारी है, ये दोनों किसी खास तरह के राजनीतिक दल के अंध समर्थक भी नहीं हैं। अगर दिग्विजय सिंह की कांग्रेसी सरकार में वे 'प्रगतिशील' हो कर काम कर रहे थे, तो उमा भारती के राज में वे 'हिंदू' हो कर कुशलता के साथ अपना राजकीय दायित्व निबाह सकते थे। क्योंकि, यह हर स्वतंत्र लेखक जानता है कि सिर्फ भाषा और शब्दों के बल पर जीवनयापन कितना कठिन है। पिछले साल एक चर्चित समकालीन रूसी कवि सेर्जेई गेंदलेव्स्की की कुछ कविताओं का अनुवाद मैंने एक अनुवाद की कार्यशाला में किया था। उनकी एक कविता की पहली ही पंक्ति थी—'हर कवि के वानस्पतिक जीवन में हमेशा बैठा होता है एक अमंगल।' सचमुच, स्वतंत्र कवि और लेखक का जीवन 'वानस्पतिक, ही होता है। किसी वध्य, कोमल पौधे की तरह। उसका शौर्य भी उतना ही वध्य और आत्मघाती ही होता हे। और उसके जीवन में हमेशा किसी 'अमंगल' की उपस्थिति रहती ही रहती है। अगर उपमान का सहारा लें तो उसका जीवन उस क्षीणकाय चंद्रमा जैसा होता है, जिसे कभी राहु अपना ग्रास बनाता है, कभी केतु। उसके जीवन को ग्रहण तो लगना ही है, चाहे उसे राहु ग्रसे चाहे केतु। अगर राहु ने अपने अतीत से थोड़ी-बहुत उदारता सीखी है, तो केतु को भी चाहिए कि वह भविष्य के लिए उदार हो जाए।

(राष्ट्रीय सहारा : 8 फरवरी 2004)

भभाका माने एफ एफ एफ

26 जनवरी की तारीख तो राष्ट्रीय हो चुकी है, गणतंत्र दिवस के रूप में। उसके बारे में सब जानते हैं। लेकिन मैं जनवरी की 24 और 22 तारीखों के बारे में सोच रहा हूँ। क्योंकि इन दोनों तारीखों के पन्नों में दो ऐसी घटनाएँ दर्ज हैं, जो किसी फिल्म की तरह दिमाग के भीतरी परदे पर बार-बार चलने लगती हैं। जिस डिजिटल समय में हम आज हैं, उसमें हम किसी पुराने हिंदी आचार्य या मास्टर साहब की तरह नहीं सोचते।

ऐसा तो पैंसठ साल पहले सन् 1938 में मशहूर दार्शनिक हाइडेगर ने ही घोषित कर दिया था कि अब हम प्लेटो की तरह दुनिया को नहीं सोचते। संसार हमारे लिए अब कोई किताब नहीं, बिंबों और छवियों का पाठ है। किसी 'टाइमलाइन' पर चलते-फिरते फ्रेमों और छवियों का क्रम। 'थिंकिंग इज़ फिल्मिंग'। चिंतन फिल्मांकन है। कैमरे के आने के बाद से ही वस्तु से अधिक महत्त्वपूर्ण हो गया उसका बिंब (इमेज), मूल से अधिक उसकी नकल (कॉपी) और यथार्थ से अधिक महत्त्वपूर्ण हो गई उसकी प्रस्तुति (रिप्रेजेंटेशन)। और अब टेलीविज़न और डिजिटल कैमरे के समय में तो सोचने वाले दिमाग के भीतर बचा-खुचा आचार्यत्व भी गायब हो चुका है, और अब वहाँ तिपाई पर रखा हुआ है एक मूवी कैमरा या प्रोजेक्टर। इसीलिए कहा कि 'थिंकिंग इज़ फिल्मिंग'। उत्तर-आधुनिक विद्वान तो यहाँ तक कहते हैं कि यथार्थ का संज्ञान भी छवियों और बिंबों के 'टाइम लाइन' को समझे बिना असंभव है। यानी दुनिया को जानने-बूझने की खातिर 'टेलीलॉजी' तो अपने पास होना ही चाहिए। यानी टेलीविज़न का तर्क।

24 जनवरी की तारीख को सोचते ही जो फिल्म दिमाग के भीतर के परदे पर चलती है, वह किसी चलती हुई ट्रेन के डब्बे के भीतर घटित हुई है। केंद्रीय रेलमंत्री नीतीश कुमार का जो चेहरा 29-30 जनवरी को टीवी के न्यूज चैनलों में रेलवे के नए लेखानुदान के दौरान बार-बार बाहर झलक रहा है, भीतर के परदे पर जो फिल्म चल रही है, वह इससे 5-6 दिन पहले घटित हुई है। बाहर रेलमंत्री चुनाव के पहले अपने नए बजट में जो 'फील गुड फैक्टर' अर्थात संक्षेप में 'एफजीएफ' उत्पन्न कर

रहे हैं, भीतर की फिल्म ठीक इसके विपरीत 'एफएफएफ' पैदा कर रही है। अर्थात 'फील फियर फैक्टर'। हिंदी में इसका अनुवाद होगा 'भय भाव कारक' संक्षेप में 'भभाका'।

भारतीय रेलवे के जिस यथार्थ को दिमाग के भीतरी परदे का टाइम लाइम फ्रेम दर फ्रेम प्रस्तुत कर रहा है, वह किसी दुःस्वप्न का यथार्थ है। उस यथार्थ में मनीष नाम का एक निर्दोष तरुण तेज रफ्तार से भागती ट्रेन के डब्बे के बाहर खौफनाक अपराधियों द्वारा फेंका जा रहा है। उस डब्बे में बहुत से लोग बैठे हुए हैं, लेकिन वे सब कठपुतले हैं। जैसे मैडम तुषाद के मोम संग्रहालय की ममियाँ। न उनमें कोई हरकत है, न वे कुछ बोल रहे हैं। यह कोई डरावनी अतियथार्थवादी फिल्म है, जो 24 जनवरी के बारे में सोचते ही शुरू हो गई है। इस पटकथा को रामसे ब्रदर्स ने किसी 'हॉरर स्टोरी राइटर' से नहीं लिखवाया है। यह 'साइको' या 'नाइटमेयर ऑन एल्म स्ट्रीट' का कोई टुकड़ा भी नहीं है। यह भारतीय रेलवे के यथार्थ का ही एक मार्मिक, दहशतनाक बिंबात्मक रूपांतरण है। और यह भय और करुणा, दोनों एक साथ पैदा करता है। भय की मात्रा कुछ ज़्यादा। जब-जब मनीष के माता-पिता का शोकाकुल चेहरा टीवी पर दिखता है, हम अपने बच्चों को ट्रेन में अकेले किसी यात्रा में भेजते हुए डरते हैं। हम सब किसी न किसी दूसरे मनीष के माता-पिता हैं। यह भय और दुःख हमें मनीष के माता-पिता के साथ जोड़ता है, इससे कोई फर्क नहीं पड़ता कि मनीष किसी प्रधानमंत्री का पौत्र है या कोई और संबंधी। अब टेलीलॉजी कहती है कि आगामी लोकसभा चुनाव के ठीक पहले घटी इस घटना ने प्रधानमंत्री की छवि को वह 'प्रभाव' (एफेक्ट) प्रदान किया है, जो कुशल से कुशल मीडिया विशेषज्ञ या छवि-विज्ञानी (इमेजोलॉजिस्ट) या विज्ञापन-विशारद नहीं दे सकता। प्रधानमंत्री की यह छवि एक शोकाकुल और भारतीय रेलवे में बढ़ते अपराध और हिंसा के शिकार एक दादा, पितामह या नाना की छवि है। एक प्रसिद्ध कविता की पंक्ति है : 'दुःख ही हमें माँजता है।' इसे थोड़ा बदल दें तो–'दुःख ही हमें जोड़ता है, बाँधता है।' यानी चुनाव के पहले का वह काम, जिसे रेलमंत्री नीतीश कुमार अपने लेखानुदान के मार्फत 'फील गुड फैक्टर' उत्पन्न करते हुए करना चाहते थे, उसे 24 जनवरी की इस त्रासद घटना ने 'फील फियर फैक्टर' पैदा करते हुए कर डाला। ऐसा ही होता है। मीडिया किसी त्रासदी को सिर्फ एक निजी और मानवीय दुःख तक सीमित नहीं रहने देता। वह उसका विस्तार दूसरे असंख्य धरातलों पर भी करता है। उसके प्रभाव और अर्थों को कई अन्य संरचनाओं में बदलता है। 'पर्सनल' यहाँ 'पॉलिटिकल' हो जाता है।

और दूसरी तारीख है 22 जनवरी की। इसे सोचते ही आंध्रप्रदेश के चित्तूर जिले से तिरुपति की ओर सुनसान सड़क पर रात में दौड़ती हुई पुलिस की एक जीप दिखाई देती है। धुँधलके में कुछ स्पष्ट दिखाई नहीं देता। फायरिंग की आवाज़ें गूँजती हैं। यहाँ भी कोई हिंसा घट रही है। भय भाव कारक यहाँ भी पैदा हो रहा है। दिमाग

के भीतर के टाइम लाइन पर फ्रेम गड्ड-मड्ड हो गए हैं। एफएफएफ। फील फियर फैक्टर। बाहर परदे पर टीवी का न्यूज चैनल बता रहा है कि आंध्रप्रदेश के मुख्यमंत्री चंद्रबाबू नायडू पर पिछले साल बारूदी सुरंग के विस्फोट द्वारा जानलेवा हमला करने वाले आतंकवादी वी सत्यम, शिवानंद और टाइगर गगन्ना मुठभेड़ में पुलिस द्वारा मार गिराए गए। वे पुलिस की हिरासत से भागने की कोशिश कर रहे थे। इस समाचार को पढ़ते हुए समाचार वाचक के चेहरे पर 'खुशनुमा' चमक थी।

अब तारीखों के बारे में सोचना बंद करना होगा। क्योंकि सोचने के साथ ही जो फिल्में चलनी शुरू होती हैं; वे भय भाव कारक हैं। यहाँ तक कि 26 जनवरी को सोचते हुए भी गुजरात के भूकंप की छवियाँ ही भीतरी परदे पर ज्यादा उभरती हैं। क्या करें?

(राष्ट्रीय सहारा : 1 फरवरी 2004)

सब बढ़िया है सुनील बाबू

यह बाजार है। वही बाजार, जो आज का मंत्र है। एक सभ्यतामूलक पद। वही बाजार, जिसके लिए दावा किया जाता है कि समाज और मनुष्य के सारे संकटों और सारी समस्याओं का हल उसके पास है। बाजार जो विचारधाराओं और सरकारों का विकल्प बनकर उभरा है। वही बाजार, जो अपने आप में लोकतंत्र और समाजवाद का विकल्प होने की घोषणा करता है। जो स्वयं लोकतंत्र और स्वयं समाजवाद है। बाजार जो खुद स्वतंत्र है और आने वाले समय में हर किसी को स्वतंत्रता देने का दावा करता है। निजीकरण और 'डि-रेगुलेशन' की महिमा गाने-बजाने वाला विश्वव्यापी बाजार। यह बाजार सारी दुनिया में फैल रहा है। दिल्ली में तो खैर इसके जलवे ही हैं।

अपने डेढ़ साल के बीमार बेटे के लिए एक पिता दिल्ली में ड्राई कफ सिरप खरीदता है। बेटे को पिलाने के पहले माँ देखती है कि बोतल के भीतर मरे हुए कीड़े हैं। इस बोतल में कंपनी का नाम, उत्पादन का लाइसेंस नंबर, निर्माण और एक्सपायरी की तारीखें, सब लिखी हुई हैं। कंपनी को चिट्ठियाँ पर चिट्ठियाँ लिखी जाती हैं, लेकिन कोई जवाब नहीं मिलता। पिछले साल एक गैर सरकारी संस्था बोतलों में बिकने वाले मिनरल वाटर के नमूनों की जाँच करती है और पाती है कि इसमें घातक मात्रा में कीटनाशक मौजूद हैं और अंतर्राष्ट्रीय मानक के मुकाबले 42 से 82 गुना ज्यादा मात्रा में इनकी मौजूदगी के बावजूद वे खुलेआम बाजार में बेचे जा रहे हैं। यही हाल संसार भर में सबसे ज्यादा बिकने वाले कुछ 'कोल्ड ड्रिंक्स' के साथ भी होता है। जाँच करने पर पता चलता है कि लगभग 12 प्रमुख शीतल पेय कंपनियाँ भारत में खतरनाक कीटनाशकों की अतिरंजित मात्रा का इस्तेमाल कर रही हैं। इनमें लिंडेन, डीडीटी, मेलाथियोन और क्लोरोपायरिफोस पाया जाता है, जिनको पीने से कैंसर, स्नायुतंत्र का विनाश, गर्भ में विकृतियाँ और शरीर की प्रतिरोधक क्षमता का ह्रास होता है। लेकिन आश्चर्य तब होता है जब यह पता चलता है कि अमेरिका और यूरोप में बिकने वाले उन्हीं कंपनियों के शीतल पेय बिल्कुल साफ-सुथरे हैं और उनमें कोई घातक रसायन मौजूद नहीं हैं। यह हमारे साथ कैसा दोहरा मापदंड है भाई? कई मशहूर विदेशी कंपनियों के चाकलेट, ब्रेडस्प्रेड और पिज़ा-चीज़ में कीटाणु पाए जाते हैं। दुग्ध और मांस के

जो खाद्य पदार्थ यूरोप के मानकों के अनुसार नालों और गटर में फेंकने लायक हैं, उन्हें हमारा अति आधुनिक मध्यवर्ग मजे के साथ खा रहा है। यही नहीं अपने टीवी चैनल देखिए, हमारे सबसे चहेते फिल्म और क्रिकेट स्टार्स उन्हीं ड्रिंक्स और उन्हीं 'स्नैक्स' के विज्ञापनों में नाचते-गाते दिखाई देते हैं, जिनके घातक होने की पुष्टि हो चुकी है।

बीबीसी खबर देता है कि एक बड़ी शीतलपेय कंपनी अपना जो कचड़ा दक्षिणी केरल के किसानों को खाद के बहाने बेचती है उसमें घातक जहरीला कैडमियम मौजूद है। टीवी चैनल खुलेआम दिखाते हैं कि किस तरह नकली जीवनरक्षक दवाइयों के ढेर लगे हुए हैं और उन्हें अस्पतालों और निजी डिस्पेंसरियों को चुपचाप सप्लाई किया जा रहा है।

पाँच साल पहले, अगस्त 1998 में दिल्ली के बहुत सारे लोग सरसों का तेल खाकर मर जाते हैं। हजारों की संख्या में बीमार होकर अस्पताल में भरती होते हैं। सरकार राष्ट्रव्यापी 'अलर्ट' घोषित करती है। सरसों के तेल की बिक्री प्रतिबंधित कर दी जाती है और सरकार सोयाबीन का तेल विदेश से आयात करती है। नतीजा यह निकलता है कि तिलहन की खेती करने वाले किसान और छोटे-मोटे कुटीर उद्योगों के जरिए स्थानीय बाजार में सरसों-तिल का तेल बना कर बेचने वाले देसी उद्यमी तबाह हो जाते हैं और किसान आत्महत्याएँ करने लगते हैं। नकली डिग्रियाँ, नकली नोट और जाली स्टांप तो बन और बिक ही रहे हैं।

बाजार के सिद्धांतकार दावा करते हैं कि मुक्त और खुले बाजार में कंपनियों की आपसी होड़ में कीमतें इस कदर गिरेंगी कि उपभोक्ताओं को आखिरी फायदा होगा। बिजली का निजीकरण कर दिया जाता है। बिजली के व्यवसायी फौरन जान जाते हैं कि कम मात्रा और ज्यादा कीमत की बिजली बेचने में अधिक मुनाफा होता है, ज्यादा मात्रा और कम कीमत की बिजली बेचना घाटे का सौदा है। नतीजा निकलता है कि अमीरों और रईसों के इलाके दिन-रात जगमगाते रहते हैं और निचले मध्यवर्ग और गरीबों के रिहायशी इलाके अँधकार में डूब जाते हैं। बिजली के मीटर इस कदर भागते हैं कि उपभोक्ता दुबारा लालटेन-युग में लौटने की बात सोचने लगता है। गाँव के किसानों को सिंचाई के लिए तो बिजली मिलने का सवाल ही नहीं, क्योंकि उनके पास तो नगदी साल में दो बार ही आती है, जब फसल खलिहान आती है और आढ़त में जाकर बिका करती है। घाटे का सौदा है भाई। हमारे मुल्क ही नहीं, अमेरिका के कैलिफोर्निया में भी बिजली की निजी कंपनियों ने मुनाफे के लिए ऐसा कारनामा किया कि शताब्दी का सबसे बड़ा ऐतिहासिक बिजली संकट दुनिया के दादा और ग्लोबल बाजार के सरगना अमेरिका में भी पैदा हो गया और वहाँ शहर के शहर अँधेरे में डूब गए।

कुछ नहीं बस आप अखबार देखते रहिए और कटिंग्स सुरक्षित रखते जाइए

पाँच साल की क्लिपिंग पर निगाह डालेंगे तो बाजार के इस नए तांडव का असली चेहरा आपको दिखने लगेगा। एक शोध बताता है कि कैसे अमेरिका में साठ के दशक के दौरान उभरते हुए 'मुक्त बाजार' ने अपने प्रतीक और संकेत गढ़े और समूची मीडिया में उन्हें प्रचारित किया। इसे 'रचनात्मक क्रांति' का नाम दिया गया। यह उसी नई संस्कृति के बनने का दौर था, आज हम जिसे अपने देश में फलते-फूलते देख रहे हैं। एक नई सांस्कृतिक क्रांति। सीरियलों, फिल्मों से लेकर अखबारों और राजनीति तक में इन्हीं प्रतीकों को अपनाया गया और प्रचारित किया गया। ये प्रतीक या 'आइकन' थे—खुशहाल, सदा मुस्कुराती और सजी-धजी गृहणियाँ, जूनियर एक्ज़िक्यूटिव, जिम में बाँहों की मछलियाँ बनाते नौजवान, ब्यूटी पॉर्लर्स, शॉपिंग माल और डिजाइनर कपड़ों में मुस्कुराती लड़कियाँ। आदर्श मध्यवर्गीय खुशहाल परिवार। लेकिन इन्हीं के भीतर से 'सुधारवादी' और 'क्रांतिकारी' भी रचे गए। वे टीनएजर्स जो अपने पिताओं के विरोधी हैं। परिवार के भीतर जिनका दम घुटता है। जो नियमों से द्रोह करते हैं। वे पत्नियाँ और पति, विवाहपूर्व और विवाहेतर काम-विमर्श में जिनकी छवियाँ निर्मित होती हैं। नियमों, पारंपरिकताओं और स्थानीय रिवाजों को छोड़ते-त्यागते प्रतीक। 'फेंक दो ये कड़ाही, ये चिमटा, चूल्हा और ये घड़े-मटके।'

सब बढ़िया है सुनील बाबू। सब तरफ 'फील गुड है।' लेकिन जरा यह बताइए कि इस बाजार को नियंत्रित करने वाली, उपभोक्ता और नागरिकों को कीटनाशकों और नकली दवाइयों से बचाने वाली कोई सामाजिक एजेंसी कहीं है क्या? वह, जिसे सब सरकार कहा करते थे, वह कहाँ है?

(राष्ट्रीय सहारा : 25 जनवरी 2004)

अलविदा 'फील्डमार्शल'

'अटल फैक्टर', 'फील गुड फैक्टर', 'फेल गुड फैक्टर', 'करगिल फैक्टर', 'मोदी फैक्टर', 'एंटी इंकबेंसी फैक्टर', 'जूदेव-जोगी फैक्टर' वगैरह वगैरह। बहुतेरे फैक्टर होते हैं जो चुनाव के दिनों में फुलझड़ी की तरह चमकते हैं फिर बुझ जाते हैं। लेकिन पिछले छह सालों से एक ऐसा असरदार फैक्टर चुपचाप काम करता रहा है, जिसके बारे में ज़्यादातर चुप्पी रही है। वह फैक्टर है–'जोसेफ माइकेल लिंग्दोह फैक्टर'। फरवरी के पहले हफ्ते में, अफसोस, यह फैक्टर–'है' से 'था' हो जाएगा और चुनाव का मैदान बाकी 'फैक्टरों' के घमासान लिए खाली हो जाएगा।

चुनाव आयोग की नियुक्ति और सेवानिवृत्ति के नियम-कानून ऐसे हैं कि मतदाता भले ही मंदिर-मस्जिद-गिरजाघरों में जा कर दुआ माँगते रहें, 'लिंग्दोह फैक्टर' को गायब होने से रोक नहीं सकते। छह साल या पैंसठ की उम्र, जो भी पहले पड़ जाय, के मुताबिक लिंग्दोह दोनों ही पैमानों में मुख्य चुनाव आयुक्त का कार्यकाल पूरा कर चुके हैं। 'लिंग्दोह फैक्टर' किसी भूत की तरह पिछले छह साल से, हर बार चुनावों के समय नेताओं के सिर पर मँडराता रहता था। वे हेलिकॉप्टर पर चढ़े हुए हों या अपने राजकाज की उपलब्धियों की सूची के साथ किसी बैनर या कटआउट में दैत्याकार हाथ जोड़े मुस्कुरा रहे हों, 'लिंग्दोह फैक्टर' का भय उनके सिर पर सवार रहता था।

राजनीति और सरकार के बारे में जिस तरह रो थॉमस जेफर्सन की तमाम टिप्पणियाँ दुनिया भर के पत्रकारों के लिए 'कोटेबल कोट्स' बन गई हैं, लिंग्दोह और शेषन की टिप्पणियाँ भी इस खजाने की अनमोल मणियाँ हैं। अगर भूतपूर्व चुनाव आयुक्त शेषन ने कहा था कि 'मैं हर सुबह राजनीतिक नेताओं का नाश्ता करता हूँ' तो पिछले महीने बीबीसी के कार्यक्रम में लिंग्दोह ने भी राजनीति को 'ला-इलाज कैंसर' और भारतीय नेताओं को 'अशिक्षित', 'अशिष्ट' और 'ठग' (पुअरली एजुकेटेड, इंपोलाइट एंड चीट्स) कह कर खूब तालियाँ बजवाई थीं। याद आता है कि सन् 1975-76 में डॉ. राममनोहर लोहिया की 'पैरोडी' कहे जाने वाले समाजवादी नेता राजनारायण ने राजनीति को लोकतंत्र के चेहरे पर 'भगंदर' (फैश्च्युला) की पदवी दे कर भरपूर हंगामा पैदा किया था। हो सकता है ऐसी

टिप्पणियों का राजनीति में सिर्फ 'चटखारा मूल्य' हो और इनमें से टिप्पणीकार के 'सिनिकल' दिमाग का संकेत मिलता हो, लेकिन ऐसी टिप्पणियों की लोकप्रियता से इनकार नहीं किया जा सकता। भारतीय राजनीति के गर्त और पतन ने आम लोगों के मन में अपनी ऐसी छवि बनाई है कि आज कोई भी राजनीतिक नेता या दल यह हैसियत नहीं रखता कि वह लिंग्दोह को ऐसी टिप्पणियों के लिए दंडित कर सके या उनके रिटायर होने के पहले ही उन्हें उनके पद से बर्खास्त कर सके। मुख्य चुनाव आयुक्त की नियुक्ति और सेवा शर्तों के नियमों के मुताबिक लिंग्दोह की इन टिप्पणियों के लिए उन पर संसद में महाभियोग लगा कर उन्हें उनके पद से हटाया जा सकता है। लेकिन क्या किसी भी राजनीतिक दल में लोकानुमोदन की वह नैतिक सत्ता आज बची है कि वे ऐसा महाभियोग लिंग्दोह पर चला सकें?

गजब का फैक्टर था यह लिंग्दोह फैक्टर। बाकी सारे चुनावी फैक्टरों पर भारी पड़ने वाला फैक्टर। इसने हरियाणा के चुनावों में भिवानी से ओमप्रकाश चौटाला को हड़का कर भगा दिया और अपने ही घरेलू मतदान केंद्र में उन्हें खुद अपना वोट नहीं डालने दिया था। गुजरात में दंगों के फौरन बाद चुनाव करवाने की भाजपा की कोशिश पर इसने पानी फेर दिया था। आप में से शायद किसी को वह न्यूज बाइट याद हो जब अहमदाबाद के कलेक्टर को उसने टीवी कैमरों के सामने खुलेआम डाँटते हुए कहा था—'आर यू नॉट अशेम्ड?' (क्या तुम्हें शर्म नहीं आती?) यह उत्तर गोधरा गुजरात के 'मोदी फैक्टर' पर 'लिंग्दोह फैक्टर' की नैतिक जीत थी, भले ही बाद के चुनावों में वोट 'मोदी फैक्टर' के खाते में गए हों। और जम्मू-कश्मीर का पिछला चुनाव, जिस पर संसार भर की मीडिया की गिद्ध निगाहें थीं। चप्पे-चप्पे पर देशी-विदेशी संवाददाता और चुनाव के बहिष्कार की घोषणा करने वाले आतंकवादी मौजूद थे। आज यह हर कोई मानता है कि जम्मू-कश्मीर का यह चुनाव 'लिंग्दोह फैक्टर' की बदौलत ही अब तक का सबसे निष्पक्ष, निर्विवाद और साफ-सुथरा चुनाव साबित हुआ, जिसमें 42 प्रतिशत से ज्यादा कश्मीरियों ने अपने वोट डाले। अब बताएँ कि 'लिंग्दोह फैक्टर' ने भारतीय लोकतंत्र की लाज बचाकर उसे राजनीतिक वैधता दिलाई, या उसे कोसने वाले नेताओं ने वीडियो कैमरों के सामने जो कारनामे किए उनसे लोकतंत्र को राजनीतिक सीख मिली?

एशिया का नोबेल पुरस्कार कहा जाने वाला मैग्सेसे पुरस्कार पिछले साल जब लिंग्दोह को दिया गया था तब उनकी तुलना लोकतंत्र के ऐसे 'फील्डमार्शल' से की गई थी, जिसने अपने चालीस लाख चुनाव कर्मचारियों की 'फौज' के बलबूते पैंसठ करोड़ मतदाताओं वाले संसार में लोकतंत्र के सबसे बड़े मोर्चे पर फतह पाई। दंगों, भ्रष्टाचार, आतंकवाद, इलाकाई विभिन्नताओं, अपराध, काले धन आदि-इत्यादि से बजबजाती राजनीति में 'लिंग्दोह फैक्टर' अपनी तेजतर्रार टिप्पणियों के बावजूद

सिर्फ सिनिकैलिटी भर के लिए नहीं जाना जाएगा। इस बार जब 'फील गुड' और 'फेल गुड' फैक्टर के बीच दुविधा और असमंजस में घिरे मतदाता अगली लोकसभा और कुछ विधानसभाओं के लिए अपने वोट डालेंगे तो उन्हें लिंग्दोह की कमी ज़रूर खलेगी।

थॉमस जेफर्सन की ही वह टिप्पणी याद करें जिसमें उसने कहा था कि इस धरती में जितनी भी सरकारें हैं, उन सब में आदमी की कमजोरियों के निशान और पतन तथा भ्रष्टाचार के बीज मौजूद हैं, जिन्हें चतुर-चालाक लोग खोज निकालते हैं, लेकिन शैतान जिन्हें सींचते, पनपाते और बढ़ाते हैं। उत्तर-पूर्व की खासी जनजाति के जोसेफ माइकेल लिंग्दोह चतुर-चालाक भले रहे हों, कम से कम शैतान तो नहीं ही थे।

विदा फील्डमार्शल, जाओ तुम भी उसी अँधेरे और अकेलेपन को ओर, जहाँ पुराने फील्डमार्शल शेषन भारतीय राजनीति पर अपनी टिप्पणियाँ अकेले में दोहराते हुए पहले से बैठे हैं।

(राष्ट्रीय सहारा : 18 जनवरी 2004)

पानी, मलहम, छत और आँसू

जैसे ही हम लोकतंत्र कहते हैं तो फौरन कान में अंग्रेजी की 'डेमोक्रेसी' गूँजती है और फिर शुरू हो जाता है एक ऑटो कंट्रोल्ड प्रोसेस। स्व-नियंत्रित चिंतन प्रक्रिया। फ्रांस की राज्यक्रान्ति से लेकर यूरोप में औद्योगिक क्रांति, पूँजीवाद की स्थापना, व्यक्तिगत स्वतंत्रता, संविधान, वेस्टमिंस्टर प्रणाली से होते-होते हमारे अपने बहुदलीय ससंदीय लोकतंत्र तक यह अपने आप चलने और सोचने वाली मशीन बिना कहीं रुके धड़ाधड़ चालू हो जाती है। नतीजतन, हमारे लोकतंत्र का इतिहास सीधे पश्चिम की 'डेमोक्रेसी' से जुड़ जाता है और हम स्वयं को ग्लोबल लोकतंत्र का हिस्सा और बिरादर मानते हुए गौरवान्वित होते हैं कि हम दुनिया की सबसे बड़ी डेमोक्रेसी हैं। अमेरिका, इंगलैंड, फ्रांस, वगैरह हमारे सहोदर बन जाते हैं और हम अपने ही आस-पास के देशों को, जहाँ वैसी डेमोक्रेसी नहीं है, कुछ हिकारत और कुछ तुच्छता के भाव के साथ देखने लगते हैं। तब हमें अपने सार्क पड़ोसी नेपाल, भूटान, पाकिस्तान, मालदीव ही नहीं, इराक, ईरान, मिस्र वगैरह भी अपने से पिछड़े और तुच्छ दिखाई देने लगते हैं।

चूँकि पश्चिम में 'डेमोक्रेसी' और 'आधुनिकता' का गहरा, कारण-कार्य वाला रिश्ता रहा है, तो हम यही भी मानने लगते हैं कि क्योंकि हमारे यहाँ लोकतंत्र है इसलिए हम अपने आसपास के देशों के मुकाबले आधुनिक भी हैं। यानी हमारा देश और इसका राजनीतिक ढाँचा 'मॉडर्न और डेमोक्रेटिक' है। हमें लगता है कि एशिया या तीसरी दुनिया के जिन देशों में ऐसी 'डेमोक्रेसी' नहीं है, वे आधुनिक नहीं हैं। वे पूर्व-आधुनिक, सामंती या कबीलाई देश हैं। पिछले दो-तीन वर्षों से, जब से अमेरिका पूर्वी और मध्य-यूरोप के बाद अब एशियाई देशों में भी जबरन 'डेमोक्रेसी' की स्थापना के बर्बर-हिंसक अभियान में लगा हुआ है, तब से हमारे दिमाग में यह अच्छी तरह से बैठा दिया गया है कि मुस्लिम देशों में कहीं न कहीं कोई बुनियादी खामी ज़रूर है कि वहाँ 'लोकतंत्र' आ नहीं सकता। और लोकतंत्र के न होने का सीधा-सा मतलब है कि ये इस्लामी देश आधुनिक (अर्थात मॉडर्न) नहीं हैं। ये देश कबीलाई मजहबी सामंती और गैरआधुनिक देश हैं। सभ्यता की दौड़ में वे पीछे रह गए हैं। ऐसे में अमेरिका और पश्चिम ही नहीं बल्कि लोकतंत्र की समूची ग्लोबल बिरादरी की यह

नेक अंतर्राष्ट्रीय जिम्मेदारी बनती है कि इन मुस्लिम देशों को जबरदस्ती पोलियो के ड्रॉप की तरह लोकतांत्रिकता, सभ्यता और आधुनिकता की घूँट पिलाई जाए। इसके लिए फौजी आक्रमण, बमबारी, तख्तापलट से लगाकर नागरिकों की हत्या और उन देशों में कब्जा जमाने के साथ-साथ वहाँ किसी ऐसी कठपुतली सरकार की स्थापना तक का डॉक्टरी कर्त्तव्य शामिल है, जो इस रोग से उन देशों को निजात दिला सके। विडंबना यह है कि हमारे बौद्धिक वर्ग का एक हिस्सा इस सोच से सहमत दिखाई देता है। सोच की ऐसी बौद्धिक बनावट के मामले में हम पूर्वी नहीं, पश्चिमी अभिजन समाज के बिरादर हैं। हमारी बुद्धि का डी.एन.ए. औपनिवेशिक ब्रिटिश इंडिया का क्लोन सिद्ध होगा, अगर ऐसी कोई जाँच संभव हो सके। राजनीतिक लिहाज से हम अभी कुछ दशकों पहले तक ब्रिटिश इंडिया के निवासी थे भी। दक्षिण में पांडिचेरी के लोग फ्रेंच इंडिया और गोवा दमन के लोग पुर्तगाली इंडिया की प्रजा थे। मुझे निजी रूप से यह लगता है कि आज का हमारा मुखर और वर्चस्वशील बौद्धिक वर्ग, जो राजनीति, समाज और संस्कृति में निर्णायक भूमिका अदा करता है, वह ब्रिटिश इंडिया का बिरादर है, पुर्तगाली या फ्रेंच इंडिया का नहीं और उसकी भाषा अंग्रेजी अथवा अनुवाद की हिंदी है। भारतीय या पूर्वी तो यह कतई नहीं है। अभी पिछले वर्षों, सैम्युएल हंटिंग्टन की जिस किताब 'सभ्यताओं की मुठभेड़' की बड़ी चर्चा थी, उसमें भी यह लगभग निर्विवाद और सर्वस्वीकृत ढंग से दावा किया गया था कि पश्चिम ने ही बाकी दुनिया को सभ्य बनाया है। इस मामले में विज्ञान और लोकतंत्र (अथवा आधुनिकता) यूरोप की दो बड़ी सभ्यतामूलक देने हैं। पश्चिम ने ही एशिया और बाकी दुनिया को विज्ञान और लोकतंत्र से परिचित कराया है।

मुझे याद नहीं आता कि इसका कोई गंभीर प्रतिवाद किसी ने किया हो। एडवर्ड सईद जैसे लोग हमारी भाषा में तो हैं नहीं। अगर कोई कहे कि सिर्फ चार सौ साल पहले, यानी यूरोप की औद्योगिक क्रांति और पूँजीवाद के पहले भी मध्य एशियाई देशों में लोकतंत्र के कई रूप रहे हैं या इस्लाम संसार के अन्य धर्मों की तुलना में, सातवीं सदी में पैदा होने वाला पहला ऐसा धर्म रहा जिसमें लोकतांत्रिकता की सबसे ज़्यादा मौजूदगी रही है, तो फौरन उसे 'ओरिएंटलिस्ट' की पदवी दे दी जाएगी। मान लीजिए अगर मैं रोमिला थापर या डी.पी. चट्टोपाध्याय के संदर्भों के साथ छठी-सातवीं सदी के भारतीय गणराज्यों-गणतंत्रों के उदाहरण देना शुरू करूँ तो फौरन सांस्कृतिक राष्ट्रवादी होने का लेबल लग जाएगा। यह काम ब्रिटिश इंडिया का बौद्धिक ही किया करता है। वह यूरोप की ही तरह यह मानता है कि संसार में ज्ञान-विज्ञान, लोकतंत्र और कला-साहित्य का इतिहास तो तब से शुरू होता है, जब कोलबंस अमेरिका और वास्कोडिगामा भारत के समुद्री तट पर अपने-अपने जहाजों से उतरते हैं। सभ्यता का श्रीगणेश ही पूरब का पश्चिम के साथ संपर्क के बाद होता है। लेकिन ऐसे लोगों को

फिर सैम्युएल हंटिंग्टन की यह बात भी तो माननी चाहिए जब वह कहता है कि एशियाई देशों में अभी तक 'डेमोक्रेसी' नहीं आ पाई है। जहाँ कहीं पश्चिमी शैली की 'डेमोक्रेसी' दिखती भी है, तो वह सिर्फ बाहरी मुखौटा भर है। असल में एशियाई देशों में (जिनमें हमारा देश भी शामिल है) 'प्लूटोक्रेसी' है। यानी हम एक 'डेमोक्रेटिक' (लोकतांत्रिक) व्यवस्था में नहीं, 'प्लूटोक्रेटिक' (धनतांत्रिक) व्यवस्था के नागरिक हैं। अगर हम अपनी आज की राजनीति और व्यवस्था पर नज़र डालें तो हंटिंग्टन की बात सही भी लगती है। यहाँ लोक से ज्यादा धन का ही तो तंत्र है। लोक से ज्यादा धन की ही तो संस्कृति है। और हमारा राष्ट्रीय धन भी तो विदेशी मुद्रा भंडार है, जिसमें रिकार्ड-तोड़ 100 अरब डॉलर आज मौजूद हैं। बहरहाल, वास्तविकता क्या है इसे जानने के लिए किसी शोधकर्त्ता को बाकायदा यह शोध करना चाहिए कि जिस इराक को अभी-अभी आधुनिक और लोकतांत्रिक बनाने के नाम पर रौंद दिया गया, वह सद्दाम के शासनकाल में, स्वास्थ्य, साक्षरता, शिक्षा, न्याय और नारी-अधिकारों की स्थिति क्या थी? जहाँ तक मेरी जानकारी है, वहाँ शिक्षा निःशुल्क थी। प्राकृतिक संसाधनों का राष्ट्रीयकरण था। इराक की स्त्रियाँ अफगानिस्तान की तालिबान काल की बुरकाधारी स्त्रियाँ नहीं थीं। वे सार्वजनिक उद्यमों में काम करती थीं। फिर अफगानिस्तान में तालिबान के हाथों लोकतंत्र का सफाया भी तो अमरीका ने ही कराया था। जिस हबीबुल्ला को तालिबानियों ने मार कर बिजली या टेलीफोन के खंभे पर लटका रखा था, वह तो निस्संदेह अफगानिस्तान में आधुनिकता का ही पहला मसीहा था। उस दौरान अस्पतालों और शिक्षण संस्थानों में ही नहीं, अन्य सार्वजनिक उद्यमों में भी अफगानी औरतों की भागीदारी विस्मयकारी थी। उन्हें दुबारा बुर्के के भीतर बंदूकधारी कट्टर तालिबानों के हरम और मजहबी मदरसों में किसने धकेला? हबीबुल्ला को रूस का समर्थक समाजवादी घोषित कर हत्या करने वाले तालिबानियों के हाथों में अमेरिकी हथियार और जेबों में डॉलर ही तो थे। और टर्की? उसका क्या करेंगे आप? अमेरिका से 'डेमोक्रेसी' को जबरन 'एक्सपोर्ट' करने वाले हटिंग्टनों और बुशों की तो चिंता ही यही रही है कि वहाँ अगर वास्तविक लोकतंत्र आ गया तो इस्लाम आ जाएगा। इसलिए इस्लाम को रोकने के लिए लोकतंत्र को रोके रखना जरूरी है। और पाकिस्तान? क्या जॉर्ज बुश वहाँ ज़रा-सा लोकतंत्र आने की इजाजत देंगे? चलिए हम मान लेते हैं कि हमारे देश में 'डेमोक्रेसी' (लोकतंत्र) नहीं 'प्लूटोक्रेसी' (धनतंत्र) ही है और हम इससे सहमत भी हैं, तो जॉर्ज साहब, आप हमें सभ्य, लोकतांत्रिक और आधुनिक बनाने के लिए 'डेमोक्रेसी' की वही पोलियो घुट्टी जबरन पिलाने के लिए कब अपनी गठबंधन फौजों को आदेश देंगे? उत्तरी कोरिया, सीरिया और ईरान के पहले या उसके बाद?

और हाँ, अंत में एक प्रार्थना। ईरान में भूकंप से मारे गए उन चालीस हजार से ज्यादा अभागे लोगों के लिए, जो संयोग से मुस्लिम भी थे। संसार भर में, हमारे

देश में गुजरात में घटी घटनाओं को जोड़ लें तो, मुसलमानों के लिए पिछले कुछ वर्ष उतनी ही विपदाओं और संकटों से भरे रहे हैं, जैसे कुछ सदियों पूर्व बौद्धों और हिंदुओं के लिए। यह एक ऐसा समय है जब हमें यह सिद्ध करना है कि हम 'ब्रिटिश इंडिया' के बौद्धिक 'क्लोन' नहीं, स्वतंत्र आधुनिक, लोकतांत्रिक और धर्मनिरपेक्ष भारत के नागरिक-बौद्धिक हैं और दुख की इस घड़ी में हम ईरान, इराक, अफगानिस्तान और अपने देश के 25 करोड़ मुस्लिम लोगों के घावों के लिए मलहम, प्यास के लिए पानी और उनकी आँखों के लिए आँसू हैं। हम सचमुच अमेरिकी 'डेमोक्रेसी' के बम और बंदूक नहीं, हम भारतीय नागरिक विपदाओं में फँसे मनुष्यों के लिए मलहम, पानी, रोटी, छत, दवा और आँसू होना चाहते हैं। इस डॉलर वाले 'धनतंत्र' का नागरिक होने के बावजूद। आमीन।

(राष्ट्रीय सहारा : 11 जनवरी 2004)

सब कुछ आउट

मच्छरों का जमराज! मच्छरों का जानी दुश्मन!

टीवी के परदे पर मच्छरों का झुंड नाचता हुआ गाता है। असली मच्छर नहीं, मच्छरों के व्यंग्यकार। एनिमेटेड कंप्यूटर कॉमिक्स। पृष्ठभूमि में कोई जानी-पहचानी धुन बज रही है। जी हाँ, ठीक पहचाना आपने, यह पॉल रॉब्सन की संयोजित की हुई मशहूर धुन है। मच्छर नाचते हुए कुछ गा भी रहे हैं। सुनिए, गीत के बोल साफ सुनाई दे रहे हैं। हम होंगे कामयाब...हम होंगे कमयाब...एक दिन...! तभी अचानक जोरदार ध्वनि प्रभाव के साथ एक डब्बा कूदता हुआ परदे पर अवतरित होता है। डब्बे में एक मुँह बनता है। डरावना जबड़ा। यह भी 'एनिमेटेड' है। डब्बा लपकता है और गुड़प्प की आवाज के साथ मच्छरों को लील लेता है। लेकिन कुछ मच्छर तब भी बचे हुए हैं और गाए चले जा रहे हैं—'हम होंगे कामयाब...कामयाब...एक दिन!' यह मच्छरों की भिनभिनाती आवाज़ है। डब्बा फिर उछलता है और पूरे झुंड को निगल जाता है। मच्छरमार डब्बे पर कंपनी का ब्रांड छपा है—'आल आउट'। लेकिन हद कर दी, परदे पर अभी भी एक मच्छर बचा है। ज़िद्दी, अड़ियल, दुर्जेय, दुस्साहसी। शायद सबका लीडर है। वह अपने साथियों के उस डब्बे द्वारा निगल लिए जाने के बावजूद गाए चले जा रहा है—'मन में है विश्वास,...पूरा है वि...।' इस बार डब्बा फिर झपटता है और उस आखिरी मच्छर को भी हड़प लेता है और अपने होठों को अपनी जीभ से चाटता हुआ डकार मारता है। उसकी डकार के साथ एक खुरदुरी, अघाई आवाज़ निकलती है—'विश्वास!' मतलब कि डब्बा 'विश्वास' को निगल गया है। आस्ट्रेलिया और भारत के क्रिकेट मैच के दौरान, जब टीवी के दर्शकों की संख्या करोड़ों में और विज्ञापन का दाम आसमान में होता है, यह विज्ञापन बार-बार आता है। राहुल द्रविड दोहरा शतक जमाता है या सहवाग छक्का उड़ाता है तो उत्तेजना, आनन्द और रोमांच के चरम सनसनाते क्षणों में 'आल आउट' आता है। सर्दियों में मच्छर बढ़ जाते हैं और बहुत से मच्छरमारों के विज्ञापन आते हैं—गुडनाइट, कछुआछाप, ओडोमास वगैरह। लेकिन यह विज्ञापन तो कुछ खास ही है।

चलिए पता लगाएँ कि टीवी के वे मच्छर 'हम होंगे कामयाब' क्यों गा रहे हैं। अगर अपनी याददाश्त पर जोर डालें तो यह गीत तो 'अमेरिका के महात्मा गाँधी' कहे जाने वाले मार्टिन लूथर किंग (जूनियर) का प्रिय गीत था। उसी तरह जैसे महात्मा गाँधी का प्रिय गीत 'वैष्णव जण ते तेणे कहिए, जे पीड़ पराई जाणे रे', हुआ करता था। गाँधी जी ने यह गीत संत कवि नरसिंह मेहता से लिया था। नरसी भगत का यह गीत अंग्रेजों के विरुद्ध स्वाधीनता आंदोलन का प्रेरणा गीत बन गया था। ठीक उसी तरह, मार्टिन लूथर किंग ने 'हम होंगे कामयाब' उन्नीसवी सदी के अश्वेत संगीतज्ञ चार्ल्स टिंडले से लिया था। चार्ल्स टिंडले को चर्च के आध्यात्मिक संगीत का पितामह माना जाता है। बीसवीं सदी की शुरुआत से ही यह गीत इतना लोकप्रिय हो गया था कि अश्वेतों, मज़दूरों, काले गुलामों को वह उनके संघर्षों की प्रेरणा देने लगा था।

और 1963 का वह ऐतिहासिक दिन, जब अमेरिका के ढाई-तीन लाख लोगों ने 'वाशिंगटन मार्च' किया और जब लाखों कंठों से यह गीत गूँजा तो व्हाइट हाउस में गोरे अमरीकियों की सत्ता हिल उठी। और फिर 1965 का 'मांटगुमरी मार्च' जब पचास मील तक, सड़क पर लोग ही लोग थे। मार्टिन लूथर किंग की अगुआई में निकलने वाली ये पदयात्राएँ अमेरिकी राजनीति के लिए एक करिश्मा थीं क्योंकि इन पदयात्राओं में न कहीं गोली चली, न कहीं खून की एक बूँद गिरी, न कहीं कोई हिंसा हुई। मार्टिन लूथर किंग ने अपने गुरु महात्मा गाँधी से ये अस्त्र प्राप्त किए थे। अहिंसा, अवज्ञा और सत्याग्रह। 'दांडीमार्च' और 'नोआखाली मार्च' की पुनरावृत्तियाँ। इसके कुछ ही साल पहले अमेरिकी गौरांगों के ब्रिटिश बिरादर भारत के लंगोटी-लाठी वाले गाँधी बब्बा के इन्हीं हथियारों से परास्त होकर अपना साम्राज्यवादी बोरिया-बिस्तर समेटकर भागे थे, अब अमेरिका में गाँधी का यह काला पुनरावतार वही हथियार आजमा रहा था। आपको यह जानकर आश्चर्य होगा कि 1964-65 तक, यानी जब हमारे यहाँ लाल बहादुर शास्त्री तक प्रधानमंत्री की कुर्सी तक पहुँच चुके थे, तब तक अपने आपको दुनिया का सबसे आधुनिक लोकतांत्रिक और सभ्य देश कहने वाले अमेरिका की बसों में काले और भूरे लोग सिर्फ़ पिछली सीटों पर ही बैठ सकते थे। रंगभेद और नस्लभेद की वही गोराशाही, जो दक्षिण अफ्रीका में जारी थी। इसीलिए अमरीका की गोरी नस्लवादी राजनीति ने मार्टिन लूथर किंग को उसी तरह निपटाया, जैसे भारत की राजनीतिं ने गाँधी जी को निपटाया। मार्टिन लूथर किंग ने अगर महात्मा गाँधी से प्रेरणा ली, तो हत्यारों ने नाथूराम गोडसे से प्रेरणा लेकर 1968 में इस अश्वेत अमेरिकी गाँधी की गोली मार दी। मार्टिन लूथर किंग की हत्या के बाद भी, इस अवसर पर दिया गया उनका अविस्मरणीय भाषण 'आय हैव अ ड्रीम' (मेरा एक स्वप्न है) और उनके अनुयायी पॉल रॉब्सन के साथ-साथ लाखों कंठों द्वारा गाया गया, 'वी शैल ओवरकम सम डे' यानी 'हम होंगे कामयाब एक दिन' संसार भर में नागरिक स्वतंत्रता आंदोलन

(सिविल लिबर्टीज आंदोलन) का आधिकारिक-औपचारिक गान बन गया। यह गीत मानवता की मुक्ति, समानता और नागरिक स्वतंत्रता की चेतना का गीत है। आपको याद होगा, 9-11 सितम्बर 2001 की तारीखों के बाद लाखों अमेरिकियों ने आतंकवाद के विरुद्ध शांति की कामना के लिए यही गीत गाया था। बीजिंग के मशहूर थियनमन चौक पर लोकतांत्रिक अधिकारों की माँग करने वाले चीनी छात्र यही गीत गा रहे थे। और सन् 1975 में आपात्काल के स्याह दिनों में, हम सब भी यही गीत गाते थे। संत चार्ल्स टिंडले के अंग्रेजी में लिखे गए इस गीत का हिंदी में अनुवाद (शायद) सुप्रसिद्ध कवि स्वर्गीय गिरिजा कुमार माथुर ने किया था।

तो कुल जमा मतलब यही निकला न कि 'आल आउट' मच्छरमार दरअसल मच्छरों को नहीं बल्कि सत्याग्रह, अहिंसा, अवज्ञा, रंगभेद-विरोध, समानता और नागरिक स्वतंत्रता को निगल रहा है। इन सबकी माँग करने वाले लोग, या 'हम होंगे कामयाब एक दिन' गाने वाले लोग आज का भी भ्रष्ट सत्ता, अपराधी ताकत और ठग बाजारू दौर के मच्छर हैं। जैसे अमेरिका एक के बाद एक छोटे कमजोर सार्वभौम देशों को निगल राह है, वैसे ही यह डब्बा 'मच्छरों' को निगल रहा है। इस डब्बे पर 'पोटा' 'टाडा' 'मीसा' और भ्रष्टाचार भी लिखा होना चाहिए। यह 'आल आउट' डब्बा बाजार के फासीवाद का नंगा हिंसक चेहरा है। यह डब्बा राजनीति ही नहीं संस्कृति और साहित्य में भी उन भ्रष्ट और दलाल 'मच्छरमारों' का प्रतिनिधित्व करता है, जो सारे नैतिक सामाजिक तथा सृजनात्मक मूल्यों-मान्यताओं को निगल लेने के बाद अब मंच पर बैठे डकार मार रहे हैं। उनका आग्रह है कि हम उनकी डकार को विचार मानें।

और बेचारे पॉल रॉब्सन, जिन्होंने इस गीत की धुन तैयार की थी? इस अश्वेत गायक को संसार की उत्पीड़ित मानवता का कलाकार कहा जाता है। लेखक, विद्वान, अभिनेता, नाटककार, संगीतकार और बेहद लोकप्रिय गायक। अमेरिका, रूस समेत कई देशों द्वारा शांति सद्भावना और नागरिक स्वतंत्रता के संघर्षों के लिए सम्मानित। हालाँकि मार्टिन लूथर किंग की हत्या के बाद अमेरिका इतना बदल गया कि पॉल रॉब्सन वहाँ गरीबी और विक्षिप्तता की हालत में मरे। उन्हें अमेरिकी 'आल आउट' डब्बे ने मच्छर की तरह निगल लिया। उन्हें समाजवाद (और रूस) का समर्थक होने के कारण जब अमेरिका छोड़कर जाने को कहा गया तो उनका जवाब था—'मेरा बाप इस देश में एक गुलाम था। मैं उन्हीं लाखों गुलाम संतानों में से एक हूँ, जिनके और खून पसीने से यह अमीर देश बना है। जो मुझसे मेरा देश छोड़कर जाने के लिए कहता है, वह एक फासिस्ट दिमाग है।'

आज नए साल का चौथा दिन है। आज से दस दिन बाद जब 14 जनवरी को हमारे यहाँ मकर संक्रांति का पर्व मनाया जाएगा क्या उसके पहले कोई 'समाजकर्मी-लेखक-बौद्धिक-राजनीतिक' प्रसार भारती के अधिकारियों से इस विज्ञापन

को हटा लेने के लिए अर्जी-पुर्जी देगा, क्योंकि उन्हीं दिनों जॉर्ज बुश के अमेरिका समेत, संसार भर में 'मार्टिन लूथर किंग दिवस' मनाया जाता है। यानी 'नागरिक स्वतंत्रता दिवस'। अगर इस विज्ञापन को रोका नहीं गया तो डर है कि कहीं यह डब्बा 'वैष्णव जण ते तेणे कहिए' या 'जन-मन-गण अधिनायक' गाने वाले मच्छरों को भी न निगलने लगे। आपका क्या खयाल है?

(राष्ट्रीय सहारा : 4 जनवरी 2004)

आकाश के वक्ष में चिड़िया का मन

अभी मुश्किल से दो वर्ष बीते हैं, जब राजस्थानी ही नहीं भारतीय साहित्य के सुप्रसिद्ध कथाकार विजयदान देथा के जीवन और लेखन पर मैं एक वृत्तचित्र बना रहा था। सारी शूटिंग उनके गाँव बोरुंदा में ही हो रही थी। बोरुंदा जोधपुर से लगभग एक सौ पाँच किलोमीटर दूर है। फिल्म लगभग पूरी होने को आ रही थी लेकिन उस फिल्म में बिज्जी (विजयदान देथा को लोग प्यार से इसी नाम से पुकारते हैं) की पत्नी कहीं नहीं थीं। मैंने बिज्जी से इसका संकेत किया तो उन्होंने कहा, तुम्हीं उनसे बात कर लो। उन पर मेरा कोई दबाव काम नहीं करता। मैंने उनकी पत्नी से फिल्म के लिए कुछ शॉट्स देने का आग्रह किया तो अपने कमरे, किवाड़ और लगभग डेढ़ हाथ की घूँघट के पीछे से उनकी काँपती कमजोर आवाज आई कि उनको कई दिनों से तेज ज्वर है। सारा बदन तप रहा है। लेकिन अगली सुबह मैं आश्चर्य और प्रसन्नता से विभोर हो गया जब उन्होंने सहयोग किया और हमारे लिए कुछ बहुत अच्छे शॉट्स दिए।

एकाध महीने के बाद, दिल्ली के एक स्टूडियो में, मैं फिल्म का संपादन कर रहा था, तभी अचानक सूचना मिली कि, बिज्जी की पत्नी नहीं रहीं। कैसी विडंबना थी, उस फिल्म के संपादन के दौरान मॉनिटर पर मैं हर रोज उन्हें उसी रूप में देख रहा था, जिस तरह वे उस रोज सुबह दिख रही थीं, गाय को खाना-पानी देते, दातुन चबाते, बिज्जी से बात करते, अपनी पोती के साथ कोई काम करते हुए, जबकि अब वे वास्तविकता के भौतिक संसार में अचानक अनुपस्थित हो गई थीं। छवि और यथार्थ में यह एक प्रत्यक्ष सांघातिक मार्मिक अंतर होता है। छवि (इमेज) इसी तरह काल के संदर्भ से अचानक विमुक्त हो जाती है।

संपादन के दौरान मैं लगातार उदास रहा। बार-बार बिज्जी का ध्यान आता था। अस्सी के पार की आयु में उनकी देख-भाल जिस तरह से उनकी जीवनसंगिनी कर सकती थी, अब वैसा कौन करेगा! बिज्जी चुप जरूर थे, लेकिन कहीं बहुत अकेले रह गए थे। और अभी इसी वर्ष के प्रारंभ में अचानक सुबह-सुबह उनका फोन आया कि, 'सदैव नहीं रहा।' सदैव उनके सबसे छोटे बेटे का नाम था। बहुत अंतर्मुखी, खामोश, संकोची और दुबला-पतला सबसे छोटा बेटा। वह बहुत पढ़ाकू

था। रात में शूटिंग के बाद थके-हारे हम बैठते, तो वह आ जाता। रूसी साहित्य का विलक्षण पाठक। एक बार भूत-प्रेत से जुड़ी कहानियों का जिक्र चला तो उसने मुझसे बीसवीं सदी के रूसी गोथिक टेल्स की कुछ कहानियों को पढ़ने का आग्रह किया। वह पुस्तक मेरी अपनी लाइब्रेरी में भी थी और उसकी कुछ कहानियाँ मैंने पढ़ भी रखी थीं। पर उन कहानियों को मैंने दुबारा पढ़ा। उसकी पसंद सचमुच बहुत अच्छी थी। लेकिन उस दिन मैं स्तब्ध था। सदैव को अचानक क्या हो गया। पता चला कि उसको कुछ दिनों से पेट में दर्द था, गाँव में किसी ने बताया कि आक का दूध पीने से दर्द ठीक हो जाता है। उसने आक का दूध पी लिया और डॉक्टरों की तमाम कोशिशों के बावजूद बचाया नहीं जा सका।

बार-बार मेरी आँखों के सामने बिज्जी का चेहरा घूमता। इतनी कम अवधि में इतने बड़े दो आघात। यही वह दौर भी था, जब साहित्य अकादमी के चुनावों के विवाद में उन पर आरोप-प्रत्यारोप हुए। संस्थानों और अकादमियों की ओर चीते या चातक की तरह ताकते लेखकों के प्रहार बिज्जी उन दिनों लगातार झेलते रहे।

और उस पिछले दिनों कही यह खबर। सभी अखबारों के मुख पृष्ठ पर हिंदू कॉलेज के मेधावी छात्र अभिषेक के झील में डूब जाने की मार्मिक सूचना छपी। सुबह-सुबह बिज्जी का फिर फोन आया कि कैलाश दिल्ली पहुँच गया है, तुम उससे संपर्क कर लो। कैलाश बिज्जी के ही पुत्र हैं। अभिषेक उन्हीं का बेटा था। हिंदू कॉलेज के छात्रावास के बहुत से छात्र सब्जी मंडी की मोर्च्युअरी में उपस्थित थे। भीगी आँखों के साथ रिज के जंगल में दो-ढाई बजे रात जिस झील में अभिषेक डूबा, उसे 'खूनी खान झील' कहा जाता है। कहते हैं 1857 में गदर की असफलता के बाद अंग्रेजों के जुल्म से बचने के लिए बहुत से भारतीयों ने इस झील में कूद कर आत्महत्या की थी। अभिषेक ने कुछ दिनों पहले ही यान मार्टेल का उपन्यास 'लाइफ ऑफ पी' पढ़ा था।

सिर्फ चौबीस महीने और इतनी सी अवधि में तीन बड़े आघात। पत्नी से लेकर पोते तक की तीन पीढ़ियों का ऐसा आकस्मिक विछोह। याद आता है बिज्जी के जीवन और कृतित्व पर अपना ही बनाया वृत्तचित्र का वह अंश, जिसमें बिज्जी कहते हैं—'आज से सत्तर साल पहले, जब मैं चार वर्ष का था, तब मैंने अपने पिता का शव देखा था। उनके दो भाइयों के साथ उनकी लाश आँगन में लाकर रखी गई थी। टुकड़ों-टुकड़ों में कटे हुए शव। मेरे मस्तिष्क में पिता की यही स्मृति है।'

बिज्जी के पिता और चाचा किसी खेत के झगड़े में सामंती हिंसा के शिकार हुए थे।

•

कितनी त्रासदियाँ हैं इस महान और अपूर्व कथाकार के जीवन में। विशाल आकाश जैसे विस्तृत उसके वक्ष के भीतर एक अत्यंत कोमल शिशु या चिड़िया जैसा हृदय है, यह हम सब जानते हैं। वक्ष के उस मर्मांत और पीड़ा से ही शायद उन रचनाओं-कथाओं का जन्म हुआ होगा, जो अब भारतीय साहित्य की अनमोल धरोहर हैं।

(जनसत्ता : 29 दिसम्बर : 2003)

गुर्गे, मुस्टंडे, गुमाश्ते और खिलाड़ी

पिछले पखवाड़े हमारे कुछ खिलाड़ियों ने आज के 'मैच फिक्सिंग', 'डोपिंग' और 'सब कुछ बिकाऊ' वाले ऐतिहासिक वाणिज्य काल में एक अभूतपूर्व फैसला लेकर सबका चौंका डाला।

खिलाड़ियों वाले कोटे से विभिन्न सरकारी और निजी संस्थानों में नौकरी पाने वाले इन खिलाड़ियों की अभी तक यही ड्यूटी मानी जाती थी कि वे संस्था से वेतन लेते हुए नियमपूर्वक व्यायाम, अभ्यास और खेल की तैयारियों में लगे रहेंगे और समय-समय पर होने वाली एशियाई, कामन वेल्थ, सार्क या ओलंपिक प्रतियोगिताओं में मेडल जीत कर अपनी-अपनी संस्थाओं और देश का नाम रोशन करेंगे। रेलवे, बैंक, पुलिस, एअरलाइंस, सेना समेत सारे सरकारी महकमे और बिड़ला, अंबानी से लेकर इस देश में पूँजीनिवेश करने वाली विदेशी कंपनियाँ, सब की सब, कम से कम इस राष्ट्रीय भावना से ओतप्रोत हुआ करती थीं कि खेलों और खिलाड़ियों को संरक्षण और प्रशिक्षण देना है। सहारा, पेप्सी, विल्स, सिंगर और कोकाकोला सभी ने विश्व कप प्रतियोगिताएँ आयोजित करके इस राष्ट्रीय क्रीड़ा महायज्ञ में अपनी-अपनी आहुतियाँ दी हैं। बूढ़े और बीमार क्रिकेट खिलाड़ियों के सहायतार्थ मैच आयोजित किए। इस देश के एक से एक खूँखार आतंकवादियों, तस्करों और अपराधियों को अपने ने देश में पनाह और सुरक्षा देने वाले दुबई जैसे देश ने भी अपने खेल और खिलाड़ी प्रेम का परिचय दिया है। उसने भले ही मुंबई में बमों के विस्फोट से सैकड़ों बेगुनाहों की हत्या के अपराधी दाउद इब्राहिम और मेमन जैसों को हमारी पुलिस के हवाले न किया हो, उसने हमारे बीमार और बूढ़े चंद्रशेखरों, अब्बास अलियों, गावस्करों और प्रसन्नताओ आदि को ऐसे लंबे-चौड़े चेक भेंट में दिए हैं जो हमने आपने कभी न देखे होंगे। यह इन्हीं खेल प्रेमियों का आशीर्वाद है कि जसपाल राणा जैसे फूटती तरुणाई के खिलाड़ी भी अब स्वदेशी सरकार या संरक्षकों को आस्ट्रेलिया चले जाने की कुछ-कुछ वैसी ही धमकी देने लगे हैं, जैसी एक जमाने में समाजवादी देशों के खिलाड़ी अमेरिका भाग कर दिया करते थे। वैसे हमारे घूँसेबाज देवराजन ने अमेरिका के लिए इस दरिद्र और भ्रष्ट देश को पिछले दिनों त्याग कर इस परंपरा की शुरुआत

तो कर ही दी है।

इसलिए ऐसे वक्त में पिछले पखवाड़े हमारे पहलवानों ने जो नैतिक स्टैंड लिया, उसकी तारीफ जरूर होनी चाहिए। दिल्ली विद्युत बोर्ड के खिलाड़ी कोटे से नौकरी और वेतन पाने वाले इन पहलवानों से बिजली का सरकारी महकमा बिजली के उपभोक्ताओं के यहाँ छापे मारने वाली टीम में शामिल होने का दबाव डाल रहा था। वे चूं-चपड़ करने वाले या घिराव-प्रदर्शन जैसे लोकतांत्रिक हथकंडों का इस्तेमाल करने वाले उपभोक्ताओं को ठोंकने पीटने के काम आते। लेकिन इन पहलवानों ने जवाब दिया कि हम दिल्ली विद्युत बोर्ड के गुंडे, मुस्टंडे या गुमाश्ते नहीं हैं। हम खिलाड़ी हैं। हमारा काम खेल है, नागरिकों को मारपीट कर वसूली करना नहीं।

जरा सोचिए, पहलवानों का यह जवाब हमारे लोकतंत्र के इतिहास में कितने ऐतिहासिक महत्त्व का है? अगर कहीं पहलवानों ने हाँ कर दी होती तो क्या होता? दिल्ली सरकार की कालाबाजारी के लिए प्याज बाँटने वाली साल पुराने माडल की गाड़ी के सामने सचमुच 10 रुपए किलो प्याज खरीदने की जिद करने वाली किसी आदर्शवादी को पहलवानों ने धोबी पछाड़ जैसे दांव से सड़क पर सार्वजनिक तरीके से चित कर दिया होता। टेलीफोन या बिजली के बढ़े हुए बिलों को ठीक कराने के फेर में पड़े किसी शरीफजादे की लोमहर्षक धुनाई हो रही होती। रेलवे विभाग अपनी रिजर्व्ड वर्थ को हासिल करने के कानूनी अधिकार की लड़ाई में उलझे किसी संविधानप्रेमी को डिब्बे ही नहीं चलती ट्रेन से बाहर फिंकवाने के लिए रेलवे स्टेडियम के इंजार्च और स्वर्णपदक विजेता विश्वंभरनाथ के शिष्यों की सेवाएँ प्राप्त कर रहा होता। छत्रसाल स्टेडियम के निदेशक भारत केसरी मास्टर सतपाल ओलंपिक में पदक जीतने वाले शागिर्दों को तैयार करने के बजाय, डीडीए के भ्रष्ट अलाटमेंट या नीलामी का विरोध करने वाले किसी भुक्तभोगी की हड्डियाँ तोड़ रहे होते। दारा सिंह और चंदगी राम की ड्यूटी दूरदर्शन में सीरियल पास कराने की एवज में 'दारू, कुड़ी और कमीशन' माँगने वाले किसी अधिकारी की मुखालफत करने वाले किसी निर्देशक पर फ्रीस्टाइल के दाँव आजमाने के लिए लगा दी जाती है।

सोचिए, अपने खटारा स्कूटर की पिछली सीट पर अपनी पत्नी, बूढ़ी अम्मा या दादी को बिना हेलमेट बिठा कर, कमजोर ब्रेक की वजह से कभी कभार स्टाप लाइन पार करने वाले या कार में अपनी प्रायवेसी की हिफाजत में डार्क फिल्म चढ़ा कर ट्रैफिक कानून तोड़ने वाले नागरिक की क्या गत बन रही होती? ऐसी मुस्तैदी हमारी सरकार ने अंग्रेजों से ही सीखी है। अठारहवीं सदी के आखिरी दिनों में जब बंगाल, ओड़ीसा और बिहार के डेढ़ करोड़ लोग अकाल और भुखमरी में मर गए थे, तब ईस्ट इंडिया कंपनी ने प्रजा से लगान और करों **की** तिगुनी उगाही की थी। लार्ड क्लाइव और वारेन हेस्टिंग्स के राज में कंपनी के अफसरों ने अपनी मुस्तैदी की रिपोर्ट में लिखा था कि हमारे 'कर्मचारियों' ने प्रजा से उगाही और वसूली में रेडियो और

हिजड़ों तक को नहीं बख्शा है।

अंग्रेजों से अपनी आजादी के इक्यावनवें साल ईश्वर कृपा से हमारी खाल बच गई है। अपने पहलवानों के ऐतिहासिक फैसले के स्वागत में हमें ताली जरूर बजानी चाहिए।

(जनसत्ता : 14 अक्टूबर 1998)

दज़ला के गड्ढे में नायक का जन्म

फ़ैसला जिसे अंग्रेजी में 'जजमेंट' कहते हैं, उसकी सबसे बड़ी विडंबना यही है कि वह हमेशा विजेता या शासक के हाथों ही हुआ करता है। जो पराजित होता है या पराधीन, वह कोई 'फैसला' या 'न्याय' नहीं कर सकता। 13 दिसम्बर को दज़ला के किनारे, तिकरित शहर के गड्ढे में से पकड़े गए सद्दाम हुसैन उर्फ 'अब्द अल माजिद अल तिकरिती' का फैसला भी, अब अमरीका द्वारा स्थापित इराक का 'अंतरिम' संचालक परिषद करेगा। पिछले वर्ष 2002 के चुनाव में इराकी जनता द्वारा चुने गए और अब आंग्ल-अमरीकी सरकार द्वारा अपदस्थ इराक के राष्ट्रपति के अपराधों का फैसला एक ऐसा परिषद करेगा, जिसे इराक की जनता ने नहीं चुना है। यह सवाल पहले भी उठा है। हिटलर और नाजियों के जुर्मों के लिए जिस मशहूर 'न्यूरेंबर्ग ट्रायल' के तहत 'फैसले' किए गए और सजाएँ सुनाई गईं, उसी तरह हिरोशिमा-नागासाकी से लेकर कोरिया तक में, मित्र पश्चिमी देशों की फौजों ने जो अपराध किए, उनके बारे में आज तक कोई 'ट्रायल' कहीं नहीं हुआ।

बहरहाल, किसी भी कथाकार के लिए पराजित और गिरफ्तार सद्दाम हुसैन विजेता जॉर्ज बुश से ज़्यादा संभावनापूर्ण नायक है। सद्दाम के जीवन के उतार-चढ़ाव, उसकी दुस्साहसिकताएँ और उसकी त्रासदियाँ उसे किसी नए, अभी तक अलिखित महाकाव्यात्मक उपन्यास का नायक बनाती है। इथियोपिया के भूतपूर्व सम्राट हेल सिलासी के जीवन पर पोलिस पत्रकार रिस्जार्ज़ कापुंरिस्की ने 'एंपरर' नामक जो उपन्यास लिखा था, सद्दाम के जीवन में उससे ज़्यादा बड़ी संभावनाएँ मौजूद हैं। यह एक विलक्षण संयोग ही है कि सद्दाम के जीवन का आरंभ और लगभग अंत दज़ला और फरात के उसी भूखंड में हुआ जहाँ मेसोपोटामिया या बेबिलोन की प्राचीनतम सभ्यताओं का अस्तित्व था। गिलगमेश की गाथा का जन्म यहीं हुआ। यह न भूलें कि त्रासदी का महान यूनानी सिद्धांत महागाथाओं के पात्रों के आक्रांत जीवन के बीच से ही निकला है। महागाथाएँ न होतीं तो अरस्तू-प्लेटो न होते। मम्मट-भरत न होते। पतंजलि न होते। पीर-पैगंबर और बहुतेरे धर्म-मज़हब न होते। नियम-संविधान, कानून, राज्य-व्यवस्थाओं की नींव में इन 'एपिक्स' के असंख्य कंकड़-पत्थर, ईंट-रोड़े भरे हुए

हैं। इनके सुंदर गुंबद-मीनारों और मेहराबों के स्थापत्य और शिल्प में इन्हीं महाकाव्यों का गारा-चूना, गिट्टी-सिरमिट है। आपने कोणार्क, अजंता, खजुराहो या भरहुत देखा है? इनके स्थापत्य और शिल्प में हमारे महाभारत-रामायण से लेकर मालविकाग्निमित्रम् और कुमारसंभव तक के काव्य अंतर्भूत हैं। आपने ताजमहल, कुतुबमीनार या एतमाउद्दौला का मकबरा देखा है? इनमें बेबिलोन-मेसोपोटामिया से लेकर हड़प्पा तक की सभ्यताओं का स्मरण है। और हम आज, तमाम मीडिया और अमेरिकीकरण, भूमंडलीकरण के बावजूद जिस हिंदी नामक भाषा में लिखते-बोलते हैं, उसमें अरब या मध्य-एशियाई मूल के शब्दों की अंग्रेजी से कहीं बहुत ज़्यादा उपस्थिति है। हमारी हिंदी भाषा में भी उन सभ्यताओं की भाषिक-सांस्कृतिक स्मृतियाँ हैं।

हम जिस त्रासदी (ट्रेजेडी) के महान सिद्धांत की बात कर रहे थे, उसका जन्म भी किसी महागाथा के नायक (हीरो) या पात्र के आक्रांत-घटनापूर्ण जीवन के उतार-चढ़ावों के बीच हुआ। नायक के शौर्य, पराक्रम, निर्बलता, लालसा, दुःख और आनंद के शिखरों और खाइयों में उठते-गिरते आख्यान के आघात-प्रत्याघात में से ही कोई महान ट्रेजेडी पैदा हुई। हर किसी ऐरे-गैरे के टुच्चे जीवन में त्रासदी को धारण करने का सामर्थ्य नहीं होता। एक टुटपुंजिया कविता-कहानी या तीसरे दरजे के उपन्यास लायक जीवन तो बहुतेरों का हो सकता है।

और जो महागाथा का नायक होता है, ज़रूरी नहीं कि वह विजेता ही हो। अपनी त्रासद पराजय और अंत के बावजूद अपनी त्रासदी के कारण ही वह नायक बनता है। सीज़र को ब्रूटस ने धोखा दिया और वह मारा गया, लेकिन नायकत्व तो सीज़र के ही नाम रहा। आज हमारे सामने जिस जॉर्ज बुश का अपराजेय-दुर्जेय मुस्कुराता हुआ डरावना-मसखरा चेहरा है, उसके जीवन में वह संभावना नहीं, जो प्रताड़ित बचपन, भगोड़े अपराधी, बाथ पार्टी के षड्यंत्रकारी और दुस्साहसी कार्यकर्त्ता, फ्रांसीसी-ब्रिटिश उपनिवेशवाद के विरुद्ध, अरब राष्ट्रवाद के योद्धा और फिर तख्तापलट-निरंकुश तानाशाही से लेकर छह फुट के गड्ढे के भीतर चीथड़ों में छिपे एक पराजित राष्ट्र के प्रतीक बनने तक के, सद्दाम के जीवन में मौजूद है। और अभी तो वह जीवन जारी है। जॉर्ज बुश का समूचा कुल (पिता सीनियर बुश समेत) तो सद्दाम हुसैन के आख्यानात्मक जीवन-वृत्त के एक छोटे-से हिस्से में ही फुस्स होकर बुझ जाता है।

जॉर्ज बुश विजेता तो है, लेकिन उसके जीवन में तमाम ताकत और जीत के बावजूद एक बौने खलनायक (विलेन) की ही संभावना बनती है। बुश किसी सीता या किसी हेलेन की खोज में निकले किसी व्याकुल नायक का जीवन नहीं जीता, वह तो तेल के कुओं और किसी दूसरे देश और समुदाय की संपदा को लूटने-हथियाने के लिए निकले क्षुद्र वहशी 'विलेन' का जीवन है। भारतीय महाकाव्यों के नायक के लिए भी जिस 'धीरोदात्त' यानी धैर्य और उदात्तता की शर्त रखी गई है, उसकी एक कौंध भी जॉर्ज बुश के अधीर, संकीर्ण चेहरे में नहीं है। शिखंडी की आड़ में भीष्म

को अगर मार डाला गया या एक व्याध ने महाभारत के नायक कृष्ण की हत्या कर दी, तो क्या शिखंडी या वह बहेलिया नायकत्व पा गए? उसी तरह सच यह भी है कि छह फुट गड्ढे में छुपे बदहाल सद्दाम हुसैन के एपिकल कद के सामने, विजेता जार्ज बुश एक बौना विलेन ही दिखाई देता है। तो, ठीक हमारी आँख के सामने जो महागाथात्मक घटनाएँ बेबिलोन-मेसोपोटामिया (इराक आदि) से लेकर हिंदूकुश-गांधार (अफगानिस्तान) तक यानी दज़ला फ़रात से लेकर सिंधु जैसी नदियों की प्राचीनतम सभ्यताओं के इलाके में घटित हो रही हैं, उसके नायक फिलहाल वे हैं, जो किन्हीं खाइयों, पातालों, गुफाओं या कंदराओं में छुपे हुए हैं। अगर उन्हें बीन-बीन कर फाँसी पर लटका दिया गया या गोलियों से उड़ा दिया गया, तब भी आंग्ल-अमेरिकी विजेता इस महागाथा के 'हीरो' नहीं बन सकते।

अगर 9-11 सितम्बर 2001 के जिन दिनांकों में न्यूयार्क के दो विश्व व्यापार मीनारों का विध्वंस दर्ज़ है, जिसे देखकर प्रसिद्ध अमेरिकी कवि-कथाकार जॉन अपडाइक को नीत्शे के बाद दूसरी बार यह लगा था कि 'ईश्वर अब मर गया है', तो ठीक उसी के बरक्स 9-11 अप्रैल 2003 की वे तारीखें भी मौजूद हैं जब बगदाद के उस महत्त्वपूर्ण संग्रहालय को नष्ट किया गया और लूटा गया, जिसमें गिलगमेश की महागाथा के दुर्लभ पट-पत्र संगृहीत थे। इस संग्रहालय के लिए पुरातात्विक सामग्री और शोध जुटाने में ब्रिटिश और अन्य पश्चिमी विद्वानों और पुरातत्वविदों का भी श्रम और योगदान रहा है। इसमें मेसोपोटामिया के भौतिक प्रमाण सरंक्षित थे। हो सकता है कि आज मीडिया की बदौलत 9-11 सितंबर की तारीखों के साथ-साथ अमेरिकी और जॉर्ज बुश ज्यादा बड़े दिख रहे हों, लेकिन मिथकों और महाकाव्यों के भविष्य में तो 9-11 अप्रैल का विध्वंस अधिक दूरगामी और अर्थपूर्ण होगा। एक के पीछे आत्मघाती आतंकवादी थे तो दूसरे के पीछे वह बर्बरता, जो उस विजेता, ताकतवर देश ने दिखाई, जिसके पास न किसी सभ्यता की स्मृति थी, न कोई इतिहास। महाकाव्य या महागाथाएँ लिखी ही इसलिए जाती हैं कि जो यथार्थ में पराजित होता है, उसे मिथकों का नायक और विजेता बनाया जाए। और, यही तो हमारा काम है। यमुना के तट से, हम महाभारत के क्षेत्र के गड़रिए, आज अपने गाने-बजाने के लिए, रोजी-रोटी के लिए दज़ला-फ़रात की ओर फिर से देख रहे हैं।

और हम यह अच्छी तरह से जानते हैं कि अगले 'मेटानैरेटिव' का महानायक कौन होगा।

(राष्ट्रीय सहारा : 28 दिसम्बर 2003)

हमारी आँख के सामने महाकाव्य

उस दिन, जब टाइग्रिस (दज़ला) नदी के किनारे के शहर तिकरित के एक मकान के पिछवाड़े, एक मामूली चारपाई के आकार के गड्ढे से आंग्ल-अमेरिकी सेना के एक गंजे-मुंडित अफसर ने उस आदमी को गंदे चीथड़ों में पकड़ा जिसके बिखरे बाल, वनैली दाढ़ी और माथे की गाढ़ी रेखाओं के पार एक विभ्रांत फकीर जैसा चेहरा था, और जिसने कांपती आवाज़ में कहा था–'आयम सद्दाम हुसैन, प्रेसिडेंट ऑफ इराक!' तो ठीक उसी पल एक महाकाव्य के हमारी आँख के सामने परिघटित होने का दृश्य कौंध गया था। यह उस महागाथा (मेटानैरेटिव) के फिर संभव होने की आश्चर्यजनक दुर्लभ घटना थी. जिसके अंत की घोषणा उत्तर-आधुनिक बार-बार कर चुके थे।

संयोग से, दज़ला और फ़रात (यूफ्रेटस) जैसी नदियों के बीच का यह क्षेत्र, जहाँ यह घटना घट रही थी, वह संसार की महान् सभ्यताओं-बेबिलोन-मेसोपोटामिया या सुमेर की प्राचीनतम सभ्यताओं का केन्द्र था, हमारी मोहनजोदड़ो और हड़प्पा सभ्यताओं से भी प्राचीन। महत्त्वपूर्ण लेकिन यह भी है कि इन सभ्यताओं के साथ हमारी सभ्यता का संबंध तब भी था, जब अमेरिका या इंग्लैंड का कहीं वजूद भी नहीं था। अमेरिका-इंग्लैंड को जानने के पहले से, हम यहाँ के लोगों को जानते थे। यही वह क्षेत्र था, जहाँ लिखित शब्द का जन्म हुआ, संसार की पहली लिपियाँ पैदा हुईं, गणित, विज्ञान, नगर, स्थापत्य का पहला प्रमाण मिला। गिलगमेश की महाकाव्यात्मक गाथा यहीं लिखी गई।

इसलिए जब उस छह फुट-गुणा-आठ फुट के सँकरे गड्ढे में से टीवी कैमरों की तरफ वह फ़कीर-पागल चेहरा घूमा तो वह किसी अखबार या न्यूज चैनल में खप जाने वाला मामूली चेहरा नहीं, एक सभ्यता मूलक मेटानैरेटिव का नायक-विनायक चेहरा था। सैम्युएल हंटिंग्टन ने सभ्यताओं के जिस संग्राम की घोषणा की थी, उसी टकराहट के मलबे और गर्द में से वह चेहरा निकल रहा था।

और यह अत्यंत रोमाचंक अनुभव है कि महागाथा के उस पात्र का चेहरा अभी तक हमारे समय के भीतर उपस्थित है। गिलगमेश या एशाइलस या पारिस या भीष्म या कर्ण या किसी और महाकाव्य के किसी पात्र का चेहरा! आह!

महाकाव्य लिपिबद्ध वर्षों-शताब्दियों बाद होते हैं, घटित पहले होते हैं। महागाथाओं की एक विशेषता यह भी होती है कि जब वे घटित हो रहे होते हैं, उस समय पता ही नहीं चलता कि वे सचमुच घटित हो रहे हैं। ट्रॉय का युद्ध जब घटित हुआ तब कोई नहीं जानता था। होमर ने 'इलियड' बाद में लिखा। पहले तो असंख्य अज्ञात गडरियों ने टुकड़ों-टुकड़ों में, वृत्तों (साइकिल्स) में उसे गाया, बाद में होमर ने उन सबको जोड़-गूँथकर एक महाकाव्य रचा। होमर कौन था, एशिया माइनर से भटकता, माँगता-खाता वह कहाँ-कहाँ भटका, कौन जाने। हाँ! जब वह मरा तो अंधा, बूढ़ा, दरिद्र और लाचार था। हर महा-लेखक की अंतिम नियति यही हुआ करती है। वह समाज के मंच पर नहीं, उसके हाशिए के बाहर कहीं होता है। व्यास और वाल्मीकि के साथ भी यही था।

महाभारत, जो संसार की मानव सभ्यताओं का सबसे बड़ा लिखित महाकाव्य है, वह दिल्ली के आसपास हस्तिनापुर और हरियाणा के कुरुक्षेत्र में घटित हुआ। अट्ठारह अक्षौहिणी सेनाओं ने इस युद्ध में पराजित कौरवों की तरफ से हिस्सा लिया और इस महागाथा के सारे नायक-महानायक अपने शौर्य-पराक्रम, विजय-पराजय, आनंद-त्रासदी के साथ इसी के बीच अट्ठारह दिन में जन्मे। ट्रोजेन युद्ध में एक हज़ार सैन्य नौकाओं ने, हज़ार-हज़ार योद्धाओं के साथ एक पक्ष से हिस्सा लिया और (शायद) दस वर्ष तक चले इस युद्ध में कई यूनानी महानायकों का जन्म हुआ। एक रोचक और महत्त्वपूर्ण पक्ष यह भी है कि संसार के सारे महाकाव्य या एपिक्स एक-दूसरे से काफी मिलते-जुलते होते हैं। इनके आख्यानों और पात्रों में एक-दूसरे की प्रतिकृतियाँ और छवियाँ लगातार झलकती रहती हैं। एक सभ्यता की महागाथा में दूसरी सभ्यता की महागाथा की अनुगूँजें लगातार सुनाई देती हैं। हेलेन, सीता, द्रौपदी आदि इत्यादि। लेकिन महाकाव्यों की सबसे बड़ी विशेषता यही होती है कि इनके आख्यान की समूची बनावट और संरचना का संदर्भ हमेशा सभ्यतामूलक होता है। किसी युग के अंत और किसी दूसरे युग के प्रारंभ की संधि में वे बीज होते हैं, जिनमें से महागाथा का विराट वटवृक्ष भविष्य के लिए उठा खड़ा होता है। हमारे आधुनिक आख्यान यहीं पर मात खाते हैं। वे खंडित, क्षुद्र, अल्पजीवी, क्षणभंगुर इसीलिए होते हैं क्योंकि वे चालू, घटिया, निवर्तमान सभ्यता के भीतर किसी मौसमी पौधे या खर-पतवार की तरह उगे हुए होते हैं। उनकी जड़े और उनकी काया दो या कई सभ्यताओं के संघर्ष और टकराव या युद्ध के बीच नहीं होतीं। इसीलिए उन्हें लिखने वाला कोई होमर, व्यास या वाल्मीकि नहीं हो सकता। वे तो गुमनाम असंख्य गडरियों या चारणों की तरह छोटे-छोटे वृत्तों या टुकड़ों को गाने-बजाने वाले, इनाम-पुरस्कार बटोरने वाले काव्य और आख्यान के 'लघुमानव' होते हैं। इन खंड कवियों-लेखकों के खंड-खंड पाखंड हुआ करते हैं।

(राष्ट्रीय सहारा : 21 दिसम्बर 2003)

जल भी राजनीति है

क्या ज़रूरी है कि हम अपने समय की राजनीति के बारे में उन्हीं के वक्तव्य, विचार और चेहरे सुनें और देखें, राजनीति जिनका पेशा है। इस वाक्य में वे भी शामिल हैं, जो कहने के लिए पत्रकार, लेखक, मीडियाकर्मी और 'सेलिब्रिटीज़' हैं, लेकिन जिनके विचार और वक्तव्य उन राजनीतिक दलों का प्रतिनिधित्व करते हैं, जिनसे वे जुड़े हुए हैं। यानी मुक्तिबोध के शब्दों में, जो उनसे नाभि नाल बद्ध' हैं। इन सबके विचारों और वक्तव्यों में और चाहे सब कुछ हो, मौलिकता और वर्चस्वशाली राजनीति की वैकल्पिकता नहीं होती। वे इसके या 'उसके' पक्ष या विपक्ष में होते हैं। 'इधर' या 'उधर'। कुल मिलाकर वे सब 'यथास्थितिवादी' ही होते हैं। वे न तो राजनीति के अति-परिचित चेहरे में कोई बदलाव चाहते हैं, न दरअसल नागरिक समाज की मूल समस्याओं को संबोधित करना चाहते हैं।

गुजरात में जब चुनाव हो रहे थे, उसके पहले गुजरात के मतदाता भूकंप और सांप्रदायिकता संहार की भयावह विनाशलीला और हिंसा से गुजर चुके थे। प्रकृति और राजनीति, दोनों की हिंसा के शिकार वही मतदाता थे, जिन्हें इलेक्ट्रॉनिक मशीनों के बटन दबा कर पाँच साल के लिए अपना शासक फिर से चुनना था। उन तारीखों के अखबार देखें या टीवी समाचार चैनलों की रिपोर्टों और कार्यक्रमों का स्मरण करें तो गुजरात का चुनाव सांप्रदायिकता बनाम धर्मनिरपेक्षता के मुद्दे पर लड़ा जा रहा था। मतदाताओं ने सांप्रदायिकता को चुना। अभी मध्य प्रदेश, राजस्थान और छत्तीसगढ़ में भी यही हुआ। लेकिन जब गुजरात में चुनाव हो रहे थे, उसके ठीक पहले प्रख्यात वैज्ञानिक एम.एस.स्वामीनाथन का एक वक्तव्य अखबारों के किसी कोने में छपा था कि गुजरात आने वाले दिनों में पानी के अभूतपूर्व संकट से गुज़रने जा रहा है। इथियोपिया या सहारा में प्रतिव्यक्ति पानी की उपलब्धि और खपत जितनी है, गुजरात की जनता को उतना भी पानी नहीं मिलेगा। स्वामीनाथन, जिन्हें भारत की हरित क्रांति का भी पितामह माना जाता है, ने कहा था कि देश की भावी राजनीति के मुद्दे पानी, खाना और बेरोजगारी से जुड़े होने चाहिए। ऐसा नहीं है कि राजनीतिक दलों ने और मीडिया ने स्वामीनाथन का वह वक्तव्य न देखा हो, लेकिन हर कोई जानता है कि गुजरात का उत्तर-गोधरा चुनाव

जिन राजनीतिक नारों और मुद्दों के साथ लड़ा गया, उसने पानी कहीं नहीं था। अगर धर्मनिरपेक्षता की राजनीति के रणनीतिकारों और सामाजिक अभियांत्रिकों ने, कुछ प्रबुद्ध मीडियाकर्मियों और बौद्धिकों के साथ मिलजुल कर कोई योजना बनाई होती तो पानी गुजरात के चुनाव का सबसे बड़ा सांप्रदायिकता विरोधी राजनीतिक औजार होता। एक तरह का ब्रह्मास्त्र, जिसकी काट ढर्रे की चालू और कृत्रिम राजनीति करने वाले राजनीतिक पेशेवरों के पास नहीं होती। लेकिन ऐसा नहीं हुआ। पानी, जो अब आने वाले दिनों में भारत का सबसे बड़ा संकट बनने जा रहा है और एक अनुमान के मुताबिक 2010 तक जिसकी कीमत दूध से ज्यादा होने जा रही है, (कई इलाकों में ऐसा हो भी चुका है) वह अभी तक राजनीति का मुख्य मुद्दा नहीं बना है। इसलिए यह जरूरी लगता है कि आज की राजनीति के बारे में हम बार-बार उन्हीं के वक्तव्य, विचार और चेहरे देखने की बजाय, राजनीति जिनका पेशा है, चाहे वे नेता हो, मंत्री या बौद्धिक-लेखक इत्यादि, हम उनके विचारों और वक्तव्यों की ओर भी ध्यान दें, जो राजनीति के बाहर माने जाते हैं। मसलन—वैज्ञानिक, फिल्मकार, इतिहासकार, शिक्षाविद, चित्रकार और स्वतंत्र लेखक इत्यादि। अभी पिछले दिनों जब रेलवे भर्ती बोर्ड की चयन परीक्षाओं के लिए असम और बिहार के लोगों के बीच दंगे और हिंसाएँ हुई तो तत्काल राजनीति में 'क्षेत्रीयता' और 'जातीयता' के उभार का विश्लेषण हमारे सामने आने लगा। सरकारी नौकरियों, के प्रबंधन में चयन प्रक्रिया बदलाव, नई नई कोटा-प्रणाली की ज़रूरत आदि की बनी-बनाई धारणाओं पर विचार होने लगा। समाचार चैनलों और अखबारों में गोगोई, बोडो नेताओं, लालू प्रसाद यादव तथा केंद्रीय मंत्रियों आदि के चेहरे और बयान दिखाई-सुनाई देने लगे। लेकिन ठीक इन्हीं दिनों हर बड़े अंग्रेजी अखबार के भीतरी कोनों के किसी उपेक्षित-सी जगह पर उन्हीं एम.एस. स्वीमानाथन का एक चिंतित वक्तव्य फिर छपा। वह वक्तव्य गुजरात में पानी की ही तरह, इस बार समूचे देश के एक भावी बड़े संकट की ओर संकेत करने वाला एक 'डेंजर सिग्नल' जैसा था।

जैसा हम जानते हैं कि समाज के किसी भी बड़े और गहरे संकट या त्रासदी की परिणतियाँ हमेशा राजनीतिक और आर्थिक भी होती हैं, स्वामीनाथन का यह संकेत निश्चय ही आने वाले दिनों के राजनीतिक और आर्थिक विपदा की ओर हमारा ध्यान खींचते वाला है। इस वक्तव्य के अनुसार हमारा कृषि सेक्टर, जो सूखा, बाढ़, पर्यावरण में असंतुलन, जनसंख्या में वृद्धि तथा नई आर्थिक नीतियों के चलते लगातार जर्जर होता चला गया है, अब आने वाले कुछ ही समय में 25-27 प्रतिशत से अधिक रोजगार और श्रम की खपत नहीं कर सकेगा। यानी ग्रामीण भारत में खाली हाथों-पेटों और खाली दिमागों की बेचैनी का एक बड़ा विस्फोट होगा। गाँवों से नगरों और महानगरों की ओर रोजगार तलाशती देश की जनसंख्या का बढ़ता हुआ पलायन इसी का प्रमाण है। स्वामीनाथन के मुताबिक अगर ग्रामीण स्तर पर, कृषि-क्षेत्र को जल्द

ही इस लायक नहीं बनाया गया कि वह स्थानीय श्रम को आत्मसात कर सके, तो रोजगार के छोटे-मोटे अवसरों के लिए भी असमिया और बिहारियों के बीच की हिंसक टकराहटों जैसी घटनाएँ व्यापक स्तर पर सारे देश में घटित होंगी। अगर सरकार उदार आर्थिक नीतियों के तहत नगरों, महानगरों, उद्योग और व्यापार को उत्तर-आधुनिक बनाने में लगी है, तो उसे अपने कृषि सेक्टर को भी उत्तर-औद्योगिक या उत्तर-आधुनिक बनाना होगा। अगर ऐसा नहीं हुआ तो ग्रामीण क्षेत्रों में, जहाँ आज भी देश की आधी से ज्यादा आबादी निवास करती है, वहाँ के खाली हाथ और दिमाग, आने वाले दिनों में राजनीति के सामने एक ऐसे 'शैतान' को खड़ा करेंगे, जिसकी चुनौतियाँ आतंकवाद और क्षेत्रीय-जातीय टकराहटों से भी ज्यादा मुश्किल होंगी। गृह युद्ध जैसी स्थिति होगी। अभी भी सोचिए अगर कर्नाटक, आंध्र और तमिलनाडु किसी एक ही राष्ट्र-राज्य के तीन प्रांत या राज्य न होते, बल्कि स्वयं सार्वभौम, तीन स्वतंत्र देश होते, तो कावेरी का मसला किसी ट्रिब्यूनल के द्वारा तय न हो रहा होता, बल्कि वे एक-दूसरे के विरुद्ध करगिल या कश्मीर जैसी युद्ध या उग्रवादी गतिविधियों में मुब्तिला होते।

कहने का मतलब यह कि आज की राजनीति का विकल्प खोजने के लिए आज की राजनीति की भाषा, मुहावरों और प्रचारित मुद्दों के बाहर निकलना होगा। ये मुद्दे ज्यादातर प्रायोजित हैं और 'इस' या 'उस' पक्ष को सत्ता तक पहुँचाने वाले मुद्दे हैं। अगर कोई महान हिंदुत्ववादी राजनीतिक पार्टी है या कोई महान धर्मनिरपेक्ष राजनीतिक पार्टी है लेकिन अपने मतदाताओं को न वह पानी दे रही है, न रोटी और रोजगार, न सड़क न बिजली तो, वास्तविकता में वह एक निश्चित सुविधाप्राप्त विशिष्ट वर्ग के हितों को पूरा करने वाली वर्चस्वशाली राजनीतिक ताकत है, जन समाज के संकटों को संबोधित करने वाली या उनका समाधान करने वाली लोकशक्ति नहीं। सत्ता की शिखर संरचनाओं की ये बाहर फूटती शाखा-प्रशाखाएँ हैं, इनका लक्ष्य और कुछ नहीं सिर्फ सत्ता है। अगर आप आँकड़ों को देखें तो पानी के अभाव में अंतर्निहित हिंसा और संहार की परिव्याप्ति 'फासीवाद' या 'तानाशाही' से कहीं ज्यादा बड़ी है। संसार में लगभग 2 अरब चालीस करोड़ लोग आज पानी के अभाव में जी रहे हैं और लगभग 2 करोड़ तीस लाख लोग, जो ज्यादातर तीसरी दुनिया के देशों में रहते हैं, पानी बिना या खराब पानी के कारण रोगी होकर हर साल मर जाते हैं। इसी तरह बेरोजगारी के गर्भ में पल रही हिंसा और अपराध की परिव्याप्ति कितनी बड़ी होगी, हम उसे जल्द ही अगर राजनीति ने अपनी दिशा नहीं बदली, तो परिघटित होता हुआ देखेंगे। बहरहाल, आज की राजनीति का विकल्प खोजने के लिए बेहतर है कि हम उनके वक्तव्यों, विचारों और टिप्पणियों पर ध्यान दें, जो राजनीति के बाहर के लोग हैं। कम से कम जिनके लिए अभी भी रुपया खुदा नहीं है। न उनके पास ऐसी मूँछें ही हैं, जो किसी पिछड़े आदिवासी क्षेत्र का सबसे बड़ा राजनीतिक मुद्दा बन जाएँ और मतदाताओं को 'हज्जाम' की हैसियत में वोट डालना पड़े।

(राष्ट्रीय सहारा : 14 दिसम्बर 2003)

फिल्म और ताबीज

कई बार एक बहुत मामूली और नगण्य-सी वस्तु का होना या न होना बड़ी से बड़ी समस्या और अड़चन पैदा कर सकता है। उस दिन भी यही हुआ था। फिल्म की शूटिंग अचानक रुक गई। पटकथा के मुताबिक फिल्म के एक पात्र सिपाही दुबेरा सिंह के गले में एक ताबीज होना चाहिए था लेकिन कॉस्ट्यूम की देखभाल करने वाले की भूल से वह छूट गया था। पटकथा मैंने लिखी थी और जानता था कि फिल्म में उस ताबीज का कोई विकल्प नहीं था, क्योंकि कहानी में उस मामूली से ताबीज को एक केंद्रीय भूमिका निभानी थी। जो फिल्मों के दर्शक और कहानियों के अच्छे पाठक हैं, वे यह तथ्य अवश्य जानते हैं कि जीवन की तरह ही आख्यान में भी बहुत मामूली और नगण्य वस्तुओं की बहुत बड़ी और कई बार बहुत केंद्रीय भूमिका हुआ करती है। इसी धरातल पर जीवन, नाट्य और आख्यान एक-दूसरे के बहुत निकट होते हैं।

निर्देशक चिंतित था। कैमरा रुका हुआ था। फिल्म की शूटिंग देखने के लिए इकट्ठा हुई भीड़ बेचैन हो रही थी। ताबीज खरीद कर लाने में घंटों बीत जाने का जोखिम था। छोटे बजट की प्रयोगात्मक फिल्म थी। शहर जाने के लिए पक्की सड़क नहीं थी। कच्चा ऊबड़-खाबड़ रास्ता था, जिसमें किराए की खटारा जीप पंद्रह-बीस किलोमीटर प्रति घंटे की रफ्तार से अधिक चल नहीं सकती थी। समय बीतता जा रहा था। कुछ देर बार सूरज के ऊपर चढ़ते से ही दोपहर तक शूटिंग रुक जाने का खतरा था। और तभी दर्शकों की भीड़ में से एक बूढ़ा आदमी धीरे-धीरे चलता हुआ मेरे पास पहुँचा। वह पास के ही किसी प्राइमरी स्कूल का अध्यापक था। उसने हाथ बढ़ा कर अपनी मुट्ठी खोली। उसकी हथेली में एक ताबीज था। चाँदी या टिन का सस्ता-सा ताबीज जैसा अक्सर दरगाहों या मंदिरों में मिलता है।

'मेरे बच्चे जन्म लेते ही मर जाते थे। ऐसा चार-पाँच बार हुआ। फिर किसी ने कहा कि मैहर जाकर शारदा मंदिर में मनौती मानो। वहीं के पुजारी ने यह ताबीज मुझे दिया था। पुजारी ने कहा था, इस बार जैसे ही बच्चे का जन्म हो, उसके गले में इसे बाँध देना। मैंने यही किया।' उस बूढ़े अध्यापक ने कहा। फिर उसने भीड़

की ओर इशारा किया और वहाँ से निकलकर एक आठ-नौ साल का शर्मीला लड़का उसके पास आकर खड़ा हो गया।

'यह ललित है। मेरा बेटा। यह पहला और आखिरी बच्चा है जो माँ शारदा की कृपा से बचा रह गया। मैंने यह ताबीज इसी के गले से उतारा है। जैसे ही आपका काम पूरा हो जाए, आप इसे ज़रूर वापस कर दें।' उसने कहा।

निर्देशक और प्रोड्यूसर के चेहरे पर खुशी की लहर दौड़ गई। ताबीज मिल जाने से शूटिंग शुरू होने में कोई बाधा नहीं रही। लेकिन जो फिल्म के बारे में जानते हैं उन्हें पता है कि कोई वस्तु अगर किसी फिल्म में एक बार शामिल हो जाती तो वह कांटिन्युटी में चली जाती है। यानी तब तक के लिए वह फिल्म की अनिवार्य संपदा का हिस्सा बन ज़ाती है, जब तक फिल्म पूरी नहीं हो जाती। यही उस ताबीज के साथ हुआ। वह अध्यापक रोज आकर भीड़ में खड़ा रहता और चुपचाप फिल्म के पात्र के गले में लटकते अपने बेटे के ताबीज को निहारता रहता।

चौबीस दिनों के बाद फिल्म की शूटिंग समाप्त हो गई और मुंबई की फिल्म यूनिट अपना सारा असबाब समेट-बटोर कर रातों-रात वापस चली गई। उस अध्यापक की वह ताबीज लौटाने की चिंता किसी को नहीं थी। उस घटना को लगभग पंद्रह-सोलह साल बीत चुके हैं। इस दौरान उस अध्यापक के कई पत्र मेरे पास आए। अपने बेटे के गले में पड़ा ताबीज उतारकर उसने मुंबई के फिल्म वालों को दिया था, वह उसे अब तक नहीं मिला है। एक पिता अपने बेटे के जीवन को लेकर कई तरह की असगुन-आशंकाओं में पिछले सोलह वर्षों से घिरा है।

मैंने फिल्म के प्रोड्यूसर और डायरेक्टर से इसके बारे में बात की तो उनका जवाब था—'आप तो जागरूक और पढ़े-लिखे हैं। ऐसे अंधविश्वासों पर विश्वास क्यों करते हैं। दो रुपए के ताबीज के लिए इतना चिंतित रहने की क्या ज़रूरत? बाजार से खरीदकर उसे कोई दूसरा ताबीज भेज दीजिए। उसे क्या पता चलेगा?'

लेकिन जिस नैतिक दुविधा और असमंजस में मैं आज तक घिरा हूँ, और उस अध्यापक को आज तक एक दूसरा ताबीज नहीं भेज सका, क्या यह दुविधा अंधविश्वासों पर भरोसा न करने और वैज्ञानिक बुद्धि हासिल कर लेने मात्र से दूर हो जाएगी? या इसके अलावा भी कोई और भी कारक है जो उस अध्यापक को धोखा देने से रोकता है? नैतिक अंतर्द्वंद्व का यह दूसरा धरातल कौन-सा है? क्या इसका उत्तर आपके पास है।

(जनसत्ता : 12 दिसम्बर 2003)

मिल्लत नगर का अनागरिक

मुंबई के अँधेरी (पश्चिम) का अंतिम छोर। मूसलाधार बारिश। उस रोज सुबह, थोड़ी देर के लिए वर्षा थमी, तो मैं बाहर निकला। लंबे समय तक कंप्यूटर पर बैठे-बैठे टाइप करते-करते उँगलियाँ थक जाती हैं। सुबह की ताजा भूख भी थी।

मुंबई के हर नुक्कड़ पर ठेले और रेहड़ियाँ हैं। समोसा, बटाटा बड़ा और पाव या कांदा-भाजी कहाँ नहीं मिलता! दिवंगत शरद जोशी की बेटी बानी शरद बताती थीं कि पापा ने किस तरह मुंबई के इस 'जंक-फूड' से अपना स्वास्थ्य तबाह किया। इस विडंबना के बारे में सोच कर गहरा दुख हुआ कि हिंदी के जिस महान स्वतंत्र लेखक (फ्रीलांसर) को अर्से तक 'व्यावसायिक लेखक' के रूप में प्रस्तुत किया जाता रहा, वह कैसा जीवन जी रहा था।

मैं मिल्लत नगर के बस टर्मिनल के ठेले के पास खड़ा हुआ था। मिल्लत नगर लोखंडवाला के निकट का वह इलाका है, जहाँ ज्यादातर अल्पसंख्यक रहते हैं। दिवंगत जॉनी वाकर का छोटा-सा बंगला भी इसी टर्मिनल के पास है। जिस दिन की यह बात है, उस दिन जॉनी वाकर साहब जीवित थे। शायद सड़कों पर पानी भर जाने और लगातार बारिश की वजह से वे बाहर टहलने नहीं निकल पा रहे थे। वर्ना मेरे मेजबान मज़हर कामरान ('सत्या', 'कौन' और अभी चल रही 'झंकार बीट्स' जैसी कई फिल्मों के प्रतिभाशाली और प्रयोगधर्मी सिनेमेटोग्राफर) ने कहा था कि एक-दो रोज में जॉनी वाकर साहब के साथ 'इवनिंग वॉक' में गप्पें लड़ाएँगे। तब क्या पता था कि इसी जुलाई के अंतिम हफ्ते के आते-आते वे हमसे बहुत दूर निकल जाएँगे।

बड़ा-पाव ही खाऊँगा, मैंने सोचा। ठीक तभी किसी ने मेरा नाम लेकर पीछे से पुकारा। मैं चौंक गया। यहाँ, मुंबई के इस छोर पर कौन पहचान का निकला? वह ठीक मेरे पीछे खड़ा था। गहरी आत्मीयता के साथ आँखों में मुस्कराते हुए। खिचड़ी बेतरतीब दाढ़ी। बिखरे हुए बाल। किसी अनंत जागरण में तपती हुई रक्तिम आँखें। कंधे पर एक मैला-कुचैला सा झोला। माथे पर बेचैनी और व्यग्रता की सिलवटें।

'आपने पहचाना नहीं?' उसने पूछा। उसकी मल्टी-पॉकेट पैंट, अब फटा हुआ चीथड़ा बन चुकी थी। उमस के बावजूद उसने एक मोटा-सा सर्दियों वाला फोम का

जैकेट पहन रखा था। उसकी आँखों में पहचान की तरलता थी। मैंने बहुत कोशिश की, स्मृति में कुछ नहीं था।

'मैं राहुल!...राहुल दास!' उसने कहा। याद आया। अभी मुश्किल से चार-पाँच साल पहले वह दिल्ली के राष्ट्रीय नाट्य विद्यालय से अक्सर फोन किया करता था। कोई कहानी पढ़ कर। फिर नाट्य विद्यालय के तीसरे वर्ष के छात्रों की प्रस्तुति में उसके अभिनय की तारीफ हुई थी। उत्साह, महत्त्वाकांक्षा और भविष्य की कल्पनाओं से भरा हुआ राहुल दास मध्यप्रदेश के मेरे ही जिले के एक छोटे-से कस्बे से आया था। उमरिया से, जहाँ के एक अन्य छात्र गोस्वामी ने नब्बे के दशक में, बहावलपुर हाउस परिसर के ही एक पेड़ से लटककर आत्महत्या कर ली थी। उस समय वह 'चेरी का बगीचा' की प्रस्तुति में अभिनय कर रहा था। हमने 'दिनमान' में उसकी डायरी के कुछ अंश और उसके बनाए रेखाचित्र छापे थे।

'आइए, उधर चलकर बैठते हैं। इन दिनों मैं एक नाटक लिख रहा हूँ।' उसने पार्क के एक बेंच की ओर इशारा किया। मैंने देखा, पार्क में बरसात का पानी भरा हुआ था। जिस बेंच की ओर वह इशारा कर रहा था, वह उसी पानी के बीच थी। तभी मैंने ध्यान दिया कि आस-पास के लोग, ठेले वाले मुझे उत्सुकता और ताज्जुब से देख रहे थे। 'राहुल, तुम रहते कहाँ हो?' मैंने पूछा तो उसने कहा, 'बस आधी फर्लांग दूर, पुल शुरू होने के पहले जो पार्क है, उसमें। सुबह आप आएँ तो मुलाकात हो जाएगी।'

इसके बाद उसने मुझे देखा और कहा, 'सौ रुपए आपके पास होंगे? जरूरत है। दस-पंद्रह दिन में लौटा दूँगा।' मैंने उसे सौ रुपए दिए। उसका पूरा शरीर जैसे किसी उत्तेजना में काँपने लगा था। उसकी आँखों में आश्चर्य और खुशी की एक कौंध थी। 'पचास और दे दीजिए!' उसने कहा। मैंने पचास और दे दिए। मैंने देखा उसके माथे की बेचैन सिलवटें मिट रही थीं। एक इत्मीनान था, जो वहाँ पैदा हो रहा था। 'थैंक यू', उसने कहा और बिना पायंचे चढ़ाए पार्क के पानी के बीचोंबीच छप-छप चलता हुआ 'अपनी' बेंच की ओर बढ़ने लगा।

बाद में मुंबई के कुछ युवा कलाकारों ने, जिनमें से कुछ रानावि के भूतपूर्व छात्र थे, बताया कि राहुल ने शुरुआत बहुत अच्छी की थी। फिर पता नहीं कैसे उसके मस्तिष्क का संतुलन बिगड़ गया। न वह ड्रग लेता है न उसके भीतर किसी तरह की कोई आक्रामकता है। उनके अनुसार राहुल को अब कोई व्यक्ति नहीं कोई संस्था ही सँभाल सकती है।

मैं देख रहा था कि राहुल दास बेंच पर बैठा हुआ अपने थैले का सामान फैलाकर कुछ खोज रहा था। बहुत से कागजात। किसी अधूरे नाटक की स्क्रिप्ट। किसी कभी न लिखे जाने वाले नाटक का कथानक। शायद उसकी वह डिग्री भी उन्हीं कागजों के बीच होगी, जो रानावि ने सफलतापूर्वक प्रशिक्षण समाप्त करने के बाद उसे दी

होगी।

क्या उन संस्थाओं का उत्तरदायित्व उसी पल समाप्त हो जाता है, जब वे किसी को डिग्री देती हैं? क्या सरकारों-संस्थाओं और व्यक्ति-नागरिक के हितों और नियति में इतनी दूरी और अलगाव होता है—जैसा मैक्स वेबर ने कहा था, कि उनकी चुप्पी (साइलेंस) और अपवर्जन (एक्सक्लूजन) ही उनकी वास्तविक सत्ता को परिभाषित करता है। ऐसी सत्ता जिसकी कोई नैतिक और मानवीय जवाबदेही नहीं होती। उनका गठन उनके अपने अलग हितों और जरूरतों के लिए होता है।

आकाश स्याह होता जा रहा था। मैं देख रहा था, राहुल दास, खुले आकाश के नीचे बेंच पर अपने कागजात उलट-पलट रहा था। बारिश शुरू हो गई थी। राहुल वहीं था, खुले आकाश के नीचे। अपनी डिग्रियों और रचनाओं के साथ।

(जनसत्ता : 18 अगस्त 2003)

एक देह अनेक आत्माएँ

कुकुरमुत्ता पढ़िए फिर 'ताक कमसिन वारि' और 'सरोज स्मृति' पढ़िए और फिर निराला जी की ही कविता 'राम की शक्तिपूजा' या 'तुलसीदास के प्रति' पढ़िए। अगर आप सोंचेगे तो विश्वास ही नहीं होगा कि इतनी अलग-अलग कविताएँ किसी एक ही कवि की हो सकती हैं। ठीक यही अनुभव जयशंकर प्रसाद के साथ होता है। 'कंकाल' पढ़िए फिर 'आकाशदीप' फिर 'कामायनी'। आख्यान तीनों ही हैं। पहले दोनों गद्य में, तीसरा काव्य में। लेकिन आश्चर्य होता है कि एक ही रचनाकार की इन रचनाओं के बीच ऐसी विरोधाभासी, इतनी भिन्न और परस्पर इतनी असंबद्ध दूरी संभव कैसे है? एक तरफ ठोस यथार्थ, विकट सामाजिक जीवन के बीचोंबीच धँसी हुई, घनघोर अभिधात्मक भाषा तो दूसरी ओर कल्पना, दर्शन, पुराण, इतिहास और मिथक के बीच किसी अबूझ रासायनिक क्रिया में से धीरे-धीरे बनता हुआ कोई यौगिक। बाबा नागार्जुन की 'चाचा भरे चाभी' या 'अकाल' और 'शासन की बंदूक' पढ़ते हुए पलट कर 'बादल को घिरते देखा है' जैसी कविता देखिए, आप चौंक जाएँगे।

ऐसा लगभग हर बड़े रचनाकार के साथ होता है। शमशेर बहादुर सिंह की 'ग्वालियर का मजूर' पढ़िए, फिर उनकी कोई 'सुर्रियलिस्ट' सी लगती कविता, 'और एड़ी पर टिकाए मौन' और फिर उन्हीं की 'टूटी हुई बिखरी हुई' देख जाइए—क्या ये सारी कविताएँ किसी एक ही सामाजिक अथवा काव्य-व्यक्तित्व की उपज हो सकती हैं? कोई एक ही व्यक्तित्व और मानस क्या भाषा, भाव, अनुभव और विन्यास का इतना बड़ा रंगक्रम (स्पेक्ट्रम) निर्मित कर सकता है? डॉ. धर्मवीर भारती की 'कनुप्रिया' पढ़िए, इसके बाद 'गुलकी बन्नो' या 'सूरज का सातवाँ घोड़ा' और फिर 'अंधा युग' तक पहुंचिए—आप चकित रह जाएँगे, यह संभव कैसे है? कहाँ गयी वह रोमानियत, वह 'नाइविटी', जिसे आलोचकों ने किसी विशिष्टता, लक्षण या चरित्र की तरह भारती जी के व्यक्तित्व के साथ नत्थी कर दिया था? केदारनाथ सिंह की 'अभी बिल्कुल अभी' की कविताएँ देखिए, 'फिर जमीन पक रही है' की, इसके बाद 'बाघ' और 'बुद्ध की मुस्कान' को देखिए। विनोद कुमार शुक्ल की 'लगभग जैहिंद' की कविताएँ, फिर 'रायपुर-जगदलपुर संभाग' और फिर 'खिलेगा तो देखेंगे'। अज्ञेय की 'विपथगा' की 'रोज' जैसी कहानी पढ़िए, फिर 'शेखर एक जीवनी' और फिर 'हरी घास पर क्षण भर'

या 'असाध्य वीणा'...क्या कोई एक ही रचनाकार है, जो इतने आकस्मिक रूपांतरणों के साथ इतनी अलग-अलग रचनाएँ रच रहा है या फिर जैसा होमर, कबीर या शेक्सपीयर के नामों के साथ हुआ था कि एक ही नाम से अलग-अलग काल और अनुभव के लोग इन्हें रच रहे हैं? 'दोहावली', 'हनुमान बाहुक', 'विनय पत्रिका' और 'रामचरित मानस' को कोई एक ही व्यक्ति कैसे रच सकता है? क्या 'जबरजोत', 'शहर अब भी संभावना है' और 'वागर्थ' में अभी प्रकाशित कविता 'सीढ़ियों पर' का कवि कोई एक ही व्यक्ति हो सकता है? 'आत्मजयी' और 'अमीर खुसरो' जैसी कविताओं के पर्दे में कोई एक ही मानस हो सकता है?

दरअसल, कोई भी रचनाकार किसी भी व्यावहारिक परिभाषा में एक वचन नहीं होता। वह एक व्यक्ति नहीं होता। वह किसी विचार, दर्शन-राजनीति या शैली और विन्यास का उदाहरण नहीं होता। वह एक नहीं, अनेक व्यक्ति होता है। एक चलता-फिरता संग्रहालय। अपने भीतर चलती बहसें और घमासान से भरा हुआ एक संसद, एक संप्रदाय बहुल, बहु-मतावलंबी पंथ। अकेला भी और अपने आप में एक समाज या भरापूरा सार्वभौम गणतंत्र भी। सुप्रसिद्ध पुर्तगाली कवि फेरनांदो पेसोवा की एक कविता की कुछ पंक्तियाँ देखिए। हमारे भीतर एक झुंड निवास करता है। मैं सोचता हूँ या अनुभव करता हूँ और नहीं जानता कौन सोच रहा है, अनुभव कर रहा है। मैं तो सिर्फ वह एक जगह हूँ, जहाँ सोचना और अनुभव करना मौजूद है। मेरी एक से अधिक आत्माएँ हैं। मुझसे भी अधिक कई और मैं हैं। और तब भी मैं हूँ। बाकी सभी से विरक्त। मैं उन सबको चुप कराता हूँ। मैं बोलता हूँ।

फेरनांदो पेसोवा के बारे में कहा जाता है कि वह एक के भीतर चार कवि था। चारों एक-दूसरे से बिल्कुल भिन्न। ऐसा पहला आधुनिक कवि, जिसने अपने भीतर विभाजित 'आत्म' (सेल्फ) को इतनी स्पष्टता के साथ एक निर्वैयक्तिक दूरी से इस तरह देख लिया था कि उसने स्वयं को चार अलग-अलग कवियों के रूप में बाँट डाला था। उसने अपने चार अलग-अलग नाम रखे और चारों नामों से कविताएँ लिखीं। यहाँ तक कि उसने चारों की अलग-अलग जीवनी या 'बायोडाटा' तक तैयार की। उसके अनुवादक जोनाथन ग्रिफिथ ने टिप्पणी की थी कि ये चारों नाम पेसोवा के छद्मनाम या तखल्लुस नहीं थे, बल्कि ये उसके 'हेटेरोनिम्स' थे यानी कह सकते हैं कि उसके एक कवि के भीतर निवास करते चार अलग-अलग कवियों के नाम। आश्चर्य यही है कि हम उन चारों कवियों की रचनाओं से अभिभूत होते हैं और इस बात पर एकमत होते हैं कि चारों ने कितने अलग-अलग तरीकों से जीवन जिया, कितनी भिन्न पीड़ाओं से गुजर कर ऐसी अविस्मरणीय कविताएँ लिखीं और अंत में वे चारों कितने अलग तरह से अकेले थे। क्या आप पेसोवा से सहमत नहीं हैं कि कवि की एक देह के भीतर अनेक आत्माएँ निवास करती हैं लेकिन कवि की ही क्यों? ध्यान से देखे तो हर कोई अलग-अलग व्यक्तित्वों का एक चलता-फिरता संग्रहालय ही होता है।

(राष्ट्रीय सहारा : 4 मार्च 2001)

एक अजायब घर

एक बड़ी पुरानी कहावत है कि कोस-कोस पर पानी बदलता है और सात कोस पर बानी। मतलब यही कि भूमंडलीकरण, बाजार और सूचना प्रौद्योगिकी के कारण भले ही विद्वानों को लग रहा हो कि दुनिया एक गाँव हो गयी है और इंडिया अमेरिका, लेकिन ऊपर वाली ठेठ देहाती कहावत जस की तस अपनी ठौर पर कायम है। दिल्ली का पानी पीकर कुछ कोस के बाद अगर आपको फिर प्यास लगी और आपने आगरा का पानी पिया तो पानी बदल जाने का सत्य आपके गले से सरकता हुआ भीतर उतरेगा। (जो लोग संसार में हर जगह बोतलीकृत खनिज-जल पीते हैं, उन पर यह बात इस तरह लागू नहीं होती उनके लिए कोई दूसरा उदाहरण खोजना होगा। ओह! खोज लिया) पानी के बाद अब बानी यानी भाषा वाला उदाहरण देखिए। तो सबसे बलशाली बानी अंग्रेजी का ही उदाहरण लेते हैं। ग्लोबल, खगोलिक, सार्वभौमिक, बौद्धिक, बाजारू, विश्व-राष्ट्र भाषा अंग्रेजी। हर कोई जानता है कि हमारे अंग्रेजी के इंडियन लेखकों ने अमेरिका-विलायत की इंगलिश को 'हिंगलिश' में बदल डाला था और कई बुकर पुरस्कार विजेता कृतियों की रचना करने के साथ-साथ 'स्टार-प्लस' के अमिताभ जी द्वारा प्रस्तुत 'केबीसी' के एकमात्र करोड़पति मुंबई के हर्षवर्द्धन नवाथे से भी ड्योढ़ी-दुगूनी रकम रॉयल्टी में प्राप्त की थी। तो इंगलिश से 'हिंगलिश' में बदलने के बाद ऐसा नहीं है कि हमारे देश में यह अंग्रेजी एक जैसी हो गयी वो ऊपर की ठेठ गँवई कहावत अपने शाश्वत सत्य के साथ यहाँ भी बदस्तूर कायम है। चेन्नई से लेकर कोलकाता और पटना से लेकर बिलासपुर और मुंबई तक आप जाइए और इस 'हिंगलिश' की भी अनेक मजेदार छटाएँ देखिए। उच्चारण से लेकर वाक्य-विन्यास तक। मतलब यही कि हमारे गाँव-गँवई के लोग जो कहावत बनाते थे, उनमें हाइ-टेक की सूचनाएँ भले ही न रहती रही हों, उनमें एक बुद्धिमानी जरूर रहती थी। टी. एस. इलियट ने जो कहा था कि हमारे समाज का विकास 'विजडम' (बुद्धिमानी) से नॉलेज (ज्ञान) और नॉलेज से इनफारमेशन (सूचना) तक हुआ है, तो उसकी बात बिल्कुल सही लगती है।

अब आप सोचिए की अगर बानी और पानी भी देश-देश में बदल जाते हैं तो

भला कौन-सी चीज हर जगह इस टीवी बाजार और इंटरनेट के बलबूते पर न बदलने का दावा कर सकती है और सारी स्थानिक विभिन्नताओं को सपाट करती हुई 'ग्लोबल' होने का दंभ पाल सकती है। लेकिन हमने हर बार इस देहाती बुद्धिमानी की उपेक्षा की। समाजवाद रूस में आया तो हमने सोचा वह हमारे यहाँ भी वैसा ही आएगा। पानी रूस और चीन में बरसा और हमारे क्रांतिकारियों ने छतरियाँ हिन्दुस्तान में तान लीं। साहित्य के साथ भी यही हुआ। प्रगतिशीलता आई तो लंदन के मार्फत आई। मुल्कराज जी और जहीर साहब ने अपना मेनिफेस्टो वहीं के होटल में तैयार किया। यथार्थवाद आया तो वही यथार्थवाद आया जो यूरोप में था। हमारे किसी देशी लेखक ने अगर देशी की तरह का यथार्थ अपनी रचना में प्रस्तुत किया तो उसे यूरोप के सिद्धांतों के डंडे से हाँक दिया गया। बहुतों को यथार्थवाद का विरोधी सिद्ध किया गया। सूची लंबी है। इसमें अज्ञेय से लेकर मुक्तिबोध तक सभी आते हैं। प्रेमचंद को तो बहुत बाद में स्वीकृति मिली। मुक्तिबोध को भी किनारे लगा दिया गया था, बस नेमिचंद जैन, शमशेरजी और श्रीकांत वर्मा आड़े आ गए। बहरहाल, यह किस्सा फिर कभी आजकल तो उत्तर-आधुनिकता की बहार हमारे यहाँ आयी हुई हैं विद्वान पहले की तरह ही फिर से यह मान रहे है कि यह अगर आया तो वैसा ही आएगा, जैसा अमरीका और यूरोप में है। नतीजा खुद देखिए, बिना अपने सामाजिक सांस्कृतिक संदर्भों की भिन्नताओं को समझे पश्चिमी सिद्धांतकारों के आप्त-वचनों को यथावत उठाकर उसी तरह से यहाँ बजा रहे हैं, जैसा पहले समाजवाद और प्रगतिवाद के जमाने में बजाया था। जबकि ऐसा है नहीं। उत्तर-आधुनिकता भी देश-देश के सामाजिक-सांस्कृतिक सदंर्भों की अलग-अगल भिन्नताओं के हिसाब से अलग-अलग रूपों में आ जा रही है दूर कहीं की बात तो छोड़िए, यूरोप में भी वह एक जैसी नहीं है। पूर्वी यूरोप में उसका एक रूप है, तो मध्य यूरोप में दूसरा। युगोस्लाविया की एक नेट पत्रिका में कुछ समय पहले एक महिला लेखिका ब्लादिस्लाव गोरदिक को अतिथि संपादिका बनाया गया तो संपादन के दौरान उसने क्षुब्ध होकर लिखा—उत्तर-आधुनिकता और कुछ नहीं एक अजायबघर है। नीत्शे ने ईश्वर की मृत्यु की घोषणा करके जिस भाषा को एक जेलखाने में बदल दिया था, उसे यूरोप के अमेरिकापरस्त बुद्धिजीवी भाषा के 'डिज्नीलैंड' में बदल रहे हैं। गोरदिक ने लिखा है कि जब हमारे यहाँ कोसोवो में जातीय संघर्ष सबसे विकट हो रहे हैं, नौजवानों को जेलों में डाला जा रहा है, संस्कृति और संप्रेषण के तमाम साधनों और संस्थानों पर सरकारी दखलंदाजी बढ़ती जा रही है, ऐसे समय में हमारे पूर्वी यूरोप के लेखक उस तरह की उत्तर-आधुनिकता की बात कर रहे हैं, जैसे वे अमेरिका में बैठे हों। हमारे मध्य यूरोप में उत्तर-आधुनिकता एक टूटते-बिखरते जातीय और धार्मिक टकराहटों में लहूलुहान होने वाले समाज के संदर्भों के बीच अपना आकार बना रही है। जबकि हमारे पड़ोसी पूर्वी यूरोप के उत्तर-आधुनिकों के लिए वह उच्च-आख्यानों के खेल का मैदान बनी हुई है। वे लोग दमन, हिंसा, निरंकुशता

और सत्ता के षड्यंत्रों जैसे गंभीर मसलों पर हँस और खेल रहे हैं और तथाकथित राष्ट्रीय इतिहासों की प्रस्तुति और पुनःप्रस्तुति में डूबे हुए उनमें झूठ मिलाकर 'पोमो प्लॉट' और व्यर्थ के विमर्शों का मजा लूट रहे हैं। गोरदिक ने मिलान कुंडेरा जैसे लेखकों की रचनाओं को भी इस आरोप से बरी नहीं किया है, जो ऐतिहासिक अभिलेखों, दस्तावेजों और पुराने राष्ट्र-राज्य की नियति में अपने आख्यान खोज रहे हैं।

अमेरिका में जहाँ माना जा रहा है कि इतिहास का अंत हो गया है, वहाँ भी गोरदिक के अनुसार उत्तर-आधुनिकों ने दरअसल इतिहास का नहीं, इतिहास के अर्थों का अंत किया है। महा-आख्यानों का संहार करने के बावजूद उन्होंने महा-आख्यानों (इतिहास) के पात्रों और चरित्रों को बचाए रखा है, सिर्फ उनसे उनके अर्थ छीन लिए हैं। उनको 'डिज्नीफाइ' कर दिया है। और अब एक मजेदार दृश्य वहाँ उपस्थित है। हिटलर या चाउसेस्कु मिकी माउस से हाथ मिला रहे हैं, लेकिन मैडोना के साथ डांस कर रहे हैं और हो सकता है महात्मा गाँधी पैरिस के फैशन चैनल एफ.टी.वी. में किसी मॉडल के साथ कैटवाक् कर रहे हों। अब आप अपने यहाँ भी ज़रा नजर दौड़ाईए। हमारे यहाँ भी साहित्य में इन दिनों जैसा उत्तर-आधुनिक दृश्य उपस्थित है, उसमें अगर कबीर, सुनीता राव के साथ गाते हुए गोदान का होरी, छोटा शकील या दाऊद के साथ नाचते हुए और मुक्तिबोध किसी नाइट पार्टी में किसी 'मोगांबो' या 'गब्बर सिंह' के साथ पीते हुए दिखें तो आश्चर्य कैसा। अमरीकी उत्तर-आधुनिकता हमारे यहाँ साहित्य का यही अजायबघर तैयार करने में लगी है।

(राष्ट्रीय सहारा : 25 फरवरी 2001)

साहित्य में सक्रिय धड़

'एक निष्क्रिय धड़ पर रखा हुआ एक बेहद सक्रिय सिर' यह संभवतः इस्राइल के सुविख्यात कवि येहुदा एमिकाइ की किसी कविता की एक पंक्ति है। इस पंक्ति में एक परिभाषा है। यह परिभाषा कवि या साहित्यकार की है यानी कवि या साहित्यकार का बाकी शरीर अथवा धड़ उतना सक्रिय नहीं होता जितना उसका मस्तिष्क अथवा सिर, स्वप्न कल्पनाएँ, स्मृतियाँ, विवेक अवधारणाएँ आदि इत्यादि चीजें जिनके माध्यम से वह किसी साधारण सांसारिक और रोजमर्रा की कामचलाऊ भाषा को एक कला, एक जादुई कौतुक या किसी विलक्षण-सी कला संरचना में बदलता है, वे चीजें उसके शरीर के अन्य हिस्सों या अंग-प्रत्यंगों में नहीं, बल्कि अमूमन सिर के ही भीतर पाई जाती हैं। यानी कल्पना या स्मृतियाँ या स्वप्न जैसी चीजें, जो किसी भी रचना के लिए अनिवार्य होती हैं, वे कवि या साहित्यकार के घुटनों, एड़ियों, पेट, जाँघ, छाती, हथेली आदि में नहीं पाई जातीं। स्मृतियाँ साहित्यकार अथवा कवि की किडनी, आमाशय अथवा आँतों में नहीं निवास करतीं। तो उसके मस्तिष्क के अत्यंत अज्ञात कोटरों-गुफाओं के अँधेरों में कहीं रहती है और रचना के किसी धुँधले रहस्य से घिरे किसी कोहरे जैसे अपरिभाषित पलों में वे वहाँ से धीरे-धीरे बाहर निकलती हैं और उस भाषा में अपना आकार ग्रहण करती हैं, जिनमें वह कवि या साहित्यकार लिख रहा होता है। इसलिए इस परिभाषा के मुताबिक कवि या साहित्यकार किसी तपस्वी या ऋषि की तरह होता है। एक ही जगह पर स्थिर। वहीं पर जड़। किसी पेड़ की तरह एक निश्चित जगह पर उगा हुआ। किसी पत्थर की तरह किसी शहर या समाज के किसी कोने में चुपचाप कहीं पड़ा हुआ। कहीं न जाता हुआ। कहीं न आता हुआ क्योंकि उसका सिर तो सक्रिय रहता है धड़ काम नहीं करता। वह अपने ही समय के अन्य पेशों या समूहों से इसी मायने में भिन्न होता है, अलग से पहचान में आता है। वकील, कुली, टैक्सीवाले, हॉकर, मजदूर से वह अलग होता है। नेता, अफसर, दलाल, व्यापारी, तस्कर, अपराधी की तरह यहाँ-वहाँ नहीं दिखाई देता। वह अपने उस एकांत में होता है, जहाँ उसे अपने आस-पास वे चीज़ें ज़्यादा स्पष्ट दिखाई देती हैं, जो भागने-दौड़ने पर नहीं नजर आतीं। इसलिए साहित्यकार या कवि की क्लासिक परिभाषा में उसकी

तुलना तपस्वी या साधक से करने का रिवाज रहा है। उसका एकांत किसी ऋषि का एकांत होता है। हालाँकि काफ्का जैसा लेखक, लेखक के एकांत की तुलना ऋषि के एकांत की बजाय मृत्यु के एकांत से करना अधिक उपयुक्त मानता है, यानी लेखक किसी निर्वासन जैसी स्थिति में किसी मृत्यु के एकांत में रहता हुआ कोई उपन्यास, कथा या कविता की रचना करता है। वह कुली की तरह रेलवे प्लेटफार्म, वकील की तरह अदालत, अध्यापक की तरह स्कूल-कॉलेज, अभिनेता की तरह किसी सेट, नाचने वाले की तरह किसी मंच या नेता की तरह सभा में होने की जगह किसी पत्थर, किसी पेड़ किसी ऋषि या किसी शव की तरह किसी निर्वासित एकांत में होता है। संसार की आवाजें तो उस तक पहुँचती हैं, उसकी आवाज कहीं नहीं सुनाई देती। हम उसकी रचनाओं में जिस भाषा को देखते हैं, वह उसकी खमोशी होती है। लेकिन एक ऐसी खामोशी, जो अपने समय के बारे में और हमारे अपने बारे में सबसे ज़्यादा बोलती है। कह सकते हैं कि रचना की भाषा असल में अपने समय के बारे में एक चीखता हुआ सन्नाटा होती है।

लेकिन येहुदा एमिकाइ की इस परिभाषा को अगर हम आज अपने समय पर लागू करें और खोजने निकलें कि वह क्लासिक कवि या साहित्यकार कहा है, जिसका 'सक्रिय सिर एक बेहद निष्क्रिय 'धड़' पर रखा हुआ है, तो बड़ी मुश्किल पैदा हो जाएगी। आज का मौजूदा साहित्यिक परिदृश्य तो बेहद निष्क्रिय सिर और भयावह रूप से सक्रिय धड़ों वाले कवियों-साहित्यकारों से भरा हुआ है। वे किसी पेड़ या ऋषि या पत्थर की तरह किसी निर्वासित एकांत में उगे रोजमर्रा की कामचलाऊ साधारण भाषा को किसी कौतुक, शोर को संगीत, विध्वंस को रचना, सन्नाटे को शब्दों में बदलने के काम में नहीं लगे हैं, वे तो हर जगह झुड में है। गिरोहों में है। हाँका करने निकले हैं शिकार उनकी नजर में है। उनका धड़ बेहद सक्रिय है। बीस-तीस वर्षों से उन्होंने कुछ नहीं लिखा है। भविष्य में भी वे कुछ नहीं लिखेंगे। अगर कुछ लिखेंगे भी तो वह रचना नहीं, साहित्य नहीं कोई और ही चीज होगी। वह किसी नेता का किसी पार्टी, किसी महंत का किसी मठ, किसी मिलिटेंट का किसी हिंसा या किसी कट्टरपंथी का किसी जेहाद के बारे में दिया गया एक असाहित्यिक, अ-रचनात्मक और घटिया भाषा में एक बयान होगा। वह साहित्य नहीं होगा। कुछ तो ऐसे भी हैं जिन्होने कभी कोई रचना ही नहीं की है। कभी कुछ लिखा ही नहीं है। एक चलते-फिरते बेचैन धड़ ने ही उन्हें साहित्यकार बना रखा है। वे दौड़ते-भागते दिखते हैं और इसके लिए परिवहन की सारी टेक्नोलॉजी भी उनके लिए कम पड़ती है। कार या हवाई जहाज जैसे आधुनिक साधनों से लेकर ताँगा और बैलगाड़ी तक पर वे बदहवास किसी साहित्यिक संस्थान या समारोह की ओर लदे हुए जाते दिखते हैं। दिल्ली में जहाँ पंजाब की 'खाती-पीती' संस्कृति का बहुत असर है और जहाँ हर त्योहार या उत्सव को खाने-पीने के साथ ही जोड़ा जाता है और जहाँ किसी विवाह में जाने को भी कहते हैं कि जरा बतराजी

के बेटे की बारात खाने जा रहे है, उसी तर्ज पर कहा जा सकता है—'जरा प्रेमचंद या मुक्तिबोध या अज्ञेय की परंपरा खाने जा रहे हैं' सच बताइए और नाराज तो बिल्कुल ना होइए, क्या आपको भी नहीं लगता कि समकालीन साहित्यिक परिदृश्य ऐसे सक्रिय धड़ों से ही भरपूर है, जिनके ऊपर अनगिनत निष्क्रिय सिर रखे हुए हैं जो इस वक्त कहीं न कहीं साहित्य खाने को जाने के लिए फोन मिला रहे हैं। तो क्यों न अब हम साहित्यकार की परिभाषा ही बदल दें। साहित्यकार को बदलने के मुश्किल काम से यही ज्यादा आसान काम है।

(राष्ट्रीय सहारा : 18 फरवरी 2001)

कविता के गाँधी की याद

इसी बीस फरवरी को उनकी पुण्यतिथि पड़ेगी। जिस तरह जैनेन्द्र जी को आधुनिक हिंदी गद्य में निर्विवाद रूप से गाँधीवादी चिंतन और दर्शन का सबसे महत्त्वपूर्ण रचनाकार माना जाता है, ठीक उसके समानांतर हिंदी की आधुनिक कविता में गाँधी के विचारों और दृष्टि का भवानी प्रसाद मिश्र जैसा सृजनात्मक आभ्यंतरीकरण और उसकी काव्यात्मक अभिव्यक्ति किसी अन्य कवि ने नहीं की। उत्तर-छायावादी काल से लेकर अकविता और उसके बाद के समय तक अपनी तमाम उपेक्षाओं के बावजूद वे अपने विचारों पर अडिग-अविचल रहे और निरंतर कविताएँ लिखते रहे। इन दिनों तो बीसवीं सदी की अन्य विचारधाराओं और दर्शनों की अप्रासंगिकता लगभग सिद्ध जैसी हो जाने के बाद से हर कोई गाँधीवादी हो रहा है। वे भी गाँधीवादी हो गए हैं, जिन्होंने कविता के इस गाँधी को उसका वह श्रेय उसके महत्त्वपूर्ण काव्यात्मक अवदान के बावजूद सिर्फ इसलिए कभी नहीं हासिल होने दिया क्योंकि वह 'गाँधी पंचशती' जैसे शीर्षक वाले कविता संग्रह का कवि था। क्योंकि उसने संपूर्ण गाँधी वाङ्मय का संपादन किया था। और शायद इसलिए भी क्योंकि वह 1942 के उस राष्ट्रीय आंदोलन में महात्मा गाँधी के आह्वान पर लगभग तीन साल के लिए जेल चला गया था, जिस आंदोलन को भारत की वामपंथी-प्रगतिशील राजनीति ने एक सिरे से 'रिजेक्ट' किया था। यह सचमुच या तो एक प्रहसन है या एक क्रूर विडंबना या हमारे समय का एक और पाखंड कि जिन्होंने उनकी गाँधी के प्रति प्रतिबद्धता के कारण उन्हें जीवन भर कभी कवि नहीं माना, आज वे स्वयं गाँधीवादी हो गए दीख पड़ते हैं। 1975 में आपात्काल के दौरान भी एक बार फिर साम्राज्यवाद के विरोध के नाम पर प्रगतिशील लोग श्रीमती इंदिरा गाँधी के साथ हो गए थे। यह एक मायने में 1942 की ही स्थिति का दुहराव था। भवानी भाई के लिए तो वह स्थिति इसलिए भी संकटपूर्ण थी कि गाँधीवाद के उत्तराधिकारी माने जाने वाले मिनी गाँधी संत बिनोवा ने भी आपात्काल को 'राष्ट्रीय अनुशासन पर्व' घोषित कर दिया था और इंदिरा जी पवनार आश्रम जाकर उनका आशीर्वाद प्राप्त कर आई थीं। आज हम भवानी प्रसाद मिश्र की उस हताशा और अकेलेपन का सिर्फ अनुमान ही लगा सकते हैं, जिसमें अपने मौन विरोध के

दौरान लगातार वे हर साँझ उस अँधेरे समय के प्रतिरोध में चुपचाप कविताएँ लिखते रहे। 'त्रिकाल संध्या' में उनकी इन कविताओं को एक बार नए सिरे से पढ़े जाने की ज़रूरत है। उन दिनों उन्होंने मौन धारण कर रखा था और कागज की पर्चियों पर लिख कर काम चलाते थे। लेकिन भवानी प्रसाद मिश्र का सिर्फ विचारधारा के कारण ही पुनर्मूल्यांकन हो, ऐसा कहने का यहाँ उद्देश्य नहीं है। कविता ही कठिन शर्त और निष्कर्षों पर भी वे नई कविता के सबसे महत्त्वपूर्ण कवियों में से एक थे। तकनीकी तौर पर कहने के लिए भले ही वे 'दूसरा सप्तक' के कवि थे लेकिन यहाँ भी यह याद दिलाना जरूरी है कि वे उसके पहले कवि थे। दरअसल, पचास के दशक में भवानी भाई की सर्जनात्मक ऊर्जा इतनी प्रखर थी कि उनके बिना नई कविता के किसी भी प्रतिनिधि-प्रमाणिक संकलन की बात सोची ही नहीं जा सकती थी।

बिना किसी दुविधा और विवाद के भवानी भाई अज्ञेय द्वारा संपादित ऐतिहासिक महत्त्व के पहले कविता संकलन 'तार सप्तक' के कवि हो सकते थे। उनसे कविताएँ माँगी भी गई थीं। लेकिन इस अत्यंत महत्त्वपूर्ण तथ्य की ओर कम ही आलोचकों का ध्यान जाता है कि अज्ञेय जी जब 1942-43 में, नई कविता और प्रयोगवाद के शिखर पर रहते हुए तार सप्तक का संपादन कर रहे थे, उस दौरान अंग्रेजों के खिलाफ 'भारत छोड़ो आंदोलन' में गिरफ्तार होकर भवानी भाई नागपुर सेंट्रल जेल में बंद थे। क्या यह कम महत्त्व का विरोधाभास है, जो उन्हें हिंदी के तमाम कवियों की पाँत में सबसे अलग खड़ा दिखाता है? अन्य लेखकों ने उस विचारधारा के साथ लाभ-लोभ के लिए भले ही बार-बार और हर बार दगा किया हो, जिसके प्रति प्रतिबद्धता की वे कसमें खाते रहते थे, भवानी भाई ने कभी भी, बुरे से बुरे वक्त में भी, अपनी गाँधी की कुटिया नहीं छोड़ी। वे मध्यप्रदेश से आए थे और वहाँ के गाँव-देहात, माटी-पानी और पर्वत-गाछ की स्मृतियों ने उन्हें हमेशा अपना ही बनाए रखा। वर्षों दिल्ली में रहने के बावजूद सतपुड़ा और विंध्य की पहाड़ियाँ उन्हें अपनी ओर खींचती रहीं। वे संपूर्ण नागर कभी नहीं हुए। गाँधी की तरह एक भदेस उनके व्यक्तित्व में हमेशा बचा रहा। शायद इस मान्यता में दम है कि अज्ञेय के अभिजात, सुरुचि और अकेलेपन के केन्द्र में नेहरू का व्यक्तित्व था और भवानी भाई की सरलता, भावनात्मकता और देहातीपन के केन्द्र में गाँधी थे। हालाँकि अज्ञेय और भवानी भाई के बीच भी उसी तरह कोई परस्पर विरोधी विलोम नहीं तैयार किया जा सकता, जैसा स्वयं गाँधी और नेहरू के बीच। लेकिन हम सब यह तो जानते ही हैं कि नेहरू के अभिजात में गाँधीवाद की सहजता और भदेस कभी ठीक से अट नहीं पाया। भवानी भाई भी अज्ञेय के अभिजात को कभी स्वीकार नहीं कर पाए। उन्होंने अज्ञेय जी की प्रख्यात कविता 'हरी घास पर क्षण भर' के परोक्ष संदर्भ में एक बड़ी रोचक कविता लिखी है, जिसके द्वारा उस अंतर को समझा जा सकता है। इस कविता का शीर्षक है 'अदेय का सपना'।

किसने कहा तुमसे/ कि तुम सबसे अलग हो/ सब जैसे देते हैं अपना सब

कुछ/आसपास को/क्या वैसे तुम दोगे इस हरी घास को/ जिस पर तुम मन से बैठे भी नहीं हो/ सोचते हो कोई/इस भरी घास पर/अकेला बैठा हुआ तुम्हे देखे/और सारी दुनिया से अलग तुम्हें लेखे?

इस कविता में अंतनिर्हित व्यंग्य को समझने के लिए किसी असाधारण काव्य-चक्षु की ज़रूरत नहीं है। इसी तरह 1976 में लिखी गई एक लम्बी कविता में भी भवानी भाई का एक व्यंग्य है जो हिंदी बोली की जातीय और जनपदीय विशिष्टताओं के पक्ष में है। आप इस कविता की भी पंक्तिया देखिए—

भाई रघुवीर सहाय/जरा तुम सुझाना/क्या मैं अपनी तुकों को छोड़कर/तुम्हारे शिल्प पर उतर आऊँ? बजाय अपने इस छोटे से घर के/किसी बड़े से सराय में ठहर जाऊँ/जब तक ठहरने दे सराय वाला? क्योंकि तुमने अभी किसी लोठार लुत्से से शिल्प की बात की है/अपनी एक कविता को लेकर/...मैं अपने ढंग को छोड़कर/तुम्हारे ढंग को अपनाना चाहता हूँ/याने तुम्हारे दी हुई स्वरलिपि में/अपने गीतों को गाना चाहता हूँ/ हँसो-हँसो जल्दी हँसो/जब काम चल सकता है/हर परिस्थिति में इसी से तो/गंभीर किसी काम में क्यों फँसे।

भवानी भाई ने जिक्र किया है कि एक बार किसी ट्रेन में उन्हें एक अमरीकी मिल गया। यह तब की बात है जब रिचर्ड एटनबरो की फिल्म 'गाँधी, नहीं बनी थी। उस अमेरिकी ने हँसते हुए कहा था, 'हम लोग इंडिया से गाँधी को इंपोर्ट कर रहे हैं। इसके बाद हम वहाँ से तुम्हें एक्सपोर्ट करेंगे। तब तुम इसे अपनाओगे।' अब तो गाँधी आयात भी हो चुके हैं और ग्लोबल प्रोडक्ट भी हो चुके हैं। और हर कोई उन्हें अपनाना भी चाह रहा है तो क्या यह उचित नहीं लगता कि थोड़ा-सा श्रेय हिंदी के उस कवि को दिया जाए, जिसने उसके लिए अपना सारा जीवन खपा दिया?

(राष्ट्रीय सहारा : 11 फरवरी 2001)

टाइटेनिक और 'सरस्वती'

जब हॉलीवुड की 'टाइटेनिक' नामक फिल्म 1997 में रिलीज हुई और उसने संसार भर में सफलता का नया रिकार्ड बनाया तो सभी के भीतर यह वेतरह उत्सुकता थी कि जाने कि टाइटेनिक नामक जहाज था कैसा? यह त्रासदी घटी कैसे? इंटरनेट से लेकर सारे सूचना माध्यमों से तुरत-फुरत पता लगाने की कोशिश हुई। बाद में जेम्स कैमरॉन की यह फिल्म भारत भी आई और अपनी मार्मिकता और प्रभाव से उसने यह गहराई से अहसास कराया कि प्रकृति के सामने मनुष्य अब भी उतना ही असहाय और अदना है जितना वह विज्ञान और तकनीक की ताकत पाने के पहले तथा लियोनार्दो दि कैप्रियो और केट विंसलेट के बीच के उन प्रेम के कोमल क्षणों को कौन भूल सकता है, जिन्हें वह क्रूर त्रासदी अचानक बीच में ही निगल गई। समुद्र और उसका जल इतना डरावना हो सकता है, मृत्यु निश्चित तरीके से इतनी आकस्मिकता के साथ आ सकती है, यह देखना ही एक अवसन्न कर देने वाला अनुभव था। इसके निर्देशक और लेखक जेम्स कैमरॉन ने कहा था कि फिल्म बनाने की प्रेरणा उसे इस सदी के ढलते वर्षों में इसलिए आई क्योंकि अचानक यह लगने लगा था कि टाइटेनिक ने आदमी के जिस अहंकार को 1912 में एक बार ठोकर मारी थी, वही अहंकार सदी के ढलते वर्षों में एक बार फिर उसके सिर पर सवार है। कैमरॉन ने कहा था 'जरा कल्पना करिए, सदी के उन शुरुआती वर्षों में जैसे सब कुछ ठीक चल रहा था। रेलगाड़ियों, टेलीप्रिंटर, कारखाने, ऑटोमोबाइल, मूवी सिनेमा, व्यापार, बाजार...बड़ी-बड़ी दैत्याकार मशीनें...सब कुछ। लगता था जैसे आदमी ने अब हमेशा के लिए प्रकृति को जीत कर उसे किसी बैल या खच्चर की तरह नाथ लिया है।'

टाइटेनिक नामक यात्री जहाज विज्ञान और तकनीक के उसी दंभ से उपजी आदमी के दिग्विजय की एक दैत्याकार घोषणा था। टाइटेनिक इतनी तकनीकी परिष्कृति और सुरक्षा की इतनी कसौटियों पर कसने के बाद समुद्र पर उतारा गया था कि उसके डूबने की कहीं कोई संभावना ही नहीं बची थी। टाइटेनिक समुद्र में तैरता हुआ उतना ही सुरक्षित था, जितना जमीन पर पैदल चलता कोई आदमी।...और तभी 15 अप्रैल

1912 को वह त्रासदी घटी और देखते-देखते वह जहाज आदमी के विजेता अहंकार के साथ हजार से ऊपर यात्रियों को अपने साथ लेकर समुद्र में डूब गया। आज तक संसार में यह प्रश्न अनुत्तरित है कि ऐसा क्यों हुआ? क्या प्रकृति हमेशा से अपराजेय है और विज्ञान के हाथों पालतू हो जाने की वह सिर्फ अल्पकालिक लीलाएँ करती रहती है?

बहरहाल टाइटेनिक के बहाने इस बार मकसद आपको यह रोचक लेकिन एक अत्यंत महत्त्वपूर्ण तथ्य बताने का है कि हमसे बहुतेरे जो आज अपने आपको बहु-सूचित और ग्लोबल बौद्धिक मानते हुए अपनी पिछड़ी पीढ़ियों की 'अनभिज्ञताओं के प्रति एक उदार दया भाव रखते हुए यह सोचते हैं कि बेचारे उस युग के हमारे हिंदी साहित्यकार और पत्रकार करते भी क्या? उनके पास हमारे जैसे सूचना और ज्ञान के उपकरण थे ही कहाँ? उनके इस बौद्धिक अहंकार को यह जानकर धक्का लगेगा कि वास्तविकता कुछ और है। आज से सौ साल पहले भी संसार के किस कोने में क्या घटित हुआ, इसके प्रति उत्सुकता और मानवता के प्रति हिंदी के साहित्यकारों और संपादकों की चिंताएँ कई मायनों में आज से कहीं बड़ी थीं। वे इतने अल्पज्ञानी और अल्प सूचित तब भी नहीं थे। अप्रैल 1912 में टाइटेनिक की दुर्घटना हुई। और दो महीने के भीतर-भीतर 'सरस्वती' में न सिर्फ उस दुर्घटना का पूरा विवरण प्रकाशित हुआ बल्कि उसमें मारे गए ब्रिटिश लेखक विलियम टामस स्टेड के प्रति गंभीर श्रद्धांजलि भी अर्पित की गई। टामस स्टेड ने उस समय के कई महत्त्वपूर्ण दैनिकों का संपादन किया था और लॉर्ड मोर्ले के भारत आने के बाद उनके अखबार के संपादक बन गए थे। उन्होंने कई महत्त्वपूर्ण पुस्तकें लिखीं। विलियम टॉमस स्टेड ने संत निहाल सिंह को संसार में सर्वश्रेष्ठ अंग्रेजी लिखने वालों में से एक घोषित किया था। उन्होंने लाला लाजपतराय के विचारों को अपने समर्थन के साथ अपने अखबार में प्रकाशित किया था। इतना ही नहीं उन्होंने पूरी निडरता के साथ, बिना अंग्रेज सरकार की परवाह किए, विपिनचंद्र पाल के 'स्वराज्य' में प्रकाशित लेख 'बम की उत्पत्ति का मूल कारण' को 'रिव्यू ऑफ रिव्यूज' में अविकल छापा था। ध्यान रहे इस लेख को भारत सरकार ने राजद्रोही माना था। 'सरस्वती' के जून 1912 के अंक में लल्ली प्रसाद पांडेय द्वारा लिखे गए लेख मिस्टर स्टेड की अकाल मृत्यु का समापन इन वाक्यों के साथ होता है 'आपके मरण से समस्त संसार के साहित्य प्रेमियों को वही दुःख हुआ है जो अपने आत्मीय के वियोग से हुआ करता है।' इस लेख में टाइटेनिक के बारे में इतनी तथ्यात्मक जानकारियाँ हैं कि आश्चर्य होता है।

लेकिन ठहरिए बात इतने पर ही समाप्त नहीं होती। अगले ही महीने, यानी 1 जुलाई 1912 की 'सरस्वती' के अंक में टाइटेनिक की त्रासदी पर एक बहुत मार्मिक और लंबी कविता भी प्रकाशित हुई। 'टाइटेनिक की सिंधु समाधि' शीर्षक इस कविता के लेखक कोई और नहीं, दद्दा यानी राष्ट्रकवि मैथिलीशरण गुप्त थे। 3 पद खंडों में

विभाजित 'सरस्वती' के लगभग ढाई पृष्ठों तक दो-दो कॉलम में फैली इस लंबी कविता में भले ही ब्रिटिश जाति के शौर्य की तुलना सिंह के साथ कहीं-कहीं की गई हो, उसमें अंतर्व्याप्त करुणा हिंदी कविता की उस विराट चिंता के साथ हमारा साक्षात्कार कराती है जो आज दुर्लभ हो चुकी है। अपनी संकरी दुनिया और पुरस्कार-पारितोषिक की जोड़-तोड़ में उलझी समकालीन कविता के सामने दद्दा की उस कविता की ये पंक्तियाँ देखिए–

अहा! शब्द सागर में डूबा अब्धि और आकाश महान,
हुआ साथ ही मग्न सिंधु में भग्न टाइटानिक जलयान।
हुए आज निर्वाण भले ही वे बहु जीवन-दीप अनित्य,
उदित हुआ आदर्श नाम का जग में एक नया आदित्य ॥

इस कविता में मैथिलीशरण जी ने 'तेरह सौ वत्सर' पहले हुई उस नौका दुर्घटना को याद किया है जिसमें तीर्थयात्रा के लिए भारत आते हुए बौद्ध भिक्षु बंगाल की खाड़ी में डूब गए थे।

अब आप ही बताइए, हमारे वे उत्तर-आधुनिक ग्लोबल विद्वान जो आज सर्व-सूचना संपन्न होने के दुर्दमनीय अहंकार के राजरोग से पीड़ित हैं, वे संसार के किस वेबसाइट से टाइटेनिक के बारे में वह सूचना डाउनलोड करेंगे जिसमें मैथिलीशरण गुप्त की कविता भारत की स्वाधीतना के समर्थक विलियम टामस स्टेड के लिए श्रद्धांजलि और लल्ली प्रसाद पांडेय का तथ्यपरक लेख हो।

और अंत में, क्या 'हिंदी' के नाम पर किसी 'सुपर स्टार' बने महापुरुष को यह भी याद होगा कि यह वर्ष 'सरस्वती' के प्रकाशन का शताब्दी वर्ष भी है। हिंदी की इस महत्त्वपूर्ण पत्रिका का प्रकाशन आज से ठीक सौ साल पहले सन् 1901 से प्रारंभ हुआ था।

(राष्ट्रीय सहारा : 5 फरवरी 2001)

एक पतन-गाथा

जरा आज से सौ डेढ़ सौ साल पहले की कल्पना करिए। तब टीवी नहीं था, सिनेमा नहीं था, रेडियो नहीं था। कंप्यूटर और इतने तरह के टेलीफोन होने की बात तो विज्ञान कथाओं में भी नहीं सोची गई थी। वह अखबार और पत्रकारिता का स्वर्णकाल था। सूरज उगने के पहले ही हर शहरी व्यक्ति जिसे पढ़ना आता था कागज से उस विशाल डैने वाले पक्षी का इंतजार करने लगता था जिसके पंखों पर कल तक घटी घटनाओं की सूचनाएँ छपी होती थीं। इन्हें ही कहते थे समाचार। उस समय और समाज में अखबार की ताकत और असर की आज सिर्फ कल्पना ही की जा सकती है। ताकतवर से ताकतवर सरकारें और राज-सत्ताएँ इस सफेद डैने और स्याह छापे वाले पक्षी की ताकत के सामने बिखर जाते थे। यह मशहूर कहावत तभी बनी होगी कि 'जब तोप मुकाबिल हो तो अखबार निकालो।' संपादक नामक प्राणी तब अपने देश और समाज की आँख, कान और दिमाग हुआ करता था। सामाजिक चेतना और अभिरुचियों का नियंता। मूल्यों और मर्यादाओं का पहरुआ। सरकार के पास राजनीतिक सत्ता भले ही रहती हो, जैसा लोक अनुमोदन और जैसा नैतिक वर्चस्व संपादक का समाज पर होता था वह आज किसी किंवदंती का हिस्सा दीख पड़ता है। सन् 1787 में जब थॉमस जेफर्सन ने अपना विख्यात वक्तव्य दिया होगा कि अगर मुझ पर यह फैसला छोड़ा जाए कि मैं बिना अखबार के एक सरकार या सरकार के बिना एक अखबार में से किसे चुनूँ तो बिना किसी संकोच के मेरा फैसला बिना सरकार के अखबार के पक्ष में होगा तो निश्चित ही इस लोकप्रिय वक्तव्य के पीछे फ्रांस की राज्य-क्रांति और यूरोप भर में चलने वाले लोकतांत्रिक आंदोलनों का संदर्भ अंतनिर्हित रहा होगा।

और जरा यह भी कल्पना करिए कि उस देश-काल में लेखक या साहित्यिक की क्या सामाजिक हैसियत रही होगी। जब अलेक्सांद्र दूयुमा का उपन्यास 'थ्री मस्केटियर्स' धारावाहिक रूप में फ्रांस के एक अखबार में छपता था तब उसकी हर कड़ी का इंतजार साँस रोके लाखों पाठक और परिवार करते रहते थे। विक्टर ह्यूगो के उपन्यास 'ला मिजरेबिल' या 'हचबैक आफ नोत्रदाम' के साथ भी यही स्थिति थी। इन उपन्यासों के पात्र घर-घर की बातचीत, रोजमर्रा के संदर्भों, बहसों और

हँसी-खुशी के अंग बन चुके थे। हमारे यहाँ 1982 के बाद जब टीवी रंगीन हुआ और सेटेलाइट के जरिए देश के 70 प्रतिशत लोगों तक पहुँचा उस समय 'कलम के कप्तान' मनोहर श्याम जोशी का हिंदी का पहला सोप ऑपेरा 'हम लोग' जिस तरह लोकप्रिय हुआ था और नन्हे, बड़की, छुटकी, दादाजी जैसे पात्रों की जैसी घर-घर में उपस्थिति थी उससे अंदाजा लगाया जा सकता है कि ह्यूगो के उपन्यास 'ला मिजरेबिल' का पात्र ज्यां वायज्यां फ्रांसासी लोगों के बीच कितना लोकप्रिय रहा होगा। 'थ्री मस्केटियर्स' तो इतना लोकप्रिय हो चुका था कि अलेक्सांद्र द्यूमा को आजकल के सीरियल लेखक की तरह ही अपने 'आसिस्टेंट' रखने पड़ते थे। सहायकों द्वारा लिखे गए अपने उपन्यास के 'एपीसोड' में कुछ काँट-छाँट करके, प्लॉट में कुछ हेरा-फेरी करके पात्रों को अदल-बदल के वह हर बार पाठकों की उत्सुकता और आकर्षण को बनाए रखने की कोशिश करता था। अंदाजा लगाना आसान है कि द्यूमा या ह्यूगो को जुकाम हो गया और उसके धारावाहिक की एक कड़ी छपने से रह गई तो फ्रांस की सबसे बड़ी खबर होती थी—'ह्यूगो को जुकाम'। आज के किसी प्रधानमंत्री के घुटने या किसी नेता के दिल के दौरे के समाचार से ज्यादा बड़ी सामाजिक चिंता और सार्वजनिक सरोकारों को जन्म देने वाली खबर। हर रोज बीस पेज गद्य या सौ लाइन की कविता लिखने वाले ह्यूगो के जुकाम की सहानुभूति में पूरा फ्रांस चिंतित हो उठता था। जब ज्यां वायज्यां का क्या होगा? क्वासिमोदो उस चक्रव्यूह से कैसे निकलेगा? हर कोई उत्कंठा में डूबा उपन्यासकार के जुकाम के ठीक हो जाने की प्रार्थना करता मिलता था। लेखक के जुकाम को धिक्कार, जिसने जीवन की इस गतिविधि को कहीं रोक दिया।

लंबे अर्से तक लेखक या साहित्यकार की यह सामाजिक हैसियत बनी रही। नेपोलियन के आक्रमण का जैसा मुकाबला रूस के जार की सेना ने नहीं किया होगा, उससे ज्यादा स्थायी युद्ध तॉल्सतॉय ने अपने उपन्यास 'युद्ध और शांति' में किया और नेपोलियन को मनुष्य के इतिहास और भविष्य दोनों धरातलों पर हमेशा-हमेशा के लिए पराजित किया। संभवतः यही वजह थी कि बीसवीं सदी में इस पृथ्वी के सबसे बड़े लोकनायक महात्मा गाँधी ने दक्षिण अफ्रीका के अपने आश्रम का नाम 'तॉल्सतॉय' आश्रम रखा। यह एक ऐसा समय था जब नेपोलियन गोइठे को दंडवत करता था, रवींद्रनाथ टैगोर के साथ गाँधी जी या नेहरू जी का बराबरी का संवाद होता था, मुसोलिनी गीतांजलि की पंक्तियाँ गाता था। पत्रकारिता और साहित्य दोनों का ही वह स्वर्णकाल था। अमेरिका के राष्ट्रपति एंड्रू जैक्सन के काल में व्हाइट हाउस में साठ पत्रकार मोटी-मोटी तनख्वाहों पर इसलिए नियुक्त थे कि जैक्सन की लोकप्रियता बनी रहे। आप 1911-12 की हिंदी साहित्य की सुप्रसिद्ध पत्रिका 'सरस्वती' के अंक उठाकर देखें तो आश्चर्य होता है कि उपन्यास और कहानी ही नहीं, कविता भी इतनी लोकप्रिय हुआ करती थी कि मैथिलीशरण गुप्त की 'भारत भारती' उसमें धारावाहिक

छपती थी। 'सरस्वती' के संपादकीय में लिखा गया था—'सरस्वती सिद्ध कवि बाबू मैथिलीशरण गुप्त ने एक नवीन काव्य की रचना की है। उसे समाप्ति को पहुँचे हुए अभी कुछ ही दिन हुए हैं। उसका नाम है 'भारत भारती'। अपर्वू काव्य है। शीघ्र ही छपकर प्रकाशित होगा। तब तक उसके विशेष स्थल 'सरस्वती' की हर संख्या में निकलेंगे। गुप्तजी की इस कविता के उत्तरोत्तर हृदय-विदारक अंश पढ़ने के लिए पाठक अपना हृदय अभी से कड़ा कर रखें।' इस सम्पादकीय के अन्त में गुप्त जी का अभिनन्दन एक श्लोक के माध्यम से किया गया है, जिसकी अंतिम पंक्ति है—'काव्यं' कृती कविवरः स चिरायुरंस्तु श्री मैथिलीशरण गुप्त उदारवृतः।

आज लेखक की क्या स्थिति है, यह सवाल न ही पूछे तो अच्छा। सत्ताधीशों की तो छोड़िए, क्या कोई संपादक भी उसके 'चिरायु' होने की बात कहेगा या उसकी कृति का अभिनंदन करेगा? हाँ अगर कोई लेखक होने के बावजूद आज के समय और समाज में कोई रुतबा या दबदबा रखता है या कोई संपादक उसका विरुद्ध मान करता पाया जाता है तो एक बार यह सोचें जरूर कि क्या ऐसा उसके सृजन और लेखन की वजह से है या इसके पीछे की असलियत कुछ और ही है?

(राष्ट्रीय सहारा : 28 जनवरी 2001))

भाषा का सरोवर

बात तब की है जब मुंबई से 'धर्मयुग' निकल रहा था और बेतहाशा लोकप्रिय था। यह हिंदी में अपनी तरह का एक 'ऑल इन वन' साप्ताहिक था। बड़े शहरों और महानगरों से लेकर कस्बों-देहातों तक यह बड़े चाव से पढ़ा जाता था। जो लेखक या कवि इसमें छपता था, वह रातोंरात स्टार बन जाता था। अंग्रेजी की पत्रिका 'इलस्ट्रेटेड वीकली ऑफ इंडिया' से 'धर्मयुग' का मुकाबला रहता था। विज्ञापन के मामले में यह भले ही 'वीकली' से पीछे रह जाता रहा हो, लोकप्रियता के मामले में वह कोसों आगे रहता था। वास्तविकता यह थी कि प्रबंधकों की ओर से लगातार 'धर्मयुग' का प्रिंट आर्डर कम करने का दबाव रहता था। यानी जितनी उसकी माँग पाठकों की तरफ से रहती थी उतना वह कभी नहीं छप पाया। पत्रिका को माँग कर और मिल-बाँट कर पढ़ने की घनघोर निंदनीय परम्परा के श्रीगणेश का सबसे ज्यादा श्रेय संभवतः 'धर्मयुग' की लोकप्रियता को ही जाता है।

उन्हीं दिनों 'धर्मयुग' में बंगला के उपन्यासकार विमल मित्र का एक उपन्यास धारावाहिक रूप से छपना शुरू हुआ। इसको इतनी लोकप्रियता मिली और इतनी प्रतिक्रिया हुईं कि विमल मित्र का यह संदेह जाता रहा कि सिर्फ बंगला भाषा में ही साहित्य के पाठकों का निवास है। जिस तरह से उनके उपन्यास का हिंदी के पाठकों और लेखकों ने स्वागत किया था, उसने उन्हें भावाकुल बना डाला। बंगला कथा-साहित्य में पहले भी और आज तक भी विमल मित्र का मूल्यांकन एक पॉपुलर कथाकार के रूप में होता आया है। साहित्य के गंभीर आलोचकों और साहित्यकारों ने उन्हें वह स्वीकृति कभी नहीं दी थी, जो उन्हें हिंदी में 'धर्मयुग' के मार्फत मिल रही थी। उनके भावविह्वल होने का कारण यही था। वे हिंदी भाषी समाज के प्रति कृतज्ञता से गदगद थे। उन्होंने एक लंबा पत्र 'धर्मयुग' के यशस्वी संपादक डॉ. धर्मवीर भारती को लिखा, जिसमें उन्होंने बहुत पीड़ा भरी अनुभूति के साथ बंगला साहित्य में हो रही अपनी उपेक्षा का जिक्र किया था। उन्होंने लिखा था कि तीन-चार दशकों से लगातार बंगला भाषा में लिखने और अनेक अत्यंत लोकप्रिय उपन्यासों-कहानियों के बावजूद उन्हें अपनी भाषा में वह अपनापा और मान्यता नहीं मिली, जैसी हिंदी में मिल रही है। अपने इस पत्र में एक जगह गुस्से और

तकलीफ के साथ उन्होंने यह भी लिखा कि अगर वे रूसी या फ्रांसीसी भाषा में लिख रहे होते तो अब तक दोस्तोव्यस्की या मोपासां जैसा सम्मान पा चुके होते।

अब विमल मित्र का बंगला में मोपासां या दोस्तोव्यस्की होने की आकांक्षा का वास्तविक सृजनात्मक आधार कितना संगत या असंगत था, इसी विमर्श को परे धकेलकर मैं आपको डॉ. धर्मवीर भारती के उस पत्र के बारे में बता रहा हूँ, जो उन्होंने विमल मित्र को जवाब में लिखा था। इस पत्र में उन्होंने एक कहानी लिखी थी, मैं उसी का अपनी स्मृति में शेष रह गया सार-संक्षेप आपको बता रहा हूँ। कहानी यों है—एक आठ-नौ साल का लड़का था अकेला, संवेदनशील, आत्मकेन्द्रित और स्वप्नों में डूबा रहने वाला। उसके सारे खेल और सुख भी अकेलेपन और एकांत के थे। एक दिन वह अपने घर के पिछवाड़े, जहाँ एक छोटा-सा जंगल और कुछ छोटे-छोटे पोखर थे, अकेला एक पोखर के किनारे बैठा हुआ उसके जल को निहार रहा था। उसके मन में अचानक यह इच्छा पैदा हुई कि वह पोखर के इस घिरे हुए निस्पंद जल में लहरों का वृत्त बनाए। उस लड़के ने पास ही उगे बेल के पौधे से एक फूल तोड़ा और पोखर की ओर फेंक दिया। हल्का-सा कंपन उस ठहरे हुए जल में हुआ और एक क्षीण-सा वृत्त बना और मिट गया। लड़के का मन तृप्त नहीं हुआ। वह एक बड़ा और दीर्घजीवी वृत्त बनाना चाहता था। उसने पास ही उगे नागचंपा के कुछ ज्यादा बड़े फूल को पोखर के जल में फेंका। उसका सोचना था कि क्योंकि बेला का फूल छोटा और हल्का था इसलिए उससे बनने वाला जल-वृत्त भी छोटा और क्षणिक रह गया था। लेकिन नागचंपा के फूल से पैदा होने वाला वृत्त भी उतनी ही छोटा निकला। अब क्या करूँ? लड़के ने आसपास देखा और इस बार उसने एक बड़ा-सा सूरजमुखी का फूल उस पोखर के जल में फेंका। फिर वही...एक निहायत छोटा और क्षणभंगुर वृत्त। उसे गुस्सा आया। उसने इस बार एक खूब बड़ा-सा पत्थर उठाया और पूरी ताकत के साथ उसे उस पोखर के बीचोंबीच उछाल दिया। इस बार पानी उछला तो खूब लेकिन लड़के ने देखा कि बाद में उस भारी और बड़े से पत्थर द्वारा बनने वाला जल-वृत्त भी सँकरा, छोटा और क्षणभंगुर निकला। लड़का निराश हो गया। यह उसकी आकांक्षाओं की हार थी। उसके स्वप्नों की पराजय। उसने एक बार फिर पूरी ताकत से एक खूब बड़े पत्थर को पोखर में फेंका। यह उसकी अंतिम कोशिश थी। क्रोध, स्वप्न, आशा और आशंकाओं से भरी कोशिश। पानी फिर उछला और फिर उसके शांत होते ही जब लड़के ने देखा कि इस बार भी जल-वृत्त उतना ही बौना, लद्धड़, अल्प-प्राण और संकीर्ण है तो हार कर वह रोने लगा। यह हमेशा किसी एकांत स्वप्न में डूबे एक लड़के के अकेलेपन का रोना था, जिसे संयोग से एक परी ने सुना और वह उसके पास आ गयी। दरअसल वह परी कुछ देर से चुपचाप लड़के के उस खेल को देख रही थी। परी ने कहा—'रोओ नहीं, आओ मेरे साथ। मैं तुम्हें बताती हूँ कि पोखर या तालाब में खूब बड़ा जल वृत्त कैसे बनाया जाता है।'

लड़का उस परी के पीछे-पीछे चलता गया। परी उसे एक बहुत बड़े तालाब के तट पर ले आयी और उसने प्यार से कहा—'अब तुम ये लो अपना पसंदीदा नन्हा-सा बेला का सफेद फूल और इसे इस तालाब में जितनी दूर तक फेंक सकते हो, फेंको।' लड़के ने संदेह के साथ उस छोटे से बेले के फूल को जलाशय की ओर उछाल दिया। उस विशाल तालाब के शांत स्थिर जल के एक कोने में वह नन्हा'सा फूल कहीं टप से गिरा। जल मे कंपन हुआ और लड़के ने आश्चर्य के साथ देखा कि उस विशाल जलाशय में लहरों के वृत्त बनने लगे। एक के बाद एक। जहाँ वह फूल गिरा था, उसी नाभिक केंद्र से उठते हुए। वे वृत्त बढ़ते जाते थे हर पल और इतने बड़े होते जाते थे, जो उस लड़के के स्वप्नों और आकांक्षाओं के जल-वृत्तों से भी कई गुना बड़े और दीर्घजीवी थे। लड़का पहले तो मंत्र-बिद्ध सा उन जल-वृत्तों के बनने और बड़े होने का कौतुक ठगा हुआ सा देखता रहा फिर उसके हृदय में खुशी का एक ऐसा तेज झरना फूटा कि वह ताली बजाकर किलकारी भरने लगा। उसने कृतज्ञता के साथ उस परी की ओर पलट कर देखा लेकिन वह तो कब की गायब हो चुकी थी। लड़के को सिर्फ उस अदृश्य परी की आवाज भर सुनाई पड़ी—'देखो, जल के वृत्तों का बनना उन चीजों के बड़ा या छोटा होने पर निर्भर नहीं करता, जिन्हें तुम किसी जल की सतह पर डालते हो। जल-वृत्तों का बड़ा या छोटा होना तो निर्भर होता है जलाशय के विस्तार पर। याद रखो, जितना बड़ा सरोवर होगा, उतना बड़ा वृत्त बनेगा।' डॉ. धर्मवीर भारती ने विमल मित्र को यही कहानी लिखी थी। क्या सचमुच हमारी भाषा का सरोवर इतना सँकरा और खर-पतवार, काई-नरपत से इतना भर चुका है कि उसमें कोई बड़ा जल-वृत्त अब कभी नहीं बन सकता। या कहीं ऐसा तो नहीं कि यह सरोवर है ही नहीं। यह तो कोई गड्ढा है, जिसमें जल-वृत्त नहीं बनते, सिर्फ कीचड़ उछलती है। आप चाहे फूल डालिए या ढेला।

(राष्ट्रीय सहारा : 7 जनवरी 2001)

इंटरव्यू

बहुत पहले परसाई जी (स्व. हरिशंकर परसाई) ने अपनी कलम नौकरियों के लिए होने वाली चयन प्रक्रियाओं पर चलाई थी। तिकड़म, सिफारिश और रिश्वत की ताकत द्वारा पदों और ओहदों को हथियाने वालों की वास्तविक योग्यता को हिंदी गद्य के कबीर कहे जाने वाले परसाई ने अपनी चिर परिचित मौलिक विदग्धता के साथ बेनकाब किया था। उस टिप्पणी का शीर्षक तो अब याद नहीं, लेकिन आप जरा उसका किंचित रूपांतरित सार देखिए।

एक बार किसी नौकरी के लिए आयोजित होने वाले इंटरव्यू में किसी गाँव का प्रतिभाशाली मेधावी, सारी अर्हताएँ और योग्यताएँ रखने वाले लड़के ने आवेदन दिया। जाहिर है हमारी-आपकी तरह उस लड़के के पास कोई सोर्स सिफारिश नहीं रही होगी। इंटरव्यू कमिटी के सदस्यों को पहले ही संबंधित विभाग के मंत्री का यह निर्देश मिल चुका था कि वहाँ पर किसे नियुक्त करना है। अब सारा इंटरव्यू फ़कत एक ड्रामा था, जिसे खेलते रहने की औपचारिकता निभानी ही थी।

बहरहाल, जब वह मेधावी और योग्य लेकिन सीधा-सादा लड़का इंटरव्यू में पहुँचा और उसने प्रश्नों के जवाब देने शुरू किए तो मुश्किल यह पैदा होने लगी कि इसे अब 'काटा' कैसे जाय! तो एक सदस्य ने उसके बेढंगे कपड़ों पर टिप्पणी की और दूसरे सदस्य ने, जो अपनी विद्वत्ता के लिए जगत-प्रसिद्ध थे, उससे सवाल पूछा—'बताओ, श्वेताश्वरोपनिषद् के शंकर भाष्य के अनुसार जो सोलह विकार अर्थात् पाँच भूत और ग्यारह इंद्रियाँ हैं तथा विपर्यय, तुष्टि और सिद्धि नामक जो पचास प्रत्यय भेद हैं, उसके अंतर्गत अट्ठाईस अशक्तियों, नौ प्रकार की तुष्टियों और अणिमादि महामह के दस प्रकारों के नाम बताओ और उसमें अवस्थित परमात्मा के प्रपंचरूप की सविस्तार व्याख्या करो।'

आप अंदाजा लगा सकते हैं कि इस सवाल से वह बेचारा लड़का परेशान होकर कुछ देर सोचने लगा होगा तो इंटरव्यू कमेटी के सदस्यों ने सुरती फँकियाते या दाढ़ी खुजलाते कहा होगा—'ओह! हाउ सिली। इस बार तो आपका नहीं हुआ, जाइए अगली बार ज्यादा तैयारी के साथ आइए।' फिर इसके बाद सिफारिशी कैंडिडेट का नंबर

था। 'आपका नाम क्या है?' चयनकर्ताओं ने पूछा। 'मुन्ना' लज्जाशील विनम्रता से दिया गया जवाब। कितना प्यारा नाम है हाउ स्वीट। 'अच्छा, तुमने सुबह नाश्ते में क्या लिया?' यह चयनकर्ताओं का दूसरा प्रश्न था। 'आलू का पराँठा और दूध।' पतली-सी शर्मीली आवाज। हाउ प्रांप्ट। कितना स्मार्ट और इंटेलिजेंट। नतीजा हम सब जानते हैं। यह 'इंटेलिजेंट मुन्ना' उस ओहदे के लिए चुन लिया गया। दरअसल, जिस समय और समाज में हम रह रहे हैं, वहाँ सारे फैसले लिए जा चुके हैं। सारी हत्याएँ निर्दिष्ट हैं। 'न्याय' हो चुका है।

मृत्यु पूर्वघोषित है। जो कुछ भी हम देखते रहे हैं वह विभ्रम है, छल है, माया है, नाट्य है। अगर ये वाक्य बाइबिल, श्रीमद्भागवत या कुरान शरीफ जैसे धर्मग्रंथों के होते, तो लगता कि इनका अर्थ किसी आध्यात्मिक किस्म की पवित्र रहस्यमयता के भीतर जाकर खुलता है और ये वाक्य मनुष्य की नियति का कोई दैवी भविष्य-पाठ प्रस्तुत कर रहे हैं। लेकिन बिना किसी दैवी इलहाम के ठीक यही अर्थ देने वाली रचनाएँ हमारे सामने लगातार आती रही हैं। महत्त्वपूर्ण यह है कि ये रचनाएँ किन्हीं कुंठाग्रस्त व्यक्तियों की वैयक्तिक निराशाओं या निजी गुस्से की अभिव्यक्तियाँ नहीं हैं बल्कि वे इस समाज और व्यवस्था में लगातार मजबूत और बेशर्म होते जाते अनैतिक कार्यप्रणालियों का प्रतिरोध हैं।

सुप्रसिद्ध फिल्मकार मृणाल सेन की एक फिल्म का छोटा-सा अंश याद आता है जिसमें किसी निम्नमध्यवर्गीय परिवार का एक बेरोजगार लड़का भविष्य की अनेक कल्पनाओं में डूबा एक ऐसे ही इंटरव्यू में जाता है। उसके पास औपचारिक कपड़े और जूते तक नहीं हैं। जिस टिन की पेटी में किसी विवाह के दौरान सिलाए गए कपड़े रखे थे, उसे जब उसको बहन खोलकर देखती है, तो उन्हें चूहे और दीमक खा चुके हैं। दोस्तों से कपड़े और जूते माँग कर वह साक्षात्कार में जाता है। उसके भीतर गहरी उत्कंठा होती है कि वह अपने भविष्य के बारे में जाने। कलकत्ते जैसे महानगर में किसी गाँव कस्बे से आया हुआ वह बेरोजगार लड़का बिल्कुल अकेला है। संयोग से मछली बाजार में उसे चयन समिति का अध्यक्ष दिखाई दे जाता है। वह मछली खरीद रहा है। वह लड़का देर तक उसके पीछे खड़ा, धड़कते हुए हृदय से इंटरव्यू का परिणाम जानने के लिए पूछना चाहता है। उसकी हिम्मत नहीं पड़ती। आखिर सारा साहस जुटा कर वह पूछता है—'सर...!

और ठीक इसी पल खचाक से मछली वाले का छुरा मछली को दो टुकड़ों में चीर देता है। विशाल परदे पर कटी हुई मछली का खून फैल जाता है। मृणाल सेन की फिल्म के उस अविस्मरणीय अंश में उस बेरोजगार लड़के के प्रश्न का यही उत्तर था।

क्या आपको नहीं लगता कि हम इन दिनों न्याय आदि के नाम पर चलने वाला जो सीरियल देखते रहते हैं, उसके विशाल परदे पर इसी तरह खून फैल गया है?

(राष्ट्रीय सहारा : 24 दिसम्बर 2000)

क्रिसमस में एक याद

25 दिसंबर को ही जिस तारीख में प्रभु यीशु का जन्मदिन पड़ता है, 1926 में डॉ. धर्मवीर भारती का जन्म हुआ था। अभी दो साल ही हुए इन्हीं दिनों मैं उनके जीवन और लेखन पर एक छोटा-सा 45 मिनट का वृत्तचित्र बना रहा था। इलाहाबाद की उन गलियों में, जहाँ कभी भारती जी, 'धर्मयुग' का संपादक बनकर मुंबई जाने के पहले रहते थे, हम भी घूम रहे थे। अतरसुइया की वह गली, जहाँ उनका मकान था, वह परिवेश, जिसने 'गुलकी बन्नो' और 'बंद गली का आखिरी मकान' ज़ैसी अविस्मरणीय और कालजयी कहानियों को जन्म दिया था, हमारी आँखों के सामने था। किसी के जाते ही, वही गलियाँ, मुहल्ले और समूचा इर्दगिर्द कितना बदल जाता है, हम अपनी उदास आँखों से देख रहे थे। उनका वह कमरा, जिसमें वे रहते हुए पढ़ते रहे होंगे, छप्पर के ऊपर उसकी एक खिड़की अब भी खुली हुई दिखाई देती थी। उसके सामने कबूतरों का एक जोड़ा दोपहर की धूप और अनमनी-सी उदासी को अपने पंखों में भरता हुआ इस तरह बैठा था कि एक पल को लगा कि वह उस खिड़की के नीचे, उस जगह पर तब से बैठा है, जब वहाँ भारती जी थे। 'सूरज का सातवाँ घोड़ा' का माणिक मुल्ला भी यहीं-कहीं रहता था। बार-बार प्रेम में गिरने पड़ने से डरता हुआ और अपने समय की तमाम विचारधाराओं और मानवीय परिस्थितियों की नितांत मौलिक व्याख्याएँ करता हुआ। वर्तमान की गंभीरताओं के भीतर छुपी भविष्य की हास्यास्पदताओं को उघाड़ता हुआ। अपने समय की त्रासदियों और गंभीरताओं के भीतर के विदूषकत्व या मसखरेपन को देख पाने वाली अंतर्दृष्टि और निर्लिप्त बौद्धिकता जैसी इस छोटे से उपन्यास में दिखती है, वह 50-60 के दशक में तमाम सम्मोहनों में घिरे अन्य हिंदी लेखकों की रचनाओं में नहीं दिखाई देती। बाद में श्याम बेनेगल से जब पूछा तो उन्होंने कहा कि आश्चर्य है कि एक तरफ 'सूरज का सातवाँ घोड़ा' की समूची कथा अपनी संरचना पाने के लिए बार-बार विचारों और स्मृति की ही ओर लौटती है लेकिन ठीक दूसरी तरफ यह एक ऐसा विलक्षण भारतीय उपन्यास है, जो उन्हीं विचारों और स्मृतियों से आक्रांत होने की बजाय, उनसे एक दुर्लभ कलात्मक अलगाव और दूरी अर्जित करता है। इसीलिए इसकी समूची संरचना किसी भी फिल्मकार के लिए एक चुनौती

की तरह है। कभी-कभी लगता है कि वे साहित्यिक स्थितियाँ कौन सी होती हैं, जो डॉ. धर्मवीर भारती जैसे रचनाकार के उनके जीते जी वह सम्मान और स्वीकृति नहीं दे पातीं, जो उनके लिए अभीष्ट होती है। आज स्थिति यह है कि 'अंधायुग' को प्रख्यात आलोचक डॉ. नामवर सिंह, मराठी के सर्वश्रेष्ठ कवि विंदा करंदीकर, सुप्रसिद्ध फिल्मकार श्याम बेनेगल जैसे लोग अपने मार्क्सवादी आग्रहों के बावजूद भारतीय साहित्य की एक कालजयी 'क्लासिक' कृति मानते हैं। प्रख्यात रंगकर्मी अल्काजी से लेकर सत्यदेव दुबे, राजेन्द्र नाथ ही नहीं अपेक्षाकृत पारंपरिक भारतीय काव्यदृष्टि के अध्येता आलोचक डॉ. रामस्वरूप चतुर्वेदी तक इस बिंदु पर सहमत हैं कि अगर यह सवाल हम पूछें कि इक्कीसवीं सदी या नयी सहस्राब्दी में हिंदी साहित्य की कौन-सी कृति सिर्फ अपनी रचनाशक्ति के बलबूते पर निर्विवाद रूप से प्रासंगिक बनी रहेगी तो वह है, 'अंधायुग'। और 'कनुप्रिया'? भला उसे कोई भूल सकता है? इतनी लोकप्रियता, जो इस प्रेम-काव्य को मिली, क्या उसके समानांतर कोई दूसरी कृति है? उत्तर छायावादी रोमैंटिकता, किशोर-रागात्मकता और भागवत के राधा भाव के बहाने भले ही उसे खारिज कर दिया जाता रहे, लेकिन हिंदी कविता के इतिहास में अगर जीवनानंद दास की 'वनलता सेन', सुनील गंगोपाध्याय की 'नीरा के लिए' पाब्लो नेरूदा की 'सेंटोज' से लोकप्रियता के धरातल पर बराबरी कर सकने वाली कोई काव्य कृति अगर है, तो वह 'कनुप्रिया' ही है?

यह विचित्र ही है कि गिरजाघर, क्रास, घंटियाँ, सीमेट्री, पार्क और झील के जितने दृश्य निर्मल वर्मा के कथा-संसार में हैं, उससे कम डॉ. धर्मवीर भारती की रचनाओं में नहीं। ईसा का व्यक्तित्व उन्हें कहीं बहुत भीतर से उद्वेलित करता था। एक शाम इलाहाबाद के कैथेडल पार्क में हम बैठे हुए थे, तो हमें किसी देवदूत की तरह सफेद दाढ़ी वाले, सफेद गाउन पहने खूब बूढ़े पादरी छड़ी के साथ वहाँ टहलते हुए दिखे। वे फादर मुदार्थ थे। भारतीजी का नाम सुनते ही उनकी आँखों में चमक सी आयी। वह तो क्रिसमस के दिन ही पैदा हुआ था। चर्च में आकर मरियम की मूर्ति के नीचे घंटों बैठा रहता था। हमसे दोस्ती थी। उसका नाम तो नाथानिएल होना चाहिए था, पता नहीं कैसे वह धर्मवीर भारती हो गया। और उसी शाम फादर धीरानंद भट्ट ने भारतीजी की अनेकों चिट्ठियाँ हमें दिखायीं। उनमें वह चिट्ठी भी थी, जिसमें भारतीजी ने इस बार 25 दिसंबर को इलाहाबाद में बिना किसी को जानकारी दिए , चुपचाप कुछ दिन गिरजाघर में बिताने के लिए लिखा था। उस अंतिम पत्र को पढ़ते हुए फादर भट्ट की आँखें गीली थीं और 'गला भर्राया हुआ था—'लेकिन वह नहीं आया। तीन महीने पहले ही चला गया। अब तो जब भी हम क्रिसमस मनाएगा, हम उसको भी याद करेगा। उस जैसे इंसान को कौन भूल सकता है?

हम यही प्रश्न अपने आप से पूछ सकते हैं कि कहीं हम उस जैसे रचनाकार को भूल तो नहीं रहे हैं?

(राष्ट्रीय सहरा : 17 दिसंबर 2000)

आह! वाह! अंसारी रोड

सड़क दिल्ली गेट से घूमती हुई, बाबू जगजीवन राम जी के समाधि-स्थल के किनारे-किनारे होती हुई दरियागंज के अंसारी रोड की ओर जाती है। रिक्शों, ठेलों, चाट-कुलचे-पान और ठेले वालों से बजबजाई इस सड़क के दोनों ओर की पटरियों के किनारे-किनारे चौपहिया टेक्नोलॉजी के जन्म और विकास की साक्षात झाँकी प्रस्तुत करता, आज तक संसार में बनी हर मॉडल और तकनीक की कारें, धूल और गर्द में ढकी अनंत तक मौजूद हैं। जहाँ तक नजर जाती है, रोल्स रॉयल्स, मॉरिस और फोर्ड की बीसवीं सदी की प्रारंभिक मोटरकारों के नमूनों से लेकर, 'यूरो-कापैटिबिलिटी' की जहीन और महीन इलेक्ट्रॉनिकी उँगलियों से नयी सहस्राब्दी के दरवाजे का कालबेल दबाती बैलेनो, होंडा सिटी, टोयोटा, कैवेलिस, पिजेरियो जैसी उत्तर-आधुनिक होती कारें भी खड़ी हैं।

लगता है, जैसे हम 'विश्व चौपहिया तकनीक के इतिहास' के एक 'मुक्ताकाशी संग्रहालय' (ओपेन एयर म्यूजियम) में से होकर गुजर रहे हैं। लेकिन दिल्ली के दरियागंज का अंसारी रोड देश में अपने इस चौपहिया इतिहास की झाँकी के लिए नहीं, जिस चीज के लिए सुप्रसिद्ध है, वह है यहाँ की तमाम गलियों, लेनों, दुतल्लों, भुंइधरों (बेसमेंट्स) में चलते विश्व-भाषा हिंदी के साहित्य और किस्म-किस्म की पत्र-पत्रिकाओं का झमाझम प्रकाशन उद्योग। इन उद्योगों में छोटे-मोटे निजी और कुटीर किस्म के प्रकाशन उद्योगों से लेकर छप्पड़ फाड़कर करोड़पति बनाते राष्ट्रीय और बहुराष्ट्रीय पुस्तक उद्योग भी हैं। हिंदी प्रकाशन उद्योग और व्यापार के भी उद्‍भव और विकास की समग्र झाँकी यहाँ उपस्थित हैं। इस मायने में दरियागंज का अंसारी रोड कार और किताब, दोनों का विश्व में अपनी तरह का अकेला जीता-जागता,

'एनिमेटेड' संग्रहालय है। कार और किताब का मुक्ताकाशी संग्रहालय! यहाँ क्रेडल और लाइनो तकनीक से 'किस्सा तोता मैना,' 'दास्तान-ए-अलिफ लैला' और 'बैताल पच्चीसी', 'सिंहासन बत्तीसी' से लेकर महान् कर्मयोगी वात्स्यायन के सड़क छाप दर्शन-निदर्शन ग्रंथों को छपाते और उनका थोक व्यापार करते उन्नीसवीं-बीसवीं सदी के परचूनिए टाइप प्रकाशक भी हैं, और प्रधानमंत्री से लेकर फिल्म-मीडिया-खेल

सुपरस्टारों की अमर रचनाओं के प्रकाशक भी। यहाँ मुक्त बाजारवादी प्रकाशक भी हैं जो इंगलिश सिखाने से लेकर मॉडल बनने, कंप्यूटर-टीवी और जीवन सुधारने तक की किताबों का चकाचक व्यापार कर रहे हैं और सरकारी-समाजवादी, नेहरू-इंदिरा-राजीव कालीन, 'पब्लिक सेक्टर एंटरप्राइज' वाले प्रकाशक भी। मुक्त बाजारवादी प्रकाशकों के यहाँ हिंदी का 'पल्व' या 'सड़क' 'गटर' साहित्य छपता है, जिसे जनता खरीदती है और पब्लिक सेक्टर वाले प्रकाशकों के यहाँ हिंदी का उत्कृष्ट और समकालीन महान् प्रकाशित होता है, जिसे सरकार खरीदती है। हालाँकि यहाँ भी पैसा 'पब्लिक' का ही होता है। समस्त समकालीन महानों की रचनाएँ यहीं से प्रकाशित होती हैं।

अगर आप मुक्त बाजारवादी प्रकाशक के नंबर पर फोन करें तो वहाँ 'हंज्जी-हंज्जी' करता एक चाँदनी चौक या करोलबाग मॉडल का थोक व्यापारी आपसे पूछेगा 'दस्सो जी, कित्ते क्विंटल शेरो शायरी, कोकशास्तर या सफल कैरो बने पैक करवा दूँ? साड्डा नाल वो गुलशन नंदा और प्रेम चंदर भी एवेलेबल है जी। तुस्सी सूची पत्तर पड़ लो।' और अगर आपने सरकार द्वारा खादी ग्रामोद्योग, एम.टी.एन.एल. या धर्मनिरपेक्षतावादी संगठन जैसे संरक्षित समकालीन महान के पब्लिक सेक्टर प्रकाशक का नम्बर घुमाया तो वहाँ से कोई दुबे जी त्रिपाठी जी या जैन जी बोलते सुनाई पड़ेंगे। 'भाई साहब तो अभी नहीं जी। भोपाल, लखनऊ या पटना गए हैं। परसों तक आएँगे जी।' या 'अभी-अभी निकल गए जी, वो मिनिस्ट्री में सेक्रेटरी साब से मीटिंग है जी। उधर से त्रिवेणी होते हुए आएँगे। कल शाम हवाला मंत्री जी कविता संग्रह का विमोचन कर रहे हैं न। आपको भी तो कार्ड मिला होगा?

अब उधर जरा देखिए। ये जो सफारी, सूमो, होंडा सिटी, बैलिनो, पिजेरियो के नए, लेटेस्ट, शोरूम मॉडल चमचमाती कारें आपको दिखायी दे रही हैं, वे इन्हीं प्रकाशकों की हैं जी। उधर जेन, मैटिज या सेंट्रोज जो आप देख रहे हैं वो दरियागंज की पत्रिकाओं के संपादकों की हैं। और वो झोला छाप आदमी, जो दोने में छोले-कुलचे खाता हुआ, अपनी फटी आस्तीन से अपना मुँह पोंछ रहा है और अब बीड़ी का बंडल निकाल रहा है, उसे पहचाना नहीं आपने? वो मुक्तिबोध हैं जी। और उधर जो उस रेहड़ीवाले के पीछे पटरी पर जो मनुष्य उकड़ूँ बैठा दिखाई पड़ रहा है, उनसे मिलेंगे आप? ठीक पहचाना गुरू। वो 'अकाल' वाले बाबा ही हैं। घर तक जाने के लिए बस का भाड़ा जुगाड़ने की फिकर में हैं।'

'अरे! अरे! किनारे हटिए। बीचम-बीच कैसे खड़े है आप? आई. जी. साहब की गाड़ी है। कल इन्हीं के नए कविता संग्रह का विमोचन हुआ था। समकालीन कविता में मुक्तिबोध और शमशेर के बाद अब यही हैं जी।'

(राष्ट्रीय सहारा : 10 दिसंबर 2000)

फतवे का इंतज़ार

यह सचमुच विचित्र है। जिस अंग्रेजी भाषा एलीट ने, जिस मीडिया और अखबार के एक वर्ग ने और जिस ग्लोबल बाजार ने अरुंधती राय को एक स्टार बनाया था, उसी का एक हिस्सा अब अपने किए को अनकिया करना चाहता है। अरुंधती में अब उन्हें एक अहंकारी, सनकपने से भरी, गैर जिम्मेदार, बड़बोली और आत्ममुग्ध लेखक की झलक नजर आने लगी है। 'दि गॉड ऑफ स्माल थिंग्स' में केरल की वाम मोर्चा सरकार और उसके लीजेंड बन चुके नेता ई.एम.एस. नंबूदरीपाद के बारे में जिस लेखिका की टिप्पणियों में उन्हें एक रचनाकार की स्वतंत्र चेतना और गहरी सामाजिक अंतर्दृष्टि के दर्शन हो रहे थे, अब उन्हें उसी अरुंधती राय के लेखन में उन्मादग्रस्तता, असंतुलन और एक प्रतिबंधनीय किस्म के जुनूनी लेखन के सबूत नजर आने लगे हैं। अभी इसी हफ्ते अंग्रेजी दैनिक 'हिन्दू' में रामचंद्र गुहा ने उन्हें सलाह दी है कि वे अपनी सामाजिक सक्रियता छोड़ कर वापस कथा-कहानी की दुनिया में लौट जाएँ और उपन्यास आदि लिखें। संविधान के जाने-माने विशेषज्ञ प्रो. उपेंद्र बक्षी ने तो पिछले साल ही यह सलाह दे दी थी कि नर्मदा बचाओ आंदोलन और मेधा पाटकर को अपने आपको अरुंधती राय से अलग कर लेना चाहिए।

इस सबके पीछे अरुंधती का वह लेखन और उनकी उस सामाजिक-सक्रियता की भूमिका है, जिसकी अपेक्षा अंग्रेजी के एलीट स्टार से नहीं की जा सकती। हिन्दी के नागार्जुन आदि होते तो यह स्वाभाविक लगता। जिस इंडिया को सिंगापुर बनाने का सपना देखा जा रहा था, उसे आदिवासियों की मातृभूमि सिद्ध करने में यह बालिका क्यों लगी हुई है? फिर जो सर्वोच्च न्यायालय ईश्वर और धर्म की तरह तर्कातीत और पवित्र है, उसके सरदार सरोवर बाँध से संबंधित फैसले को 'नाटो द्वारा युगोस्लाविया पर बम गिराने के संहारकारी फैसले' जैसा कहने वाले लेखक को खुला क्यों छोड़ा जाय? ऐसी छूट दी गयी तो लेखकों की एक ऐसी जमात पैदा हो जाएगी, जो भारत को सिंगापुर जैसा बनने और अमरीका जैसा दिखने के रास्ते में हजार अड़चनें खड़ी करने लगेगी। हिंदी में तो हम सब जिस लेखक नामक प्राणी से परिचित हुआ करते हैं, वह तो ताकतवरों की अटैची या उनका ब्रीफकेस हुआ करता है। हर बड़े सामाजिक

और राजनीतिक मुद्दे पर धागा लेकर अपने मुँह को सिलता हुआ और इस तरह एक उत्कृष्ट सौंदर्यशास्त्र की रचना करता हुआ। साहित्य तो कालातीत और आध्यात्मिक किस्म के लेखन का नाम है या फिर कोई सेक्सुअल फैंटेंसी। इसमें अरुंधती की बड़बड़ाहट कहाँ से आ गयी? वह भी उस भाषा में जिसे हम अंग्रेज साम्राज्यवादियों की भाषा कहा करते थे। जब भारत सरकार ने पोखरन में परमाणु बम का विस्फोट किया तो अरुंधती ने अपने बहुचर्चित लेख 'कल्पना का अंत' में किसी छद्म राष्ट्रवादी उन्माद में बहने की बजाय इसकी मानवीय और जैविक तथा पर्यावरणीय परिणतियों की ओर गंभीर इशारा किया। और अब जब सर्वोच्च न्यायालय के निर्णय के बाद गुजरात के मुख्यमंत्री समेत वहाँ के शहरी एलीट और विद्युत भुक्खड़ उद्योगपति जश्न मनाने में लगे हुए थे, तब इस लेखिका ने यह लिख दिया कि जब नाटो ने युगोस्लाविया पर बम बरसाए तो उसके धमाकों से बेलग्रेड के चिड़ियाघर का एक बाघ इतना डर गया कि वह अपनी ही टाँगे चबाने लगा। सर्वोच्च न्यायालय के इस फैसले के बाद अब नर्मदा घाटी के निवासी, जो वैसे ही उस बाँध में डूबने वाले हैं, भी अपनी टाँगे चबाने लगेंगे।

अरुंधती राय को हिंदी के लेखकों से राय लेनी चाहिए। उन्हें यह समझना होगा कि कहाँ पर चुप रहा जाता और कहाँ पर बोलना मुनासिब होता है। उन्हें रामचंद्र गुहा ने 'वामपंथी' अरुण शौरी तो कहा ही है। वे यह भी कह सकते हैं कि महान दार्शनिक प्लेटो ने सदियों पहले कवियों और रचनाकारों को गणतंत्र से निकाल बाहर करने का फरमान जारी किया था। अब सही वक्त है जब हम अपने पड़ोसी बांगलादेश का उदाहरण अपनाते हुए आजाद हिंदुस्तान की एक तस्लीमा नसरीन का निर्माण करें।

दरअसल किसी भी राज्य और समाज में जो व्यक्ति सबसे संदिग्ध हुआ करता है, वह लेखक होता है। उस पर कोई संस्था, राज्य व्यवस्था, प्रबंधन कभी भरोसा नहीं कर सकता। करना भी नहीं चाहिए। करेगा तो पछताएगा। उन्हें देश निकाला या शहर बदर कर देने की सलाह उस सर्वकालिक महान दार्शनिक ने दी थी, जिस पर हर किस्म और हर रंग के राज्य आज तक अमल कर रहे हैं। उन्हें ऐसा करना भी चाहिए, क्योंकि उनके अस्तित्व की सुरक्षा के लिए यह एक जरूरी कर्त्तव्य है। और लेखक को भी देश बदर, शहर बदर या दर बदर होने के लिए तैयार रहना चाहिए क्योंकि यही उसकी भी फितरत है। अगर वह किसी राज्य, संस्थान, प्रबंधन, पार्टी या गिल्ड का वफादार हो गया, तो जिन दो के साथ उसे निरंतर गद्दारी करनी पड़ेगी, उनमें से एक होगी उसकी अपनी अंतरात्मा (अगर ऐसी कोई चीज उसके भीतर कहीं बची रह गई है तब) और दूसरा होगा उसके समय का साधारण मनुष्य। और उसका पाठक।

जाहिर है यहाँ हम जिस लेखक की बात कर रहे हैं, वह बहुत क्लासिक, बहुत शास्त्रीय किस्म की लेखक प्रजाति का प्राणी है। उसका उत्तर-आधुनिकीकरण नहीं हुआ

है। वह बाजार-चतुर, दरबार-चतुर, सरकार-चतुर और अखबार-चतुर नहीं हुआ है। वह कुछ-कुछ प्राचीन सनकपने, पगलैटी और औद्धत्य से भरा हुआ है, जो उसे संभ्रांतों के लिए असुविधाजनक ताकतवरों के लिए असहनीय और राज्य या संस्थान के लिए दंडनीय बनाता है।

भले ही इस तरह की लेखक प्रजाति अब एक विलुप्त या दुर्लभ प्रजाति बन चुकी हो और आज का साहित्यिक परिदृश्य, सम्पन्न, संभ्रांत, सुरुचि संपन्न कुलीनों का बगीचा या गलीचा नजर आए संस्थानों, और गणराज्यों को परामर्श देने वाले प्लेटो की प्रजाति के सलाहकारों की फसल भरपूर लहलहा रही है। बल्कि सलाहकार ही साहित्यकार बन गए हैं और हर अफसर इन दिनों कबीर है। लेकिन गनीमत है कि अभी हमारे बीच एक ऐसी लेखिका भी है, जो स्त्री है और जिसका नाम अरुंधती राय है। भले ही वह हिंदी में नहीं है अंग्रेजी में है यानी उस भाषा में जो हमारी भाषा को खा रही है, लेकिन उसका होना एक उस प्राचीन किस्म के लेखक का होना है, जिसे किसी भी 'रिपब्लिक' में कोई जगह नहीं मिलती।

तो बस अब इस नई तस्लीमा नसरीन के देश निकाले के सरकार फतवे का इंतजार है।

(राष्ट्रीय सहारा : 3 दिसंबर 2000)

सत्ता और शब्द

यह घटना आपको किसी इतिहास की किताब में लिखी हुई नहीं मिलेगी। लेकिन इसका जिक्र एक उपन्यास में जरूर हुआ है। कौन-सा उपन्यास? यह आप इस घटना को जानने के बाद में जानें तो अच्छा। वैसे, अगर आप यह मानते हैं कि इतिहास की किताब में किसी समय का 'यथार्थ' यानी 'सत्य' और उपन्यास या कहानी में किसी लेखक की 'कल्पना' यानी 'झूठ' दर्ज रहता है, तो असलियत यह है कि इतिहास और उपन्यास दोनों में ऐसा कोई बुनियादी या वास्तविक भेद नहीं होता। दोनों में यथार्थ और कल्पना या सच और झूठ बराबर ही उपस्थित रहते हैं। बल्कि कई-कई बार तो ऐसा समय भी आता है जब इतिहासकार किसी कहानीकार की भूमिका निभाने लगते हैं और कथाकारों को उस समय और समाज का इतिहास लिखना पड़ता है। और यकीन मानिए ऐसा ही समय ज्यादातर रहा आता है और इसीलिए कथा, कहानी, उपन्यास की जरूरत और प्रासंगिकता समाज में बराबर बनी रहती है। वरना भला इतिहास जैसा रोचक गल्प कौन कहानीकार लिख सकता है?

घटना यह थी कि अट्ठारहवीं सदी में जब नेपोलियन अपने पड़ोसी देशों—आस्ट्रिया, इटली, एशिया से लेकर सुदूर पूरब में तुर्की और सीरिया तक अपने साम्राज्य का विस्तार करके फ्रांस का नया इतिहास रचने में लगा हुआ था तो उसके सलाहकारों ने उसे सलाह दी कि सिर्फ युद्ध और विजय किसी सम्राट को इतिहास में आदर नहीं दिलाते, इसके लिए उसे अपनी 'संवेदनशीलता' भी प्रमाणित करनी पड़ती है। अब यह एक बड़ा मुश्किल काम था। क्योंकि कोई सम्राट अगर अपनी प्रजा के प्रति संवेदनशील हो गया तो साम्राज्य की बुनियाद ही हिल जाएगी। इस समस्या के निदान के लिए वही 'फार्मूला' खोजा गया, जिसे आज तक अपनाया जाता है। इसे 'इनडाइरेक्ट' संवेदनशीलता का नाम दे सकते हैं। यानी जनता के प्रति संवेदनशील होकर अपनी सत्ता और साम्राज्य को खतरे में डालने की बजाय, संस्कृति और कलाओं के लिए संवेदनशील होने का प्रमाण देना। 'हर्र लगे न फिटकरी, रंग चोखा ही आवे' वाले मुहावरे के अनुरूप यह संवेदनशीलता का 'सेफ' और 'रिस्क-फ्री फार्मूला' है। नेपोलियन फौरन अपनी संवेदनशीलता को प्रमाणित करने के लिए बेचैन हो गया।

जैसा कि सब जानते हैं कि महान साहित्यकार गोइठे और संगीतकार बीथोवान दोनों नेपोलियन के समकालीन थे। जर्मन साहित्य के शेक्सपीयर माने जाने वाले गोइठे उन दिनों 'फाउस्ट' को लिखने में लगे हुए थे और उनकी प्रसिद्धि चारों और फैल रही थी। यही स्थिति बीथोवान के संगीत के साथ थी। दुर्भाग्य से महान संगीतज्ञ बीथोवान तब तक बहरे हो चुके थे और पेरिस छोड़कर किसी गाँव में रहने चले गए थे। सो, यह तय पाया गया कि गोइठे को ही सम्राट निमंत्रित करें और उनका सम्मान करें। सम्राट को गोइठे की कुछ कविताओं की पंक्तियाँ रटाई गयीं, उनके बारे में जरूरी जानकारियाँ दी गयीं और उन पाँच प्रश्नों की सूची उन्हें थमा दी गयी, जो उन्हें गोइठे से उस ऐतिहासिक भेंट के दौरान पूछने थे।

गोइठे जब सम्राट से मिलने पहुँचे तो वहाँ मिलने वालों की विशाल भीड़ थी। सब अपने-अपने नामों की सूची वहाँ के इंचार्ज को दे रहे थे। जैसे ही गोइठे ने अपने नाम की सूची उस अफसर को दी, वह उठ कर खड़ा हो गया। गोइठे के सामने लगभग साष्टांग होने के बाद वह राजमहल के अंदर भागा और कुछ ही पलों में अपने मुँह में अधखाया निवाला भरे, जूठे हाथ, बिना चप्पल-जूते के सम्राट नेपोलियन ने आ कर गोइठे को प्रणाम किया और गदगदाई आवाज में उनकी कविताओं की पंक्तियाँ दुहराने लगा। वह उन्हें अपने साथ आदरपूर्वक अंदर ले गया और वहाँ उनसे वे पाँच प्रश्न पूछे, जिनमें 'फाउस्ट' की विषयवस्तु से लेकर मैं आपकी क्या खिदमत कर सकता हूँ? और 'आपको कोई असुविधा हो तो आप 'राजमहल' में मेरे कमरे के बगल में आ सकते हैं।' जैसे प्रश्न और प्रस्ताव शामिल थे। लंच और उसके बाद दो घंटे के विश्राम के समय नेपोलियन किसी नागरिक से कभी नहीं मिला, सिर्फ गोइठे को छोड़ कर, यह तथ्य फ्रांस के इतिहास की किताबों में दर्ज है। लेकिन गोइठे के साथ अंदर जाने के बाद जो घटना घटी, उस पर इतिहास मौन है। मैं दरअसल वही घटना आपको सुनाने जा रहा था।

तो अपने भव्य प्रासाद में गोइठे को बिठाने के बाद नेपोलियन ने अपनी विशाल मेज के नीचे, अपनी कुर्सी के दाहिने हत्थे के पास छुपाई गयी सूची में से वे पाँचों प्रश्न एक-एक कर उनसे पूछे जिनका उत्तर गोइठे ने दिया। इसके बाद प्रश्न समाप्त हो गए। नेपोलियन की समझ में नहीं आया कि अब वह क्या बात करे। वह अपना अधूरा छूटा खाना खाने में लग गया। थोड़ी देर में वह भूल ही गया कि यहाँ गोइठे मौजूद हैं।

काफी देर बाद जब सम्राट नेपोलियन ने खाने की प्लेट से अपनी आँखें उठाईं तो उसने अपने सामने एक अजनबी को बैठे पाया। वह परेशान हुआ और नाराज भी कि कैसे 'लंच आवर' में कोई नागरिक यहाँ तक पहुँचा। उसने गुस्से से अपनी भौंहों को गोइठे की ओर इस तरह नचाया कि गोइठे डर गए। उन्होंने हकलाते हुए कहा—'मैं गोइठे' सुनते ही नेपोलियन फिर तपाक से खाना छोड़ कर खड़ा हो गया।

वह गदगदाई आवाज में उनकी कविता की वही पंक्तियाँ फिर से सुनाने लगा, जिसे उसने थोड़ी देर पहले सुनाई थीं। फिर उसने मेज के नीचे, कुर्सी के दायें हत्थे की ओर देखा और वही पाँच सवाल फिर से पूछे। सवाल फिर समाप्त हो गए। नेपोलियन फिर खाना खाने लगा। अचानक उसने अपनी आँख ऊपर उठाई और सामने एक अजनबी को पाकर फिर बौखलाया।

अजनबी ने फिर कहा–'मैं गोइठे'। सुनते ही नेपोलियन फिर खड़ा हो गया। उसने गदगदाई आवाज में फिर वही पंक्तियाँ दुहराईं और मेज के नीचे देखते हुए फिर वही पाँच प्रश्न पूछे और वह फिर खाने लगा। यह घटना किसी इतिहास की किताब में नहीं, एक उपन्यास में दर्ज है। लेकिन क्या यह सत्ता और शब्द के रिश्ते का सच नहीं है।

(राष्ट्रीय सहरा : 26 नवंबर 2000)

पुरस्कार का अखबार

यह बमुश्किल डेढ़-दो दशक पहले की बात है। उन दिनों राजधानी दिल्ली की भाषाई पत्रकारिता में बुद्धिजीवी काल चल रहा था। भारतीय सिनेमा के 'ब्लैक एंड व्हाइट' जैसा जमाना। महान अभिनेता-अभिनेत्रियों, सामाजिक या भावनात्मक विषयों के अत्यंत संवेदनशील कथाकारों-पटकथाकारों, अविस्मरणीय संगीत और लगभग कालजयी हो चुके गीतकारों-गायकों के बावजूद नित्य ग्लैमरहीन, सादा, गंभीर टाइप, बेरंग युग। भाषाई पत्रकारिता के उस 'ब्लैक एंड व्हाइट' काल में अविस्मरणीय कहे जा सकने वाले एक संपादक थे स्व. राजेंद्र माथुर और स्तंभ लेखन तथा व्यंग्य लेखन में महान कहे जा सकने वाले एक साहित्यकार थे स्व. शरद जोशी। उन दिनों शरद जी स्तंभ लेखन के इतिहास का पहला और अंतिम ऐसा स्तंभ लिख रहे थे, जो राजेंद्र माथुर जी के संपादन में निकलने वाले एक अखबार में प्रतिदिन छपता था। बहुत लोकप्रिय और रोजाना हिट होने वाले उस स्तंभ का नाम हम सब जानते हैं–'प्रतिदिन'। एक बार शरद जी ने अपने इस स्तंभ में तमाम स्रोतों से तथ्य-वथ्य इकट्ठा करके हिसाब लगाने की कोशिश की थी कि हिंदी साहित्य में वर्ष भर में दिए जाने वाले पुरस्कारों की संख्या कितनी है? उनके मुताबिक उस समय तक इतने पुरस्कार हो चुके थे कि अगर उन्हें हर रोज प्रदान किया जाए तो साल के तीन सौ पैंसठ दिनों तक किसी भी अखबार के संस्कृति संवाददाता को रिपोर्टिंग का काम मिल सकता था। अखबारों को अपनी जगह भी भरने में मदद मिल सकती थी क्योंकि उन दिनों तक आज जैसा दिक-कालव्यापी बाजार आया नहीं था इसलिए अखबारों में मनचाहा स्पेस लगभग मुफ्त जैसा उपलब्ध था। इंच-इंच और पंक्ति-पंक्ति तक की विज्ञापन दरों का हिसाब रखने वाला प्रबंधन तब तक आज जैसा हिसाबी-किताबी नहीं था। यही वह दौर था जब हिंदी अखबारों ने हिंदी के कई प्रसिद्ध चिंतकों-कवियों-विचारकों इत्यादि को जन्म दिया था।

वह हिंदी साहित्य के पुरस्कारों का 'किशोर-काल' था। अब आप अंदाजा लगाइए कि जब उस किशोरावस्था में ही साहित्यिक पुरस्कारों की फसल इस कदर लहलहा रही थी, तब आज इस 'करोड़पति-काल' में उनकी संख्या कितनी होगी। अगर हम

अपने देश की अन्य लगातार बढ़ने वाली अर्थात 'विक समान' चीजों को अपना आधार बनाकर उनके समानुपात में पुरस्कारों को भी रख कर देखें तो हम किसी विश्वसनीय नतीजे तक पहुँच सकते हैं। ऐसी निर्विवाद और विश्वसनीय चीजें है—जनसंख्या, महँगाई, अपराध, भ्रष्टाचार, प्रदूषण, पेट्रोल की कीमत वगैरह। इस दृष्टि से अब साहित्यिक पुरस्कारों की कुल संख्या कम से कम तीन-चार हजार तो होगी ही होगी। (यह सिर्फ राष्ट्रीय अथवा राज्यस्तरीय पुरस्कारों की ही गणना है। प्रसंगवश यह तथ्य यहाँ उल्लेखनीय होगा कि शरद जी को जीते जी उस राज्य का राज्यस्तरीय साहित्यिक पुरस्कार तक नहीं मिला, जिस राज्य के वे गौरवशाली संतान थे। हाँ, मृत्योपरांत महान बनाने की अपनी चिरपरिचित परंपरा के अनुरूप उस राज्य में उनके नाम से एक लखपति बनाने वाला पुरस्कार जरूर स्थापित कर दिया गया, जिससे जैसा कि हम जान सकते हैं कि शरद जी के अलावा अन्य सबका भी भला हो सकता था। किसी प्रतिभा की स्मृति में ऐसा करने की ही प्रतिष्ठित परंपरा आज तक चलती चली आयी है।) अब छोड़ी हुई बात पर वापस आएँ। अगर आज हम पुरस्कारों की संख्या तीन हजार भी मान लें तो इस हिसाब से लगभग दस साहित्यिक पुरस्कार हमारे समय के महत्त्वपूर्ण लेखकों को इस समय हर रोज दिए जा रहे हैं। खुद ही सोचिए कि दस ऐसे प्रतिभाशाली और साहित्य के क्षेत्र में महान अवदान देने वाले लेखकों के संपूर्ण व्यक्तित्व और कृतित्व पर संतोषजनक सामग्री छापने के लिए क्या दस पेज का एक दैनिक अखबार निकालने का ऐतिहासिक उत्तरदायित्व भाषाई पत्रकारिता के सिर पर नहीं आ पड़ा है? और ऐसा न कर पाने वाला अखबार क्या साहित्य विरोधी नहीं है? चलिए, अगर दस पेज आपको ज्यादा लग रहे हैं तो उसे घटाकर आठ पेज का कर देते हैं।

(राष्ट्रीय सहारा : 19 नवम्बर 2000)

साहित्य और कानून का कुलतंत्र

अभी पिछले दिनों भारत के भूतपूर्व अतिरिक्त महाधिवक्ता श्री ए.एम. सिंधवी ने कहा कि हमें अपने कानून की भाषा तत्काल बदल देनी चाहिए। जिस इंग्लैंड ने यहाँ से जाने के पहले अपने जो कपड़े उतारे—और हमने जिन्हें ज्यों का त्यों (थोड़ी बहुत पच्चियों के साथ) आज तक पहन रखा है, उस इंग्लैड ने भी अब नए कपड़े पहन लिए हैं। कानून, संसदीय प्रणाली, नागरिक प्रशासन आदि की विलायती उतरन अब खासी पुरानी और 'संदिग्ध' हो चुकी है। पूर्व महाधिवक्ता की राय में सबसे पहले हमें कानून की भाषा बदलनी चाहिए, क्योंकि इसमें ऐसा 'कूट' है, जो इसे देश के सामान्य लोगों के लिए अबूझ और अपारदर्शी बनाता है। पुरानी अंग्रेजी, लैटिन, फारसी और अरबी के पदों और पारिभाषिक शब्दावलियों से भरी इस कानूनी भाषा में जो भी बहसें होती हैं, कार्रवाई होती है और फैसले लिए जाते हैं, उन्हें देश के चालीस-पचास प्रतिशत असाक्षरों की बात तो छोड़िए, पढ़ा-लिखा, शिक्षित मध्यवर्ग भी नहीं समझ सकता। अर्जी लिखने से लेकर जज का फैसला पढ़वाने तक के लिए उसे वकीलों को पैसा देना पड़ता है। कानून की मौजूदा भाषा की अबूझ अपारदर्शिता में ही कानून का सारा गोरख-धंधा चल रहा है। इसकी तथाकथित 'जटिलता' और दुर्भेद्य किस्म की गोपनीयता का सारा रहस्य उस वाग्जाल या लफ्फाजी के भीतर है, जिसे सामंतों, राजे-रजवाड़ों, बादशाहों और विदेशी आकाओं ने अपने खलकर्मों की हिफाजत के लिए आविष्कृत किया था। आजादी के इतने वर्ष बाद भी अगर कानून का वही पुराना कूट ज्यों का त्यों चल रहा है तो यह इसी का प्रमाण है कि शासकों-प्रशासकों के 'खलकर्म' अभी तक जारी हैं और उसे जनता से छुपाए रखने के लिए उन्हें उस 'कूट' की जरूरत आज भी है।

इंग्लैंड और अमेरिका जैसे देशों में कार्यपालिका और न्यायपालिका के कामकाज की भाषा को ज्यादा सरल और सबके लिए बोधगम्य बनाने की प्रक्रिया लंबे अर्से से जारी है। इसके लिए संभवतः वहाँ के मध्यवर्ग को भी श्रेय दिया जा सकता है, जो भले ही बाजार का समर्थक हो, लेकिन दूसरी ओर वह भाषा में जनतंत्र का भी समर्थक रहा है। वह सरकारी कामकाज और कानूनी कार्यवाहियों

में खुली पारदर्शिता चाहता है। नतीजा यह है कि अब खुद इंग्लैंड में 'रेस-ज्युडिकाटा', 'प्लाटिंफ', 'रेस-इंटिग्रा', 'रिट', 'डिरेलिक्टा' जैसे असंख्य लैटिन मूल के अबूझ शब्दों की जगह अदालतों में आम बोल-चाल में आने वाली अंग्रेजी के इस्तेमाल को तरजीह दी जा रही है।

आप खुद ही किसी से पूछ कर देखिए कि अदालत में 'इन-कैमरा' सुनवाई का क्या महत्त्व होता है? हमारी दिल्ली के ज्यादातर लोग, जो टी.वी. देखने के आदी हैं, वे अमूमन यही सोचेंगे कि ऐसी अदालती कार्रवाई, जहाँ कोई टीवी टीम अपने कैमरे के साथ पूरी कार्रवाई की शूटिंग कर रही हो। यह सच है कि हमारे सर्वोच्च न्यायालय की भाषा आज तक वही लैटिन मूल की अंग्रेजी है, जिसे अंग्रेज तिरपन साल पहले हमारे लिए यहाँ उतार गए थे। यह हमारे 'हाई न्याय' की भाषा है। रही निचली अदालतों की भाषा की बात तो वहाँ अभी तक मुगलिया-नवाबी दौर चल रहा है। थाने-कचहरी का कोई कानूनी दस्तावेज देखिए, आपको लगेगा कि पारसी थिएटर की किसी नौटंकी का कोई डायलॉग पढ़ रहे हैं। फिल्मी संवादों के 'आदि-कादरखान' महान डायलॉगबाज अभिनेता सोहराब मोदी का कोई संवाद। 'मकतूला', 'मुवक्किल','साकिन', 'फौत', 'मजकूला', 'नजीर' वगैरह-वगैरह। हमारे गाँवों के असाक्षरों को अगर कोई साक्षरता आंदोलन कभी अक्षर लिखने के अलावा कानून के इन कूट शब्दों का मतलब ही समझा सके, तो वह थाने-कचहरी से लेकर, सरकार-साहूकार तक के दस्तावेजों में लगे उनके अँगूठे की छापों या टेढ़े-मेढ़े दस्तखतों में बंद उनके सदियों पुराने दुर्भाग्य से काफी हद तक छुटकारा दिला सकता है।

लेकिन हम सब जानते हैं कि कानून को आम, साधारण जनों की पहुँच से दूर रखने के पीछे उस कुलतंत्र का कौन-सा स्वार्थ है, जिसका वर्चस्व सिर्फ कानून और कार्यपालिका ही नहीं, संस्कृति, कला और विचारों तक में कायम है। साहित्य का एक रूप, जिसे हम 'हाई-साहित्य' के नाम से जानते हैं, उसका अस्तित्व भी ऐसी ही अबूझ 'कूट' भाषा के किले के भीतर मौजूद है। इस तथाकथित 'उच्च-साहित्य' के इस 'कूट' का विखंडन करिए, वह उसी तरह भरता दिखाई देता है, जैसा हमारी लोककथाओं का वह आदमखोर दानव, जिसके प्राण सात सागुंदर और सात द्वीपों के पार किसी सोने के पिंजड़े में कैद एक तोते के भीतर बंद होते थे। आप उस तोते की गर्दन मरोड़िए, वह राक्षस एक दयनीय प्राणी में तब्दील हो जाएगा। दरअसल वह तोता उस दैत्य की मूल ताकत के केन्द्र तक पहुँचने के रास्ते की दुर्लंघ्यता का प्रतीक है। तोता एक 'कूट' है।

हमारे अभिजन, एलीट, उच्च-भू या हाई-साहित्य के वर्चस्व का सारा रहस्य उसकी भाषा के कूट के छद्म में ही है। उस छद्म को तोड़िए, वह दो कौड़ी के विचार में बदल जाएगा। जटिल और महान लफ्फाजी के पहाड़ को खोदिए, तो एक निहायत पिद्दे-से विचार का चूहा निकलकर भागता दिखाई देगा। दरअसल कानून की तरह

साहित्य को भी उसी भाषा को बोलने-समझने वाली साधारण जनता की पहुँच से दूर रखने के लिए और उसे एक वर्चस्वशील कुलतंत्र के हाथों में महदूद रखने के लिए मामूली विचारों की ऐसी जटिल जलेबी बनायी जाती रही है। उदाहरण के लिए, हिंदी के साठ-सत्तर के दशक के एक अच्छे, सहज और प्रतिभाशाली कवि कमलेश की कविता पर एक 'उच्च-भू' आलोचक की टिप्पणी देखिए :

'यह स्थावरत्व और जंगमत्व जिस वैश्विकी या क्रिया के अधीन निर्धारित अथवा दीक्ष्यमाण होता है उसका प्रमाकरण कविता ही कर सकती है क्योंकि कविता में ही वे कारयित्री शक्तियाँ हैं जो स्वर्ण को कुंडल में बदलती हैं। कविता माया है जो अहंकृति के प्रपंच को विस्तीर्ण करती है और जाग्रत-प्रपंच तथा स्वप्न-प्रपंच का इस अर्थ में एकीकरण करती है कि वह दोनों की मायिकता को साक्षात्कृत करती है... काव्य प्रपंच जागतिक प्रपंच का स्वांग (=सिमुलेशन) है इसलिए उसमें सर्ग और प्रतिसर्ग के दे विधिनिषेध... ।' वगैरह-वगैरह। यह उस कानूनी भाषा का देसी साहित्यिक संस्करण है, जिसे इंग्लैंड के अंग्रेज अब छोड़ रहे हैं लेकिन जिसे हमारे देशी महंत अपनाए हुए हैं। ऊपर उद्धृत की गयी टिप्पणी एक काम बखूबी करती है कि कमलेश जैसे सहज और सप्राण कवि की कविता को एक अबूझ और दुर्गम्य वाग्जाल के रूप में हमेशा के लिए बदल डालती है। ध्यान रहे यही वह कुलतंत्र के साहित्य की कूट भाषा है जिसके प्रचार और प्रसार के लिए पिछले पच्चीस-तीस सालों में करोड़ों रुपए सार्वजनिक कोष से खर्च किए गए हैं और जिसके दुरुपयोग से इस कुलतंत्र (ऑलिगार्की) के बमुश्किल आधा-पौन दर्जन छद्म टिप्पणीकारों को हिंदी का महान रचनाकार सिद्ध किया गया है। ऐसी कूट भाषा का इस्तेमाल करने वाले लेखक के मस्तिष्क के भीतर जरा एक्स-रे डाल कर देखिए, आपको काशी का कोई पोंगा पंडा बैठा दिखाई देगा।

यह एक साधारण लेकिन अत्यंत महत्त्वपूर्ण तथ्य है कि संसार के सभी महान विचारकों, वैज्ञानिकों, दार्शनिकों और साहित्यकारों ने आज तक समाज को अपना अवदान बहुत सरल और सहज भाषा में ही दिया है। यह सूची वेदव्यास, वाल्मीकि, ईसा और बुद्ध से शुरू होकर आइंस्टीन, रवींद्रनाथ टैगोर, महात्मा गाँधी और अमर्त्य सेन तक पहुँचती है। विचार और साहित्य के इस वर्चस्वशील कुलतंत्र को हमेशा कोई कबीर, कोई बुद्ध, कोई तुलसी या कोई धूमिल चुनौती देता है और हम थोड़ी राहत महसूस करते हैं।

यह सच है कि कानून हो या साहित्य, कूट भाषा के अबूझ परदे की आड़ में ही अन्याय और अनैतिकता का सारा गोरख धंधा चलता है। क्या समकालीन साहित्य के इस विशाल भूगोल में प्रतिभा और हिम्मत का धनी कोई रचनाकार इस कुरुसभा के बीचोंबीच खड़ा होकर पूर्व महाधिवक्ता श्री ए.एम.सिंघवी की आवाज में अपनी आवाज मिलाएगा?

(राष्ट्रीय सहारा : 5 नवम्बर 2000)

कड़कड़डूमा की कथा, पटपड़गंज की कविता

पिछले दिनों दिल्ली में फ्रांसीसी संस्कृति केंद्र द्वारा आयोजित एक समारोह में अंग्रेजी के चर्चित कथाकार उपमन्यु चटर्जी से पूछा गया कि अच्छा लिखने के लिए आप किस जगह रहना पसंद करेंगे? उनका जबाव था कि अगर मुंबई में रहना हो, तो मालाबार हिल और दिल्ली में बसना पड़े तो सुजान सिंह पार्क जैसी कोई जगह। इसके बाद उनकी एक हँसी उपस्थित हुई और फिर उन्होंने जोड़ा, 'रोहिणी जैसी जगह में रह कर तो कहानी के बारे में सोचा ही नहीं जा सकता।' जाहिर है, उपमन्यु चटर्जी के इस कथन के माध्यम से साहित्य का एक सिद्धांत बनाता दिखायी देता है। बहुत ठोस, मोटा और सरल-सा सिद्धांत कि अच्छे लेखन के लिए लेखक का अच्छी जगह पर रहना जरूरी होता है। जो जितनी अच्छी जगह रहेगा, वह उतना अच्छा लिखेगा।

अंग्रेजी के भारतीय लेखकों के संदर्भ में यह सिद्धांत शत-प्रतिशत सही होगा। अंग्रेजी उपन्यासकार पंकज मिश्र, जो हिंदी के बारे में यह मानते हैं कि उसमें साहित्य नहीं सिर्फ चिट्ठी लिखी जा सकती है, करोड़ों की अपनी अग्रिम रॉयल्टी पाने के बाद, पिछले दिनों माउंट आबू के शिखर पर, अपने अंगरक्षकों के साथ, निविड़ एकांत में, हिंदुस्तान के रचना-विरोधी यथार्थ से दूर रहते हुए अपना नया अंग्रेजी उपन्यास लिख रहे थे। 'ट्राटर-नामा' और 'एवरेस्ट होटेल' के सुप्रसिद्ध उपन्यासकार एलेन सीली किसी हिल स्टेशन के निकट के 'ग्रीन' गाँव में अपनी रचना की कुटिया बनाए हुए हैं, हिंदुस्तानी शहरों की असह्य भीड़, प्रदूषण, हाय-हाय और दुर्घटनाओं से कोसों दूर। वी.एस. नायपॉल तो, जो इस बार का नोबेल पुरस्कार पाते-पाते रह गए, भारत के बारे में, भारत से दूर, विदेश में ही रह कर लिखते रहे हैं। यही हाल बुकर अवार्ड वाले सलमान रुश्दी का है। ब्रिटेन का सर्वोच्च नागरिक (या इंपीरियल?) खिताब पाने वाले नीरद सी. चौधरी तो अंग्रेजों के बाद के भारत को एक पल सहने के लिए भी तैयार नहीं थे, यहाँ रहने की तो बात ही छोड़िए। सिर्फ अरुंधती राय ऐसी हैं, जिन्हें किसी अज्ञात भारतीयतावादी ततैया ने काट लिया है और वह कभी समुद्र तट के मछुआरों और कभी नर्मदा सरोवर के डूब इलाके में फँसने वाले मध्य प्रदेश के आदिवासियों के साथ, मेधा पाटकर की बगल में, खड़ी नजर आती हैं वरना तो दिल्ली

में रहकर अंग्रेजी में नाटक और कहानियाँ लिख कर पुरस्कार और नाम कमाने वाली कई अन्य लेखिकाएँ अक्सर इंडिया इंटरनेशनल सेंटर की हरी लॉन पर, केन चेयर पर बैठ कर, अपनी रचनाएँ रचती दृश्यमान होती हैं। बर्फानी बियर और सिजलिंग व्यंजन के कल्पनातीत शीत और ताप का बारी-बारी से स्वाद लेते हुए।

अब जरा अपनी तथाकथित राजभाषा, जिसे वाजपेयी जी न्यूयार्क से राष्ट्र संघ में भी बोल आए हैं और जिसका विश्व सम्मेलन कुछ ही अर्सा पहले लंदन में हो चुका है—उसके नामी-गिरामी कवियों-कहानीकारों की ओर दृष्टिपात करें। (हिंदी में जजमानी करने वाले असंख्य संस्थाओं के संचालकों और चंदा-पत्ती, अनुदान-अनुग्रह के धंधे में 'कौन बनेगा करोड़पति' की होड़ में शामिल 'हिंदी सेवियों' को अगर छोड़ दें तो) मध्य प्रदेश के पिछड़े जिले राजनांदगाँव के हाईस्कूल में मास्टरी करने वाले गजानन माधव मुक्तिबोध, जब साल-दो साल में कभी-कभार अपने लिए सस्ते 'लंक-लाठ' का कुर्ता-पाजामा खरीदने लायक पैसा बचा पाते थे, तो उसे साबुन से फींचकर, पीतल के लोटे में भरे हुए कोयलों को फूँक-फूँक कर, अपने फेफड़ों की धौंकनी से उन्हें अंगारों में तब्दील करके, उस लोटे से उन कपड़ों पर 'इस्त्री' किया करते थे। (कृपया यह न कहें कि नेहरू-युग के भारत में 'कपड़ों' में आयरन करने की तकनीक नहीं आ पायी थी) मुक्तिबोध के बारे में उपमन्यु चटर्जी नहीं जानते होंगे, लेकिन अगर उन्हें यह बताया जाय कि वे भारत के एक ऐसे चिंतक-कवि और रचनाकार थे, जिनके जीवन पर महान फिल्मकार ऋत्विक घटक के एक शिष्य मणिकौल ने 'सतह से उठता आदमी' बनायी थी, जिसे कान फिल्म समारोह में विशेष सम्मानित (स्पेशल रिगार्ड्स) प्रखंड में दिखाया गया था, तो शायद वह उन्हें लेखक के रूप में स्वीकार कर लें। अगर उपमन्यु चटर्जी 'सतह से उठता आदमी' एक बार देख लें तो उन्हें यह अंदाजा हो जाएगा कि स्वतंत्रता के बाद का यह महान प्रतिभाशाली लेखक किस जगह रहता था।

सलमान रुश्दी हिंदी के जिस कवि का उल्लेख अपने एकाध लेख में 'उपन्यासकार' के रूप में कर चुके हैं उस किसी प्राचीन यूनानी देवता की तरह भव्य और सुंदर दिखने वाले महाप्राण-महाकाय-महाकवि निराला इलाहाबाद की एक संकरी-सी गली में, दारागंज की जिस कोठरी में रहते थे, अगर उसको एक बार उपमन्यु चटर्जी देख लें, तो उन्हें यह समझ में आ जाएगा कि हिंदी और अंग्रेजी का साहित्य-सिद्धांत कितना अलग है। 'जो तुम्हारे लिए विष है, हमारे लिए अन्न है।' यह मुक्तिबोध ने कहा था। सआदत हसन मंटो का तो भारत के अंग्रेजी लेखक भी अक्सर जिक्र करते रहते हैं। मंटो मुंबई और लाहौर की कैसी गलियों और चालों में रहकर अपने किस्से लिखते रहे, उसके दृश्य उनकी कहानियों के पात्रों के जीवन में ही दिखाई दे जाते हैं। बंगला के महान उपन्यासकार शरतचंद्र सस्ते किराए के किन-किन कमरों में बंगाल, बिहार से लेकर रंगून तक, रहकर लिखते रहे, इसे जानने के लिए

फिलहाल दिल्ली में अपने मकान से वंचित साहित्यकार विष्णु प्रभाकर का 'आवारा मसीहा' एक बार उलटा-पलटा कर देखने की जरूरत होगी। बाबा नागार्जुन तो 'यात्री' के नाम से जाने जाते रहे हैं। श्रीलंका से लेकर दरभंगा और दिल्ली तक हमेशा किसी जंगम संन्यासी की तरह भटकते हुए। 'वोल्गा से गंगा तक' के प्रकांड प्रतिभाशाली लेखक राहुल सांकृत्यायन ने यह किताब कैसे लिखी, उसकी दुर्धर्ष बर्फीली निर्जन कथा को सुनकर अंग्रेजी के भारतीय लेखकों को न्युमोनिया हो जाएगा।

यह कोई व्यंग्य नहीं, एक निहायत गंभीर वास्तविकता है कि भारतीय भाषाओं के लेखकों और अंग्रेजी के लेखकों की सामाजिक-आर्थिक पृष्ठभूमि में लगभग वही अंतर आज भी है, जो 'साहब और मुसाहिब', मालिक और नौकर, अमीर और गरीब, शासक और प्रजा के बीच या ताकतवर व्यापारी और कमजोर उपभोक्ता के बीच होता है। लेकिन यह एक सम्पन्न भाषा और विपन्न भाषा के बीच का अंतर नहीं, संपन्नों और विपन्नों के बीच की भाषाओं का अंतर है।

दरअसल, अंग्रेजी के भारतीय लेखकों में जो यह अचानक अमीरी आयी है, उसके पीछे उस खगोलीय बाजार का हाथ है, जिसका व्यापार और कारोबार अंग्रेजी में चलता है। वर्ना तो मैक्सिम गोर्की जैसा विश्व प्रसिद्ध रूसी कथाकार टूटे-फूटे खँडहर में, गोदी मजदूरों, बेकरी चलाने वाले गरीब बुढ्ढों के बीच और कुली-कबाड़ियों के जरिए जिश्म फरोशी करने वाली बीमार और सस्ती वेश्याओं के बीच रह कर लिख और पढ़ रहा था। कठिन जीवन के बीच महान साहित्य की रचना करने वालों में कई अंग्रेजी के लेखक भी हैं। बहरहाल, दिल्ली में भी कड़कड़डूमा, सीलमपुर, पटपड़गंज, लोनी जैसी जगहों में अकल्पनीय परिस्थितियों के बीच रहकर हिंदी के लेखक लिख रहे हैं। स्वयं इन पंक्तियों का लेखक उसी रोहिणी में रहता है, जहाँ रहकर, उपमन्यु चटर्जी के अनुसार 'कहानी के बारे में सोचा ही नहीं जा सकता।' वैसे ऐसी कोई संभावना तो नहीं दिखती लेकिन अगर कभी अंग्रेजी का कोई भारतीय लेखक नाक-कान में रूमाल-पट्टी लगाकर, हमारी जैसी जगहों में रहने आ ही जाए, तो हम यही कहेंगे, 'पार्टनर, हम तो अंग्रेजों की दिल्ली गें चमगादड़ की तरह किसी कदर लटके ही हुए हैं, आओ तुम भी कहीं लटक जाओ। लेकिन इस हाल में जरा लिखकर दिखाओ।'

(राष्ट्रीय सहारा : 29 अक्तूबर 2000)

लेखक हाथी नहीं है

'लेखक' उस तरह से कोई जातिवाचक संज्ञा नहीं है, जिस तरह से हाथी, घोड़ा, ऊँट या छिपकली आदि हैं। जैसे हाथी कहते ही एक लंबी सूँड, लंबे सफेद दाँत, काले पहाड़ जैसे विशाल शरीर और सूपे की तरह दो कानों वाले जानवर का बिंब आँख के सामने खड़ा हो जाता है, वैसा 'लेखक' कहने से नहीं होता। इस शब्द को बोलने से आपके दिमाग में जो बिंब बनता है, वह इस पर निर्भर करता है कि लेखक के रूप में आपने असल में किसे देखा है। अगर रवींद्रनाथ टैगोर, तॉल्सतॉय, निराला, नागार्जुन या सोल्जेनित्सिन जैसे लेखकों को आप लेखक के रूप मे जानते-मानते रहे हैं, तो यकीन मानिए 'लेखक' कहते ही जिस व्यक्ति का बिंब आपके दिमाग में बनेगा, वह बिना दाढ़ी के नहीं होगा क्योंकि यहाँ जिन लेखकों का जिक्र किया गया, सभी दाढ़ी वाले भव्य व्यक्तित्व के लेखक थे।

अब मान लीजिए आप लेखक के रूप में किसी पुलिसवाले या आई.ए.एस. अफसर को जानते हैं, तो निश्चित ही आपके दिमाग में बनने वाला बिंब वर्दी, स्टार या एयर कंडीशनर और सूट वाले रौबदार आदमी का होगा। अगर आप हिंदी-उर्दू के रेणु, राहुल सांकृत्यायन या औसत कलमनवीसी करने वाले 'फ्रीलांसर' किस्म के लेखक को जानते रहे हैं, तो 'लेखक' शब्द कहते ही एक परेशान, चिंतित, अनिश्चित किस्म का जीवन जीते, दयनीय किस्म के बाबू टाइप आदमी की छवि आपके दिमाग में कौंधेगी। ऐसा इसलिए होता है क्योंकि शब्द तो सिर्फ संकेतक होते हैं, उनका अर्थ या उन संकेतों से बनने वाला बिंब तो आपके अनुभव-संदर्भ पर निर्भर करता है। इसीलिए यह कहा गया है कि 'लेखक' उस तरह से कोई जातिवाचक संज्ञा नहीं है, जैसा कि अक्सर समझ लिया जाता है। यही कारण है कि आप 'लेखक' की कोई व्याख्या या परिभाषा कहीं प्रस्तुत कर रहे होते हैं, तो दरअसल उससे लेखक नहीं, स्वयं आप उद्घाटित हो रहे होते हैं। आपके द्वारा संकेतित लेखक का पता चले न चले, आपकी बात से आपके अपने डाटा-संदर्भ या आपके अपने ज्ञान-कोष का ज्यादा पता चलता है। संक्षेप में यह कि आप 'लेखक' की व्याख्या नहीं कर रहे होते हैं, बल्कि असल में खुद को ही एक्सपोज कर रहे होते हैं।

मोपासां की एक बड़ी दिलचस्प कहानी है, जिसमें एक पाठक एक लेखक की रचनाएँ पढ़-पढ़कर इतना प्रभावित होता रहता है कि उसके मस्तिष्क में उसके प्रिय लेखक की छवि टॉल्सटॉय जैसी भव्य और गरिमापूर्ण बनती जाती है। एक दिन वह अपने प्रिय लेखक से मिलने उसके घर जाता है। वह नीचे के ड्राइंगरूम में बैठा उसका इंतजार करता रहता है। काफी देर की प्रतीक्षा के बाद जब सीढ़ियों से वह एक दिव्य, भव्य, सफेद दाढ़ी और धवल एप्रॅन पहने एक सुकुमार गोरे व्यक्ति को उतरता हुआ देखता है, तो वह विह्वल हो उठता है। अपने प्रिय लेखक की जो छवि वह वर्षों से अपने मन में बनाता रहता था, यह व्यक्तित्व उससे भी भव्य और दिव्य है। वह अपनी उत्कंठा को रोक नहीं पाता और दौड़ता हुआ जाकर, घुटने टेककर, उस दिव्य बूढ़े की हथेली का आदर के साथ चुंबन लेता है। लेकिन झिझकते हुए वह महान व्यक्तित्व वाला बूढ़ा उसे बताता है कि मैं तो एक मामूली घड़ी साज या चश्मा सुधारने वाला मिस्त्री हूँ। लेखक महोदय तो अभी अपने कमरे में ही हैं।

बाद में सीढ़ियों से जो असली लेखक उतरता है, वह निहायत अनाकर्षक, ठिगना और कुरूप होता है। पाठक के सारे बिंबों और छवियों को तहस-नहस करता हुआ।

इसीलिए हमने पहले ही कहा कि लेखक कोई जातिवाचक संज्ञा नहीं है। उसका कोई 'स्टीरियोटाइप' बनाना संभव नहीं। वह बिल्कुल साधारण, मामूली आम आदमी जैसा होता है और वह वही बोलता है, जो सारे साधारण लोग बोलते हैं। बस, लिखने का काम करने की वजह से वह लेखक होता है। उसी तरह जैसा कपड़े सिलने का काम जानने की वजह से कोई दर्जी, घड़े बनाने के कारण कोई कुम्हार, कम्प्यूटर का काम जानने की वजह से कोई हार्ड या सॉफ्टवेयर इंजीनियर या गाना गाने के कारण कोई गायक होता है।

सुप्रसिद्ध कवि भवानीप्रसाद मिश्र ने अपनी कविता में लेखकों को नसीहत दी थी–

'जिस तरह सब बोलते हैं, उस तरह तू लिख,
और इसके बाद भी सबसे बड़ा तू दिख।'

(राष्ट्रीय सहारा : 22 अक्तूबर 2000)

प्रासंगिक प्रसाद

आलोचक के बारे में अक्सर कहा जाता है कि वह रचना के हलके में डंडा लेकर उतरने वाला दरोगा है। रचना का दरोगा। यह कथन तो एक व्यंग्य हो सकता है लेकिन वह जरूर कहा जा सकता है कि हर समय की आलोचना रचनाओं की व्याख्या और विश्लेषण में कई तरह के समीकरणों और सामान्यीकरणों का सहारा लेती है। आलोचना अपनी सुविधा के लिए कुछ ऐसी कोटियाँ और सोच हमेशा अपने पास रखती है, जिसमें किसी भी रचना या रचनाकार को जब तक वह ठोंक-पीटकर, मोड़-तोड़ कर 'फिट' न कर डाले तब तक उसका 'काम' पूरा नहीं होता है।

'छायावाद' भी एक ऐसी ही सुविधाजनक आलोचना कोटि है जिसमें एक काल में संयोगवश उपस्थित और सक्रिय कुछ विलक्षण रचनाकारों को एक साथ डाल दिया गया है—निराला, प्रसाद, पंत और महादेवी। अगर हम इन रचनाकारों की रचनाओं को आज उनके बारे में किए गए सामान्यीकरणों और सरलीकरणों को भूल कर देखें तो यह विस्मय होता है कि इतने भिन्न, विविध, अद्वितीय और नितांत विशिष्ट निजताओं से संपन्न इन रचनाकारों को आखिर किस सुविधा की खातिर एक आलोचन पद 'छायावाद' के साँचे में डाल दिया गया। जिन निराला की वाल्ट व्हिटमैन जैसे विद्रोही कवि से तुलना करके या 'वह तोड़ती पत्थर' और 'अबे सुन बे ओ गुलाब' जैसी कविताओं के हवाले से आलोचकों ने प्रगतिवाद का पितामह जैसा सिद्ध किया वही निराला एक खाँटी देशी वेदांती सहज कवि नजर आते हैं। जैसे उन्होंने छंद के बंधन तोड़े वैसे ही वे आलोचना के इन सुविधाजनक साँचों को भी तोड़ते नजर आते हैं। जिन महादेवी को मीरा की कोटि में रखकार रहस्यवाद का मजबूत परदा डाल दिया गया, उन्हीं महादेवी जी का गद्य आज पढ़ते हुए लगता है कि यह तो हिंदी के आधुनिक, ऐंद्रिक और स्मृति संपन्न गद्य का अद्भुत प्रमाण है। जिन जयशंकार प्रसाद की कृति कामायनी के चलते उन्हें प्रत्यभिज्ञा, शाक्त, शैव और पता नहीं किन-किन दर्शनों से जोड़ा गया और निराला का प्रतिलोम सिद्ध किया गया, जब उन्हीं प्रसाद की कहानियाँ हम आज पढ़ते हैं तो आलोचना की उस तात्कालिक तत्परता में छलनी जैसे छेद ही छेद दिखाई देते हैं। कहानियों में प्रसाद की रचनात्मकता का वह 'रेंज' मौजूद है, जिसको किसी एक या दो आलोचना कोटियों

या किसी स्थिर सैद्धांतिकी में अवघटित कर देना बिल्कुल असंभव है।

प्रसाद जी की आकाशदीप या गुंडा जैसी सुप्रसिद्ध कहानियों से हिंदी के अधिकांश पाठक परिचित हैं। उनकी एक अपेक्षाकृत कम चर्चित कहानी है 'प्रतिध्वनि' (हालाँकि उनका एक कहानी संग्रह बहुत पहले इसी शीर्षक से छप चुका है।) अगर आज इस कहानी का पुनर्पाठ करें तो प्रसाद की विलक्षणता से एक नए किस्म का साक्षात्कार होता है।

कहानी श्यामा नाम की एक विवाहित, अनाथ लड़की की है। गंगा के किनारे एक प्राइम लोकेशन पर उसका एक छोटा-सा मिट्टी का घर और आम की बारी है। भू-माफिया या अमीरी के जिस सर्वभक्षी प्रसार को हम आज अपने समय में देख रहे हैं, आश्चर्य होता है कि प्रसाद ने उसे संवेदनशील और करुणापूरित आँखों से हमसे बहुत पहले देखा था। उस गरीब लड़की श्यामा की सारी संपत्ति उसके भूखे पेट की भेंट चढ़ती जाती है और फिर एक दिन उसकी आम की बारी भी नीलाम हो जाती है। एक सौ पाँच एक। एक सौ पाँच दो। एक सौ पाँच तीन। श्यामा अमीरी के इस आक्रमण या अपनी गरीबी की ऐसी लाचारता से विक्षिप्त होकर गायब हो जाती है। जहाँ उसका घर था, वहाँ उसके ही अमीर रिश्तेदार का बड़ा-सा बंगला बन जाता है। ऐय्याशी का अड्डा। एक फार्म हाउस।

वर्षों बाद एक रात पगली श्यामा अपनी पुरानी आम की बारी में आती है। वह लगातार एक दो तीन बोलती रहती है। नीलामी में, अपनी विक्षिप्तता के ठीक पहले की यही प्रतिध्वनि उसकी पागल हो चुकी चेतना में अब मौजूद है। वह अपनी उसी बारी में आम तोड़ती हुई माली द्वारा पकड़ ली जाती है, जो बारी अब एक ऐय्याश अमीर की हो चुकी है। माली उसे पकड़कर अमीर के पास ले जाता है। भोग और ऐय्याशी के अतिरेक के चलते वह अमीर यक्ष्मा का रोगी होकर बिस्तर-बंद और जर्जर हो चुका है। लेकिन भोग की एषणा और कामुकता अभी भी मिटी नहीं है। यह बिल्कुल हमारे समय की अमीरी का वह विलक्षण पूर्व-चित्रण है, जिसे कुछ गैर-उत्तर-आधुनिकतावादी समाजविद् लेट-कैपिटलिज्म या बूढ़े—पूँजीवाद के नाम से पुकारते हैं। भोगी, आक्रामक, कामुक, मूल्यहीन, रंगीन, बीमार और ऐय्याश। जयशंकर प्रसाद की इस कहानी का अंत एक ऐसी कालजयी नाटकीयता के साथ होता है कि हम स्तब्ध रह जाते हैं। जैसे ही वह कामुक ऐय्याश अमीर, श्यामा की तरफ बढ़ता है, वह पागल हो चुकी गरीब लड़की उन्हीं आमों को खींच-खींच कर उसके यक्ष्मा से जर्जर हो चुके सीने पर मारती है। यह किस पाप का फल है? क्या तू जानता है, इसे कौन खाएगा? मैं या तो तू? बोल! एक-दो तीन!

प्रसाद ने लिखा है कि उस पागलपन का वस्त्र लाल है। वह टीबी का रोगी अमीर तकिए पर चित्त पड़ा हिचकिया ले रहा है और वह पगली हँसती हुई गिन रही है। एक दो तीन उसकी प्रतिध्वनि समूची अमराई में उस रात गूँज रही है। क्या प्रसाद की यह कथा हमारे समय की एक पूर्व घोषित मृत्यु का इति-वृत्तांत नहीं लगती है?

(राष्ट्रीय सहारा : 15 अक्टूबर 2000)

हिन्दी कविता में एक और 'शुक्लजी'

अब विवाद के घेरे में रामचरित मानस के रचयिता बेचारे बाबा तुलसीदास हैं। राजधानी के एक हिंदी अखबार की सूचना पर भरोसा करें तो केन्द्रीय सूचना मंत्री अरुण जेटली की दखल के बाद टीवी सीरियल 'जय हनुमान' के निर्माता-निर्देशक संजय खान अपने सीरियल में तुलसीदास जी के बारे में दी गई गलत जानकारी के लिए बयान देंगे और माफी माँगेंगे। ऐसा 'धर्मयात्रा महासंघ' के किन्हीं योगेन्द्र मिश्र जी के विरोध पर हुआ है।

सीरियल में यह बताया गया था कि तुलसीदास जी का जन्म राजापुर नामक गाँव में हुआ था। 'धर्मयात्रा महासंघ' के योगेन्द्र मिश्र जी के मुताबिक शोध और अनुसंधानों से यह प्रमाणित हो चुका है कि तुलसीदास का जन्म उत्तर प्रदेश में एटा जिले के सोरों नामक गाँव में हुआ था। मिश्र जी के अनुसार दूसरा तथ्य यह है कि तुलसीदास सनाढ्य ब्राह्मण पंडित आत्माराम शुक्ल के सुपुत्र थे और पंडित आत्माराम शुक्ल कोई मामूली या अनाम पिता नहीं, बल्कि अष्टछाप के प्रसिद्ध कवि नंददास के भाई थे। प्रकट है कि अब भविष्य में तुलसीदास का पूरा नाम तुलसीदास शुक्ल हो जाना चाहिए। दिलचस्प यह है कि अभी कुछ ही हफ्ते पहले 'कौन बनेगा करोड़पति' में तुलसीदास के बचपन के नाम और गाँव के बारे में सवाल पूछा गया था और सही जवाब वही माना गया था जिस पर मिश्र जी को एतराज है। गाँव राजापुर और बचपन का नाम रामबोला। क्या अब जेटली साहब किसी 'संघ' के दबाव में अमिताभ बच्चन या सिद्धार्थ बसु से भी माफी मँगवाएँगे।

वास्तविकता यह है कि तुलसीदास के जन्म स्थान के बारे में ये दोनों ही तथ्य 'लोक-सिद्ध' हैं इतिहास-सिद्ध नहीं। ऐसा विवाद, सिर्फ तुलसीदास ही नहीं कालिदास, कबीर, जयदेव आदि तमाम महान कवियों, रचनाकारों को लेकर भी है। हमने भी प्राथमिक पाठशालाओं की बाल भारती जैसी किताबों में वही पढ़ा था जो 'लोक-सिद्ध' था। मसलन जब तुलसीदास जन्मे तो उनके मुँह में बत्तीस दाँत थे, सूतक था, लग्न सही नहीं था। दूसरे, जन्म लेते ही साधारण बच्चे की तरह रोने की बजाय उन्होंने राम कहा था जिससे उनका नाम रामबोला पड़ा। उनके पिता (आत्माराम दुबे या शुक्ल)

ने अपशगुन मानकर त्याग दिया था और वे तुलसी के एक बिरवे के नीचे अनाथ पाए गए इसी से उनका नाम तुलसीदास हुआ। आप स्वयं देखिए, हमारे देश की लोक-मान्यताएँ अपने प्रिय कवियों को कितना विराट और उदात्त बनाती हैं। जाति, कुल, मजहब, क्षेत्रीयता आदि के संकीर्ण और क्षुद्र संदर्भ इन किंवदंतियों में विसर्जित हो कर एक ऐसे व्यक्तित्व का निर्माण करते हैं जो लोकोत्तर होता है। अगर इतिहास का समूचा पुनर्लेखन कर डालने पर आमादा 'संघाचार्यों' की बात मान ली जाए तो तुलसीदास अपनी सारी लोकोत्तर प्रतिष्ठा खोकर यूपी के एटा जिले के सोरों गाँव के सनाढ्य ब्राह्मण ए.आर. शुक्ल के बेटे बना डाले जाएँगे। हिंदी साहित्य में पाए जाने वाले दर्जनों बहुचर्चित शुक्लजीओं की एक कड़ी और।

तुलसी कवि थे और सच्चे कवि या संत की जाति नहीं होती। तुलसीदास ने खुद अपनी जाति के बारे में कहा था–

धूत कहो, अवधूत कहो, रजपूत कहो, जुलहा कहो कोऊ,
काहू के बेटा से बेटी न ब्याहब, काहू के जात बिगाड़ब न सोऊ,
मांग के खइबौ, मसीत मा, सोइबौ, लेबै का एक न देबै का दोऊ।

जो तुलसी स्वयं को राजपूत और जुलाह मान रहा हो, भीख माँग कर पेट भरने और मस्जिद में जाकर सोने के लिए तैयार हो, उसे इतिहास के नाम पर एक क्षुद्र और ओछी पहचान दे देने से किसका हित होगा? मीर तकी 'मीर' ने लिखा था–'कसका खैंचा, दैर में बैठा, कब का तर्क इस्लाम किया।' मैं तो माथे पर तिलक लगा कर मन्दिर में बैठ गया हूँ। इस्लाम तो मैंने अर्सा पहले छोड़ दिया है। कैसा विह्वल करने वाला दृश्य है–तुलसी मस्जिद में और मीर मंदिर में। यही वह भारत था जिसे कवियों ने बनाना चाहा था। इन दिनों कबीर को सगुण भक्ति शाखा के 'राम भक्त' कवि सिद्ध करने की कोशिश की कड़ी में ही इस विवाद को भी देखा जाना चाहिए। लेकिन यह सब इतिहास और साहित्य के हिन्दुत्वकरण के नहीं, बल्कि स्पष्ट रूप से उसके सवर्णीकरण और ब्राह्मणीकरण की कोशिशों के उदाहरण हैं और इस सच्चाई को अरुण जेटली से पहले बंगारू लक्ष्मण तथा उमा भारती जैसे नेताओं को समझना चाहिए। तुलसी का लालन-पालन करने वाली दलित दासी चुनिया के पक्ष में उमा भारती नहीं बोलेंगी तो क्या जोशीजी बालेंगे?

(राष्ट्रीय सहारा : 8 अक्टूबर 2000)

धर्मनिरपेक्षता के पाँव और चरण

सबसे पहले मैं अपने इस स्तम्भ के पाठकों के सामने कुछ पत्रों के अंश प्रस्तुत करना चाहूँगा। पहला पत्र है 'विवेचना' के युवा और समर्पित रंगकर्मी अरुण पांडेय का। हालाँकि इस पत्र को सार्वजनिक करने की अनुमति मैंने उनसे नहीं ली है लेकिन विश्वास है इससे वे नाराज नहीं होंगे। यह पत्र जबलपुर से 18 जनवरी 2000 को भेजा गया था :

'पत्र मैं पहले भी आपको लिखना चाहता था परंतु 8 दिसम्बर की घटना ने मुझे भी हिलाकर रख दिया था। दर्शकों की इस सामूहिक शक्ति का अंदाजा लगाने का कोई बैरोमीटर तो होता नहीं है अतः इस आकस्मिकता में उपजी उस प्रवृत्ति पर हम सब अभी भी चिंतनरत है। नाट्य मंचन के दौरान जो कुछ भी घटा (संदर्भ : 8 दिसम्बर को 'और अंत में प्रार्थना' के मंचन के दौरान सशस्त्र साम्प्रदायिक गुंडों द्वारा हमला, फायरिंग और तोड़फोड़) उसे अब फिर से सोचकर बदन में झुरझुरी दौड़ जाती है। वह रात मैंने अतिरिक्त जाग्रत अवस्था में बिताई है। बार-बार सिर्फ यही खयाल आता रहा कि अगर दर्शकों या कलाकारों के किसी पारिवारिक सदस्य के साथ कोई भयानक हादसा हो जाता तो उस स्थिति का सामना कैसे करता।

बार-बार लगता रहा कि अपनी जिद के चलते इतने सारे लोगों के जीवन के साथ खिलवाड़ का अधिकार मुझे किसने दिया था।

रंगकर्म के 25वें पड़ाव पर 'विवेचना' की प्रतिष्ठा और विश्वसनीयता की परीक्षा अगले दिन होनी थी और हम सब सुखद आश्चर्य में पड़ गए जब दर्शकों और शुभचिंतकों का हुजूम नाट्य समारोह की अगली प्रस्तुति को देखने वहाँ पहुँचा। उनकी आँखों की दृढ़ता और वाणी के संयम से उपजा मौन समर्थन हम सभी को गहराई तक आह्लादित करने के लिए काफी था। हथेलियों को चुपके से पकड़कर, दृढ़ता से दबाकर, बगैर कुछ बोले निकल जाने वालों की इस भाषा से अपरिचित हम सभी के लिए यह एक अनूठा अनुभव था। कोरें भीग जाती थीं।

'कथादेश' के 'अप्रासंगिक' के द्वारा उठाए गए प्रश्नों का उत्तर दे पाने की स्थिति में मैं नहीं हूँ, जिन प्रश्नों से आप लेखन के बाद जूझ रहे थे वही प्रश्न निर्देशन के

लिए 'और अंत में प्रार्थना' के चयन के बाद मेरे समक्ष भी थे। इसके मंचन की प्रक्रिया के दौरान हम अपने साथियों के साथ जितने वैचारिक हुए उतने किसी और मंचन के दौरान नहीं हो सके थे। सांप्रदायिकता, सत्ता, संगठन, ईमानदारी, जिद, त्याग, धैर्य के जितने अँधेरे उजले पक्षों पर हम उस दौरान चर्चारत रहे, वह हमारी उपलब्धियों का हिस्सा है। दर्जनों संगोष्ठियों और व्याख्यानों से ज्यादा यह हमें जागरूक बना गई है।' (अरुण पांडेय)

दूसरा पत्र मंदसौर के वरिष्ठ साहित्यप्रेमी और समाजकर्मी बाबूलाल माली जी का है। वे अक्सर कई पोस्टकार्डों का प्रयोग एक ही पत्र के लिए करते हैं, छह पोस्टकार्डों पर लिखे गए इस पत्र के कुछ अंश मैं यहाँ प्रस्तुत कर रहा हूँ :

'पत्र की प्रेरणा 'कथादेश' के 'अप्रासंगिक' के अंतर्गत प्रकाशित 'प्रार्थना पर बम' है। खाकी निकरों की करतूत की जानकारी आपके आलेख से मिली। भगवाधारियों का शिकंजा बढ़ता ही जा रहा है। आर.एस.एस. व पार्टी कार्यकर्ताओं को सरकारी कामकाज में दखलंदाजी की इजाजत परोक्ष-अपरोक्ष रूप से अब मिल गई है। यह सिलसिला तब से है, जब से भाजपा केंद्र में आई है। लेकिन क्या कांग्रेस का 40-45 साल का कार्यकाल जनविरोधी नहीं था, असहिष्णु, अनुदार नहीं था। सफदर हाशमी की मृत्यु में तो सीधे-सीधे कांग्रेसियों का ही हाथ था। मेरा इतना-सा निवेदन है कि हम कांग्रेस को दूध का धुला समझने की भूल न करें। अगर भाजपा पापी है तो कांग्रेस भी पापी है। एक साँपनाथ तो दूसरा नागनाथ। सफदर भाई की मौत पर हम भी 8-10 रंगकर्म से जुड़े लोग दिल्ली पहुँचे थे। झंडापुर में भी अपना नुक्कड़ नाटक 'सफदर क्यों मरता है' खेला था। तभी सफदर भाई की विरासत पर मौरूसी हक के लिए एक अंतर्द्वंद्व भी हमें नजर आया था। सफदर भाई की पत्नी वहाँ अलग-अलग-सी दिखाई देती थी और...(यह हिस्सा मैं छोड़ रहा हूँ) दिल्ली, बंबई, कलकत्ता के इन महान् दिग्गजों ने कभी छोटे-छोटे नगरों के छोटे-छोटे लोगों को तरजीह नहीं दी। उस समय साहित्य, संस्कृति, रंगकर्म आदि से जुड़े तमाम मार्क्सवादी बुद्धिजीवी मास्को की ओर भाग रहे थे। उन्हें छोटे-छोटे शहरों में रहने वाले वामपंथियों की कतई सुधबुध भी नहीं थी। रूस के विघटन के बाद से ये कहीं के नहीं रहे। जैसे आज भाजपा के सत्ता या अन्य प्रतिष्ठानों के साथ संस्कृति या साहित्य के लोग जुड़े गए हैं, वैसे ही कल तक ये भी रूसपरस्त थे। यह बात दिल्ली में बैठकर ज्यादा समझ में आती है। पैट्रियाट और लिंक के शोषक साम्राज्य को आपने भी देखा और समझा होगा। (कुछ हिस्से मैं फिर छोड़ रहा हूँ) 'विवेचना' के साथ जबलपुर में जो हुआ, वह निंदनीय ही नहीं, आपराधिक कृत्य है। मध्यप्रदेश में तो कांग्रेस की सरकार है और वे अपने को भाजपा का दुश्मन कहते हैं। फिर क्या कारण है कि उन उपद्रवियों को अब तक पकड़ा नहीं जा सका है। भाई अरुण पांडेय और उदय प्रकाश की आवाज क्या इस तरह दबाई जा सकती है। लेकिन समाज तो क्या पूरा विश्व इस समय अपराध और हिंसा की

चपेट में है। स्नेह, संवेदना, सहिष्णुता, उदारता, सौहार्दता जैसे गुणों का ग्राफ निरंतर नीचे जा रहा है। भागदौड़, प्रतिस्पर्द्धा और व्यावसायिकता ने हमें मौत के दहाने पर ला खड़ा किया है। कुछ लोग तब भी मजे में थे, अब भी मजे में हैं। आम आदमी की मौत तब भी बेमौत थी अब भी है।'

तीसरा पत्र एक 'अनाम' पाठिका का है। कहना मुश्किल है कि वास्तव में इसे किसी महिला ने ही लिखा है या यह कोइ छद्‌म है। इस पत्र में कोई तारीख नहीं है लेकिन डाक की मुहर से पता चलता है कि इसे दिल्ली से ही पोस्ट किया गया है। आप भी पढ़िए :

'भइया' उदय प्रकाश'

तुम्हारे कहानी संग्रह 'और अंत में प्रार्थना' की कहानी 'और अन्त में प्रार्थना' पढ़ी। आखिर तुम भी छद्‌म धर्मनिरपेक्षतावादी Pseudo-secularist ही निकले। Pro-communist हो या Pro-congress? आज कल BJP/RSS के विरुद्ध लिखना Fashion और प्रचलन बन गया है। Minority-appeasement के अतिरिक्त भी कई विषय हैं, उन पर भी लिखो। कश्मीर के पीड़ित हिंदुओं पर भी कुछ लिखो। आतंकवादी हिंसा व बम विस्फोटों में जो लोग मारे जाते हैं उनकी पीड़ा पर भी कुछ लिखो, देश की अखंडता की रक्षा के लिए जो सैनिक प्राणोत्सर्ग कर रहे हैं, उन पर भी कुछ लिखो, राष्ट्रविरोधी तत्त्वों पर भी कुछ लिखो तो मानूँ। लगता यह है कि तुम अब वामपंथियों (व कांग्रेसियों) की गोद में जाकर बैठ गए हो। दूसरे धर्म के मठाधीशों या उनके कट्टरपंथियों पर भी कुछ लिखकर दिखाओ तो मानूँ कि बड़े हिम्मत वाले हो।

राष्ट्रीय स्वयं सेवक संघ राष्ट्र की उन्नति व प्रगति को समर्पित एक महान संस्था है। तुम्हारे जैसे Pseudo-secularist उसके विरुद्ध कितनी भी अनर्गल बकवास कर लें, संघ निरंतर उत्थान करता रहेगा। सच्चाई यह है कि देश की आम जनता BJP/RSS की विचारधारा का समर्थन करती है। तुम्हारे जैसे छद्‌म intellectual अखबारों, पत्रिकाओं व तथाकथित कहानियों में RSS के विरुद्ध कितना भी दुष्प्रचार कर लें, इसकी राष्ट्रभक्ति व राष्ट्रविरोधियों के विनाश की विचारधारा के विस्तार को नहीं रोक पाएँगे। तुम्हें बाबरी मस्जिद के विध्वंस का, मुसलमानों का बड़ा ख्याल है। क्या दंगों में हिंदू नहीं मरते। हिंदुओं के सैकड़ों मंदिरों को जब पाकिस्तान और बांग्लादेश में गिराया गया, जब कश्मीर में कश्मीरी पंडितों को मारा और भगाया गया, तब उनके समर्थन में तुमने कोई कहानी क्यों नहीं लिखी। यह दोहरा मानदंड नहीं तो और क्या है। (कुछ हिस्से मैं छोड़ रहा हूँ) हिम्मत है तो किसी कहानी में तालिबान और भिंडरावाले जैसों के विरुद्ध कुछ लिखकर दिखाओ। इस देश और समाज में सैकड़ों 'सांड' छुट्टे घूम रहे हैं। समाज में जातिवाद—कांशीराम, मायावती, लालू व मुलायम—का जहर फैलाने वालों के खिलाफ क्यों नहीं लिखते हैं। जब एम.एफ. हुसैन माँ सरस्वती और माँ दुर्गा की नंगी तस्वीरें बनाता है तब उसके विरुद्ध लिखते हुए क्या तुम्हें साँप सूँघ

जाता है। 'भइया' उदय प्रकाश, तुम चाहे छद्म धर्मनिरपेक्षता का कितना भी झुनझुना बजा लो, भविष्य अब BJP और RSS का ही है। दूसरे धर्म के 'सांडों' पर भी कुछ लिखना सीखो और 'गाय' को 'सांड' समझने की मूढ़ता मत करो, प्रभु तुम्हें सद्बुद्धि दे ताकि तुम वामपंथियों (व कांग्रेसियों) द्वारा दी गई लालीपाप चूसना छोड़कर और उनकी गोद से उतरकर Neutral होकर लिख सको। (तुम्हारी एक हितैषी)।

हिंदी के जाने माने युवा रचनाकार, धर्मयुग के संपादकीय विभाग में वर्षों कार्य करने वाले और इन दिनों म.प्र. सरकार की राजेन्द्र माथुर पत्रकारिता फेलोशिप के अंतर्गत 'आंचलिक समाचार पत्रों की राष्ट्रीय पत्रकारिता' विषय पर शोधरात हरीश पाठक ने लिखा : 'कथादेश के जनवरी अंक में 'विवेचना' नाट्य मंडली पर 'और अंत में प्रार्थना' के मंचन के दौरान हुए हमले की खबर पढ़कर मैं स्तब्ध हूँ। मेरी स्तब्धता का कारण यह भी है कि इस संदर्भ में कहीं से कुछ भी सूचना मुंबई तक नहीं पहुँची। सूचना क्रान्ति के इस तथाकथित युग में हम किस जमीन पर खड़े हैं। इस घटना की व्यापक निंदा की जानी चाहिए।' इसके कुछ ही दिनों बाद मुंबई से ही मराठी के प्रतिभाशाली युवा रचनाकार जयप्रकाश सावंत, जो हिंदी से मराठी के उत्कृष्ट अनुवादक भी हैं, ने 25 जनवरी को पत्र भेजा। आपका पत्र पढ़कर बहुत दिनों तक बेचैन रहा। बाद में 'कथादेश' के स्तंभ में विस्तार से खबर पढ़ने को मिली। 'कथादेश' में छपे लेख का अनुवाद हम इस हफ्ते 'महानगर' में छाप रहे हैं। ऐसे अनुभव दुबारा न आएँ लेकिन दूसरी तरफ लगता है कि शायद एक लेखक के लिए ऐसी बातें उसका आत्मबल, उसकी सत्य के प्रति निष्ठा, उसके convictions, इनको और शक्ति और ताकत ही देती है। आपके साथ भी ऐसा ही हो।' यह आलेख मराठी में अनूदित होकर 'महानगर' में प्रकाशित हुआ और इसकी व्यापक प्रतिक्रिया हुई। प्रख्यात मराठी साहित्यकारों, कलाकारों और रंगकर्मियों ने, जिनमें इस वर्ष साहित्य अकादेमी पुरस्कार से सम्मानित श्री सदानंद पठारे भी शामिल थे, 'विवेचना' पर हुए इस हमले की भर्त्सना की। समकालीन कविता के अत्यंत चर्चित कवि आलोक श्रीवास्तव ने मुंबई के लोकप्रिय अपराह्न अंग्रेजी समाचार पत्र Mid Day का अंक भेजा जिसमें महाराष्ट्र के सुप्रसिद्ध सामाजिक कार्यकर्त्ता एवं संस्कृतिकर्मी लाजपत राय ने अपने स्तंभ OFF CENTERE में The frozen mindest शीर्षक आलेख में इस घटना को प्रमुखता से उठाते हुए भाजपा के चेन्नई अधिवेशन की घोषणा की याद दिलाई। इस घोषणा में भाजपा ने कहा था कि वह अपना 'मानस' (माइंडसेट) बदलने के लिए तैयार है। 'पार्टी का हर कार्यकर्त्ता यह पूरी तरह से समझ ले कि भाजपा का राष्ट्रीय जनतांत्रिक गठबंधन से अलग कोई अपना एजेंडा नहीं है।' लेकिन लाजपत राय जी के अनुसार : करैत हमेशा करैत ही रहता है। वह कभी-कभार अपना केंचुल तो बदल लेता है लेकिन अपना असली चरित्र नहीं। उन्होंने लिखा, 'अगर वाजपेयी जी के भक्त इस नाटक में एक काल्पनिक हिन्दुत्ववादी मानस के बदलाव तक को नहीं झेल सकते

तो वास्तविकता में इस 'मानस-परिवर्तन' की घोषणा एक पाखंड के अलावा और कुछ नहीं है।'

दमोह से युवा लेखक नरेश अवस्थी ने लिखा : 'कथादेश के जनवरी अंक में आपने जिस प्रसंग की चर्चा की है, मैं उसका चश्मदीद गवाह हूँ। अरुण पांडेय मेरे मित्रों में से एक हैं। 'अप्रासंगिक' पढ़कर हमारे अंदर एक साहस पैदा हुआ है। कोई तो है जो हमारे जैसा सोचता है।' अशोक नगर, गुना से समकालीन कविता के जाने माने कवि हरिओम राजोरिया ने लिखा : 'इस घटना के विरोध में यहाँ प्रगतिशील लेखक संघ, इप्टा और जनवादी लेखक संघ ने एक संयुक्त बैठक की जिसमें एक प्रस्ताव पारित किया गया। प्रस्ताव की प्रति आपको भेज रहा हूँ। अरुण पांडेय जी का परिपत्र भी हमें बाद में प्राप्त हुआ। बैठक में 'कथादेश' में प्रकाशित 'अप्रासंगिक' का वाचन भी किया गया। अभी 'नयी दुनिया' में जो समाचार प्रकाशित हुआ है, उसकी प्रति भी आपको भेज रहा हूँ। मुझे इस बात का दुख है कि इस घटना को प्रमुखता से कहीं रेखांकित नहीं किया गया। अभी 'साक्षात्कार' में जो समाचार प्रकाशित हुआ है, उसमें 'और अन्त में प्रार्थना' पर हमले की चर्चा ही नहीं है, जबकि आग्नेय जी और हरि भटनागर को सब कुछ मालूम होगा। पद का ऐसा कैसा भय कि रचना पर हुए आघात को इस तरह चुपचाप झेल लिया जाए। क्या इस तरह बच-बचकर ये लोग स्वयं बच पायेंगे। समूचे घटनाक्रम से मुझे आंतरिक तकलीफ हुई है।'

पत्र और प्रतिक्रियाएँ अभी ढेरों हैं। नागपुर, मुंबई, कलकत्ता के कुछ रंगकर्मियों ने इस नाटक के मंचन की तैयारी शुरू कर दी है। एक छोटा-सा भावुक करने वाला पत्र गुवाहाटी, असम से रत्नेश कुमार का है : 'प्रार्थना पर बम' पढ़कर लिख रहा हूँ– 'न आप अकेले न अशक्त हैं। मैं आपके साथ हूँ और हम सब सशक्त हैं।' मध्यप्रदेश के लगभग सभी अखबारों ने, जिनमें नयी दुनिया, देशबंधु, भास्कर, नवभारत तथा हितवाद और एमपी क्रॉनिकल जैसे अंग्रेजी के अखबार भी शामिल हैं, पूरी प्रमुखता से इस घटना को छापा और इसके पीछे उन युवा पत्रकारों की प्रमुख भूमिका रही, जो सूचना को किसी राजनीतिक पार्टी की कमॉडिटी नहीं, बल्कि उसे जनता तक पहुँचाने का एक जरूरी कर्तव्य मानते हैं।

जहाँ तक दिल्ली की बात है, मैंने पहले ही संकेत दिया था कि यहाँ धर्मनिरपेक्षता जैसे मुद्दे पर तभी कोई हलचल दिखाई देती है जब उससे कोई 'बड़ा आदमी' जुड़ा हुआ हो। अगर एम. एफ. हुसैन या जतीन दास के चित्रों को कुछ बजरंग दल वालों ने नुकसान पहुँचाया होता, तो आप देख ही चुके हैं कि यहाँ कैसा 'सेक्यूलर' आक्रोश पैदा होता है। यह बात अलग है कि बाद में हुसैन साहब और बाल ठाकरे उसी तरह एक साथ मिठाई खाते मुस्कुराते दिखाई देते हैं, जिस तरह नेता पुत्र या पुत्री की बारात में मुलायम सिंह यादव और कल्याण सिंह लड्डू खाते, गलबहियाँ डाले दिखाई देते हैं। कैसा विरोधाभासी दृश्य है यह कि वह जिसने एक धर्म के पैगंबर की हत्या की कोशिश की और दूसरा

वह जिसने पैगंबर को बचाने का दावा किया, दोनों नाटक खत्म होने के बाद एक साथ लड्डू खाते हैं। नाटक का एक दृश्य खत्म हुआ, दूसरा फिर शुरू। कनाडा की फ्लैगशिप कंपनी का करोड़ों की बजट वाला नया 'सेक्युलर एपिसोड'—'वाटर'। दीपा मेहता के पीछे सारी शिखर ताकतें एकजुट हो गयीं। राजनीतिक विभेदों को धकिया कर केंद्र में सत्तासीन भाजपा, मध्यप्रदेश की कांग्रेस, बिहार के लालू और बंगाल की माकपा, सब एक साथ दीपा मेहता के साथ। दिक्कत बस बनारस के स्थानीय तत्त्वों को ठंडा करने में आयी। वे नहीं माने, इसलिए दीपा मेहता को बंगाल जाना पड़ा। दीपा मेहता ने अपना 'प्रोजेक्ट' पूरा करने के लिए हर तरह के समझौते किए। स्क्रिप्ट बदल डाला। पूरी कहानी बदलने के लिए तैयार हो गयीं। उन्होंने जेटली जी से चिरौरी की कि 'धर्मनिरपेक्षता' आदि से उनका कोई लेना-देना नहीं, बस वे उनकी फिल्म पूरी हो जाने दें। उन्हें करोड़ों का घाटा हो रहा है। सांसद शबाना आजमी सिर घुटाकर सारे 'कांटैक्ट' हिलाती रहीं। राजधानी के मीडिया, अखबारों, संस्कृतिकर्मियों ने इसे एक और बड़ा 'सेक्युलर डिस्कोर्स' का मसला बनाया। वे दीपा मेहता को धर्मनिरपेक्ष बनाने में जुटे रहे। भला ऐसे में जबलपुर की 'विवेचना' का सेक्युलरिज्म किस मुँह से कहीं खड़ा होता। वैसे भी दिल्ली के ताकतवर लेखकों ने 'और अन्त में प्रार्थना' को आर. एस. एस. के पक्ष में लिखी गयी कहानी घोषित किया था। इसके लेखक को तो हिंदुत्ववादी मान ही लिया गया है।

अब आप अंदाजा लगा सकते हैं कि हमारी 'धर्मनिरपेक्षता' का वास्तविक चेहरा कैसा होगा। वह 'वाटर' या 'फायर' जैसा होगा। 'और अन्त में प्रार्थना' जैसा नहीं। हम हिंदी या भारतीय भाषाओं के लेखक-रंगकर्मी जिस बैकग्राउंड से आते हैं, उसमें 'धर्मनिरपेक्ष' जैसा ओहदा हासिल कर पाना संभव नहीं। अरुण पांडेय प्रसार भारती के सदस्य बन गए होते या किसी सरकारी-अर्द्ध सरकारी रंगमंडल के निर्देशक या कोई विदेशी कंपनी उन्हें कई लाख डॉलर का 'प्रोजेक्ट' दे देती और वे किसी राजनीतिक दल की गोद में बैठ गए होते तो शायद वे भी 'सेक्युलर' हो जाते, उसी तरह जैसे हमारे समय में चिर-परिचित 'सेक्युलर' हैं।

'हमारे पाँव पाँव हैं तुम्हारे पाँव चरण, वाह भइया हरि चरण।' यह कविता एक जमाने में मुहावरे के रूप में अक्सर प्रयोग की जाती थी। क्या यह ज्यों की त्यों आज इस धर्मनिरपेक्षता-प्रसंग में लागू नहीं होती। मेरा तो मानना है कि कला और संस्कृति और सृजन की विनिर्मितियाँ कभी भी वर्चस्वशील राजनीतिक विनिर्मितियों की प्रतिकृतियाँ नहीं हो सकतीं। होती भी नहीं। जिन राजनीतिक व्याख्याओं में दीपा मेहता या हुसैन या शबाना आजमी या मुलायम-लालू यदि धर्मनिरपेक्ष सिद्ध होते हैं, उन्हीं संदर्भों में अगर कोई सांस्कृतिक सृजनात्मक कृति भी 'धर्मनिरपेक्ष' सिद्ध होने लगे, तो मानकर चलिए कि वह राजनीति का ही एक सांस्कृतिक छद्म है। रेप्लिका ऑफ अ पॉलिटिकल कांस्ट्रक्ट।

मैं यही कहना चाहता हूँ कि इस इक्कीसवीं सदी की सूचना, तकनीक, पूँजी और बाजार के विश्वव्यापी प्रसार के बावजूद हमारे जैसे लेखकों-रंगकर्मियों की धर्मनिरपेक्षता की परंपरा कबीर, नानक, नामदेव, तुकाराम की ही परंपरा से जुड़ेगी। पश्चिम के बुल्लेशाह और बाबा फरीद और पूरब के लालन फकीर और तमाम बाउल गायकों से जुड़ती है। तुलसी, कबीर, वाल्मीकि की तरह राम हमारे हैं। लेकिन वे राम सांप्रदायिक लम्पटों के हिंसक और मानवद्रोही राम नहीं, वे दीनबंधु, करुणा वत्सल, सजल नयन, उदार, आजानुबाहु वाले निराला के राम हैं। और गाँधी के राम हैं।

इसीलिए इस प्रार्थना पर एक राजनीति बम फेंकती है और दूसरी राजनीति तमाशा देखती है। हमें बचाने कोई राजनीति या सत्ता नहीं आएगी। वह ताकतवरों को और राजनीतिकों को बचाती है।

(कथादेश : अप्रैल 2000)

नई शताब्दी : दैनिक का ऐतिहासिक

तारीख एक जनवरी, सन् 2000 टाइप करते हुए या लिखते हुए अभी भी उँगलियाँ 19 की ओर बढ़ती हैं। आज जब मैं यह लिखने बैठा हूँ तो उस अनुभव से गुजरे हुए सिर्फ एक पखवाड़ा ही हुआ है, जिसमें हमने खुद को 19 लिखने से रोक लिया था और फिर शती के खाने में पहली बार 20 का अंक लिखा था। हममें से बहुतेरे ऐसे भी रहे होंगे जिन्होंने यह गलती कर ही डाली होगी। बचपन से लेकर अब तक की आदत के चलते उनकी उँगलियों ने पहले तो 19 लिख डाला होगा और फिर उन्होंने बाद में काटा-पीटी करके, अपनी इस गलती पर हँसते हुए, उसे दुरुस्त किया होगा। इसके अलावा, बहुत संभव है कि लगभग एक हजार साल तक शती के खाने में 19 लिखने की आदत हमारी उस जैविक स्मृति में स्थिरीकृत हो गयी हो, जिसे हमने अपने पूर्वजों से कई संततियों की जैविक निरंतरता की विरासत के बतौर प्राप्त किया है।

हम अगर इतिहास को कोई बहुत पराया और अत्यन्त महान और काल का एक महागाथात्मक पाठ भर मानें और अगर एक साधारण मनुष्य या एक आम नागरिक के मामूली रोजमर्रा के अनुभवों को भी इतिहास के भीतर घटित होने वाले प्रसंग के रूप में स्वीकार करें, तो कह सकते हैं कि 19 की जगह पहली बार 20 लिखने का अनुभव इस नई सदी के आम मनुष्य के दैनिक जीवन में आने वाला एक ऐतिहासिक अनुभव था। और 20 की जगह 19 लिख डालने की अभ्यस्त भूल एक *'दैनिक मनुष्य'* की *'ऐतिहासिक भूल'* थी। यह अनुभव और यह भूल, दोनों, एक अलग तरह के निम्नवर्गीय (सबाल्टर्न) इतिहास के प्रसंग हैं। (लेकिन आप इससे तभी सहमत हो पाएँगे जब आप आज के सामान्य जन या आम नागरिक को दलित, वंचित और उत्पीड़ित के रूप में स्वीकार कर लें और इस आधुनिक मिथक को नकार दें कि लोकतांत्रिक व्यवस्था में सामान्य जन या आम नागरिक कतई सुविधाप्राप्त और सत्ता सम्पन्न सामाजिक इकाइयों के रूप में नहीं बदल पाया है। यानी साफ-साफ यह कि इस आधुनिक लोकतांत्रिक (पूँजीवादी या गैर-पूँजीवादी) प्रणाली ने न तो वास्तविक विकेन्द्रित सत्ता का उस तक वितरण किया है और न ही इस उत्तर-आधुनिक बाजार ने ऊपर की पूँजी को छलकाकर, उस तक नीचे पहुँचाया है।)

अभी तक प्रचलित तौर पर हम जिस इतिहास को जानते समझते रहे हैं, उसका पाठ, अपनी तमाम विविधताओं और प्रकट विरोधाभासी विभेदों के बावजूद इतिहासकारों के एक विशेषज्ञ वर्ग द्वारा तैयार किया गया पाठ है। यह पाठ अपने मूल चरित्र में सत्ता और उसकी आनुषंगिक प्रणालियों अथवा किसी खास कालखंड के वर्चस्वशील सामाजिक संघटनाओं के ऐसे विवरण का पाठ है, जो किसी न किसी मकसद के लिए विनिर्मित है। इसीलिए हम पाते हैं कि जैसे ही कोई सत्ता परिवर्तन घटित होता है, इतिहास के पुराने पाठ पर ही पहला दबाव पड़ता है। हर नई सत्ता अपने लिए इतिहास का एक नया पाठ या/और एक नई व्याख्या चाहती है। इन दिनों इतिहास के लाल या तिरंगे रंगों को हम जिस तरह भगवा रंग में बदलता देख रहे हैं, यह इसी का एक उदाहरण है। यह इतिहास के पाठ परिवर्तन की एक सामान्य प्रक्रिया है, इसमें अजूबा कुछ भी नहीं। अगर आप में से किसी ने 1998 में साहित्य के लिए नोबेल पुरस्कार से सम्मानित किए गए लेखक जोसे सारामागो (विभा मौर्य द्वारा किए गए 'लिस्बन की घेराबंदी का इतिहास' शीर्षक हिंदी अनुवाद के अनुसार लेखक के नाम का शुद्ध उच्चारण जुज़े सरामागु है।) का उपन्यास पढ़ रखा हो तो मामूली मनुष्य और साधारण-सामान्य समय से इतिहास के पाठ की विच्छिन्नता, दूरी या असम्पृक्ति को अच्छी तरह समझ सकते हैं। एक मामूली प्रूफरीडर इतिहास की एक पांडुलिपि की प्रूफरीडिंग करते हुए यह पाता है कि इतिहासकार के लेखन में अत्यन्त साधारण और विरली घटनाओं के लिए कोई जगह ही नहीं है। सुबह हो या दोपहर या फिर हो सूर्यास्त का सम्मोहक अद्वितीय समय, इन तमाम छोटी-छोटी चीजों से इतिहासकार का कोई सरोकार नहीं है। और जब यह प्रूफरीडर इतिहास की पांडुलिपि में सिर्फ एक शब्द को बदलना चाहता है, तो पुर्तगाल का समूचा इतिहास बदल जाता है।

ऐसा लिखते हुए मैं कोई बहुत मौलिक या बहुत ऊँची बात नहीं लिख रहा हूँ, यह आज के उत्तर-आधुनिक विमर्श का अत्यन्त सामान्य-सा निष्कर्ष है। लेकिन यह उत्तर-आधुनिकतावादियों के इस निष्कर्ष से खुद को अलग भी करता है, जहाँ वे समूचे इतिहास के अंत की ही घोषणा करने लगते हैं। मुझे मार्क्स का यह सुप्रसिद्ध वाक्य ऐसे में अक्सर याद आता है जिसमें उसने कहा था, *'मनुष्य अपने इतिहास से उसी तरह मुक्त नहीं हो सकता, जिस तरह कोई हजार कोशिशों के बावजूद अपनी परछाईं खुद नहीं फलाँग सकता'।*

उपर्युक्त वाक्य की सच्चाई का अन्दाजा आप इसी से लगा सकते हैं कि उत्तर-आधुनिकतावादियों के तमाम सारे इतिहास विरोधी शीर्षासनों को दरकिनार करते हुए दुनिया के इतने सारे लोग इस बार भी 1 जनवरी को नया वर्ष, नई शताब्दी और कुछ मतभेदों के बावजूद नई सहस्राब्दी मना रहे थे। इसके पहले उन्होंने क्रिसमस भी मनाया था। यह सारा प्रसंग समय के उस पाठ के चलते सम्भव हुआ, जिसमें दो

हजार साल पहले की इन्हीं तारीखों में ईसा मसीह का जन्मदिन दर्ज है। दूसरे शब्दों में, ऐसा इतिहास की उपस्थिति के कारण ही घटित हो पाया। मान लीजिए, अगर 19वीं शती में विख्यात जर्मन दार्शनिक नीत्शे की घोषणा के साथ ही ईश्वर मर गया होता तो निश्चय ही उसके पुत्र के रूप में खुद को प्रस्तुत करने वाले पैगम्बर की भी मृत्यु हो गई होती। और अगर फिर हमारी सदी में उत्तर-आधुनिकों की घोषणा के साथ इतिहास का भी अंत हो चुका होता, तो फिर वह शताब्दी-सहस्राब्दी का पचड़ा ही क्यों रहता? हम यों ही काल की किसी गणना या अवधारणा के बाहर मजे से रह रहे होते। जब हम आदिम थे, तब भी तो इतिहास से बाहर थे, क्योंकि तब तक इतिहास का जन्म ही नहीं हुआ था। अब उत्तर-आधुनिक होकर हम एक बार फिर इतिहास से बाहर हो जाते, क्योंकि इतिहास मर चुका है।

लेकिन हम सब यह जानते हैं कि एक बार जब मानव सभ्यता किसी सामूहिक मिथक को जन्म दे डालती है, उसके बाद उसके विनाश का सूत्र उसके हाथ में नहीं रह जाता। इसलिए उत्तर-आधुनिकतावादी पंडों की घोषणा के बावजूद इतिहास अभी भी है और जिस समय को हम, नई शताब्दी के रूप में स्वीकार करने जा रहे हैं, उसमें भी, इंशा अल्लाह! इतिहास होगा।

तो आइए, हम इस नई शताब्दी के पहले पखवाड़े पर एक नजर डालकर देखें कि इसका इतिहास किस तरह से निर्मित होने की प्रक्रिया में है। इसके लिए हम इस नव वर्ष की पहली तारीख, 1 जनवरी को चुनते हैं और दिल्ली से ही छपने वाले एक अंग्रेजी तथा एक हिंदी अखबार की सुर्खी पर नजर डालते हैं। अंग्रेजी अखबार है 'दि हिन्दुस्तान टाइम्स' और हिन्दी का 'जनसत्ता'।

1 जनवरी को अंग्रेजी अखबार की मुख्य खबर है 'हॉस्टेजेज़ होम, हैप्पी न्यू इयर' इसकी निचली पंक्ति है, टियरफुल रियूनियन एट डेलही एयरपोर्ट'। (दोनों का हिंदी में क्रमशः अनुवाद होगा, 'बंधकों की घर वापसी, नया साल मुबारक' और 'दिल्ली हवाई अड्डे पर आँसू भरी भेट')। हिंदी अखबार की सुर्खी है, 'तीन उग्रवादियों के बदले बन्धक रिहा होकर दिल्ली पहुँचे,' और दूसरी पंक्ति है, 'तालिबान ने अपहर्त्ताओं को अफगानिस्तान छोड़ने के लिए कहा, काकपिट में एक अपहर्त्ता की लाश मिली'। (आप अगर गौर से देखें तो दोनों अखबारों की पहली मुख्य सुर्खी में कोई खास अन्तर नहीं है हालाँकि सूचना की वरीयता के आधार पर देखें तो अंग्रेजी के अखबार ने नई शताब्दी या नए वर्ष की सूचना को प्रमुख घटना की सूचना के साथ जोड़कर प्रस्तुत करने की ज्यादा कल्पनाशीलता दिखाई है। दूसरी पंक्ति में आप कह सकते हैं कि आमतौर पर अंग्रेजी के वस्तुपरक और तथ्यपरक मिजाज से अलग हटकर इस बार 'आँसू भरा पुनर्मिलन' जैसी उपशीर्ष पंक्ति बनाते हुए अंग्रेजी का अखबार कुछ ज्यादा ही भावुक हो गया है। इसकी तुलना में हिंदी का अखबार अपेक्षाकृत अधिक तथ्यपरक नजर आता है। लेकिन अगर आप तथ्य की पड़ताल करेंगे तो हैरत में पड़ जाएँगे क्योंकि

अंग्रेजी के अखबारों के पास भी रायटर द्वारा कुछ अफगानी राजनयिकों से मिली यह अपुष्ट सूचना थी और उन्होंने इसे एक छोटी खबर के रूप में प्रश्नवाचक चिह्न के साथ छापा, अपनी हेडलाइन का हिस्सा नहीं बनाया। हिंदी अखबार की उपशीर्ष पंक्ति में 'अपहर्त्ता की लाश' किसी संदिग्ध स्रोत से प्राप्त सूचना को बिना पुष्ट किए एक सनसनीखेज खबर बना डालने की हड़बड़ी का नमूना है। यह गैर-जिम्मेदार, गैर पेशेवर पत्रकारिता का भी एक चिंताजनक उदाहरण है।)

अब 11 जनवरी के अखबारों पर नज़र डालें। अंग्रेजी के अखबार का मुख्य समाचार है 'ऐ ओ एल, टाइम वार्नर इन थ्री हंड्रेड फिफ्टी डॉलर बिलियन मर्जर' यह सूचना उद्योग के क्षेत्र में अब तक के सबसे दानवाकार और लगभग एकाधिकारवादी व्यापारिक समझौते की ऐसी सूचना है, जिसका प्रभाव हमारे देश समेत सारे संसार के भविष्य पर पड़ने जा रहा है। ठीक इसी के समानांतर, पहले पृष्ठ पर ही दाईं ओर पूरी प्रमुखता से छपा हुआ वह दूसरा समाचार है, जिसमें उत्तर प्रदेश विधानसभा के सामने आत्मदाह करने वाले युवक मनदीप पाल सिंह सोढ़ी के जलते हुए शरीर का चित्र भी है। पृष्ठभूमि में विधानसभा और ठीक उसके सामने पुलिस के जुल्म से उत्पीड़ित एक 27 साल के युवक का आत्मदाह। यह एक ऐसा प्रेस फोटोग्राफ है, जो नापाम से जलते वियतनामी शहर माइलाइ में रासायनिक लपटों से झुलसती-भागती हुई लड़की के विश्व प्रसिद्ध प्रेस फोटोग्राफ की तरह ऐतिहासिक हो गया है। अगर हिंदी के अखबार पर नजर डालें तो इस दिन उसकी सुर्खी है, 'समता और जद (एकी) के टकराव से भाजपा चिन्तित' । दूसरा प्रमुख समाचार है, 'शीला दीक्षित सरकार गिराने की कोशिश नाकाम' । चौथी वरीयता के रूप में एक धुँधले से चित्र के साथ मनदीप के आत्मदाह की खबरे इसमें छप सकी है। महत्त्वपूर्ण समाचारों को बड़े और गाढ़े अक्षरों में छापने के मापदंड की कसौटी पर उसे कसें तो 'उ.प्र. विधान सभा के सामने पुलिस जुल्म के खिलाफ आत्मदाह' शीर्षक इस समाचार के अक्षर दोनों प्रमुख माने गए समाचारों से काफी छोटे हैं। आज से लगभग 123 साल पहले, सन् 1878 में ब्रिटिश खुफिया विभाग ने जो रिपोर्ट दाखिल की थी, उसमें कहा गया था कि हम 1857 के गदर का पूर्वानुमान लगा पाने में इसलिए असफल रहे क्योंकि हम वर्नाक्युलर अखबारों को नहीं पढ़ते थे। हमारी सूचना के मुख्य स्रोत अंग्रेजी के अखबार थे, जहाँ सरकार की ही सूचनाएँ थीं, जनता की नहीं। अगर हमने वर्नाक्युलर अखबारों को देखा होता, तो इस विद्रोह का अंदाजा पहले से लगा सकते थे। जरा आज के वर्नाक्युलर या भाषाई पत्रकारिता से इसकी तुलना करें और पतन की पराकाष्ठा का अंदाजा लगाएँ।

आज, यानी 16 जनवरी सन् 2000 को जब मैं आपके लिए यह पंक्ति लिख रहा हूँ, तो आज के हिंदी अखबार (जनसत्ता) की मुख्य खबर है, 'उमा भारती ने कैबिनेट से इस्तीफा दिया ' और इसकी उपपंक्ति है, 'निगम चुनाव के मामले में सड़क पर संघर्ष का ऐलान' बिना किसी बौद्धिक कसरत के यह जाना जा सकता है कि यह

एक राजनीतिक नौटंकी को महत्त्वपूर्ण सूचना के बतौर पेश करने का चिरपरिचित उदाहरण है। अगर सचमुच पुलिस द्वारा निर्दोष भारतीय नागरिकों पर ढाए जाने वाले जुल्म के विरुद्ध सुश्री उमा भारती में वास्तविक संवेदना होती, तो वे 11 जनवरी की तारीख को तब इस्तीफा देतीं, जब उ.प्र. विधानसभा के सामने मनदीप ने आत्मदाह किया था। इसी तारीख का अँग्रेजी अखबार '*दि हिन्दुस्तान टाइम्स*' देखें तो उसकी सुर्खी में है, 'हाउ प्रायवेट कॉप्स क्रश्ड अ मैजिकल प्रोटेस्ट'। माहेश्वर बाँध में डूब के क्षेत्र में आने वाले निराश्रित और नयी शताब्दी में लगभग भविष्यहीन हो चुके लोगों के इस आंदोलन का आँखों देखा हाल लिखा है, साहित्य के लिए बुकर पुरस्कार प्राप्त अँग्रेजी उपन्यास 'गॉड ऑफ स्माल थिंग्स' की लेखिका अरुंधती रॉय ने डाक्यूमेंट्री फिल्मकार झरना झावेरी के साथ। यह एक आँख खोलने वाली, तथ्यपूर्ण रपट है, जिसे पढ़कर पता चलता है कि मध्यप्रदेश सरकार ने बाँध के साथ-साथ प्रशासन और पुलिस को भी निजी कंपनी 'एस कुमार्स' के हाथ बेच दिया है। अगर उस दिन ईश्वर की कृपा न होती तो हमारा प्रशासन एस कुमार्स कंपनी की तरफदारी में वहाँ तीन हजार शांतिपूर्ण आंदोलनकारियों पर गोली चलाकर इस नयी सदी का नया जलियाँवाला बाग कांड कर सकती थी।

भोपाल के मासूम नागरिकों की जान को यूनियन कार्बाइड नामक कंपनी के हाथों गिरवी रखकर 1984 में 20वीं सदी की सबसे भयावह त्रासदी को उपलब्ध करने वाली, अपने संस्कृति और साहित्य प्रेम के लिए मशहूर म.प्र. सरकार का यह चेहरा इस सत्य को उघाड़कर रख देता है कि दरअसल अब देश में नया कंपनी राज स्थापित हो चुका है। विडम्बना यही है कि ये सूचनाएँ हमें अपनी देशी भाषा के अखबारों से नहीं, अँग्रेजी के अखबारों के जरिए मिल रही हैं।

जरा सोचिए अगर जोसे सारामागो के उपन्यास की तरह कोई मामूली प्रूफरीडर हमारी स्वतंत्रता के बाद के 52 वर्षों के इतिहास की पांडुलिपि में से किसी एक जगह, 'हाँ' जैसे छोटे से शब्द को 'नहीं' जैसे छोटे से शब्द के द्वारा हटाना चाहे, तो क्या हमारा भी इतिहास नहीं बदल जाएगा?

नई सदी के पहले पखवाड़े की ये सूचनाएँ एक नए इतिहास को निर्मित कर रही हैं और इतिहास की पिछली पांडुलिपियों को निरस्त कर रही हैं। मैं तो यही सोचता हूँ। आप क्या सोचते हैं?

(कथादेश : फरवरी 2000)

प्रार्थना पर बम

यह रात थी 6 दिसंबर की। 11 बजे के बाद जबलपुर से फोन आया अरुण पांडेय का। वे 8 दिसंबर को जबलपुर आने का निमंत्रण दे रहे थे। निमंत्रण नहीं, एक ऐसी आत्मीय जिद, जो मेरे इस अयाचित जीवन की निधि है। लेकिन चाहते हुए भी मैं वहाँ जा नहीं सका।

अरुण पांडेय मध्यप्रदेश के जाने-माने रंगकर्मी हैं। इप्टा के निर्देशक और स्वतंत्र पत्रकार। दूरदर्शन के लिए उन्होंने मुक्तिबोध पर 45 मिनट की सराहनीय फिल्म बनायी है और भीष्म साहनी, विजयदान देथा, हरिशंकर परसाई की रचनाओं का नाट्य रूपांतर किया है। मध्यप्रदेश की सुप्रसिद्ध पत्रिका 'पहल' द्वारा 1995 में उनकी मुक्तिबोध की रचनाओं पर आधारित नाट्य कृति 'तुम निर्भय ज्यों सूर्य गगन में' का प्रकाशन किया जा चुका है। दिल्ली के रंगकर्मी भी अरुण पांडेय के नाम और काम से अपरिचित नहीं हैं। वे जबलपुर में बहुचर्चित नाट्यमंडली 'विवेचना' चलाते हैं, जो पिछले छह वर्षों से वहाँ नियमित राष्ट्रीय नाट्य समारोह आयोजित करता रहा है। ब. व. कारंत, बंसी कौल और अलख नंदन जैसे विख्यात रंगकर्मियों के सान्निध्य में उन्होंने सक्रिय कार्य किया है।

इस बार भी 'विवेचना' का छठवाँ नाट्य समारोह 8 दिसंबर से जबलपुर में प्रारम्भ होना था। अरुण पांडेय मुझे इसलिए वहाँ बुला रहे थे क्योंकि इस बार उन्होंने इस समारोह के उद्घाटन के लिए 'और अन्त में प्रार्थना' का नाट्य रूपांतर किया था। इस समारोह में इप्टा के देश भर में चर्चित नाटक 'त्राय की औरतें', 'जब मैं सिर्फ औरत होती हूँ' और 'राई' का मंचन होना था। समारोह के अंतिम दिन गुजराती की सुप्रसिद्ध अभिनेत्री सरिता जोशी के एकल अभिनय वाला, मुंबई के 'एक जुट' नाट्य समूह का नाटक 'सकूबाई' भी खेला जाना था, जिसका निर्देशन नादिरा बब्बर ने किया है। मुझे इस बात की कोई जानकारी नहीं कि 'विवेचना' का यह समारोह पूर्वयोजना के अनुसार सफलतापूर्वक संपन्न हुआ या नहीं, लेकिन जो खबर मुझ तक पहुँची वह ऐसी खबर है, जिसे मैं 'कथादेश' के अपने इस स्तम्भ के द्वारा पाठकों तक जरूर पहुँचाना चाहता हूँ। यह अभिव्यक्ति की स्वतंत्रता का वह मौलिक नागरिक

अधिकार है, जो इस महान लोकतांत्रिक देश का नागरिक होने के नाते हमें प्राप्त है। एक लेखक को भी संविधान ने अभिव्यक्ति और सूचना का यह अधिकार दे रखा है, चाहे वह कितना भी साधारण और नगण्य लेखक क्यों न हो।

इतने दिनों बाद इस स्तम्भ में लौटते हुए मैं पाठकों तक एक सूचना पहुँचाना चाहता हूँ, जिसने मुझे पिछले कुछ दिनों से उद्वेलित कर रखा है।

10 दिसंबर की रात को एक टीवी समाचार माध्यम में काम करने वाले मेरे एक अजीज दोस्त का फोन आया कि जबलपुर में 'और अन्त में प्रार्थना' पर मंचन के दौरान हथियारबंद लोगों द्वारा हमला कर दिया गया। लगभग सौ सशस्त्र लोगों ने, जो संभवतः आर. एस. एस. के थे, मंच पर बम फेंके, हवा में गोलियाँ दागीं और फर्नीचर तोड़े। भगदड़ मची। दर्शकों में महिलाएँ और बच्चे भी थे। दर्शकों की कुल संख्या सात सौ थी। ईश्वर की कृपा से किसी को ज्यादा चोट नहीं आयी।

12 दिसम्बर को मेरे पास मध्यप्रदेश से निकलने वाले अखबारों की क्लिपिंग पहुँच गयी। 'देशबंधु', 'भास्कर','क्रॉनिकल','हितवाद' आदि सभी अखबारों में पूरी प्रमुखता के साथ यह समाचार 9 दिसंबर को ही छप चुका था। इन सभी समाचारों के साथ फोटो भी थे, जिनमें इस हिंसा और गुंडागर्दी को साफ देखा जा सकता था। भागती हुई महिलाओं और बच्चियों के चेहरों पर छाए आतंक को साफ-साफ उन चित्रों में देखा जा सकता था।

लेकिन... और यह लेकिन बहुत महत्त्वपूर्ण है कि उन्हीं महिलाओं, बच्चों, कलाकारों और दर्शकों ने पूरी निडरता के साथ बमों और देशी कट्टे से लैस उन सांप्रदायिक गुंडों को वहाँ से बाहर निकाला और छह सौ दर्शकों की उपस्थिति में वह नाटक अरुण पांडेय के निर्देशन में, 'विवेचना' के कलाकारों द्वारा उसी मंच पर समूचे उत्साह से पूरा खेला गया और लगभग छह सौ दर्शक नाटक पूरा देखकर ही वहाँ से गए, इससे अभी भी लोगों की सामूहिकता के प्रति एक आस्था पैदा होती है और अपने अकेले और अशक्त होते चले जाने का अहसास कुछ कम होता है।

इस घटना के कुछ दूसरे पक्ष भी हैं, जिनकी ओर मैं यहाँ ध्यान दिलाना चाहूँगा।

प्रेस तथा दूसरे गैर-सरकारी समाचार एजेंसियों में काम करने वाले मेरे मित्रों के मुताबिक 8 दिसंबर को घटी इस घटना के समय दूरदर्शन की कैमरा टीम ने इस सारे उत्पात और हमले को रिकॉर्ड किया। वे फुटेज भोपाल दूरदर्शन केंद्र भी भेजे गए, जिससे वे समाचार के साथ टेलीकास्ट हो सकें। लेकिन यह समाचार प्रसारित नहीं किया गया। मतलब कि अगले दिन अखबारों में इस घटना की सचित्र खबर थी लेकिन दूरदर्शन में यह गायब थी। दूसरे निजी समाचार चैनलों में काम करने वाले टी वी संवाददाताओं ने यह कोशिश की कि किसी तरह अगर दूरदर्शन से यह फुटेज मिल जाय तो एक नाटक पर हुए इस हमले की घटना की सूचना टीवी के दर्शकों तक पहुँचायी जाय। लेकिन अनेक कारणों से ऐसा हो नहीं पाया। दरअसल अखबारों के

अलावा सूचना के अन्य भाषायी साधनों का जैसा राजनीतिकरण और बाजारीकरण हुआ है, उसमें ऐसी किसी सूचना की अब वह प्राथमिकता भी नहीं रह गयी है। इसीलिए जो मेरे मित्र थे, वे भी झिझक रहे थे कि अब इस घटना का किया क्या जाए।

बहरहाल, भोपाल में रंगकर्मियों, कलाकारों, लेखकों और बौद्धिकों ने इस घटना की निंदा की और मध्यप्रदेश शासन से यह माँग की कि हमलावरों की शिनाख्त करके उनके खिलाफ कारवाई की जाय। हबीब तनवीर, लज्जा शंकर हरदेनिया, प्रो. आफाक अहमद, कमला प्रसाद, आग्नेय, राजेश जोशी, विभा मिश्र, मनोज कुलकर्णी, विनय दुबे, किशोर उमरेकर आदि लगभग 60 जाने माने संस्कृतिकर्मियों ने बैठक की और इस घटना का विरोध किया। दिल्ली के जनवादी लेखक संघ ने भी एक प्रेस विज्ञप्ति जारी करके 'विवेचना' पर हुए हमले की निंदा की और उनके संघर्षों के साथ अपनी एकजुटता जाहिर की।

लेकिन दिल्ली में यह समाचार किसी भी अखबार में नहीं छपा। छह लोगों की मित्र मंडली के बीच किए गए कविता पाठ और विभिन्न संस्थानों अथवा साहित्यिक गुटों के निहायत अनुपयोगी आयोजनों को भी गंभीरता और प्रमुखता से छापने वाले तथाकथित 'राष्ट्रीय' अखबारों ने भी समाचार तो दूर, जनवादी लेखक संघ की प्रेस विज्ञप्ति को भी नहीं प्रकाशित किया।

लेकिन यह सच है कि यह किसी भी समाचार पत्र के संपादक के अपने अधिकार क्षेत्र में आता है कि वह किस सूचना को रोके और किसे प्रसारित करे। इसलिए मेरे इस लिखने को उनके अधिकार क्षेत्र में किसी दखलंदाजी के रूप में न देखा जाए। मेरा मकसद एक दूसरे पक्ष की ओर इशारा करना है। अगर आप गंभीरता से देखें तो लेखकों या संस्कृतिकर्मियों की आकांक्षाओं और संघर्षों के क्षेत्र में जितनी अनेकरूपता और विभेद इस बीच पैदा हुए हैं, उतने पहले किसी समय में नहीं थे। अंतर पहले भी थे, मसलन मुक्तिबोध और श्रीकान्त वर्मा अच्छे मित्र होते हुए भी भिन्न जीवन संघर्षों और आकांक्षाओं के रचनाकार थे। या रेणु और दिनकर जी के जीवन संघर्षों और आकांक्षाओं में कोई एकरूपता नहीं थी। लेकिन आज के समय में रचनाकारों के संघर्षों, महत्त्वाकांक्षाओं और संकटों के बीच का विभेद एक बड़ी सामाजिक परिघटना की तरह, अधिक प्रकट और बृहत्तर रूप में हमारे सामने है। लेखकों का वह वर्ग, जो पिछले दशकों में विकसित और उभरने वाले भारतीय मध्यवर्ग की मुख्यधारा में शामिल है, अपेक्षाकृत स्थायी और निश्चित आय के समय मौजूदा उपभोक्ता वर्ग का एक स्वाभाविक हिस्सा है, उसकी आकांक्षाओं और संघर्षों का रूप उन रचनाकारों से बिल्कुल अलग है जो जीवन की बुनियादी आवश्यकताओं के लिए जूझ रहे हैं और जिसकी अनुगूँजें समकालीन युवा रचनाकारों की कविताओं और कहानियों में दिखाई देती हैं।,

इसको और स्पष्ट करें तो यह कि इस समय लेखकों और रचनाकारों का बहुत

बड़ा हिस्सा सत्ता और संस्थानों में अपनी हिस्सेदारी के लिए नहीं, किसी तरह अपनी रोजी-रोटी चलाने और अपेक्षाकृत कम अपमानजनक परिस्थितियों का जीवन स्तर हासिल करने के लिए जूझ रहा है। वह विश्व हिंदी सम्मेलन में लंदन जाने न जाने को लेकर कम व्यग्र है, प्रसार भारती में अमुक-तमुक की बर्खास्तगी या नियुक्ति को लेकर कम परेशान है, उसकी चिंता जीवन की बुनियादी भौतिक आवश्यकताओं के लगातार सिकुड़ते जाने, रोजगार, भोजन, स्वास्थ्य, सूचना के निहायत जरूरी स्रोतों तक पहुँचने और बिल्कुल बुनियादी लोकतांत्रिक नागरिक अधिकारों को हासिल करने के लिए ज्यादा परेशान है। व्यवस्था के भ्रष्टाचार, अपराधीकरण और संवेदनहीनता का वह सीधा शिकार है। वह डिग्रियों और योग्यताओं की व्यर्थता, राजनीतिक दलों की प्राथमिकताओं आदि को अच्छी तरह से समझता है और ऐसी विकल्पहीनता में वह अराजक या सिनिकल होने के कगार पर है। वह युवा कवि देवीप्रसाद मिश्र की कविता के अनुसार 'दस ग्राम अदरक' और 'थोड़े से प्याज' के लिए जूझ रहा है। यह ऐसी विकट जीवन स्थिति है, जिसमें सुविधाप्राप्त वर्ग के लिए जो 'विष' है वह उसके लिए 'अन्न' है।

जाहिर है इस विकट यथार्थ में रहने जीने वाले लेखक के अन्य सामाजिक संघर्षों की शक्ल भी दूसरी है। यह एक वास्तविकता है कि मौजूदा बाजार व्यवस्था और सूचना प्रणाली की निगाह में इस समूचे संसार से जुड़ी सूचनाओं का कोई महत्त्व नहीं है। अगर उसके किसी नाटक या कहानी पर बम फेंक दिया जाता है तो यह 'किसी प्रतिष्ठित संस्कृतिकर्मी' की अभिव्यक्ति की स्वतंत्रता पर कोई हमला नहीं है। इस गटर के संसार में रहने वाला रचनाकार मकबूल फिदा हुसेन, दिलीप कुमार, जतीन दास या दीपा मेहता नहीं है, जिसके समर्थन में शबाना आजमी समेत दिल्ली के रईस अँग्रेजी भाषियों का क्रांतिकारी जत्था सड़क पर खुशबू बिखेरता निकल आए। यहाँ रचनाकार किसी 'अफसर क्लब' का भी सदस्य नहीं है, जो रात में दारू के साथ यह स्ट्रेटेजी तय करे कि अपने ऊपर हुए किसी 'फासीवादी' बदतमीजी का प्रेस कवरेज़ सुबह कैसे करवाया जाय।

आपको याद होगा कि पंजाबी के प्रख्यात कवि पाश को जब गोली मारी गयी थी, उस समय वे उसी सप्ताह भोपाल के भारत भवन में आयोजित विश्व कविता उत्सव में अपने न बुलाए जाने के विरोध में कोई प्रर्दशन नहीं कर रहे थे। वे तो उस वक्त अपने गाँव के ट्यूबवेल से नहाने के लिए पानी खींचने गए थे। या जब सफदर के अत्यंत कल्पनाशील मस्तिष्क को राजनीतिक मुजरिमों ने ईंटों और पत्थरों से कुचल डाला था, उस वक्त वे राष्ट्रीय नाट्य विद्यालय के किसी आयोजन में अपने किसी नाटक को शामिल करवाने के लिए धरना नहीं दे रहे थे। वे तो झंडापुर में अपने नुक्कड़ नाटकों के जरिए इस यथार्थ की उन सूचनाओं को दर्शकों तक पहुँचाने का उपक्रम कर रहे थे, जो बाजार और व्यवस्था से जुड़े सूचना के शक्तिशाली साधन

उस तक नहीं पहुँचाते।

8 दिसंबर को जबलपुर में जब 'विवेचना' के नाटक पर हमला हुआ, उस वक्त दर्शकों तक इसी यथार्थ की वह सूचना पहुँच रही थी, जो कोई भी मानवीय कलाकृति अपने पाठक, श्रोता या दर्शक तक पहुँचाती ही है। 'और अन्त में प्रार्थना' कहानी में ऐसा कुछ भी उत्तेजक और भड़काने वाला नहीं है, जिसके विरोध में किसी राजनीतिक दल के कार्यकर्ताओं को बम और बंदूक की हिंसा का सहारा लेना पड़े। यह कहानी तो अपनी समूची संरचना में एक प्रदीर्घ प्रार्थना की तरह है, जिसमें डॉ. वाकणकर की पीड़ा और उनके अंतर्द्वन्द्व उसे किसी करुणा भरे शोक गीत में बदलते हैं।

मैं यह याद दिलाना चाहूँगा कि कुछ वर्ष पहले जब यह कहानी अंसारी रोड, दिल्ली से प्रकाशित होने वाली व्यावसायिक पत्रिका 'हंस' में छपी थी, तब इस पर हिंदुत्ववादी होने का आरोप स्वयं 'हंस' संपादक समेत उनके अन्य अनुयायियों ने लगाया था। यह एक विचित्र संयोग है कि इस बार भी, जब उसी पत्रिका में मेरी एक अन्य कहानी 'वारेन हेस्टिंग्स का साँड़' में फासीवादी और हिंदुत्ववादी खतरनाक खेल की अद्भुत खोजबीन की गयी है, ठीक उसी सप्ताह सांप्रदायिक और फासीवादी गुंडों ने 'और अन्त में प्रार्थना' पर हमला किया है।

मैं अंत में दो बातें कहना चाहता हूँ। पहली तो यह कि आज के हमारे यथार्थ की संरचनाएँ इतनी बदल चुकी हैं कि उन्हें आख्यान के पुराने रूपों में यथावत अभिव्यक्त करना फालतू हो चुका है। दूसरे यह कि सांप्रदायिक, हिंदूवादी, फासिस्ट वगैरह होने न होने का, सर्टिफिकेट दे पाने की स्थिति में आज न तो वे लोग हैं जो चंद्रशेखर के हत्यारों के हाथ से लाखों का पुरस्कार ले चुके हैं और अब भाजपा सरकार से बार्गेनिंग कर रहे हैं और न ही यह सर्टिफिकेट किसी रचना को और दे सकता हैं। फासीवादी जानते हैं कि उन्हें परेशानी कहाँ से है। गाँधी जी की भी हत्या तब हुई थी, जब वे एक मंदिर में प्रार्थना करने के बाद उसकी सीढ़ियाँ उतर रहे थे। फासीवाद तभी आता है जब कुछ उन्मादी ताकतों के भीतर न्यूनतम सहिष्णुता भी खत्म हो जाती है।

जबलपुर में 8 दिसंबर की घटना इसी का एक संकेत है।

(कथादेश : जनवरी 2000)

वर्षगाँठ के दक्षयज्ञ में कुछ सतीप्रश्न

एक छपा हुआ कार्ड या एक टंकित पत्र आजकल दिल्ली में अक्सर मिल जाता है। इसमें किसी न किसी स्वनामधन्य हिंदी लेखक की पचासवीं या साठवीं वर्षगाँठ के समारोह आयोजन की सूचना होती है। वक्ता के रूप में बोलने का आग्रह भी होता है। इन वर्षगाँठ समारोहों को व्यवस्थित ढंग से मनाने के लिए समितियाँ भी गठित कर ली जाती हैं। ऐसे 'समारोहों' में लेखक के साहित्यिक योगदान, उसके संघर्ष और महत्ता को रेखांकित करने वाले परचे पढ़े जाते हैं, भाषण होते हैं, अध्यक्ष अपने उद्‍गार प्रगट करता है और अंत में ठंडा-गर्म पेय, बिस्कुट-समोसा इत्यादि।

उपस्थितों की संख्या पंद्रह से पच्चीस के बीच होती है और उनमें से ज्यादातर अपनी उम्र गिनने वाले होते हैं—जाहिर है, अपनी बारी की प्रतीक्षा में। इनमें से ज्यादातर लेखक वे होते हैं जिनके लेखक होने का महत्त्व उनके लेखन से ज्यादा उनकी भौतिक उपस्थिति में है।

कैसा लगता है हिंदी लेखक का वर्षगाँठ समारोह! हिंदी की प्रतिष्ठित और गंभीर पत्रिकाएँ मर चुकी हैं। साँचा, आलोचना, पूर्वग्रह आदि। 'ज्ञानोदय', 'कल्पना', 'नया प्रतीक', 'कथा' अब अतीत की स्मृतियाँ भर हैं।

जो व्यावसायिक या अर्द्धव्यावसायिक कलेवर में निकलती हैं, वे भी दम तोड़ चुकी या तोड़ रही हैं। 'सारिका', 'धर्मयुग', 'हंस', 'साप्ताहिक हिंदुस्तान' आदि। पत्रकारिता के दोनों कीर्तिस्तंभ 'रविवार' और 'दिनमान' अपनी गति पा चुके हैं।

दूसरी तरफ भारतीय भाषाओं को प्रशासनिक प्रतियोगिओं और वैज्ञानिक-तकनीकी शिक्षा का वैकल्पिक माध्यम बनाने की माँग करने वाले अभी भी एक निराशामूलक संघर्ष कर रहे हैं। संघ लोक सेवा आयोग के दफ्तर के सामने संघर्षकारी हिंदीभाषी युवाओं का उपेक्षित 'धरना' एक स्थायी लैंडस्केप का हिस्सा बन चुका है। विज्ञान, इतिहास, अर्थशास्त्र, भूगर्भ विज्ञान, राजनीति शास्त्र आदि तमाम विषयों पर हिंदी में स्तरीय पुस्तकें न तो हैं, न लेखी जा रही हैं। बृहत्तर और विकसित शास्त्रीय अनुशासनों की बात छोड़िए, टेक्सटाइल्स, स्थापत्य इलेक्ट्रानिकी, अभियांत्रिकी, फोटोग्राफी, सिनेमेटोग्राफी जैसे नितांत व्यावहारिक और पेशागत विषयों पर भी किताबें नहीं हैं। हिंदी में कवि हैं, पाठक नहीं

हैं। कहानीकार है और स्वयं कहानीकार ही उसके पाठक-श्रोता-विशेषज्ञ आदि हैं। हिंदी के प्रकाशक हैं, जिनकी किताबें 'लेन-देन-प्रकारेण' लाइब्रेरियाँ खरीद रही हैं।

हिंदी के लेखक की दुनिया हिंदी के लिक्खाड़ों तक सिमट गई है, लेकिन वह प्रसन्न है और अपनी वर्षगाँठ मना रहा है। दूरदर्शन कर्नाटक को 'कर्नाटका' और अशोक को 'अशोका' कह रहा है और एक से एक मसखरों, मीडियाकरों और मूर्खों को हिंदीभाषी समाज का बौद्धिक प्रतिनिधि बता कर लाखों दर्शकों के सामने प्रस्तुत कर रहा है। सारा हिंदी समुदाय (अगर वह कहीं है तो!) शर्म और ग्लानि में गड़ा जा रहा है, लेकिन हिंदी का लेखक अपनी वर्षगाँठ मना रहा है।

रोमिला थापर, आर.एस. शर्मा, एस गोपाल या बिपन चंद्र जैसे इतिहासकार कब पचास या साठ के हो गए, आपने किसी वर्षगाँठ समारोह की खबर नहीं सुनी होगी। मनजीत बावा, ज. स्वामीनाथन, विवान सुंदरम जैसे चित्रकार कब चालीस, पचास, साठ के हो गए, कोई नहीं जानता। डॉ. यशपाल, एम.जी.के. मेनन जैसे वैज्ञानिक, ऋषिकेश मुखर्जी, महेश भट्ट, सईद मिर्जा, केतन मेहता, मणि कौल जैसे हिंदी के फिल्मकार और कारंत, राजेन्द्र नाथ, हबीब तनवीर जैसे रंगकर्मी कब कितने वर्ष के हो गए, इनके किसी समारोह की खबर नहीं है। इन लोगों की चर्चा उनकी नई उपलब्धियों के संदर्भ में ही होती है।

लेकिन हिंदी का लेखक शायद सृजनात्मक नहीं, 'जैविक इकाई' है। उपलब्धि के नाम पर सबसे ठोस चीज उसके पास उसकी उम्र है। अपनी पचासवीं या साठवीं वर्षगाँठ मना कर वह अपने होने की महत्ता को प्रमाणित करना चाहता है। उसे अपनी ही भाषा के अन्य सहकर्मी की स्थिति-परिस्थिति से कोई खास सरोकार नहीं है। हिंदी कविता को क्लासिकी शिखरों तक ले जानेवाले कवि शमशेर आज एक अहिंदीभाषी राज्य में एक अहिंदीभाषी हिंदीसेवी की शरण में अपनी बचीखुची उम्र बिता रहे हैं। इस तथ्य से अविचलित हिंदी लेखक अपनी वर्षगाँठ के समोसे खा रहा है। तीन वर्ष पहले तक 'साक्षात्कार' जैसी उत्कृष्ट साहित्यिक पत्रिका के संपादक और चर्चित हिंदी कवि सोमदत्त की आकस्मिक मृत्यु के बाद उनका पुत्र और पत्नी भी काल के गाल में समा गए। कहीं कोई हलचल नहीं हुई। दिल्ली के अत्यंत संवेदनशील कवि मलयज का परिवार कहाँ है? नागार्जुन, त्रिलोचन, शील, हरिनारायण व्यास आदि कितने वर्ष के हो गए और किस हालत में हैं? इस समय हिंदी के कितने प्रतिभाशाली, विलक्षण संभावनाओं से भरे संस्कृतिकर्मी, लेखक, पत्रकार कहाँ किन स्थितियों संकटों से गुजर रहे हैं? कवि गोरख पांडेय ने किन वजहों से आत्महत्या की रंगकर्मी सफदर हाशमी इस तरह निष्कवच कैसे मार दिए गए, प्रमोद पांडेय और मंजुला पांडेय दंपती ने एकसाथ 'फिनिट' क्यों पी लिया? दिल्ली के ही जनवादी लेखक संघ के उपाध्यक्ष डॉ. राजकुमार शर्मा कीटनाशक दवा पी कर आज किस स्थिति में हैं? इन जैसे प्रश्नों से समारोहों में विघ्नबाधा पैदा हो सकती है। वर्षगाँठ

के मंगलगान में ये वर्जित, निषिद्ध विवादी स्वर है। ये वर्षगाँठ के दक्षयज्ञ में सती के प्रश्नों की तरह अवांछित और विध्वंसक प्रश्न हैं।

कहीं इन वर्षगाँठ समारोहों का सामाजिक मनोशास्त्र विकसित होते तकनीकी समाज में लेखक की पतित सामाजिक स्थिति से तो संबंधित नहीं है? अपने भाषिक समुदाय से विच्छिन्न और बहिष्कृत हिंदी लेखक, जिसकी माध्यमबहुल परिवेश में घोर दरिद्र स्थिति है, कहीं अपनी हीनता और नगण्यता की ग्रंथि से उबरने के लिए तो ऐसा नहीं कर रहा है?

(नवभारत टाइम्स : 9 नवंबर 1991)

रूसी अतीत की प्रेतछायाएँ

जब कोई देश या समाज अपने अतीत से अलग खड़ा होना चाहता है, इतिहास के आईने में दिखाई देती अपनी शक्ल को बदल डालना चाहता है, तो उसे कई अटपटे और टेढ़े-तिरछे काम करने पड़ते हैं। ऐसी कोशिश एक साथ, एक ही वक्त में, कभी प्रहसन और कभी त्रासदी लगती है।

रूस अपने 75 साल के इतिहास की कोठरी से निकलकर बेदाग बाहर खड़ा होना चाहता है। लेकिन भूसे, गर्द, तिनकों और कालिख की तरह इतिहास की कई चीजें उसके विराट शरीर से चिपकी हुई हैं। किन-किनको, कैसे-कैसे झाड़ा जाए। अंतरराष्ट्रीयतावाद, कोमिंटर्न, वर्गहीन समाज, सर्वहारा का अधिनायकवाद, समाजवाद जैसी चीजें तो ठोस नहीं थीं। अमूर्त थीं। इतने दिनों तक उन्हें धोने-पोंछने में ज्यादा झंझटें नहीं आईं। दुनिया से छिपा कर लोहे की दीवार के भीतर उन्हें धोया जाता रहा। इसके बाद राज्य की संस्थाओं-संस्थानों की पूरी आधार रचना और पुराने ढाँचे का सवाल आया। सुप्रीम सोवियत, सहकारी कृषि फार्म, केन्द्रीय समिति और कम्युनिस्ट पार्टी को झाड़ा गया।

लेकिन अतीत आसानी से पिंड नहीं छोड़ता। उसके प्रेत दूर तक और देर तक पीछा करते हैं। रूसी अतीत की कुछ ऐसी ही प्रेतछायाएँ, जिन्हें अब 'कंजरवेटिव' या 'कट्टरपंथी' कहा जाने लगा था, अभी भी पछिया रही थीं। उन्हें धीरे-धीरे ग्लासनोस्त और 'पेरेस्त्रोइका' के जादुई डंडे से हाँका गया। इनमें से कुछ प्रेतों ने बिना ठीक से यह समझे कि यह रूसी समाज का संक्रमण काल है, जबरन अपने-आपको थोपने की कोशिश की और सदी का सबसे हास्यास्पद और क्षणभुंगर तख्तापलट किया। यह अतीत द्वारा वर्तमान पर जबरदस्ती सवारी गाँठने की एक दरिद्र मसखरा कोशिश थी। ऐसे प्रेतों को कुचल दिया गया। कुछ ने आत्महत्या की, कुछ विक्षिप्त हो गए, कुछ को जेल में डाल दिया गया। बाकियों पर मुकदमा।

मुश्किल यह है कि जब किसी सेना का सेनापति स्वयं अतीत से पीछा छुड़ा रहा हो, तो बाकी सेना कहाँ जाए? 'वारसा' के बाद 'निर्गुट' फौज का क्या हो? अतीत से मुक्ति का रास्ता थोड़ी कठोरता और निर्ममता की भी माँग करता है। अफगानिस्तान,

निकारागुआ, वियतनाम, उत्तरी कोरिया आदि को पहले ही संकेत दे दिया गया था। पूर्व जर्मनी और पूर्वी यूरोप से टा-टा किया गया। भारत और क्यूबा जैसे देश अभी भी बाकी थे। उनसे कहा गया, अतीत को अतीत की तरह लेना सीखो। हमारे कर्ज और हमारे वीटो से कब तक बचोगे? इराक को पश्चिमी फौजों द्वारा मध्य एशिया की खाड़ी में पहले ही रौंदते जाते हुए लावारिस छोड़ दिया गया। निर्गुट आंदोलन को घास डालना बंद कर दिया गया। दक्षिण अफ्रीका समेत तमाम अफ्रीकी और लातीनी अमेरिकी देशों से कह दिया गया, रंगभेदियों और साम्राज्यवादियों से तुम खुद निपटो। ऐसे शब्द जिन शब्दकोशों में होते थे, उन्हें रूस इतिहास में छोड़ आया है।

चुनौतियाँ इतने सबके बावजूद थीं। मॉस्को समेत अनेक रूसी शहरों की सड़कों और इमारतों का नामकरण इतिहास के किसी न किसी 'खलनायक' (पहले के नायक) के नाम पर किया गया था। मॉस्को, किएव, सेवास्तोपोल, खारकोव, लेनिनग्राद, जैसे शहरों की सरकारी इमारतों के सामने चौराहों और पार्कों में काँसे और कंक्रीट की विशाल मूर्तियाँ खड़ी थीं। अतीत हर जगह से सिर निकाल रहा था। इन मूर्तियों को या तो तोड़ा गया या क्रेन से उठाकर कहीं और डाल दिया गया। लेनिन, झेरजिंस्की, कालिनिन किसी की मूर्ति नहीं बची। लेनिनग्राद फिर पीटर्सवर्ग हो गया।

लेकिन इतिहास की लाशें? कंकाल, ताबूत और ममियाँ? इन्हें कैसे ठिकाने लगाया जाए? ये लाशें पूरे रूस में मॉस्को समेत यहाँ-वहाँ सुरक्षित रखी गई हैं। 1917 की बोल्शेविक क्रांति के महानायक व्लादिमीर इलिच लेनिन, द्वितीय विश्वयुद्ध में हिटलर को परास्त करनेवाले मित्र देशों के 'हीरो' और रूसी 'तानाशाह' जोसेफ स्तालिन और 'दस दिन जब दुनिया हिल उठी' के अमेरिकी लेखक जॉन रीड, जिन्होंने अक्टूबर क्रान्ति की विरुदावली गाई—इन सबकी लाशों का क्या किया जाए? इनके अलावा ब्रेझनेव, चेरनेंको और आंद्रेपौफ जैसे राष्ट्रपतियों की लाशें! इन्हें पेट्रोल डाल कर दियासलाई तो नहीं दिखाई जा सकती।

गरीबी, अभाव और सामाजिक अराजकता में फंसे रूसी लोग इन मुर्दाघरों की ओर लोभ और उत्सुकता से देख रहे होंगे। 70 साल तक इतिहास की कब्रगाह में रहने का अनुभव उन्हें अचानक करवाया गया है। उनकी आँखें यूरोप और बाकी दुनिया के पूँजीवादी बाजारों की चकाचौंध को देख रही हैं। पिछले दिनों कुछ कब्रगाहों ने मार्शल सर्गेई आर्खोमेयेव की लाश से वर्दी और तमगे चुरा लिए। राष्ट्रपति ब्रेझनेव ने तो रूसी इतिहास में सबसे ज्यादा अलंकरण, तमगे और सितारे हथियाये थे। इनकी तस्करी किसी भी रूसी कब्र चोर को मालामाल कर सकती है। जरा सोचिए, अगर कोई कब्रचोर कालिनिन की उँगली, लेनिन का सिर, झेरजिंस्की की भुजाएँ और ब्रेझनेव के तमगों की तस्करी करे तो पश्चिम के बाजार में उसे कितनी दौलत मिलेगी! अगर तख्तापलट के 72 घंटों के दौरान गोर्बाचौफ की शक्ल में बनाए गए प्लास्टिक के गुड्डे पश्चिम यूरोप में अरबों डॉलर का मुनाफा बटोर सकते हैं, तो रूसी अतीत के इन 'रियल

एंटीक्स' की क्या कीमत होगी?

अब रहा एक और सवाल। भाषा का। उसका क्या किया जाए। अतीत के फूस-तिनकों की तरह पुराने शब्दों को तो नहीं झाड़ा जा सकता। कमाल अतातुर्क को तुर्की भाषा को आधुनिक बनाने में उतने पापड़ नहीं बेलने पड़े होंगे, जितने बोरिस येल्तसिन और गोर्बाचौफ को रूसी भाषा के मामले में बेलने पड़ेंगे। कॉमरेड, रेनिगेड, रिवोल्यूशन, सोशलिज्म, रेड सैल्यूट, फ्रेटनिटी जैसे हजारों शब्द समूची रूसी भाषा में भरे मिलेंगे। दरअसल, किसी भी समाज की भाषा अतीत का सबसे बड़ा कबाड़खाना होती है। कॉमरेड जैसे शब्द को तो वहाँ 'गोस्पोदिन' और 'गोस्पोझा' जैसे शब्दों से हटा दिया गया है लेकिन प्लेखानोव, मैक्सिम गोर्की, येसेनिन मायकोव्स्की, अलेक्सांद्र ब्लॉक, मिखाइल शोलोखोब, पास्तरनाक और बोइज्नेसेस्की जैसे असंख्य लेखकों-कवियों ने रूसी भाषा में जिन शब्दों का कबाड़ इकट्ठा किया है, उन्हें कैसे बीन-बीन कर अलग किया जाएगा?

(नवभारत टाइम्स : 28 सितम्बर 1991)

एक साल बनाम चालीस साल

मध्यप्रदेश की भाजपा सरकार ने अपने कार्यकाल के एक साल पूरा होने पर एक चार पेजी दो-रंगा फोल्डर बड़ी संख्या में बाँटा है।

मुखपृष्ठ पर कमल का फूल, मुख्यमंत्री सुंदरलाल पटवा और भाजपा के राज्य अध्यक्ष लक्खीराम अग्रवाल का चित्र है। फोल्डर में दावा किया गया है कि 'मध्यप्रदेश में जो चालीस साल में नहीं हो सका वह केवल एक वर्ष में कर दिखाया मध्यप्रदेश सरकार ने।' यह नारा कुछ-कुछ चंद्रशेखर वादी नारा है, 'चालीस साल बनाम चार महीने' की तर्ज पर।

हर कोई जानता है कि मध्यप्रदेश में भी बजट की जगह लेखानुदान से काम चलाया गया।

लेकिन अगर बिना बजट और बिना किसी सावधि योजना के प्रारूप के भाजपा सरकार ने एक साल में उतना और वैसा कर डाला है, जैसा कांग्रेसी संविद और जनता सरकारें चालीस साल में नहीं कर सकीं तो यह किसी चमत्कार से कम नहीं है।

अब फोल्डर में जो आँकड़ों से भरपूर 'तथ्य परक' दावे हैं अगर उन पर नजर दौड़ाएँ तो यह 'चमत्कार' साफ दिखाई देता है। दरअसल यह फोल्डर एक तरह का तमाम राज्य सरकारों के दावों का 'मिथक-विस्फोटक' फोल्डर है। आँकड़ों और लफ्फाजियों के परदे के पार से झाँकता वास्तविकता का चेहरा वहाँ आसानी से देखा जा सकता है। फोल्डर के हर वाक्य में एक 'पैराडॉक्स' (विरोधाभास) और 'आइरनी' (विडम्बना) है।

इस फोल्डर में एक दावा है '32 लाख किसानों के कर्ज माफ।' दावा कुछ इस लहजे में है जैसे कर्ज माफी का यह काम पटवा सरकार की मौलिक सूझबूझ है। जब कि अगर किसी राजनीतिक नेता को इस कर्ज माफी की मौलिकता का क्रेडिट दिया जा सकता है, तो वे हरियाणा के चौधरी देवीलाल हैं। यानी मध्यप्रदेश में पटवा सरकार ताऊ के प्रोडक्ट को मेड इन भाजपा का ठप्पा लगाकर बेच रही है।

दूसरा दावा है कि 'पंचायती राज का फैसला' इसके अंतर्गत त्रिस्तरीय पंचायत व्यवस्था के माध्यम से ग्रामीण क्षेत्रों में सत्ता के सच्चे विकेंद्रीकरण के पवित्र प्रयासों

का जिक्र है।

विरोधावास या विडंबना यह है कि स्वयं भाजपा सरकार ने मध्यप्रदेश में पूर्व घोषित पंचायत चुनावों को स्थगित करके अपने 'पंचायत प्रेम' की असलियत पहले से ही खोल रखी है।

पूरे फोल्डर में ऐसा एक भी दावा नहीं है जिसकी असलियत या तो बिल्कुल उलटी है, या फिर जिसका श्रेय भाजपा के पहले की कांग्रेसी सरकारों को न जाता हो।

इस फोल्डर में जो सबसे मजेदार उलटबांसियाँ हैं, उनमें से दो-तीन का जिक्र प्रसंगानूकुल होगा। एक जगह पर भाजपा सरकार ने अपने प्रशासन की सख्ती और चुस्ती का दावा करते हुए इसे अन्य राज्यों के सामने एक 'आदर्श प्रशासन' के रूप में प्रस्तुत किया है।

दावा है कि 'मध्यप्रदेश में आंदोलन, धरना और अशांति का दौर समाप्त' हो चुका है। अब आप अंदाजा लगाने की कोशिश करिए कि अगर यह दावा सही है तो मध्यप्रदेश में लोकतांत्रिक-नागरिक स्वतंत्रता की क्या स्थिति होगी। जिस राज्य में आंदोलन और धरना जैसे लोकतंत्र के जीवित होने के न्यूनतम निशान भी 'आदर्श-प्रशासन' ने न रहने दिए हों, वह कैसा प्रशासन होगा फिर आंदोलन और धरना को 'अशांति' का राज्य विरोधी कृत्य घोषित करने वाला दिमाग किससे प्राप्त किया गया है।

इस फोल्डर के तीसरे पृष्ठ पर 'राजनीति में स्वच्छता' उपशीर्षक के अंतर्गत राज्य सरकार ने दावा किया है, 'मस्जिदों में अजान, गुरुद्वारों में गुरुग्रंथ साहब का पाठ और चर्च तथा गिरजाघरों में प्रार्थना आंनदपूर्वक हो रही हैं, किंतु अब मंदिरों में बजने वाली घंटियों के धार्मिक स्वरूप में अधिक आध्यात्मिक पुट स्थापित हुआ है।'

अपने शासन के एक वर्ष की उपलब्धियों का फोल्डर प्रसारित करने वाली सरकारें अक्सर उन ठोस उपलब्धियों को गिनाया करती हैं, जिन्हें प्रमाणित भी किया जा सके। कारखानों की स्थापना, पुलों-सड़कों का निर्माण, भूमि सुधार का अमलीकरण, आवास निर्माण संबंधी आँकड़े ऐसे ही उदाहरण हैं। लेकिन अगर कोई सरकार यह दावा करे कि उसकी एक साल की उपलब्धि यह है कि 'मंदिरों में बजने वाली घंटियों के धार्मिक स्वरूप में अधिक आध्यात्मिक पुट प्रतिस्थापित हुआ है,' तो उससे पूछा जाना चाहिए कि अर्जुन सिंह या मोतीलाल वोरा के मुख्यमंत्री वाले कांग्रेसी शासन में मंदिर की घंटियों में 'आध्यात्मिकता का पुट' कितनी मात्रा में कम था। घंटी की आवाज में आध्यात्मिकता की मात्रा में जो बढ़ोतरी हुई है आखिर उसका कोई ठोस नाप-तौल वाला मीट्रिक प्रणाली वाला आँकड़ा पटवा सरकार के पास तो होगा ही।

इसी फोल्डर में 'कला को प्रोत्साहन' उपशीर्षक के नीचे का पैराग्राफ पढ़ने योग्य है। भारत-भवन को छिन्न-भिन्न करने वाले अपने कारनामे का अप्रत्यक्ष हवाला देते

हुए पटवा सरकार ने दावा किया है : 'विकृत मानसिकता वाली कला को अब तिरस्कृत कर दिया गया है।'

चलिए अच्छा हुआ। लेकिन 'सुकृत मानसिकता या शुद्ध मानसिकता' वाली किस कला को प्रोत्साहन दिया गया है? यह ठीक, इसी वाक्य के बाद है : 'प्रसिद्ध भोजपुर मंदिर में भोजपुर उत्सव', 'सेवनिया में जैन धर्म का गजरथ महोत्सव', 'भोपाल में मुसलमानों के वार्षिक इज्तमा में भारी उत्साह' आदि ऐसी 'कला' के उदाहरण हैं जिन्हें राज्य सरकार ने प्रोत्सहान किया है। हद तो यह है कि 'कलाओं' के प्रोत्साहन के अंतर्गत राज्य सरकार ने 'अयोध्या में श्रीराम मंदिर के पुनर्निर्माण हेतु कार सेवकों के उत्साहपूर्वक जाने' को भी अपनी उपलब्धि में गिनाया है।

क्या अब भी जानना बाकी है कि एक साल में चालीस साल के गैर भाजपाई राजनीतिक इतिहास को चुनौती देने वाली सरकारों की वास्तविकता वास्तव में है क्या?

(नवभारत टाइम्स : 13 अप्रैल 1991)

प्रशासन और अपसंस्कृति

अभी मध्यप्रदेश के छोटे-से कस्बे में एक सार्वजनिक पुस्तकालय को देखने का मौका मिला। जो सज्जन इस पुस्तकालय का काम देखते हैं उनके पास लाइब्रेरी साइंस का कोई डिग्री-डिप्लोमा तो नहीं है, लेकिन वे उत्साही हैं, नौजवान हैं और उनमें यह लगाव है कि इस कस्बे के लोग अच्छी पुस्तकें और पत्र-पत्रिकाएँ पढ़ें।

पुस्तकालय सार्वजनिक है। किसी सरकारी या सांस्थानिक अनुदान के बल पर नहीं चलता इसलिए बजट बहुत सीमित है। वैसे भी सरकार, यानी मंत्री और अफसरों को जो राजकीय व्यय सबसे नागवार गुजरता है, वह शिक्षा और पढ़ने-पढ़ाने का व्यय ही है। किसी कभी न बनने वाले कारखाने, कॉलेज, अस्पताल या विकलांग-आश्रम का शिलान्यास रखने या फीता काटने में लाखों रुपए भले ही खर्च हो जाएँ लेकिन सरकार यह पूरा ध्यान रखती है कि पैसा किताबों, पत्र-पत्रिकाओं में न खर्च होने पाए। जो थोड़े-बहुत लोग साक्षर हैं, वे अशिक्षित ही रहे, इसका पूरा खयाल रखा जाता है। कस्बे की इस लाइब्रेरी में कुल पाँच-छह हजार किताबें हैं और देश की सभी प्रमुख पत्र-पत्रिकाएँ आती हैं। अंग्रेजी में किताबें नहीं हैं। सभी किताबें, अखबार और पत्रिकाएँ हिंदी की ही मँगाई जाती हैं। पता चला कि कस्बे में अंग्रेजी जानने वाले एम.ए. बी.ए तो बहुत-से लोग हैं लेकिन सभी हिंदी पढ़ते हैं। अंग्रेजी के दिखावे का फैशन और अहंकार अभी वहाँ नहीं फैला है।

कस्बा छोटा है। आस-पास ग्रामीण इलाके हैं। इसलिए कह सकते हैं कि वह परंपरावादी कस्बा है। दूसरे शब्दों में कह सकते हैं कि वह पिछड़ा हुआ है। वहाँ अभी भी ज्यादातर लोग दातून करते हैं। सरसों या तिल का तेल लगाते हैं। घर में नल हो तब भी बाहर की चौहद्दी या आँगन में शरीर को मल-मल कर नहाते हैं। इस कस्बे में नारीवादी महिला संगठन नहीं हैं लेकिन वहाँ की औरतें खुशमिज़ाज, मेहनती, झगड़ालू और बाहर घूमने-फिरने वाली हैं। इस कस्बे में कभी छेड़खानी की घटना नहीं हुई और अभी तक कोई औरत पूरे इलाके में सती नहीं हुई।

यह एक साधारण-सा कस्बा है। जिस लाइब्रेरी का मैं जिक्र कर रहा था उसमें जो पत्रिकाएँ मँगाई जाती हैं, उनमें यह ध्यान रखा जाता है कि उनमें अश्लील अधनंगे

चित्र न हों। ऐसी सामग्री न छपी हो जिसका असर किशोरों या नौजवानों पर बुरा पड़ता हो।

लेकिन मुझे यह देखकर कौतुहल हुआ कि उसी लाइब्रेरी में एक अंग्रेजी का अखबार, एक सेक्स और अपराध की सच्ची कहानियाँनुमा पत्रिका और एक तथाकथित 'यौन विज्ञान' की पत्रिका भी आती है। अंग्रेजी के इस इकलौते अखबार में ही इन दोनों पत्रिकाओं का बंडल बाँधकर रख दिया जाता है और रात में एक सरकारी चपरासीनुमा नौकर इस बंडल को ले जाता है। पता चला कि एस.डी.एम. साहब पत्रिकाएँ पढ़ते हैं। अंग्रेजी का अखबार भी उन्हीं के लिए मँगाया जाता है।

सवाल यह नहीं है कि एस.डी.एम. जैसा यह बड़ा सरकारी अफसर ऐसी पत्रिकाओं और अखबार का अपना खर्च सार्वजनिक जेब से क्यों निकालता है—क्योंकि जहाँ सार्वजनिक मद से लाखों-करोड़ों रुपए उड़ाए जाते हों, वहाँ एक एस.डी.एम. का ऐसा शौक तो उस क्षेत्र की जनता झेल ही सकती है।

सवाल इस एस.डी.एम. की सुरुचि के बारे में है। लेकिन इस सवाल का बड़ा लोकतांत्रिक जवाब हाजिर है। हर किसी को अपनी रुचि और जरूरत के अनुसार अपनी पसंद-नापसंद की किताबें तय करने का अधिकार है। आखिर सरकारी अफसर बनने से कोई इस लोकतांत्रिक अधिकार से तो वंचित किया नहीं जा सकता। फिर ऐसी घटिया अश्लील बाजारू पत्रिकाएँ 'सैटेनिक वर्सेज' जैसी किताबें तो हैं नहीं, जिन्हें हमारी सरकार खतरनाक (यानी खराब असर डालने वाली) घोषित कर प्रतिबंधित कर दे। 'शहर में कर्फ्यू' जैसे उपन्यास भी नहीं हैं, जिन्हें विहिप का दादा जला डालने की धमकी दे दे। ये 'सोजे वतन' या 'नील दर्पण' जैसी रचनाएँ भी नहीं हैं जिनसे कोई हुकूमत डरे या किसी समाज के किसी खास वर्ग को एतराज हो। अश्लीलता, नंगी तस्वीरें और कुरुचिपूर्ण लेखन-प्रकाशन हर देश और हर व्यवस्था में भारी मुनाफा देने वाली बाजारू जिंस हैं और अगर मार्क्स ने कभी किसी जमाने में यूरोप के चर्च की निरंकुशता को देखकर धर्म को 'जनता की अफीम' कहा था तो ऐसी पत्रिकाओं को कम से कम 'जनता का चरस' या 'गाँजा' तो कहा ही जा सकता है।

लेकिन मैंने इस घटिया शौक के एक गंभीर पहलू की तरफ भी इशारा किया। वह पहलू यह है कि अगर कोई व्यक्ति ऐसी घटिया अपराध और सेक्स कथाएँ पढ़ता है तो उसके सोच और उसके व्यवहार पर इसका कोई न कोई असर तो पड़ेगा ही।

लेकिन आज का माहौल जैसा है, उसमें गंभीरता से हर किसी को परहेज है। लाइब्रेरी के संचालक भी इसीलिए इस बात को टालकर हँसने लगे, 'छोड़िए भी, पढ़ने दीजिए एस.डी.एम. साहब को, जो पढ़ते हैं।'

तीन-चार दिनों के भीतर ही मुझे पता चला कि एस.डी.एम साहब को अन्य शौक भी हैं। वे बंबइया स्टंट फिल्मों के प्रेमी है। उनकी शिक्षा-दीक्षा उसी दौरान हुई है जिस वक्त हिंदी सिनेमा के पर्दे पर 'एंग्री यंग मैन' छाया हुआ था। कैबरे, मारधाड़,

गाली-गलौज, घूंसेबाजी, ठाँय-ठाँय और जुल्फ-जींस के बीच उनकी पीढ़ी का दिमाग और व्यक्तित्व बना है।

मैं शायद अपने देश के शहरों और कस्बों में फैले इस अप-संस्कृति के प्रभावों के बारे में सैद्धांतिक उधेड़बुन ही करता रहता, तभी पता चला कि एस.डी.एम. साहब ने एक चाय वाले पंडित की जूतों से अपने कार्यालय में पिटाई कर दी। पता चला वे ठेले वालों, पान वालों, रेहड़ी लगाने वालों को भी जूतों से मारते हैं। सड़क छाप गाली देते हैं और इलाके में उनकी छवि एक दबंग और रौब वाले अफसर की है।

अब आप ब्लू फिल्मों, अपराध यौन कथाओं, अश्लील पत्र-पत्रिकाओं और अधनंग हिंसक सिनेमा की अप-संस्कृति के कुप्रभावों की समाजशास्त्रीय छानबीन करने के बजाय कृपया यह बताएँ कि क्या इस देश में 'दबंगई' या 'अफसरी रौब-दाब' घटिया, कुरुचिपूर्ण शौक और डंडा-तमंचा छाप हिंसा के द्वारा ही संभव है? क्या प्रशासनिक प्रभाव को जमाने का इसके अलावा कोई दूसरा तरीका संभव नहीं है?

(नवभारत टाइम्स : 2 अप्रैल 1991)

दृष्टिकोण

पश्चिम के जाल में एशिया के लोग

किसी भी संवेदनशील व्यक्ति, चाहे वह किसी भी जाति व मजहब का हो, के लिए उत्तर प्रदेश के हज मंत्री याकूब कुरैशी का वह फतवा परेशानी और चिंता का विषय है, जिसमें उन्होंने डेनमार्क के कार्टूनिस्ट का सिर कलम करने वाले को 51 करोड़ रुपए का इनाम देने की घोषणा की है। इस बात से कोई इंकार नहीं कर सकता कि डेनमार्क के एक अखबार में छपा पैगंबर हजरत मुहम्मद साहब से संबंधित कार्टून न सिर्फ आपत्तिजनक है, बल्कि हर तरीके से निंदनीय भी है। लेकिन 21वीं सदी के इस दशक में उस कार्टून को लेकर उत्तर प्रदेश के उक्त मंत्री की ऐसी प्रतिक्रिया कई गहरे सवाल और चिंताएँ पैदा करती हैं।

प्रेस की स्वतंत्रता तथा एक कलाकार की अभिव्यक्ति की आजादी से जुड़े सवालों के मद्देनजर यह विचारणीय है कि दुनिया में विभिन्न सम्प्रदायों एवं समुदायों के मानस आखिर कब तक मध्यकालीन और पूर्व आधुनिक प्रवृत्तियों के परिचायक बने रहेंगे। जब मक़बूल फ़िदा हुसैन हिंदू देवी-देवताओं से संबंधित चित्र बनाते हैं, तो उसकी प्रतिक्रिया में उग्र हिंदुत्ववादी प्रदर्शन भी इतना हिंसक नहीं होता कि वह चित्रकार का सिर क़लम करने का फ़तवा जारी कर दे। इस स्थिति में यह कहा जा सकता है कि विभिन्न धर्म और संप्रदाय के कट्टरपंथी समुदायों को आत्मनिरीक्षण करना चाहिए।

मुझे ऐसा लगता है कि भारतीय राजनीति के जो दो अलग-अलग पक्ष हैं, उनके बारे में अक्सर सांप्रदायिक एवं धर्मनिरपेक्ष शब्दों का इस्तेमाल किया जाता है। अगर गहराई से देखें, तो उनमें गहरी समानता है। उत्तर प्रदेश की समाजवादी पार्टी, भाजपा की सांप्रदायिक राजनीति के बरक्स एक सेकुलर ताकत बनकर उभरने का दावा करती रही है। उसकी सरकार के ही एक काबीना मंत्री की ओर से आने वाला यह फतवा एक प्रकार से अब तक अपरिभाषित फासीवाद की ही याद दिलाता है। यह फतवा उसी तरीके का है, जैसा कि अयातुल्लाह खुमैनी ने जाने-माने उपन्यासकार सलमान रुश्दी के 'सैटेनिक वर्सेस' लिखे जाने पर जारी किया था। या जैसा बांग्लादेश के कुछ कट्टरपंथी मुल्लाओं ने तस्लीमा नसरीन को 'लज्जा' उपन्यास लिखने के बाद फाँसी पर चढ़ा देने की माँग की थी।

ऐसी प्रतिक्रियाएँ चाहे बहुसंख्यक सांप्रदायिकता या अल्पसंख्यक सांप्रदायिकता से हों, दोनों ही आधुनिक लोकतंत्र के आधारों को कमजोर बनाती हैं और विभिन्न संप्रदायों के परस्पर संबंधों, सह-अस्तित्व और सहिष्णुताओं पर कुठाराघात करती हैं। निश्चित ही विभिन्न धार्मिक समुदायों एवं संस्कृतियों में बँटे भारतीय समाज को एक गहरे लोकतांत्रिकरण और आधुनिकीकरण की अभी भी प्रतीक्षा है।

दरअसल, तीसरी दुनिया के अधिकांश देशों क़ी जनसंख्या की बनावट बहुनस्लीय, बहुसांस्कृतिक व बहुभाषीय है। भारत उपमहाद्वीप इस मामले में सबसे विलक्षण है। अगर हम गौर करें, तो पिछले कुछ वर्षों से पश्चिमी एशिया व दक्षिण एशिया के देशों के भीतर रहने वाले विभिन्न समुदायों के बीच टकराहट को गहरा करने व भड़काने की सुनियोजित नीतियाँ अमेरिका तथा पश्चिमी देशों द्वारा अपनाई जा रही हैं।

मौजूदा कार्टून विवाद उस शृंखला की नई कड़ी है। एक नहीं, यूरोप के तमाम अखबारों में इन्हीं कार्टूनों को बार-बार छापा जा रहा है। अभी हाल में ही एक कार्टून ऐसा भी आया है, जिसमें अल जज़ीरा के टीवी चैनल में अल क़ायदा के तीन आतंकवादियों को मैकडोनाल्ड का सिर कलम करते हुए दिखाया गया है। एक और कार्टून है, जिसमें भेड़, सूअर, ऊँट और गाय, उपरोक्त कार्टून को देख व भड़ककर आपस में लड़ रहे हैं। जाहिर है, अपने आपको सभ्यता का अग्रदूत, आधुनिकीकरण का संवाहक और लोकतंत्र का संचालक मानने वाला यूरोप हम सबको भेड़, ऊँट और बैल से अधिक की अहमियत नहीं देता। याक़ूब कुरैशी जैसे मुस्लिम नेताओं के फ़तवे से पश्चिम की अवधारणा को और भी ताक़त मिलती है। ऐसा लगता है कि विश्वग्राम में शिया, सुन्नी, कुर्द और इराकी मुसलमानों के बीच टकराहटें बढ़ाने के लिए इसी तरह की भ्रामक रणनीतियाँ अपनाई गई हैं, जिन्हें दुनिया-भर के मुस्लिम समुदाय को अच्छी तरह समझना होगा।

(दैनिक भास्कर : 26 फरवरी 2006)

यह उपन्यासों का अवसान काल नहीं, उनका स्वर्णयुग है

जिसे उपन्यास के लेखन के लिए ही साहित्य का नोबेल पुरस्कार मिला हो, अगर वह स्वयं एक दिन यह घोषणा करे कि आज का संसार इतना जटिल और दुर्बोध हो चुका है कि अब वह उपन्यास में प्रगट नहीं हो सकता, तो बहस का मुद्दा तो बनता ही है। चर्चित ब्रिटिश लेखक विद्याधर सूरज प्रसाद नायपॉल ने जिस तरह उपन्यास के अंत की घोषणा की है, वह नई नहीं है। दो-तीन साल पहले भी उन्होंने उपन्यास के अंत की घोषणा की थी। उनकी यह घोषणा एक आख्यानकार के रूप में उनकी निजी असफलता से फूटी है। 11 सितंबर और अभी पिछले दिनों के लंदन बम विस्फोट की घटनाओं के बाद उस तरह के अस्मिता की खोज वाले 'हाउस ऑफ मिस्टर विश्वास' जैसे उपन्यास कुछ अप्रासंगिक से हो गए हैं। वैसे भी पिछले कई वर्षों से अंग्रेजी में लिखने वाले भारतीय मूल के लेखकों में सलमान रुश्दी जैसे लोग ज्यादा चर्चित रहे हैं। इस बीच पंकज मिश्र, अमित चौधरी से लेकर झुंपा लाहिड़ी आदि की ज्यादा चर्चा रही है। शायद इसीलिए नायपॉल अपने आपको कुछ-कुछ हाशिए पर महसूस करते हैं। अभी इसी सप्ताह गार्डियन के एक सर्वेक्षण में पिछले पच्चीस वर्षों को साहित्य में उपन्यास का स्वर्णयुग कहा गया है। पिछले पंद्रह साल तो स्वर्णयुग से भी अच्छे और इधर के पाँच साल तो प्लैटिनम युग की तरह रहे हैं। इंग्लैंड के 48 पाठक समूहों के बीच सात महीने तक चलने वाली बहस के बाद 20वीं सदी और इसके बाद के सौ वर्षों के क्लासिक या कालजयी उपन्यासों की सूची में इधर हाल में प्रकाशित उपन्यास ज्यादा हैं। यह सर्वेक्षण चौंकाने वाला भी है और पाठकों की रुचियों में आने वाले बदलाव का भी सूचक है। आज के पाठकों ने नए लेखकों की रचनाओं को पिछले युगों के महान कहे जाने वाले लेखकों से अधिक उत्कृष्ट और महान पाया है। इस रिपोर्ट के अनुसार अभी दो साल पहले प्रकाशित उपन्यास 'द टाइम ट्रवेलर्स वाइफ' (लेखक औड्रे निफेनेगर) थॉमस मान जैसे महान कहे जाने वाले उपन्यासकार के 'डेथ इन वेनिस' से भी ज्यादा मर्मस्पर्शी और प्रभावशाली है।

सच तो यह है कि 80-90 के दशकों के बाद दुनिया भर में सिर्फ पाठकों की रुचियों में ही परिवर्तन नहीं हुआ है, बल्कि आख्यान और किस्सागोई की बनावट और

संरचना में भी बुनियादी उलटफेर हुए हैं। इतिहास, सिनेमा, सूचना, तकनीकी, बाजार, दृश्यात्मकताओं और नई कथात्मक युक्तियों को खोजता तलाशता हुआ आज का उपन्यास इतना बदल चुका है कि महानताओं के पुराने मिथकों के टूटने-बिखरने की आशंकाएँ सामने मौजूद हैं। वी.एस. नायपॉल की उपन्यास के अंत की घोषणा को इसी रूप में लिया जाना चाहिए। यह उपन्यास के अंत का दौर नहीं, दरअसल पुराने महानों और जड़ीभूत विभूतियों के आख्यानों के अंत का दौर है। वैसे भी उपन्यास को तो मध्यवर्ग का महाकाव्य कहा गया था। अब इतने बड़े भूमंडलीय मध्य वर्ग की मौजूदगी में भला उसका महाकाव्य कैसे मिट सकता है?

(नवभारत टाइम्स : 1 सितंबर 2005)

मध्य वर्ग का 'आई-कार्ड'

जिस नए भारतीय मध्य वर्ग की आज हम बात करते हैं, और जिस पर पिछले दो दशकों से सारी दुनिया की निगाहें टिकी हुई हैं, कार से लेकर कपड़ों, घड़ी-शराब से लेकर सौंदर्य प्रसाधनों और पेप्सी-पिज्जा, कुरकुरे से लेकर लैपटॉप और मोबाइल बनानेवाली विदेशी कंपनियाँ जिसकी खिदमत में हर रोज नए ब्रांड, नए प्रोडक्ट और नए विज्ञापनों के साथ बाजार में उतर रही हैं, जरा उसके चाल, चरित्र और चेहरे को तो पहचान लें। बिना उसका 'आई-कार्ड' यानी पहचान पत्र देखे, उसके बारे में विश्वसनीयता के साथ बात नहीं की जा सकती।

यह नया हिंदुस्तानी मध्य वर्ग कितना देसी है, कितना विदेशी और कितना 'ग्लोबल', इसका पता उसके जन्म प्रमाण पत्र को देखने से चलेगा। इसका जन्म कब और कैसे हुआ? क्या यह खाँटी देसी जमीन से, गाँवों के खेत-खलिहानों से, नगरों-महानगरों के फ्लैटों-फुटपाथों से जुड़ा हुआ है और वहीं की धूल-मिट्टी में खेल-कूद कर बड़ा हुआ है? या यह किसी फरिश्ते की तरह आसमान से टपका है या फिर कोकाकोला और फोर्ड आइकन की तरह किसी दूसरे मुल्क से इसको आयात किया गया है? इस मध्य वर्ग को बनाने वाला कारखाना कहाँ है? क्या यह कारखाना पब्लिक सेक्टर का देसी कारखाना है, जिसे बीमार मानकर 'डिस-इनवेस्ट' कर दिया गया है और जिसे अब किसी एनरॉन जैसी विदेशी बहुराष्ट्रीय कंपनी ने बोली लगाकर खरीद लिया है? या फिर किसी व्यापारिक करार के तहत इस मध्य वर्ग के अलग-अलग पुर्जे विदेश से मँगाकर सोनी-सैमसंग की तरह उसे दिल्ली-कलकत्ता-मुंबई, बंगलौर में 'असेंबल' किया जा रहा है? क्या यह वही मध्य वर्ग है, जिसके बारे में पंडित जवाहरलाल नेहरू ने कहा था कि 'यह समाज का अगुआ, हिरावल वर्ग है। देश की जनता का दिल और दिमाग बनने की आकांक्षा इसके भीतर है। आजादी की लड़ाई से लेकर राष्ट्र के नवनिर्माण तक इसकी गहराई सामाजिक-सांस्कृतिक भूमिका रही है।' या फिर यह कोई और है?

हम आज अपने शहर में हर रोज खुलने वाले एक से बढ़कर एक शानदार 'शॉपिंग मॉल' और पीवीआर में जिस वर्ग को खाते-पीते और खरीदारी करते देखते हैं, जो

एक ऐसी अंग्रेजी बोलता है, जिसे न तो इंग्लैंड ने पैदा किया है, न अमेरिका ने बल्कि जिसे अभी दस साल पहले हमारे टीवी चैनलों की फर्राटा वीजे ने रचा है, जिसका व्याकरण अभी तक कहीं लिखा नहीं गया है लेकिन इसके बावजूद सारे विज्ञापनों, टीवी चैनलों और कॉल सेंटरों में जो 'हिंगलिश' बेतहाशा छा गई है और यही वह बाजारू अंग्रेजी है, जिसे ताइवान, कोरिया, दुबई, हंगरी और अफ्रीकी देशों का 'नया उपभोक्ता वर्ग' समझता है।

जिस नए भारतीय मध्य वर्ग की मातृभाषा यह खिचड़ी अंग्रेजी है, क्या यह वही मध्य वर्ग है, जिसका हवाला पंडित जवाहरलाल नेहरू ने दिया था और जिसे एक मंच पर इकट्ठा करने के साथ सन् 1885 में सर ए.ओ. ह्यूम ने अखिल भारतीय राष्ट्रीय कांग्रेस की स्थापना की थी और जिसने राष्ट्रीय स्वाधीनता आंदोलन में सचमुच अगुआ हिरावल दस्ते की भूमिका निभाई थी? क्या यह नया मध्य वर्ग उसी पुराने भारतीय मध्य वर्ग का नाती-पोता है, या उसका डीएनए टेस्ट इसे पश्चिमी यूरोप के उस मध्य वर्ग से जोड़ता है, जिसका जन्म फ्रांस की राज्य क्रांति और पहले विश्वयुद्ध के बीच फैली अठारहवीं सदी से लेकर बीसवीं सदी की शुरुआत के बीच हुआ था। असल में भारतीय मध्य वर्ग के जन्म के साथ ही एक सबसे बड़ी ऐतिहासिक विडंबना यह रही है कि जहाँ यूरोप के मध्य वर्ग का जन्म और विकास पूरी स्वायत्तता और स्वतंत्रता के साथ, अपने सामाजिक परिवेश में स्वाभाविक तरीके से हुआ, वहीं भारतीय मध्य वर्ग अंग्रेजों के औपनिवेशिक शासनकाल में, पराधीनता के बीच पैदा हुआ।

अब सवाल उठता है कि किस 'इंगलिस्तान' ने इसको पैदा किया और इसकी परवरिश की? नेहरू जी अक्सर यह सवाल पूछते थे। अपनी किताब 'भारत की खोज' में उन्होंने दो 'इंगलिस्तानों' के बीच फर्क किया था। एक 'इंगलिस्तान' था शेक्सपियर और मिल्टन का, राजनैतिक क्रांति, लोकतंत्र और स्वतंत्रता के लिए संघर्ष का, विज्ञान और तकनीकी का मानवीय और सामाजिक हित के लिए विकास का और दूसरा 'इंगलिस्तान' था बर्बर पीनल कोड का, पतित, रक्त में सने सामंतवाद और नस्लवाद का। नेहरू जी ने चेतावनी दी थी कि हमारे देश में 'गलत इंगलिस्तान' (रांग इंग्लिस्तान) आ रहा है, जो 'गलत हिंदुस्तान' (रांग इंडिया) को पैदा कर रहा है। इस नए उपभोक्ता भारतीय मध्य वर्ग का 'चेहरा-चाल-चरित्र' देखने में कैसा लगता है? उसका चेहरा बॉलीवुड की पुरानी श्वेत-श्याम फिल्मों 'दो आँखें बारह हाथ', 'आवारा', 'प्यासा', 'मदर इंडिया', 'बंदिनी' के पात्रों जैसा बिल्कुल नहीं दिखता। उसका हुलिया तो अभी हाल-फिलहाल बनी और सुपर-डुपर हिट हुई फिल्मों 'लगान' या 'वीर-जारा' के आमिर-शाहरुख खान से भी नहीं मेल खाता। हाँ, उसे 'पेज थ्री', 'जहर', 'जिस्म' या 'मर्डर' जैसी फिल्मों में जरूर देखा जा सकता है। यह अपने चरित्र में उपभोक्तावादी, चटोरा, आनंदवादी, परराष्ट्रवादी अर्थात् ग्लोबल और सेक्सी है। पुराना मध्य वर्ग अगर वैज्ञानिक और उद्यमी था, तो नया मध्य वर्ग सट्टेबाज और 'स्पिरिचुअल' है। पुराने मध्य वर्ग के

राजरोग टीवी, कैंसर और प्लेग थे, तो इस नए मध्य वर्ग के राजरोग एड्स, हैपेटाइटिस और कोलेस्ट्रॉल की बढ़ोतरी है।

1990 के आसपास जब देश की राजनीति में मंडल और कमंडल का घमासान मचा हुआ था और जिसके थिराने के बाद कांग्रेस फिर सत्ता पर आई थी और पीवी नरसिंहराव के प्रधानमंत्रित्व काल में जिस उदारवादी और सुधारवादी आर्थिक नीति के कपाट खोले गए थे, सार्वजनिक की जगह निजी उद्योग-व्यापार को बढ़ावा दिया जाने लगा था और जिस नीति का पारायण बाद की सभी सरकारों ने बिना संकोच किया, बेशक उसी आर्थिक नीति की कोख से इस संतान ने जन्म लिया। यह बिल्कुल मौलिक और नया-ताजा मध्य वर्ग है। आपको याद होगा, जब नब्बे के दशक में इस नए भारतीय मध्य वर्ग के जन्म और विकास का पता विदेशी कंपनियों को चला, तो इक्कीसवीं सदी के इस नए बाजार के सर्वेक्षणों, अटकलों व प्रशंसाओं से तमाम पत्र-पत्रिकाएँ पट गई थीं। एक अरब से अधिक की जनसंख्या वाले इस महादेश में बीस-पच्चीस करोड़ की जनसंख्या वाला यह नया मध्य वर्ग इतने विशाल बाजार का निर्माण कर रहा था, जिसका आकार-प्रकार अमेरिका और फ्रांस-ब्रिटेन से भी बड़ा था। जिस तरह अठारहवीं-उन्नीसवीं सदी में अंग्रेजों ने मैकाले की शिक्षानीति चलाकर इस देश में एक ऐसे शिक्षित मध्य वर्ग का निर्माण किया था, जो देसी बाबू और देसी अफसर बनकर अंग्रेजों का ही राज अधिक मुस्तैदी से चलाने लगा, ठीक उसी तरह पिछले वर्षों में बहुराष्ट्रीय कंपनियों ने अपने हितों के अनुरूप एक ऐसी शिक्षित हाइटेक युवा पीढ़ी पैदा की, जिसने कॉल सेंटरों से लेकर सॉफ्टवेयर उद्यमों में अपनी प्रतिभा और श्रम को इतने सस्ते दाम में बेचना और विदेशी नौकरियों को हथियाना शुरू किया कि खुद अमेरिका और इंग्लैंड में शिक्षित बेरोजगारों का कबाड़ पैदा होने लगा और जॉर्ज बुश और टोनी ब्लेयर को वोट पाने के लिए अपने-अपने देश में आउटसोर्सिंग को प्रतिबंधित करने के झूठे वायदे तक करने पड़े।

आज हम अपने देश में जिस उपभोक्ता संस्कृति की बात करते हैं, उसका प्रबंधन और संचालन कोई और नहीं, हमारी अपनी युवा पीढ़ी ही कर रही है। यह वह पीढ़ी है जो कालाहांडी की जगह कान और नवी मुंबई की जगह न्यूयार्क जाने का सपना देखती है, जो एनी बेसेंट या मदर टेरेसा बनने की जगह मिस वर्ल्ड और मैडोना बनना चाहती है, उसे हम अपने घर के आँगन से लेकर लक्मे फैशन वीक के रैंप तक टहलते हुए देख सकते हैं। उसने देखते-देखते हमारे शहरों को बदल डाला है। सरकारों को ही नहीं, उसने हमारी सारी देखी-समझी दुनिया को अपनी मुट्ठी में कर लिया है। वह बिंदास है। संयम की जगह भोग, बचत और किफायत की जगह खर्च, सादगी की जगह विलासिता, विनम्रता की जगह आक्रामकता अगर उसका एक चेहरा है, तो दूसरी ओर उसका वह परिश्रमी और प्रतिभावान चेहरा भी है, जो हर हाल में, कमाई करना और कामयाबी की सीढ़ियाँ चढ़ना चाहता है।

नैतिकता और शुद्धता के पुराने मध्यवर्गीय मूल्य-मर्यादाएँ उसके पैरों की बेड़ी नहीं बन सकते। सुप्रसिद्ध हिंदी कवि आलोकधन्वा का कहना है–'इक्कीसवीं सदी में जो नया मध्य वर्ग भारत में उभरा है, उसका सबसे डरावना लक्षण है उसके भीतर किसी भी तरह की सामुदायिक या सामाजिक भावना का अभाव। वह इतना स्वार्थी और आत्मकेंद्रित है कि अपने पड़ोसी तक का नाम नहीं जानना चाहता। इतना ही नहीं, इस वर्ग के अपने समुदाय के भीतर भी किसी तरह की सहकारिता भावना नहीं, एक-दूसरे के साथ शत्रुतापूर्ण होड़ और गलाकाट प्रतिस्पर्धा की भावना है।'

नेशनल काउंसिल ऑफ एप्लाइड इकॉनॉमिक रिसर्च (एनसीएईआर) और मार्केट इन्फॉर्मेशन सर्वे ऑफ हाउसहोल्ड्स (एमआईएसएच) जैसी जिम्मेदार संस्थाओं के सर्वेक्षणों को आधार बनाएँ तथा साथ में संयुक्त राष्ट्र संघ के विकास कार्यक्रमों (यूएनडीपी) के आँकड़ों को भी ध्यान में रखें, तो इस भारतीय मध्य वर्ग और उपभोक्ता बाजार के विस्तार की करिश्माती संभावनाएँ इक्कीसवीं सदी के अगले कुछ वर्षों में प्रगट होने वालीं हैं। भारतीय उपभोक्ता बाजार में बीस-इक्कीस करोड़ की आबादी मौजूद है, जो 10 हजार से लेकर 20-22 हजार रुपए तक की मासिक आय रखती है और किस्तों-कर्जों में कार-स्कूटर से लेकर टीवी, वीसीडी, फ्रिज, मोबाइल, वॉशिंग मशीन आदि खरीद सकती है। विज्ञापनों और व्यावसायिक मीडिया द्वारा जिनके दिमाग को बहला-फुसला कर उनकी जीवन शैली इस कदर बदली जा सकती है, जो यूरोप के उपभोक्ता वर्ग की तरह आय से अधिक खर्च करके कर्ज में जीवन भर फँसे रह सकते हैं। भारतीय उपभोक्ता बाजार में विदेशी कंपनियों द्वारा इन्हें बेइंतहा दूहा जा सकता है। सट्टा और लॉटरी की लत डालकर उनकी सारी जमा-पूंजी को बाहर निकाला जा सकता है। बचत और जमा में ब्याज दर कम करने की नई आर्थिक नीति मध य वर्ग के बटुए को खाली कराने के उद्देश्य से ही बनाई गई है। लगभग जीरो परसेंट ब्याज की दर पर कार से लेकर विलासिता के अन्य सामानों की खरीददारी और क्रेडिट कार्ड, एटीएम आदि के जरिए फौरन नकदी भुगतान की सुविधाओं के भीतर बहुर्राष्ट्रीय कंपनियों के साथ-साथ सरकार का भी हाथ है। लेकिन विश्व बैंक और अंतर्राष्ट्रीय आर्थिक संगठनों का अनुमान यह भी है कि अगर सुधारवादी आर्थिक नीतियों के अंतर्गत जिस तरह 5.8 प्रतिशत की दर से सकल राष्ट्रीय आय पिछले दस-बारह वर्षों से बढ़ रही है, वह अपने आप में एक करिश्मा है। अगर विकास की यह दर 20-25 वर्षों तक बनी रही तो भारत अमेरिका बन जाएगा। क्योंकि इतिहास बताता है कि इससे आधे विकास की दर को सिर्फ पचास साल तक बनाए रखकर अमेरिका इस संसार की सबसे बड़ी आर्थिक शक्ति और सबसे बड़ी फौजी ताकत बनकर उभरा था। अगर हमारा देश भी इस पाँच-छह प्रतिशत के आर्थिक विकास दर को बनाए रखने में सक्षम रहा, तो 20 50 तक हमारे इस नए मध्य वर्ग की जनसंख्या देश की कुल जनसंख्या की लगभग आधी होगी। यानी आधे लोगों के पास कार, बंगला, वैभव-विलास सब

कुछ होगा और गरीबी की रेखा के नीचे रहने वालों की संख्या सिर्फ दस प्रतिशत बचेगी। अब अगर हमने आजादी के बाद 1947 से लेकर 1990 तक, लगभग 43 साल कोटा-परमिट वाली, उस खिचड़ी अर्थनीति को देखा है, तो अब इस नई उदार, भूमंडलीय और सुधारवादी अर्थनीति को देखने और करने में क्या हर्ज है। लेकिन सवाल बार-बार यही पैदा होता है कि कहीं इस खाते-कमाते, छानते-फूँकते मध्य वर्ग के साथ जो अमीरी इक्कीसवीं सदी में हमारे देश में आएगी कहीं वह अमीरी वैसी तो नहीं होगी जिसकी ओर इशारा सुप्रसिद्ध समाजविद पी.सी.जोशी ने किया है- ''भारत में आज अधकचरा, आधुनिक परजीवी समाज है। इसीलिए आज यहाँ उत्पादक और उपभोक्ता से अधिक अहमियत बिचौलिए की हो चुकी है। पैसा इस हाथ से उस हाथ में घूम रहा है, लेकिन देशी उत्पादन नहीं बढ़ रहा है। इस तरह के अमीरों को पूँजीपति या उद्योगपति की संज्ञा देना ठीक नहीं है। अभावों की अर्थव्यवस्था में ये लोग दलाली, सट्टा और सरकारी संरक्षण में पैसा बना रहे हैं। इस तरह से बनाया जाने वाला पैसा अक्सर काला धन होता है क्योंकि उसके पीछे श्रम की भूमिका नहीं होती। इसका उत्पादक कार्यों से उपयोग संभव नहीं। यह घूसखोरी, अय्याशी और अन्य अनुत्पादक कार्यों पर खर्च होता है। ऐसी व्यवस्था के तहत औद्योगिक सूझबूझ रखने वाले व्यक्तियों, आविष्कारकों तथा टेक्नोलॉजी की प्रतिभा रखने वाले व्यक्तियों की भूमिका नगण्य होती जाती है। जब हेराफेरी. ही सबसे बड़ी चीज हो, तो वास्तविक प्रतिभा बेकार चली जाती है।'

स्वतंत्रता के पूर्व गाँधीवाद का मुख्य योगदान राजनैतिक सत्ता को नैतिक सत्ता से जोड़ना था। स्वतंत्रता के बाद के भारत की मुख्य चुनौती है, आर्थिक विकास को नैतिक जागरण से जोड़ना। क्या गाँधी के बिना, गाँधी की परंपरा से प्रेरणा लेने वाले तत्त्व इस ऐतिहासिक जिम्मेदारी को पूरा कर सकते हैं? इस प्रश्न का उत्तर भविष्य ही दे सकता है।

(दैनिक भास्कर : 15 मई 2005)

एक नहीं अनेक मठ

आस्थाएँ जिस सीमांत पर समाप्त होती हैं, ठीक वहीं पर एक इमारत खड़ी होती है। जिस बिंदु पर सामान्य मनुष्य के विश्वास का अंत होता है, ठीक उसी जगह पर ईंट-गारे, पत्थर-फौलाद का कोई विशाल मठ या स्मारक उग आता है। इसे ही हम संस्थान या मठ कहा करते हैं।

यह समाज की एक बहुत ही मामूली-सी लेकिन त्रासद वास्तविकता है कि अतीत और इतिहास के हर महान व्यक्तित्व, विचार या प्रतीक-चिह्न को पकड़कर वर्तमान में लटकने वाले अक्सर क्षुद्र और नीच ही मिला करते हैं। यह किसी एक बार नहीं, लगभग हर बार घटित होने वाली सनातन दुर्घटना है। इतिहास की रात के अँधेरे से जागकर जब-जब कोई समाज यथार्थ और वर्तमान के उजाले में, दिन की रोशनी में, अपना कोई नायक खोजने निकलता है, लगभग हर बार उसे अपने सामने एक खलनायक खड़ा मिलता है। उसके स्वप्नों-आस्थाओं, विश्वासों-आकांक्षाओं को चूर-चूर करता हुआ।

कल्पना करिए, कई शताब्दियों पहले, सुदूर दक्षिण के केरल के एक अनाम-अज्ञात गाँव से कोई एक अद्भुत-अपूर्व प्रतिभा, एक लाठी में छोटी-सी गठरी में अपना थोड़ा-सा असबाब बाँधकर उत्तर की ओर निकल पड़ती है और चक्रवर्ती सम्राट अशोक से लेकर मौर्यों और गुप्तों के तमाम साम्राज्यों का राजधर्म उस अकेले व्यक्तित्व के तर्कों के सामने परास्त होता है। इस समूचे उपमहाद्वीप के आरपार, कांधार से लेकर श्रीलंका, म्यांमार, चीन, इंडोनेशिया और जापान तक फैले बौद्ध धर्म को उस युवा संन्यासी की प्रतिभा और तर्कों के सामने परास्त होना पड़ता है। सम्राट हर्षवर्द्धन के काल में जब चीनी यात्री ह्वेनसांग भारत आया था, उस समय उसने तक्षशिला, नालंदा और पाटलिपुत्र के बौद्धकेंद्रों के पतन और उनके खँडहर होते मठों को देखा था।

कपिलवस्तु के राजमहल की सत्ता और भोग-विलास को त्यागकर ईसा से चार सौ साल पहले नंगे पाँव भटकते राजकुमार सिद्धार्थ ने गौतम बुद्ध बनते हुए जिस बौद्ध धर्म के प्रचार से जात-पाँत, यज्ञ-हवन और तमाम कर्मकांडों में उलझे उत्तर-वैदिक ब्राह्मण धर्म की नींव हिला दी थी, बुद्ध के निर्वाण के बाद उसी बौद्ध धर्म के सांस्थानीकरण

ने जिन मठों का निर्माण किया, उनके पाप और दुराचार के किस्से इतिहासों में दर्ज हैं। जिस भारत में बौद्ध धर्म का सूर्य उगा था, वह सूर्य हीनयानियों और वज्रयानियों के व्यभिचारी मठों के पिछवाड़े डूब गया और उस महान धर्म को रात के अँधेरे ने ग्रस लिया।

आज हम जिन तारीखों में कांचीपुरम के मठ में घटित हुई घटनाओं को देख रहे हैं, वे आदि शंकराचार्य के विचारों के सांस्थानीकरण की लगभग बौद्ध धर्म जैसी ही समानांतर पुनरावृत्तियाँ हैं। कैसा लगता है, जब हम सोचते हैं कि जिस स्थान पर आदि शंकराचार्य ने अपने अल्प वय के कठिन तपस्वी जीवन की अंतिम साँस ली थी, उसी जगह पर बैठा हुआ उनका उत्तराधिकारी एयरकंडीशंड कमरे में लेटा हुआ टीवी चैनल देख रहा था, संदिग्ध किस्म की स्त्रियों से संबंध बना रहा था। शंकराचार्य के आधुनिकीकरण का विरोध करने का यहाँ कोई इरादा नहीं है। कोई संत अगर हवाई यात्रा करता हो, टीवी देखता हो, बकार्डी या रॉयल चैलेंज पीता हो तो वह पापी या धर्म भ्रष्ट नहीं हो जाता। लेकिन, जिस पीठ या गद्दी या मठ में वह बैठा हुआ है, वहाँ की कुछ मर्यादाएँ और संहिताएँ तो होती ही होंगी। मृतक शंकर रामन अपनी उन असंख्य चिट्ठियों में मठ की इन्हीं मर्यादाओं की याद दिला रहा था, जो चिट्ठियाँ अंततः उसकी हत्या का कारण बनीं। जयेंद्र सरस्वती अगर शंकर रामन की हत्या में शरीक होने की बात से इंकार भी कर दें, तब भी क्या वे टीवी, महिला और एयरकंडीशनिंग के जगजाहिर हो चुके तथ्यों से इनकार करेंगे? यह तथ्य इसलिए गंभीर है क्योंकि आज सारे समाजशास्त्री इस बात की पुष्टि करते हैं कि हमारे यहाँ टीवी पश्चिमी औपनिवेशिक उपभोक्तावादी संस्कृति का सबसे बड़ा संवाहक है। इसमें खबरें और सूचनाएँ भी जिन विज्ञापनों के बीच 'सैंडविच' बन कर आती हैं, उन विज्ञापनों के केंद्र में 'काम' (सेक्स) है। जाहिर है, जयेंद्र सरस्वती टीवी में सिर्फ नेशनल ज्योग्राफिक या डिस्कवरी चैनल भी नहीं देखते रहे होंगे। अगर बिल्कुल साफ और संक्षेप में कहें तो कांचीपुरम मठ का पतन मौजूदा आयातित भोगवाद की वैसी ही विजय का शंखनाद है, जैसा कई शताब्दियों पूर्व बौद्ध धर्म के पतनशील मठों पर आदिगुरु शंकराचार्य ने अपनी विजय की दुंदुभि बजाई थी। लेकिन, मुद्दा धर्म के सांस्थानीकरण की परिणतियों का है। मानव करुणा और आदर्शों की जमीन से उगने-पनपने वाले लगभग हर महान धर्म की ऐसी ही परिणतियाँ हुई हैं। ईसा के बलिदान के बाद उनकी यंत्रणा और महाकरुणा की कोख से पनपने वाले ईसाई धर्म का जैसा कायांतरण चर्च के साम्राज्यकाल में हुआ, जब चर्च, भोग-विलास के अड्डे ही नहीं, औरतों, बच्चों और अफ्रीकी गुलामों की तिजारत को पुण्य घोषित करने वाले अड्डों में तब्दील हो गए। ज्ञान-विज्ञान की हर प्रगति का उन्होंने विरोध किया। अगर गैलिलियो ने माफी न माँगी होती तो चर्च के मठाधीश पादरी उसे इस सत्य को प्रगट करने के लिए सूली पर चढ़ा देते कि सौर मंडल का केंद्र पृथ्वी नहीं सूर्य है। ईसाई, हिंदू, इस्लाम, बौद्ध सभी धर्मों और मान्यताओं के सांस्थानीकरण के बाद ऐसी ही परिणतियाँ हुईं।

लेकिन धर्म ही क्यों, राजनीति के सांस्थानीकरण के तमाम उदाहरण भी तो हमारे

सामने हैं। अकेले धर्म को ही क्यों अलग से छाँटा जाए। उन्नीसवीं सदी के अंत और बीसवीं सदी के मध्य तक जो अखिल भारतीय कांग्रेस पार्टी अपने वास्तविक विस्तार और अर्थ में एक स्वाधीनता आंदोलन थी, जो एक पार्टी नहीं, साम्राज्यवादी शासन से मुक्ति के लिए जूझ रही भारतीय जनता के आंदोलन का समग्र प्रतीक थी, उसी कांग्रेस के एक राजनैतिक संगठन में ढल जाने के बाद क्या हुआ? जरा सोचिए, जिस पार्टी के अध्यक्ष कभी महात्मा गाँधी, विपिनचंद्र पाल, सुभाषचंद्र बोस जैसे लोग होते थे, उसी अध्यक्ष पद की आसनी पर हमारी आँखों के सामने सीताराम केसरी और डी.के. बरुआ जैसे व्यक्तित्व विराजमान हुए। क्या आदिगुरु शंकर और जयेंद्र सरस्वती के बीच ठीक वैसा ही अंतर नहीं दीखता, जैसा गाँधी और बरुआ के बीच दिखाई देता है? कहने का आशय यही कि आजादी के पहले कांग्रेस एक राजनैतिक संस्था नहीं, बल्कि अंग्रेजी दासता से मुक्ति के लिए व्याकुल भारतीय जनमानस की आस्था और विश्वास का प्रतीक थी। राजनैतिक संस्था के रूप में उसके बदलते ही वह जनता से विच्छिन्न हो गई और नेताओं-नौकरशाहों की सत्ता के औजार में तब्दील हो गई। गाँधी जी इस खतरे को जानते थे, इसीलिए अपनी मृत्यु से बहत्तर घंटे पहले उन्होंने कांग्रेस को भंग करने की बात कही थी।

लगभग यही प्रक्रिया कम्युनिस्ट आंदोलन के साथ ही घटित हुई। 1917 में रूस में साम्यवादी क्रांति ने संसार भर के गरीबों, वंचितों और मेहनतकशों की आँखों में जो स्वप्न जगाए, साम्यवादी दल के सत्ता संस्थान में बदलते ही, उस पार्टी में लेनिन, बुखारिन की जगह पोलपोट, चाउस्रेस्कु जैसे निरंकुश पैदा होने लगे। यह एक अजीब सी ऐतिहासिक समानता है कि गाँधी जी की तरह लेनिन ने भी अपनी डायरी में अंतिम दिनों में कम्युनिस्ट पार्टी को राज्यसत्ता से अलग होकर, आम जनता के हितों का पहरेदार बने रहने की बात कही थी।

लेकिन अब तो ऐसा समय है, जब अतीत की सारी महानताएँ घटिया वास्तविकताओं में बदल चुकी हैं। सारे महान विचार पतित मठों और बाजारू दुकानों में बदल चुके हैं। धर्म से लेकर संस्कृति, साहित्य और राजनीति तक के एक नहीं अनेक मठ हैं।

और हर मठ में एक नहीं, कई-कई जयेंद्र सरस्वती उर्फ आधुनिक शंकराचार्य टीवी के परदे पर या कंप्यूटर-इंटरनेट में जीवन की रंगीनियाँ देख रहे हैं। हर मठ में ठग और अपराधी हैं। सवाल यह पैदा होता है कि क्या जब कोई विचार, धर्म या आस्था किसी संस्थान में बदलती है, तो क्या वह सिर्फ अपराधियों की फसल पैदा करती है। और अगर ऐसा ही है, तो क्या यह सही समय नहीं है जब इन मठों को तोड़ देना चाहिए। और अगर तोड़ना संभव न हो तो कम से कम उनकी ओर देखना ही छोड़ देना चाहिए।

(दैनिक जागरण/पटना : 17 दिसंबर 2004)

नेहरू का कुलतंत्र और नेहरू का मानस

राहुल गाँधी ने कहा है कि मेरी माँ की शिराओं में भले ही गाँधी परिवार का रक्त न हो, लेकिन उन्होंने अपने निर्णय के द्वारा यह प्रमाणित कर दिया है कि वे निस्संदेह इसी परिवार की सदस्य हैं। राहुल गाँधी की बात सच लगती है। अब मुद्दा सोनिया गाँधी के विदेशी मूल आदि का कतई नहीं रह गया है, जिसे भाजपा समेत कुछ अन्य दलों और संगठनों ने उठाकर चुनाव लड़ा था, या जिसे उठाकर वे अपने भावी राजनीतिक पुनर्जन्म की रणनीतियाँ बना रहे थे। अब तो मुख्य जिज्ञासा यह बनती है कि वह चिरपरिचित कुलतांत्रिक तत्त्व, जो नेहरू परिवार का स्थायी केंद्रीय तत्त्व रहा है, क्या वह तत्त्व सोनिया गाँधी से अधिक इस परिवार के किसी अन्य सदस्य के व्यक्तित्व में इतनी प्रखरता के साथ कभी इस तरह प्रकट हुआ था?

18 मई को भारतीय सत्ता-राजनीति की मुख्यधारा में जो अप्रत्याशित अविश्वसनीय और सभी को स्तब्ध कर डालने वाली नाटकीय भूमिका सोनिया गाँधी ने निभाई, उसे नेहरू-गाँधी परिवार का कोई सदस्य ही निभा सकता था। आज से ठीक चालीस साल पहले इसी मई के महीने में भारत के पहले प्रधानमंत्री जवाहरलाल नेहरू की मृत्यु हुई थी, और आज उसी मई के महीने में भारतीय राजनीति की धुरी या नाभिक उनका परिवार एक बार फिर बन चुका है। संसार की किसी भी लोकशाही में किसी एक कुलतंत्र की ऐसी केंद्रीयता अपने आप में किसी औपन्यासिक रहस्य से कम सम्मोहक नहीं है। इस कुलतंत्र या परिवार के किसी भी सदस्य के प्रति भारतीय मतदाता के लगाव और भरोसे को स्वतंत्रता के बाद के कई संसदीय चुनावों ने एक बार नहीं, बार-बार प्रमाणित किया है।

देश के पूर्व दार्शनिक राष्ट्रपति सर्वपल्ली राधाकृष्णन के बेटे डॉ. सर्वपल्ली गोपाल इसी दिल्ली के जवाहरलाल नेहरू विश्वविद्यालय के इतिहास विभाग में प्रोफेसर हुआ करते थे। उन्होंने एक बहुत पतली लेकिन बहुत विचारोत्तेजक किताब लिखी थी, जो 1975-77 के दौरान बहुत पढ़ी गई थी। उस समय आपातकाल लागू था और श्रीपाद अमृत डांगे के नेतृत्व में भारतीय कम्युनिस्ट पार्टी इंदिरा कांग्रेस की सहयेागी थी। यह याद रखने की जरूरत है कि आपातकाल की अन्य ज्यादतियों के अलावा उसका एक

पक्ष यह भी था कि उस समय इस देश के समस्त नागरिकों को भारतीय संविधान द्वारा प्रदान किए गए समस्त मौलिक अधिकार स्थगित कर दिए गए थे। इनमें अभिव्यक्ति की स्वतंत्रता के साथ-साथ जीवित रहने का मूल अधिकार तक सम्मिलित था, जिसकी गारंटी अंग्रेजों से आजादी के बाद बने नए भारतीय राष्ट्र-राज्य के संविधान ने अपनी जनता को दी थी। इमरजेंसी के नाम से कुख्यात हो चुके आपातकाल का वह दौर नागरिक स्वतंत्रताओं और अधिकारों पर राज्यसत्ता के अतिक्रमण का एक ऐसा ऐतिहासिक अध्याय था।

आपातकाल दरअसल, एक नजरिए से 'पोटा-टाडा-मीसा' जैसे अधिनियमों का अघोषित-अप्रचारित सर्वव्यापीकरण था। संविधान के जिन अति-विशिष्ट अधिनियमों के अंतर्गत राजसत्ता राष्ट्रद्रोह और आतंकवाद को प्रसारित-प्रचारित करने वाली ताकतों के विरुद्ध अपने हाथ में किसी लोकतांत्रिक संविधान के सामान्य नियम कानूनों के पार कुछ आपातकालीन अति विशिष्ट अधिकारों का उपयोग राष्ट्रपति के अध्यादेश के बाद कर सकती है, 1975 से लेकर 1977 तक वे समस्त अधिकार तत्कालीन सत्ताधारी राजनीतिक दल की सरकार ने अपने हाथ में ले लिए थे।

यानी, अगर सरल भाषा में कहें तो, इस देश के किसी भी नागरिक के बोलने और जीने मात्र को राष्ट्रद्रोह अथवा आतंकवाद घोषित कर उसे बिना अदालत में पेश किए, गिरफ्तार करने या दंडित करने का समस्त अधिकार उस दौरान सत्ताधारी दल और उसके सहयोगी दलों की सरकार के पास चला गया था। यह सिर्फ एक ऐतिहासिक संयोग मात्र नहीं है कि उस समय भी कांग्रेस-वाम गठबंधन का मुख्य नारा फासीवाद विरोध और आर्थिक नीतियों में दक्षिणपंथी रुझानों को परास्त करना था। इंदिरा गाँधी ने उस समय भी भारतीय कम्युनिस्ट पार्टी के नेता श्रीपाद अमृत डांगे को यह श्रेय दिया था कि उन्होंने देश को दक्षिणपंथी और फासिस्ट शक्तियों के हाथ में जाने से बचाया है।

इसे याद रखने की जरूरत है कि आपातकाल के ठीक पहले हुए संसदीय चुनावों में जनता ने भारी बहुमत से इंदिरा कांग्रेस और वाम गठबंधन को विजयी बनाया था। बिहार में भाकपा बहुत बड़ी शक्ति बनकर उभरी थी और संस्कृति, शिक्षा, साहित्य और इतिहास से संबंधित केंद्रीय संस्थानों में वामपंथी राजनीतिक दलों से जुड़े बौद्धिकों-विद्वानों की नियुक्तियाँ हुई थीं। लेकिन आपातकाल की घोषणा और कांग्रेस में इंदिरा गाँधी के समांतर संजय गाँधी का अभ्युदय बिल्कुल अप्रत्याशित और स्तब्धकारी घटनाएँ थीं। नेहरू युग की उदार और प्रगतिशील राजनीतिक विरासत का उनकी बेटी इंदिरा गाँधी की राजनीति में विस्तार देखने वाले लेखकों-बुद्धिजीवियों और प्रबुद्ध संवेदनशील नागरिकों के लिए 'इमरजेंसी' एक आकस्मिक आघात थी। एक तरह से नेहरूयुगीन कांग्रेस के साथ इंदिरायुगीन कांग्रेस का लोकतांत्रिक और संवैधानिक विश्वासघात।

नेहरू परिवार के प्रति आम भारतीय जनता के लगाव और मोह को देखते हुए, यह किसी लोकतांत्रिक राजघराने के भीतर घटित होती कोई तख्तापलट जैसी दुर्घटना थी। अपने पिता जवाहरलाल नेहरू के साथ रहकर राजनीतिक दीक्षा और सत्ता-संस्कार पाने वाली इंदिरा गाँधी से ऐसी अपेक्षा उनके किसी विरोधी तक को नहीं थी। सच यह भी है कि नेहरू-परिवार के प्रति जैसा मोह और लगभग अतार्किक अलौकिक विश्वास इस देश के मतदाताओं ने बार-बार उत्तर से लेकर दक्षिण और पूरब से लेकर पश्चिम तक, समय-समय पर प्रकट किया है, उसी के चलते दिवंगत राजेंद्र माथुर जैसे पत्रकर, 1985 में राजीव गाँधी के अभूतपूर्व बहुमत से चुनाव जीतने पर, इस परिवार को लोकतंत्र में 'चक्रवर्तित्व' की महिमा से मंडित करते अक्सर दिखाई देते थे।

बहरहाल, आपातकाल की घटना से उद्वेलित और स्तब्ध कवियों-लेखकों बौद्धिकों ने अपने-अपने तरीकों से, किसी और को नहीं, स्वयं इंदिरा गाँधी को ही उनके पिता की विरासत की याद दिलाने की कोशिश की। हिंदी के जनकवि बाबा नागार्जुन ने ठेठ देसी भदेस में लिखा—'इंदुजी, इंदुजी—क्या हुआ आपको, भूल गईं बाप को।' संभवतः नेहरू की विरासत को याद दिलाने का उनका तरीका बहुत संभ्रांत और शालीन नहीं था। राजधानी के अभिजन सत्तासीनों को उसमें एक तरह का 'लुंपेन' तत्त्व दिखा होगा। नतीजतन बाबा को जेल में डाल दिया गया। कैफी आजमी और मजरूह सुल्तानपुरी ने भी अप्रत्यक्ष तरीके से, प्रतीकों और रूपकों के माध्यमों से, अपनी नज्मों में नेहरू युग की विरासत को याद दिलाने के प्रयत्न किए। भवानीप्रसाद मिश्र जैसे वरिष्ठ कवि आपातकाल के विरोध में गाँधी की ही तरह मौन रहकर कविताएँ लिखते रहे।

संभवतः सर्वपल्ली गोपाल की वह पतली-सी किताब भी इसी शृंखला की एक कड़ी थी। उस किताब का शीर्षक था—माइंड ऑफ नेहरू। पंडित जवाहरलाल नेहरू के दिमाग को समझने या उसके भीतर झाँकने की यह एक उत्तेजक और दिलचस्प बौद्धिक कोशिश थी। इस किताब में डॉ. गोपाल ने नेहरू के मानस में मौजूद उस अपराधबोध और हीनता की ग्रंथि को चीह्नने और परिभाषित करने का विलक्षण प्रयत्न किया था, जो नेहरू में अपनी भारतीयता के प्रति संदेह और आत्मविश्वासहीनता से उपजा था। आनंद भवन की अमीरी और ब्रिटिशकालीन औपनिवेशिक अभिजात में पले-बढ़े, कैंब्रिज और ऑक्सफोर्ड में शिक्षा-दीक्षा और बौद्धिक संस्कार पाने वाले जवाहरलाल नेहरू कहीं भीतर, गहराई से अपनी भारतीयता को लेकर न सिर्फ शंकालु थे, बल्कि यह शंका कई बार उन्हें आत्महीनता और बौद्धिक अंतर्द्वंद्व के हवाले भी करती थी।

यह न भूलें कि इतिहास के संयोगों और महात्मा गाँधी के अतिरिक्त लगाव के चलते उन्हें स्वतंत्र भारत का प्रथम प्रधानमंत्री बनने का सौभाग्य भले मिल गया हो, वे अपने कुछ समकालीन कांग्रेस के शिखर राजनेताओं के समान सत्ताकामी या

जननिरपेक्ष महत्त्वाकांक्षी कभी नहीं थे। नेहरू अगर विश्वविख्यात कवि पाब्लो नेरुदा के शब्दों का स्मरण करें तो—एक ईमानदार रोमैंटिक स्वप्नदर्शी ही थे। जबकि गाँधी जी नेरुदा के शब्दों में एक कनिंग फॉक्स थे। इसे गाँधी जी के प्रति किसी अवमानना के रूप में नहीं उनकी राजनीति की उस व्यावहारिक और उपयोगितावादी सैद्धांतिकी के प्रति नेरुदा जैसे कवि और कूटनीतिज्ञ के विशेषण के रूप में देखना चाहिए।

यह एक अजीब-सी बात है कि सत्ता के प्रति निस्संगता और राजनीति, समाज और जीवन के प्रति एक तरह का रोमैंटिक दृष्टिकोण नेहरू-गाँधी परिवार के व्यक्तित्वों का लगभग स्थायी भाव रहा है। यही वह तत्त्व है, जो इस परिवार के लोगों के प्रति कांग्रेसी कार्यकर्त्ता ही नहीं, आम भारतीय लोगों के मन में भी गहरा आकर्षण-विकर्षण पैदा करता रहा है। कुतूहल और अविश्वास, गुस्सा और प्यार, आस्था और नकार की तमाम घाटियों-कंदराओं, पर्वतों और तराइयों से भरपूर यह संबंध सिर्फ राजनीतिक परिभाषा तक सिमट जाने वाला रिश्ता कभी नहीं रहा है। अतीत की ओर देखें तो सत्ता के प्रति यह संकोच और हिचकिचाहट जवाहरलाल नेहरू से लेकर राजीव और सोनिया, राहुल और प्रियंका तक पहुँचती है। अकेले संजय गाँधी इसके अपवाद हो सकते थे, जो अब नहीं हैं।

खैर, सर्वपल्ली गोपाल ने अपनी किताब 'माइंड ऑफ नेहरू' में उस महत्त्वपूर्ण घटना का वर्णन किया है जिससे नेहरू के मानस में मौजूद अपनी 'भारतीयता' के प्रति दुविधा और आत्महीनता की भावना को समझा जा सकता है। पिछली सदी के तीसरे दशक में गाँधी जी ने उन्हें भारतीय जनता को समझने के लिए गाँवों में ग्रामीणों के बीच जाने का सुझाव दिया था। पूर्वी उत्तर प्रदेश के अवध के इलाके में गर्मी की लू भरी तपती धूप में बैलगाड़ी पर बैठकर या पैदल नेहरू ने लगभग महीने भर यह यात्रा की थी। वह किसी चुनाव का मौसम नहीं था कि मीडिया वाले उसे 'रोड शो' का नाम दें। वह एक प्रकार से स्वयं की भारतीयता के प्रति शंकालु नेहरू का आत्मशोध था। उसी तरह का आत्म-परीक्षण जो उन्होंने अपनी जीवन के चौदह वर्ष के एकांत में ब्रिटिश भारत की जेलों में किया था और जहाँ उन्होंने 'भारत की खोज', 'विश्व इतिहास की झलकियाँ' और अपनी आत्मकथा लिखी थी।

यूरोप के नवोदय से प्रेरणा लेने वाले नेहरू की यह अपने देश की जड़ों और परंपराओं की ओर वापसी की महत्त्वपूर्ण अंतर्यात्रा थी। उसी तरह, अवध के गरीब देहातियों के घर के भीतर घुसते, उनसे बातचीत करते, रास्ते में उनका दिया गन्ने का रस पीते और गुड़ खाते नेहरू, सिर पर अंगोछा लपेट कर धूप में खेत की मेंड़ों पर घूमते नेहरू, जिस जटिल मनोवैज्ञानिक प्रक्रिया से गुजर रहे थे उसमें एक तरह के पश्चिमी संस्कारों से मुक्ति की बेचैन और ईमानदार और रोमैंटिक छटपटाहट थी। नेहरू द्वारा अवध के गाँवों की उस यात्रा ने हमेशा के लिए उनके व्यक्तित्व को बदल डाला था।

इसीलिए जब सर्वपल्ली गोपाल कहते हैं कि कांग्रेस के अन्य धोती-टोपी-पगड़ी-तिलक छाप नेताओं के मुकाबले नेहरू का मानस अधिक भारतीय था, तो इस पर विश्वास किया जा सकता है। बल्कि उनके अनुसार महात्मा गाँधी पश्चिम को नेहरू से अधिक समझते थे क्योंकि जिस सत्याग्रह, कीर्तन, शाकाहार, उपवास, स्वदेशी इत्यादि की अपनी मौलिक राजनीतिक शैली गाँधी जी ने विकसित की, वह पश्चिम को पूरी तरह आत्मसात कर लेने के बाद उसके संपूर्ण परित्याग और संपूर्ण प्रतिकार से ही अर्जित की जा सकती थी। यानी इस दृष्टि से गाँधी नेहरू की तुलना में अधिक यूरोपीय थे क्योंकि उन्होंने यूरोप के उपनिवेश के हर अंश को अपनी देह और मानस में त्यागा था। उसे 'रिजेक्ट' किया था।

और ठीक ऐसा ही उस समय लगता था जब टीवी में भारतीयता और हिंदुत्व को अपना सिद्धांत घोषित करने वाली भाजपा के महासचिव प्रमोद महाजन 'ट्रेडल' पर, किसी वातानुकूलित वीआईपी जिम सेंटर में, जॉगिंग सूट में कैमरे के सामने अपना इंटरव्यू दे रहे थे; या मूँछों वाले चरम हिंदू राजा दिलीप सिंह जूदेव किसी फाइवस्टार में व्हिस्की पीते हुए नोटों के बंडल समेट रहे थे। और ठीक उसके समांतर इटली में जन्म लेकर नेहरू परिवार की बहू बनने वाली सोनिया अप्रैल-मई की कड़ी धूप में पश्चिमी उत्तर प्रदेश, अमेठी, रायबरेली, उडीशा और आंध्रप्रदेश के गाँव-गलियों की धूल छान रही थीं। सर्वपल्ली गोपाल की बात याद करें तो अपने विदेशी होने की आत्मपीड़ा और दुविधा उन्हें आत्मदंड और आत्मशोधन की उस अग्निपरीक्षा में से गुजरने को विवश कर रही थी, जिसके बाद वे किसी भी 'भारतीय' नेता या नेत्री से अधिक भारतीय और देशी हो चुकी थीं। उनके व्यक्तित्व के सामने भारतीयता और हिंदुत्व का दम भरने वाले गोविंदाचार्य से लेकर उमा भारती और प्रमोद महाजन तक किसी नौटंकी के मसखरों से अलग नहीं दिखाई दे रहे थे।

अगर आपने रवींद्रनाथ टैगोर का उपन्यास 'गोरा' पढ़ा है, तो इस बात से सहमत होंगे कि भारतीयता फकत खाल और बाल के रंग से परिभाषित हो जाने वाली नस्लवादी चीज नहीं है। यह एक मानस-तत्त्व है, जिसे अर्जित करने के लिए घृणा और पाखंड के स्वांग या नौटंकी से नहीं, एक कठिन अग्निपरीक्षा में से गुजरना पड़ता है। नेहरू-गाँधी परिवार के सदस्यों को भी बार-बार इस अग्निपरीक्षा में से गुजरना पड़ा है, चाहे उनका जन्म उस परिवार में हुआ हो, या वे धरती के किसी दूसरे कोने से आकर उस कुलतंत्र में शामिल हुए हों। यह कभी न भूलें कि भारतीयता सिर्फ जन्म से परिभाषित होने वाला तत्त्व नहीं, वह शेष जीवन के कर्म और मृत्यु से भी प्रमाणित और सिद्ध हुआ करती है।

(जनसत्ता : 24 मई 2004)

कठिन काल में आलू में काव्य-कौशल

उडीशा के सुप्रसिद्ध अंग्रेजी कवि जयंत महापात्र की बात अगर मानें तो आज भारतीय कविता की स्थिति यह है कि वह किसी सब्जी मंडी के सबसे मामूली और सस्ते आलू को भी काव्यात्मक बनाने की क्षमता रखती है, लेकिन समस्या बस यही है कि उसमें अब यही क्षमता बाकी बची है। किसी मुख्य, ज्वलंत और महत्त्वपूर्ण विषय, परिघटना या वस्तु पर उसकी क्षमता अब संदिग्ध है। जबकि स्वतंत्रता के बाद आधी से भी ज्यादा सदी की अवधि में सबसे अधिक कागज कविता संग्रहों के छपने में खर्च हुआ है। जनसंख्या की सबसे अधिक बढ़ोतरी कविता के भूगोल में हुई है। आलोचना की सर्वाधिक भाषा कविता और कवियों की चर्चा में खपी है। विश्वविद्यालयों, स्कूलों से लेकर सांस्कृतिक संस्थानों और अकादमियों तक में सबसे अधिक प्राथमिकता, समर्थन और संरक्षण कविता को मिला है। मीडिया और साहित्य की अन्य विधाओं, जिनमें पत्रकारिता से लेकर कहानी और रंगमंच तक शामिल हैं, को जहाँ अपने अस्तित्व और आजीविका का आधार बाजार और 'पब्लिक-स्फियर' में कड़ी स्पर्द्धा के बीच बनाना पड़ता है, वहाँ कविता सबसे निजी और सार्वजनिक, दोनों प्रकार के संरक्षकों के बीच समकालीन समय में सबसे अधिक सुरक्षित और सम्मानित है।

लेकिन इस तरह की संरक्षित शिखर स्थिति के बावजूद, वास्तविकता यह है कि वितरण और व्यवसाय के लोकप्रिय आधारों पर टिकी हुई पत्र-पत्रिकाएँ और अखबार कविता प्रकाशित करने से कतराते हैं। कविता संग्रहों की समीक्षाएँ, जो सांस्थानिक आलोचकों का सबसे प्रिय और चुनौती-विहीन शगल रहा है, उसे भी छापने में, अगर किसी का कोई दखल न हो तो, बड़ी पत्रिकाएँ और अखबार कतराते हैं। यह स्थिति सिर्फ हिंदी भाषी क्षेत्र या भारत की ही नहीं है। अमेरिका में भी, जहाँ कविता को कई तरह की सरकारी सांस्थानिक सहायता तथा निजी उद्यमियों के सहयोग से जीवित रखा जा रहा है और जहाँ विश्वविद्यालयों और कई संस्थानों में कवियों के लिए विशेष पद, अनुदान और अपरिभाषित मानदेयों का प्रावधान है, वहाँ भी इससे भिन्न स्थिति नहीं है। न्यूयार्क टाइम्स के दैनिक संस्करणों में जहाँ किसी आत्मकथा, कहानी संग्रह या उपन्यास पर चर्चा एक आम बात है, उसमें किसी कविता संग्रह पर समीक्षा पिछले

कई वर्षों से कभी प्रकाशित नहीं हुई है। हाँ इसके रविवारीय संस्करण में कविता की समीक्षा कभी-कभार छपती है, लेकिन वह भी दो-तीन संग्रहों की एक साथ।

हिंदी कविता जैसा स्पेस अमेरिका का कोई अखबार इसलिए गवारा नहीं करता, क्योंकि इससे उसकी लोकप्रियता घटती है। दूसरे, कविता अखबार या पत्रिका की बौद्धिक छवि को भी ऊपर नहीं उठाती क्योंकि यह धारणा अर्से से लगभग स्वीकृत हो चुकी है कि कविता निम्नतर बौद्धिक विमर्श का क्षेत्र है। वहाँ के अखबारों में किसी आत्मकथा की चर्चा जहाँ प्रकाशित होने के एक सप्ताह के भीतर होना एक साधारण बात है, वहीं डोनल्ड हाल या डेविड इग्नाटो जैसे प्रसिद्ध कवियों के कविता संग्रह को समीक्षा के लिए एक से डेढ़ साल तक प्रतीक्षा करनी पड़ती है। यह भी हो सकता है कि उसकी समीक्षा कभी प्रकाशित न हो। हेनरी टेलर के कविता संग्रह 'फ्लाइंग चेंजेज' की समीक्षा तब जाकर छपी, जब उसे पुलित्जर पुरस्कार मिला। विख्यात अमेरिकी कवि रोडनी जोंस के संग्रह 'ट्रांसपैरेंट जेस्चस' की समीक्षा तब अखबार ने छापी जब उसे नेशनल बुक क्रिटिक्स अवार्ड मिल गया।

संपादकों का कहना है कि समस्या यह है कि हमारे समाज में ऐसे कवि ही नहीं हैं, जिन्हें प्रसिद्ध और लोकप्रिय कहा जा सके। कवि के प्रसिद्ध होने का अर्थ है, कवियों के बीच प्रसिद्ध होना, और कवि के लोकप्रिय होने का अर्थ है कवियों के बीच लोकप्रिय होना। कविता का 'लोक' कवि स्वयं बनाते हैं। वास्तविकता यह है कि हमारा पाठक जहाँ जॉन अपडाइक या जॉन बार्थ के उपन्यासों के बारे में भरपूर जानकारी रखता है, बिल्कुल संभव है कि उसने गैरी स्त्राइडर या ग्वेंडलिक ब्रुक्स जैसे कवियों का नाम तक न सुना हो। संभवतः यही कारण है कि अमेरिका में नेशन बुक्स क्रिटिक्स पुरस्कार के लिए 1984 से कविता की श्रेणी ही हटा दी।

हिंदी में भी कविता की स्थिति इसी विशेष सुविधा प्राप्त संरक्षित कला की श्रेणी की हो चुकी है। अगर अमेरिका या इंग्लैंड में किसी कविता संग्रह की पाँच सौ प्रतियाँ बिकने में डेढ़ से दो साल लगते हैं, तो स्थिति यहाँ भी वही है। किसी संस्थान, नौकरशाही, विश्वविद्यालय या किसी फाउंडेशन अथवा ट्रस्ट में किसी कवि अथवा कविता प्रेमी के पहुँच जाने से भले ही कविता की किताब की खरीद हो जाए, खुले बाजार में साधारण हिंदी भाषी पाठक कविता के लिए अपनी जेब में हाथ नहीं डालता। मोटे तौर पर इसका कारण यही लगता है कि कविता अब समाज की मुख्यधारा की संस्कृति का प्रतिनिधित्व नहीं करती, जैसा वह सुदूर अतीत में कभी किया करती थी। अब वह संस्कृति नहीं 'उप-संस्कृति' (सब-कल्चर) का हिस्सा है। उपसंस्कृतियाँ उद्यम, कर्म, पेशे और कला के वे रूप और माल पैदा करती हैं, जिनकी उपयोगिता और उपभोग समाज के सामान्य जन के बीच नहीं होता। समाज का कोई विशिष्ट और अतिविशिष्ट वर्ग ही उनका उपभोग करता है, उनका रस लेता है और उन्हें संरक्षित करता है।

यह सही है कि पिछले कुछ वर्षों में, खासतौर पर 1980 के दशक के बाद

उपसंस्कृति के इलाके में ऐसे विशिष्ट वर्ग की संख्या बढ़ी है। पिछले कई दशकों से विभिन्न सांस्थानिक-शैक्षणिक प्रोत्साहनों के बाद नौकरशाही, शिक्षा और संस्कृति संस्थानों में कवि और कविता प्रेमी आए हैं, जिनके चलते कवि और कविता को सांस्थानिक सुरक्षा मिली है। लेकिन इसी का दुष्परिणाम यह भी है कि हिंदी की जो कविता अरबी, फारसी और उर्दू कविता की तरह सामान्य जन-जीवन से जुड़ी रही है, उसका आधार समाज में सिमटता चला गया है। वह पहले की तुलना में आज ज्यादा सम्मानित, पुरस्कृत और संरक्षित तो है, उसके वैभव का भी विस्तार हुआ है। भाषिक कलाओं में वह सबसे 'एंपावर्ड' है, आलोचना की ही तरह। लेकिन उपसंस्कृति में सिमट जाने के कारण कवि और कविता के लोक में वे सारी पतनशीलताएँ प्रवेश कर गई हैं, जो विशिष्टीकृत उपसंस्कृतियों का चरित्र हुआ करता है।

यही उस विडंबना की व्याख्या भी है कि क्यों गोपालदास नीरज जैसा जनकवि, जिसे निराला ने 'गीतों का राजकुमार' कहा था, या अदम गोंडवी और अशोक चक्रधर जैसे कवि अपने विशाल पाठकश्रोता समूह की उपस्थिति के बावजूद हिंदी कविता के हाशिए के भी बाहर रहते हैं और वे कवि, जिनका संग्रह उनके सारे मित्र तक नहीं पढ़ते, भरपूर समीक्षित, पुरस्कृत, फंडित होते हुए, अपनी संदिग्ध उत्कृष्टताओं के बावजूद गरीब हिंदी समाज में सबसे सुरक्षित और संरक्षित रहे आते हैं। 1934 में जब एडमंड विल्सन ने अपना सुप्रसिद्ध विवादास्पद लेख 'क्या पद्य एक मरती हुई विधा है?' लिखा था, तब उसने नहीं सोचा होगा कि जन-समाज संघर्षों और ऐतिहासिक संग्रामों के बीच जिस गद्य को सत्रहवीं सदी से निर्मित कर रहा था और और भविष्य के लिए विज्ञान, राजनीति, इतिहास, आख्यान और बौद्धिक विमर्श की जिस विरासत को उसके हाथों सौंपने जा रहा था, उसके खिलाफ गद्य के श्रेय को छीनने के लिए सत्ता समाज की उपसंस्कृतियाँ भविष्य में एक दिन ऐसी किलेबंदी करेंगी, जिससे पार पाना गद्य के लिए इतनी जल्दी आसान नहीं होगा। कविता आलू को काव्यात्मक बनाने की अपनी कौतुक भरी दरबारी क्षमता लगातार प्रमाणित करती रहेगी, और उसके अपने सीमित लोक में उसका वैभव बढ़ता रहेगा।

भले ही प्रौद्योगिकी की मुख्यधारा इलेक्ट्रॉनिक उपकरण बनाने की हो, अगर विशिष्ट वर्ग की उप-प्रौद्योगिकी ने तय कर लिया है कि नहीं, हम तो घोड़े की नाल या तलवार की मूठ निर्मित करने वालों को ही संरक्षण देंगे, तो कोई कौन होता है, जो इसके सामने प्रश्नचिह्न लगाएगा?

(जनसत्ता : 18 अप्रैल 2004)

'धर्म' सृजन का सहोदर है

सुविख्यात इस्राइली कवि येहुदा अ मिचाई की कविता की पंक्तियाँ हैं–

येरुसलम के ऊपर प्रार्थनाओं और स्वप्नों से भरी हुई हवा है/किसी
औद्योगिक महानगर की हवा जैसी ही/उफ़! यहाँ साँस तक लेना मुश्किल है।

सचमुच 'धर्म' कहते ही हम स्वयं को उस प्रदूषित अवधारणा के बीचों-बीच पाते हैं, जिसे हमारे समय और निकट अतीत की राजनीति, सत्ता, पूँजी और मीडिया ने चौतरफा पैदा किया है 'धर्म' कहते या सोचते ही हमारे मस्तिष्क में एक ऐसी अनुक्रिया अथवा प्रतिक्रिया उत्पन्न होती है, जिसके ऐतिहासिक-राजनीतिक संदर्भ तो हैं ही, पिछले कुछ समय से घटित विध्वंसात्मक राजनीति द्वारा विनिर्मित एक खास छवि भी हमारे भीतर है। यह मूल रूप से 'धर्म' की सत्ता-केंद्रित राजनीतिक छवि है राजनीतिक सत्ताओं द्वारा विनिर्मित और उसी द्वारा विखंडित। सांप्रदायिकता (कम्युनलिज़्म) और धर्मनिरपेक्षता (सेक्युलरिज़्म), इन दो नामों के माध्यम से हम इन दोनों अवधारणाओं से परिचित हैं और अपने समय में उनकी टकराहट अखबारों, रैलियों, दंगों, चुनावों तथा टीवी चैनलों में जारी 'विमर्शों' में देख रहे हैं। यह 'बिग फाइट' है, ऐसा हम, आज के विशेष राजनीतिक-सांस्कृतिक संदर्भ में आमतौर पर मानते हैं। समाजवादी नेता राममनोहर लोहिया की जिस मशहूर उक्ति को लगभग मुहावरे की तरह 'धर्म' के संदर्भ में प्रयुक्त किया जाता है–'धर्म एक लंबे समय की राजनीति है और राजनीति एक छोटे समय का धर्म'–वह भी वास्तव में 'धर्म' के राजनीतिक कायांतरण के ही संदर्भ में प्रयुवत गूलतः एक सतही राजनीतिक बयान भर है, इससे ज्यादा कुछ नहीं। अंबेडकर और महात्मा गाँधी का आश्रय लेना भी 'धर्म' की प्रत्यक्ष या परोक्ष राजनीतिक अवधारणाओं से अधिक दूर जाना नहीं होगा।

जहाँ तक मार्क्स का प्रश्न है, मार्क्स ने व्यवस्थित रूप से, और समग्रतः 'धर्म' के बारे में अलग से चिंतन नहीं किया है उनका वह मशहूर वक्तव्य–'धर्म जनता के लिए अफीम है', जिसे डॉ. लोहिया की उपर्युक्त टिप्पणी की तरह ही बार-बार राजनीतिक बौद्धिकों और राजनीतिक लेखकों द्वारा उद्धृत किया जाता है, वह भी आधा-अधूरा और संदर्भ से अलग है। कार्ल मार्क्स ने उसी पैराग्राफ में, इस वाक्य

के पहले और इस वाक्य के बाद में जो कुछ धर्म के बारे में कहा है, अक्सर उसे छुपा दिया जाता है। इसकी मुख्य वजह मार्क्सवाद को 'वैज्ञानिक विचारधारा' या 'द्वंद्वात्मक भौतिकवादी' दर्शन मान लेने के बाद उत्पन्न होने वाले 'भौतिकवाद' और 'विज्ञानवाद' की अनुकूलित समझ हैं। मार्क्स ने तो धर्म को दलित-उत्पीड़ित प्राणियों की कराह (साई ऑफ दि ऑप्रेस्ड), हृदयहीन संसार का हृदय (हार्ट ऑफ ए हार्टलेस वर्ल्ड) और जड़-आत्महीन अवस्थिति की चेतना (स्पिरिट ऑफ रिस्परिटलेस सिचुएशन) भी कहा था। वास्तविकता यह है कि मार्क्स ने धर्म को कभी भी सर्वहारा का मुख्य शत्रु नहीं माना था, अगर ऐसा होता तो वह इसकी मीमांसा और विश्लेषण में उतना या अधिक समय लगाते, जितना उन्होंने पूँजीवाद के विश्लेषण में लगाया। मार्क्सवाद जैसे व्यापक दर्शन के ऐसे बौद्धिक परिसीमन के पीछे उस अभिजनीकरण की प्रक्रिया है, जिसके तहत मार्क्सवाद को सेमिनारों और किताबी बहसों का विषय बना डाला गया। उसे उसके लोकप्रिय 'पब्लिक स्फियर' से काट कर, उसकी सामाजिक धार को कुंद कर डाला गया। इसके पीछे स्वयं को 'मार्क्सवादी' घोषित कर, सामाजिक 'अवांगार्द' बनने का ओहदा धारण कर लेने वाले उन निम्न पूँजीवादी और सत्तापरस्त बौद्धिकों-अभिजनों का षड़यंत्र था, जो वास्तविकता में यथास्थिति को बनाए रखना चाहते थे और मूलगामी सामाजिक अथवा राजनीतिक परिवर्तन के प्रति भयभीत थे। आज भी कुल मिलाकर मार्क्सवाद की मुख्यधारा पर उन्हीं का वर्चस्व है। मार्क्सवाद और वैज्ञानिक दृष्टिकोण को 'नास्तिकता' (एथीइज़्म) तक परिसीमित करने और समाजवाद को 'धर्म' के विरुद्ध 'दुश्मन नंबर एक' के धरातल पर ला खड़ा करने का सारा खेल इनका ही खेला हुआ है, जो दुर्भाग्य से आज तक जारी है।

आप में से किसी ने प्रख्यात रूसी कथाकार वासिलेइ सुक्शिन की वह कहानी अगर पढ़ी हो, जिसमें रूस की कम्युनिस्ट सरकार द्वारा एक चर्च को ढहा कर उसके स्थान पर, एक माल गोदाम या कोई और उपयोगी इमारत बनाने की घटना पर एक गरीब मजदूर औरत की मार्मिक टिप्पणी है कि "पहले मेरी झोपड़ी से उस गिरजाघर का सुनहला गुंबद दिखता था। सुबह और साँझ की धूप में झिलमिलाता हुआ तो आत्मा को एक अजीब-सी शांति मिलती थी, जैसे कोई दुखों में जलते मेरे जीवन और माथे को सांत्वना भरी हथेली से सहला रहा हो अब इस मालगोदाम में ऐसा कोई गुंबद नहीं दिखाई देता।"

जाहिर है मार्क्सवाद को मालगोदाम में तब्दील कर देनेवाले 'मार्क्सवादी' राजनीतिकों को उस गरीब औरत की आँख के आँसू कभी नहीं दिखाई पड़े इसी तरह, सांप्रदायिकों द्वारा अयोध्या में बाबरी मस्जिद ढहा देने के प्रसंग पर लिखी गई युवा प्रतिभाशाली उर्दू कथाकार खालिद जावेद की कहानी 'सन्निपात' में उस बूढ़े मुसलमान की मृत्यु का वृत्तांत देखें। वह बूढ़ा एक रिटायर्ड, बॉयलॉजी का अध्यापक है। मस्जिद के टूटने से वह इतना स्तब्ध है कि प्राणिजगत के प्रारंभिक विभाजन, डार्विन और मेंडेल

की थ्योरी दोहराते हुए मर जाता है। क्या यह अलग से बताने की आवश्यकता है कि 'उत्पीड़ित मानवता की वह सिसकी' यही है, जिसकी ओर मार्क्स ने कभी संकेत किया था। और क्या इन दोनों उदाहरणों से यह स्पष्ट नहीं होता कि 'धर्म' के प्रति व्यवहार में दरअसल इन दोनों सत्तामूलक राजनीतिक संरचनाओं में कोई मौलिक भेद नहीं है।

बहरहाल, इस संक्षिप्त-सी टिप्पणी में 'धर्म' के बारे में मेरी प्रतिक्रिया मूलतः सत्ता केन्द्रित राजनीति की सांप्रदायिक अथवा सेक्युलर अवधारणाओं से भिन्न, एक कवि और कलाकार अर्थात् सृजनात्मक गतिविधियों में संलग्न एक व्यक्ति-नागरिक की प्रतिक्रिया भर है और मुझे स्वयं इसका अनुमान नहीं है कि इस टिप्पणी को वर्चस्वशील 'बौद्धिक' किस रूप में व्याख्यायित करेंगे।

यदि 'धर्म' के प्रति बिना किसी उपर्युक्त पूर्वग्रह के, इतिहास में उसकी सामाजिक भूमिका पर वस्तुपरक निगाह डालें तो आप पाएँगे कि प्राचीन और मध्ययुगों में धर्म की भूमिका प्रगतिशील और क्रांतिकारी रही है। 'धर्म' के अंतर्विरोधों के बीच से ही उसकी सामाजिक जड़ता और उसके अमानवीकरण तथा सांस्थानीकरण के विरुद्ध विद्रोह फूटते रहे हैं। हमारे देश के अपने इतिहास में भी अंधविश्वासों और कर्मकांडों के विरुद्ध ब्राह्मणवाद और पुरोहितवाद के विरुद्ध अथवा जड़ और प्रतिगामी सामाजिक रीति-रिवाजों, परंपराओं के विरुद्ध, धर्म की किसी प्रशाखा ने ही सबसे सक्षम विद्रोह किया था। आप चौंक जाएँगे अगर ललितविस्तर में गौतम बुद्ध के इस कथन को देखें—

"मैं ऐसे लोगों के बीच जन्मा हूँ, जिनकी बौद्धिक मुक्ति की कोई संभावना नहीं है। मेरे चारों ओर सत्य के उद्घाटकों का समूह है और उनकी अनंत महत्त्वाकांक्षाएँ हैं। मेरा जन्म ऐसे समय में हुआ है जब उनकी बौद्धिक सामर्थ्य उनकी शारीरिक जरूरतों के पंजों में कराह रही है। इनमें से कई तो अपने मंत्रों के अर्थ तक नहीं समझते, कुछ हाथ चाटते हैं, कुछ अत्यंत गंदे रहते हैं, कुछ लोगों के पास तो कोई मंत्र ही नहीं है। गाय, हिरण, घोड़े, बंदर, सूअर और हाथी की पूजा करने वाले लोग भी हैं। कुछ लोग पैर मोड़कर, एक स्थान पर चुपचाप बैठ जाते हैं और महान बनना चाहते हैं। कई धुआँ या आग पीकर, सूर्य की ओर लगातार आँख फाड़कर, पंचाग्नि जलाकर एक पैर पर खड़े रहकर या घुटनों के बल चल कर अपनी 'तपस्या' की संपूर्ति करना चाहते हैं।

"मैं यौगिक चमत्कारों में एक तरह का खतरा देखता हूँ, इसीलिए मुझे इससे घृणा है। मैं इन्हें निंदनीय मानता हूँ और इसके लिए लज्जित हूँ।"

—राधाकमल मुखर्जी, दि कल्चर एंड आर्ट इन इंडिया

जिन्होंने प्राचीन इतिहास सरसरी तौर पर भी पढ़ा है वे जानते हैं कि यज्ञ, पशुबलि-नरबलि, पौरोहित्य और कर्मकांड की हिंसा के समस्त रूपों का बुद्ध और महावीर

दोनों ने ही विरोध किया था। चमत्कारों और भविष्यवाणियों को, मौजूदा 'हिंदुत्ववादी' सरकार विश्वविद्यालयों तक में जिनकी शिक्षा देना चाहती है, उन्हें बुद्ध 'नीच कलाएँ' (ब्रह्मजालसुत्त) मान कर गर्हित समझते थे। बुद्ध का ध्येय किसी राजनीतिक की तरह जनता को ठग कर, उसे किसी 'यूटोपिया की मरीचिका के भ्रमजाल में फाँसकर सत्ता हासिल करना नहीं था। वह कहते थे—"मैं बीमारों के लिए वैद्य, मानव तथा प्राणीमात्र का मित्र और सबसे अधिक दीन हूँ।" अपनी सत्ताहीनता का ऐसा बोध किस राजनीतिक में होगा? अब अगर बुद्ध को 'महा-कारुणिक' कहा गया, तो इसमें गलत क्या था? यही महा-करुणा और दीनता ईसाई, हिंदू, इस्लाम और अन्य धर्मों के मूल स्वरूप में भी रही है। क्राइस्ट तो यूनानी शासकों की निरंकुशता, नैतिक पतन और उत्पीड़न के विरुद्ध गरीबों-वंचितों के पक्ष में खड़े हुए थे और इसी 'अपराध' के लिए सूली पर चढ़ा दिए गए। अगर पादरियों ने चर्च का साम्राज्य खड़ा करने में उनकी लोकव्यापी छवि का राजनीतिक इस्तेमाल किया तो वह वैसा ही था जैसे हम अपने देश में धार्मिक प्रतीकों के राजनीतिक इस्तेमाल में देख रहे हैं। ईसा मसीह किसी भी हिंसा के पक्ष में नहीं थे। असलियत तो यह है, जिससे आँख नहीं चुराई जा सकती, कि वह स्वयं सत्तामूलक हिंसा के शिकार थे, गाँधी या मार्टिन लूथर किंग जूनियर की तरह।

तुलसीदास के राम में भी, तुलसीदास के वर्णवादी या ब्राह्मणवादी संस्कारों की छाप हो सकती है, लेकिन राम करुणा और राज्य द्वारा निर्वासित वंचना और दीनता के ही प्रतीक बनते हैं। निराला ने हिंदी में या उसके पूर्व भवभूति ने संस्कृत में उन्हें इसी रूप में व्यक्त किया है। अब अगर कोई बौद्धिक तुलसीदास की आलोचना करे तो चलिए गनीमत है, लेकिन अगर वह राम के विरुद्ध संग्राम छेड़ दे तो उसकी छवि लोक समाज (पब्लिक स्फियर) में रावण की ही तो बनेगी। यह ऐतिहासिक सच कभी नहीं भूलना चाहिए कि स्वयं धर्म की रचना भी सदियों से प्रचलित लोक गाथाओं के असंख्य पात्रों और प्रतीकों की नींव पर ही हुई है और बहुत से देवी-देवता तथा अन्य ऐसे प्रतीक जिन्हें राजनीतिक बौद्धिक सिर्फ 'धार्मिक' समझकर उनका सरलीकृत परिसीमन कर डालने की भूल करते हैं, उन प्रतीकों और देवी-देवताओं की जड़ें 'धर्मों' से पहले 'सभ्यताओं' में गहराई से धँसी रही हैं। वे धार्मिक ही नहीं, सभ्यतामूलक प्रतीक और पात्र भी हैं। अगर ऐसा न होता तो कार्ल काउत्सकी जैसे मार्क्सवादी विचारकों का जन्म न होता, जो धर्म के क्रांतिकारी स्वरूप को समझकर उसकी ऐसी व्याख्या प्रस्तुत करते जिसकी बुनियाद पर लातीनी अमेरिका के कैथोलिक पादरियों ने अपने समाज के आर्थिक और सामाजिक शोषण तथा अन्याय की व्याख्या मार्क्सवादी शब्दावली में की तथा 'मुक्ति के धर्मशास्त्र' (लिबरेशन थियोलॉजी) का सिद्धांत निर्मित किया।

कलाओं के विकास में तो धर्म की गहरी, निर्णायक और व्यापक भूमिका रही है। इस संदर्भ में एक प्रसिद्ध मुहावरा यहाँ उद्धृत करने का लोभ नहीं संवरण हो रहा। वह इस प्रकार है—"यहूदियों के पास अपना स्थापत्य तो पहले से था, लेकिन जब

सोलोमन ने मंदिर (टेंपल) का निर्माण किया तब यहूदी स्थापत्य में कला का आगमन हुआ।" यह मुहावरा हमारे अपने देश की वास्तुकला पर भी ज्यों का त्यों लागू होता है। गुफाओं और कंदराओं में तो आदि मानव भी रहता था और उसकी भित्तिलिपियाँ तथा भित्त-चित्रांकन भी हजारों साल से मौजूद थे, लेकिन अजंता-एलोरा या भज की गुफाओं का अद्भुत स्थापत्य और म्यूरल तो बौद्ध धर्म के उद्गम के बाद ही पैदा हुआ। घर, इमारतें और मकान तो हड़प्पा सभ्यता के पहले से ही बनते थे, लेकिन कोणार्क, खुजराहो, सांची, हंपी का स्थापत्य तो उस कला का प्रमाण है, जिसे धर्म के अवदान के बिना नहीं समझा जा सकता। हमारे मूर्ति-शिल्प में धर्मग्रंथों और महाकाव्यों के जिन पात्रों, देवी-देवताओं का दैहिक सौंदर्य कलात्मकता की कसौटी आज तक बना हुआ है, जिसे हतप्रभ लाखों देशी-विदेशी सैलानी ताकते रह जाते हैं, उसके पीछे किसका अवदान है? हमारा संगीत तो पूरी तरह से या तो पूर्व आधुनिक और सामुदायिक अथवा लोक (फोक) रहा है या फिर उसे विकास और कलात्मक उत्कृष्टता के शिखर तक पहुँचाने में धर्म और धार्मिक संस्थानों की भूमिका रही है। त्यागराज, हरिदास, सूर, मीरा, नामदेव, तुकाराम आदि के पद शास्त्रीय और उप शास्त्रीय संगीत के बंदिश बनें आज भी किसी शास्त्रीय गायक से किसी औद्योगिक सभ्यता के आधुनिक कवि के पदों को गाने का दुराग्रह नहीं किया जा सकता।

धर्म और कलात्मक सृजन के अंतःसंबंधों को समझने के लिए किसी मसखरे और पोंगा हिंदी अध्यापक (जो स्वयं को आलोचक न सिर्फ सिद्ध कर चुका है, बल्कि साहित्य का भ्रष्ट जज भी बना बैठा है) के भाषण अथवा लेख को पढ़ने-सुनने के बजाय आनंद कुमारस्वामी और राधाकमल मुखर्जी जैसों को पढ़ना अधिक उपयोगी होगा। कुमारस्वामी का तो मानना ही था कि संसार की सबसे सुंदर किताबें वे हैं, जिन्हें हम दैवीय ग्रंथ और धार्मिक महाकाव्यों के रूप में जानते हैं। धार्मिक ग्रंथों और महाकाव्यों में अंतर्भूत होने के पहले उनके सारे पात्र, प्रतीक और नायक लोक गाथाओं का हिस्सा रहे हैं। माना जाता है कि कृषि सभ्यता का आगमन लगभग 6,000 वर्ष पहले हुआ और पशुचारण तथा आखेट सभ्यता का अस्तित्व उससे भी पूर्व का है, तब आप अंदाजा लगा सकते हैं कि इन लोक-नायकों और लोक प्रतीकों के जन्म और विकास का काल कितना पुराना होगा। यानी मानव सभ्यता की चेतना में जो 10,000 साल की स्मृतियाँ हैं, क्या उन्हें आप अपने साहित्य और कलाओं में इस भय के मारे नहीं आने देंगे कि इससे समकालीन 'बौद्धिक जगत' में आपकी छवि बिगड़ जाएगी? और अगर आप उन पात्रों को लाएँगे भी तो 'मूर्तिभंजन' या 'ब्लासफेमी' जैसे गर्हित उद्देश्यों के लिए, जैसा कुछ 'सांप्रदायिकता विरोधी लेखक' या जैसा कुछ 'सेक्युलर' ग्रुप किसी राजनीतिक दल के समर्थन में करते हैं। संभव है ऐसे कृत्यों से किसी तरह की राजनीति मजबूत होती हो, कला और रचना का भला कतई नहीं होता। मार्क्स ने संगीत को कलाओं के विकास का शिखर माना था, जैसे गणित को विज्ञान का। क्या आप संगीत में

से दिगंबर विष्णु पलुस्कर, कुमार गंधर्व, अलाउद्दीन खाँ, अमीर खाँ, पंडित ओंकारनाथ ठाकुर अथवा डागर बंधुओं को 'सांप्रदायिक' कह कर निकाल बाहर करेंगे क्योंकि उन्होंने धार्मिक पदों का अपने गायन में प्रयोग किया? अगर हिंदी समाज के इन संस्थाखोर अध्यापकों का वश चले तो वे ऐसा करने में गर्व का ही अनुभव करेंगे। उनके अहं की तुष्टि ऐसे ही क्रियाकलापों से होती है।

मेरा विनम्र मानना है कि ऐसी कोई भी सैद्धांतिकी या शास्त्र, जिसका सार-रूप अन्य कलाओं की व्यावहारिक मीमांसा और समीक्षा में बिल्कुल लागू न होता हो, उसमें कहीं न कहीं बुनियादी गड़बड़ी अवश्य मौजूद है। थियॉडोर अडोर्नो और सिडनी फेंक्ल्स्टीन और वाल्टर बेंजामिन तथा रोलां बार्थ जैसे विचारकों-आलोचकों ने कला समीक्षा और सौंदर्यशास्त्र के विकास के लिए यही प्रयत्न किया था और साहित्य तथा कला की आलोचना-मीमांसा को इन छद्म राजनीतिक एजेंटों की जकड़बंदी से बाहर लाने का काम किया था, लेकिन हिंदी में स्थिति अत्यंत निराशाजनक है। यहाँ यह समझ पाना लगभग असंभव है। भगत सिंह का लेख 'मैं नास्तिक क्यों हूँ' या राहुल जी का 'तुम्हारी क्षय हो' का उपयोग सांप्रदायिक राजनीति, समाज सुधार, कर्मकांड और ब्राह्मणवाद के विरुद्ध तो हो सकता है, लेकिन सृजन के क्षेत्रों में अगर उसे यथावत किसी सौंदर्यशास्त्र के वैकल्पिक स्वरूप के बतौर लागू करने का प्रयत्न किया गया तो परिणाम घातक होंगे। मध्यकाल के भक्ति साहित्य का आप क्या करेंगे? सामंतवादी समाज व्यवस्था, जातिवाद, ब्राह्मणवादी कर्मकांड और सांस्कृतिक उत्पीड़न को जितनी बड़ी चुनौती भक्तिकाल के संत कवियों (अथवा इस्लाम के कठमुल्लावाद के संदर्भ में सूफी कवियों) ने प्रस्तुत की, वैसी लोकव्यापी चुनौती फिर कभी नहीं दी जा सकी।

दरअसल, कलाओं और सृजन का मूलस्वरूप 'संश्लेषणात्मक' रहा है, वह सिर्फ बुद्धि या बौद्धिकता के अधीन कभी नहीं रहा। मुक्तिबोध इसी को 'ज्ञानात्मक संवेदन' और 'संवेदनात्मक ज्ञान' कहते थे। कलाएँ लोक-आस्थाओं, धर्मग्रंथों, महाकाव्यों, किंवदंतियों और जिन्हें राजनीतिक-बौद्धिक स्फियर में अंधविश्वास या 'मिथ्या चेतना' कहा जाता है, उन्हें भी अपनी संरचनाओं में संश्लेषित करते हुए अनंत अनेकार्थी कलात्मक संरचनाओं का निर्माण करती हैं। मोहनजोदड़ो या हड़प्पा में पशुओं से घिरा हुआ जो देवता बैठा है या कांसे की काली स्त्री में जो लास्य है, उसने भाषिक और नृत्य कला को भविष्य में कितनी निर्णायक प्रेरणा दी, इसे बता पाने के लिए *समयांतर* के पृष्ठ कम होंगे। कल्याण सुंदरम के विनायक की प्रतिमा या सांची में आम की टहनी पकड़कर खड़ी हुई यक्षिणी की व्याख्या आप किस तरह करेंगे? जहाँ तक साहित्य की बात है तो बोली गई भाषा का जो विलक्षण रूप चरवाहा संस्कृति के काल में रहा है, उस स्तर तक लिखित, आधुनिक और मुद्रित भाषा भी नहीं पहुँच सकी है। जिस अरब जाति को संपूर्ण रूप से 'कवि जाति' माना जाता था, यानी जहाँ समूचा समुदाय परस्पर संप्रेषण और विमर्श के लिए कबीलाई काल से ही कविता का सहारा लेता था, वे अरब शासक

अपने बच्चों को भाषा की शिक्षा देने के लिए गड़रियों और चरवाहों के पास ही भेजते थे। उच्चारित भाषा (वाक् या वाणी) का जो सौंदर्य और जो कला गड़रियों के पास थी, वह संभ्रांत, अरब वर्ग के पास नहीं थी। यही बात भारतीय राजाओं द्वारा अपने पुत्रों को शिक्षा के लिए 'जंगली' ऋषियों-मुनियों के पास भेजने की परंपरा में भी थी। वेद और वैदिक साहित्य के पाठ की भी यही परंपरा थी। लिखित और लिपिबद्ध होने तथा मुद्रण की तकनीक के आने से साहित्य की जिस महान और विपुल संपदा का लोप हुआ, क्या उसका अंदाजा लगाया जा सकता है? यूरोप में तो साक्षरता के विकास के समानांतर साहित्य की मौखिक परंपराओं के ह्रास के अनेक सर्वेक्षण और अध्ययन मौजूद हैं तथा उनके संरक्षण के भी उतने ही महत्त्वपूर्ण सांस्थानिक प्रयत्न हुए हैं, क्या हिंदी समाज ने ऐसा कोई प्रयत्न कभी किया है? जिसे देखिए वह साक्षरता अभियान में लगा है, भाषा के उच्चरित मौखिक कलाओं के संरक्षण में कितने लोग लगे हैं? शायद सरकारी या विश्व बैंक का फंड इसके लिए उतना नहीं होगा। एक महत्त्वपूर्ण ब्रिटिश कला चिंतक का कहना था कि इंग्लैंड और यूरोप की ग्रामीण संस्कृति के विनाश के किसी एक सबसे बड़े कारक (फैक्टर) का नाम मुझसे लेने को कहा जाए, तो मैं साक्षरता (लिटरेसी) का नाम लूँगा। (कृपया इन पंक्तियों के लेखक को साक्षरता-विरोधी सिद्ध करने का प्रयत्न न किया जाए। यहाँ चिंता लोक भाषा-साहित्य के संरक्षण की है।)

अंत में, कला-सृजन और राजनीतिक-सांस्थानिक समाज के 'स्पेस' बिल्कुल एक नहीं हैं। वे प्रतिकृतियाँ भी नहीं हैं। अगर पीटर ब्रुक्स 'महाभारत' का मंचन करते हैं, धर्मवीर भारती 'अंधायुग' लिखते हैं, रामविलास शर्मा को कोई *'ऋषि'* कहता है, शमशेर, नागार्जुन, त्रिलोचन या ऑक्तोवियो पॉज़ शिव पर कविताएँ लिखते हैं, अगर टी.एस. इलियट बौद्ध हो जाना चाहते हैं तो इनमें से कोई सांप्रदायिक नहीं बन जाता। कला और राजनीति का संबंध भी द्वंद्वात्मक है। सत्तामूलक राजनीति में दलितवाद की अपनी भूमिका हो सकती है, लेकिन कला और विज्ञान में दलित संगीत और दलित गणित या भौतिकी भिन्न नहीं होगीं। दलित संगीत में भी सात स्वर (सप्तक या 'ऑक्टेव') ही होगा। उसमें भी राग मालकोंस या ध्रुपद उतनी ही शुद्धता से गाने की चुनौती होंगी उस गणित में भी दो-चार ही होंगे और उसका पानी भी ऑक्सीजन और दो हाइड्रोजन का यौगिक ही होगा। और ठीक यही बात यौनिक-राजनीति (जेंडर पॉलिटिक्स) पर भी लागू होती है।

कला और सृजन के क्षेत्र में अगर राजनीति के मौजूदा घटाटोप के पार देखने की कोई गंभीर कोशिश की गई, तभी कुछ महत्त्वपूर्ण रचा जा सकेगा। 'धर्म' और कला तथा सृजन का अंतःसंबंध वैसा नहीं होता, जैसा हमारे समय में दोनों तरह के सत्तामूलक राजनीतिक बौद्धिक हमसे मनवाना चाहते हैं।

(समयांतर : 1 फरवरी 2004)

कविता के गर्भ में सत्ता की संतान

31 जुलाई, 2003 के एक अंग्रेजी दैनिक की हेडलाइन है : 'पोएट मस्ट बी कैरीइंग माइ चाइल्ड'। (कवि के गर्भ में मेरा बच्चा हो सकता है)। इसके साथ हत्या के आरोप में कैबिनेट से बर्खास्त एक मंत्री का नाम है। मंत्री ने यह बयान सीबीआई के सामने पूछताछ के दौरान दिया है। अगर इस विवरण को एक ओर रख दें कि यह किस विशिष्ट व्यक्ति या किस खास राजनीतिक घटना की 'खबर' है और इसे अपने समय के बारे में एक बहुलार्थी सूचना अथवा संकेतक के रूप में स्वीकार करें तथा इसे किसी रूपक या प्रतीक की तरह पढ़ें तो हम एक चौंकाने वाले अर्थ या तथ्य को खुलता हुआ पाते हैं।

यह खबर कविता और सत्ता के संबंधों का एक रूपकात्मक पाठ है। कविता और सत्ता (पॉवर) के अंतःसंबंधों को ठीक-ठीक पढ़ने के लिए यह हेडलाइन एक कूट (कोड) का काम करती है। लेकिन यह वह कविता है, जिसकी विनिर्मिति बहुत चुपचाप और अदृश्य तरीके से बीसवीं सदी के अंतिम दशकों से लेकर आज तक सतर्कता और बारीकी के साथ हुई है। यह सत्ता और पूँजी की कलात्मक विनिर्मिति है। नागरिक समाज और उसके संकटों-अनुभवों से विच्छिन्न इस कविता का भाषिक पाठ हालाँकि अब भी बीसवीं सदी की पारंपरिक समाजोन्मुख-लोकाभिमुख हिंदी कविता के समान ही दिखता है और इसीलिए बहुत सुविधा तथा प्रकट साम्य के आधार पर यह अतीत की कविता परंपरा का ही विस्तार (एक्सटेंशन) होने का दावा भी करती है और इसके लिए उसे मौजूदा आलोचना की संगत भी हासिल है लेकिन अगर हम उपरोक्त हेडलाइन की पुनर्वीक्षा करें तो आज की कविता के उस सच तक पहुँच सकते हैं, जो एक संकट की तरह कविता और पाठक अथवा कवि और नागरिक के बीचोंबीच उपस्थित हैं। इस कविता के गर्भ में पूँजी और राजनीतिक सत्ता की अवैध संतान है। पुराने कवि की हत्या हो चुकी है और अब यह उसका सांस्थानिक उत्तरजीवन है। रंगीन, पुरस्कृत, सम्मानित और प्रदर्शनीय। ग्लैमर और वित्त का उपजीव्य।

अस्सी के दशक में 'कविता की वापसी' के सरलीकृत नारे के साथ जो बहुचर्चित प्रगतिशील तथा जनवादी कविता उभरकर सामने आई थी, वह विपक्ष की कविता थी

और निराला, नागार्जुन, त्रिलोचन, शमशेर और केदारनाथ अग्रवाल की परंपरा की अगली कड़ी होने का दावा करती थी। मुक्तिबोध 1964 में अपनी मृत्यु के बाद से ही परवर्ती काव्यचेतना के केंद्र में आ चुके थे। जिस आलोचना या आलोचक ने इन कवियों को अब तक उपेक्षित किया था, उसे अपने काव्य प्रतिमानों में परिशिष्ट जोड़कर संशोधन करने पड़ रहे थे। यह कविता इसके पूर्व हिंदी कविता में प्रचलित रह चुकी अकविता और उसके भी पहले नई कविता के विक्षेप और अराजकता के प्रभाव से निकलकर उस समय के राजनीतिक और सांस्कृतिक अंतर्विरोधों के साथ स्वयं को जोड़ रही थी। 1967 का नक्सल आंदोलन, मार्क्सवाद और 1975 का आपात्काल, ये वे तीन बाहरी सामाजिक राजनीतिक वैचारिक बिंदु थे, जो सत्ता और लोक के साथ इस कविता के संबंधों को परिभाषित कर रहे थे। शक्ति और पूँजी के वर्चस्व के विरुद्ध यह कविता अपने तेवर और 'फंक्शन', दोनों में व्यवस्था विरोधी थी। उस समय के एक चर्चित कवि का यह वक्तव्य देखिए : 'कविता निर्बलतम का पक्ष है। जिसका कोई नहीं, उसकी कविता है। मुए बैल की खाल से बनी भांथी की धौंकती साँस है, जिससे लौह भी भस्म हो जाए।.. .ऐसे समय में जब देश में पूँजी का कोई वास्तविक विपक्ष बचे ही नहीं, कविता जीवन का अंतिम मोर्चा, अंतिम चौकी है। इसलिए वैसे कवि पीकदान में डूब जाएँगे जो ग्लैमर, वृत्ति और वित्त के प्यासे हैं।'

अब आज के समय में यह वक्तव्य अलग से टिप्पणी की माँग नहीं करता। इसका विखंडन स्वयं इसके ही पाठ में अंतर्निहित है। कुछ-कुछ 'त्रासदी के प्रहसन' बन जाने वाले मुहावरे की तरह। अस्सी के दशक और आज के बीच उस संसारव्यापी विध्वंस की उपस्थिति है, जिसका इतिवृत्ति यहाँ देने की कोई आवश्यकता नहीं है। संक्षेप में, इतना भर संकेत पर्याप्त है कि अस्सी के दशक का राजनीतिक या सांस्कृतिक विपक्ष इस समय की सत्ता-पूँजी व्यवस्था का ही एक संपूरक अविभाज्य अंग है। अस्सी के दशक की व्यवस्थाविरोधी काव्य संरचनाएँ, मौजूदा व्यवस्था में न सिर्फ अंतर्भुक्त हैं, बल्कि ये उसी राजसत्ता का राजनीतिक-सांस्कृतिक औजार हैं। प्रत्यक्ष रूप से, भाषा की सतह पर परिवर्तनकारी दिखाई देते इनके पाठ का सामाजिक और सांस्कृतिक संदर्भ अब बदल चुका है, इसलिए वे सत्ता और पूँजी-प्रतिष्ठान की ही चीज़ हैं। निराला-नागार्जुन-मुक्तिबोध की पीढ़ी की पृष्ठभूमि में राष्ट्रीय स्वाधीनता आंदोलन, विश्वयुद्ध और विभाजन के सांप्रदायिक दंगों का अनुभव कविता की स्मृति और कच्चेमाल के रूप में मौजूद था, अस्सी के दशक के बाद की पीढ़ी में सिर्फ उस कविता की भाषिक भंगिमाएँ भर शेष हैं। यह सही है कि कला में ध्वंस और अराजकताएँ राजनीति के क्षेत्र के ध्वंस और अराजकता से कतई अलग होते हैं, लेकिन यह भी सच है कि वे एक-दूसरे से विच्छिन्न और स्वायत्त भी नहीं होते। आज के समय में बीसवीं सदी के क्रांतिकारी भाषिक पाठ वाले कवि को मख़दूम, नज़रुल या भवानीप्रसाद

मिश्र, मुक्तिबोध और अज्ञेय आदि की तरह जेल के सीखचों के भीतर या भूमिगत रहने का कोई दबाव नहीं। उस भाषिक पाठ के सारे परिसंदर्भ अब इस हद तक बदल चुके हैं कि अब वैसी कविता सिर्फ अतीत का पैरोडी रच रही है और उसकी अगर कोई खबर भी बनती है, तो किसी नई सृजनात्मक चेष्टा के कारण नहीं, बल्कि किसी नए पुरस्कार की सूचना के कारण। चर्चित समकालीन युवा कवि संजय चतुर्वेदी के अनुसार–

'कविता में तिकड़म घुसी जीवन कहाँ समाय।
सखियाँ बैठीं परमपद सतगुरु दिया भगाय ॥
खुसुर-पुसुर षड्यंत्र में फैले सकल जुगाड़।
निकल रही यश वासना तासें बंद किवाड़ ॥'

सुप्रसिद्ध पोलिश कवि ताद्युश रूजेविच ने कहा था : 'मेरी बची-खुची पीढ़ी मनुष्य पर विश्वास करने आई थी और वह एक बार फिर ठगी गई।...वह पीढ़ी अब विदा ले रही है और मर रही है। पूरी तरह लुटी हुई और किसी दुःस्वप्न में घिरी हुई। बाकी तो सब सन्नाटा है।...पर इस सबके बावजूद मैं अपनी पीढ़ी का कवि हूँ। एक ऐसी पीढ़ी का कवि, जो पार्टियों, सरकारों, विचारधाराओं, विश्वासों और स्वयं अपने ही द्वारा छली गई है।' (वारविक वि.वि. 1990)

तो, अंत में उस अंग्रेजी दैनिक की हेडलाइन को एक बार फिर किसी संकेतक की तरह पढ़ें और उम्मीद के साथ आने वाली पीढ़ियों को देखें...शायद उनकी कविता में कोई खिड़की हो।

(राष्ट्रीय सहारा : 3 अगस्त 2003)

सृजनात्मक लेखन से जुड़ी है पाठकों की दुनिया

आज भी पाठकों की बड़ी संख्या है, जो कवि एवं कथाकार के साहित्यिक और सृजनात्मक लेखन से जुड़ी हुई है और पाठक वर्ग मात्र अखबारों तक सीमित रहा भी नहीं है। यह पाठकों का ही दबाव है कि आज के अधिकांश क्षेत्रीय या राष्ट्रीय अखबार परिशिष्ट के रूप में या साप्ताहिक स्तंभों के रूप में साहित्य और साहित्यकार को स्थान देते हैं। ठीक इसी के समानांतर मुद्रण तकनीक में विकास के फलस्वरूप बहुत बड़ी संख्या में देश के लगभग हर कोने से लघु पत्रिकाएँ निकलने लगी हैं, प्रकाशन उद्योग अपनी जगह पर ही है, जो लेखकों और प्रकाशकों के सारे रोने-धोने के बावजूद न सिर्फ फल-फूल रहा है, बल्कि वह अतिरिक्त लाभ भी अर्जित कर रहा है, जिसे प्रकाशक साहित्यिक गोष्ठियों, उत्सवों और विज्ञापनों में खर्च करते हैं। अच्छा लेखक सिर्फ संस्थाओं और सरकारी खरीद पर निर्भर नहीं है, उसके सामने आज भी पाठकों का एक बड़ा वर्ग है। मेरे जैसे लेखक उन्हीं पाठकों के बल पर न सिर्फ जीवित हैं, बल्कि लिख भी रहे हैं।

अगर पुस्तकों से आशय साहित्यिक पुस्तकों से है तो उसे अलग-अलग विधाओं में बाँटकर देखना पड़ेगा। मूल रूप से ग्रामीण, अर्द्धशहरी और शहरी मध्यवर्ग साहित्यिक पुस्तकों का पाठक है और यही साहित्य के बाजार को निर्मित करता है। विभिन्न विधाओं की स्थिति इस पाठक पर्ग के बीच भिन्न-भिन्न है। बड़े से बड़े समकालीन हिंदी कवि के कविता संग्रह, अगर सरकारी खरीद न हो तो, बिकने में दो से तीन वर्ष लग जाते हैं, तह भी मात्र 500 प्रतियाँ। आलोचना एवं अकादमिक विषयों की पुस्तकें अपेक्षाकृत अधिक बिकती हैं, लेकिन उसका कारण विश्वविद्यालयों, शिक्षण संस्थानों तथा छात्रों, अध्यापकों के बीच उनकी माँग है। इस मायने में हिंदी के उपन्यास और कथा साहित्य आज भी बहुत बड़ी संख्या में पढ़े जाते हैं। किसी भी समकालीन कथाकार के कहानी संग्रह के दो या तीन या चार संस्करण हो जाना अब बहुत आश्चर्यजनक नहीं रहा। स्व. डॉ. धर्मवीर भारती के उपन्यास 'गुनाहों का देवता' के 19 संस्करण हो चुके हैं।

भारतीय हिंदी भाषी शिक्षित मध्य वर्ग में आज भी बहुत बड़ी संख्या में सिनेमा, टेलीविजन, अखबार से हटकर साहित्यिक और सृजनात्मक लेखक को पसंद करने वाले

पाठकों की संख्या बहुत अधिक है। समस्या पुस्तकों की उपलब्धता, वितरण व्यवस्था तथा उनकी कीमत को लेकर है। सामान्य रूप से हिंदी के प्रकाशक पाठकों की सुविधा को ध्यान में रखकर पुस्तकें प्रकाशित ही नहीं करते। उनकी निगाह सरकारी या सांस्थानिक थोक खरीद पर टिकी होती है। अगर किताबें सस्ती हों तो उनका बहुत बड़ा बाजार भारत की सबसे ज्यादा लोगों द्वारा बोली जाने वाली भाषा हिंदी में ही मौजूद है। बनारस के एक प्रकाशक ने बहुत सस्ती कीमत में प्रेमचंद का संपूर्ण कथा साहित्य छापा और उसकी अभूतपूर्व बिक्री हुई। हिंद पॉकेट बुक्स ने भी यही काम पहले किया था। गीता प्रेस गोरखपुर ने अगर पाठकों की क्रयशक्ति को ध्यान में न रखा होता तो हिंदुस्तान के कोने-कोने तक 'रामचरितमानस' से लेकर उपनिषद और अन्य धार्मिक साहित्य पाठकों तक न पहुँचता।

(पाँचजन्य : 9 फरवरी 2003)

कविता में सभ्यता का पाठ

अभी पिछले दिनों राजनीतिकर्मियों और मीडिया ने संसद की स्वर्ण जयंती मनाई। 1952 में अस्तित्व में आए हमारे लोकतंत्र की इस शिखर संस्था का जो पाठ नेहरू युग में तैयार हुआ, आज हम उसे दूसरी तरफ से पढ़ते हैं। पचास साल की कालावधि ने ही संसद का यह पाठांतर अनिवार्य किया है। इसके समांतर ठीक उसी समय, 1952 में ही हिंदी की एक कालजयी कविता 'अमन का राग' का भाषिक पाठ गढ़ा अत्यंत संवेदनशील कवि शमशेर बहादुर सिंह ने। इस कविता का पुनर्पाठ भी उतना ही विडंबनापूर्ण और अवसादमूलक है, जितना संसद का पुनर्पाठ। संयोग से 2002 'अमन का राग' का भी स्वर्ण जयंती वर्ष है। हम इसके पुनर्पाठ से इस कविता का उत्सव मना सकते हैं।

पचास वर्ष पहले 1952 में हिंदी के एक कवि ने लिखा था—

'आज न्यूयार्क के स्काईस्क्रेपरों पर शांति के 'डवों' और उसके राजहंसों ने एक मीठे उजले सुख का हलका-सा अँधेरा और शोर पैदा कर दिया है। और अब वे आर्जेंटीना की सिम्त अतलांतिक को पार कर रहे हैं।'

और लगभग पचास वर्ष के बीतते-बीतते न्यूयार्क के उन्हीं 'स्काईस्क्रेपर्स' से टकराकर 'फाख्तों' और 'राजहंसों' ने जो शोर और धमाका पैदा किया, उसने सैम्युएल पी हंटिंग्टन के शब्दों का स्मरण करें, तो एक तरफ सभ्यताओं के संग्राम की प्रक्रिया को जन्म दिया, और दूसरी तरफ, शमशेर बहादुर सिंह की क्लासिक कविता 'अमन का राग' में विन्यस्त स्वप्नों और अर्थों को मौजूदा सभ्यता के एक बिल्कुल अप्रत्याशित और असंभव रूपक में बदल डाला। इन पचास वर्षों की कालावधि ने 'अमन का राग' के पुनर्पाठ का एक उत्तेजक, अपूर्व और आश्चर्यजनक अवसर हमारे सामने उपस्थित किया है। भाषा के हर पाठ को काल हर बार नए ढंग से पढ़ता है और स्वयं शब्द में अंतर्निहित अर्थ की सत्ता शाश्वत और अनश्वर नहीं होती। किसी भी कविता के बिंब और प्रतीक संयोजन अमर और स्थायी नहीं होते। समय और यथार्थ के परिवर्तन से किसी रचना के पाठांतर और उसके अर्थ-विपर्यय का ऐसा सटीक और ठोस 'क्लासरूम' उदाहरण हिंदी कविता के इतिहास में 'अमन का राग' के अलावा शायद

ही कोई दूसरा मिले।

'अमन का राग' कविता 1952 में लिखी गई। अब हम इसे 2002 में पुनः पढ़ रहे हैं। लेकिन शमशेर की उस कविता के मूल पाठ और हमारे पुनर्पाठ के बीच आधी शती की वह कालावधि भी अनिवार्यतः उपस्थित है जिसका उल्लंघन हम नहीं कर सकते। जिस प्रथम बिंदु पर इसे कविता का मूल भाषिक पाठ रचा गया और जिस दूसरे बिंदु पर इसका अद्यतन पुनर्पाठ है, उसके बीच फैले हुए पचास वर्षों में इतिहास यथार्थ और स्मृति के अनेक परिसंदर्भ हैं। ये परिसंदर्भ रचना के प्रथम बिंदु पर भले ही उसके मूल भाषिक पाठ में सम्मिलित न रहे हों, परंतु आज इस रचना के पुनर्पाठ के समय वे उसी मौलिक-भाषिक पाठ में अंतर्भुक्त हो चुके हैं और उनसे कोई भी विच्छेद असंभव है। इतिहास, यथार्थ और स्मृति के इन परिसंदर्भों की सक्रियता ही 'अमन का राग' का पुनर्पाठ में पाठांतर, पाठभेद और अर्थ-विपर्यय का वह अपूर्व कौतुक रचती है, जिसका फलित हमारे अपने समय के यथार्थ की मार्मिक, दहशतनाक और फासिस्ट विडंबना से हमारा साक्षात्कार कराती है।

और यही वह बिंदु है जिससे यह सिद्ध होता है कि अपने समय और सामाजिक यथार्थ के अवबोध के मामले में समाजविज्ञान, राजनीति, अर्थशास्त्र, दर्शन और अन्य अनुशासनों से भिन्न कविता का अपना निजी कर्मक्षेत्र भी है और वह भी अपने समय, समाज और सत्ता को समझने में न केवल समर्थ है बल्कि वह हमारे समय के वर्चस्वशील बौद्धिकों, अभिजन शक्तिकेंद्रों और पूँजीपोषित संस्थाओं द्वारा प्रसारित इस भ्रम का उन्मूलन भी करती है कि कलाओं का लक्ष्य मात्र कला अथवा फिर लोकरंजन (इंटरटेनमेंट) है, सामाजिक, राजनीतिक, सांस्कृतिक सक्रियता नहीं। यहाँ यह स्मरण दिलाने की आवश्यकता नहीं होनी चाहिए कि बीसवीं सदी में जर्मनी और यूरोप में फासी-नाजीवाद के आगमन का पूर्वसंकेत समाजविदों और दार्शनिकों से भी पहले कविता और कथा ने ही दिया था।

पचास वर्ष पहले, 1952 में जब शमशेर जी ने 'अमन का राग' लिखा उस समय स्वतंत्र भारत में प्रथम संसदीय चुनाव हो रहे थे। लोकतंत्र के सांस्थानिकीकरण का वह पहला चरण था। 1945 में महायुद्ध समाप्त हो चुका था, 1947 में दो सौ से अधिक वर्षों की ब्रिटिश दासतां से देश मुक्त हो चुका था। पृथ्वी के लगभग दो तिहाई भाग में समाजवादी समाज व्यवस्था साम्राज्यवादी प्रसार के सम्मुख एक समर्थ विकल्प के रूप में मौजूद थी। दूसरे महायुद्ध के भयावह मानव संहार, नाजीवादियों द्वारा लाखों यहूदियों की हत्या, हिरोशिमा और नागासाकी में परमाणु बम का प्रयोग, स्पेन में तानाशाह फ्रांको द्वारा लोर्का, राल्फ फॉक्स, कॉडवेल जैसे प्रतिभाशाली शांतिकामी लेखकों कवियों की हत्या और ठीक स्वतंत्रता के मध्य 1947 के सांप्रदायिक दंगों की विभीषिका ने स्वाभाविक रूप से हिंसा और घृणा के समस्त रूपों के प्रति संसार भर के हर संवेदनशील रचनाकार के भीतर एक गहरी वितृष्णा और प्रतिकार की भावना को जन्म दिया था।

भविष्य में जन्म लेने वाली पीढ़ी के लिए हिंसा और संहार, युद्ध और भूख से मुक्त संसार का स्वप्न हर संवेदनशील रचनाकार देखने लगा था। शमशेर की 'अमन का राग' या पॉल एलुआ की 'लिबर्टी' जैसी अनगिनत कविताएँ उस दौर में इसी स्वप्न की आकांक्षा में लिखी गई थीं।

लेकिन बात काल द्वारा कविता के पुनर्पाठ और अर्थ विपर्यय की चल रही थी। न्यूयार्क के स्काईस्क्रेपर्स के बारे में देखे गए काव्य-स्वप्न की विडंबना का उदाहरण तो आपने देखा ही, अब आप 'अमन का राग' की इन पंक्तियों पर गौर करें—

> देखो न हकीकत हमारे समय की कि जिसमें
> होमर एक हिंदी कवि सरदार जाफरी को
> इशारे से अपनी ओर बुला रहा है
> कि जिसमें
> फैयाज खाँ बिटाफेन के कान में कुछ कह रहा है।

क्या स्मरण दिलाने की जरूरत है कि पिछले दिनों गुजरात में फैयाज खाँ, जो शमशेर की इस कविता में बिटाफेन (बीथोवान) के कान में कुछ कह रहे थे, उनके मजार के साथ क्या सलूक हुआ। और क्या अब कोई अली सरदार जाफरी को हिंदी कवि कहने की आस्था अपने भीतर फिर पैदा कर सकता है? वह 'विश्वग्राम' (ग्लोबल विलेज) जो हम 'अमन का राग' में देखते हैं, क्या वह वही 'विश्वग्राम' है जो हमारे समय का बाजार और मीडिया हमारे सामने प्रस्तुत कर रहा है?

> 'मैं शेक्सपीयर का ऊँचा माथा उज्जैन की घाटियों में
> झलकता हुआ देख रहा हूँ
> और कालिदास को वैमर के कुंजों में विहार करते
> और आज तो मेरा टैगोर मेरा हाफिज मेरा तुलसी मेरा गालिब
> एक-एक मेरे दिल के जगमग पॉवर हाउस का कुशल ऑपरेटर है।'

शमशेर की इस कविता में एक ऐसा विश्वग्राम मौजूद है जिसमें प्रेमचंद के होरी के आँगन में गोर्की बैठे हुए हैं, ताजमहल की छाँह में चीन के राजर्षि कुंग अमेरिका के अब्राहम लिंकन के हाथ में हाथ दिए बैठे हैं, तॉल्स्तॉय हरियाणा की देहाती बोली में शमशेर से बात कर रहे हैं, हिंदी-उर्दू शायर जोश मलीहाबादी की मस्ती स्पेनिश कवि पाब्लो नेरुदा की आँखों से झलक रही है। दो महाशक्तियों के बीच विभाजित उस समय के विश्व में शीतयुद्ध के बावजूद यह कहने का साहस कोई सच्चा शांतिकामी कवि ही कर सकता था—

> 'मुझे अमेरिका का लिबर्टी स्टेच्यू उतना ही प्यारा है
> जितना मास्को का लाल तारा
> और मेरे दिल में पेकिंग का स्वर्गीय महल
> मक्का-मदीना से कम पवित्र नहीं

मैं काशी में उन आर्यों का शंखनाद सुनता हूँ
जो वोल्गा से आए'

शमशेर की इन पंक्तियों के साथ याद कीजिए इक़बाल की गंगा और आर्यों के आगमन वाली वे मशहूर पंक्तियाँ और सोचिए कि विश्वयुद्ध, फासीवाद और सांप्रदायिक मानव-संहारों ने हिंदी के एक संवेदनशील कवि के भीतर पचास साल पहले अमन और सुख की चाहत किस शिद्दत से पैदा की थी। इस कवि ने स्वप्न देखा था कि अब हमारी सभ्यताएँ भविष्य के लिए एक सबक सीखेंगी और संसार भर के हथियारों, टैंकों, बमबाज जहाजों में लगा सारा लोहा पिघलाकर उनसे रेल की पटरियाँ बना दी जाएँगी जो संसार भर के मुल्कों के आरपार एक-दूसरे से जोड़ती हुई बिछी होंगी। और उन पटरियों पर दौड़ती हुई रेलगाड़ी में कोरिया, वियतनाम, जापान (और अब फिलस्तीन, अफगानिस्तान, इराक, सर्बिया और क्रोएशिया) के बच्चे बैठे हुए खिलखिला रहे होंगे। उन बच्चों के नन्हे-नन्हे हाथों में झिलमिली फूल-पत्तों की रोशन फानूसें होंगी, जिन्हें उन्होंने युद्ध के सारे नक्शों को कैंचियों से काट-काटकर बनाया होगा।

आज हम फिर युद्ध की परछाइयों के नीचे हैं, अभी-अभी गुजरात घटित हुआ है, वही गुजरात जहाँ गाँधी जन्मे और शमशेर की मृत्यु हुई। ऐसे में इस कविता 'अमन का राग' का पुनर्पाठ हमें जिस प्रश्न की ओर ले जाता है वह यह है कि क्या सभ्यताएँ इतिहास से कभी कुछ नहीं सीखतीं? वे हमेशा से समय-समय की राजनीतिक या आर्थिक सत्ताओं के अधीन और उनसे आक्रांत ही रही हैं। बर्बरता ही वह चरित्र है जिसे हर सभ्यता बार-बार प्रकट करती रही है। और यह भी कि क्या यह सच नहीं है कि सभ्यताओं का सबक हमेशा किसी रचना में ही दर्ज होता है, इतिहास में नहीं? 'अमन का राग' एक बार आज फिर पढ़िए, आप वह बात समझ जाएँगे, जो मैं कहना चाहता हूँ।

यह संक्षिप्त-सी टिप्पणी 'अमन का राग' की मीमांसा या विश्लेषण का प्रयत्न नहीं, बल्कि आधी सदी बाद उसके पुनर्पाठ के लिए प्रेरित करने के निमित्त एक शुरुआती 'नोट' भर है। मकसद सिर्फ यह बताना है कि काल ने हमारी संसद ही नहीं, हमारी भाषा हिंदी की रचनाओं का भी नया पाठ कर डाला है।

और वह दोनों में एक जैसा ही विडंबनापूर्ण है।

(जनसत्ता : 14 जुलाई 2002)

गाँधी, गुजरात और हमारा समय

सबसे पहले यह स्पष्ट करना जरूरी है कि इस टिप्पणी में जो तर्क मौजूद हैं उसकी प्रकृति प्रचलित आधुनिक तर्क-संगति से भिन्न है। यानी ये तर्क वैज्ञानिक तो कतई नहीं हैं। न इनके पीछे उस तरह के विचार हैं जिन्हें आधुनिक और वैज्ञानिक कहा जाता है और जिनकी जड़ें पश्चिम के ज्ञानोदय, औद्योगीकरण, विज्ञान के विकास, लोकतंत्र के जन्म, मध्यवर्ग के अभ्युदय में—यानी कुल मिलाकर जिसे आधुनिकता कहा जाता है उसमें—धँसी हुई है।

यह टिप्पणी हालाँकि पिछले दिनों गोधरा और उसके बाद समूचे गुजरात में जो कुछ हुआ, उसी को देखने की एक कोशिश है लेकिन इसे देखने में जिस आँख का इस्तेमाल हुआ है, वह पूर्व-आधुनिक या उत्तर-आधुनिक या संभवतः मध्यकालीन है। परंतु यह भी साफ करना जरूरी है कि यह मध्यकालीनता इस्लामी समाज या यूरोपीय समाजों में पाई जाने वाली बहुचर्चित और इतिहास द्वारा परिभाषित मध्यकालीनता से भिन्न है। दरअसल यह एक ऐसी आँख है या एक ऐसी तर्क-संगति है, जिसे हम दूसरी परिभाषा की अनुपस्थिति में 'भारतीय' मान लेते हैं। क्योंकि जितनी बहुलता का संकेतक यह 'भारतीय' संज्ञा है, उसमें बहुत-सी इतिहासेतर अपरिभाषित चीजें और विचार खप सकते हैं।

अगर इतिहास और अतीत से इस आँख या दृष्टि का कोई समरूप उदाहरण जुटाना जरूरी ही हो तो इसके लिए महात्मा गाँधी के उस वक्तव्य का स्मरण किया जा सकता है, जो उन्होंने तीस के दशक में बिहार की त्रासदी के तत्काल बाद दिया था। उस साल आए भूकंप में बिहार में हजारों लोगों की मृत्यु हुई थी। यह एक बहुत मार्मिक प्राकृतिक आपदा थी, जिसकी दहला देने वाली मानवीय परिणतियाँ हुई थीं।

...और इस पर महात्मा गाँधी का वक्तव्य आया था कि बिहार के लोगों को उनकी अस्पृश्यता के पाप का दंड प्रकृति ने दिया है। प्रकृति या ईश्वर, सही संदर्भ और उद्धरण के अभाव में इनमें से किसी भी पद का इस्तेमाल किया जा सकता है क्योंकि गाँधी जी, दोनों का अक्सर समानार्थी इस्तेमाल करते थे। जैसा पहले कहा जा चुका है कि उनकी आँख या तर्कसंगति में पश्चिम का विज्ञान या आधुनिक बुद्धि

बहुत कम नजर आती थी। यह बुद्धि या तो पूर्व-आधुनिक थी या फिर उत्तर-आधुनिक अथवा मध्यकालीन। फिलहाल इसे 'भारतीय' मान लेने में भी कोई ज्यादा हर्ज नहीं।

गाँधी जी के इस वक्तव्य ने सबको स्तब्ध कर दिया था। तत्कालीन बौद्धिकों, राजनीतिकों और लेखकों आदि के लिए यह वक्तव्य असुविधाजनक ही नहीं पिछड़ा, अंधविश्वासी और विज्ञान विरोधी था। भला भूकंप जैसी प्राकृतिक घटना का बिहार की जनता के पाप से क्या लेना-देना? सभी ने इस वक्तव्य की आलोचना की थी। रवींद्रनाथ ठाकुर और मुंशी प्रेमचंद भी इसमें सम्मिलित थे। अगर गौर से देखें तो यह वक्तव्य सबको इसलिए अचरजकारी और अग्राह्य लगा था कि यह समाज, प्रकृति और राजनीति की आधुनिक तर्कपद्धति के 'नियम-कायदों' का उल्लंघन करता था। विज्ञान, तकनीकी, आधुनिकता आदि के इतने विकास के बाद ऐतिहासिक अवस्था में भूकंप, बाढ़ या महामारी को उस आँख से देखना उचित और विश्वसनीय नहीं रह गया था, जिस तरह से गाँधी जी ने बिहार के भूकंप को देखा था। इसीलिए सभी प्रमुख भारतीय बौद्धिकों-राजनीतिकों ने गाँधी जी के उस वक्तव्य को अवैज्ञानिक और दकियानूस घोषित किया था। भूकंप का आधिकारिक और प्रामाणिक विश्लेषण अब भूवैज्ञानिक के जिम्मे था। हैजा या चेचक जैसी महामारियों के बारे में किसी ओझा, संत या पैगंबर की नहीं, एक चिकित्सक की राय प्रामाणिक हो चुकी थी। पृथ्वी अब न तो कछुए की पीठ पर टिकी थी, न किसी नाग के फन पर। गैलीलियो द्वारा वह सृष्टि के केंद्र से बेदखल हो चुकी थी, जहाँ उसे बाइबिल में प्रभु ईसा ने बिठाया था। ब्रह्मांड किसी ब्रह्मा या किसी अन्य सृष्टिकर्त्ता ने नहीं बनाया था, उसकी प्रामाणिक व्याख्या अब खगोलवेत्ता ही कर सकता था। यानी अगर बात को थोड़े में लपेटकर कहें तो पिछली सदी के उस आधुनिक मध्यवर्ग का जन्म, विकास और अधिपत्य समाज पर हो चुका था, जिसे विज्ञान, लोकतंत्र, ज्ञानोदय, औद्योगीकरण, पूँजी आदि इत्यादि ने निर्मित किया था।

और ऐसे समय में गाँधी जी का यह वक्तव्य! जबकि वे तो स्वयं आधुनिकता की सबसे विकसित, शक्तिशाली और विश्वव्यापी संरचना, अर्थात ब्रिटिश साम्राज्यवाद के विरुद्ध लगभग मध्यकालीन भारत की मुक्ति के लिए लड़ रहे थे। देखें तो साफ लगेगा कि टैगोर, मुंशी प्रेमचंद, नेहरू और अन्य राजनीतिक या बौद्धिक, जिन्होंने गाँधी जी के वक्तव्य का विरोध किया था, दरअसल आधुनिक तर्कसंगति और बौद्धिकता से संपन्न लोग थे, वे तत्कालीन ग्लोबल बौद्धिक समाज के स्वाभाविक विस्तार और उसी के अंग थे, जबकि गाँधी जी पूर्व, उत्तर, इतर, अनाधुनिक। वे किसी अपरिभाषेय धरातल पर खड़े थे। लेकिन उनका वह वक्तव्य एक उतनी ही अवैज्ञानिक, अआधुनिक, विज्ञान विरोधी, दकियानूस सामाजिक संरचना या सामाजिक रूढ़ि के विरोध में खड़ा था, जिसे अस्पृश्यता या जातिवाद के रूप में हम आज भी पहचानते हैं। यानी गाँधी

जी के उस घनघोर अनाधुनिक वक्तव्य के पीछे जो संदेश छिपा था, वह घनघोर आधुनिक संदेश था। यह कैसी विडंबना थी?

तो गुजरात पर भी क्यों न एक वैसी ही दृष्टि डाली जाए? महात्मा गाँधी का जन्म भी तो इसी राज्य में हुआ था। हाँ, उनकी हत्या जरूर दिल्ली में की गई थी। तो गुजरात एक ऐसा अभिशप्त भूखंड है जिसकी विडंबनाओं और त्रासदियों के पीछे कुछ अनाधुनिक या उत्तर अथवा पूर्व-आधुनिक संदेश छिपे हुए हैं। इसी गुजरात में अवज्ञा, असहयोग, अपरिग्रह, उपवास आदि राजनीति के अहिंसक औजारों का आविष्कार करने वाले महात्मा का जन्म हुआ। इसी गुजरात में भ्रष्टाचार के खिलाफ, चिमन भाई के मुख्यमंत्रित्व के काल में, वह छात्र आंदोलन प्रारंभ हुआ जिसने राजनीतिक आकाश से लगभग विलुप्त हो चुके उस नक्षत्र को पुनर्जीवित किया, जिसे जयप्रकाश नारायण कहते थे। स्वतंत्रता के बाद उस लोकसत्ता का जन्म इसी राज्य में हुआ, जिसने निरंकुश और अधिनायकवादी हो चुके कांग्रेसी शासन के आपात्काल को 1977 में उखाड़ फेंका। लेकिन इसी गुजरात से उस रथ का पहिया भी घूमना शुरू हुआ, जो अयोध्या के लिए कूच कर रहा था, जिस पर आडवाणी जी सवार थे। उस रथ के सारथी थे नरेंद्र मोदी, जो आज वहाँ के मुख्यमंत्री हैं। यही वह रथ था, जिसने भारतीय राजनीति की समूची रासायनिक संरचना बदल डाली और केंद्रीय सत्ता के शिखर पर इसने भाजपा को आरूढ़ किया। यही वह गुजरात था, जहाँ गाँधी जी ने नमक कानून तोड़कर चरखा चलाकर विदेशी कंपनियों के विरुद्ध स्वाधीन मनुष्य के हाथ के श्रम और कुटीर उद्यमों के पक्ष की घोषणा की, लेकिन यही वह जगह साबित हुई, जहाँ जनता के घर बार को डुबा देने वाले बाँध का निर्माण चल रहा है और समुद्री तटों के ठेके बहुराष्ट्रीय निगमों को दे दिए गए। जहाँ चरखा चला था, वहाँ पॉवरलूम चले। मुनाफाखोर टेक्सटाइल कारखाने स्थापित हुए। मछुआरों को भगा कर विदेशी कंपनियों ने समुद्र और नदियों पर कब्जा कर लिया।

यही वह भूखंड था जहाँ से सांप्रदायिक सद्भाव का पहला राष्ट्रव्यापी संदेश गूँजा था, और इसी जगह ईसाइयों पर सबसे घातक हमले होने शुरू हुए। बाइबिल जलाने की घटना यहाँ हुई। जहाँ अल्लाह और ईश्वर एक होते थे, वहाँ दोनों के बीच भयावह दंगे होने लगे। जहाँ वे वैष्णवजन रहते थे, जो परायी पीड़ा को जानते थे, वहाँ क्रूर, वहशी, पेशेवर उन्मादी हत्यारों के चेहरे उभरने लगे।

गुजरात का ऐसा कायापलट कैसे हो गया? क्या एक पूर्व आधुनिक, मध्यकालीन आधुनिक संत ने जिस गुजरात को बनाने की कोशिश की थी, आधुनिक राजनीति ने उसका वि-निर्माण और उसकी पुनर्रचना कर डाली। क्या जिस दिल्ली में गुजरात के संत को मार डाला गया था, उसी दिल्ली ने इस नए गुजरात का निर्माण किया। गुजरात से कूच करने वाले रथ पर आडवाणी के साथ सवार होकर ही नरेंद्र मोदी दिल्ली पहुँचे

थे और फिर दिल्ली से ही उन्हें वापस गुजरात भेजा गया। गुजरात में स्थापित होने के लिए उन्हें चुनाव जीतना जरूरी था और उन्होंने चुनाव राजकोट से जीता, जहाँ समूचे देश में राष्ट्रीय स्वयंसेवक संघ की सबसे ज्यादा शाखाएँ मौजूद हैं। यह अतीत का वही संघ है जिसके बायोडाटा में 30 जनवरी, 1948 को गुजरात के उस संत की हत्या का कर्म अंकित है। और गुजरात ही वह राज्य है जहाँ संघ के सेवकों पर सरकारी नौकरियों में प्रवेश के विरुद्ध लगे प्रतिबंध को हटा लेने का प्रावधान लागू करने की कोशिश हुई।

यानी गुजरात हमारी आधुनिक राजनीति द्वारा एक ऐसे अभिशप्त भूखंड में बदला जा चुका है जिसकी घटनाओं की व्याख्या के लिए कोई भी आधुनिक आँख नाकाफी है। गुजरात के अभिप्रेत आधुनिकता के दायरे के बाहर भी उपस्थित थे। अब संक्षेप में उन्हीं पर एक दृष्टिपात किया जाए।

पिछले वर्ष इसी गुजरात में स्वतंत्रता के बाद के इतिहास का सबसे बड़ा और विनाशकारी भूकंप आया था। उसकी तारीख थी 26 जनवरी। भारतीय गणतंत्र के बायोडाटा में यह तारीख गणतंत्र दिवस या रिपब्लिक-डे के नाम से दर्ज है। जिस समय दिल्ली के इंडियागेट के राजपथ पर भारतीय गणतंत्र अपनी राज्यसत्ता की शक्ति का आनुष्ठानिक प्रदर्शन कर रहा था, ठीक उसी पल गुजरात में प्रकृति ने अपनी सत्ता का अनौपचारिक प्रदर्शन किया था। हम सब गवाह हैं कि इसके बाद भारत ही नहीं, संसार के सारे टीवी चैनलों और समाचार माध्यमों में गुजरात में घटित प्रकृति की सत्ता की विनाशलीला की ही खबरें और सूचनाएँ छा गई थीं। गणतंत्र दिवस पर दिए गए प्रधानमंत्री के भाषण का पाठ क्या था और कौन-कौन सी नई मिसाइलें, जहाज, बम और हथियार हमारे रक्षा तंत्र ने बटोरे हैं, इसकी ओर किसी की आँख ही नहीं जा रही थी। यह सब कुछ उस समय हुआ था, जब 14 जनवरी को मकर संक्रांति से तीर्थराज प्रयाग में प्रारंभ हुए महाकुंभ का पर्व चल रहा था। स्नान और महास्नान पर्व जारी थे। 12 वर्ष में एक बार पड़ने वाले हिंदुओं के इस महाकुंभ पर्व पर करोडों श्रद्धालु उस जल में डुबकी लगा रहे थे, जो जल गंगा, यमुना और विलुप्त नदी सरस्वती के संगम से बना था।

अगर अपनी स्मृति पर और जोर डालें या पिछले साल के अखबार उठाकर देखें तो पता चलेगा कि 14 जनवरी से 26 जनवरी की तारीखों के बीच हर दूसरे-तीसरे दिन महास्नान पर्व के ठीक समांतर उन्हीं दिनांकों और मुहूर्तों को लक्ष्य बनाकर विश्व हिंदू परिषद कुंभस्थल पर ही, अयोध्या में राम मंदिर के शिलान्यास या निर्माण की तारीखें घोषित करने में संलिप्त था।

और यही वे दिनांक थे, जब गुजरात में प्रकृति ने अपनी सत्ता का प्रदर्शन किया था। गुजरात में इसलिए कि केंद्र में सत्तारूढ़ राजनीतिक सत्ता का नाभिनाल उसी के गर्भ से जुड़ा था। यानी गुजरात में आने वाले भूकंप ने गुजरात को नहीं, केंद्र की सत्ता

को भी हिला डाला था। गुजरात में ही केंद्र की मौजूदा राजनीतिक सत्ता का 'एपिसेंटर' है। दिल्ली या उत्तर भारत में अपने पुनर्जीवन के लिए आवश्यक रक्त उसे उसी अभिशप्त भूखंड से ही हासिल हो सकता है, जिसका नाम गुजरात है। और गोधरा के बाद गुजरात में घटने वाली घटनाएँ उसी रक्त की खोज का प्रतिफलन है।

अब अगर हम फिर गाँधी जी के उस पूर्व, उत्तर इतिहासेत्तर, मध्यकालीन या मौलिक मानस की ओर लौटें तो कह सकते हैं कि अगर वे पिछले वर्ष 26 जनवरी को हमारे बीच होते तो गुजरात के भूकंप के बाद शायद यह कहने की जोखिम ले सकते थे कि यह गुजरात के लोगों की सांप्रदायिकता के पाप का प्रकृति द्वारा दिया गया दंड है। जाहिर है अगर उनका ऐसा कोई वक्तव्य आता तो हम सब उसका उसी तरह विरोध करते, जिस तरह 1932-34 में टैगोर, प्रेमचंद, नेहरू आदि आधुनिक बौद्धिकों ने किया था। क्योंकि ऐसा कहना घोर अवैज्ञानिक है और अतार्किक ही, लेकिन यह कहना भी उतना ही अतार्किक है कि इस बार फिर जब गुजरात में सांप्रदायिक दंगे जारी थे, ठीक उसी समय अफगानिस्तान में स्थित हिंदूकुश पर्वत के नीचे से एक और भूकंप का जन्म हुआ था। अगर यह भूकंप कुछ सेकंड और रुकता तो काबुल, इस्लामाबाद और दिल्ली यानी इस उप महाद्वीप में उपस्थित हमारी आधुनिक राजनीति के तीन बड़े सत्ता केंद्र उस प्राकृतिक सत्ता के कोप से धराशायी हो चुके होते।

क्या प्रकृति हमारी आधुनिक राजनीतिक संस्थाओं और संरचनाओं को चुपचाप कोई कूट संकेत देना चाहती है? कि बस अब बस करो। जो शक्तियाँ विज्ञानेतर हैं, आधुनिक हैं, अ-व्याख्येय हैं—उनसे छेड़छाड़ बंद करो। बहुत हो चुका है। इस देश के निवासियों को शांति के साथ और भाईचारे के साथ रहने दो। उन्हें जीने दो।

(जनसत्ता : 17 मार्च 2002)

लेखक, पाठक, प्रकाशक और पुस्तक का अंत?

अब से लगभग डेढ़-पौने दो साल पहले, अप्रैल 2000 की बात है। राजस्थानी और हिंदी के सुप्रसिद्ध वरिष्ठ साहित्यकार विजयदान देथा पर एक वृत्तचित्र बनाने के सिलसिले में मैं उनके गाँव बोरुंदा में था। बोरुंदा जोधपुर से लगभग 110 कि. मी. दूर, धीरे-धीरे कस्बे में बदलता हुआ एक गाँव है। ठेठ पारंपरिक जीवन-शैली अपनाए हुए, राजस्थानी लोकगाथाओं की खोज, पुनराविष्कार और पुनर्रचना के अनोखे और महत्त्वपूर्ण काम में लगे बिज्जी (विजयदान देथा को प्यार से लोग यही कहते हैं) के सम्मुख इक्कीसवीं सदी की प्रविधि और तकनीकी तथा संस्कृति के साथ उसके अंतःसंबंधों और अंतःक्रियाओं से जुड़े किसी निहायत नागर-बौद्धिक प्रश्न को रखना अटपटा तो लग रहा था लेकिन एक तरह की उत्सुकता भी थी, कि महानागर-अभिजन लेखकों द्वारा ऐसे किसी उत्तर-आधुनिक माने जा चुके जटिल सवाल के बारे में, हमारी पारंपरिक ग्रामीण संस्कृति की परंपराओं के साथ गहनता से संपृक्त, एक बहत्तर वर्षीय 'सरल' साहित्यकार क्या सोचता है।

वे दिन नई सहस्राब्दी और नई शताब्दी के हल्ले-गुल्ले से भरे दिन थे। तमाम पत्र-पत्रिकाओं और अखबारों के शताब्दी-सहस्राब्दी विशेषांक निकल रहे थे। अंग्रेजी की एक पत्रिका, एक अखबार तथा हिंदी की एक साहित्यिक पत्रिका के सहस्राब्दी अंकों के अतिथि संपादन का काम इन पंक्तियों के लेखक को भी करना पड़ा था। जिस तरह 1965-67 में ट्रांजिस्टर या 1980-82 में सैटेलाइट प्रक्षेपण और टीवी का शोर-शराबा मचा हुआ था, उसी तरह इन दिनों कंप्यूटर, इंटरनेट और डिजिटल का चारो ओर शोर था। सत्ता हथियाने के निमित्त बनने वाले फौरी राजनीतिक गठबंधन, सौंदर्य प्रसाधन, एड्स, आतंकवाद, फैशन, मंदिर-मस्जिद, नरम और गरम पेय के अलावा 'वाइ 2 के' जैसी समस्याएँ स्वतंत्रता के 53-54 साल बाद हमारी केंद्रीय राष्ट्रीय समस्या बनी हुई थी।

उन्हीं दिनों राजधानी के राष्ट्रीय अखबारों में इंटरनेट और डिजिटल चुनौती के सामने किताबों के भविष्य के बारे में तरह-तरह के लेख छप रहे थे। पश्चिम और अमेरिका का नवें दशक का भय अब हमारी राजधानी के बौद्धिक समाज में

संक्रमित हो गया। कविता, आख्यान और इतिहास के अंत की घोषणाएँ पहले से ही हो चुकी थीं फिर भला 'किताब का अंत' जैसे आकर्षक नारे के लिए अपना दिल्लीवासी ग्लोबल इंटेलेक्चुअल क्यों न लपकता। 'पुस्तक का अंत' एक अमेरिकी लाइब्रेरी जर्नल (पुस्तकालय पत्रिका) में रेमंड कुर्ज़वील ने कर दिया था। इसके अनुसार 21वीं सदी के प्रारंभ होते ही कागज़ी किताबों के अंत की उलटी गिनती शुरू हो जाएगी। हालाँकि इतने वर्षों से चली आती परंपरा और उनके विशाल भंडारों के कारण उन्हें पूरी तरह मिटने में ज़रा वक्त लगेगा और एक-दो दशकों तक वे किसी तरह घिसटती रहेंगी, लेकिन इलेक्ट्रॉनिकी ने अब उनके अस्तित्व पर प्रश्नचिह्न लगा दिया है। बस, पश्चिम के विद्वानों के बीच विमर्श शुरू हो गया था और यह सुझाव आने लगे थे कि 'भविष्य के पुस्तकालय' कैसे हों। क्या करोड़ों रुपयों को खर्च करके विशाल इमारतों के स्थापत्य वाले पुस्तकालयों का निर्माण तार्किक है, जब कि अब सारा ज्ञान, समूचा साहित्य और सारी पुस्तकें किसी भी छोटे से पी.सी. में माउस के क्लिक के साथ मौजूद रहेंगी। सी.डी. रोम और माइक्रोफिल्मों में भारी-भरकम ग्रंथों को संग्रहित करने का काम तो बड़े पैमाने पर पहले से शुरू भी हो चुका है।

प्रश्न यहाँ यह महत्त्वपूर्ण नहीं है कि लेखक-प्रकाशक-प्रेस-व्यापारी-पाठक वाला यह पारंपरिक पुस्तक उद्योग-व्यवसाय इसी रूप में रहेगा या नई प्रविधि और परिवर्तित संदर्भ के दबाव में बदलेगा, मैं तो इस टिप्पणी के माध्यम से बौद्धिकों और लेखकों के अतीत-मोह से उपजने वाले उस भय और नॉस्टेल्जिया का संकेत करना चाहता हूँ, जो उन दिनों अखबारों और पत्रिकाओं में छपने वाली अधिकांश लेखों के जरिए प्रकट हो रहा था जो जितना ज्यादा बौद्धिक था, वह उतना ही बड़ा भय दिखा रहा था। कुछ किताबों के स्पर्श, उनकी स्मृतियों, उनकी गंध आदि का शोका-लेख लिख रहे थे। और कुछ 'पुस्तक विहीन समाज' का नया यूटोपिया तैयार कर रहे थे। एक बड़ी संख्या उनकी भी थी, जो बिना अपनी स्थानिक परिस्थितियों पर विचार किए, हमेशा हर पश्चिमी-अमेरिकी वैचारिक उत्पाद की तरह उसके स्वागत में भी मगन हो रहे थे। ऐसे में राजस्थान के जोधपुर जिले से सौ से अधिक कि.मी. दूर के गाँव बोरुंदा में, लोकाख्यानों की खोज और उनके पुनराख्यान में निमग्न, धोती, पगड़ी और मिरजई पहना हुआ एक बहत्तर वर्षीय लेखक भला कैसे इतिहास की इस नई प्राविधिक-सांस्कृतिक गुत्थी पर टिप्पणी करता? लेकिन बिज्जी का उत्तर महत्त्वपूर्ण था और अपने सार में उसमें वहीं अंतदृष्टि थी, जो इसके बारे में बाद में कई महत्त्वपूर्ण विशेषज्ञों के विचारों में प्रकट हुई थी।

विजयदान देथा का उत्तर था—की कल्पना करो, जब किसी चट्टान पर सिर्फ एक शब्द छेनी और हथोड़े से उकेरने में शिल्पी को कई घंटे-पहर बीत जाते थे। महीनों-हफ़्तों के बाद एक-दो वाक्यों के एक राजकीय आदेश या एक श्लोक के

टंकण के बाद जा कर एक शिलालेख बनता था। और उस समय का पाठ-रूप भी कम विलंबित और दुस्साध्य नहीं था। उस दो वाक्य के शिलालेख को पढ़ने वाले जो विरल-दुर्लभ 'विद्वान' पाठक थे, वे उसे पढ़ने और समझने में उतना ही समय लगाते थे। इसके बाद भेड़ की खाल, काठ या धातु के पटों या भोजपत्रों में लिखाई तो ज्यादा से ज्यादा लोगों तक, जल्दी से जल्दी और अधिक सुविधाजनक ढंग से पहुँचने की प्रगति का ही इतिहास है। अगर अब बिना कागज़ और भारी-भरकम प्रिंटिंग प्रेस के, बिना बाइंडर और गाड़ी-जहाज के, पाठकों तक लेखक के वाक्य और उसकी कृतियाँ पहुँचेंगी तो इसमें बुराई क्या है? रहा सवाल यह कि अब भविष्य की पुस्तक का रूप कैसा रहेगा? तो यह तो चिरंजन किस्म का वैसा ही ऐतिहासिक सवाल है, जैसा साइकिल के आविष्कार के पहले किसी घुड़सवार के दिमाग में पैदा होता रहा होगा।

बिज्जी के जवाब में वही ठेठ देशज पारंपरिक बुद्धिमत्ता थी, जिसे अंग्रेजी में 'विज़डम' कहते हैं और विज्ञान युग अथवा औद्योगिक युग के आगमन के साथ जिसे इलियट के शब्दों में 'ज्ञान' (नॉलेज) ने विस्थापित किया था और अब जिसे 'सूचना' (इनफॉर्मेशन) ने बेदखल किया है। मैं संकेत इस महत्त्वपूर्ण तथ्य की ओर करना चाहता था कि विजयदान देथा के उत्तर में नई प्रविधि को लेकर न किसी तरह का भय था, न अतीतमोह से जनमने वाला कोई विलाप ही था। वे इस प्रश्न को एक विवेक संगत ऐतिहासिक परिप्रेक्ष्य पर रख कर देख रहे थे। उनका उत्तर सूचना-आक्रांत उत्तर नहीं, एक तटस्थ तार्किक और सुचिंतित उत्तर था।

दरअसल प्रविधि और प्रौद्योगिकी के परिवर्तनों के साथ उनकी संदर्भगत संरचनाएँ अपने अनुकूल नई सांस्कृतिक संरचनाओं को भी विनिर्मित करती हैं। यही नहीं, वे अपने प्रतिकूल पड़ने वाली, या अपने विकास में गतिरोध पैदा करने वाली पुरानी सांस्कृतिक संरचनाओं को विनष्ट या परिवर्तित भी करती हैं। पूँजीवाद ने अपने विकास के क्रम में जिस तरह अनेक नई सामाजिक-सांस्थानिक-सांस्कृतिक संरचनाओं को विनिर्मित किया, उसी प्रक्रिया में उसने पुराने सामंती समाज की अनेक सांस्थानिक-सामाजिक और सांस्कृतिक संरचनाओं को मिटाया या बदला भी। कला साहित्य या अन्य सांस्कृतिक प्रारूपों के संदर्भ में भी यही बात लागू होती है।

उदाहरण के लिए कहा जाता है कि चौथी सदी में जब पहली बार चौकोर, मोड़ी जाने वाली, कागज़ के पन्नों वाली, जिल्द में बाँधी जाने वाली पुस्तक का नया रूप 'कोडेक्स' या 'प्रबंध' (या शायद 'ग्रंथ') सामने आया तो उसने पाठ और लेखक तथा पाठ और पाठक के बीच के अब तक के संबंधों को गहराई से परिवर्तित ही नहीं किया, बल्कि एक हद तक बदल भी दिया। इसके पहले तो रेशम या लंबे कागज की पट्टिका पर ही लेखन होता था। वही किताब भी थी और पत्र भी।

ग्रीक-रोमन या प्राचीन भारतीय शासकों के काल को प्रदर्शित करने वाले चित्रों में ऐसी लपेटी और खोली जाने वाली 'किताब' को देखा जा सकता है। चौकोर बँधे हुए, पन्नों वाले प्रबंध अथवा नए प्रारूप की पुस्तक का आगमन एक तरह की क्रांति थी। इसने एक नई पाठ-पद्धति को जन्म दिया। यही नहीं लेखन प्रक्रिया भी इससे बुनियादी रूप से प्रभावित हुई। अब तक काठ की डंडी में लिपटती और खुलती हुई किताब का वह रूप बना, जिसके पन्ने पलटाए जा सकते थे। सूची देखकर पसंद के अध्याय या परिच्छेद को देखा जा सकता था। लेखक अब लिखते हुए खंड, अध्याय, सूची, तालिका आदि की बात भी ध्यान में रखने लगा। पट्टिका में जो पाठ एक तरह की निरंतरता में बहता रहता था, वह विभाजित, विखंडित, बहुस्तरीय और नई तरह से व्यवस्थित हुआ। साहित्य की बहुत सारी विधाओं का जन्म इसके बाद ही संभव हो पाया। आख्यान की बहुस्तरीय सूक्ष्म संरचनाओं, अधि-संरचनाओं, उपाख्यानों आदि के विकास की कल्पना आप इसके बिना कर ही नहीं सकते। आज भी अगर राजस्थान के पड़ गायकों द्वारा गाए और पढ़े जाने वाले पड़ चित्रों में पबु जी की कथा आप देखें, तो अंदाजा लगा सकते हैं कि स्वयं कथा के ढाँचे, शिल्प, विन्यास और संरचना ही नहीं, उसकी पाठ-पद्धति में भी कितना बड़ा परिवर्तन इसके बाद संभव हुआ।

इसी तरह प्रिंटिंग प्रेस के बाद आने वाले परिवर्तनों का इतिहास है। मुद्रण के द्वारा ज्ञान के यांत्रिक पुनरुत्पादन और फिर उसके वितरण ने भाषा पर कुछ वर्गों की सीमित इजारेदारी को समाप्त किया। उन्नीसवीं सदी के एक उपन्यास में एक ऐसा ही बिंब है, जिसमें एक व्यक्ति अपने हाथ में एक छपी हुई किताब उठाए हुए गिरजाघर को चुनौती देता हुआ कहता है कि अब तुम्हारे साम्राज्य का अंत आ चुका है, क्योंकि मेरे हाथ में भी किताब आ चुकी है। जाहिर है, किताब पर अधिकार ज्ञान पर अधिकार था और ज्ञान पर अधिकार का अर्थ व्यक्ति का सत्तावान (एंपॉवर्ड) होना था। मुद्रण के प्राविधिक विकास ने इसीलिए सिर्फ बहुत मात्रा में किताबों और पत्र-पत्रिकाओं, अखबारों की छपाई को आसान बनाने जैसा तकनीकी काम ही संपन्न नहीं किया, बल्कि बृहत्तर सामाजिक धरातल पर उसने सत्ता का भी विकेंद्रीकरण किया। लोकतांत्रिक अधिकारों के लिए आंदोलन और उनकी उपलब्धि ही नहीं बल्कि नई सांस्थानिक एवं सांस्कृतिक संरचनाओं के जन्म और विकास तक, सतही दृष्टि से फकत 'तकनीकी' लगने वाले इस परिवर्तन के सूत्र जुड़े हुए हैं। कलाएँ, जिनमें भाषिक कला के रूप में साहित्य भी सम्मिलित है, के जटिल और रूपांतरकारी परिवर्तनों को अधिक विस्तार और गहराई से समझने के लिए 1930 में लिखा गया वाल्टर बेंजामिन का लेख 'दि वर्क ऑफ आर्ट इन दि एज ऑफ मेकेनिकल रिप्रोडक्शन' (पहल 69 में अनुवाद प्रकाशित) को देखा जा सकता है। बेंजामिन ने प्रविधि के द्वारा कलाओं के पुनरुत्पादन या

प्रतिलिपिकरण को एक मूल्य निरपेक्ष प्रक्रिया माना है, यह संभवतः उनके समय की सीमा रही होगी। उन्होंने कलाओं की इस पुनरुत्पादकता की परिणतियों में उनके परि-संदर्भों और उनकी नई सामाजिक-सांस्कृतिक संरचनाओं के विकास तथा उनकी कोटियों का अध्ययन-विवेचन नहीं किया है।

पुस्तक प्रकाशन और लेखन के नए प्राविधिक विकास को गंभीर प्रक्रिया के बतौर इसी दृष्टि से देखा जाना चाहिए। इलेक्ट्रॉनिक्स के प्रभाव से होने वाले अन्य परिवर्तनों के समरूप सामाजिक और सांस्कृतिक परिवर्तन अनिवार्यतः परिघटित होंगे। यह उसी विकास का परिणाम है कि कंपोजिंग, ले-आउट और मुद्रण आज इतना आसान है कि दो लोग मिलकर बहुत सीमित साधनों से पत्रिका निकाल सकते हैं। प्रेमचंद की तरह उन्हें अपनी सारी संपत्ति गिरवी रखने और अपने भाई से उधार माँगने की उतनी आवश्यकता नहीं रह गई है। लेकिन यह परिवर्तन सिर्फ प्रकाशन की सतह तक ही सीमित रहने वाला परिवर्तन नहीं है। यह पाठ को भी गहराई तक प्रभावित-परिवर्तित करने वाला परिवर्तन है। इसने लिखने और पढ़ने की पारंपरिक पद्धति को ही एक तरह से बदलना शुरू कर दिया है। यांत्रिक मुद्रण के विकास और कलाओं की तीव्र पुनरुत्पादकता की परिणतियों को समझकर ही 1968 में रोलां बार्थ ने अपना चर्चित और विवादास्पद निबंध 'लेखक की मृत्यु' (डेथ ऑफ दि ऑथर) लिखा था। उन्होंने माना था कि साहित्यिक पाठ की पुनर्रचना (यानी पाठ, क्योंकि कोई भी पाठ मूल पाठ की पुनर्रचना है।) के संदर्भ में अब पाठक ने लेखक को उसकी जगह से बेदखल कर दिया है। यानी अब महत्त्वपूर्ण लेखक नहीं, उसका पाठक है। वही किसी रचना को पढ़ते हुए उसकी पुनर्रचना करता है। यह बात एक हद तक सही है। प्रविधि ने लेखक और पुस्तक दोनों की पूर्व आधुनिक गरिमा और रहस्य को विखंडित किया। किताब बाजार की एक 'कमॉडिटी' बना और लेखक पाठक पर निर्भर रहने लगा। (जो लोग सरकारी या सांस्थानिक अनुदानों या खरीद-फरोख्त पर निर्भर रहने वाले 'लेखक' (?) हैं, उन पर यह बात एक हद तक लागू नहीं होती।) सरल शब्दों में कहें तो यह कि लेखक अब मसीहा नहीं, मजदूर बना। शब्दों का कारीगर। उसके रहस्यीकरण की कोशिशें अब अगंभीर हास्यमूलकता की कोशिशें सिद्ध होने लगी थीं।

आज का दृश्य तो परिवर्तनों और गतिविधियों से भरा एक स्पंदित समय है। कंप्यूटर, इंटरनेट आ चुके हैं। और यह नई प्रविधि अपने चरित्र में हीरा, पन्ना, सोना की तरह समाज के संपन्न और वैभवशाली अल्पसंख्यकों की ही संपत्ति बनकर सीमित नहीं रहेगी। मुझे अपने बचपन का वह समय याद है जब संभवतः 1960-61 में पिता जी पहली बार शहर से हवाई चप्पल पहनकर आए थे। गाँव के लोगों के बीच लंबे समय तक यह बहस होती थी कि यह रबड़ है या बछड़े का चमड़ा। ऐसी गुदगुदी चप्पल तब समृद्धों के उपभोग की ही वस्तु थी। यही हाल थोड़ा बाद

में स्टेनलेस स्टील के साथ भी था। यह एलीट के डाइनिंग टेबल पर पाई जाने वाली और दहेज या गिफ्ट में दी जाने वाली चीज थी। आज दोनों को 'स्लम वेयर' कहा जाता है। झुग्गी-झोपड़ी वाले गरीबों की चीज़। कंप्यूटर के साथ भी यही होने जा रहा है। इसके दाम टीवी सेटों से भी कम होंगे और इसकी पहुँच साधारण जन समाज तक होगी। और तब आज वाली किताबें, ताँबे और काँसे की तरह अभिजनों के ड्राइंग रूम की सामग्री होगी और कंप्यूटर ट्रांजिस्टर की तरह गाँव-गाँव, गली-गली होगा। यह समय बहुत दूर नहीं है। बशर्ते बिजली और टेलीफोन की बुनियादी जिम्मेदारी भविष्य की कोई देशी सरकार पूरा करे। एक अनुमान के मुताबिक अगले वर्ष तक संसार में कंप्यूटर इस्तेमाल करने वाले लोगों की जनसंख्या एक अरब से ज्यादा होगी।

लेकिन महत्त्वपूर्ण यह है कि यह सत्ता का एक नया विकेंद्रीकरण होगा। सत्ताहीन नागरिक और व्यक्ति को यह सापेक्ष तौर पर ज्यादा सत्तावान बनाएगा। प्रेस और मुद्रित सामग्री की तरह सरकार या सत्ताधारियों द्वारा इसकी सेंसरिंग और उसका दमन इतना आसान नहीं रहेगा। यह प्रक्रिया प्रारंभ भी हो चुकी है। अभी पिछले साल तहलका का भंडाफोड़ किसी अखबार या टीवी चैनल के जरिए नहीं, एक डॉट कॉम कंपनी के द्वारा ही हुआ है। इस प्रविधि के चलते ही यह संभव हो सका है कि तुर्की जैसे देश में, जहाँ कुर्दिश भाषा प्रतिबंधित है, वहाँ सरेआम कंप्यूटर के पर्दे पर कुर्दिश का पूरा शब्दकोश उपलब्ध है। ईरान में जहाँ चालीस से ज्यादा अखबार और पत्रिकाएँ इस्लाम विरोधी होने या जनता को भड़काने के आरोप में प्रतिबंधित हैं, वहाँ लोकतांत्रिक और आधुनिक मानव अधिकारों के लिए लड़ रहे छात्रों के दमन और उत्पीड़न के सचित्र ब्यौरे इसी प्रविधि के कारण संभव हैं। ऐसा भी नहीं है कि सिर्फ राजनीतिक संदर्भों तक ही ये लाभ सीमित हैं। ईरान का ही उदाहरण लें तो ईरानी भाषा के सबसे लोकप्रिय कवि अहमद शामलू, जिनकी सत्ता के चाटुकारों के षड्यंत्रों के कारण विषम परिस्थितियों में जुलाई, 2000 में मृत्यु हो गई, उनकी कविताओं के प्रिंट-आउट के माध्यम से ईरानी युवाओं के बीच उपलब्धि भी इसी इंटरनेट के द्वारा संभव हुई है।

यहाँ इस टिप्पणी में डिजिटल प्रकाशन के कारण पुस्तकों की पदार्थ निर्भरता से मुक्ति के दूरगामी महत्त्व के बारे में कुछ भी लिखना सरलीकरण होगा। लेकिन संक्षेप में कहा जा सकता है कि अब लेखक और पाठक प्रकाशक के रहमो-करम पर निर्भर नहीं रहेंगे। बिना कागज के, बिना कोई जगह घेरे, विपुल साहित्य सीधे आपके सामने होगा। बल्कि है भी, लेकिन फिलहाल उनके सामने, जिनके पास कंप्यूटर और इंटरनेट की सुविधा है। और अब पाठक भी वह नहीं रहेगा, जो अब तक की पारंपरिक पुस्तकों का होता था। वह फिलहाल पाठक, दर्शक और श्रोता के बीच की कोई चीज है। टेक्स्ट पर उसका अधिकार अपरिमित है। वह उसके

किसी भी अंश को कहीं भी जोड़ या घटा सकता है। या उनकी पुनर्रचना कर सकता है। ऐसा पाठक आ रहा है। उसका आना तय है।

किताबों के लिए भविष्य अधिक उत्तेजक, संभावनापूर्ण और निर्बंध होगा, ऐसा ही लगता है।

(समयांतर : फरवरी 2002)

मैं पात्र कहाँ से लाऊँ

गर्भवती सीता जब षड्यंत्रकारी लांछनों की शिकार होकर परित्यक्ता और निर्वासित अवस्था में वाल्मीकि के आश्रम पहुँची तब सवर्ण नागर व्यवस्था में डाकू (दस्यु) माने जाने वाले आदि कवि वाल्मीकि ने अपना महाकाव्य रामायण लिखना प्रारंभ किया। उस समय ऐसा करते हुए वाल्मीकि अपने समय और यथार्थ में बाकायदा उपस्थित व्यक्तियों को ही अपने आख्यान का पात्र बना रहे थे। क्या ऐसा करते हुए वह आख्यान या काव्य की किसी निर्धारित संहिता या मर्यादा का उल्लंघन कर रहे थे?

जिन्होंने कॉलरिज का कल्पना का सिद्धांत पढ़ा हो, वे उसकी इस स्थापना के बारे में जानते होंगे कि कोई भी मनुष्य उस वस्तु या गुण की कल्पना कर ही नहीं सकता, जो यथार्थ में उपस्थित न हो। प्राचीन यूनानी या भारतीय मिथकीय चरित्र भी, जिन्हें अलौकिक और दैवीय माना जाता है, वस्तुतः यथार्थ में ही पाए जाने वाले विभिन्न प्राणियों या वस्तुओं की अलग-अलग विशिष्टताओं का असाधारण संयोजन हैं। यह सिद्धांत और व्यवहार, दोनों के ही धरातल पर असंभव है कि कोई रचनाकार यथार्थ से पूरी तरह मुक्त होकर, विस्मरण की किसी अनोखी मानसिक अवस्था में एक ऐसे काल्पनिक प्रति-संसार का निर्माण करे, जिसमें उसके समय और यथार्थ की कोई भी छवि उपस्थित न हो। कथा, नाटक, चित्रकला या सिनेमा आदि कलाओं में तो यह बिल्कुल असंभव है। चार्ली चैप्लिन ने जब 'द ग्रेट डिक्टेटर' बनाई तो वह निस्संदेह अपने समकालीन हिटलर का ही कैरिकेचर गढ़ रहा था।

आख्यानमूलक कलाओं में अपने समकालीन स्थितियों, चरित्रों, अनुभवों, मूल्यों और संवेदनाओं को हमेशा से ही कथा का विषय बनाया जाता रहा है और मेरा मानना है कि यह तब तक जारी रहेगा जब तक कोई सत्ता या व्यवस्था आख्यान को ही हमेशा के लिए प्रतिबंधित या समाप्त नहीं कर देती। लेकिन तब तक दमनकारी सत्ता या व्यवस्था ही स्वयं प्रतिबंधित या वर्जित कथा का विषय बनने से बच नहीं सकती; क्योंकि कथा की हत्या नहीं की जा सकती, कथाकार की भले

सत्य हर रचनाकार जानता है कि पंचतंत्र संस्कृत में लिखी गई एक ऐसी कालजयी रूपकात्मक कथा शृंखला है, जिसमें वर्णित प्रत्येक पशु-पात्र अपनी अभिव्यंजना में मानवीय गुणों-दुर्गुणों, चारित्रिक परिलक्षणों और व्यवहारों का ही संकेतक है। पंचतंत्र की लोमड़ी सिर्फ लोमड़ी नहीं, एक चालाक और स्वार्थी व्यक्ति (मनुष्य) भी है। जैसे खरगोश फ़कत एक खरगोश नहीं, एक वध्य और असहाय मनुष्य भी है। ऐसा नहीं कि ऐसा सिर्फ प्राचीन आख्यानों में ही होता रहा हो। बीसवीं सदी की सभी महत्त्वपूर्ण और चर्चित कथा-रचनाओं पर यही बात लागू होती है। उदाहरण के लिए जार्ज ऑरवेल के उपन्यास 'एनिमल फॉर्म' में वर्णित घोड़ा, कुत्ता या सूअर किसी पशुबाड़े के एकार्थी पशु पात्र ही नहीं हैं। उनके व्यंजनार्थों में स्तालिन, ट्राटस्की और बुखारिन जैसे आलेख के समकालीन अनेक रूसी राजनीतिक व्यक्तियों को देखा जा सकता है। उसके दूसरे उपन्यास '1984' का बिग ब्रदर भी हर कोई जानता है कि कौन-सा व्यक्ति है। अरुंधती राय या सलमान रुश्दी के उपन्यासों में वर्णित व्यक्तियों के बारे में पर्याप्त चर्चा हो चुकी है, क्या इसी आधार पर उनके उपन्यासों के साहित्यिक या रचनात्मक महत्त्व को नकार देना चाहिए? भीष्म साहनी के सुप्रसिद्ध उपन्यास 'तमस' के पात्र अविभाजित हिंदुस्तान के लाहौर के उनके समकालीन पात्र ही थे, क्या यह तथ्य उस उपन्यास के महत्त्व को कम कर सकता है? ज्ञानरंजन की कहानी के अविस्मरणीय पात्र कुंदन सरकार, काशीनाथ सिंह का जुआन, रेणु के 'मैला आंचल' के डाक्दर बाबू और 'परती परिकथा' के जित्तन समेत सैकड़ों ऐसे पात्र हैं जो कथाकारों के परिचित संसार से ही उठाए गए चरित्र हैं। ऐसा भी नहीं है कि इन पर समय-समय पर विवाद न उठाए गए हों, लेकिन हम सब जानते हैं कि ऐसे विवाद अंततः निरर्थक और गैर रचनात्मक ही होते हैं। अगर सृजनात्मकता की कसौटी पर रचना खरी हो तो उसको लेकर उठाए गए ऐसे साहित्येतर विवाद कुछ समय बाद स्वयं अपनी मौत मरते हैं और अगर रचना का मकसद किसी जीवित मनुष्य से अपना हिसाब-किताब चुकाना, निजी बदला लेना या चरित्र हनन होता है तो उस रचना को भी मरने से कोई बचा नहीं सकता। वह रचना होती भी नहीं है। कोई भी रचना बस एक अच्छा या बुरा पाठ भर होती है। जिस तरह ताजमहल संगमरमर में स्थापत्य का एक विलक्षण पाठ भर है, किसी संप्रदाय या राजनीति का वक्तव्य नहीं।

दरअसल किसी भी कला में आयत्त होते ही यथार्थ का कोई भी पात्र अपने मूलाधार से पूरी तरह विच्छिन्न हो जाता है। वह पात्र वास्तविक संसार से अलग कला की आंतरिक संरचना का एक अवयव बन जाता है। उस पात्र के संकेतार्थ भले ही रचना के बाहर के वास्तविक यथार्थ तक जाते हों, पर वह पात्र अब उस बाहरी वास्तविकता पर निर्भर नहीं रहता। किसी कलाकृति का पेड़ कला के भीतर का ही पेड़ होता है। अगर उसका फल खाने के लिए आप वास्तविक दृश्य जगत में घटने

वाली किसी खास ऋतु का इंतजार करेंगे, तो बूढ़े हो जाएँगे, कला के पेड़ में फल कभी नहीं आएँगे। उसी तरह जैसे हुसैन के कैनवास पर बने घोड़े की पीठ पर अगर आप सवारी करना चाहेंगे या उसकी पीठ पर कोड़े चलाना चाहेंगे, तो आप एक हास्य का ही निर्माण करेंगे।

सफदर हाशमी ने अपनी हत्या के ठीक पहले जिस अंतिम नाटक का मंचन करना चाहा था, वह था 'मोटेराम का सत्याग्रह।' प्रेमचंद ने वर्षों पहले जब यह कहानी लिखी थी तो किन्हीं सज्जन ने उन पर मुकदमा करने की धमकी दी थी और मुंशी प्रेमचंद को क्षमा माँगनी पड़ी थी। उस कहानी के मोटेराम प्रेमचंद के काल में भी प्रासंगिक थे और वर्षों बाद सफदर हाशमी के समय में भी उस पात्र की प्रासंगिकता बनी रही। वह कहानी आज भी प्रासंगिक है। लेकिन आज यह कोई नहीं जानता कि वे वास्तविक मोटेराम शास्त्री आखिर कौन थे।

कहानी ही नहीं किसी भी कला को कला के रूप में ही देखना चाहिए। उसके पात्रों, स्थानों और परिस्थितियों की खोज के लिए अगर कोई वास्तविक भूगोल और वास्तविक संसार में बिफरता हुआ भटक रहा है तो यह देखना होगा कि आखिर उसका मकसद क्या है? कहीं वह भी तो उस जमात का हिस्सा नहीं जो वाल्मीकि या तुलसीदास के रामायण की अयोध्या को यूपी के फैजाबाद में खोजता फिर रहा है?

(जनसत्ता : 2 दिसंबर 2001)

यौनिकता की राजनीति

ऐसा नहीं है कि स्त्री-पुरुष संबंधों के वर्णन और अभिव्यक्ति के मामले में पिछले समय के साहित्य के मुकाबले आज का साहित्य ज्यादा खुला, वर्जनाहीन, वर्जनामुक्त या साहसिक हो चुका है। साहित्य में वर्जनामुक्ति का कोई ऐसा इतिहासमूलक विकासवाद गढ़ने की कोई भी चेष्टा भ्रामक हो सकती है। अगर साहित्यिक अभिव्यक्ति में वर्जनाहीन विवरणात्मकता को ही एक अलग स्वायत्त मूल्य मान लें और उसे अन्य सामाजिक या यौन-राजनीतिक मूल्यों से अलग करके देखें तो आप पाएँगे कि रीतिकालीन साहित्य, जो आधुनिक खड़ी बोली में नहीं, बल्कि अवधी, ब्रज, मैथिली या बुंदेली जैसी क्षेत्रीय भाषाओं में लिखा गया, अधिक साहसिक, प्रयोगधर्मी, वृत्तांतात्मक और वर्जनाहीन था। स्त्री-पुरुष संबंधों की भौतिक देहमयता और यौन-सौंदर्यात्मकता के उपभोग्य आनंद की जो काव्य-चेष्टाएँ रीतिकाल में दिखाई देती हैं, वे कम से कम उन्नीसवीं और बीसवीं सदी के साहित्य में लंबे समय तक अनुपस्थित रही हैं। संभवतः भाँति-भाँति के सुधार आंदोलनों और कतिपय नवजागरणों का दबाव और परवर्ती ब्रिटिश काल में आदर्शवाद और राष्ट्रीयता की केंद्रीयता इसका कारण रही हो। पुरुष-वर्चस्व या पितृसत्तात्मक मूल्य-व्यवस्था का दीर्घ संदर्भ तो अपनी जगह उपस्थित रहा ही है।

रीतिसिद्ध और रीतिबद्ध कवियों के ऋतुवर्णन, नायिका भेद या शृंगार काव्य ही नहीं, अपेक्षाकृत कम लौकिक और अधिक भावनात्मक माने जाने वाले बोधा या आलम जैसे रीतिमुक्त कवियों के 'माधवानल कामकंदला चरित्र' जैसे आख्यान-काव्यों में भी जगह-जगह स्त्री की देह और नायक के साथ उसके रतिप्रसंगों का ऐसा कामासिक्त वृत्तांत है कि विवरणात्मकता के धरातल में हमारा आज का नारी-विमुक्ति का साहित्य भी उससे मीलों पीछे रह जाता है। बोधा ने 'बारह बरस' की कामकंदला का जैसा वर्णन किया है, उस तक पहुँचने में ब्लादीमीर नोबोकोव को शताब्दियाँ लग गईं तब कहीं वह 'लोलिता' लिख सका। संभव है कि हिंदू (ब्राह्मण) समाज में प्रचलित बालविवाह की सामाजिक स्वीकृति ही इस यौन-विकृति और उसके सौंदर्यशास्त्र के निर्माण की पृष्ठभूमि रही हो। लेकिन यह सच है कि यौन-वृत्तात्मकता के संदर्भ में रीतिकालीन साहित्य खासा दैहिक, बेबाक, लौकिक और भोगमूलक रहा है। अश्लीलता और

मनोविश्लेषण से संबंधित विवादों और बहस को फिलहाल स्थगित करते हुए कहा जा सकता है कि जरूरी नहीं कि बाद का साहित्य अनिवार्य तौर पर पिछले समय के साहित्य से स्त्री-पुरुष संबंधों की वर्णनात्मकता के मामले में 'विकसित' और आगे का ही साहित्य हो।

उदाहरण के लिए अभी कुछ वर्ष पहले अपनी शोधात्मक, तथ्यपरक और वैचारिक स्थापनाओं के चलते बहुचर्चित होने वाले उत्तर-आधुनिक चिंतक मिशेल फूको की किताब 'दि हिस्ट्री ऑफ सेक्सुअलिटी' को लिया जा सकता है।

यूरोपीय समाज और उसकी भाषिक अभिव्यक्तियों में सोलहवीं सदी के अंत और सत्रहवीं सदी के प्रारंभिक दशकों में स्त्री-पुरुष संबंधों के क्षेत्र में जो खुलापन और दो-टूकपन था, बाद में धीरे-धीरे उस पर वर्जनात्मक विक्टोरियाई मूल्यों की शालीनता और संभ्रांतता का अँधकार छाता चला गया। जो यौनिकता उस समाज में बचपन के खेल और क्रीड़ा तक में शामिल थी, वह सिर्फ वयस्कों और फिर बाद में सिर्फ विवाहित जोड़ों के बीच की ही चीज बनकर रह गई। बाकी सब कुछ 'अवैध' हो गया। पितृसत्तात्मक परिवार की चारदीवारी के भीतर ही स्त्री-पुरुष संबंधों को वैध और उचित माना गया। हमारे समाज में भी ले-देकर स्त्री-पुरुष संबंधों का इतिहास बहुत भिन्न नहीं रहा है बल्कि वह विक्टोरियाई वर्जनाओं से भी अधिक दमित और कुंठित रहा। प्रभा खेतान की 'पीली आँधी' या 'छिन्नमस्ता' में एक पारंपरिक भारतीय परिवार के भीतर पनपते दमनात्मक काम संबंधों, जो 'इंसेस्ट' तक पहुँचते हैं, का मार्मिक वर्णन है।

दरअसल स्त्री की अस्मिता से जुंड़े संघर्ष सिर्फ किसी भाषिक तेवर और संरचना तक पहुँचकर निसर्जित (कैथॉट) हो जाने वाली चेष्टाएँ नहीं हैं। साहित्य या अन्य कलारूपों में स्त्री-पुरुष संबंधों का कोई भी रूपक सिर्फ यौन विमर्श के सौंदर्यशास्त्र का रूपक नहीं रह जाता। कृष्णा सोबती के उपन्यास 'सूरजमुखी अँधेरे के' में जब रत्ती और दिवाकर के संबंधों का ऐंद्रिक विवरण सामने आया था, तो चर्चा को उसकी वर्णनात्मक साहसिकता तक ही सीमित करने की चेष्टा पुरुष हिंदी आलोचकों ने की जबकि बचपन में ही पुरुष वासना का शिकार हो जाने वाली रत्ती की विमुक्ति और उसके अपने अलग व्यक्तित्व को अर्जित कर लेने की कथा साहित्य में वह एक ऐतिहासिक चेष्टा थी। मार्गरित द्यूरास की विलक्षण आत्मकथा की वृत्तात्मकता का सहज ही स्मरण दिलाने वाला यह रत्ती-दिवाकर प्रसंग आज भी इस अर्थ में क्लासिक है, कि वह एक स्त्री लेखिका की सिर्फ भाषिक साहसिकता और बिंदास वर्णनात्मकता का ही उदाहरण नहीं, बल्कि मर्दवादी समाज एक दमित स्त्री की मुक्ति का पहला बृहत्तर सौंदर्यात्मक आविष्कार है। रत्ती-दिवाकर प्रसंग एक ऐसा रूपक है, जो सिर्फ भाषा की एक स्वायत्त संरचना के भीतर ही अपवर्जित नहीं होता बल्कि उसकी व्याख्या के लिए एक बड़े सामाजिक यौन विमर्श की राजनीति तक की यात्रा अनिवार्य हो

जाती है। रीतिकाल की 'बारह बरस की कामकंदला', जो बीसवीं सदी में 'लोलिता की तेरह-चौदह साल की' 'निंफेट' तक पहुँची पुरुष की वासना से आहत उसके बचपन की ग्रंथि को पहली अभिव्यक्ति कथा साहित्य में कृष्णा सोबती ने 'सूरजमुखी अँधेरे के' माध्यम से की तो सिनेमा में शेखर कपूर ने 'बैंडिट क्वीन' के जरिए।

अत्यंत संक्षेप में कहना हो तो यही कह सकते हैं कि स्त्री-पुरुष संबंधों में किसी उत्तर-सामंती या उत्तर-पितृसत्तात्मक विमर्श के लिए सिर्फ भाषा में भदेस बिंदास या वल्गर हो जाना ही स्त्री-क्रांतिकारिता का प्रमाण नहीं हो सकता। अगर कोई लेखिका साहित्य में मर्दवादी अश्लीलता की प्रतिक्रिया में उसी 'पुरुषार्थ' से भरी भदेस भाषा का इस्तेमाल करने लगती है, तो जर्मन ग्रीएर के शब्दों में वह एक जनाना जनखी (फीमेल यूनख) ही सिद्ध होगी। आज का खगोलीय बाजार विमुक्त स्त्री की छवि के बतौर इसी को प्रक्षेपित कर रहा है। लेकिन हिंदी का समकालीन कथा साहित्य और समकालीन कविता इसका प्रमाण है कि यौनिकता की राजनीति में भी लेखिकाएँ अपने गंभीर प्रतिरोध प्रस्तुत कर रही हैं। लेकिन यह सब कुछ अभी प्रारंभ भर है। बस एक शुरुआत। तस्लीमा नसरीन के कथा संग्रह 'चार कन्या' का एक उद्धरण देखिए। 'अच्छा क्या ऐसा नहीं हो सकत कि मैं अपने रोटी-कपड़े का बोझ खुद उठाऊँ। हो भी सकता है, क्यों नहीं हो सकता? आदमी क्या नहीं कर सकता! आदमी के जीवन में सब कुछ संभव है। घर का यह बंदी जीवन धीरे-धीरे मेरा दिमाग खराब किए दे रहा है। कभी-कभी सोचती हूँ—चुपचाप निकल जाऊँ। कोई नहीं जान पाएगा, कहाँ चली गई। दूर कहीं जाकर कुछ कर लूँगी। दुनिया में क्या काम की कमी है? फिर सोचती हूँ—ये जो लड़कियाँ 'हाउस वाइफ' बनकर घर पर रहती हैं वे तो बहुत सुखी दिखाई देती हैं। किसी को कोई शिकायत नहीं। क्या सचमुच वे सुखी हैं या सुखी दिखने का नाटक कर रही हैं।' हिंदी का स्त्री विमुक्ति का साहित्य भी अभी तक मोटे तौर पर 'हाउस वाइव्स' का ही साहित्य है। लेकिन वे सुखी नहीं हैं। उनकी शिकायतें भी शुरू हैं, विद्रोह भी और भले ही ज्यादातर यह विद्रोह एक नाटक या भाषिक मुद्रा ही हो। लेकिन इसी के बीच वह भी है, जो वास्तविक है।

(राष्ट्रीय सहारा : 18 नवंबर 2001)

सभ्यताएँ नहीं उनकी बंदूकें बोलेंगी

अगर हमारे देश में कुवैत या खाड़ी के दूसरे देशों की तरह तेल के कुएँ होते तो, उजबेकिस्तान या तजाकिस्तान की तरह प्राकृतिक गैस के भंडार होते या फिर एटलस में अफगानिस्तान जैसी रणनीतिक भूगोलीय स्थिति होती, तो यकीन मानिए सैम्युअल पी. हंटिंग्टन की किताब 'सभ्यताओं का संघर्ष : नई विश्व व्यवस्था का निर्माण' के मूल पाठ के भीतर और बाहर जहाँ इस्लाम और ओसामा बिन लादेन हैं, वहाँ हिंदुत्व और भारत के सांस्कृतिक राष्ट्रवादी होते। और तब पश्चिम और अमेरिका के बमबार हवाई जहाज और आकाश से टपने वाले खूँखार फरिश्ते (कमांडोज) हमारे साथ वैसा ही 'सभ्यतामूलक संवाद' कर रहे होते, जैसे वे फिलहाल अफगानिस्तान या इसके पहले खाड़ी देशों, खासतौर पर इराक के साथ कर रहे थे। लेकिन सभ्यताओं के बीच ऐसा संवाद पहली बार नहीं हो रहा है। जिस इतिहास का फुकूयामा और उत्तर-आधुनिकवादियों ने तथाकथित अंत कर डाला है, वह इतिहास संसार की तमाम सभ्यताओं के बीच संवाद के ऐसे ही हिंसक प्रसंगों और अध्यायों से भरपूर रहा है। एक से एक बड़े दार्शनिक, संत, पीर-पैगम्बरों, वैज्ञानिकों और कलाकारों को पैदा करने वाली सभ्यताएँ इतिहास में किसी निहायत टुच्ची-सी चीज के लिए मारकाट करती हुई दिखाई पड़ती हैं। अफीम, मसाले, खनिज, कपड़े, समुद्री और जमीनी व्यापारिक मार्ग, बाजार और सस्ती मजूरों पर कब्जा जमाने के लिए वे महान सभ्यताएँ इंसानी खून की नदियाँ बहाती दिखाई पड़ती हैं, जो साहित्य विज्ञान, सामाजिक प्रणाली, चिकित्सा, तकनीकी आदि-इत्यादि में संसार की अन्य बाकी सभ्यताओं को 'सभ्य' बनाने का दावा करती हैं। हंटिंगटन साहब भले ही कहें कि समाजवाद के पराभव, सोवियत रूस के विखंडन और बीसवीं सदी के उत्तरार्द्ध में अर्से तक चले 'शीतयुद्ध' के जरिए दुनिया को परस्पर विरोधी शिविरों में बाँट डालने वाली विचारधाराओं के अंत के साथ ही यह दुनिया पूरी तरह बदल गई है और इक्कीसवीं सदी की दुनिया के केंद्र में विचारधारा नहीं, सभ्यताओं का विमर्श है। और चूँकि सभ्यताएँ असल में विस्तीर्ण संस्कृतियाँ हैं, इसलिए इक्कीसवीं सदी के केंद्र में अब कुछ और नहीं बल्कि संस्कृति है। उनकी इस स्थापना से कुछ पेशेवर सांस्थानिक संस्कृतिकर्मी भले ही परम प्रमुदित हो जाएँ और अति उत्साह

में इतने सांस्कृतिक आयोजन करने लगें कि तीसरी दुनिया के किसी गरीब और अर्द्ध आधुनिक देश की सार्वजनिक संपत्ति का करोड़ों रुपया किसी उत्पादक सामाजिक काम में लगने के बजाय दारू, भत्ता, पारितोषिक और नाच-गानों या सांस्कृतिक आदान-प्रदान के तहत विदेश यात्राओं के परनाले में बह जाय, कोई भी सोचने-समझने वाला व्यक्ति यह जानता है कि इस उत्तर समाजवादी, उत्तर-औद्योगिक और उत्तर-विचार युग वाली तथाकथित इक्कीसवीं सदी के केंद्र में भी संस्कृति की उपस्थिति उतनी ही है, जितनी किसी अन्य समय में, अतीत में हुआ करती थी। कहीं ऐसा तो नहीं कि हंटिंग्टन की इस स्थापना का जो मूल केंद्रीय पद है, अर्थात 'संस्कृति' वह अपनी ओट में तेल, ऊर्जा, बाजार और मुनाफे की वास्तविक केंद्रीयता को ढाँकने-मूँदने वाला एक कूट पद है। एक धोखा। एक बिजूखा। और यूरोप तथा अमेरिका की उदार, लोकतांत्रिक, आधुनिक, विकसित और सहिष्णु सभ्यताओं के बरक्स बाकी दुनिया की जो अन्य पाँच सभ्यताएँ हैं वे इसीलिए पिछड़ी, दकियानूस, मध्यकालीनतावादी और कट्टरपंथी हैं कि वे अपनी परंपराओं और अस्मिताओं को त्याग कर अपने बाजार, श्रम और प्राकृतिक संसाधन चुपचाप उनके हवाले क्यों नहीं कर रही हैं।

अठारहवीं सदी में फ्रांस की राज्य क्रांति और इंग्लैंड के औद्योगिकीकरण की यूरोपीय कोख से पैदा होने वाले लोकतंत्र का सबसे प्रामाणिक और प्रत्यक्ष फल तो संसार में सबसे पहले हम भारतवासियों ने ही चखा। क्योंकि उस समय संयोग से हमारे बाजार और संसाधनों पर कब्जे के लिए एक-दूसरे से होड़ करती फ्रांस और इंग्लैंड दोनों ही देशों की व्यापारिक कंपनियाँ यहाँ मौजूद थीं। और यह ऐतिहासिक तथ्य भी क्या कम महत्त्वपूर्ण है कि उस समय भी इस उपमहाद्वीप में पश्चिम या यूरोप या ईसाइयत या साम्राज्यवाद के प्रसार को थामने की कोशिश मुख्य रूप से इस्लाम की अगुआई में ही हो रही थी। बक्सर की लड़ाई हो या 1857 का गदर, शुजाउद्दौला हो या बहादुरशाह जफर, पश्चिमी सभ्यता की निर्णायक टकराहट इस्लाम के साथ ही सबसे ज्यादा हुई। यानी संसार पर अपने व्यापारिक, राजनीतिक और सांस्कृतिक वर्चस्व को स्थापित करने के हर प्रयास में यूरोप को सबसे कड़ी टक्कर इस्लाम से ही लेनी पड़ी। यानी इस्लाम से पश्चिम के गहरे मनोवैज्ञानिक भय की जड़ें इतिहास में धँसी हुई हैं। यह भय उत्तर-आधुनिक या उत्तर-शीतयुद्धीय भय नहीं है। इक्कीसवीं सदी को सभ्यताओं और संस्कृतियों की टकराहटों की सदी घोषित करने वाले सैम्युअल हंटिंग्टन जैसे लोग भले ही पश्चिम की ईसाईयत को आधुनिक, उदार सहिष्णु और लोकतांत्रिक आदि सिद्ध करते हुए इस्लाम, बौद्ध, सिनिक या हिंदू सभ्यताओं को मध्यकालीनतावादी परिभाषित करें, वास्तविकता यही है कि इस्लाम से यूरोप के भय का इतिहास ही मध्यकालीनतावादी है। इसको प्रमाणित करने के लिए कम्युनिज्म के प्रेत का भय इंग्लैंड, अमेरिका,

फ्रांस और जर्मनी आदि को सताने लगा था, उसके बरक्स अपने रिश्तों को व्याख्यायित करने के लिए जिस शब्द का उन्होंने सहारा लिया, उस शब्द की उत्पत्ति ही इस्लाम के साथ उनकी टक्कर के दौरान हुई थी। वह मशहूर शब्द था–'कोल्ड वार' या 'शीतयुद्ध।' स्वयं हंटिंग्टन ने एक अमेरिका कॉलेज में दिए गए अपने व्याख्यान में बताया है कि 'कोल्ड वार' की उत्पत्ति एक स्पेनिश शब्द 'ला गुएरा फ्रिए' से हुई, जो मुसलमानों के साथ युद्धविराम के बाद के रिश्ते को परिभाषित कराने के लिए तेरहवीं सदी में इस्पहानी ईसाइयों द्वारा गढ़ा गया था। क्या यह चौंकाने वाला तथ्य नहीं है कि जब बीसवीं सदी में समाजवाद के प्रभाव में आ जाने वाले अपने ईसाई बिरादरी के देशों के 'कम्युनिज्म' का डर साम्राज्यवादी ईसाई देशों को सताने लगा, तो दूसरे विश्व युद्ध के बाद उन्हें समाजवादी शिविर के लिए भी वही शब्द–'कोल्ड वार' ही दुबारा याद आया। यानी यह सिद्ध हुआ कि अमेरिका और यूरोप की हंटिंग्टनवादी सभ्यताओं के डर ने पिछले पाँच सौ सालों में अनेक कलाबाजियाँ खाई हैं। तेरहवीं सदी में इस्लाम, बीसवीं सदी में कम्युनिज्म और अब इक्कीसवीं सदी में पुनः इस्लाम। ये तो पश्चिम के बड़े सभ्यतावादी डरो का वृत्तांत है। कई छोटे-मोटे नन्हे-मुन्ने सभ्यतामूलक डर भी बीच-बीच में सर उठाते रहे हैं। जर्मनी के आर्यवादी सभ्यता की बात करने वाले हिटलर का प्रेत जब सताने लगा, तो उसके निवारण के लिए कम्युनिस्ट से उन्होंने हाथ मिलाया और जर्मनी को दो टुकड़ों में बाँट डाला। जापान से डर लगा तो हिरोशिमा और नागासाकी में बम गिरा दिए। तब संभवतः यूरोप की सभ्यता को एशिया की बौद्ध सभ्यता से डर रहा होगा। वियतनाम और कंपूचिया में बुद्ध कम्युनिस्ट बनते नजर आए, तो वहाँ युद्ध छेड़ दिया। कट्टरपंथी, मध्यकालीनतावादी इस्लामी तालिबान ने तो सिर्फ बामियान की पहाड़ी चट्टानों पर बने बुद्ध की पत्थर की मूर्तियों को रॉकेट लांचरों से तोड़ा, यूरोप और अमेरिका की आधुनिक और उदार ईसाई सभ्यताओं ने तो जीती-जागती बौद्ध आबादी पर बम बरसाए। आप किसे ज्यादा हिंसक और बर्बर कहेंगे? यह एक मार्मिक ऐतिहासिक सच है कि आज तक इस तथाकथित सभ्यताओं की टकराहट की सबसे बड़ी कीमत हिंदू और मुसलमान ने नहीं, यहूदी और बौद्ध ने चुकाई है। हाल फिलहाल बौद्धों ने सबसे ज्यादा।

मजे की बात यह है कि अभी नब्बे के दशक में जब इलेक्ट्रानिकी के ग्लोबल बाजार में जापान अमेरिका और यूरोप को हर जगह पीटता नजर आ रहा था, तो हंटिंग्टन साहब को जापान के पुनःसैन्यीकरण और एशियाई सुपर पॉवर बनने के खतरे नजर आने लगे थे। लेकिन संयोग से खाड़ी में इराक के सद्दाम हुसैन ने उस भय के स्पेस को भर लिया। उस दौरान सीएनएन चैनल में अमेरीका और यूरोपीय पराक्रम और शौर्य के जो सभ्य दृश्य देखने को मिले, उसे एशिया और अफ्रीका की 'असभ्यताएँ'

किसी दुःस्वप्न की तरह हमेशा के लिए भूलना चाहेंगी। वह भी रमजान का महीना था, यह भी रमजान का महीना है। तब इराक और सद्दाम हुसैन थे, अब अफगानिस्तान और ओसामा बिन लादेन हैं। तब तेल के कुएँ थे, अब गैस और अफीम है। तब टकराहट कुवैत के जरिए हुई थी, अब वर्ल्ड ट्रेड सेंटर के जरिए हुई है। एक कोई उत्प्रेरक या कैटेलिस्ट तो होना ही चाहिए, जिसके बहाने सभ्यताओं का संवाद शुरू हो।

इतना ही नहीं, आर्थिक सुधारों के बाद और हांगकांग से ब्रिटेन के हट जाने के बाद चीन ने जिस तरह से एशियाई बाजार पर अपना दखल बढ़ाना शुरू किया है, उसके चलते निकट भविष्य में किसी भी दिन सैम्युअल हंटिंग्टन साहब की यह सभ्यतामूलक बौद्धिक स्थापना प्रकट हो सकती है कि अब पश्चिमी लोकतंत्र, आधुनिकता और उदारता को असली खतरा सिनिक सभ्यता या कनफ्यूशियन मंगोलवंशी चीनियों से है। चीन ने जिस तरह से खुद को पश्चिमी पूँजीवादी ढाँचे में तब्दील होने से इंकार किया और विश्व बैंक तथा बहुराष्ट्रीय पूँजी तथा उद्यमों के निवेश के बावजूद अपने एशियाई चरित्र को बचाए रखा है, उसको देखते हुए यह संभावना बहुत दूर की नहीं लगती। और तब पश्चिमी फौजों और बमबार जिस तरह आज पाकिस्तान में मौजूद हैं, उसी तरह हिंदुस्तान और तिब्बत की सरहद पर होंगी। और हमारी राजनीति के एक तबके को, जिसे अफगानिस्तान विरोधी अभियान में पाकिस्तान के मुकाबले नीची और छोटी चौकी पाने की ग्लानि और लज्जा सता रही है, उसे तब 'ऑपरेशन चाइना' के दौरान वह पाकिस्तानी-गौरव हासिल होगा।

लेकिन हंटिंग्टन साहब का क्या करें? उन्हें तो यह खतरा भी लगता है कि सिनिक अर्थात चीनी सभ्यता पर दसवीं-बारहवीं सदी से जिस हिंदू सभ्यता का प्रभाव रहा है और जिसके चलते ही चीनी लोग बौद्ध धर्म के प्रसार को अपनी सरहद पर ही, यानी तिब्बत, भूटान आदि तक थाम पाने में कामयाब हुए, उसके चलते कहीं हिंदू-सिनिक एकजुटता न पैदा हो जाए। नेपाल में ऐसा हो भी रहा है, जो कि अकेला हिंदू राष्ट्र है। ऐसी स्थिति में क्या होगा? यानी हंटिंग्टनवादी सभ्यता विमर्श के सामने एक नहीं, हजार भय अैर आशंकाएँ मुँह बाए खड़ी हैं। सभ्यताओं के संवाद के लिए कहाँ-कहाँ हवाई जहाज और परमाणु बेड़े भेजेंगे।

दरअसल 11 सितंबर, सन् 2001 की घटना के बाद, 1995-96 में लिखी गई सैम्युअल पी. हंटिंग्टन की किताब, 'सभ्यताओं का संघर्ष : नई विश्व व्यवस्था का निर्माण' का समूचा संदर्भ बदल गया है। एशियाई और अफ्रीकी समेत लगभग सभी गैर यूरोपीय संभ्यताओं को मध्यकालीनतावादी और पिछड़ी सभ्यताएँ होने का दंभ और अहंकार अब तक दूर हो जाना चाहिए। अगर आप सभ्यतामूलक कोण से आज के 'वार अगेंस्ट टेरॅर' को देखें, तो साफ दिखेगा कि इसमें महाभारत की तरह कोई पक्ष ऐसा नहीं है, जो किसी 'न्याय' या 'मर्यादा' के लिए लड़ रहा है। और जहाँ तक

मध्यकालीनतावादी पिछड़ेपन की बात है, तो दढ़ियल, पगड़ीधारी तालिबानों के मुकाबले जॉर्ज बुश का हुलिया बहुत उत्तर-आधुनिक, उत्तर कोल्डवारियान और लोकतांत्रिक नहीं है। बल्कि लगता तो यही है कि दरअसल उत्तर-आधुनिक सामरिक तकनीकी का प्रयोग तो दकियानूसी तालिबान कर रहे हैं, जबकि अमेरिका और इंग्लैंड उसके मुकाबले वही पिछड़ी, दकियानूस, उन्नीसवीं-बीसवीं सदी की तोप, टैंक, बमबार और नियमित सेना का इस्तेमाल कर रहे हैं। यानी कट्टरपंथी तालिबान युद्ध की सामरिक तकनीकी के लिहाज से उत्तर-आधुनिक और अमेरिका आधुनिक या पूर्व-आधुनिक है। कैसी आयरनी विडंबना है, जिसे हम देख रहे हैं?

एक और आयरनी है। अभी नब्बे के दशक में, समाजवाद के विसर्जन के बाद अमेरिका और यूरोप को जो एक विशाल बाजार पूर्वी यूरोप से सुदूर एशिया तक फैला हुआ नजर आ रहा था, उसमें अपने व्यापार के प्रसार के सामने उसे सबसे बड़ी बाधा उन तमाम देशों के राष्ट्रवाद से दिखाई दे रही थी, जिन्होंने यूरोप से लोकतंत्र और तमाम सांस्थानिक ढाँचे आयात करने के साथ-स थ, खास पश्चिमी चरित्र का राष्ट्रवाद भी अपना लिया था। अमेरिका ने इलेक्ट्रॉनेकी और सूचना प्रौद्योगिकी पर कब्जा करने के बाद उस राष्ट्रवाद को मिटाने का सबसे सघन अभियान छेड़ा। उसने उस नई ग्लोबल संस्कृति को जन्म दिया, जिसे 'हंटिंग्टन दावोस कल्चर' कहते हैं। देखते-देखते इन खाते-पीते, अघाते और जीवन की सारी कामयाबियों को हथियाते 'दावोस संस्कृति' के लोगों के लिए किसी भी अविकसित या विकासशील गैर पश्चिमी देश का राष्ट्रवाद एक हास्य और हिकारत की चीज बन गया। ये वे सुविधा संपन्न, अमीर और ताकतवर दावोस लोग थे, जिनका सांस्कृतिक चरित्र परा-राष्ट्रीय या अनिवासी (नॉन रेजिडेंट) था। इस बार साहित्य का नोबेल पुरस्कार प्राप्त करने वाले सर विद्या नायपॉल भी हंटिंग्टन प्रिय और परिभाषित 'दावोस' हैं।

तो हम जिस आयरनी की बात कर रहे थे, वह यही कि जो उत्तर-आधुनिक अमेरिका इक्कीसवीं सदी के ग्लोबल बाजार में किसी भी तरह के राष्ट्रवाद की उपस्थिति को पिछड़ेपन का चिह्न मान रहा था, अचानक 11 सितंबर की घटना के बाद खुद दुर्दांत राष्ट्रवादी हो उठा। जिस तरह अमेरिकी फ्लैग बिके और जिस तरह गली-कूचों में राष्ट्रगान हुआ, वैसा हमारे इस तथाकथित पिछड़ी सभ्यता वाले देश में कारगिल युद्ध के दौरान भी नहीं हुआ। बीस-पच्चीस सालों से स्वयं अमेरिका द्वारा पनपाए गए भाँति-भाँति के कट्टरपंथी उग्रवादियों के हमले झेलने वाला यह एशियाई लोकतंत्र कभी भी अंधराष्ट्रवाद के उस उन्माद में नहीं बहा, जिसमें गोते लगाता हुआ उत्तर-आधुनिक अमेरिकी दिखाई पड़ा। कौन नहीं जानता कि उत्तर-पश्चिम में कश्मीर और दक्षिण-पूरब में असम और बंगाल में हर महीने कितनी-कितनी बार हमारा तिरंगा फ्लैग जलाया जाता है और दूसरे देश के झंडे फहराए जाते हैं, लेकिन अपना यह मुल्क उतना कभी

नहीं डरता जितना हंटिंग्टन साहब अमेरिका के एक प्रदर्शन में मेक्सिकी मूल के अमरीकी नागरिकों द्वारा मेक्सिकी झंडा फहराने पर या सरायेबो में मुसलमानों द्वारा तुर्की का झंडा फहराने पर डरते हैं। शायद सैम्युअल हंटिंग्टन का सबसे बड़ा भय इस समय यही है कि सभ्यताओं की जो टकराहट वे अब तक बाहर की दुनिया में देखना चाहते थे, कहीं ऐसा न हो कि अमेकरका के भीतर भी सभ्यताएँ अपना संवाद प्रारंभ कर दें। अगर ऐसा हुआ तो यूरोप की विरासत, अंग्रेजी भाषा, गोरी नस्ल, कैथोलिक ईसाईयत और प्रोटेस्टेंट मूल्यों में अपनी अस्मिता को परिभाषित करने वाला अमेरिका सभ्यताओं के महाभारत का इक्कीसवीं सदी में सबसे बड़ा कुरुक्षेत्र बनेगा। सिखों और अफगानियों या चीनी और जापानियों को एक समझकर गलतफहमी में पीट डालने वाले अमेरिकी तब किसको-किसको पीटेंगे? कहीं ऐसा तो नहीं कि दूसरी सभ्यताओं से संवाद न कर पाने की खामी दूसरी सभ्यताओं से ज्यादा खुद अमेरिकी और यूरोपीय सभ्यताओं में ही हो?

(राष्ट्रीय सहारा : 3 नवंबर 2001)

विद्याधर जो नहीं हैं दीनदयाल

कोई चाहे या न चाहे, 11 सितंबर की तारीख के बाद की घटनाओं का संदर्भ जहाँ मध्यकालीनता और आधुनिकता, ईसाईयत और इस्लाम, पूरब और पश्चिम, गरीबी और वैभव, आधुनिकता और उत्तर-आधुनिकता सब एक-दूसरे से अभूतपूर्व टकराहट में उपस्थित हैं। ऐसी टकराहट, जो अगर अपनी परिणति तक पहुँची तो वह सभ्यता का चेहरा और चरित्र बदल सकती है। यही कारण है कि इस बार शांति के लिए कोफी अन्नान को और साहित्य के लिए सूरज प्रसाद नॉयपाल को दिए गए नोबेल पुरस्कार का संदर्भ भी 11 सितंबर ही है। यह संदर्भ सभ्यतामूलक संदर्भ है, इसमें स्थानिकताओं की भूमिका केंद्रीय नहीं है। लेकिन हो यह रहा है कि अब तक अभ्यस्त हो चुकीं हमारी प्रतिक्रियाएँ अभी भी अपनी-अपनी स्थानिकताओं को संदर्भ बनाकर मौजूदा घटनाओं को समझने की कोशिश कर रही हैं। नायपाल के नोबेल पुरस्कार मिलने पर हिंदुत्ववादियों की प्रसन्नता उतनी ही स्थानिक है, जितना उनका सेक्यलर विरोध। वास्तविकता यह है कि जिस तरह ओसामा बिन लादेन के विरुद्ध अमेरिकी कारवाई में भारत या एशिया की स्थानिकता केंद्र में नहीं है, ठीक उसी तरह नॉयपाल के इस्लाम संबंधी विचारों में हिंदुत्व कहीं केंद्र में नहीं है। उसी तरह जैसे कोफी अन्नान को शांति के लिए दिए गए नोबेल पुरस्कार में संयुक्त राष्ट्र की सार्वभौमिकता या उसकी स्वायत्तता केंद्र में नहीं है। जो लोग नोबेल पुरस्कारों की राजनीति को जानते हैं, वे सब समझ सकते हैं कि इस समय कोफी अन्नान और नॉयपालअमेरिका और पश्चिम के लिए अनुकूल हैं। आवश्यकता इस अनुकूलता को समझने की है।

कहा जाता है कि समाजवाद के बाद इस्लाम अमेरिका का 'द अदर' है। और इस 'अन्य' की जरूरत पश्चिम को संसार पर अपने वर्चस्व के लिए हमेशा जरूरी रही है। इसी अन्य की खोज में वह इराक, युगोस्लाविया, फिलीस्तीन और अफगानिस्तान में अपनी भौगोलिक उपस्थिति दर्ज करता है और इसी अन्य के लिए वह विद्या नॉयपाल के पुरस्कार के माध्यम से अपनी सांस्कृतिक और बौद्धिक उपस्थिति प्रकट करता है। पश्चिम के इस 'भूगोल' और 'संस्कृति' को समझने के लिए यह हवाला जरूरी है कि इराक में बमबारी के दौरान 'न्यूजवीक' ने अपने आवरण में इन्हीं नायपाल का

चित्र इस्लाम के 'विशेषज्ञ' के रूप में छापा था, जिनको नोबेल पुरस्कार तब मिला है जब अफगानिस्तान पर बमबारी की जा रही है। इन दोनों की 'टाइमिंग' महत्त्वपूर्ण है। नॉयपाल की यह इस्लामी विशेषज्ञता ही है जो उन्हें पश्चिम के अनुकूल बनाती है। पौर्वात्यवादी एडवर्ड सईद की 'विशेषज्ञता' या इस्लाम की कट्टरता के खुद शिकार रह चुके सलमान रुश्दी की 'विशेषज्ञता' पश्चिम या अमेरिका के बहुत अनुकूल नहीं है। इस तरह कह सकते हैं कि नायपाल के द्वारा पश्चिम दरअसल एडवर्ड सईद का विकल्प निर्मित कर रहा है। ऐसा विकल्प जिसमें पूरब का एक अंश भी न हो। खाँटी पश्चिमी विकल्प। नायपाल वही ठेठ पश्चिमी विकल्प हैं। और अगर ऐसा है तो भारतीय साहित्यकारों या भाजपाइयों के प्रसन्न होने की गुंजाइश कहाँ बनती है? हिंदुत्ववादियों की प्रसन्नता पर भारतीय मूल के कई महत्त्वपूर्ण अनिवासी भारतीय बौद्धिकों की अब तक प्रतिक्रिया आ चुकी है। सलिल त्रिपाठी, अमिताभ घोष, अमिताभ कुमार आदि इनमें शामिल हैं। इसमें कोई शक नहीं की 'अ वुंडेड सिविलाइजेशन' 'अमंग बिलीवर्स' और 'अ मिलियन म्युटिनीज नाउ' या अभी तीन साल पहले आने वाली उनकी किताब 'बियोंड बिलीफ' के बावजूद विद्याधर सूरज प्रसाद नॉयपाल को गुरु गोलवलकर बनाने की कोशिश उतनी ही हास्यास्पद है, जितनी बिन लादेन के खिलाफ अमेरिकी लड़ाई में जॉर्ज बुश को छत्रपति शिवाजी समझने की कोई प्रसन्नता।

नॉयपाल के माता-पिता भले ही अतीत में उत्तर भारत के ऐसे ब्राह्मण रहे हों, जो गिरमिटिया बने हजारों भारतीयों की तरह त्रिनिदाद में बस गए हो, लेकिन नॉयपाल के बारे में डेविड पी लिचेंस्टीन की टिप्पणी है कि नायपाल एक जड़ विहीन आप्रवासी हैं। भारतीय परंपराओं की किसी विरासत को वहन करने लायक अध्यात्म उनके लेखन में नहीं है। वे एक ऐसे सच्चे लेखक हैं, जिसकी स्मृतियों की स्थानिकताएँ धुँधली और अनिश्चित हैं। वे त्रिनिदाद के लिए भी उतने ही पराये हैं, जितना इंग्लैंड के लिए, जहाँ के वे नागरिक हैं, या भारत के लिए, जहाँ जाकर वे आहत ही होते हैं। क्योंकि यह वह भारत नहीं है, जिसकी मिथकीय और सम्मोह छवियाँ उनके पूर्वजों ने उनके मस्तिष्क में बिठा रखी थीं। नायपाल जिस तरह इंग्लैंड जाकर वहाँ अतीत के व्यापक साम्राज्यवादी समाज की छवि की जगह एक संकीर्ण, स्वार्थी और आत्मकेंद्रित यूरोपीय देश की वास्तविकता के सामने कटु और क्षुब्ध होते हैं, लगभग वही स्थिति उनकी भारत के साथ है। बाबरी मस्जिद वाली उनकी कुख्यात टिप्पणी के आधार पर जो हिंदुत्वादी उनको लगभग हिंदुओं का नीत्शे समझ बैठे हैं, उन्हें 'अ वुंडेड सिविलाइजेशन' जरूर पढ़नी चाहिए। पश्चिम के जिस लोकतांत्रिक ढाँचे और संविधान को आजादी के बाद उधार लिया गया था, उसका जो हाल यहाँ की राजनीति में हुआ, नायपाल उसके उतने ही कठोर आलोचक हैं, जितने रंगभेदवादी शासन के बाद सत्ता सँभालने वाले नकलची और मसखरे अश्वेत शासकों के। यानी वे भाजपा के उतने कट्टर आलोचक साबित होंगे जितने युगांडा के मिल्टन ओबोटे जी के थे।

इस संदर्भ में अमिताभ घोष की टिप्पणी महत्त्वपूर्ण है। उनके अनुसार नायपाल के लेखन का विरोध ज्यादातर इसलिए होता है कि उसमें कई ऐसे सच हैं, जिन्हें स्वीकारना बहुत पीड़ादायक है और उसमें ऐसे अंश भी हैं जो दरअसल आपत्तिजनक हैं।

यह सच है कि यह पुरस्कार उपन्यासकार यानी असली नॅायपाल को नहीं, एक निबंधकार और घुमक्कड़ नायपाल को दिया गया पुरस्कार है। और यह भी निश्चित ही है कि 11 सितंबर के संदर्भ की अनुपस्थिति में उन्हें यह पुरस्कार शायद ही कभी मिलता। आखिर इसके पहले भी तो वे नोबेल के लिए नामांकित हुए थे।

तो क्या इस बार नोबेल पुरस्कार पाने के बाद कोफी अन्नान और विद्या नॅायपाल दोनों को उस गुफा तक जाकर उसका शुक्रिया अदा करना चाहिए जहाँ छिपा बैठा है वह आदमी जिसका नाम है ओसामा बिन लादेन?

(जनसत्ता : 21 अक्तूबर 2001)

इतिहास नहीं, बस बच गया है समाजशास्त्र

मुंडित सिर, श्वेत काशाय, मंत्रोच्चार, राजपुरोहित, चंदन की चिता और अपार जनसमूह। संसार के सभी न्यूज चैनलों के कैमरे। प्रधानमंत्री समेत समूचे केंद्रीय मंत्रिमंडल और पक्ष-विपक्ष के सांसदों की उपस्थिति। मराठा हिंदू पद्धति से पिता 'महाराजा' माधवराव सिंधिया का अंतिम संस्कार। सभी न्यूज चैनल ज्योतिरादित्य सिंधिया को युवराज कह रहे हैं। यह बीसवीं सदी के आधुनिक, वेस्टमिंस्टर प्रणाली वाले बहुदलीय, संसदीय लोकतंत्र का दृश्य नहीं, इक्कीसवीं सदी में उत्तर-आधुनिक होती जा रही राजनीति का 'रियलिटी बाइट' है। अभी कुछ ही समय पहले, नेपाल के राजपरिवार में हत्या, राज्याभिषेक और महाब्राह्मण द्वारा हाथी पर सवार होकर मृत नेपाल नरेश की प्रेतात्मा के साथ नदी पार करने या खीर के साथ मानव अस्थि के भक्षण के पौराणिक दृश्य बी.बी.सी. और सी.एन.एन. समेत सारे चैनलों में दिखे थे। इलेक्ट्रॉनिकी ने एक नया संसार रच दिया है। इस दृश्यलोक में बीसवीं सदी की रेशनलिटी नहीं, अतीत की विसर्जित सभ्यताओं, कर्मकांडों और सत्ता प्रणालियों का अतार्किक लेकिन उत्तेजक पुनर्वास है। लेकिन कांग्रेस के युवा नेता माधवराव सिंधिया के अंतिम संस्कार में जो हजारों का जन समूह उपस्थित है, उसका दृश्य किसी कंप्यूटर एनिमेशन से नहीं रचा गया, कैमरे ने वही रिकॉर्ड किया है, जो वहाँ दिख रहा है। दिग्गी राजा यानी मध्यप्रदेश के मुख्यमंत्री दिग्विजय सिंह की वह क्लिपिंग भी असली है जिसमें वह कह रहे हैं, युवराज ज्योतिरादित्य अगर कांग्रेस में आना चाहें तो उनका स्वागत है।

संसार के सबसे बड़े इस लोकतंत्र में लोक की आस्थाएँ क्या आज भी पौराणिक और राजतंत्रीय, या उन्हें ऐसा बनाया जा रहा है? कम से कम माधवराव सिंधिया के अंतिम संस्कार के दृश्यों को देखकर यही लगता है। या यह कहीं प्रतिगामी पुनर्जागरण तो नहीं है। एक उत्तर-आधुनिक यथार्थ में पूर्व-आधुनिकता का हैरतअंगेज प्रक्षेपण। लोकतंत्र में राज्यतंत्र की मिक्सिंग। अब एक दूसरी जगह पर आइए। इंटरनेट पर जरा 'प्रियंका' या 'राहुल गाँधी डॉट आर्ग' को क्लिक करिए। स्क्रीन पर जो पन्ना खुला है, उसमें लाल अक्षरों में लिखा है 'प्रियंका : अवतार ऑफ इंदिरा' और राहुल गाँधी के पन्ने पर ऊपर मोटे अक्षरों में अंकित है 'राहुल : अवतार ऑफ राजीव।'

ऊपर उस अखिल भारतीय कांग्रेस का तिरंगा है, जिसकी अध्यक्ष सोनिया गाँधी हैं। यह वही कांग्रेस है, जो पुरातनपंथी, मध्यकालीनतावादी सांप्रदायिक-राजनीतिक संगठनों का आधुनिक सेक्युलर विकल्प है। 116 साल पहले जब अंग्रेज ए.ओ. ह्यूम इसके पहले अध्यक्ष बने तो कांग्रेस हिंदुस्तान के आधुनिक मध्यवर्ग का राजनीतिक मंच माना गया था। अगर सोनिया जी को भी जोड़ लें तो अब तक आठ विदेशी मूल के लोग इस कांग्रेस के अध्यक्ष हो चुके हैं। एनी बेसेंट से प्रारंभ करें तो सोनिया जी चौथी महिला हैं, जो इस कांग्रेस की कमान संभाल रही हैं। यह वही कांग्रेस है जिसने भारतीय राजनीति में सामाजिक सुधारों के साथ-साथ सेक्युलर सोच और आधुनिकता को राष्ट्रीयतावादी मंच प्रदान किया था। इसी में तिलक थे, जिन्होंने संपूर्ण स्वाधीनता का नारा दिया था और सरदार पटेल थे जिन्होंने...देशी रियासतों को आधुनिक संसदीय लोकतंत्र में विसर्जित कर डाला था।

अगर यह मानें कि तिलक, पटेल, दादाभाई नौरोजी, गोखले या गाँधी वाली कांग्रेस 1947 के बाद के वर्षों में अनगिनत टूट-फूट और कायांतरणों से गुजरती हुई अब नेहरू कुलतंत्र के विरासत के रूप में ही बाकी बची है, तब भी नेहरू परिवार का प्रारंभिक इतिहास ऐसा तो नहीं रहा, जिसमें राजा, महाराजा, पुरोहित, पंडों, तांत्रिकों और अवतारों की ऐसी पूर्व-आधुनिक उपस्थिति हो। इलाहाबाद के जिस आनंद भवन में पंडित जवाहरलाल नेहरू का जन्म हुआ था, उसका स्थापत्य विक्टोरियाई था। वैसे ही विलायती खंभे, मेहराबें, स्विमिंग पूल, अस्तबल, फानूश, रोज गार्डेन वगैरह। मोतीलाल सिर्फ सफल और अमीर वकील ही नहीं, राजभक्ति के बावजूद भारतीयों को अंग्रेजों के बराबर मानने और समय-समय पर उन्हें चुनौती देने वाले व्यक्तित्व थे। अपनी परंपरावादी पत्नी स्वरूपरानी की अनिच्छा के बावजूद अपने बेटे जवाहरलाल को इंग्लैंड के हैरो स्कूल में, जिसमें वहाँ के उच्च कुलीनों और संभ्रांतों के बच्चे पढ़ते थे, उन्होंने इसीलिए भेजा। अंग्रेजों से प्रतिद्वंद्विता और बराबरी का जातीय स्वाभिमान नेहरू परिवार में उसी समय से था। दूसरी तरफ हैरों में पढ़ते हुए जवाहरलाल को रंगभेद के वही अनुभव हुए, जो अधिक भोथरे और नंगे रूप में महात्मा गाँधी को दक्षिण अफ्रीका में रेल के डिब्बे में हुए थे। इंग्लैंड में जवाहरलाल उसी तरह मिसफिट थे, जिस तरह गाँधी। यह नहीं भूलना चाहिए कि कांग्रेस पार्टी ही नहीं बल्कि महात्मा गाँधी और जवाहरलाल नेहरू भी आज के विश्व बाजार या विश्वग्राम की उपज नहीं, उपनिवेशवाद विरोधी राष्ट्रीय स्वाधीनता आंदोलन की कोख से पैदा होने वाले राजनीतिक व्यक्तित्व थे। आधुनिकता उनके लिए पश्चिम की नकल नहीं, यूरोप से प्रतिद्वंद्विता और मुठभेड़ का भारतीय उपकरण थी। बचपन में जवाहरलाल को एनी बेसेंट का प्यार मिला था, जो विख्यात नाटककार और चिंतक बर्नार्ड शॉ की साथी रही थीं। आयरिश मूल की एनी बेसेंट ने इंग्लैंड के गरीबों के बीच वैसा ही काम किया था, जैसा हमारे यहाँ आजकल स्वयंसेवी संस्थाएँ करती हैं। वे अपने आपको अंग्रेजों जैसा कुलीन नहीं, बल्कि

'फेबियन' मानती थीं क्योंकि वे अंग्रेज नहीं, आयरिश मूल की थीं। अंग्रेजों के बीच उनकी 'अकुलीनता' ने ही उन्हें भारतीयों के इतना करीब किया था कि वे कांग्रेस पार्टी की अध्यक्ष बनीं। क्या सोनिया गाँधी नेहरू खानदान के राजवंश की बजाय एनी बेसेंट की विरासत में अपनी परंपरा नहीं खोज सकतीं? यह क्या उन्हें ज्यादा स्वीकार्य और कांग्रेस को अधिक लोकप्रिय नहीं बनाएगा?

दूसरी तरफ नेहरू सिर्फ राजनीतिक नेता ही नहीं, बीसवीं सदी की आधुनिकता के एक महत्त्वपूर्ण बौद्धिक प्रतिनिधि भी थे। पढ़ने-लिखने की आदत उनमें बचपन से लेकर अपने जीवन के अंत तक बनी रही। किपलिंग, डिकेंस, थैकरे, एच.जी. वेल्स, आर्थर कानन डॉयल, हक्सले आदि उनके प्रिय लेखकों में थे। उन पर समाजवादी रजनी पाम दत्त और बर्टेंड रसेल के असर के बारे में हर कोई जानता है। इंदिरा गाँधी में भी अपने पिता के प्रभाव से पढ़ने-लिखने का थोड़ा-सा असर बाकी रहा। उन्होंने ज्याँ पॉल सार्त्र, काम्यू और सिमोन दि बुआ आदि को भरपूर पढ़ रखा था। हालाँकि बाद में वे बेस्ट सेलर्स पढ़ने लग गई थीं। तब भी कांग्रेस के भीतर के सबसे प्रबुद्ध और प्रतिभाशाली राजनेताओं में से वह एक थीं। इसके बारे में पुपुल जयकर से लेकर मैरी सेटन तक के उद्धरण दिए जा सकते हैं। इसीलिए लाल बहादुर शास्त्री के बाद उत्तर नेहरू काल में जब वे प्रधानमंत्री बनीं, तो आपातकाल और उनकी निरंकुश राजनीतिक शैली के बावजूद बीच-बीच में कांग्रेस में नेहरू काल की अनुगूँजें कभी कभार सुनाई पड़ जाती थीं। अपने बेटे संजय गाँधी के विरोध के बावजूद आपातकाल के दौरान चुनाव कराने का उनका फैसला उनके पिता की लोकतांत्रिक आस्थाओं की अनुगूँज ही था, जिसमें तीन सालों के लिए वे सत्ता से बेदखल हो गई थीं। लगता है यही वह मोड़ था, जहाँ से अपने पिता की बजाय उन्होंने संकट और दुविधा की घड़ी में अपने बेटे की ओर निहारना शुरू किया।

लेकिन नेहरू राजवंश की अगली पीढ़ी, जो संजय गाँधी के साथ उभरी और जिसने कांग्रेस का एक और कायांतरण किया, उसकी योग्यता का इलाका बौद्धिक या रोमैंटिक नहीं था। संजय और राजीव दोनों अपनी माँ की छत्रछाया में पले-बढ़े लड़के थे। उनके जीवनकाल में अपने नाना या माँ की तरह कोई स्वाधीनता आंदोलन, जेल, जुलूस, नारे और प्रदर्शन आदि नहीं थे। नई दिल्ली के तीनमूर्ति भवन में उनका बचपन बीता था और इंग्लैंड के पब्लिक स्कूलों के ढंग में बने देहरादून के दून स्कूल में स्वतंत्र भारत के अति विशिष्ट शख्सियतों के बच्चों के साथ उनकी शिक्षा-दीक्षा हुई थी। यह तथ्य महत्त्वपूर्ण है कि कैंब्रिज या अमेरिका भेजे जाने के बावजूद राजीव और संजय गाँधी दोनों बिना किसी डिग्री के वहाँ से वापस लौटे। राजीव गाँधी ने कैंब्रिज जाकर सोनिया गाँधी को हासिल किया और संजय गाँधी रोल्स रॉयल्स में प्रशिक्षण पूरा किए बिना लौट कर छोटी कार बनाने की फैक्ट्री डालने की योजना बनाने लगे। एक बार किसी पत्रकार द्वारा नेहरू परिवार की बौद्धिक परंपरा का जिक्र

करने पर इंदिरा गाँधी ने चिढ़कर कहा था, 'अगर मेरे दोनों बेटे प्रोफेसर टाइप के नहीं हैं तो मैं क्या करूँ?' सचमुच वे कर ही क्या सकती थीं। उनमें से एक पायलट बनना चाहता था और दूसरा कार बनाना।

लेकिन संजय गाँधी ने आपातकाल के दौरान कांग्रेस का नया संस्करण तैयार किया। पार्टी फंड के लिए चंदा इकट्ठा करने की उसी शैली का उन्होंने आविष्कार किया जिसका पालन करते हुए भारतीय जनता पार्टी के अध्यक्ष बंगारू लक्ष्मण तहलका डॉट कॉम के डिजिटल कैमरे में हाल में रिकॉर्ड हुए। इसके अलावा यूथ कांग्रेस के रूप में उन्होंने पुरानी कांग्रेस की नसों में जो नया खून चढ़ाया, उसमें ऐसे कई वायरस भी उनके शरीर में प्रवेश कर गए, जिन्होंने कांग्रेस को वह नहीं रहने दिया, जो वह हुआ करती थी। 1980 के चुनावों में जनता पार्टी को हरा कर जिस कांग्रेस की वापसी हुई उसमें डेढ़ सौ से ज्यादा वे सांसद थे जिनको संजय गाँधी ने टिकट दिया था। अगर हवाई जहाज उड़ाते हुए संजय गाँधी की आकस्मिक मृत्यु न हुई होती, तो संभवतः कांग्रेस जिस रूप में आज दिख रही है, वैसी न होती।

जब तक संजय थे तब तक कांग्रेस या नेहरू खानदान का उत्तराधिकारी उन्हें माना जा रहा था। राजीव गाँधी तो इंदिरा एयर लाइंस में पायलट बने हुए इटली जाकर बसने का स्वप्न देख रहे थे। स्वयं सोनिया गाँधी उनके राजनीति में आने के विरुद्ध थीं। संजय की मृत्यु ने ऐसी स्थिति पैदा की कि राजीव गाँधी को राजनीति में आना पड़ा। मेनका तब तक स्वयं को इंदिरा और बेटे वरुण को नेहरू राजवंश का उत्तराधिकारी समझ रही थीं। इस आकस्मिक मोड़ के साथ वह समझौता नहीं कर पाईं और उन्होंने संजय द्वारा कांग्रेस में लाए गए सांसदों के साथ मिलकर अपनी सास का तख्तापलट करना चाहा। लेकिन उनसे गलती यह हुई कि उन्होंने नेहरू खानदान के उस मिथकीय सम्मोहन को नजरअंदाज किया, जिसके जादू में हर कांग्रेसी होता है। दून स्कूल में संजय के सहपाठी डंपी के अलावा कोई खुलकर उनके साथ नहीं आया और नतीजा यह कि आज वे और वरुण गाँधी कांग्रेस नहीं, बल्कि उसके विरोधी राष्ट्रीय जनतांत्रिक गठबंधन के पाले में हैं।

1984 में इंदिरा गाँधी की हत्या के बाद जिस असामान्य अवसर में राजीव गाँधी ने सत्ता सँभाली, उसमें उनकी अनुभवहीनता को लेकर कई तरह के संदेह सबके मन में थे। लेकिन पहले दौर के राजनीतिक कच्चेपन के बाद वे जिस तरह से उभर रहे थे, उससे आशाएँ भी पैदा हो रही थीं। कम से कम संजय और अपनी माँ इंदिरा गाँधी की तुलना में वे अधिक विनम्र शालीन और पारदर्शी लग रहे थे। श्रीपेरुंबदूर में आतंकवादी हमले में उनकी मृत्यु के बाद छह वर्षों तक सोनिया गाँधी की राजनीति में आने की अनिच्छा ने कांग्रेसी नेताओं को यह अवसर दिया था कि वे इस ऐतिहासिक अखिल भारतीय राजनीतिक दल को एक परिवार की चारदीवारी से बाहर निकालें, लेकिन जैसा सब जानते हैं, नरसिंह राव ने यह ऐतिहासिक अवसर गँवाया और उनके

काल में खासतौर पर भ्रष्टाचार के जितने कारनामे उजागर हुए, उसने एक तरफ कांग्रेस की लोकप्रियता को जबर्दस्त धक्का पहुँचाया वहीं दूसरी तरफ हर कांग्रेसी के भीतर ऐसे हीनताबोध को पैदा किया कि अपने उद्धार के लिए उसने फिर से नेहरू परिवार की ओर देखना शुरू किया।

आज यही स्थिति है। सोनिया, प्रियंका और राहुल वे लाइट हाउस हैं, जिनकी ओर मौजूदा राजनीतिक महासागर में भटकता हुआ कांग्रेस का जहाज आखिरी उम्मीद के साथ देख रहा है। सोनिया गाँधी ने पिछले चुनावों में भीड़ खींच कर, अमेठी और वेल्लारी में चुनाव जीत कर यह सिद्ध किया है कि नेहरू कुलतंत्र का करिश्मा थोड़ा-बहुत उनके पास भी है। लेकिन प्रियंका ने जिस तरह से अपनी उपस्थिति दर्ज की है, उसके कारण सबकी निगाहें अब उन पर टिकी हैं। अपनी माँ की तरह वे हिंदी बोलती हुई अटकती नहीं हैं। वे युवा हैं और पिछले दिनों जिस भारतीय मध्यवर्ग की भरपूर चर्चा हुई है, उसकी युवा पीढ़ी का वह प्रतिनिधित्व करती हैं।

उनका साथ देने के लिए ग्वालियर के युवराज ज्योतिरादित्य हैं, जिनके पिता महाराजा माधवराव कैंब्रिज में उनके पिता राजीव गाँधी के सहपाठी और दोस्त थे। ज्योतिरादित्य को गालिब की कविताएँ पसंद हैं। दूसरी तरफ संजय गाँधी के बेटे वरुण गाँधी हैं, जिनके कविता संग्रह का विमोचन हो चुका है और पाब्लो नेरुदा की कविताएँ उन्हें पसंद हैं। ज्योतिरादित्य अगर मराठा राजवंश के नए वंशधर हैं, तो प्रियंका वढेरा गाँधी लोकतंत्र के उस राजवंश की नई उत्तराधिकारी हैं, जिनकी कृपा की छाँह में 116 साल पुरानी वह ऐतिहासिक अखिल भारतीय राष्ट्रीय कांग्रेस अपने पुनर्जीवन की उम्मीद लगाए बैठी है, जिसने इस देश को अंग्रेजी साम्राज्य की पराधीनता से मुक्त करने में प्रमुख भूमिका निभाई थी।

वहीं कांग्रेस, जिसमें गाँधी, तिलक, गोखले, नौरोजी, आजाद, सुभाष बोस आदि हुआ करते थे। कांग्रेस में इतिहास अब खत्म हो चुका है, उसमें अब सिर्फ समाजशास्त्र बचा है। ऐसा समाजशास्त्र जो नायक के रूप में अवतारों और राजा रानियों को सामने ला रहा है।

(राष्ट्रीय सहारा : 20 अक्टूबर 2001)

भय और कौतूहल

माना जा रहा है कि फरवरी 1997 में क्लोनिंग के द्वारा डॉली नामक मेमने का जन्म मनुष्य के ज्ञान के क्षेत्र में उतनी ही बड़ी और युगांतरकारी घटना थी, जितनी बीसवीं सदी में परमाणु के विस्फोट की घटना थी। कहा यह भी जाने लगा कि जिस इंग्लैंड को अब लगभग एक मरा हुआ घोड़ा और अतीत का कबाड़खाना मान लिया गया था, वहाँ के रोसलिन इंस्टीट्यूट के डॉ. विल्मुट ने उच्च जैव-आनुवंशिक प्रविधि के क्षेत्र में अमेरिका ही नहीं सारे संसार को अचानक पीछे छोड़ दिया है। ऑक्सफोर्ड अब एक बार फिर संसार भर की उत्सुकता के केंद्र में था। क्लोनिंग को लेकर जितने सवाल और आशंकाएँ अचानक जाग उठी हैं और जैसी बहस चल रही है, इससे अंदाजा लगता है कि संसार इससे मनुष्यता के लिए जितनी उम्मीदें बाँध रहा है, उससे ज्यादा डर भी रहा है। डर की मुख्य वजह संभवतः यही है कि अब तक विज्ञान या प्रौद्योगिकी में जितने भी नए आविष्कार हुए हैं, उनके सार्थक और रचनात्मक उपयोग के अलावा विध्वंसक या नकारात्मक उपयोग भी कम नहीं हुए हैं। पिछली सदी की भौतिकी के क्षेत्र में परमाणु वैज्ञानिकों ने जिस तरह कभी आशंका भी नहीं की होगी कि पदार्थ के एक कण के भीतर छिपी जिस अपार ऊर्जा को उन्होंने मुक्त कर डाला है, एक दिन जापान में उसका ऐसा इस्तेमाल होगा कि सारी मानवता कराह उठेगी। वही आशंकाएँ आज भी हैं। ध्वनि या चुंबकीय तरंगों के द्वारा मनुष्य के शरीर के भीतर के अंगों के चित्र उतारना जब संभव हुआ, तो बड़ी उम्मीदें बाँधी गईं कि अब माँ के गर्भ में स्थित शिशु के स्वास्थ्य की पूरी देखभाल संभव होगी। तब किसे पता था कि इसका इस्तेमाल हमारे देश में लड़कियों को भ्रूण में ही मार डालने के निमित्त किया जाएगा। ऐसा ही डर क्लोनिंग को लेकर भी है।

क्लोनिंग के संभावित उपयोगों या दुरुपयोगों को लेकर वे देश ज्यादा चिंतित हैं, जहाँ विज्ञान और प्रविधि की उपस्थिति मनुष्य के दैनिक जीवन में सबसे ज्यादा है और जो देश प्रविधि और प्रौद्योगिकी की उच्च तकनीकी में स्वयं बहुत विकसित हैं। हमारे देश में क्लोनिंग को लेकर उत्सुकता, आश्चर्य और अटकल का भाव ज्यादा है। कुछ-कुछ मजेदारी का भी कि देखें क्या होता है! क्लोनिंग को अमेरिकी सरकार ने बिल क्लिंटन

के कार्यकाल में ही पाँच साल के लिए प्रतिबंधित कर दिया था। देखा-देखी अधिकांश यूरोपीय देशों ने भी इसके शोध पर प्रतिबंध लगा दिया। लेकिन ये कुल मिलाकर तात्कालिक कदम हैं। जैव आनुवंशिकी के भावी शोध का काम इससे रुक जाएगा, ऐसा संभव नहीं है। क्लोनिंग को लेकर ज्यादातर आपत्तियाँ धार्मिक या नैतिकतावादियों की ओर से है। प्राणियों, जीवधारियों या मनुष्य की सृष्टि का काम तो ईश्वरीय था, उसे वैज्ञानिक क्यों कर रहे हैं? दूसरे, मानवतावादी दृष्टिकोण से भी इसका विरोध हो रहा है। मान लीजिए किसी रोगी को किडनी या दिल चाहिए और इसके लिए वैज्ञानिक उसी के क्लोन से उसे निकालते हैं, तो क्या यह उस क्लोन के प्रति, जो कि वास्तव में उसी रोगी का ही प्रतिलिपि है और उसमें स्वतंत्र जीवन की सारी संभावनाएँ अंतर्निहित हैं, एक प्रकार की क्रूरता नहीं होगी? लेकिन क्लोन के समर्थकों का मानना है कि वह क्रूरता इसलिए नहीं होगी क्योंकि वे पुनर्निर्मित भ्रूण से आवश्यक अंग तब निकालेंगे जब उसमें जीवन का विकास नहीं हुआ होगा। कुछ-कुछ उसी तरह जैसा आजकल पॉल्ट्री का अनुर्वर अंडा होता है, इसीलिए उसे शाकाहारी माना जाता है।

दूसरी तरफ, जो लोग नैतिकता के आधार पर मनुष्य की कोशिका के साथ क्लोनिंग के प्रयोगों का विरोध कर रहे हैं, वे भी पशुओं और अन्य प्राणियों के साथ होने वाले प्रयोगों और अनुसंधानों को जारी रखना चाहते हैं। वैज्ञानिक ऐसे सूअरों के निर्माण में लगे हैं, जिनके अंगों को प्रत्यार्पण की अवस्था में मनुष्य का शरीर स्वीकार कर ले। वे सूअर की कोशिकाओं में उपस्थित उन शर्करा कणों को नष्ट करने में लगे हैं, जिसके कारण मनुष्य का शरीर उन्हें अपनाने से इंकार कर देता है। ऐसी स्थिति में आदमी के बीमार दिल या किडनी को सूअर के अंगों से बदला जा सकेगा। लेकिन क्या यह उस सूअर के क्लोन के साथ क्रूरता नहीं होगी? क्या हमारी करुणा और नैतिकता सिर्फ आदमी के ही संदर्भ में जाग्रत होती है?

हाँ, इन दिनों क्लोनिंग को लेकर तरह-तरह की कल्पनाओं का एक मनोरंजक दौर हमारे सामने है। एक लड़की ने सवाल खड़ा किया है कि क्या बिल गेट्स का क्लोन भी बिल गेट्स जैसा ही प्रतिभाशाली होगा। ज्यादातर लोग यही मानकर चल रहे हैं कि बस वह दिन दूर नहीं जब गली-गली और गाँव-गाँव रितिक रोशनों या सचिन तेंदुलकरों की भीड़ दिखाई देगी। क्लोनिंग चूँकि बिना दैहिक संबंधों के ही किसी को माँ-बाप बना सकता है इसलिए इस पुरुष प्रधान संसार में किसी पति को क्या एतराज होगा कि न हींग लगी, न फिटकरी और वह किसी महान हस्ती की प्रतिलिपि का बाप बन गया। दूसरी तरफ दीपा मेहता की फिल्म 'फायर' की समर्थक नारीवादियों को भी प्रसन्नता होगी कि क्लोनिंग के जरिए संतान की उत्पत्ति में पुरुष की कहीं कोई जरूरत नहीं रहेगी। यानी ऐसे परिवारों के अस्तित्व में आने और प्रजनन करने की संभावनाएँ बढ़ जाएँगी जहाँ माँ या बाप बनने का सारा काम 'जेंडर विमर्श' के बाहर होगा। न स्त्री को पुरुष की जरूरत होगी, न पुरुष को स्त्री की। आदम और हौवा

दोनों बिना पाप का फल खाए, अपने-अपने स्वर्ग में पड़े रहेंगे, कोई खुदा उन्हें लात मारकर जन्नत से बाहर नहीं निकालेगा।

जो लोग उपन्यास पढ़ते हों उन्हें सुप्रसिद्ध चेक उपन्यासकार मिलान कुंदेरा का वह उपन्यास याद होगा, जिसमें स्क्रेटा नाम का एक डॉक्टर एक द्वीप में रहते हुए क्लोनिंग के जरिए अपनी इतनी प्रतिलिपियाँ तैयार कर डालता है कि उस समूचे द्वीप में और कोई नहीं, बस हजारों डॉक्टर स्क्रेटा ही स्क्रेटा हैं। वैसे ही गंजे और माथे पर वैसा ही निशान। हालाँकि मिलान कुंदेरा ने यह उपन्यास सर्वसत्तावादी शासकों के विरुद्ध व्यंग्य में लिखा था, जो विचारों और दृष्टियों की तमाम विविधताओं को नष्ट कर अपने ही जैसों का सपाट समाज बना डालने पर आमादा हैं। अभी तक हमारे संसार में जो विविधता और भिन्नताओं की रंग-बिरंगी उपस्थिति है, वह प्रकृति का विलक्षण नैसर्गिक वरदान है। इसीलिए यह प्रकृति अभी रहस्यों से भरी हुई है और इसीलिए हमारा जीवन इतना अनिश्चित और अनुमान से परे है। उतना ही अनिश्चित जितना क्रिकेट का खेल होता है। कल्पना करिए कि ऐसी क्रिकेट टीमें बनने लगें, जिनमें कोई एक नहीं ग्यारह तेंदुलकर खेल रहे हों या ग्यारह इमरान खान या मुरलीधरन, तो क्या क्रिकेट इतना उत्तेजक रह पाएगा? लेकिन असलियत तो यह है जिसे आनुवंशिकी के वैज्ञानिक भी हमें बताते हैं कि किसी का भी क्लोन जरूरी नहीं कि अपने मूल जैसा ही हो। यानी बिल्कुल संभव है कि इमरान खान का क्लोन क्रिकेट के मुकाबले तंदूरी चिकेन अच्छा पकाए। यानी हिटलर के क्लोन से डरने की जरूरत बिल्कुल नहीं है। वह देखने में हो सकता है कि हिटलर की ही फोटोकॉपी लगे, लेकिन बिल्कुल मुमकिन है कि वह एक अच्छा, दयालुता से भरा, सीधा-सादा मानवतावादी हो, फासिस्ट नहीं। क्योंकि किसी भी व्यक्ति की अच्छाई या बुराई में ज्यादा बड़ा हाथ जीन का नहीं, परिस्थितियों का होता है।

(राष्ट्रीय सहारा : 25 अगस्त 2001)

सर्वव्यापी लंपटता के खतरे

अगर विदेशी संस्कृति को हमारे देश में आकर हमारी सारी संस्कृति को चौपट करना हो तो क्या वह आर्चीज के कार्ड, एकाध बड़े शहरों के कुछ गिफ्ट शॉप्स और कुछ बेहद महँगे होटलों के जरिए आएगी या उन तमाम कंपनियों के जरिए आएगी, जिनके वर्चस्व में सिर्फ संस्कृति ही नहीं बल्कि आज लगभग सभी कुछ है। अगर एनरॉन या कोई दूसरी ऐसी कंपनी यह घोषित करे कि वह वेलेंटाइन डे पर अपने सभी कर्मचारियों को एक-एक गिफ्ट पैकेज देगी तो क्या कोई उससे इंकार करेगा? अगर स्टार चैनल, जिसके पीछे विशुद्ध विदेशी पूँजी है, अपने बेतहाशा लोकप्रिय कार्यक्रम 'कौन बनेगा करोड़पति' में वेलेंटाइन डे के दिन हिस्सा लेने वाले सभी लोगों को तीन दिन और दो रात के वेलेंटाइन टूर पर आस्ट्रेलिया या लॉस एंजेल्स भेजने का ऑफर दे, तो क्या कोई इसे इस वजह से ठुकरा देगा कि अगर हम इस टूर पर गए तो हमारा धर्म खराब हो जाएगा या संस्कृति चली जाएगी।

इसीलिए वेलेंटाइन डे पर शिव सैनिकों ने जो कुछ किया, वह संस्कृति के क्षेत्र का सवाल है ही नहीं। लेकिन वह एक ऐसी गंभीर सामाजिक परिघटना का लाक्षणिक संकेत है, जो परिघटना हमारे देश में, आजादी के बाद के उत्तर-नेहरू काल की समूची राजनीति और संस्कृति समेत समाज के अन्य क्षेत्रों को अपनी चपेट में ले चुकी है। इस परिघटना की पहचान इस सर्वव्यापी लंपटीकरण (लुंपेनाइजेशन) के रूप में कर सकते हैं। इस समय कोई भी ऐसा राजनीतिक दल नहीं है जिसके पास एक लंपट सेना न हो। संस्कृति और राजनीति के गंभीर प्रश्नों को लंपटता के औजारों से निपटने की शुरुआत का श्रेय ऐतिहासिक रूप से निःसंदेह इंदिरा-कालीन कांग्रेस युवा नेता संजय गाँधी को जाता है। शिव सैनिकों के मानस (माइंड-सेट) और उसके सामाजिक आधार और उस समय के युवा कांग्रेसी स्व. अर्जुन दास सरीखे कार्यकर्त्ताओं के मानस और सामाजिक आधार बिल्कुल एक हैं। यह हर कोई आसानी से समझ सकता है कि वेलेंटाइन डे जैसे त्योहार की जड़ें यूरोप और अमेरिका के बाहर किसी भी पूर्वी या मध्य एशियाई समाज में कभी भी नहीं रही हैं। इसकी फसल तो अभी देखते-देखते भू-मंडलीकरण और सूचना तकनीकी के साथ-साथ तैयार हुई है। पश्चिम में भी यह

पर्व इतना व्यापक पहले कभी नहीं था, जितना इस उत्तर-औद्योगिक पूँजी और बाजार के युग में हुआ है। यानी इतिहास की आँख से देखें तो सेंट वेलेंटाइन एक नए विदेशी आगंतुक हैं, जिनकी मृत्यु के दिन को हमारा सबसे विकसित, शिक्षित, सुविधा प्राप्त और सभ्य मध्य वर्ग एक नए प्यार के त्योहार के रूप में मनाने लगा है। उसके पास अतिरिक्त दौलत है, जिसका 40 प्रतिशत 'अन-एकाउंटेड' है। दूसरे शब्दों में वह तरल या बह जाने वाली दौलत है, जिसे वह जहाँ कहीं भी मौका दिखे बहा रहा है। आनंददायी उपयुक्त चीजों से लेकर खाने-पीने और मौज-मस्ती के तमाम मौकों पर वह इस तरह दौलत को बहाना चाहता है। बैंकाक, मैड्रिड, पेरिस से लेकर खंडाला और मैकडोनल्ड से लेकर विंपी तक। इसके लिए उसे समाज और संस्कृति में और स्पेस चाहिए। जिन बाला साहब ठाकरे ने अपने अखबार 'सामना' में संपादकीय लिखकर अपनी लंपट सेना को वेलेंटाइन डे पर उपद्रव मचाने के लिए आर्चीज कार्ड की बिक्री करने वाली दुकानों पर भेजा, उसी आर्चीज कंपनी के साथ उनकी बेटी की स्वयंसेवी संस्था 'मुक्ति फाउंडेशन' एड्स विरोधी विज्ञापन अभियान में गठजोड़ करना चाहती थी। ठाकरे साहब की जो लंपट सेना दिल्ली के अप्पूघर में तोड़-फोड़ कर वहाँ वेलेंटाइन डे पर आयोजित सारा कार्यक्रम चौपट कर आई, उसी लंपट सेना ने मुंबई में उनके दामाद के उस होटल की दिशा में एक छोटा-सा ढेला तक नहीं फेंका, जहाँ रात भर वेलेंटाइन पार्टी चलती रही। इसके पहले माइकेल जैक्सन के आने और नाचने-गाने पर ठाकरे साहब की इसी सेना में पश्चिमी पॉप की चुस्त-चौबंद, बेहद अनुशासित चौकीदारी की थी, क्योंकि माइकेल जैक्सन ने उस कार्यक्रम की कमाई में से चार करोड़ रुपए उनके भतीजे राज की शिव उद्योग सेना के फंड में दान किए। महाराष्ट्र के एक जाने-माने संस्कृतिकर्मी की वह टिप्पणी बार-बार याद आती है, जिसमें उसने कहा था—शिवसेना के इतिहास में उन कुछ पलों का वृत्तांत अब हमेशा के लिए स्वर्णाक्षरों में दर्ज होगा, जब माइकेल जैक्सन ने पूर्वी बांद्रा के मातुश्री बंगले के 'टॉयलेट' में अपनी लघुशंका निपटाई थी। सोचा जा सकता है कि इस लंपट हिंदुत्ववाद के संभवतः वे सबसे पवित्र पल रहे होंगे। लंपटता की सबसे बड़ी खासियत यही होती है कि इसके चरित्र और इसकी कार्यप्रणाली को किसी स्थिर परिभाषा में 'रिड्यूस' नहीं किया जा सकता। कोई लंपट तत्त्व कब क्या करेगा, इसकी कोई समाजशास्त्रीय अटकल हमेशा असंभव होती है। लंपटता के पीछे कोई वैचारिक विनिर्मित या विचार नहीं होता, वह कब आपके साथ हो जाएगा और कब आपकी कनपटी पर कट्टा तान देगा, आप नहीं जान सकते। वह सतत संदिग्ध होता है। इसीलिए किसी लंपट सेना का अगर हिंदुत्ववाद आदि से भी कोई वास्तविक और परिभाषेय संबंध होता तो उनके भावी कारनामों का अंदाजा लगाया जा सकता था। लेकिन ऐसा कतई नहीं है, जैसा कि ऊपर के सभी विवरणों में दिखाई देता है और इसीलिए इसके खतरे बहुत अधिक भयावह हैं। प्रतिरक्षा और नागरिक सुरक्षा-व्यवस्था की तैयारी इसीलिए एक मुश्किल चुनौती बन जाती है।अगर दिल्ली

विश्वविद्यालय के कुलपति डॉ. दीपक नैयर के पास वेलेंटाइन डे मनाने पर प्रतिबंध लगाने के लिए शिवसेना के स्थानीय नेता गोयल साहब के माँगपत्र और भारतीय विद्यार्थी सेना के वक्तव्यों पर नजर डाली जाए तो एक रोचक बात सामने आती है। ये लोग वेलेंटाइन डे पर इसलिए प्रतिबंध लगाना चाहते थे क्योंकि उनके अनुसार इसके पीछे विदेशी मल्टीनेशनल कंपनियों का वह षड्यंत्र छिपा हुआ है जिसके द्वारा भारतीय युवकों का ईसाईकरण करना चाहती हैं और उनको पश्चिमी संस्कृति की चपेट में लेना चाहती हैं। अब अगर हम फिलहाल उनके इस विचार को उनके उपद्रव और तोड़फोड़ के पीछे का असली कारण मानें तो मल्टी नेशनल कंपनियों के षड्यंत्र को रोकने के लिए उन्हें उपद्रव अप्पूघर, आर्चीज की दुकानों और जनपथ पर करनी चाहिए या उस वित्तमंत्री और प्रधानमंत्री के आवास पर जिसकी अर्थनीति के चलते ये विदेशी कंपनियाँ लगातार आए चली जा रही हैं और देशी उद्यमियों और उद्योगों को सील किया जा रहा है? रही ईसाई त्योहार के रूप में वेलेंटाइन डे को देखने की बात, तो सच्चाई यह है कि इसके पीछे किसी ईसाई चर्च की कोई ऐसी प्रामाणिक घोषणा नहीं है, जैसे क्रिसमस या अन्य पर्वों के बारे में है। वेलेंटाइन डे आज के उसी बाजार की देन है, जिसकी पेप्सी हमारे आखिल भारतीय नायक सचिन, ऋतिक, शाहरुख और गांगुली पी रहे हैं। वही बाजार जिसकी घड़ियाँ और पैंट पहनकर ये लड़के ठाकरे या सिंघल साहब के इशारे पर सड़क पर बलवा कर रहे हैं। पश्चिमी संस्कृति के प्रभाव को देश संस्कृति के विकास के द्वारा इस बाजारकाल में उसी तरह थामा जा सकता है, जिस तरह हल्दीराम ने भुजिया और नमकीन को, बजाज ने स्कूटर को, अमूल ने नेस्ले या पोलसन को थाम रखा है। अगर हमारी संस्कृति के स्वदेशी सेक्टर में कोई वर्गीज कुरियन या लक्खू भाई पाठक होता तो विदेशी कंपनियों के सांस्कृतिक असर से निपटने की कोई बात सोची जा सकती थी। अगर ऐसा होता तो संस्कृति का मामला लंपटता के डंडों और उपद्रवों से नहीं, अपने देशी त्योहारों और उत्सवों को नए युवकों के बीच लोकप्रिय बनाने की बाजार रणनीति और देशी संस्कृति के औद्योगिकीकरण से निपटाया जाता। और तब असम की बीहू, मणिपुर की थांगल, चोबा, गुजरात का डांडिया या गरबा वगैरह भी इस ग्लोबल बाजार में वही पताका फहराते तो लक्खू भाई के समोसों और अचार-चटनी, दलेर मेहँदी सरीखे पॉप गवैयों के गानों और भारतीय फैशन डिजायनरों के 'एथनिक मिक्स' ने यूरोप और अमेरिका में फहरा रखा है। और तब हमारा खाता-पीता महान मध्य वर्ग वेलेंटाइन डे पर नहीं, थांगल चोबा या डांडिया के दिन अपनी तरह दौलत बहाता। अगर ऐसा होता तो शायद मातश्री बंगले के टॉयलेट में अपनी लघुशंका निपटाने का स्वर्ण अवसर माइकल जैक्सन की तरह किसी बिरजू महाराज या हमारे छत्तीसगढ़ी हबीब तनवीर साहब को भी मिलता।

(राष्ट्रीय सहारा 24 फरवरी, 2001)

नई पीढ़ी के हाथ में नई रचनाएँ

एक दृष्टि से देखें तो यह एक बहुत महत्त्वपूर्ण सवाल है। जिस तरह से औद्योगिकीकरण इतिहास की पिछली अवस्था का सिर्फ विकास मूलक विस्तार भी नहीं था बल्कि वह एक विभाजक परिवर्तन भी था। उसी तरह इक्कीसवीं सदी में हम जिस नई पीढ़ी को उभरता हुआ देखेंगे वह हमारी या हमारे पिताओं की संततियाँ नहीं होंगी बल्कि वह नए समय की नई दुनिया के नए मनुष्य होंगे। दरअसल मानव समाज की प्रकृति, उसके यथार्थ और समूची पारिस्थितिकी में कभी-कभी इतने बड़े परिवर्तन हो जाते हैं कि समय विकसित नहीं पृथक् होता है इसीलिए बहुतों को ऐसे समय में 'इतिहास के अंत' का भ्रम होने लगता है।

जिस तरह बीसवीं सदी के कई यूटोपियाओं या स्वप्नों का अंत हमने बीसवीं सदी के ही अंत में देख लिया था, ठीक उसी के समानांतर हम अपनी ही आँखों से एक दशक के भीतर-भीतर लोकतंत्र और बाजार के भी अंत की संभावना को देख रहे हैं। लोकतंत्र का मौजूदा स्वरूप और इसका राजनैतिक ढाँचा दरअसल, बाजार के प्रबंधन की ही प्रणाली बनकर रह गई है। असलियत यह है कि आज समूचा मानव समुदाय और उसके अस्तित्व को संभव बनाने वाली समूची पारिस्थितिकी, जिसमें पर्यावरण, हवा, पेड़, खाद्यान्न, ऊर्जा आदि सब कुछ शामिल हैं, वे गंभीर संकट में घिर गए हैं। धर्म ने और स्वयं पूँजीवाद ने जिन सामाजिक संहिताओं तथा न्यायपालिका एवं कार्यपालिका ने जिन नागरिक सापेक्ष मर्यादाओं की स्थापना की थी, वे तहस-नहस की जा चुकी हैं।

यह विषय बड़ा है। इसका जवाब उससे भी बड़ा है। लेकिन संक्षेप में यह कहा जा सकता है कि आनेवाली कहानी और कविता तथा ज्ञान के अन्य अनुशासनों की नई पीढ़ी एक बदली परिस्थिति में इस सब अपक्षरण के प्रतिकार की पीढ़ी होगी, उदाहरणार्थ यह कहा जा सकता है कि कहानी अब वैसी नहीं लिखी जाएगी जैसी पिछले समय में लिखी जाती थी, कहानी न कोई लोककथा होगी, न किस्सा, न अब तक रूढ़ि बन चुकी आधुनिकतावादी आख्यान की नकल। कहानी में एक साथ ही कहानी, संस्मरण, रिपोर्ताज, सर्वेक्षण, सूचना, डायरी, ग्राफिक आदि के तमाम तत्त्व मौजूद होंगे।

इसलिए कि अब वे सारे तत्त्व हमारी रोजमर्रा की जिंदगी और अनुभव का हिस्सा हो चुके हैं।

इसी तरह कविता में पूर्वी यूरोप से आई जिस कविता ने हमारी पुरस्कृत और सम्मानित पीढ़ी के कवियों को पैदा किया और जिसे पश्चिम से ही आए विचारों ने एक अवांगार्द चेहरा पहनाया। अगर ध्यान से देखें तो वे सारी कविताएँ बीसवीं सदी के पूर्वार्द्ध तक की ही कविताएँ थीं। हिंदी की आधुनिक कविता बीसवीं सदी के पूर्वार्द्ध की बौनी, परकटी कड़ी है, इसीलिए भ्रष्ट व्यवस्था और भ्रष्ट सरकार उसे पाल रही है। बिल्कुल नए युवा कवियों में कविता के बदलाव के भावी लक्षण दिख रहे हैं। इसी तरह बिल्कुल नए कहानीकारों की कहानियों में भी अतीत किसी केंचुल की तरह पीछे छूट रहा है, जिस तरह इस संधिकाल में वैज्ञानिक, दार्शनिक और समाजविद इस बदले और बदलते हुए समय को समझने और परिभाषित करने की गंभीर कोशिश से गुजर रहे हैं उसी तरह रचनाकार भी इस समय को जानने और समझने की जटिल और चुनौती भरी कोशिश से गुजर रहे हैं। आप देखेंगे कि आने वाली पीढ़ी के हाथ में आज के 'महानों' का झुनझुना तक नहीं होगा। उनके हाथ में नए समय को उजागर करती उनकी नई रचनाएँ होंगी।

(हंस : फरवरी 2001)

काल, तुझसे होड़ है अपनी

इस बार साल का पहला दिन एक नई सहस्राब्दी का पहला दिन है। हम सोए दूसरी सहस्राब्दी में और जागे तीसरी सहस्राब्दी में। जो पाजामा हमने सोते हुए पहना था, उसी को पहने हुए हम काल के एक नए मोड़ पर खड़े हैं। रात में जिस किताब को पढ़ते-पढ़ते हमें नींद आ गई थी, अब हम उसे उसी पृष्ठ से आगे पढ़ना शुरू करेंगे। कहानी उसी बिंदु से आगे बढ़ेगी, जहाँ कल ठहर गई थी। रात में जो कविता अधूरी रह गई थी, वह अपने पूरा होने की प्रतीक्षा में दूसरे दिन भी अधूरी ही रही आई है। हमारे चारों ओर वही दीवारें हैं, जिनके ऊपर समय अपने गुजरने की धूसर, उदास और मटमैली परछाईं छोड़ गया है। उसी कप प्लेट में हम चाय पिएँगे, वही थाली होगी, जिसमें दोपहर का खाना होगा। वही स्वाद फिर से। वैसी ही भूख और वही चिंताएँ। क्या बदला है, इस तरह एक तारीख के बदल जाने के साथ? वही सरकार है, जो कल तक, पिछली सहस्राब्दी तक थी।

आज के अखबार में भी वैसी ही खबरें हैं। वही संवाददाता, वही चैनल। अपराधों और बाजारों की वैसी ही सूचनाएँ। दुनिया उसी तरह एक ध्रुवीय। साहित्य के सरोकार भी वही। क्या हम एक निरंतर चलती हुई-सी वही फिल्म देख रहे हैं और सिर्फ अपनी ऊब और एकरसता से बचने के लिए यह मान रहे हैं कि यह एक नई शताब्दी या सहस्राब्दी है। वर्ना ऐसा क्यों है कि सारे पात्र अब भी वही हैं। वही पटकथा है और पृष्ठभूमि का संगीत तक वही है। जिन प्रश्नों का उत्तर हम कल तक खोज रहे थे, वही प्रश्न हमारे सामने अनुत्तरित खड़े हैं। लेकिन बदलाव तो लगातार हो रहे हैं। और ये बदलाव वही हैं, जो पिछली सदी के आखिरी दो-ढाई दशकों में शुरू हुए थे।

साहित्य और साहित्यकार के बारे में यह माना जाता है कि किसी भी परिवर्तन में नष्ट हो जाने वाली चीजों को वह बचाना चाहता है। साहित्य उन विनष्ट होती चीजों को स्मृति में संरक्षित करता है। सृजन इसीलिए नश्वरता को अमरता या अनश्वरता प्रदान करने की एक गहन मानवीय चेष्टा होती है। सुविख्यात कलाचिंतक अनर्स्ट फिशर ऐसा ही कहते थे। साहित्य इसीलिए बदलते और विनष्ट होते संसार में वस्तुओं, संबंधों, मूल्यों, आस्थाओं और संवेदनाओं को भाषा की स्मृति में बचाने का अनोखा काम करता

है। एक लेखक अपनी मेज पर झुका हुआ, निःस्वर एकांत में, धुँधली सी रोशनी में, चुपचाप सफेद-पीले कागज पर इसी काम में लगा रहता है।

ऐसे में उसके पास सिर्फ एक औजार होता है, जो कोई शोर नहीं पैदा करता, कोई धुआँ नहीं छोड़ता, उससे कभी कहीं कोई प्रदूषण नहीं होता—वह औजार है कलम। हालाँकि यह औजार भी उसे तकनीकी और सभ्यता के खजाने से ही मिला है, लेकिन यह विरोधाभास ही है कि उसी तकनीकी और सभ्यता की मार के नीचे समाप्त होती तमाम चीजों को सुरक्षित रखने का काम वह उसी कलम के जरिए करता है। ऐसे में उसके साथ कोई नहीं होता। न तकनीक न सभ्यता। इसीलिए साहित्य अपने लिए एक अलग तकनीक और अलग सभ्यता का निर्माण करता है। यह एक अलग साम्राज्य या रिपब्लिक होता है, जिसका नियंता सम्राट, अधिनायक वह स्वयं होता है। इसी मायने में हर सच्चा लेखक अपने आप में एक सार्वभौमिक गणतंत्र है, जिसकी सत्ता उस भाषा में अंतर्निहित होती है, जिस भाषा में समय की सारी स्मृतियाँ और छवियाँ मौजूद रहती हैं।

और संस्कृति क्या है? किसी विद्वान ने कहा था कि आपने जीवन में जो कुछ भी सीखा है, लिखा-पढ़ा और देखा है, उस सबकी विस्मृति के बाद आपके पास जो कुछ बचा रहता है, वही संस्कृति है। साहित्य इसी शेष स्मृति का निर्माण करता है। वह स्मृति, जो किसी समय और सभ्यता द्वारा दी गई समस्त स्मृतियों की विस्मृति के बाद अंत में मनुष्य की विमुक्त चेतना में बची रह जाती है। साहित्य इसीलिए संस्कृति की मुख्यधारा में कभी नहीं होता। वह शेष संस्कृति का निर्माता है। जिस गतिविधि को हम संस्कृति के रूप में समझने के आदी हो चुके हैं, जिसमें तमाम तरह की किताबें, छवियाँ, ध्वनियाँ आदि होती हैं, उत्सव-त्योहार, शोर-नाच-गाना आदि होता है, बहसें और तर्क आदि होते हैं—वह साहित्य से इतर की संस्कृति है।

साहित्य तो इस संस्कृति की या तो 'भूमिका' या फिर 'फुटनोट' या 'उपसंहार' हुआ करता है। आज भी आप अगर सोचें तो जिन किताबों, कला-रूपों, सूचनाओं आदि ने आपके जीवन और विचारों पर स्पष्ट और ठोस असर डाला है, वे साहित्यिक कृतियाँ नहीं होंगी।

सामाजिक, दार्शनिक, वैज्ञानिक, आर्थिक या सूचना-संचार आदि से संबंधित जिन कृतियों ने आपकी स्मृति को इस समय घेर रखा है, जब आप किसी विस्मरण के गहरे क्षण में, उन सबको भूल चुके होंगे—तो जो स्मृति आपके पास बचेगी, वही वह मानवीय संस्कृति है, साहित्य जिसे किसी भी भाषा के भीतर चुपचाप रचता रहता है। आज जब हम सब एक नई सहस्राब्दी की ओर कदम बढ़ा चुके हैं पिछली सहस्राब्दी या शताब्दी में खो चुकी चीजों की स्मृतियाँ अगर हमें कहीं मिलेंगी, तो वह द्वीप कोई दूसरा नहीं, साहित्य ही होगा।

(राष्ट्रीय सहारा : 1 जनवरी 2001)

चौरासी के दुःस्वप्नों की वापसी

उस दिन लग रहा था कि हम अपनी खुली आँखों से, दिल्ली की सड़कों पर, सन् 84 की डरावनी वीडियो फुटेज एक बार फिर देख रहे हैं। 21 नवंबर, सन् 2000 को राजधानी की सड़कों पर चौरासी के भयावह नाटक का 'मिनी रिहर्सल' ही हुआ था। इन दोनों नाटकों में एक समानता यह थी कि दोनों को ही शुरू में जनता की स्वतःस्फूर्त प्रतिक्रिया बताया गया था। लेकिन बाद में यह साफ हुआ कि सोलह साल पहले का वह दंगा सुनियोजित और राजनीति द्वारा प्रायोजित खूनी नाटक था। उससे संबंधित मुकदमे अभी भी उन अपराधियों को दंडित करने की प्रक्रिया से गुजर रहे हैं। इस बार नवंबर के संक्षिप्त दंगे को भी दिल्ली के मजदूरों और दिहाड़ी गरीबों की स्वतः-स्फूर्त 'प्रतिक्रिया' कहा गया था। लेकिन क्या वास्तव में ऐसा था? उस दिन 1975 के आपातकाल में दिल्ली की मलिन बस्तियों पर बुल्डोजर चला देने की कालजयी ख्याति अर्जित करने वाले जगमोहन एक बार फिर अखबारों की सुर्खियों पर थे। लेकिन क्या इस बार वे फिर खलनायक थे? गरीबों की रोजी-रोटी, उनका घर-बार छीनने वाले राजधानी के अमीर-उमरों के वफादार गुमाश्ते? और क्या यह वास्तव में दिल्ली के लगभग 10-15 लाख गरीब दिहाड़ी मजदूरों की स्वतःस्फूर्त प्रतिक्रिया थी?

नौकरशाही और राजनीति के साजिशाना तालमेल ने इस नाटक को रचा था। वही इसके सूत्रधार थे। रोजी-रोटी बनाम पर्यावरण का जो मुद्दा विद्वान संपादकों और पत्रकारों ने सारे अखबारों में उस दिन उछाला था, वह दरअसल एक 'कैलकुलेटेड' मुद्दा था। यह मुद्दा नहीं एक 'टारगेट' था, और इसी बिंदु तक पहुँचने के लिए यह सारा नाटक निर्देशित किया गया था। आइए देखें कि नवंबर 2000 का वह नाटक आखिर क्यों हुआ?

जैसा हम सभी जानते हैं और इसके लिए बहुत सारे आँकड़े प्रस्तुत करने की जरूरत नहीं है कि मुंबई की कुख्यात भू-माफिया, तस्कर और अंडरवर्ल्ड की तरह राजधानी में भी तरह-तरह के माफियाओं का अवैध शिकंजा पिछले कुछ वर्षों से लगातार राजनीति, प्रशासन और महानगर के दैनिक नागरिक जीवन पर कसता चला गया। इसमें संदिग्ध किस्म के बिल्डर्स और ठेकेदार हैं, छोटे-बड़े उद्यमी और उद्योगपति है,

सटोरिए और प्रॉपर्टी का धंधा करने वाले दलाल आदि हैं। और यह किसी से छुपा नहीं है कि यही लोग हमारी मौजूदा राजनीति के चहेते, संरक्षित और सुविधा प्राप्त 'हाई' वर्ग बनाते हैं। इनकी पार्टियों में मंत्रियों से लेकर ऊँचे पुलिस अधिकारी और मीडिया स्टार तथा मॉडल-एक्ट्रेस तक सब मौजूद रहते हैं। पुरानी भाषा में ये हमारे समय के नए 'गणमान्य' नागरिक है। यानी 'गण' अर्थात् जनता द्वारा 'सम्मानित।' दिल्ली में राष्ट्रीय राजनीतिक दलों के कार्यकर्त्ताओं और इलाकाई नेता इसी वर्ग में से आते हैं। समय-समय पर इनके कुछ आपराधिक कारनामे अखबारों की सुर्खियाँ बनते हैं, जैसा सुनील शर्मा, रोमेश शर्मा, मनु शर्मा आदि प्रकरणों के साथ हुआ। सत्ता के गलियारों से लेकर शिखर शख्सियतों तक इनकी सीधी पहुँच है। ऊँचे से ऊँचे राजनीतिक नेता-मंत्री के पास, जिन तक इस देश का सामान्य शरीफ नागरिक नहीं पहुँच सकता, वहाँ ये सूटकेस आदि के साथ धड़ल्ले से पहुँचने और अपना ठेका, टेंडर या प्रोजेक्ट जेब में डाल कर बाहर आने में माहिर हो चुके हैं। दिल्ली में जो आज गैर प्राधिकृत क्षेत्रों या रिहायशी इलाकों में एक लाख से ज्यादा कारखाने और अन्य उद्यम चल रहे हैं, उनके लिए लाइसेंस इन्होंने किसी न किसी भाजपाई या कांग्रेसी नेता-मंत्री से ही हासिल किए हैं। कुछ गैर-सरकारी आँकड़ों के मुताबिक इन तथाकथित उद्यमियों ने 7,000 से लेकर 10,000 करोड़ तक की संपत्ति इन्हीं तरीकों से पैदा की है।

ये महानगर के सबसे उच्छृंखल, लंपट और अनुशासनहीन अमीर हैं। दिल्ली महानगर का मास्टर प्लान तो क्या, देश के सर्वोच्च न्यायालय के संवैधानिक निर्देशों की भी ये धज्जियाँ उड़ा सकते हैं। 1995 में सर्वोच्च न्यायालय ने जब 'मैली यमुना' जन हित याचिका के तहत दिल्ली सरकार को आदेश दिया था कि अब भविष्य में किसी भी उद्यम के लिए किसी को नए लाइसेंस न दिए जाएँ तो उसका अवैध उल्लंघन स्वयं दिल्ली की सरकार ने अपने इन्हीं चहेतों के लिए किया था। 15,000 से ज्यादा नए लाइसेंस सर्वोच्च न्यायालय के आदेश की सरासर अवहेलना करते हुए दिल्ली सरकार ने उसके बाद जारी किए। विडंबना ही है कि 21 नवंबर को अजायब सिंह, इरफान और भिकू अग्रवाल नामक जिन तीन दिहाड़ी मजदूरों ने उस प्रायोजित खूनी नाटक में अपने प्राणों की आहुति दी, वह शहादत गरीब की रोजी-रोटी के पक्ष में नहीं, इन्हीं के पॉकेट में गई है।

यह हर कोई जानता है कि दिल्ली की लगभग एक लाख औद्योगिक इकाइयों में से कुल चार हजार इकाइयाँ ही ऐसी हैं, जो उस श्रेणी में आती हैं, जिन्हें खतरनाक प्रदूषक श्रेणी के अंतर्गत रखा जा सकता है। सर्वोच्च न्यायालय ने दिल्ली की सरकार को अन-अधिकृत इलाकों से जिन प्रदूषणकारी इकाइयों को बंद करने और उनके लिए वैकल्पिक पुनर्वास का निर्देश दिया था, उन ऐसी ही इकाइयों को सरकार ने 'मार्क' भी कर रखा है। उनकी श्रेणियाँ तक बनी हुई हैं। लाल, नारंगी और हरे रंगों से उनकी

'कलर कोडिंग' भी की जा चुकी है। एफ श्रेणी की इन इकाइयों में से भी सबको नहीं बल्कि जो सचमुच नागरिकों के जीवन और स्वाद के लिए खतरा पैदा करने वाली इकाइयाँ हैं उन्हीं को हटाने की विवेक सम्मत बात न्यायाधीशों ने कही थी। वह बात आज भी अपनी जगह जायज है। लेकिन उस निर्देश में से 'प्रदूषणकारी' (पॉल्यूटिंग) शब्द हटा दिया गया और सचिवालय से जो आदेश जारी हुए उसमें गैर अधिकृत और रिहायशी इलाकों से सम इकाइयों, जिनमें दर्जी, बेकरी, इलेक्ट्रोप्लेटिंग और वेल्डिंग आदि का काम करने वाले भी शामिल हो गए। इसी के पीछे वह सारा खेल छुपा है और उसके सभी सूत्रधार बैठे हुए हैं। क्या यह कोई मामूली 'क्लर्कियल' भूल थी कि आदेश की कॉपी में सिर्फ एक शब्द (पॉल्यूटिंग) टाइप होने से रह गया था और जिसकी वजह से दिल्ली के 20 लाख में से कुछ हजार दिहाड़ी तथा अन्य मजदूर अपनी आजीविका खो देने के डर से 21 नवंबर को सड़कों पर उतर आए थे? या यह उन लंपट, अनुशासनहीन, अवैध अमीर उद्यमियों और नौकरशाही के साथ गठजोड़ की बदौलत रचा गया एक पूर्व नियोजित खेल था, जिसका मकसद दिल्ली के मास्टर प्लान को बदलवाना, सर्वोच्च न्यायालय को नीचा दिखाना और नागरिकों के स्वास्थ्य के साथ मौत का जहरीला खेल खेलते हुए अपनी अवैध मुनाफाखोरी और कमाई के धंधे को जारी रखना था।

यह सच है कि अभी तक सरकार के पास कोई ऐसी प्रामाणिक सर्वेक्षण रपट नहीं है, जिसमें प्रदूषक औद्योगिक उद्यमों की निश्चित शिनाख्त की गई हो लेकिन अगर इरादे नेक हों तो यह कोई ऐसा कठिन कार्य नहीं है। 1995 में यमुना के जल को प्रदूषित करने वाले दस हजार में से लगभग चार हजार इकाइयों को आखिर सर्वोच्च न्यायालय के ही आदेश से बंद करवाया गया था, तब तो इतना बड़ा बवाल नहीं हुआ था। 'एच' यानी 'हजार्डस' श्रेणी में आने वाली औद्योगिक इकाइयों को भी 1994 से लेकर 96 तक, विभिन्न चरणों में धीरे-धीरे बंद किया गया, वह भी सर्वोच्च न्यायालय के ही आदेश पर। तब भी कोई ऐसा दंगा नहीं हुआ। दस साल से ज्यादा पुराने वाहन सड़कों से प्रदूषण के ही नाम पर हटाए गए। कुछ नहीं हुआ। लेकिन इस बार ऐसा इसलिए हुआ क्योंकि टारगेट दिल्ली का मास्टर प्लान था, जिसके लिए बार-बार दुहाई दी गई कि आखिर इसे जगमोहन बदलना क्यों नहीं चाहते? क्या यह संविधान की तरह पवित्र और अपरिवर्तनीय है? यानी सारा मामला अगर आप देखें तो साफ है। इस बार प्रदूषक उद्यमियों के साथ दिल्ली का भू-माफिया भी चुपके से आकर शामिल हो गया था और कुछ लोकल राजनीतिक नेताओं तथा दिल्ली सरकार की नौकरशाही के साथ मिलकर यह कांड आयोजित किया गया।

1984 में, दिसंबर के ही महीने में एक घटना और घटी थी। मध्यप्रदेश की राजधानी भोपाल में नागरिक, आबादी के बीचोंबीच, कीटनाशक जहर बनाने वाली एक बहुराष्ट्रीय कंपनी यूनियन कर्बाइड को लाइसेंस वहाँ की राजनीति-प्रशासनिक

दुरभिसंधि ने दिया था, दुनिया के इतिहास की सबसे भयावह औद्योगिक त्रासदी, जिसमें लगभग 10 हजार लोग मारे गए थे और हजारों आज तक बीमार हैं, को रचने वाले वही लोग थे–जो यकीन मानिए दिल्ली की त्रासदी को फिलहाल रच रहे हैं। ये प्रदूषक इकाइयाँ छोटी-छोटी यूनियन कार्बाइड कंपनियाँ हैं और उनके मालिक बौने एंडरसन। जैसे एंडरसन की जेब में चौरासी की मध्यप्रदेश सरकार थी, उसी तरह नवंबर 2000 में दिल्ली की सरकार इन नन्हे एंडरसनों की जेब में है। और हम आपकी जिंदगी भी उन्हीं की जेबों में है।

(राष्ट्रीय सहारा : 9 दिसंबर 2000)

संस्कृति का लिंगरी काल

अभी पिछले महीने की बात है। जोधपुर में प्रख्यात संस्कृतिकर्मी और लोक-कलाओं के अंतर्राष्ट्रीय स्तर के विशेषज्ञ श्री कोमल कोठारी के साथ बात कर रहा था, तभी 'स्टार न्यूज' की कैमरा टीम आ पहुँची। एक खूबसूरत-सी भारतीय मूल की फिरंग लगती रिपोर्टर कोमल जी का इंटरव्यू लेने आई थी। मामला फिल्म 'दिल दे चुके सनम' के सुपरहिट हो चुके और सेल्स के नए कीर्तिमान बना डालने वाले गाने से जुड़े विवाद का था। वह गाना आप भी जानते ही होंगे—'नीबुड़ा-नीबुड़ा-नीबुड़ा, कच्चा-कच्चा, छोटा-छोटा नीबुड़ा लाय दो।' खासा ऐरोटिक, उत्तेजक, मांसल और कामुकता की सरहद लाँघकर अश्लीलता की हदें छूता हुआ गाना। 'खलनायक' में इला अरुण के 'चोली के पीछे क्या है' के बाद यही गाना इन दिनों सुपर-डुपर हिट हुआ है। चोली के पीछे' को लेकर तो खासा विवाद हुआ था। गाने पर प्रतिबंध लगाने से लेकर फिल्मी गानों में बढ़ती अश्लीलता और कुल जमा अप-संस्कृति वगैरह के प्रसार को लेकर खूब चिल्ल-पों मची थी, लेकिन इस गाने से जुड़ा विवाद दूसरी तरह का था। 'पाइरेसी' और चोरी का।

लोकगीतों को सीधे उठाकर अपने नाम से किसी फिल्म में चेप देने का रिवाज कोई नया नहीं है। पता नहीं कब से यह सिलसिला जारी है। जब 'बॉबी' फिल्म रिलीज हुई, उन दिनों हम सागर विश्वविद्यालय में छात्र थे। उस फिल्म के कुछ गाने श्री विट्ठल भाई पटेल ने लिखे थे। 'झूठ बोले कौआ काटे, काले कौए से डरियो' गाना खूब लोकप्रिय हुआ। लेकिन वह गाना बुंदेलखंड में तब से गाया जा रहा था जब डिंपल कापड़िया (बाद में खन्ना) या ऋषि कपूर का जन्म भी नहीं हुआ होगा—यह चर्चा आम थी। बहरहाल, वह गाना कैसेट और डिस्क में अब हमेशा के लिए एक गीतकार के नाम पर दर्ज हो गया है। कानूनन ऐसी स्थिति में कुछ हो नहीं सकता। लोकगीत का रचनाकार कोई एक कवि या गीतकार तो होता नहीं है, जो ऐसी स्थिति में कॉपीराइट या चोरी-पाइरेसी का मुकदमा चलाए। लोकगीत तो सामुदायिक संस्कृति के हिस्से हैं। कोई एक व्यक्ति नहीं, बल्कि कोई मानव-समूह इन्हें वर्षों की लंबी प्रतिक्रिया में रचता-गढ़ता है। किसी लोकगीत पर किसी एक रचनाकार के कॉपीराइट की मुहर

तो लगी नहीं होती। यह तो एक प्रकार का 'लावारिस' सार्वजनिक माल है। यहाँ-वहाँ, हर जगह हमारे इतने बड़े देश के तमाम गली-गाँव-मोहल्लों में बिखरा हुआ। इस 'ऑल ग्लोबल' दौर के महान 'लारा कालीन नारी-विमर्श' के बावजूद राजस्थान, यूपी, एमपी, बिहार के गाँवों में आज भी डेढ़ हाथ का घूँघट काढ़े खन्न-खन्न ढाई किलोग्राम का कंगन-कड़ा बजानेवाली औरतें इन गानों को तीज-त्योहारों में गाती हैं। अब जो घूँघट के बाहर गुड़ और मिठाई का लालच दिए जाने के बावजूद अपना मुँह नहीं निकालतीं–भला वे औरतें अपने लोकगीतों की चोरी का एफ.आई.आर. कैसे दर्ज कराएँ। राजनेताओं, अफसरों, खिलाड़ियों आदि द्वारा करोड़ों-अरबों की दिन-रात चोरी के मामलों में लिप्त सरकार के पास भी इतनी फुर्सत कहाँ कि वह लोकगीतों की चोरी जैसे फिसड्डी दो कौड़ी के मामले पर नजर डाले! राजीव गाँधी का समय 'अपना उत्सव' जैसा दौर भी अब नहीं रहा, जब चारों ओर 'एथनिक' का तूफान आया हुआ था। ऐसा लगता था जैसे हमारी संस्कृति में 'आधुनिक' कुछ है ही नहीं, सब कुछ 'फोक' है। अब तो यहाँ आई.टी. और साइबर का उत्तर-आधुनिक युग आ गया। 'फोक' का जिक्र किसे है!

लेकिन 'नीबुड़ा...नीबुड़ा...नीबुड़ा' का मामला जरा हट के था। यहाँ बॉलीवुड थोड़ा लापरवाही में गच्चा खा गया। दरअसल हू-ब-हू लोकगीत जैसा लगता यह गाना वास्तव में लोकगीत था ही नहीं। यह राजस्थानी लोकधुन पर आधारित एक आधुनिक राजस्थानी गीत था, जिसे किसी समुदाय ने सामूहिक रूप से वर्षों की लंबी प्रक्रिया में नहीं, बल्कि एक मांगनियार लोक कलाकार ने कुछ समय पहले खुद ही बनाया था। वही उसका गीतकार भी था और संगीतकार भी। कोमल कोठारी के 'रूपायन संस्थान' में उसने जब एक बार इसे गाकर सुनाया तो डाँट दिया गया। कोमल जी लोकगीतों और लोक-संस्कृति की पारंपरिक शुद्धता और उसके स्वरूप के विलक्षण मर्मज्ञ हैं। उन्हें यह जानते एक सेकेंड नहीं लगा कि यह 'फोक' नहीं है यह व्यक्तिगत आधुनिक रचना है, 'फोक' के शिल्प और शैली में गढ़ी गई। लेकिन वह गीत इतना प्रभावशाली था कि पारंपरिक लोकगीतों के साथ घुल-मिलकर उन्हें 'करप्ट' करने की उसकी क्षमता डरावनी थी। ठीक दूसरी तरफ, एक स्तर पर लोक कलाओं के भीतर निजी कलाकार के अभ्युदय की भी यह सफल घटना थी। खैर, मना कर दिए जाने के बाद भी वह कलाकार यहाँ-वहाँ, मेलों-ठेलों, पर्यटन स्थलों आदि में स्वरचिता गाना गाता-बजाता रहा। इसे भरपूर लोकप्रियता मिली। हर जगह इस गाने की माँग होती और वह इसे गाता। इसी दौरान एक विदेशी म्यूजिक कंपनी ने उससे इस गाने का 'राइट' खरीदा और उसे रिकॉर्ड कर कैसेट बाजार में पटक दिया। वहीं कहीं से वह 'टीप' लिया गया होगा।

इस गाने में एरोटिसिटी या कामुकता उसी संकेत में है, जिसके द्वारा संकेतित को छुपाया जा रहा है। 'खलनायक' वाले गाने में तो सवाल पूछा जा रहा था, जिसका

जवाब उस गाने को सुनने वाले के दिमाग में अपने आप फूटने लगता था। 'चोली के पीछे क्या है' इस गाने में तो रीतिकाल की दरबारी श्रृंगार कविता का स्वाद है। उपमा अलंकार। नीबुड़ा...नीबुड़ा। लेकिन अगर किसी मनोवैज्ञानिक से इस गाने की चीरफाड़ करवाएँ तो वह यही कहेगा कि यह गाना 'चाइल्ड सेक्सुअल एब्यूज' को प्रेरित कर सकता है। यह स्वस्थ कामोत्तेजना नहीं, एक विकृत कामुकता जगाता है। बौद्रीला जैसे जो उत्तर-आधुनिक यह कहते हैं कि अब बाजार और राजनीति के केंद्र में 'काम' है, तो हम अपने यहाँ के नीबुड़ा के उदाहरण को देख कर कह सकते हैं कि हमारे बाजार के केंद्र में काम नहीं, 'विकृत काम' है। यह स्वस्थ नहीं है, उस बाल कामुकता (जुवेनाइल सेक्सुअलिटी) को बढ़ावा देते हैं, जिससे बड़े मर्दों के हाथों छोटी-छोटी बच्चियों के लिए खतरे और बढ़ सकते हैं। अगर कामुकता बाजार और अर्थनीति के केंद्र में है, तो उसे एक स्वस्थ और मजबूत बाजार बनाने के लिए स्वस्थ और मजबूत कामुकता का सहारा लेना चाहिए। लेकिन जैसे विज्ञापन और जैसे गाने अब आ रहे हैं, वे तो कई का 'परवर्शन' हैं। इसलिए वे एक 'परवर्ट बाजार' को बढ़ावा देंगे।

पारंपरिक लोकगीतों में, उनमें भी जो 'एरोटिक' होते हैं, एक विशेष प्रकार का संयमन होता है। एक तरह की मर्यादा भी इसलिए इला अरुण या दूसरे ऐसे लोग उनका व्यावसायिक इस्तेमाल करते हैं, सिर्फ उनकी 'बीट' ही तेज नहीं करनी पड़ती, उनके बोल और बंदिशें भी बदलनी पड़ती हैं। तब जाकर दिल्ली में जोधपुर घाघरा फहराता हुआ 'बिजनेस' करता है। तब जाकर पूछता है 'चलेगी खंडाला'।

पता नहीं 'नीबुड़ा-नीबुड़ा' का क्या हुआ। उस लोक कलाकार को पैसे मिले या नहीं। अब न्याय भी तो यहीं पर आकर रुक गया लगता है। रुपयों पर। अदालतें कोई सेंसर बोर्ड तो होती नहीं, जो यह चिंता करें कि इस गाने का समाज पर क्या असर होगा। कामुकता या काम आज के बाजार काल का स्वीकृत अंग है। इसीलिए एफटीवी, एफआर जैसा चौबीस घंटे का फैशन चैनल टीवी पर लगातार चलता रहता है। यह 'फैशन में कामुकता का ग्लोबल शो' है। उसमें बार-बार अपील आती है कि लोग अपने-अपने ऑफिस के पी सी में देखें। यानी बॉस ने जब अपनी सेक्रेटरी को 'डिक्टेशन' के लिए बुलाया, उसके ठीक पहले वह एफटीवी देख रहा था। इसके साथ-साथ अगर इला अरुण के गाने या 'नीबुड़ा' को भी बजाया जाता, तो उसे सेक्रेटरी का खयाल बार-बार आता। बहरहाल, याद आता है जब सचिन देव बर्मन जैसे संगीतकार बंगाल और असम से, भटियाली लोक-संगीत की सुगंध लेकर इसी बॉलीवुड में पहुँचे थे और 'सुन मेरे बंधु रे' या 'साजन हैं उस पार' जैसी रचनाएँ कंपोज की थीं। 'सुजाता' और 'बंदिनी' के गानों के 'फोक' और 'दिल्ली शहर माँ मेरो घाघरो जो फहरो' या 'चोली के पीछे' के बीच के फर्क को देखिए। हम बहुत दूर आ गए हैं। यह संस्कृति में 'लिंगरीकल' है। स्त्री की देह को किसी भी बाजार और संस्कृति ने इतना कभी

नहीं घूरा होगा।

अगर हम यह मान लें कि संस्कृति, विचार और कलाएँ मूलतः अपने समय की सत्ताओं और बाजारों का विज्ञापन हुआ करती हैं, तो भी उलझन दूर नहीं होती। अगर गीतकार शैलेंद्र ने फिल्म 'छोटी बहन' का गीत 'भइया मेरे राखी के बंधन को निभाना'—मान लीजिए भारतीय परंपरा में मौजूद भाई-बहन के रिश्ते और उसके मार्फत राखी के त्योहार को 'प्रोमोट' करने के लिए लिखा था और बाद में यह गाना इतना लोकप्रिय हुआ था कि खुद 'फोक' बन गया था—तो बताइए ये 'नीबुड़ा...नीबुड़ा...' किस चीज को 'प्रोमोट' कर रहा है। चिंता की बात तो दरअसल यह है कि दुर्भाग्य से यह भी 'फोक' बन रहा है।

(राष्ट्रीय सहारा : जून 2000)

समृद्धि की डरावनी संतानें

दिल्ली दहशत में है। राजधानी में इन दिनों एक नई जरायमपेशा जाति रात के अँधेरे में अपराध और हिंसा के दहशतनाक कारनामे करने लगी है। दिक्कत यही है कि इस नई जाति से कानून और व्यवस्था की हिफाजत करने वाली एजेंसियाँ उन तौर-तरीकों से नहीं निपट सकतीं, जिनसे वे साकेत, हौजखास या अशोक विहार में हत्याएँ और लूटपाट की बर्बर वारदात करने वाली जमातों से निपटती आई हैं क्योंकि यह नई जाति राजधानी के गटर समाज से नहीं, उस उच्च समाज से जुड़ी हुई है, जिसे अंग्रेजी में 'हाई सोसाइटी' कहते हैं। जिन समुदायों को हम अपराधी मानते रहे हैं वे ऐतिहासिक रूप से घुमक्कड़ या अर्द्ध-घुमक्कड़ किस्म के समुदाय रहे हैं और समाज में होने वाले बदलावों के कारण रोजी-रोटी का पुश्तैनी पेशा छिन जाने के कारण ही उन्होंने शहरों में डेरा जमाया है।

ये घुमक्कड़ या गतिशील जातियाँ अब स्थायी तौर पर बसने की प्रक्रिया से गुजर रही हैं। दिल्ली की कुल जनसंख्या का जो लगभग 30 प्रतिशत का तलछट है, यानी 'स्लमड्वेलर्स' ये उसी का एक छोटा हिस्सा हैं। हिंसा इनके जैविक सूत्रों में नहीं है। आर्थिक बदलावों के तेज घूमते पहिए ने इनकी आजीविका का पारंपरिक जरिया छीनकर इन्हें अपराध के पेशे में डाला है। अगर तुगलक-खिलजी काल के इतिहारा पर नजर दौड़ाएँ तो दिल्ली और आगरा के बीच व्यापारियों के काफिलों की लूटपाट करने वाली बहुत-सी घुमक्कड़ जमातें धीरे-धीरे स्थायी तौर पर बसने लगीं और अंग्रेजों का राज आते-आते वे खेती-बाड़ी के उत्पादक पेशे में लग गईं। आज की तारीख में वे मेहनतकश किसान लोग हैं। जियाउद्दीन बर्नी ने उनके जिस जरायम अतीत का हवाला दिया था, उसे अब याद करना ही अपराध है। ये भी धीरे-धीरे स्थायी निवास की प्रक्रिया में ढलने के बाद राशन कार्ड, मतदाता पहचान पत्र और अन्य नागरिक औपचारिकताओं से जुड़कर अपने इस अतीत से मुक्त हो जाएँगे। उनका अतीत भले अपराधी रहा हो, उनका भविष्य संभवतः निष्कलंक होगा।

लेकिन दिल्ली इन दिनों जिस नए जरायमपेशा वर्ग से आतंकित है, वे अतीत

के नहीं भविष्य के अपराधी हैं। चंडीगढ़, गाजियाबाद, नोएडा, रोहतक, मेरठ जैसे पहुँच वाले शहरों से दिल्ली को जोड़ने वाले राष्ट्रीय राजमार्ग से रात ढलते ही टाटा सफारी, पाजेरो, मर्सीडीज जैसी महँगी और आधुनिक कारों से ये राजधानी के लिए कूच करते हैं। अक्सर इन गाड़ियों में नंबर तक नहीं होते। उनके पास वेब्लेरकॉट या दूसरे आयातित अथवा कस्टम की निकासी से खरीदे गए रिवाल्वर्स होते हैं। आधुनिकतम डिजिटल डेक पर किसी पश्चिमी या देसी पॉप को ऊँचे वॉल्यूम में बजाते ये हमारी मौजूदा अर्थनीति और राजनैतिक बनावट की शक्तिशाली संतानें हैं। ये मुंबई के सुपरिभाषित भू-माफिया या दुबई के किसी दाऊद के 'रिमोट' से संचालित, सुपारी लेकर हत्या का पेशा करने वाले तीसरे दर्जे के मुजरिम नहीं हैं, जिन्हें कोई सख्त पुलिस महानिरीक्षक किसी 'छद्म मुठभेड़' में साफ कर डाले। यह वह वर्ग है जिसके परिवार और संपत्ति की हिफाजत के लिए राजधानी के 55 हजार में से 25 हजार पुलिस वाले तैनात हैं। पुलिस की 'ड्यूटी' उन्हें पकड़ना नहीं, उन्हें सुरक्षा देना है।

प्रख्यात चिंतक और कवि दिवंगत ए के रामानुजन ने बहुत पहले पश्चिमी कानून या संविधान की हमारे देश में व्यावहारिक असफलता की घोषणा कर दी थी। उन्होंने कहा था कि जिस कानून और व्यवस्था को हम अपने यहाँ लागू करना चाहते हैं, वे उस पश्चिमी समाज की ऐतिहासिक निर्मितियाँ हैं, जहाँ राज्य और उसके समस्त संस्थान अपनी प्रजा या नागरिक के प्रति एक तरह का 'संदर्भ-विहीन' (नॉन-कांटेक्स्चुअल) नजरिया अपनाते हैं। यानी राज्य की सेवा में नियुक्त होने वाला हर राज्य-कर्मचारी किसी कानून या नियम को लागू करते हुए सजा या इनाम देते हुए नागरिक के 'संदर्भ' को नहीं देखता। इस बात को सरल करके कहें तो यह कि किसी नियम या कानून के उल्लंघन की स्थिति में यह कतई महत्त्वपूर्ण नहीं रह जाता कि अपराधी की जाति, नस्ल, धर्म, सामाजिक स्थिति, अमीरी-गरीबी वगैरह क्या है। वह एक 'संदर्भ-विहीन राज्य संहिता' है जिसका निर्वाह हर राज्य कर्मचारी और नागरिक के लिए समान रूप से अनिवार्य है। एक तरह की 'समतावादी राज्य संहिता'। इसीलिए 'समान नागरिक संहिता' जिसको भाजपा ने अपना चुनावी नारा बनाया था, वह सिर्फ हिंदू और मुसलमान आदि सांप्रदायिक 'परिसंदर्भों' में ही लागू नहीं होती, उसका दायरा व्यापक है। रामानुजन का कहना था कि हमारा भारतीय समाज सदियों से 'संदर्भ-संवेदी' (कांटेक्स्ट सेंसिटिव) समाज रहा है। किसी अपराधी को दंड देते हुए यहाँ हमेशा उसकी पृष्ठभूमि को देखा जाता है। जिस समाज में ब्राह्मण के ऊपर शूद्र की परछाईं पड़ जाने पर शूद्र को मृत्युदंड देने का विधान रहा हो, वहाँ 'संदर्भ-विहीन' राज्य संहिता को वास्तविकता में लागू होते-होते गंगा-यमुना का पानी सूख चुका होगा।

हमारी पुलिस इसीलिए जब किसी 'निम्न संदर्भों' वाले अपराधी को पकड़ती

है तो उसके साथ वैसा व्यवहार करती है जैसा बीसवीं सदी के चौथे दशक में हिटलर की पुलिस जिप्सियों और यहूदियों के साथ करती थी। क्योंकि हिटलर ने अपनी 'नेशनल सोशलिस्ट वर्कर्स पार्टी' के चुनावों में जीतने के बाद जर्मनी में लागू 'वेइमार' संविधान को निरस्त कर दिया था। उसने स्पष्ट घोषणा की कि यहूदियों पर कानून एक तरह से लागू नहीं होता। किसी अनुमोदित संविधान पर चलने के बजाय उसने अपनी 'प्रतिभा और बुद्धि' के डिक्टेट पर शासन चलाने की कोशिश की। हमारे अपने देश में भी ऐसी निजी 'प्रतिभा' और 'बुद्धि' से संस्थाएँ और मंत्रालय चलाने वाले राजनेताओं और नौकरशाहों की कमी नहीं है। जिस किसी को चाहें वे दंड दे दें, जिसे चाहें सम्मानित कर दें। लोकतांत्रिक पाखंडों और अनुमोदित नियम कायदों के प्रति कोई सम्मान आप उनके भीतर नहीं पाएँगे। हाँ, वे उस दंडित या सम्मानित व्यक्ति के 'कुल-शील' संदर्भ का जरूर खास ध्यान रखते हैं।

अगर जेसिका लाल की हत्या वाले प्रसंग पर ध्यान दें तो हमारी सरकार का 'संदर्भ-संवेदी' चरित्र खुलकर सामने आता है। हत्या की घटना के बाद जिन लोगों को पुलिस ने पकड़ा और 'कड़ाई' से पूछताछ की, उनमें बिना आबकारी लाइसेंस के शराब बेचने, निर्धारित समय के बाद तक महरौली का कुतुब कोलोनेड रेस्तरां चलाने और हर नियम-कानून को धत्ता बताने वाली बीना रमानी या उनकी बेटी शामिल नहीं थी। उसमें उस रात पार्टी में शामिल पुलिस अधिकारी डडवाल और पच्चीसों नामी-गिरामी हस्तियाँ शामिल नहीं थीं। सहमती हुई पुलिस ने पकड़ा उस रेस्तरां के मामूली नौकरों को क्योंकि बीना रमानी और उन नौकरों के 'संदर्भ' अलग हैं। भारत सरकार का कानून 'संदर्भ-संवेदी' है। कौन ऊँचा है, कौन नीचा, कौन ब्राह्मण है, कौन शूद्र, कौन हाई है, कौन लो—इन सबको ध्यान में रखते हुए ही कोई कानून लागू होता है। हत्या के प्रमाणों को नष्ट करने, जाँच में रुकावट डालने, चश्मदीद गवाहों को बहकाने या बरगलाने आदि का जुर्म भी सब पर एक ही तरह से लागू नहीं होगा। बिना लाइसेंस शराब बेचने पर तो वैसे भी कानूनन सिर्फ 50 से 200 रुपए तक का जुर्माना है, जिसे भरना दिल्ली की इस हाई सोसायटी के लिए मूँगफली के एक दाने से भी सस्ता है। यानी कुल मिलाकर अभी तक इस दहशतनाक हादसे के सिलसिले में जिन गरीब कर्मचारियों से कड़ी पूछताछ की गई वे 'यहूदी' हैं, 'आर्य' तो आत्मसमर्पण की मनचाही तारीखें चुन रहे हैं और चार घंटों की गिरफ्तारी के बाद जमानत पर छूट जा रहे हैं।

लेकिन इन 'आर्यों' की अगली पीढ़ी तो 'हाई क्लास'—'हाई टेक' जाति है। जरायमपेशा। कानूनों और कायदों का पूरी संवेदनहीनता से उल्लंघन करने वाली नई आदिम प्रजाति। पिछले हफ्ते अमेरिका के एक स्कूल में बिना किसी संवेदना के किसी रोबो की तरह 17 लड़के-लड़कियों को गोलियों से भूनकर जिस प्रजाति

ने अमेरिकी अभिभावकों, माता-पिताओं को जिस चिंता और शोक और डर से भर दिया था, दिल्ली के ये नौदौलतिए उसी प्रजाति का इंडियन प्रतिरूप हैं। पिछली सर्दियों में देर रात तक चलने वाली एक ऐसी ही 'थीम पार्टी' में तरणताल में बियर और विदेशी शराब की टूटी-फूटी बोतलों के बीच एक गरीबे बेयरे की लाश पाई गई थी। सब कुछ ढँक-मूँद दिया गया। एक पाँच तारा होटल के एक डिस्कोथेक में हाई सोसायटी के जगमगाते सितारों में से एक ने अँधाधुँध गोलियाँ चलाईं और अपनी कीमती कार में सर्राता हुआ हरियाणा चला गया। पुलिस उसको सलाम मारती रही। एक और पार्टी में कुछ महान बापों के बिगड़े बेटों ने जहरीली गैस का सिलिंडर खोलकर कई अधनंगी लड़कियों और लड़कों को बेहोश करने का खेल खेला। पुलिस ने मालिकों के इन शहजादों की इतनी खूबसूरत शरारत पर तालियाँ बजाईं।

इस समूचे कुतुब कोलोनडे मामले में जेसिका लाल एक 'विक्टिम' है। वह कोई विमुक्त स्त्री का उत्तर-पूँजीवादी या उत्तर-आधुनिक 'आदर्श' नहीं थी। वह मॉडलिंग का पेशा करने वाली एक साधारण लड़की थी, जिसे अपने भविष्य की असुरक्षा उसी तरह डराती रही होगी, जैसी हम सबको डराती है। उसे पता था कि ज्यादा से ज्यादा दो-तीन साल ही वह फैशन मॉडलिंग की मुख्यधारा में बनी रह सकती है। वह इस पेशे में इसीलिए थी कि जिस नई अर्थप्रणाली को हमने अपना लिया है उसमें कुछ सीमित लोगों के असीमित होते जाते मुनाफे के छलकने पर ही बहुतेरे नए पेशे निर्भर रहते हैं। वह अगर कुछ महीने और जिंदा बचती तो इस देश को छोड़कर दुबई चली जाने वाली थी क्योंकि वहाँ दौलत ज्यादा छलकती है और ऐसे पेशे वहाँ ज्यादा आय देते हैं।

जेसिका लाल की गलती सिर्फ यही थी कि उसने इस नई आदिम जाति के चरित्र को समझने में गलती की। ये नए जरायमपेशा लोग उस 'संदर्भ' से आते हैं, जो हुक्म देना जानता है। वह चरम भोगवादी है। अल्ट्रा हेडॅनिस्ट। फिलिस्टाइन। जो चीज उसे पसंद आ जाती है, वह उसे हासिल करके रहता है।

अगर आप ध्यान से इस पूरे कांड को देखें तो इसमें कई ऐसे पात्र हैं, जिन्हें एक साथ जोड़कर देखते ही कोई भी सामान्य नागरिक डर जाएगा। इसमें अपने पति से तलाक लेकर औरत की उधमी प्रतिभा का एक महान उदाहरण पेश करने वाली और अंग्रेजी की महिला पत्रिकाओं तथा टीवी के असंख्य कार्यक्रमों में किसी स्त्री उदाहरण के बतौर पेश होने वाली और गैरकानूनी लेकिन उच्च संस्कृति का व्यापार करने वाली एक महिला शामिल है। पुलिस का एक उच्चाधिकारी सादी वर्दी में, लेकिन सरकारी गाड़ी में सपरिवार मौजूद है। दिल्ली की हाई सोसायटी के कई वीआईपी हैं, जिनके नाम फिलहाल उजागर नहीं होने दिए जा रहे हैं।

और हत्यारों के गिरोह में दुनिया भर में एक सबसे बड़ी तरल पेय बनाने

वाली कंपनी का एक प्रबंधक, उत्तर प्रदेश में धर्मनिरपेक्ष राजनीतिक विकल्प का दावा करने वाले एक राजनीतिक दल के नेता का बेटा, केन्द्र की सबसे बड़ी विपक्षी पार्टी के नेता का पुत्र सब के सब एक-दूसरे से जुड़े दिखाई देते हैं। दिलचस्प है कि आगामी लोकसभा चुनाव में इनके पिताओं की पार्टियाँ एक खेमे में नहीं हैं। लेकिन उनके बेटे एक ही टाटा सफारी में हैं, अपराध में शामिल हैं और एक साथ फरार हैं। जिस तरह एक चर्चित उपन्यास पर बनी हॉलीवुड की फिल्म जे एफ के में रोमांचक तरीके से यह उद्घाटित होता था कि राष्ट्रपति केनेडी की हत्या में अमेरिका का सारा शासक समाज शामिल है, जेसिका लाल कांड की पटकथा भी लगभग वैसी ही होगी। लेकिन इसका क्या करें कि किसी भी व्यवस्था को ठीक तरीके से चलाते रहने के लिए कोई भी कानून एक ऐसी अनिवार्य बुराई है जो किसी न किसी स्वतंत्रता पर लगाम तो लगाती ही है। यह शासक समाज हो या लोक समाज। कानून पर अमल की यह अनिवार्य लगाम अब बहुत जरूरी है।

(11 मई : 1999 जनसत्ता)

एक निशाचर संस्कृति के स्याह साये में...

आज की सबसे संगीन तात्कालिक सामाजिक सूचना शायद यही है कि हमारे यहाँ अब उपभोक्तावाद हिंसक और आक्रामक हो गया है। दिल्ली में जेसिका लाल को इसलिए गोली मारी गई क्योंकि उसने मनु शर्मा और उसके साथियों को व्हिस्की देने से इनकार किया। कुछ ही दिनों के भीतर लखनऊ में आइसक्रीम वाले रघुराज को राकेश मिश्रा ने इसलिए मार डाला क्योंकि उसके पास कसाटा नहीं था। क्या ये सिर्फ ताकतवर, अमीर और अपराधी हो गए उच्च समाज के बड़े बापों के बिगड़ैल बेटों के हाथों मासूमियत से हो जाने वाली अनजानी परिणतियों वाली कत्ल की अनजुड़ी घटनाएँ हैं, या चरम भोगवाद की मध्यकालीन लोलुपता की नई हिंसक पुनरावृत्तियाँ हैं? यह राज्य के संरक्षण में लंपट और बर्बर हो उठे उपभोक्तावाद की नई शक्ल है या पिछले एक डेढ़ दशक से लगातार आर्थिक भ्रष्टाचार और जघन्य सामाजिक अपराधों में लिप्त हमारे समाज के शिखर वर्ग के एक नए और अपेक्षाकृत डरावने चेहरे को उजागर करते संकेत-रूपक हैं।

'ग्रेट इंडियन मिडिल क्लास' के लेखक पवन वर्मा इसे उस समाज की नई जहरीली फसल मान रहे हैं जो एक ऐतिहासिक 'नैतिक महाशून्य' की गिरफ्त में है। एक ऐसा नैतिक महाशून्य जिसमें समाज के सामने न कोई 'रोल मॉडल' या आदर्श व्यक्तित्व बचा है न कोई आदर्श विचार। ऐसे में प्रभुता और समृद्धि यानी ताकत और दौलत के सामाजिक वर्चस्व की स्वाभाविक पृष्ठभूमि अपने आप तैयार हो जाती है।

दूसरी तरफ, आज के दौर में वे एक ऐसे अभिजन वर्ग का उभार देखते हैं, जो अपनी जीवन शैली और आकांक्षाओं में हमारे देश और समाज की वास्तविकताओं से पूरी तरह विच्छिन्न है—कटा हुआ है। अपने इस सामाजिक अलगाव और निर्वासन को भरने के लिए वह ऐसी नाइट पार्टियों में जाता है, जैसी बीना रमानी के कुतुब कोलोनेड की पार्टी थी। उसका दिन व्यापार या राजनीति में गुजरता है और उसकी संस्कृति रात में शुरू होती है। वह 'नॉक्टरनल कल्चर' या निशाचर संस्कृति का पुजारी है। यह निशाचर संस्कृति उस काली दौलत से पैदा हुई है जिसे अधिक परिष्कृत अंग्रेजी

लहजे में 'सॉफ्ट मनी' या 'पतली कमाई' कहते हैं। यह गाढ़ी कमाई का विलोम होती है और कई तरह के भ्रष्टाचारों के जरिए कमाई जाती है। अपराध और हिंसा उसका सहज 'बाइप्रोडक्ट' है। यही वह हिस्सा है जिसने हमारे देश और समाज के सामने 'नैतिक महाशून्यता' का यह विराट परिदृश्य निर्मित किया है। ऐसा लगता है जैसे कहीं कोई नैतिकता की गुंजाइश ही नहीं बची। और ऐसा उस समय हो रहा है जब अर्थशास्त्र के क्षेत्र में पहले भारतीय विद्वान अमर्त्य सेन को नोबेल सम्मान इसलिए दिया गया है क्योंकि उन्होंने अर्थशास्त्र को नैतिकता से जोड़ने वाले विचार हमारे सामने प्रस्तुत किए। वही अमर्त्य सेन, जो क्लासिकी भारतीय परंपरा यानी कौटिल्य के 'अर्थशास्त्र' और बौद्ध मान्यताओं से अपने लिए प्रेरणा ग्रहण करते हैं, जो हमारा ध्यान इस ओर दिलाते हैं कि दुनिया के हर देश के इतिहास में धन पैदा करने के सारे फार्मूले और तरीके नीतिशास्त्र के अंतर्गत ही सिखाए जाते थे।

जाहिर है यह हमारे समय का एक सबसे बड़ा विद्रूप है। आजादी के इक्यावनवें साल हम अपने शासकों की एक ऐसी पीढ़ी को शासन करते हुए देख रहे हैं जिसने धन कमाने के सारे तरीकों के ऊपर से कानून, मर्यादा, सामाजिक तथा मानवीय संवेदनशीलता और नैतिकता के सारे अंकुशों को हटा लिया है। इतना ही नहीं, उसने ईमानदारी और परिश्रम, शिक्षा और प्रतिभा के साफ-सुथरे तरीकों से सम्मानजनक जीवनयापन के सारे रास्ते बंद कर डाले हैं। नतीजे में हमारे सामने है 'नैतिक महाशून्यता' में जकड़ा, मुनाफे और अनाप-शनाप कमाई के सारे गैर कानूनी, भ्रष्ट और बेईमान तरीके अपनाता एक निरंकुश, बीमार और अमानवीय बाजार और वैसा ही उन्मुक्त और निरंकुश उपभोक्ता जो किसी एक खास ब्रांड के लिए एक जीते-जागते मनुष्य की हत्या कर सकता है जैसा लखनऊ में कसाटा आइसक्रीम के लिए किया गया।

विडंबना ही है कि ऐसा उस देश में हो रहा है जहाँ सरकार को चुनने वाले 60 प्रतिशत मतदाता इस नए बाजार के उपभोक्ता ही नहीं हैं। वे तो जीवन की बुनियादी भौतिक आवश्यकताओं तक से वंचित हैं। एक पेग 'व्हिस्की' के लिए एक मॉडल लड़की को गोली उस देश की राजधानी में मारी गई, जिस देश के 70 प्रतिशत ग्रामीण निवासी पीने के साफ पानी या हगने-मूतने की बुनियादी सुविधाओं तक से वंचित है। क्या किसी भी राज्य व्यवस्था में इससे अनैतिक कोई और दृश्य हो सकता है कि गाँवों के लोग किसी बाँध के पानी में डूबने से बचने के लिए या पीने के पानी की माँग के समर्थन में आंदोलन करें और उन्हें जेलों में डाल दिया जाए और दूसरी तरफ हमारे जनप्रतिनिधियों के रईसजादे एक पेग व्हिस्की या आइसक्रीम के लिए हत्या तक कर डालें?

तो इस सबका क्या यह अर्थ लगाया जाए कि पी.सी. जोशी जैसे समाज वैज्ञानिकों ने जो चेतावनियाँ अभी कुछ साल पहले ही दे रखी थीं, उनके ज्यों का त्यों घटित

होने का समय आ गया? क्या यह हमारे समाज की फिक्र रखने वाले संवेदनशील बौद्धिकों द्वारा पिछले कुछ अर्से में देखे गए सभी दुःस्वप्नों के डरावने साक्षात्कारों का संकटग्रस्त समय है? एक ऐसे समाज में जहाँ आर्थिक संस्तरों के बीच विषमता की इतनी दुर्निवार खाइयाँ मौजूद हैं, जहाँ अमीरी और गरीबी वर्णों, जातीयताओं तथा भौगोलिक और सांस्कृतिक क्षेत्रों में असमान रूप से बँटी हुई है, एक तरफ विकट दरिद्रता और ठीक सामने मर्यादाहीन हो चुकी अमीरी का निरंकुश, अश्लील और हिंसक हो उठा भोगवाद! अगर दुर्भाग्य से इन दोनों के बीच कोई टकराहट हुई तो उसकी लपटों से कोई सुरक्षित नहीं बचेगा। इथियोपिया के भूतपूर्व सम्राट हेल सिलासी के शासनकाल को आधार बना कर लिखा गया उपन्यास 'दि एंपरर' (लेखक : रिस्जार्ज का कास्पुसिस्की) एक ऐसे ही सामाजिक विस्फोट की त्रासदी को व्यक्त करता है।

एक दूसरी घटना और भी है। जब नाइजीरिया में तेल के कुएँ खोज लिए गए और पेट्रो डॉलर की बदौलत यहाँ के समाज के एक हिस्से में अकूत अमीरी आई और ठीक इसी के साथ वहाँ रंगीन टीवी आया तो बाजार, विज्ञापन, उपभोक्तावाद और टेलीविजन ने मिलजुलकर ऐश्वर्य और समृद्धि का एक ऐसा रंग-बिरंगा महादृश्य निर्मित किया, जिसके सामने वहाँ का वंचित तबका पहले तो भौचक्का हुआ, फिर सुख और मजा देने वाली महँगी उपभोक्ता सामग्री तक पहुँच न पाने की मजबूरी ने उसे व्यापक सामूहिक हताशा या वंचना की मनोदशा के हवाले किया। भाग्य के द्वारा किस्मत पलटने के लॉटरी या जुए जैसे धोखेबाज धंधे वहाँ खूब चले। आत्महत्याओं का दौर भी रहा। लेकिन सामूहिक सामाजिक वंचना एक न एक दिन सामूहिक असंतोष और प्रतिकार में भी बदलती है। नाइजीरिया में बाद में हुई सामाजिक उथल-पुथल इसी सब का परिणाम थी। कोलंबिया, पनामा जैसे देशों में और हमारे अपने मुंबई और दिल्ली जैसे महानगरों में बढ़ते अपहरण, लूटमार, ठगी और समृद्ध बुजुर्गों की हत्याओं जैसे अपराधों के बीच शायद कोई वैसा ही रिश्ता हो।

किसी भी ऐसे देश और समाज में जहाँ ऐसी आर्थिक विषमता मौजूद हो, यह बिल्कुल स्वाभाविक है कि 'क्विक मनी' और 'क्विक पॉवर' वाला उच्च समाज अपने वास्तविक परिवेश से कटा हुआ होता है। उसका साधारण समाज से कोई ठीक-ठाक संवाद नहीं होता। वह अपने आनंद के नए अलग-अलग गोपनीय अड्डे या मुगलकालीन बोली बोलें तो 'आरामगाह' की खोज में रहता है। बीना रमानी जैसे सोशलाइट्स नए समृद्धों और ताकतवरों के इसी सामाजिक अलगाव के खालीपन को भरने के लिए राजधानी के दो सौ से ज्यादा में से एक अड्डे को संचालित करती हैं। पूर्व मुगल यानी सल्तनत काल के एक पुरातात्विक महत्त्व के खँडहर में वह इस नए दौलतमंद और ताकतवर वर्ग के लिए हर बृहस्पतिवार की रात एक रंगीन विकल्प प्रस्तुत करती हैं और जिसकी वे मनचाही कीमत वसूल करती हैं। न्यूयार्क या मैनहटन की रातों का

सपना देखने वाले नव-समृद्ध युवाओं के लिए यह दिल्ली का एक स्थानीय विकल्प है। गैर-कानूनी लेकिन स्वतंत्र और बेहतर विकल्प। यहाँ आने वाली युवा पीढ़ी आनंदवादी सुखवादी उपभोक्तावाद की बनी हिंसक पीढ़ी है, जो उस समाज से आई है जिसके हम हिस्से नहीं हैं। वह 'उच्च समाज' है। यही वह समाज है जो नैतिक महाशून्यता की भयावह गिरफ्त में है। समाज का यह वह हिस्सा है जिसके पास पिछले कुछ सालों की राजनीतिक-आर्थिक नीतियों की वजह से सत्ता और समृद्धि तो आ गई है लेकिन वे मूल्यबद्ध संस्कार नहीं आ पाए हैं, जो बदनाम मैकाले की वह शिक्षा प्रणाली भी प्रदान किया करती थी, जिसे हमने त्याग डाला है। बहरहाल, इस पूरे प्रसंग के एक दूसरे पहलू की ओर जरा निगाह डालें। पिछले कुछ सालों में ऐसे हिंसक अपराधियों की सूची में शामिल नाम, जो सुशील शर्मा और रोमेश शर्मा, मनु शर्मा राकेश मिश्रा तक पहुँचते हैं, क्या उनकी कोई मनुवादी या दलितवादी व्याख्या भी संभव है? अगर आठ-नौ साल पुराने हो चुके राजनीतिक मुहावरे का दोबारा इस्तेमाल करें तो क्या ऐसा नहीं कह सकते कि वी.पी. सिंह के शासनकाल के मंडलवादी दौर में जो सवर्ण युवा आत्मघात कर रहा था, वहीं सवर्ण युवा कमंडलवादी राजनीति के शासनकाल में हिंसा कर रहा है? 1997 की हताशा में हिंसा की जो धार भीतर की ओर मुड़ी हुई थी, मौजूदा दौर में उसकी दिशा बदल गई है, क्योंकि उसको जो सत्ता 90 में छिनती नजर आ रही थी, वह फिलहाल उसके हाथ में है।

अगर ऐसा है तो निश्चय ही इस निशाचर संस्कृति की रात के अँधेरे में डोलती परछाइयों की पहचान के लिए हमें ज्यादा आधुनिक नहीं बल्कि ज्यादा पुराने, पिछड़े और दकियानूस परिभाषाओं की शरण में जाना पड़ेगा। लेकिन ऐसा करते हुए हमें शर्म आ सकती है क्योंकि अब हमने परमाणु बम बना डाले हैं और अंतर्राष्ट्रीय स्तर पर 'न्यूक्लियर क्लब' के सदस्य बन चुके हैं और अब सीटीबीटी पर दस्तखत करने की बात सोच रहे हैं।

(राष्ट्रीय सहारा : 22 मई 1997)

जैन आयोग : दिल्ली की दुष्टता और अर्द्धसत्य

बात 1989 की है। भारतीय शांति सेना की श्रीलंका से वापसी हो रही थी और करुणानिधि को, तमिलनाडु का मुख्यमंत्री होने के नाते लौटती हुई क्षत-विक्षत और लगभग पराभूत भारतीय शांति सेना का स्वागत अपने राज्य में करना था, तब करुणानिधि ने कहा था—'मैं एक ऐसी फौज का स्वागत कैसे कर सकता हूँ जिसने मेरी ही जाति के 2,000 लोगों की हत्या की हो।' यह वक्तव्य एक राज्य के मुख्यमंत्री ने किसी संदिग्ध गोपनीय फुसफुस वार्तालाप में नहीं, तमिलनाडु की विधानसभा में राज्य के मुख्यमंत्री की हैसियत से खुलेआम दिया था। इतना ही नहीं, कांग्रेसी समर्थन पर टिकी चंद्रशेखर सरकार द्वारा अपनी बर्खास्तगी और तमिलनाडु में राष्ट्रपति शासन थोप दिए जाने के बाद होने वाले मध्यावधि चुनावों में करुणानिधि ही नहीं, द्रमुक के हर नेता ने तमिल टाइगरों के प्रति अपनी सहानुभूति और केंद्र सरकार तथा राजीव गाँधी के विरुद्ध अपनी भावनाओं को हर चुनावी सभा में प्रकट किया था। अगर राजीव गाँधी की हत्या के कारण अभिशप्त होकर इतिहास बन चुके 1991 के मध्यावधि चुनाव में तमिलनाडु में दिए गए चुनावी भाषणों के ऑडियो कैसेट्स कहीं उपलब्ध होते, तो मिलाप चंद जैन को अपनी रपट में छह साल खपाकर इस मामूली और जगजाहिर तथ्य को किसी गुप्त साजिश के भंडाफोड़ या दुर्लभ अनुसंधान की शक्ल में पेश करने की जरूरत न पड़ती।

यह एक तथ्य है कि 1991 के चुनावों के अधबीच 21 मई की रात मद्रास (अब चेन्नई) से 60-65 किलोमीटर दूर अगर राजीव गाँधी की हत्या न होती तो तमिल मतदाताओं ने कांग्रेस का वहाँ से सफाया कर दिया होता। इस हादसे के पूर्व जिन क्षेत्रों में मतदान हो चुके थे, वहाँ के नतीजे इसके सबूत हैं। तमिल टाइगरों और जाफना में अपनी स्वायत्तता के लिए संघर्ष कर रहे अन्य तमिल गुटों के प्रति सिर्फ करुणानिधि ही नहीं, सामान्य रूप से अधिकांश तमिल मतदाता की स्वाभाविक सहानुभूति थी। एम.जी. रामचंद्रन के साथ लिट्टे के संबंधों की सूचनाएँ तो अब हर जगह उपलब्ध हैं। अपने गुर्दे का ऑपरेशन करने वाले डॉक्टर को आधा किलो सोने का हार एम.जी.आर. ने लिट्टे के जरिए ही तस्करी के द्वारा अपने देश के स्वर्ण नियंत्रण कानून को चूना लगाकर बाहर भेजा था और उनकी मदद में 5 करोड़ रुपए दिए थे। स्वयं केंद्र सरकार 1987 के पहले तक

तमिल टाइगरों के प्रति न सिर्फ उदार थी, बल्कि तमिलनाडु के भीतरी, तटबंधीय इलाकों में उनके प्रशिक्षण शिविरों की ओर से आँखें मूँदे हुए, उन्हें हर तरह से मदद पहुँचा रही थी। यह सब कुछ स्वाभाविक था। दक्षिण एशियाई देशों की राष्ट्रीय और जातीय बहुलताओं को अगर ध्यान में रखें तो ऐसे समर्थन और सहानुभूति में किसी गोपनीय षड्यंत्रकारी साजिश का कोई रंग नहीं था। यह 'खुला खेल फर्रुखाबादी' था। उतना ही खुला और जगजाहिर, जितना कश्मीरी उग्रवादियों या अफगानी तालिबानों को पाकिस्तान का समर्थन।

अगर कोई चीज सबसे ज्यादा 'एब्नार्मल' या अस्वाभाविक थी तो वह थी श्रीलंका की जयवर्द्धने सरकार के साथ भारतीय सरकार की शांति-संधि। यह संधि श्रीमती गाँधी की हत्या से पैदा हुई सहानुभूति की बदौलत, स्वतंत्र भारत के चुनावी इतिहास में अब तक के सबसे विशाल, अभूतपूर्व और चमत्कारिक बहुमत की मरीचिका से, संयोग से सत्तासीन हुए भोले-भाले राजीव गाँधी की राजनयिक महत्त्वाकांक्षाओं की जमीन पर पैदा हुई थी। इस चुनावी कामयाबी ने तत्कालीन प्रधानमंत्री राजीव गाँधी ही नहीं, उत्तर भारत के अधिकांश बौद्धिकों के दिमाग में उस 'भारतीय राष्ट्रवाद' के उभरने का दिवास्वप्न पैदा कर दिया था, जिसके व्यामोह में आज भी भाजपा जैसा राजनीतिक दल है। अगर आपको याद हो तो दिल्ली से निकलने वाले राष्ट्रीय अखबारों के दिग्गज और निजंधर बन चुके पत्रकारों ने इसे नेहरू कुल के लोकतांत्रिक चक्रवर्ती साम्राज्य के विशेषण से विभूषित किया था। कहा जाता है कि इतिहास का मूल स्वभाव त्रासद (ट्रैजिक) नहीं, हास्यमूलक होता है। इतिहास की गंभीरताओं को समय हास्य (ह्यूमर) में बदलता रहता है। जरा सोचिए, आज बोनस की अवधि में उल्टी गिनती गिनने वाले प्रधानमंत्री इंद्रकुमार गुजराल अगर पाकिस्तान के प्रधानमंत्री नवाज शरीफ के साथ कोई वैसा ही राजनयिक तीर चला डालें, जैसा राजीव-जयवर्द्धने के बीच चला था और नवाज शरीफ कश्मीर में पाकिस्तान की शांति सेना भेजकर अपने ही देश में हथियार चलाने का प्रशिक्षण ले रहे कश्मीरी उग्रवादियों का नरसंहार कराना शुरू कर दें, तो उनकी पाकिस्तान में क्या गत बनेगी? क्या कोई जुनूनी, आत्मघाती मानव बम किसी मौके की सूराख से घुसकर, उनके अभेद्य सुरक्षा कवच को भेद कर उनकी सारी राजनयिक महत्त्वाकांक्षाओं के चीथड़े नहीं उड़ा देगा? और यकीन मानिए, यह त्रासदी नहीं, कौमुदी होगी। दरअसल, दिल्ली के अखबारों और पत्रिकाओं ने जैन आयोग की 5,000 पृष्ठों से ज्यादा मोटी आंतरिम रपट के जिस चौथे खंड के छोटे से हिस्से को पिछले कुछ अर्से में जितना उछाला है, उसके पीछे नीयत राजीव गाँधी हत्याकांड की मूल साजिश और वास्तविक अपराधियों के चेहरे उद्घाटित करने की नहीं, केंद्र की सत्ता राजनीति में उलटफेर करने की है। करुणानिधि या द्रमुक को तमिल उग्रवादियों को शह देने का तथ्य कोई ऐसा अपराध नहीं है, जिससे केंद्र या तमिलनाडु की कोई भी सरकार कभी अछूती रही हो। इसमें भारतीय प्रशासनिक सेवा, तमिलनाडु का राज्य प्रशासन, पुलिस और समूचा राजनीतिक तंत्र उतना ही शामिल रहा है जितना पंजाब

समस्या के दौरान पंजाब की पुलिस, प्रशासन और केंद्र की तत्कालीन सरकार। कौन नहीं जानता कि भिंडरावाले खुद कांग्रेस की पैदाइश था। एक ओर पंजाब में मुख्यमंत्रित्व के लिए अपने प्रतिद्वंद्वी दरबारा सिंह और दूसरी ओर अकाली दल पर अंकुश लगाने के लिए श्रीमती गाँधी की सहमति से उनके विश्वसनीय ज्ञानी जैल सिंह ने उस आतंकवादी को महानायक के रूप में पैदा किया था, जिसकी परिणतियों में न सिर्फ वर्षों तक पंजाब गृहयुद्ध की आग में जलता रहा, बल्कि श्रीमती गाँधी को भी अपनी जान से हाथ धोना पड़ा। आज कश्मीर की जो स्थिति है, उसमें कौन अपने आपको निष्कलंक कह सकता है? फारुक अब्दुल्ला? मुफ्ती मोहम्मद सईद? गुलाम नबी आजाद? या कोई प्रधानमंत्री?

जिस सच की ओर मिलाप चंद जैन की दृष्टि नहीं गई है, या जिसे उन्होंने जानबूझकर अनदेखा किया है वह यह है कि राजीव हत्याकांड में अगर कोई राजनीतिक दल सबसे ज्यादा संदिग्ध और लिप्त रहा है तो वह है कांग्रेस। कांग्रेस द्वारा पैदा किए गए प्रेत ने ही, उसके संभानावशील भावी प्रधानमंत्री की हत्या की है। वरना सोचिए, 1987 में भारतीय शांति सेना के श्रीलंका पहुँचने पर, कोलंबो के गार्ड ऑफ ऑनर के दौरान जिन राजीव गाँधी पर एक सिंहली उग्रवादी ने जानलेवा हमला किया था और जिससे वह बाल-बाल बचे थे, दो साल बीतते-बीतते उनकी हत्या सिंहलियों के दुश्मन तमिल उग्रवादियों ने क्यों कर दी? यह कैसा विडंबनामूलक विरोधाभास है, जो भारतीय राजनीति के किस वयस्क चेहरे को उजागर करता है? राजस्थान के 'नीमड़ी वकील' मिलाप चंद जैन फिलहाल डेढ़-दो महीने से चर्चा के केंद्र में हैं। जिस रपट को छह महीने के भीतर पूरा हो जाना चाहिए था, उसे पूरा करने में उन्होंने पाँच साल से ज्यादा लगा दिए और तब भी यह सिर्फ अंतरिम रपट है। एक दर्जन बार उनकी अवधि का विस्तार किया गया। पाँच करोड़ से ज्यादा रुपए इस पर खर्च हुए। एयरकंडीशंड कार में वह कछुए की चाल से चलते रहे और इस उपमहाद्वीप की एक साधारण संघीय राजनीतिक वास्तविकता को किसी षड्यंत्रकारी गोपनीय तथ्य की तरह उन्होंने प्रस्तुत किया। इसके बाद मुस्कुराते हुए, रंगीन कैमरों के बीच वह रपट दिल्ली की एक बहुभाषी पत्रिका को 'लीक' कर दी। उस पत्रिका ने भी एक खास राजनीतिक मकसद से उस रपट के एक चुने हुए हिस्से को उछाला, जिससे मौजूदा संयुक्त मोर्चा सरकार और उसको समर्थन दे रही कांग्रेस छिन्न-भिन्न हो जाए और इस अस्थिरता के माहौल में जोड़-तोड़, दलबदल और खरीद-फरोख्त के जरिए एक दूसरी सरकार केंद्र में सत्तासीन हो जाए। या फिर इस देश के गरीब करदाता को एक और मध्यावधि चुनाव के खर्च के बोझ से लाद दिया जाए। और, यह सब कुछ इस अंदाज में प्रस्तुत किया गया, जैसे यह कोई विस्फोटक 'स्कूप' हैं और इसे उस दिल्ली की पत्रिका ने ही हासिल किया है। भागलपुर आँखफोड़ कांड में भी 'स्कूप' का सारा श्रेय दिल्ली के एक अंग्रेजी

अखबार ने ले लिया था। पत्रकारिता के क्षेत्र में 'दिल्ली की दुष्टता' का यह एक और प्रमाण है। सच तो यह है कि महीनों पहले से 16 अक्टूबर के बाद से ही दक्षिण भारत के तमाम क्षेत्रीय अखबारों में जैन आयोग की अंतरिम रपट के महत्त्वपूर्ण हिस्से मोटी-मोटी सुर्खियों में लगातार छप रहे थे। इमाडु, मलयालम मनोरमा, न्यूज टाइम, तमिल एक्सप्रेस, जनशक्ति जैसे दक्षिण के भाषाई अखबार और पत्रिकाएँ इसे पहले ही छाप रहे थे लेकिन नाटक ऐसा किया गया जैसे पहली बार इसे दिल्ली की उस पत्रिका ने ही हासिल किया है। भागलपुर आँखफोड़ कांड में भी यही हुआ था। भोपाल गैस त्रासदी की एक महीने पहले ही पूर्व घोषणा कर देने वाले हिंदी के दो पेजी अखबार के पत्रकार राजकुमार केसवानी को आज दिल्ली में कौन पत्र जानता है? जैन आयोग की रपट के वे हिस्से ज्यादा महत्त्वपूर्ण हैं, जिन पर दिल्ली चुप है। इंदिरा गाँधी की हत्या की जाँच के लिए गठित ठक्कर आयोग की रपट भी कभी समग्र रूप से संसद में प्रस्तुत नहीं की गई। सिर्फ उसका गुटका संस्करण या संक्षिप्त संपादित हिस्सा ही पेश किया गया। उस ठक्कर आयोग ने भी जिस शख्सियत की ओर श्रीमती गाँधी की हत्या की साजिश में शामिल होने का इशारा किया था, उसे उनके पुत्र स्वर्गीय राजीव गाँधी ने ही अपने कार्यकाल में महत्त्वपूर्ण हैसियत बख्शी और आज भी वह एक ताकतवर कांग्रेसी हैं। अगर आपने अमेरिका के पूर्व राष्ट्रपति केनेडी की हत्या पर बनी फिल्म 'जे.एफ.के.' देखी हो और अमेरिकी अदालत के सामने दिया गया, डिस्ट्रिक्ट अटॉर्नी जिम गैरिसन का रोमांचक और मार्मिक बयान सुना हो तो आप जान सकते हैं कि ऐसे हत्याकांडों का सच वह होता है, जो कभी जनता के सामने नहीं आ पाता। केनेडी की हत्या में सीआईए, एफबीआई, सुरक्षा दस्ते, व्हाइट हाउस, माफिया गिरोह, हथियार व्यापारी, अमेरिकी सरकार सब शामिल थे। जाँच आयोगों का गठन वास्तविक अपराधियों के चेहरों को छिपाने-मूँदने के लिए ही होता है। या फिर जाँच और छानबीन में इतनी देर लगाने के लिए, जिससे वह हत्याकांड और उसके अपराधी, सबके सब इतिहास के अँधेरे में जाकर सिर्फ किंवदंती बनकर रह जाएँ। कैनेडी की हत्या की जाँच के लिए गठिन वारेन कमीशन ने भी यही काम किया था। लेकिन एक भावुक और जुनूनी डिस्ट्रिक्ट अटॉर्नी ने सच का पता लगाने का जैसा ईमानदार और मार्मिक प्रयत्न वहाँ किया तथा साधारण अमेरिकी नागरिकों का आदर्श नायक बना, क्या वैसा कोई जिम गैरिसन हमारे यहाँ नहीं हो सकता? जिम गैरिसन ने अदालत में अपनी भर्राई हुई आवाज में कहा था कि 'मैं अमेरिक सरकार का दुश्मन हूँ क्योंकि मैं अपने देश अमेरिका से प्यार करता हूँ।' सच यह भी है कि ऐसी घटनाएँ किसी एक उन्मादी गोडसे, एक ली ओस्वाल्ड, एक जैक रूबी, एक शिवरासन या एक सतवंत-बेअंत द्वारा नहीं होतीं। इसमें वे सब भी शामिल होते हैं जो बाद में इस हत्या की जाँच और छानबीन करते हैं।

(राष्ट्रीय सहारा : 22 नवंबर 1997)

यह संशय की एक रात है

सभी चुनावी अटकलबाजों और भविष्यवक्ताओं (सेफोलॉजिस्ट) की बातें सच साबित हुई हैं और चुनाव परिणामों के बाद हमें एक लटकती हुई त्रिशुंक संसद मिल गई है। किसी राजनीतिक दल को स्पष्ट बहुमत नहीं मिला है और सरकार बनाने के लिए संसदीय इतिहास का सबसे बड़ा पशु मेला या घोड़ा बाजार जल्दी ही हमारी आँखों के सामने होगा। यह वह बिंदु है जहाँ भारतीय मतदाता सिर्फ दर्शक की तरह अपने मतदान से निर्मित होने वाली संसद का असली निर्माण सत्ता के बाड़े के बाहर खड़ा होकर देखेगा और मुख्य चुनाव आयुक्त टी.एन. शेषन की कोई भी हेकड़ी या कोई भी आतंक वहाँ काम नहीं आएगा। यह वह दौर है जिसमें नरसिंह राव, अटल बिहारी वाजपेयी, ज्योति बसु, लालू यादव, वी.पी. सिंह या नारायण दत्त तिवारी जैसे राजनीतिक दिग्गज कुछ समय के लिए इस महामंच के ग्रीन रूम में छुप गए हैं और जो अभिनेता संसदीय खरीद-फरोख्त के घोड़ा बाजार मंच पर अवतरित हैं उनके नाम कुछ-कुछ इस प्रकार हैं : अमर सिंह, जयंत मल्होत्रा, भजनलाल, प्रेम गुप्ता, तिहाड़वासी चंद्रास्वामी आदि इत्यादि। यानी राजधानी में काले धन और संदिग्ध पूँजी की वह काली भूमिका शुरू हो चुकी है, जिसे फिलवक्त के लिए मतदान और चुनाव प्रचार के दौरान रोक दिया गया था।

विडंबना यह है कि इस घोड़ा बाजार की सत्ता लोलुप अफरातफरी के बीच एक लटकती हुई संसद पर जो राजनीतिक पार्टी किसी तरह लटककर काबिज हो जाएगी वहीं इस देश के आधी शताब्दी पुराने लोकतंत्र को इक्कीसवीं सदी में ले जाएगी। यानी यह बिल्कुल स्पष्ट है कि मुश्किल से एक दशक पूर्व इसी संसद में अभूतपूर्व दो-तिहाई सीटें जीतकर इक्कीसवीं सदी में देश को ले जाने का जो आत्मविश्वास और दंभ से भरा नारा तत्कालीन कांग्रेस अध्यक्ष और तत्कालीन प्रधानमंत्री राजीव गाँधी ने दिया था, उसकी हवा देखते ही देखते फुस्स हो चुकी है और इक्कीसवीं सदी की ओर ले जाने वाले इस महान लोकतांत्रिक पुष्पक विमान के रूप में हमें म्युनिसपैलिटी की एक ऐसी खचड़ा गाड़ी मिली है जिसमें पिछले पचास साल का राजनीतिक मलबा, बोफोर्स, सेंट किट्स, बैंक स्कैम से लेकर हवाला तक का पतित उच्छिष्ट, राजनीतिक

मर्यादाओं की बेशुमार लाशें, अपरिभाषित दलबंदी और तिकड़मी तोड़-फोड़ का कूड़ा भरा हुआ है। समस्या यह है कि पचास वर्ष के इस स्वातंत्र्योत्तर राजनीतिक उच्छिष्ट को फेंका कहाँ जाए? क्या उसे अपने लोकतंत्र की शिखर संस्था के भीतर उलट कर नाक पर रूमाल रखकर उसकी अंदरूनी सड़ाँध से मुँह फेर लिया जाए और किसी आकस्मिक मध्यावधि चुनावों के विस्मयकारी परिणामों की चुपचप प्रतीक्षा की जाए या ऐसे किसी गैर संसदीय बहुमत का दबाव बनाया जाए जैसा लगभग बीस साल पहले एक बार लोकनायक जयप्रकाश नारायण ने बनाया था। दुर्भाग्य से आसन्न आवश्यकता के बावजूद हमारे बीच ऐसी पहल करने का साहस, माद्दा और सामर्थ्य इस वक्त किसी में नहीं है।

इस बार के चुनावों का सबसे प्रगट पहलू यही था कि न तो इस बार कहीं कोई लहर थी, न किसी पार्टी के पास कोई बड़ा मुद्दा था। ले देकर एक छोटी-मोटी क्षेत्रीय लहर तमिलनाडु में जयललिता के खिलाफ दिखाई दे रही थी लेकिन राष्ट्रीय परिप्रेक्ष्य में उसकी भूमिका लगभग नगण्य ही थी। यही आश्चर्य था क्योंकि मुद्दे तो इस बार भी पिछले चुनावों से ज्यादा बड़े और भारी भरकम बन सकते थे। हवाला कांड था जिसमें केंद्रीय काबीना के नंबर दो से लेकर नंबर सात तक के राजनीतिक महारथी और विपक्ष के महानायक सब शामिल थे। राजनीतिक अपराधीकरण का पहलू था। पुरुलिया में बम गिराने से पैदा हुए राष्ट्रीय सुरक्षा का प्रश्न था, मंदिर-मस्जिद के अनसुलझे सांप्रदायिक सवाल थे, कश्मीर अपनी जगह था और 12 प्रतिशत की ऊँचाई पर चढ़ी मुद्रा स्फीति थी, दिनोंदिन फैलती हुई बेरोजगारी, गरीबी, रोटी-मकान की समस्या थी। उदारीकरण और पारंपरिक किस्म के सार्वजनीकरण की मुठभेड़ भी एक मुद्दा हो सकता था। लेकिन विस्मयकारी यही तथ्य था कि किसी राजनीतिक दल के पास कोई मुद्दा था ही नहीं। चुनावी घोषणापत्र (मेनिफेस्टो) हड़बड़ी में बिना किसी राजनीतिक संकल्प या निश्चय के, बेमन से, खराब और अनिश्चित भाषा में सस्ती छपाई के साथ बाहर फेंक दिए गए थे। न उन्हें खुद उन पार्टियों के नेताओं ने पढ़ा था न उनकी आलोचना-समीक्षा करने की जरूरत ही किसी को महसूस हुई।

अगर खोजने की कोशिश करें तो जो चौंकाने वाला पहला कारण हमारे सामने आता है वह यह कि अभी तक पिछली सारी चुनावी लहरें और चुनावी मुद्दे कहीं न कहीं चुनाव प्रचार के दौरान खर्च की जा रही पूँजी या धन से ही जुड़े हुए थे। उस धन पर चुनाव आयुक्त ने अंकुश लगाया नहीं कि सारी लहरें थिरा गईं, सारे मुद्दे अदृश्य हो गए। यानी पहले हर बार हम सिर्फ खर्चीले विज्ञापनों और प्रचारतंत्रों द्वारा फुलाए गए कृत्रिम और नकली मुद्दों के गैस गुब्बारों को ही अपना मत देते रहे। हमने हर बार धन और बाहुबल के प्रभाव में आकर अपना मत दिया और सत्ताधारियों ने हर बार हमें मात दी। इस बार मौका था तो हम इतने विभ्रांत और विमूढ़ थे या ऐसी विकल्पहीनता की हालत में फँसे थे कि हम एक स्पष्ट और निर्णायक जनादेश नहीं

दे पाए।

हिंदी के प्रख्यात वरिष्ठ कवि केदारनाथ सिंह ने इस बार वोट नहीं दिया। प्रसिद्ध अंग्रेजी पत्रकार खुशवंत सिंह ने वोट नहीं दिया। वी.एन. नारायण मतदान के दिन अपना मत डालने की बजाय तीस साल से छोड़ी हुई कविता की एक बार फिर नई शुरुआत की। पता लगाना चाहिए कि हमारे समाज के सबसे संवेदनशील हिस्से के कितने बड़े वर्ग ने इस बार मतदान की इच्छा अपने भीतर महसूस नहीं की। खुशवंत सिंह का कहना था कि एक बार वोट डालने का मन भी हुआ लेकिन दिक्कत यह थी एक अच्छा व्यक्ति गलत पार्टी का उम्मीदवार था और एक अच्छी पार्टी से गलत व्यक्ति खड़ा था। दोनों में से किसे चुनें। गलत पार्टी को या गलत उम्मीदवार को, जाहिर है यही संशय बहुतेरों को रहा होगा और मुझे संदेह है कि अमजद अली खाँ, मकबूल फिदा हुसैन, लता मंगेशकर, रजनी कोठारी, सुधीर कक्कड़, आशीष नंदी, सुदंरलाल बहुगुणा, बाबा आमटे, भीमसेन जोशी, त्रिलोचन शास्त्री या बाबा नागार्जुन वगैरह ने भी इस बार अपने इस मौलिक नागरिक अधिकार का इस्तेमाल करते हुए इसी संशय या निर्विकल्प अकर्मण्यता का सामना किया होगा।

क्या ऐसा समग्र मोहभंग सिर्फ आर्थिक नीतियों और बाजारोन्मुखी दाँव-पेंचों की बैसाखी पर टिकी राजनीति करने वाले राजनीतिक दलों को इस सदी की अंतिम चेतावनी नहीं है।

(राष्ट्रीय सहारा : 11 मई 1996)

यह एक छाया युद्ध है

सिर पर भगवा साफा, ठेठ मराठी बोली और उँगली में 'जय भवानी, जय शिवाजी' लिखी अँगूठी पहनने वाले महाराष्ट्र के श्रम मंत्री शाबिर शेख ने एक पत्रकार से पिछले दिनों पूछा—'आप सिर्फ कोई एक वजह बता दीजिए कि मुसलमान होने के नाते मुझे शिवसेना का सदस्य क्यों नहीं होना चाहिए?'

शाबिर शेख महाराष्ट्र में सत्ताधारी शिवसेना-भाजपा सरकार के सिर्फ काबीना मंत्री ही नहीं, शिवसेना के संस्थापक सदस्यों में से भी एक हैं। उनके द्वारा पूछे गए सवाल के उत्तर की खोज में अगर कोई निकले तो ज्यादातर घिसे-पिटे, निरर्थक राजनीतिक लफ्फाजी बन चुके और आज की राजनीतिक वास्तविकता में अप्रासंगिक हो चुके उत्तर ही उसके हाथ लगेंगे। शाबिर शेख उसी शिवसेना में हैं, जिसके गॉड फादर बाल ठाकरे ने पिछले दिनों 'विदेशियों' को महाराष्ट्र से बाहर निकालने का बहुचर्चित वक्तव्य दिया था, लेकिन शाबिर शेख ने उस संगठन से इस्तीफा नहीं दिया। उसी तरह जैसे बाबरी मस्जिद कांड के बावजूद सिकंदर बख्त ने भाजपा से अपना रिश्ता नहीं तोड़ा था।

कह सकते हैं कि शाबिर शेख और सिकंदर बख्त दोनों शिवसेना और भाजपा के हाथी के दाँत हैं। अल्पसंख्यकों के बीच अपने सांप्रदायिक चेहरे को छुपाने के लिए लगाए गए कॉस्मेटिक क्रीम। अगर ऐसा है तो कांग्रेस के गुलाम नबी आजाद या तारिक अनवर जैसे नेता क्या हैं। क्या शाबिर शेख अैर सिकंदर बख्त की तुलना में ये दोनों अल्पसंख्यक मुसलमानों के ज्यादा वास्तविक प्रतिनिधि हैं।

इसी तरह भाज़पा, शिवसेना को सांप्रदायिकतावादी राजनीतिक दल कह देना एक जुमला तो है, लेकिन अगर यही जुमला नरसिंह राव की कांग्रेस पार्टी पर लागू किया जाए तो क्या ठोस तर्कों और प्रमाणों के साथ इसे खारिज किया जा सकता है। यानी क्या कांग्रेस पार्टी पूरे आत्मविश्वास और प्रमाण के साथ यह कह सकती है कि वह धर्मनिरपेक्ष राजनीतिक दल है और भाजपा की तरह हिंदूवादी-सांप्रदायिक नहीं है। अकादेमिक अर्थों में भी भाजपा को सांप्रदायिक संगठन कह पाना असंभव है। एक तो इसकी सदस्यता किसी एक विशेष संप्रदाय के लिए ही नहीं, अन्य संप्रदायों

के लिए भी खुली है, दूसरे राष्ट्रीय स्वयंसेवक से संबद्ध होने के बावजूद यह एक राजनीतिक दल है, जिसका जनाधार किसी एक संप्रदाय तक सीमित नहीं है। क्रेग बैक्सटर ने अपनी प्रसिद्ध किताब 'दि जनसंघ' में इसकी तुलना जापान के कट्टर बौद्ध दल 'कोमितो' से की है। जर्मनी के नव फासीवादी संगठनों से इसकी वास्तविक समानता नहीं सिद्ध की जा सकती। यह किसी गोपनीय इरादे से गठित गुप्त राजनीतिक दल नहीं, प्रत्यक्ष लोकतांत्रिक प्रक्रिया में हिस्सेदार एक राजनीतिक दल है।

अगर अयोध्या में बाबरी मस्जिद को ढहाने की घटना भाजपा के सांप्रदायिक, मुसलमान विरोधी और फासीवादी चरित्र को उजागर करती है, तो इससे पहले 'ऑपरेशन ब्लू स्टार' के तहत सिखों के पवित्र धर्मस्थल स्वर्ण मंदिर पर की गई कारवाई को किस दृष्टि से एक अन्य अल्पसंख्यक के प्रति वैसा ही सांप्रदायिक और फासीवादी रवैया नहीं ठहरायी जा सकती। अयोध्या का बाबरी मस्जिद और अमृतसर का स्वर्ण मंदिर–ये दो ऐसे दृष्टांत हैं, जो राष्ट्रीय राजनीति में केंद्रीय सत्ता पर काबिज होने की होड़ में लगी दो परस्पर वैकल्पिक राजनीतिक पार्टियों की शक्लें एक कर देते हैं। बहुसंख्यक संप्रदायवाद का तुरुप पत्ता खेलने में ये दोनों पार्टियाँ एक जैसी महारत हासिल कर चुकी हैं। आखिर अयोध्या में राम जन्मभूमि मंदिर के शिलान्यास की पहल तो कांग्रेस ने ही की थी उस समय राजीव गाँधी भाजपा को मात देने के लिए बहुसंख्यक संप्रदायवाद का ही पत्ता खेल रहे थे। इसी तरह चंद्रास्वामी की अगुआई में शंकराचार्यों और संतों-साधुओं के साथ सरकारी गठजोड़ की राव सरकार की कोशिश किस लिहाज से हिंदूवादी नहीं है? एक प्रमुख भाजपा नेता का यह आरोप भी तथ्यहीन नहीं है कि इस दशक में ऐसे सांप्रदायिक दंगे, जिसमें पुलिस-अर्द्धसैनिक बलों और सरकारी मशीनरी का इस्तेमाल अल्पसंख्यकों को मारने में किया गया हो, वैसे एक भी राज्य में भाजपा सत्ता में नहीं थी। यानी सूरत, बंबई और मेरठ-मलियाना के दंगों के दौरान गुजरात, महाराष्ट्र और उत्तर प्रदेश में कांग्रेस की ही सरकारें थीं। 1984 में दिल्ली के सिख विरोधी दंगों के दौरान भी भाजपा का सत्ता से दूर-दूर का कोई रिश्ता नहीं था।

संभवतः यही वह वास्तविकता है जिसे शाबिर शेख और सिकंदर बख्त जानते हैं। इसे गुलाम नबी आजाद और सलमान खुर्शीद भी जानते हैं। वे शिवसेना और भाजपा की उग्र सांप्रदायिक लफ्फाजी की असलियत भी जानते हैं और कांग्रेस की धर्मनिरपेक्षता की लफ्फाजी की वास्तविकता भी। यह एक छाया युद्ध है, जिसके दोनों योद्धा अपना चेहरा बार-बार एक-दूसरे से बदल लेते हैं।

जहाँ तक अल्पसंख्यकों की बात है, तो पिछले कुछ वर्षों के चुनावों से यह बार-बार सिद्ध हुआ है कि ज्यादातर उसने कांग्रेस को ठुकराया ही है। कांग्रेस के मुकाबले उसने अक्सर हर बार दूसरे विकल्प को अपना समर्थन दिया है। यहाँ तक कि 'सहमत' और राजधानी के वामपंथी धर्मनिरपेक्षतावादी संगठनों को साथ में लेने के बावजूद

उन्होंने अयोध्या या उत्तर प्रदेश में कांग्रेस की बजाय मुलायम सिंह यादव की समाजवादी पार्टी को चुना है। बिहार में लालू यादव के जनता दल और आंध्र में एन.टी. रामराव की क्षेत्रीय पार्टी तेलगूदेशम को उन्होंने मत दिया है। कांग्रेस के प्रति अल्पसंख्यकों का यह मोह भंग लगभग चरम अवस्था तक पहुँचा हुआ मोहभंग है, जिसे गुजरात और महाराष्ट्र में हुए पिछले विधानसभाई चुनावों से जाना जा सकता है, जहाँ अल्पसंख्यकों के एक हिस्से ने भाजपा और शिवसेना को वोट दिया।

स्थिति लगभग साफ है। अल्पसंख्यकों के भीतर न भाजपा वैसा सांप्रदायिक भय पैदा कर रही है, न कांग्रेस और दूसरी राष्ट्रीय राजनीतिक पार्टियाँ अपेक्षित सहानुभूति। भारतीय मुसलमान कोई एकसार, एकीकृत, एक भाषिक-सांस्कृतिक और ठोस इकाई नहीं है। वह कोई अविभाज्य जड़ समूह नहीं है। उसके भीतर भी कई ऐसी बहुलताएँ और बहुस्तरीयताएँ हैं जैसी हिंदू या किसी अन्य समुदाय में हैं। हालाँकि अभी तक मुसलमानों को एकसार, एकीकृत और एक साथ एक जैसा सोचने वाला धार्मिक समुदाय मानने की आदत राष्ट्रीय राजनीतिक दलों के भीतर गहराई से धंस चुकी है। यह सोच स्वयं ही सांप्रदायिक किस्म की है। क्योंकि वह एक दूसरे समुदाय की बहुलता और विविधता पर एक जैसा रंग पोतने की कोशिश करती है।

भाजपा ने अयोध्या कांड के द्वारा भारतीय हिंदुओं को एक 'ब्लॉक' में बिल डालने का सबसे जोरदार प्रयास किया था। लेकिन चुनावों में हिंदुओं ने उसकी जगह मुलायम सिंह को वोट दिया। गुजरात और महाराष्ट्र में भाजपा बिना किसी ऐसे हथकंडे के, एक संतुलित राजनीतिक पार्टी के रूप में मैदान में उतनी और वहाँ उसे सफलता मिली। संभवतः इसीलिए राष्ट्रीय स्वयं सेवक संघ के सर संघ चालक प्रो. राजेंद्र सिंह अब जोर देकर यह बात कह रहे हैं कि हम मुसलमानों के विरुद्ध नहीं हैं। भाजपा भी इसीलिए अब मंदिरवादी राजनीति से खुद को अलग करती जा रही है।

मुश्किल से 60-65 साल पहले तक कांग्रेस पार्टी के प्रमुख नेता हिंदू महासभा के भी प्रमुख पदों पर हुआ करते थे। लाला लाजपत राय और मदन मोहन मालवीय जैसे दो नाम उदाहरण के बतौर लिए जा सकते हैं और दिलचस्प यह है कि भारतीय राष्ट्रीय कांग्रेस का इतिहास लिखने वाले पट्टाभि सीतारमैया ने लाला लाजपत राम को हिंदू के रूप में ज्यादा 'प्रगतिशील' और कांग्रेसी के रूप में ज्यादा 'कंजर्वेटिव' और 'पुरातन पंथी' पाया था। आज की स्थिति में अगर 'सांप्रदायिकता' और 'धर्मनिरपेक्षता' जैसी लफ्फाजियों को एक किनारे रख दें और आर्थिक नीतियों के संदर्भ में कांग्रेस और भाजपा की तुलना करें, तो नरसिंह राव-मनमोहन सिंह की आर्थिक नीतियों की तुलना में भाजपा की स्थिति 'प्रगतिशील' ही साबित होगी। स्वदेशी का नारा, डंकेल प्रस्तावों का विरोध और चुनिंदा क्षेत्रों में ही तकनीकी, अधिसंरचना तथा पूँजी निवेश के लिए विदेशी बहुराष्ट्रीय निगमों को अनुमति की बात कहकर भाजपा संभवतः मध्यमार्गी दलों (रामोवामो) के ज्यादा निकट प्रतीत होती है। इसके मुकाबले

आर्थिक उदारीकरण के नाम पर अंतर्राष्ट्रीय मुद्रा कोष की शर्तों के सामने घुटना टेक नीति, विदेशी निगमों को चौतरफा खुली छूट, सार्वजनिक उपक्रमों को वरीयता देने वाली नेहरूवादी मिश्रित अर्थनीति को तिलांजलि जैसी आर्थिक नीतियों को लागू कर राव कांग्रेस ने अपनी जो छवि प्रस्तुत की है, वह आर्थिक संदर्भों में एकजुट दक्षिणपंथी राजनीतिक दल की छवि है। इसमें फोर्ड और सुजूकी की जगह तो है, गाँधी और नेहरू की नहीं। भाजपा निश्चित ही ज्यादा देशी और 'मॉडरेट' दिखाई पड़ती है। हाँ, उसे स्वदेशी के अपने नारे को अब ठोस, विस्तृत और विवरणात्मक रूप देना होगा।

जहाँ तक बहुसंख्यक संप्रदायवाद का पत्ता खेलकर सत्ता की सीढ़ी चढ़ने का सवाल है, तो इस तुरुप की काट मंडलवाद ने पहले ही कर दी है। उन्होंने धार्मिक संप्रदायों में विभाजित मतदाता को अगड़ों-पिछड़ों-दलितों और अन्य जातियों में पुनर्विभाजित कर डाला है। तीसरी ताकत अर्थात् रामो-वामो इसी पुनर्विभाजन की बुनियाद पर खड़े होकर भाजपा-कांग्रेस का विकल्प बनने का स्वप्न देख रहे हैं।

जाहिर है वयस्क भारतीय जनसंख्या की बनावट का दबाव सभी राजनीतिक दलों पर एक जैसा है। अगर कांग्रेस अल्पसंख्यकों और पिछड़ी जातियों के खोए हुए वोट खजाने को दुबारा हासिल करने की फिक्र में है, तो भाजपा की चिंता भी उतनी ही वास्तविक है। केंद्रीय सत्ता के राजपथ पर जाने के लिए उसे अपनी 'हिंदुत्ववादी' या उच्छृंखल उन्मादी छवि बदलनी पड़ेगी। पिछले विधानसभाई चुनावों ने उसे यह राजनीतिक वयस्कता प्रदान भी की है।

(राष्ट्रीय सहारा : 6 मई 1995)

मौजूदा राजनीति का सत्य

नीचे लिखे वाक्य को ध्यान से पढ़ें–

'गिड़ गिड़ दी, पिड़-पिड़ दी, वेध्याना दी मूँग दी दाल ऑफ दि लालटेन'

यह वाक्य मशहूर कहानीकार सआदत हसन मंटो की कहानी 'टोबा टेक सिंह' के नायक का है। इस वाक्य में भारतीय उपमहाद्वीप के राजनीतिक इतिहास के एक अत्यंत महत्त्वपूर्ण और निर्णायक अध्याय का सत्य छिपा हुआ है। एक ऐसा सत्य, जिसे इतिहासकार, समाज वैज्ञानिक, पत्रकार या अकादमिक विमर्श से जुड़े बौद्धिक और विद्वान नहीं उपलब्ध कर पाते। ये लोग इस सत्य को देख पाने या अर्जित कर पाने में इसलिए असफल रह जाते हैं क्योंकि उनके चिंतन, मीमांसा, शोध और विश्लेषण की समूची चेष्टा प्रचलित भाषा की सतह या उसी के संस्तरों के भीतर ही संचालित होती है। 'वाक् केंद्रीयता' उनकी सबसे बड़ी सीमा है। वे भाषा के बाहर नहीं जा सकते।

और सत्य कभी-कभी, खासतौर पर दिक और काल के किसी अत्यंत गहन संक्रांत बिंदु पर भाषा के बाहर स्थित होता है। उस तक पहुँचने के लिए सबसे पहले भाषा का ही संहार अनिवार्य हो जाता है। भाषा का संहार यानी ज्ञान और मीमांसा के प्रचलित बौद्धिक विमर्श के उपकरणों का विनाश। संज्ञान और अवबोध की सारी प्रचलित पद्धतियों का संहार।

लेकिन ऐसा कर पाना सबके वश में नहीं है। क्योंकि भाषा के संहार या उसकी हत्या का मतलब है मनुष्य की अब तक की स्मृति, उसके विवेक और तर्कशीलता, उसकी चेतना की संगति और उसके ज्ञान की समूची संरचनाओं के पारस्परिक संबंधों तथा संपर्कों का विध्वंस।

अब जरा सोचिए कि क्या कोई बौद्धिक या विद्वान किसी अलक्षित सत्य को हासिल करने के लिए अपनी स्मृति, अपनी चेतना, अपने ज्ञान का विनाश करना चाहेगा? एक तरह की हाराकीरी!

मार्क्स ने भाषा को 'मनुष्य की व्यावहारिक चेतना' (प्रैक्टिकल कांशसनेस) कहा था। क्या कोई व्यक्ति भाषा यानी अपनी चेतना की हत्या करने का दुस्साहस करेगा?

इस सवाल का स्पष्ट उत्तर है–'नहीं!' लेकिन कोई व्यक्ति अगर पागल हो गया

हो, उसका मस्तिष्क तथा उसका समूचा स्नायुतंत्र तार्किकता, संगति, भाषा, व्याकरण आदि समस्त नियोजित संरचनाओं से मुक्त हो गया हो तो वह ऐसी हरकत कर बैठेगा।

यानी यह बिल्कुल संभव है कि जब किसी दिक्-काल का सत्य कहीं व्यक्त न हो पा रहा हो, न इतिहास में, न सूचना तंत्र में, न अकादमिक विमर्श में, तब वह अचानक किसी पागल आदमी के किसी अनर्गल से लगते प्रलाप या आत्मालाप में व्यक्त हो जाए!

इसीलिए यह माना जाता है कि मध्यकालीन यूरोप के मनुष्य की नियति का सत्य उस दौर की अकादमिक किताबों और विमर्शों में नहीं, उन रचनाकारों की रचनाओं में दर्ज है जिसके मुख्य पात्र पागल या मूढ़ हैं।

मूढ़ता (फॉली) और पागलपन (मैडनेस) ज्ञान और तर्कशीलता के विपरीत ध्रुवांत हैं। उनके भीतर यथार्थ का अंधकार, समझ में न आने वाला रहस्य, अतार्किक पगडंडियों और उन अज्ञात सुरंगों का संसार है जो अंततः किसी विलक्षण सत्य तक हमें पहुँचाकर स्तब्ध कर देते हैं।

क्या यह याद दिलाने की जरूरत है कि उस प्रसिद्ध यूनानी कहानी में 'राजा नंगा है' जैसा सत्य कोई विद्वान, इतिहासकार या खबरनवीस नहीं बोलता, बल्कि एक छोटा-सा बच्चा बोलता है। 'राजा नंगा है' यह उस दिक्-काल का सत्य था, जो एक नन्हे-से बालक की अविकसित भाषा के तीन शब्दों वाले तोतले वाक्य में प्रगट हुआ।

शायद यही वजह है कि हमारे समाज में लंबे समय से जनता किसी विद्वान, पत्रकार या बौद्धिक की बजाय किसी बच्चे, पागल, अघोरी, मौनी या विक्षिप्त संत-पीर की पूजा करती है, क्योंकि शायद उसे सत्य वहाँ मिलता है।

अब जरा उपरोक्त वाक्य पर विचार करिए—इस वाक्य में जो शब्द प्रयुक्त हुए हैं उनकी संगति क्या है? वाक्य संयोजन किस व्याकरणिक प्रक्रिया से निर्मित हुआ है? यह वाक्य किस भाषा का है? इस वाक्य में आने वाले प्रत्येक शब्द के अलग-अलग अर्थ क्या हैं और अंततः इन विभिन्न अर्थों के समुच्चय का विसर्जन किस योगार्थ में फलित हुआ है? यह वाक्य किस वाचक शक्ति का उदाहरण है—अभिधा, लक्षणा या व्यंजना?

मगजपच्ची से कोई फायदा नहीं विद्वानों। ऐसी कोशिश फिजूल है क्योंकि यह वाक्य सन् 1947 की घटनाओं के दबाव में पागल और बरबाद हो गए एक भारतीय मनुष्य का वाक्य है। और इस वाक्य में 1947 के सांप्रदायिक दंगों, देश का विभाजन, शरणार्थियों के लूटे हुए काफिलों, ब्रिटिश साम्राज्य द्वारा देशी शासकों को सत्ता का हस्तांतरण, हजारों औरतों के साथ बलात्कार, लाखों निर्दोषों की हत्या वाले राजनीतिक इतिहास का सत्य व्यक्त हुआ है।

'टोबा टेक सिंह' का यह वाक्य प्रचलित और पारंपरिक भाषा के विध्वंस से निर्मित हुआ है। आधुनिकता और औद्योगिक सभ्यता ने जिस तार्किकता या संगति

(रेशनलिटी) पर आधारित हमारे संज्ञान की संरचना की थी, 'टोबा टेक सिंह' का यह वाक्य उस संज्ञान का नाश करके, उस तथाकथित आधुनिकता की तथाकथित वैज्ञानिकता की हत्या करके 1947 के सत्य तक हमें पहुँचाकर हतप्रभ कर देता है।

इसीलिए यह संभव है कि इतिहास का कभी अंत हो जाए, इस वाक्य का अंत नहीं होगा। यह एक अनश्वर वाक्य है क्योंकि यह इतिहास और बौद्धिक विमर्श के बाहर पड़े सत्य के साक्षात्कार का वाक्य है। शायद इसीलिए रोलां बार्थ कहता था कि जिस बिंदु पर बौद्धिक की भाषा का अंत होता है, जहाँ विद्वानों की भाषा चुक जाती है, वहीं से रचनाकार की भाषा शुरू होती है। इसीलिए किसी भी समय के, इतिहास के सत्य को बौद्धिक विमर्श की वाक्य रचनाओं में नहीं, किसी पागल या किसी रचनाकार के असंगत वाक्य में खोजा जाना चाहिए।

अब इस समूचे विधान को आज के यथार्थ पर लागू करें। सबसे पहले तो यह देखें कि इस यथार्थ की मुख्य अभिव्यक्तियाँ क्या हैं? वे किन प्रारूपों में अपनी संरचनाओं को प्रगट कर रही हैं।

● फूलों की माला में एक औरत बम छुपाकर लाती है और विस्फोट के साथ एक राज्य के संभावित शासक के शरीर के साथ उसके भी चीथड़े उड़ जाते हैं।

● बगिया नामक रेस्टोरेंट के तंदूर में आधी रात एक खूबसूरत औरत के शरीर के टुकड़ों को भूना जाता है। मक्खन ज्यादा डाल देने से लपट पर्यटन विभाग के होटल की तीसरी मंजिल तक पहुँच जाती है, जिससे पुलिस का एक सिपाही हत्यारे को पहचान लेता है। हत्यारा राज्य की सत्ता के शिखर गलियारे का सम्मानित व्यक्ति है।

● कोई भी पर्यावरण प्रेमी, कलाकार, लेखक, इतिहासकार, सामाजिक कार्यकर्त्ता किसी मंत्री या प्रधानमंत्री से नहीं मिल सकता, लेकिन हर इलाके का तस्कर, कॉल गर्ल, माफिया सरदार, ठग और अपराधी सीधे पी.एम. हाउस तक पहुँच सकता है।

● शेयर घोटाला, राजीव हत्याकांड, बोफोर्स दलाली, हवाला कांड, अपराधियों और राजनीतिकों के साँठ-गाँठ पर वोहरा समिति की रिपोर्ट जैसे दर्जनों कांडों से जुड़े नेताओं और अफसरों के नाम कभी सार्वजनिक नहीं होते। सब कुछ लीप-पोत दिया जाता है।

● 2 अक्टूबर की तारीख यानी राष्ट्रपिता महात्मा गाँधी के जन्म दिन पर देशी सरकार के पुलिस वाले मुजफ्फरनगर में उत्तराखंड की महिलाओं को खेतों में खदेड़-खदेड़ कर 'रेप' करते हैं। सन् 1919 के जलियांवाला बाग में भी सिर्फ गोलियाँ चलाई गई थीं, बलात्कार नहीं हुआ था।

● पंचायत, जनपद, जिला परिषदें यानी लोकतांत्रिक ढाँचे के आधार को अपराधियों ने अपने कब्जे में कर लिया है। अब विधानसभा, संसद और सर्वोच्च संस्थाओं की बारी है।

इन सभी के पीछे कौन-सी संगति है? क्या यही सच है कि राज्य प्रणाली एक

● 2 अक्टूबर की तारीख यानी राष्ट्रपिता महात्मा गाँधी के जन्म दिन पर देशी सरकार के पुलिस वाले मुजफ्फरनगर में उत्तराखंड की महिलाओं को खेतों में खदेड़-खदेड़ कर 'रेप' करते हैं। सन् 1919 के जलियांवाला बाग में भी सिर्फ गोलियाँ चलाई गई थीं, बलात्कार नहीं हुआ था।

● पंचायत, जनपद, जिला परिषदें यानी लोकतांत्रिक ढाँचे के आधार को अपराधियों ने अपने कब्जे में कर लिया है। अब विधानसभा, संसद और सर्वोच्च संस्थाओं की बारी है।

इन सभी के पीछे कौन-सी संगति है? क्या यही सच है कि राज्य प्रणाली एक स्वयं चालित यंत्र की तरह अपने ही नियमों से चल पड़ी है और अब उस पर जनता का कोई लोकतांत्रिक नियंत्रण संभव नहीं रह गया है? क्या सचमुच हम एक मुक्त बाजार वाले पूँजीवादी राज्य में तब्दील हो रहे हैं, जहाँ लोक कल्याणकारी राज्य की अधिकांश जिम्मेदारियाँ स्वयं बाजार उठाता है—जैसा सिंगापुर में है, या हांगकांग में है, या हम एक औद्योगिक-व्यापारिक राज्य में बदल रहे हैं, जो जनता के हितों को व्यापारिक हितों के साथ जोड़ देता है, जिससे उद्योग और व्यापार का लाभांश बूँद-बूँद रिसता हुआ निचले स्तर पर रहने वाले गरीब-गुरबों तक भी पहुँचता है? या हम फिलीपीन, हैती या पनामा जैसा पूँजीवादी राज्य बन रहे हैं जहाँ सत्ता माफियाओं, अपराधियों और तस्करों के हाथ में है? मारकोस वाला फिलीपीन या बेबी डॉक वाला हैती? यानी क्या हम सचमुच पूँजीवादी-बाजारोन्मुख राज्य के निर्माण की दिशा में बढ़ रहे हैं, या एक 'ठग राज्य' (द लूट स्टेट) के निर्माण की ओर?

इस बार 15 अगस्त को लाल किले के भाषण में ग्रामीण विकास परियोजनाओं का जिक्र प्रधानमंत्री करेंगे। जवाहर रोजगार योजना, इंदिरा आवास योजना, गरीब बच्चों के लिए दोपहर का मुफ्त भोजन (मिड डे मील) वगैरह। लेकिन क्या इस समय की राजनीति का सत्य उनके किसी वाक्य में प्रगट होगा?

इसका स्पष्ट उत्तर है 'नहीं!' वह प्रगट होगा किसी विक्षिप्त, पागल या अबोध बच्चे की अधकचरी भाषा में।

(राष्ट्रीय सहारा 12 अगस्त 1995)

किताबों तक पहुँच का सवाल

साहित्यिक समाजशास्त्रियों ने जनसंचार के क्षेत्र में मौजूद एक ऐसे 'तत्व' का संकेत किया है, अमूमन जिसकी ओर किसी का ध्यान नहीं जाता।

और वह तत्त्व है—'दरबान' या 'ड्योढ़ीदार' (गेटकीपर)। इस 'दरबान' की भूमिका साहित्य या संप्रेषण के किसी भी क्षेत्र में बड़ी महत्त्वपूर्ण होती है। इसका काम है—संप्रेषण से ऐसे उत्पादों का चुनाव जिन्हें उपभोक्ताओं तक पहुँचाना है। जिन उत्पादों (या साहित्यिक रचनाओं) को वह पाठकों तक नहीं पहुँचाना चाहता, उन्हें वह ड्योढ़ी से ही लौटा देता है। इस 'दरबान' को कुछ लोग संभवतः व्यवस्था या सरकार का कोई सेंसर विभाग समझ रहे होंगे। एक हद तक यह बात वहाँ भी लागू होती है। लेकिन 'दरबान' की यह अवधारणा साहित्यिक समाजशास्त्र की एक स्वीकृत अवधारणा है और साहित्य के क्षेत्र में वह 'दरबान' है—प्रकाशक।

यूरोप में तो अठारहवीं सदी से ही साहित्य प्रकाशक, विक्रेता, मुद्रक आदि की पूरी प्रक्रिया के द्वारा ही ठीक तरह से समझा जा सकता था। यानी प्रिंटिंग तकनीक के आते ही वहाँ प्रकाशन को एक व्यवसाय में बदलते देर नहीं हुई, जब पहले-पहल उपन्यास लिखे गए, और जब तक उनका कोई तैयार बाजार नहीं बना था, तब तक प्रकाशक के सामने यह जुआ खेलने जैसा जोखिम था कि वह भारी-भरकम उपन्यासों को छापे। विक्टोरियाई काल के प्रकाशक 'स्मिथ एंड एल्डर' या 'चैपमैन एंड हाल' जैसे प्रकाशकों ने खतरा उठाते हुए भी उपन्यासों के खंड छापे और इस तरह से इस नए साहित्यिक रूप का बाजार तैयार किया।

लेकिन ठीक इसी बिंदु पर बाजार की माँग 'चैनेलाइज' होकर प्रकाशक की मार्फत लेखक तक पहुँचने लगी—और कहीं न कहीं लेखन को अपना धंधा बनाने वाले लेखकों को माँग के मुताबिक लिखने के दबाव में आना पड़ा। थामस हार्डी का उदाहरण दिलचस्प है, जिसे बंबइया फिल्मों की तरह अपने उपन्यास 'फॉर फ्रॉम दि मैडिंग क्राउड' का अंत बदलकर बड़ा सुखांत करना पड़ा। बहुत संभव है कि प्रेमचंद को अगर 'कायाकल्प' जैसा उपन्यास लिखना पड़ा हो तो उसके पीछे देवकी नंदन खत्री द्वारा पैदा की गई 'बाजारू माँग' का ही हाथ रहा हो, प्रेमचंद की अपनी

विचारधारा या जीवनदृष्टि का कम।

हिंदी में भी पिछले कुछ वर्षों में पाठक वर्ग में महत्त्वपूर्ण बढ़ोतरी हुई है। आँकड़े इसकी पुष्टि करते हैं लेकिन गंभीर समस्या यह है कि यह पाठक वर्ग कोई एकीकृत या एकसार इकाई नहीं है, बल्कि अपनी पसंद और अभिरुचियों में हैरतअंगेज विभिन्नताओं के कारण यह बहुस्तरीय या बहुगुणीय पाठक वर्ग है। हिंदी का पाठक वर्ग कई इकाइयों में बँटा हुआ है जिसमें विनोदकुमार शुक्ल से लेकर गुलशन नंदा तक की माँग रखने वाली इकाइयाँ मौजूद हैं। पाठकों के इस विभाजन का असर, जाहिरा तौर पर प्रकाशित होने वाली किताबों या रचनाओं के स्तर पर पड़ा है। यानी अब मोटे तौर पर धड़ाधड़ लिखने और बिकने वाले लेखक मूल अर्थों में 'न्यूनतम साहित्यिक' या लगभग 'अ-साहित्यिक' लेखक ही हैं। और यह बात सिर्फ हमारे देश में ही नहीं, पश्चिम पर भी इसी तरह लागू होती है। इतिहास में ऐसे बहुत से संवेदनशील और उत्कृष्ट रचनाकारों की तरह सिर्फ उत्कृष्ट साहित्य को प्रकाशित करते रहने की जिद पकड़ने वाले कई प्रकाशक दिवालिया हो गए। लियोनार्द और वर्जीनिया वुल्फ द्वारा स्थापित 'होगार्थ प्रेस' ऐसा ही उदाहरण है। हमारे यहाँ भी एक जमाने में हंस प्रकाशन या ज्ञानपीठ ने ऐसी कोशिशें कीं।

अब भी हिंदी में कुछ प्रकाशक हैं जो बाजार की माँग और दबाव के बावजूद कुछ उत्कृष्ट साहित्यिक किताबों को छापने-बेचने की कोशिश अपने तईं करते हैं। राजकमल प्रकाशन द्वारा अभी हाल में अच्छी पुस्तकों के पेपर बैक सेट को 'उत्कृष्ट साहित्य का बाजार बनाने की एक गंभीर कोशिश' के रूप में ही देखा जाना चाहिए। वैसे संभावना, राधाकृष्ण आदि प्रकाशनों ने भी ऐसे पेपर बैक छापे हैं, लेकिन राजकमल प्रकाशन के इस सेट में जो विशेषता सबसे अधिक ध्यान खींचती है वह है मनजीत बावा, रवींद्रनाथ ठाकुर, अमृता शेरगिल, जोगेन चौधरी आदि अच्छे कलाकारों की उत्कृष्ट कृतियों का कवर पर इस्तेमाल।

इससे ये किताबें सुरुचिपूर्ण और कलात्मक तो हुई ही हैं, वे पेंग्विन या पेलिकन जैसे प्रकाशनों की याद भी दिलाती हैं। 'राग दरबारी' 'वे दिन' 'दूसरी परंपरा की खोज' 'कुरु कुरु स्वाहा' जैसी किताबें पेपरबैक में अगर सस्ती दरों में उपलब्ध हों, यानी पढ़ने-लिखने वाले मध्यवर्ग की 'खरीदी-ताकत' की पहुँच के भीतर हों तो निश्चय ही ये किताबें बिकेंगी और बाजारूपन की इस तेज आँधी में अच्छी रचनाएँ भी कहीं अपने पैरों पर खड़ा होने में समर्थ हो सकेंगी।

फिर भी एक मुद्दा और बचता है जो इस कोशिश की सफलता के सामने चुनौती बनकर खड़ा हो जाता है और वह है ऐसी किताबों की परंपरागत वितरण व्यवस्था में बुनियादी रद्दोबदल। जब तक ये किताबें डीलर्स के पास, प्लेटफॉर्मों, पटरियों या साधारण किताबों की दूकानों तक नहीं पहुँचाई जाएँगी, बार-बार लोगों

की आँखों से नहीं गुजरेंगी, तब तक किसी 'श्रेष्ठ साहित्य सदन' जैसी दूकानों तक जाकर इन्हें खरीदने वाले पाठकों के भरोसे कोई बड़ी सफलता हासिल नहीं की जा सकती। आखिर व्यापारी को उस खास वर्ग का चुनाव भी तो करना ही है, जिस वर्ग तक किताबें पहुँचाने के लिए उसने कीमतें कम की हैं।

(जनसत्ता)

'हिंदू-मुस्लिम-सिख-ईसाई, सबको मेरा सलाम'

पिछले दिनों पंजाब के हालात के बारे में एक बुजुर्ग व्यक्ति ने टिप्पणी की थी : 'वहाँ तो अब सिर्फ हिंदू रहते हैं, और सिख रहते हैं, पंजाब में अब कोई पंजाबी नहीं रहा।' कुछ ही वर्षों में धर्मनिरपेक्षता, समाजवाद, तकनीकी विकास और 21वीं सदी में जाने की तमाम घोषणाओं के समानांतर जिस तरह पंजाब और समूचे देश की राजनीति का सांप्रदोयकीकरण हुआ है, यह टिप्पणी उसके प्रति एक मानवीय प्रतिक्रिया की तरह है। लेकिन क्या उस बुजुर्ग की यही टिप्पणी समूचे हिंदुस्तान पर नहीं लागू होती है? क्या आजादी के 38 वर्षों बाद पोखरण, ट्रांबे परमाणु केंद्र, इनसेट वन-बी, दुर्गापुर-भिलाई, भाखड़ा, हरित क्रांति, गुटनिरपेक्षता और लोकतंत्र तमाम पड़ावों में से गुजरते हुए हमारा देश इसी हालत तक नहीं पहुँच गया है कि अब इस देश में भारतीय नागरिक नहीं सिर्फ हिंदू-मुस्लिम-सिख-ईसाई रहते हैं, और हर सरकार, संस्था, राजनेता और सोचने समझने वाले व्यक्ति का कर्तव्य राजकपूर की तरह 'सबको सलाम बजाना' रह गया है? आखिर चूक कहाँ पर हो गई?

इतिहास की ओर नजर दौड़ाएँ तो मध्यकाल में हिंदू-इस्लाम संस्कृति का जो विराट समन्वय चल रहा था उसके नतीजे में एक 'साँझी संस्कृति' का अब तक जन्म हो जाना चाहिए था। एक ऐसी 'साँझी संस्कृति' जिसकी बुनियाद सूफियों और संतों ने रखी थी। सूफियों की 'दरगाहें' और संतों की समाधियाँ दोनों ही सभी संप्रदायों के लिए पवित्र और श्रद्धा की चीजें थीं कबीर और नानक जैसे संतों को आजतक हिंदू-मुसलमान दोनों संप्रदाय अपना मानते हैं, फिर अकबर का 'दीन-इलाही', दारा शिकोह और फिरोजशाह द्वारा पुराणों का अरबी-उर्दू अनुवाद और तो और जिस 'राम जन्मभूमि' विवाद को लेकर आज दंगे और सांप्रदायिक टकराहटें पैदा हो रही हैं, खुद वही स्थान हिंदू-मुस्लिम एकता और सद्भाव का एक आदर्श स्थान रहा है। 'तज्किए बाबरी' में इसका स्पष्ट उल्लेख है कि खुद मुगलशासकों ने माना था कि वह स्थल सीता व पवित्र स्थल है और उसका नामकरण भी मुगलशासकों ने अपने दस्तावेजों में 'सीता पाक' किया। यह वह जगह थी जहाँ नमाज और पूजा, अजान और प्रार्थना एक साथ होते थे। इतने वर्ष बाद जब हमारा समाज ज्यादा सभ्य हो गया है जब हम कैंपाकोला पीने लगे हैं, अखबार, टेलीविजन देखने लगे हैं, जब विज्ञान और

टेक्नालॉजी ने हमारी सोच और जानकारी को आधुनिक बनाने का सारा साजो-सामान मुहैया कर दिया है–तब वही 'रामजन्मभूमि' सद्भाव की जगह दंगे का विस्फोटक स्थल क्यों बन गया है? लगता है कि यह सच है कि पिछड़ी हुई चेतना और आधुनिकतम तकनीक का मेल ज्यादा खतरनाक होता है। वनमानुष के हाथ में अगर स्टेनगन थमा दी जाए तो वह अपने वहशीपन में ज्यादा हत्या करेगा। हमारे समाज की जो हालत है, उसमें पिछड़ेपन, पुरातनतावाद, पोंगापंथ, धार्मिक कट्टरता, सांप्रदायिक उग्रवाद, सांप्रदायिक असहिष्णुता के जो कीटाणु बजबजा रहे हैं उन्हें देखकर क्या नहीं लगता कि वनमानुषों का एक समाज इलेक्ट्रॉनिकीय उपकरणों और आधुनिक उपभोक्ता सामानों के साथ इक्कीसवीं सदी की ओर जा रहा है।

दरअसल यह हमारे देश का दुर्भाग्य रहा है कि जब-जब इस देश में सांस्कृतिक समन्वय और मानवीय सद्भाव की कोई व्यापक ऐतिहासिक-सामाजिक प्रक्रिया शुरू हुई है हर संप्रदाय में से ऐसे रूढ़िवादी और पुनरुत्थानवादी चिंपाजियों ने सर उठाया है, साजिशें की हैं और सद्भावना के रथ के पहिए को उलटा घुमा दिया है। माना जाता है कि मध्यकाल के सांस्कृतिक मेल-मिलाप के खिलाफ इस्लामी कट्टरपंथ की ओर से जो पहली आवाज उठी, वह 18वीं सदी के वली उल्लाह के गले से निकली थी। 'भारत में इस्लाम खतरे में है'–के भय के तक्षक ने पहली बार वली उल्लाह के दिमाग को ही डसा था। उसे लगा था कि 'काफिरों' के साथ मेलजोल के कारण इस्लाम अपने शुद्ध रूप में नहीं रह पा रहा है। इसे भ्रष्ट और नष्ट होने से बचाने के लिए धार्मिक मुसलमानों को बहुत बड़ा आंदोलन चलाना चाहिए। डॉ. आई.एच. कुरैशी के अनुसार–'वली उल्लाह को यह पंसद नहीं था कि यहाँ के मुसलमान इस उपमहाद्वीप के सामान्य परिवेश के अंग बनें। यह शेष इस्लामी जगत के साथ उनके रिश्तों के प्रति उन्हें जागरूक बनाए रखना चाहता था।' ('स्टडीज इन इस्लामिक कल्चर इन दि इंडियन इनवाइरनमेंट' : अजीज अहमद, पृष्ठ 191) जब ऐसे उलेमाओं ने देखा कि हिंदुस्तान में मुस्लिम सल्तनत कमजोर पड़ रही है और वह इस्लाम पर पड़ने वाले भारतीय समाज और संस्कृति के प्रभावों को रोक नहीं सकती तो उन्होंने दूसरे देशों के इस्लामी शासकों को हिंदुस्तान में हमला करने के लिए आग्रह किया। 1761 की पानीपत की जो लड़ाई अहमद शाह अब्दाली के खिलाफ मरहठों-जाटों ने लड़ी थी, उस अहमद शाह अब्दाली को वली उल्ला ने पत्र लिखकर 'काफिरों' को रौंदने और मुसलमानों को 'बचाने' के लिए बुलाया था। पत्र यों था : 'इस वक्त आपके अलावा कोई और दूसरा आदमी ऐसा नहीं है जो जंग और बहादुरी का ऐसा तजुर्बा रखता हो। जाहिरा तौर पर यह आपके ऊपर फर्ज आयद होता है कि आप हिंदुस्तान की ओर कूच करो और मरहठों के राज को नेस्तानाबूद करके मुसलमानों को गैरमुसलमानों के शिकंजे से बचाओ। अगर कुफ्र का आलम यही रहा तो मुस्लिम मुल्क इस्लाम को छोड़ देंगे और मुसलमान ऐसे बन जाएँगे कि उन्हें दूसरे लोगों से अलग करना

मुश्किल हो जाएगा—इस्लाम और गैर इस्लाम में कोई फर्क ही नहीं रहेगा।' ('इस्लाम इन इंडियाज ट्रैडीशन एंड मॉडर्निटी' : एम.ए. करंदीकर, पृष्ठ 128)

पानीपत की लड़ाई के 4 साल के भीतर-भीतर ईस्ट इंडिया कंपनी ने सारे पूर्वी भारत को जीत लिया था। 1782 में दिल्ली को पहले मरहठों ने जीता फिर बाद में वह ईस्ट इंडिया कंपनी के कब्जे में चला गया। वली उल्लाह के बेटे शाह अब्दुल अजीज (1746-1824) ने हिंदुस्तान को 'दारुल हर्ब' घोषित करने वाला प्रख्यात फतवा दिया जिसके मायने यह कि इस मुल्क में चारों तरफ कुफ्र का राज हो गया है और इस्लामी राज्य की स्थापना के लिए मुसलमानों को जंग छेड़नी चाहिए। बंगाल में भी हाजी शरीयतुल्लाह ने ऐसा ही फतवा दिया था। इस्लामी कट्टरतावाद और कठमुल्लापन की एक पुरानी परंपरा रही है और जब जब ऐसे तत्त्वों को राजनीतिक ताकत हासिल हुई है, उन्होंने अपना करिश्मा दिखाया है।

यह एक तथ्य है कि भारत में अंग्रेज शासकों को जिस सांप्रदायिक ताकत ने राष्ट्रीय आंदोलनों के अलावा सबसे ज्यादा परेशान कर रखा था वह इस्लामी कट्टरतावाद ही था। चूँकि स्वाधीनता आंदोलन में अंग्रेजी राज के खिलाफ सभी पुनरुत्थानवादी, सांप्रदायिक राष्ट्रीय शक्तियाँ भी शामिल थीं, इसलिए इस कट्टरतावाद पर लंबे अर्से तक पर्दा पड़ा रहा और वह लगातार सक्रिय रहा। देवबंद और नवादा जैसे इस्लाम के धार्मिक शिक्षा केंद्रों में कठमुल्ले मुल्ला-मौलवी वली उलाह और अब्दुल अजीज के ही उपदेशों का पाठ आने वाली पीढ़ी के मासूम मुस्लिम युवाओं को पढ़ाते रहे। मजहबी मदरसों और जमात-ए-इस्लामी जैसी संस्थाओं के जरिए एक पूरे कौम को लोकतांत्रिक और आधुनिक समाज की मुख्यधारा से काटकर उसे अतीतजीवी, पिछड़ा और सांप्रदायिक बनाने का यह 'पवित्र काम' आज तक किसी न किसी रूप में जारी है। 1857 की राज्य क्रांति (गदर) के बाद बंगाल के एक अंग्रेज प्रशासक हेनरी थामस ने लिखा था : (मुसलमान) इस्लाम की जब पहली इबारत लिखी गई तब से लेकर आज तक ज्यों के त्यों हैं, दंभ, असहिष्णुता और निर्ममता, किसी भी दूसरे धर्म को मानने वाली किसी भी सरकार के वे कभी भी नागरिक नहीं हो सकते...

अंग्रेज अपने साथ यूरोप की आधुनिकता लेकर आए थे। उन्होंने हिंदू और मुसलमान दोनों ही संप्रदायों के कई रूढ़िवादी नियमों को खत्म करने के एक सिलसिले की शुरुआत की, सतीप्रथा जैसी प्रथाएँ समाप्त हुई। पश्चिम के आधुनिक समाज की ओर से आने वाली हवा ने देश में हिंदू और मुसलमान, दोनों संप्रदायों के भीतर सुधारवादी पुनर्जागरण को जन्म दिया। राजा राममोहन राय, दयानंद सरस्वती जैसे हिंदू धर्म सुधारक और सर सैयद अहमद, हाल और शिबली जैसे लोग इसी पुनर्जागरण की देन थे। अंग्रेजों ने इस्लाम की शरीयत को 'निजी कानूनों' या 'नागरिक कानूनों' में बदल दिया। इस तरह वर्तानवी साम्राज्य की हर प्रजा के लिए सामान्य 'पेनल लॉ' बना। ऐसा नहीं था कि अंग्रेजों के जमाने में ऐसे कानूनों का विरोध कट्टरपंथी

मुल्लाओं और कठमुल्ला पंडितों के द्वारा नहीं हुआ। लेकिन अंग्रेजों ने ऐसे विरोधों के प्रति बहुत कड़ा रवैया अपनाया। कई ऐसे तत्त्वों को फाँसी दी गई। कालेपानी में अंडमान भेजा गया। हाजी इमादुल्लाह जैसे कट्टरपंथी उलेमा मक्का भाग गए। कई कट्टर हिंदू सांप्रदायिक नेताओं की जायदाद जब्त कर ली गई। जेलों में ठूँस दिया गया।

सर सैयद अहमद जैसे लोग जो समय और समाज के बदलाव को खुली आँखों से देख रहे थे उन्होंने बजाय उसकी ओर पीठ घुमा कर खड़ा होने के, उसके साथ कदम मिलाकर चलने की कोशिश की। उन्होंने अंग्रेज संस्कृति से घृणा करने की बजाय उसके अच्छे तत्त्वों को अपनानें के लिए एक आंदोलन ही चला डाला। अलीगढ़ मुस्लिम विश्वविद्यालय जैसे आधुनिक शिक्षा संस्थान खुद मुस्लिम समुदाय के भीतर से देवबंद और नवादा के कट्टरपंथी और पुरातनपंथी शिक्षा संस्थाओं के आधुनिक जवाब थे। सर सैयद अहमद ने न सिर्फ खुली बाइबिल पर टिप्पणी लिखी बल्कि अनेकों अंग्रेजी पुस्तकों के उर्दू अनुवादों का सिलसिला शुरू किया। उन्होंने लिखा : क्राइस्ट के द्वारा स्वागत करने से खुदा नापाक नहीं हो जाता, जैसा कि हमारे उलेमा कहते हैं।' उनके द्वारा स्थापित 'साइंटिफिक सोसायटी' ने 1860 से 'इंस्टीट्यूट गजट' प्रकाशित करना शुरू किया जिसमें पश्चिमी ढंग की समाज व्यवस्थाओं, वैज्ञानिक जानकारियों और आधुनिक राजनैतिक सोच से मुसलमानों को परिचित कराने की कोशिश की जाती थी। बंगाल के नवाब अब्दुल लतीफ ने भी 'मोहम्मडन लिटरेरी सोसायटी' जैसी संस्थाओं की मार्फत इंग्लिश की शिक्षा और आधुनिक ज्ञान देने का प्रयास किया।

1885 में राष्ट्रीय कांग्रेस का भी जन्म हो चुका था और यह देश की आजादी के लिए सभी कौमों का एक मंच बनी, निश्चित ही धर्मनिरपेक्षता की बुनियाद पर कायम कांग्रेस ने हिंदू और मुसलमान दोनों संप्रदायों के भीतर के कट्टरपंथी तत्त्वों को कुछ समय तक निष्प्रभावी रखा लेकिन ये तत्त्व बहुत समय तक खामोश नहीं रह सके और 1906 में हिंदू और मुसलमान दोनों कौमों को दो राष्ट्र मानने वाले सिद्धांत की बुनियाद पर 'मुस्लिम लीग' का जन्म हुआ। 'मुस्लिम लीग' का जन्म देश की धर्मनिरपेक्ष राजनीति पर सांप्रदायिक राजनीति की जीत थी।

ब्रिटिश साम्राज्यवाद के लिए कांग्रेस के भीतर हिंदू-मुस्लिम नेताओं में मतभेद और कांग्रेस-लीग का झगड़ा एक सुनहरा मौका था। उन्होंने दोनों पक्षों की सांप्रदायिक कट्टरता को हवा दी और उन्हीं की बदौलत यह कट्टरता 'अलगाववाद' के रूप में एक बड़ी प्रतिगामी राजनीतिक ताकत बनी। राष्ट्रीय कांग्रेस के भीतर बदरुद्दीन तैयबजी, सैयद हसन इमाम, ए.एन. हैदरी, मौलाना आजाद जैसे प्रगतिशील और राष्ट्रवादी मुस्लिम नेताओं के सामने एक तरफ कट्टरपंथी सांप्रदायिक तत्त्वों ने, दूसरी तरफ कांग्रेस और लीग के झगड़ों ने खासी मुश्किलें पैदा कीं। 1910 में बंबई और कलकत्ता में कांग्रेस

के विशेष अधिवेशनों की अध्यक्षता करते हुए सैयद हसन इमाम ने इस्लामी और हिंदू, दोनों ही कट्टरतावादियों को चुनौती देते हुए कहा था—'न हमारे मुल्क में हिंदू हैं, न मुसलमान। हम हिंदुस्तानी पहले हैं, और कुछ बाद में।'

दरअसल 'पाकिस्तान' की माँग इंग्लैंड से पहली बार उसी तरह उठी थी जैसे इन दिनों 'खालिस्तान' की माँग शायर इकबाल का कौमी तराना इंग्लैंड में बैरिस्टरी पढ़ने के दौरान बदला। इतिहासकारों के अनुसार इकबाल से भी पहले कैंब्रिज के कुछ मुसलमान छात्रों ने चौधरी रहमत अली के नेतृत्व में 'पाकिस्तान' की माँग पहली बार की थी। हालाँकि 1933 तक मुस्लिम लीग इस माँग का सार्वजनिक तौर पर विरोध करती रही। फिर आखिर उसी 'पाकिस्तान' की माँग को लेकर मुस्लिम लीग ने अपना अभियान क्यों छेड़ा? जवाब बहुत सीधा है। 1937 में अंतरिम सरकार के लिए होने वाले चुनावों में समूचे देश के सारे मुसलमानों का अगुवा होने का दावा करने वाले मुस्लिम लीग को 482 मुस्लिम सीटों में से सिर्फ 108 सीटें मिली थीं और कुल मुस्लिम मतदाताओं के केवल 4.6 प्रतिशत ने ही उसे वोट दिया था। पश्चिमोत्तर प्रदेश और सिंध में उसे एक भी सीट नहीं मिली थी। लेकिन 'मुस्लिम लीग' सत्ता पर साझीदारी जरूर चाहती थी। मुस्लिम लीग के नेता जिस जमींदार और संपन्न वर्ग से आते थे, उनके लिए सत्ता हथियाना ही सबसे बड़ा लक्ष्य था।

दरअसल सही समय पर सही फैसला न करने पर कांग्रेस के भीतर के हिंदू सांप्रदायिक तत्त्वों को दबा न पाने की कमजोरी के चलते कांग्रेस ने पहले मुस्लिम लीग और बाद में साधारण मुसलमानों का समर्थन खो दिया। 1927 में जिस मुस्लिम लीग के सदस्यों की संख्या बमुश्किल डेढ़ हजार थी, 1944 में वह 20 लाख हो गई। मोहम्मद अली जिन्ना ने लगातार यह बात मुसलमानों के दिमाग में बिठाई कि कांग्रेस हिंदुओं की पार्टी है। जब हिंदू-मुस्लिम एकता के सवाल पर गाँधी जी ने जिन्ना के साथ बातचीत में मौलाना आजाद को भी अपने साथ ले जाना चाहा तो जिन्ना ने बातचीत से भी इंकार कर दिया। 1942 में जब कांग्रेस ने महात्मा गाँधी के नेतृत्व में अंग्रेजों भारत छोड़ो का नारा दिया और मोहम्मद अली जिन्ना समेत मुस्लिम लीग के नेताओं को यह लगने लगा कि इतने बड़े जन आंदोलन के सामने ब्रिटिश साम्राज्यवाद की चरमराती हुई राजशाही टिकेगी नहीं तो उनकी निगाहें फिर से सत्ता पर टिक गईं।

उन दिनों बंगाल में लीग की सरकार थी और सुहरावर्दी मुख्यमंत्री थे। वहाँ पर सांप्रदायिक दंगे करवाए गए। पुलिस और फौज चुपचाप खड़ी तमाशा देखती रही। बाद में नोआखाली और बिहार में भी ऐसे ही सांप्रदायिक दंगे हुए। दिसंबर 1943 में लीग ने 'भारत छोड़ो' नारे के मुकाबले नया नारा दिया 'अंग्रेजों, हिंदुस्तान को बाँटो और भागो।'

बहरहाल देश बँटा। कट्टरतावादी सांप्रदायिक ताकतों ने खुलकर खून की होली खेली। दंगों में अंग्रेज लेखक लेनार्ड मोसले के अनुसार—'6 लाख लोग मारे गए। 1

लाख औरतों की इज्जत लूटी गई, अपहरण किया गया या उन्हें नीलाम कर दिया गया।' सांप्रदायिक राजनीति की यह कीमत हिंदू-मुसलमान दोनों ही कौमों ने अदा की। आजाद के शब्दों में—'क्या हिंदुस्तान की जनता ने बँटवारा मंजूर कर लिया था? हमने जब मुल्क की ओर नजर दौड़ाई तो हमने देखा कि बँटवारे की मंजूरी सिर्फ कांग्रेस महासमिति के प्रस्ताव और लीग के रजिस्टर में दर्ज थी।'

इतिहास में कांग्रेस की सबसे बड़ी कमजोरी यह रही है कि वह कट्टरपंथी मुस्लिम नेताओं को ही मुस्लिमों का प्रतिनिधि मानती रही है। जब जिन्ना की जिद के सामने सरदार पटेल और नेहरू तक भारत के बँटवारे के लिए तैयार हो चुके थे तब भी ऐसे सैकड़ों मुस्लिम नेता थे जो इसका विरोध कर रहे थे। सीमांत गाँधी खान अब्दुल गफ्फार खाँ ने रोते हुए कांग्रेस से प्रार्थना की थी कि 'हमें अपने से अलग करके सत्ता के भूखे भेड़ियों के हवाले मत करो।' गाँधी भी बँटवारा नहीं चाहते थे। 31 मार्च, 1947 को जब माउंटबेटन से मिलने गाँधी दिल्ली आए तो मौलाना आजाद भागे भागे उनके पास गए और उनसे कहा कि किसी भी कीमत पर वे पाकिस्तान की माँग को मंजूर न करें। गाँधी का जवाब था—'सवाल ही नहीं पैदा होता। अगर कांग्रेस बँटवारा मंजूर करेगी तो उसे मेरी लाश के ऊपर करना पड़ेगा।' लेकिन माउंटबेटन से 2 घंटे तक बातचीत करने के बाद जब गाँधी बाहर निकले तो, आज़ाद के शब्दों में—'पूरी जिंदगी में मुझे इतना बड़ा धक्का कभी नहीं लगा था। मैंने देखा कि गाँधी भी बदल गए हैं।'

सवाल यह है कि आज़ादी के बाद भी क्या हमारी राजनीति इतना वयस्क हुई है कि वह ऐसे सांप्रदायिक और कट्टरवादी तत्त्वों को पहचानकर उनके प्रति कड़ा रवैया अपनाए? जो कांग्रेस आजादी के पहले मौलाना आजाद और बादशाह खान जैसे नेताओं के सामने बहरी थी, क्या वही कांग्रेस अब आरिफ खान, सैफुद्दीन चौधरी के सामने बहरी नहीं है। 'धर्मनिरपेक्षता' के नाम पर 'बहुलधर्मी' देश बनाकर खोमैनियों, भिंडरावालों और गोलवलकरों से तालमेल बिठाते रहने से क्या राष्ट्र की एकता सुरक्षित रह सकेगी? अभी भी 'रेडियंस' जैसी पत्रिकाओं में छपने वाले लेख और रपटें कट्टरवादी मुस्लिम राजनीति की शक्लें बार-बार हमारे सामने दिखाती रहती हैं। यह एक हकीकत है कि भारत पाकिस्तान युद्ध से लेकर क्रिकेट-हॉकी मैच तक में इन कट्टरतावादियों की सहानुभूति दूसरी तरफ रहती है। इसे कोई भी देख सकता है। 1965 में भारत-पाक युद्ध के दौरान 'दावत' जैसी जमात-ए-इस्लामी की पत्रिकाओं में न सिर्फ पाकिस्तानी सैनिकों की बहादुरी के किस्से छापे गए, बल्कि पाकिस्तान के पक्ष में संपादकीय लिखे गए। इन जैसी पत्रिकाओं में मिस्र के भू.पू. राष्ट्रपति अब्दुल कमाल नासिर को नेहरू और भारत के साथ दोस्ती के कारण इस्लाम का दुश्मन घोषित किया जाता रहा। भू. पू. शिक्षामंत्री छागला को गद्दार और 'हिंदुओं का कुत्ता' कहा गया।

क्या हिंदुस्तान की सारी मुसलमान जनता यही चाहती है? क्या उसे रोजी-रोटी,

बेरोजगारी से ज्यादा फिक्र 'रामजन्म भूमि' का ताला तोड़ने में है? ऐसा नहीं है। दरअसल सत्ताधारी दल ने यह मान लिया है कि इस देश की जनता की ओर से बोलने का हक सिर्फ अंसारी, जिन्ना, असद मदनी, शंकराचार्य, देवरस या भिंडरावाले जैसे लोगों को ही है। शाहबानो प्रकरण में 98 साल के बूढ़े खान अब्दुल गफ्फार खाँ ने जो कुछ कहा और 35 साल का नौजवान आरिफ मोहम्मद खान जो कुछ कह रहा है, वह उसे सुनाई नहीं देता। यह सचमुच एक नाजुक वक्त है और सांप्रदायिक कट्टरतावाद के लिए कड़ा, वैज्ञानिक और सकारात्मक रणनीति अपनाने की जरूरत सामने है। वरना होगा यह कि पहले तो शादी तलाक के साथ-साथ हत्या, बलात्कार, लूट, चोरी, डकैती के लिए भी इस देश में अलग-अलग कानून बनेंगे और फिर बाद में कोई नहीं जानता कि इस देश के कितने टुकड़े और होंगे।

(दिनमान : 23-29 मार्च 1986)

यह गाँधीवाद है या शिव का धनुष

सीमांत गाँधी यानी खान अब्दुल गफ्फार खाँ ने गाँधी के साथ अपनी यादों को कई बार शब्द दिए हैं, 1938 में एक बार महात्मा गाँधी के साथ वे सीमाप्रांत के दौरे पर थे। रात में किसी जगह शिविर लगाकर गाँधी की टोली को रुकना पड़ा। शिविर के बाहर चारों और गश्त लगाते हथियारबंद संतरियों को देखकर गाँधी जी ने पूछा—'यह सब क्या है? इनकी यहाँ जरूरत क्या है?' खान अब्दुल गफ्फार खाँ ने जवाब दिया—'ये सुरक्षा कर्मचारी हैं।' गाँधी जी ने कहा—'लेकिन मुझे इनकी क्या जरूरत है?'

जिस घटना का जिक्र खान अब्दुल गफ्फार खाँ ने किया है उसे घटे अभी पचास साल भी पूरे नहीं हुए और स्थिति यह हो गई कि गाँधी जैसे राष्ट्रीय व्यक्तित्व की बात तो अलग, छोटे-मोटे विधायकों, सांसदों और ग्राम पंचायत के सरपंचों तक को अपनी हिफाजत के लिए हथियारबंद सुरक्षा गार्ड रखने पड़ रहे हैं। गाँधी के बाद राजनीति और समाज का जो कायांतरण हुआ उसमें कोई भी प्रमुख राजनीतिक नेता ऐसा दुस्साहस भी नहीं कर सकता कि वह गाँधी की तरह नंगी छाती और बिना अंगरक्षकों के पैदल सड़क पर निकल जाए, हरिजन कॉलोनी की किसी निर्द्वंद्व कुटिया में रहे। कहने को तो यह भी कहा जा सकता है कि जब गाँधी ने अब्दुल गफ्फार खाँ से यह बात कही थी तब भी सुरक्षा गार्डों की जरूरत इतनी ही थी। वर्ना अपनी सुरक्षा को गैर जरूरी मानने वाले गाँधी की दस साल के भीतर-भीतर हत्या न हो गई होती। जिस देश में गाँधी ने हिंसा के विरुद्ध आंदोलन छेड़ा, अहिंसा और सत्याग्रह की एक पूरी रणनीति और एक समूचा दर्शन गढ़ा—उसी देश में न सिर्फ उनकी हत्या हुई बल्कि लोकतांत्रिक व्यवस्था के सर्वोच्च प्रतिनिधि एक प्रधानमंत्री को गोली मार दी गई और मौजूदा प्रधानमंत्री को बुलेटप्रूफ केबिन से जनता को संबोधित करना पड़ता है। अपने जिस सिद्धांत को अमल में लाकर खुद गाँधी का ऐसा अंत हुआ, उसी सिद्धांत को भला कोई दूसरा अपनाकर क्यों जोखिम मोल ले।

लेकिन कहावत यह भी है कि मरा हुआ सीजर जिंदा सीजर से ज्यादा ताकतवर होता है। मरा हुआ गाँधी भी जिंदा गाँधी से ज्यादा शक्तिशाली है। किसी सांप्रदायिक-उन्मादी आतंकवादी के हाथों गाँधी मारे नहीं जा सके, यह हर कोई जानता

है। श्रीमती गाँधी, लोगोंवाल, एक्विनो, मुजीबुर्रहमान या भुट्टो—कितने ऐसे नाम हैं जो अब कहीं ज्यादा ताकतवर हैं। गफ्फार खाँ से गाँधी ने इसीलिए कहा था—'लोग कहते हैं कि अहिंसा कायरों के लिए है—लेकिन वास्तव में यह बहादुरों के लिए है।' बिहार के सांप्रदायिक दंगों के दौरान भी गाँधी ने कहा था—'इतनी अधिक हिंसा, हत्या और असुरक्षा के दौर में मैं किसी के जीवन की क्या गारंटी दे सकता हूँ। मैं केवल बहादुरी का ही पाठ पढ़ा सकता हूँ।'

फिर भी अब किसी में न इतना 'साहस' है, न कोई इतना 'बहादुर' है कि किसी दर्शन या सिद्धांत की परख के लिए अपनी जान दे डाले। हम बीसवीं शताब्दी के उत्तरार्द्ध में हैं और इक्कीसवीं सदी की खुलती दहलीज की ओर पैर बढ़ा रहे हैं। बाइबिल, कुरान या गीता की तरह गाँधीवाणी हमारी श्रद्धा की वस्तु तो है—हमारे धर्म और व्यवहार का 'गाइड लाइन' नहीं। वह सिर्फ वचन है, आचरण नहीं। तो क्या मान लिया जाए कि जैसे गाँधी का अहिंसा का सिद्धांत बदले जमाने में अप्रासंगिक होता चला गया उसी तरह उनकी धर्मनिरपेक्षता, ट्रस्टीशिप, बुनियादी शिक्षा, अस्पृश्यता विरोध, ग्रामोन्मुखी अर्थ-व्यवस्था, कुटीर उद्योग, आत्मनिर्भरता और स्वरोजगार जैसी बातें भी अप्रासंगिक हो चुकी हैं।

पंजाब और अकाली आंदोलन के उदाहरण से इस अप्रासंगिकता को साफ-साफ समझा जा सकता है, सिखों के आंदोलन में हमेशा से उदारवाद और उग्रवाद की दो धाराएँ रही हैं। प्रख्यात गाँधीवादी एंड्रयूज ने आजादी के पहले स्वर्णमंदिर परिसर से ठीक बाहर अहिंसापूर्ण मौन सत्याग्रह करते सिख नेताओं के अंग्रेज पुलिस से पिटने और घिसटने के क्रूर दृश्यों का वर्णन किया है। अकाली दल में आजादी के पहले और बाद के चौदह वर्षों तक जिस व्यक्ति की राजनीतिक भूमिका सबसे महत्त्वपूर्ण कही जा सकती है, वह उसके तत्कालीन अध्यक्ष मास्टर तारासिंह थे। गाँधी के प्रभाव से और राष्ट्रीय आंदोलनों के असली चरित्र से पंजाब के नेताओं ने जो राजनीतिक दीक्षा पाई थी—मास्टर तारासिंह या दर्शन सिंह फेरूमान उसी के अवशेष थे। मास्टर तारासिंह ने पृथक पंजाबी सूबे की माँग के लिए गाँधी का ही आजमाया हुआ अमोघ अस्त्र—'आमरण अनशन' और 'सत्याग्रह' का इस्तेमाल किया था। लेकिन उन्हें मिला क्या? 43 दिन तक अन्न छोड़ देने के बाद उन्हें इस अस्त्र के भोथरा और बेकार हो जाने की असलियत पता चली और जान बचाने के डर से अन्न खा लेने की सजा के रूप में उन्हें स्वर्ण मंदिर के फाटक पर बैठकर तीर्थयात्रियों के जूतों में पालिश करनी पड़ी। गाँधी का यह 'अमोघ अस्त्र' प्रधानमंत्री नेहरू को अपनी जिद से एक सूत इधर-उधर करने में नाकारा साबित हुआ। अलबत्ता उसने मास्टर की राजनीतिक जिंदगी की जरूर इतिश्री कर दी और उन्हें पंजाब के इतिहास के कूड़ेदान में फेंक दिया। दर्शनसिंह फेरूमान ने भी यही 'अमोघ अस्त्र' अपनाया और इस अस्त्र ने खुद उन्हीं की जान ले ली। अभी पिछले दिनों पंजाब

में लोंगोवाल ने एक बार फिर गाँधी के औजारों को छूना-उठाना चाहा था और वे मार डाले गए। तब भला ऐसे जानलेवा और आत्मघाती सिद्धांत के पास कोई क्यों जाए? गाँधी का सिद्धांत लोगों के लिए शिव के उस धनुष की तरह है, जिसे खुद वही उठा सकते थे।

दरअसल गाँधी अपनी जो राजनीति चला रहे थे वह राजनीति देश में स्थापित सत्ता और शक्ति केंद्रों को निष्प्रभावी करने की राजनीति थी। ब्रिटिश साम्राज्यवाद की अकूत ताकत और उससे उपजे आतंक को निष्प्रभावी और बेकार कर डालने के लिए गाँधी ने इस अस्त्र का आविष्कार किया था। लेकिन गाँधी की राजनीति सत्ता नहीं दिला सकती थी। अकालियों ने आपातकाल के दौरान इसी सत्याग्रह और अहिंसक आंदोलन के जरिए न सिर्फ केंद्र सरकार को कड़ी चुनौती दी थी, बल्कि उसके आतंक को बेअसर भी कर डाला था। लेकिन जब से अकाली राजनीति सत्ता को हथियने की राजनीति हुई, यह अस्त्र बेकार हो गया। खुद गाँधी ने अपने सहयोगी प्यारेलाल से कहा था—"अहिंसा सत्ता पर कब्जा नहीं दिलवा सकती। और यह उसका लक्ष्य हो भी नहीं सकता। हाँ, यह सत्ता को प्रभावशाली ढंग से काबू में लाकर उसे संचालित जरूर कर सकती है—लेकिन सरकार या प्रशासन तंत्र को हथियाए बिना।" यही तथ्य रोज-रोज दुहराए जा रहे इस प्रश्न का उत्तर भी है कि कांग्रेस या विपक्षी दलों ने क्यों गाँधीवाद का त्याग कर दिया। कोई भी राजनीतिक दल या संगठन गाँधी को अपनाकर सत्ता पर रह ही नहीं सकता, वर्ना खुद गाँधी 1947 में कांग्रेस के सत्ता में आने पर कांग्रेस से अलग न हो जाते और इसे भंग करने को न कहते। महात्मा गाँधी तो 1934 में ही कांग्रेस से तकनीकी तौर पर अलग हो चुके थे और यह वही वक्त था जब अंतरिम सरकार के बनने पर कांग्रेसी नेता खुद देश के 'अर्द्धशासक' होना चाहते थे। इसीलिए अपने मूल चरित्र में गाँधीवाद दरअसल सतत विपक्ष में रहने का सिद्धांत है। अपनी मृत्यु से एक दिन पहले ही गाँधी ने अपना अंतिम राजनीतिक दस्तावेज लिखा था, जिसमें उन्होंने कांग्रेस पार्टी को भंग करके उसे 'लोक सेवक संघ' में तब्दील होकर 'सामाजिक, नैतिक और आर्थिक स्वतंत्रता' के लिए काम करने का आदेश दिया था। कैसी विडंबना है कि 'लोक सेवा संघ' अब सरकार के उच्च नौकरशाहों के चयन की संस्था का नाम है।

लेकिन गाँधी के बताए रास्ते को दोनों ही पक्षों ने छोड़ा है। किसी भी देश की राज्यसत्ता से यह उम्मीद करना कि वह अपने विरोध को गाँधी के अहिंसक तरीके से दबाएगी, मूर्खतापूर्ण है। लेकिन लोकतांत्रिक व्यवस्था में, जहाँ कोई राजनैतिक दल ही सत्ता का संवैधानिक नियंता होता है, कम से कम इतनी उम्मीद तो की ही जा सकती है कि वह सिर्फ फौज, सिर्फ पुलिस, सिर्फ बंदूक और डंडे से ही काम नहीं लेगी। अगर पंजाब की राजनीति में मास्टर तारासिंह और दर्शन सिंह फेरूमान असफल हुए हैं और भिंडरावाले अमरीक सिंह की समानांतर सत्ता समूची राष्ट्रीय एकता के सामने एक खतरनाक चुनौती की तरह खड़ी हुई है—तो इसकी जिम्मेदारी किस पर

आती है? अहिंसा और सत्याग्रह का रास्ता अपनाने के कारण क्यों असम की जनता की आवाज नक्कारखाने की तूती बनकर रह जाती है और पूजाघरों और मंदिरों को हथियारों के अड्डों में बदलने वाले हत्यारे क्यों शहीद और राष्ट्रीय व्यक्तित्व बन जाते हैं? दूसरी तरफ हर हिंसा और हर आतंक से निपटने के लिए सिर्फ सरकार और सेना का ही मुँह क्यों देखना पड़ता है? जो अकाली दल नदी के पानी के बँटवारे और चंडीगढ़ के लिए सत्याग्रह और आंदोलन कर सकता है—वह वैसा ही सत्याग्रह उग्रवादी और पृथकतावादी संगठनों के खिलाफ क्यों नहीं कर सकता? क्या यह किसी कानून की किताब में लिखा है कि सत्याग्रह सिर्फ 'गवर्नमेंट' के ही खिलाफ की जाने वाली कारवाई है? जिन दिनों पंजाब में भिंडरावाले का आतंक अपने शिखर पर था अपने आपको गाँधीवादी कहने वाले दलों-संगठनों ने एक बार सत्याग्रह और जनांदोलन के रास्ते को अपनाकर क्यों नहीं देखा? वी.एम. तारकुंडे से लेकर चंद्रशेखर और मोरारजी देसाई तक, किसी ने क्यों इतना 'साहस' नहीं दिखाया? अफसोस तो यह है कि आतंकवाद के विरुद्ध गाँधी की रणनीति को आजमाने के बजाय उसको मजाक का विषय बनाया गया। श्रीमती मेनका गाँधी ने अपने एक इंटरव्यू में कहा था कि 'आतंकवाद के खिलाफ राष्ट्रपति ज्ञानी जैल सिंह को स्वर्ण मंदिर में जाकर 'आमरण अनशन' करना चाहिए।' इसे पढ़कर लोगों को हँसी आई थी। और ज्ञानी जैल सिंह को हँसी का पात्र बनाने के लिए ही यह बात कही भी गई थी।

यह सच्चाई अब एक दुखद खबर की तरह स्वीकर कर लेनी चाहिए कि गाँधी के देश में गाँधी को त्यागा जा चुका है। हिंसा, भ्रष्टाचार, आतंक और दमन की घटनाएँ जितनी ज्यादा से ज्यादा बढ़ती जा रही हैं, ठीक उसके समानांतर गाँधीवाद पहले से ज्यादा जरूरी तो लगता है लेकिन उपयोगी और प्रासंगिक नहीं। वह अप्रासंगिक हो चुका है।

हम एक आधुनिक औद्योगिक राष्ट्र बनने जा रहे हैं। नई उद्योग-नीति, नई शिक्षा-नीति, नई अर्थनीति—सब कुछ नया करने जा रहे हैं। गाँधीवाद अब एक 'पूर्व औद्योगिक सभ्यता के विचारों की अनगूँज' की तरह लगता है। जबकि पश्चिम के जो देश इस तकनीकी-औद्योगिक विकास का सारा फल चख चुके हैं, वहाँ के अर्थशास्त्री गंभीरता से आगे बढ़ने की बजाय, पीछे लौटने की अपीलें कर रहे हैं।

पश्चिम के विकसित देशों के अर्थशास्त्रियों ने औद्योगिक विकास की रफ्तार को फौरन घटाकर 'शून्य' तक कर देने की बातें की हैं। पर्यावरण को लेकर चलने वाले तमाम आंदोलनों ने फिर से गाँवों और जंगलों की बात शुरू की है। परमाणु अस्त्रों के भंडार और अंतरिक्ष के शस्त्रीकरण के विरुद्ध नए सिरे से अहिंसा और शांति की खोज शुरू हो रही है—लेकिन अभी तो हमें आगे बढ़ना है, हम आगे बढ़ेंगे।

गाँधी हिंदुस्तानी जनता को उपभोक्ता नहीं, उत्पादक जनता बनाना चाहते थे। हमने आधुनिक होने की होड़ में विदेशी बहुराष्ट्रीय कंपनियों के लिए अपने दरवाजे

खोल दिए हैं। देशी उद्योग धंधों पर इसका जो भी असर पड़े, पड़ता रहे, कम से कम हर मध्यवर्गीय घर में वी.सी.आर. तो होगा। हमारे बाजार इतने फीके, खाली और पिछड़े हुए तो नहीं लगेंगे। विदेशी उद्योगों के साथ साझेदारी के एक नए युग की शुरुआत हुई है। इस मद में 30 अरब से भी ज्यादा रुपयों का प्रावधान है। देशी वैज्ञानिक तथा औद्योगिक अनुसंधान का बजट जो सिकुड़ा है उसके जवाब में सरकार का कहना है कि भारतीय अर्थव्यवस्था में अब और गुंजाइश नहीं है। हम तकनीक और विज्ञान का विकास तो चाहते हैं लेकिन अपने देश की तकनीकी जनशक्ति की अनदेखी करके। गाँधी अगर कुटीर उद्योगों और विकेंद्रित अर्थ व्यवस्था की बात करते थे तो इसी जनशक्ति को ध्यान में रखकर। निजी उद्योगों को भी मौखिक प्रोत्साहन तो दिया जाता है लेकिन उनके विकास के लिए धन की व्यवस्था कितनी की गई है? जिस देश को गाँधी एक आत्मनिर्भर और उत्पादक देश बनाना चाहते थे, उसे हम विदेशी उद्योग के लिए एक खुली मंडी के रूप में बदल कर खुश हो लेंगे। आखिर दलाली और बिचौलिया-व्यापार में भी ते खासमखास मजा है।

जिन दिनों अमेरिका में एटनबरो की 'गाँधी' फिल्म दिखाई जा रही थी, हर रोज बड़ी चौंकाने वाली खबरें मिलती थीं। वहाँ 'गाँधी' लोगों के लिए एक आधुनिक आविष्कार की तरह थे। अमेरिकी नौसेना की एक कर्मचारी 28 वर्षीया लेसली कोल तो 'गाँधी' से इतना अभिभूत हुई कि उसने नौसेना की नौकरी छोड़ दी। नतीजे में उसका कोर्ट मार्शल हुआ और 325 डॉलर जुर्माने के भरने पड़े। उन दिनों अमेरिका के स्कूली बच्चे और युवा लोग विश्वयुद्ध के खतरों और पूँजीवादी तकनीकी सभ्यता की कोख से जन्मे 'मनुष्यहीनता' के सामने गाँधी को एक नई खिड़की, भविष्य के एक नए विकल्प के रूप में देख रहे थे।

लेकिन उन्हीं दिनों एक भारतीय पत्रकार को सड़क पर एक मजबूत कद-काठी के नीग्रो ने रोक लिया और पूछा—"ऐ, तुम क्या भारतीय हो।" अकेले रास्ते पर एक भारी भरकम काले अमेरिकी के सामने भारतीय पत्रकार घबराया। फिर उसने हामी भरी। नीग्रो की आँखों में चमक कौंधी। उसने पूछा—'तुम गाँधी को जानते हो?' भारतीय पत्रकार के दिमाग में इंदिरा-संजय से लेकर फीरोज-राजीव तक के नाम घूम गए। 'कौन-सा गांधी?' भारतीय ने पूछा।

अमेरिकी ने निराशा से सिर हिलाया 'ओह! तो तुम बूढ़े गाँधी को नहीं जानते? मार्टिन लूथर किंग को नहीं जानते?' और आगे बढ़ गया।

यह सवाल हम खुद से ही क्यों न पूछें कि क्या हम अपने बूढ़े गाँधी को सचमुच जानते हैं?

(दिनमान : 29 सितंबर-5 अक्तूबर 1985)

समीक्षा

सत्तासी का साहित्यिक दृश्य

प्रसिद्ध मार्क्सवादी आलोचक टेरी इगल्टन ने अपनी नई किताब में लिखा है कि पश्चिम में अब लेखक के रिश्ते अपने पाठक के साथ वे नहीं रहे जो बीसवीं सदी के पूर्वार्द्ध तक हुआ करते थे। पहले यह रिश्ता गुरु और शिष्य या उपदेशक और अनुयायी का होता था। अब विकसित औद्योगिक समाज में यह संबंध विक्रेता और उपभोक्ता का हो गया है। बल्कि पश्चिम में तो आर.एल.एम. (रीडर्स लिबरेशन मूवमेंट) के साथ भी ऐसे प्रतिभाशाली और जागरूक लोग जुड़े हुए हैं जिनकी बौद्धिक क्षमता किसी भी तरह से, लेखक समझे जाने वाले व्यक्ति से बीस ही ठहरती है।

हिंदी में अभी भी ऐसे बहुत से लेखक मिल जाएँगे जो विक्रेता-उपभोक्ता के इस सीधे-सरल लेखक-पाठक संबंध को स्वीकारने के बजाय इस कारुणिक कोशिश में रहते हैं कि पाठक के साथ उनका वही रिश्ता रहे जो तॉल्सतॉय या टैगोर का अपने पाठकों के साथ था। जबकि स्थिति यह है कि संसार में असाक्षरता का कीर्तिमान कायम रखने के बावजूद संचार-सूचना माध्यमों के अभूतपूर्व विकास के कारण यहाँ का छोटा-सा शिक्षित वर्ग भी अब इतना प्रबुद्ध हो रहा है कि बहुतेरे हिंदी कवियों-कथाकारों की तुलना में उसकी प्रज्ञा, जानकारी और प्रतिभा बीस ठहरती है। बहरहाल सत्तासी के साल, यानी नौवें दशक के ढलते वर्षों ने एकबारगी यह अहसास जोरों से कराया कि आने वाले सालों में लेखक-पाठक के बीच अब तक किसी तरह प्रचलित यह परंपरागत सामंती संबंध टूट रहा है और लेखन तथा किताबों के पाठ दोनों को पेशे और शौक में बदल डालने वाले समय में किसी भी लेखक को समाज और तथाकथित जनता के बीच अपनी जगह तलाशने में एक नए किस्म के संघर्ष से गुजरना पड़ेगा।

सत्तासी के साल ने हिंदी साहित्य को जितना संपन्न नहीं किया, उससे ज्यादा वह उसे विपन्न कर गया। छायावाद की अंतिम कड़ी और यथार्थवादी गद्य की अद्भुत रचनाकार महादेवी वर्मा का निधन हो गया। नई कविता के भीष्म पितामह और आधुनिक हिंदी लेखन में एक पूरे युग की अगुआई करने वाले रचनाकार सच्चिदानंद

हीरानंद वात्स्यायन अज्ञेय नहीं रहे। मोहन राकेश और सर्वेश्वर दयाल सक्सेना के बाद आधुनिक हिंदी नाट्य लेखन के सबसे अनुभवी और संभावनापूर्ण लेखक डॉ. लक्ष्मीनारायण लाल का देहांत हो गया। इसके अलावा युवा कवि सुरेंद्र तिवारी, व्यंग्यकार फिक्र तौंसवी और गीतकार-कवि पुरुषोत्तम प्रतीक भी असमय चले गए। निश्चित ही इन सबकी अनुपस्थिति को इस वर्ष बड़ी गहराई से महसूस किया गया क्योंकि इनमें से कुछ की रचनात्मक संभावनाएँ अभी निःशेष नहीं हुई थीं। खासतौर पर अज्ञेय, जिनसे परवर्ती पीढ़ी ने लगभग ढाई-तीन दशकों से मौन या असंवाद की स्थिति बना रखी थी, इस साल फिर से सक्रिय होते दिखाई दे रहे थे। भारत भवन और 'पूर्वग्रह' ने उनकी इस पुनः सक्रियता के लिए आवश्यक पृष्ठभूमि भी तैयार कर दी थी।

इसी वर्ष प्रेमचंद के समकालीन और हिंदी के प्रयोगधर्मी गद्य के प्रथम पुरुष वयोवृद्ध जैनेंद्र जी को भी पक्षाघात हुआ और वे अपनी वाणी खो बैठे। (यह महज संयोग ही था कि अज्ञेय, जैनेंद्र और श्रीकांत वर्मा—तीनों पर, इन आकस्मिक दुर्घटनाओं के ठीक पूर्व भारत भवन और अशोक वाजपेयी ने अपना ध्यान केंद्रित किया था, इसी श्रृंखला में इस वर्ष किशोर कुमार और कुछ वर्ष पहले भवानी भाई का नाम भी जोड़ा जा सकता है।)

सत्तासी में ही हिंदी की आधुनिक कविता को वैयक्तिक संवेदना की अभूतपूर्व गहराइयों तक ले जाने वाले कवियों के कवि शमशेर और जनता के सुख और दुख के साथ अपनी आत्मा और अक्षरों से सहकार करने वाले जनकवि नागार्जुन गंभीर रूप से अस्वस्थ रहे। स्पष्ट है, इस समूची स्थिति का अवसादमूलक असर सत्तासी में वर्ष भर रहा आया।

दूसरी तरफ सत्तासी का साल संस्कृति और साहित्य के क्षेत्र में उत्सवों और पुरस्कारों का साल भी रहा। कवियों, कहानीकारों, हिंदी-समाज सेवियों को बहुतेरे पुरस्कार मिले। ब्रजेश्वर मदान, अब्दुल बिस्मिल्लाह, विमल कुमार, धीरेंद्र अस्थाना, रंजन जैदी, डॉ. हरीश नवल, शिवमूर्ति, राजेश जोशी, अजित कुमार, नारायण दत्त पालीवाल, कृष्णदत्त पालीवाल, डॉ. मनोहर लाल आदि अनेक लोग पुरस्कृत-सम्मानित हुए। विष्णु खरे, अशोक वाजपेयी, गिरधर राठी, कुँवर नारायण, रघुवीर सहाय, केदारनाथ सिंह आदि कवियों ने हमेशा की तरह इस साल भी विदेश यात्राएँ कीं। कई कवियों की रचनाएँ विदेशी भाषाओं में अनूदित हुईं। साहित्य अकादमी ने अनुवाद का एक वर्कशाप आयोजित किया और इस तरह अकादमी ने उन लोगों को झूठा साबित कर दिया जो अर्से से उस पर यह आरोप लगा रहे थे कि वह रोमन जेकोब्सन के 'आनुवादनीयता के कु-सिद्धांत' की कट्टर अनुयायी है।

प्रकाशकों ने पुस्तकें पिछले वर्षों की तरह छापीं हालाँकि सरकारी खरीद के सीमित होने के कारण युवा कवियों के नए कविता संग्रहों को छापने में उनकी रुचि नहीं रही। किताबों की कीमतें पुस्तकालयों, बोर्डों, सरकारों और संस्थाओं की

खरीद को मद्देनजर रखकर निर्धारित की गई थीं इसलिए हमेशा की तरह इस साल भी वे आम पाठक की पहुँच के बाहर ही रहीं। वैसे भी अब यह पाठक वर्ग तेजी से दूरदर्शन और पत्र-पत्रिकाओं की ओर मुड़ चुका है। जो किताबें पेपर बैक में भी छपीं, उनके कारण कुल मिलाकर हिंदी के साहित्यिक पाठक वर्ग (जो अधिकतर छात्र या लेखक ही होता है) में कैसा गुणात्मक परिवर्तन आया, इसका सर्वेक्षण अभी शेष है।

हाँ जिसको पल्प लिटरेचर और सड़क साहित्य कहा जाता है, इस साल उसके विकास, लोकप्रियता और व्यावसायिक सफलता के नए उदाहरण सामने आए। रेडियो और दूरदर्शन में ट्रेडमार्का उपन्यासकारों के ऐसे उपन्यासों के विज्ञापन प्रसारित हुए, दिल्ली के रेलवे स्टेशनों और बस स्टैंडों के आसपास किसी बड़े बजट की बंबइया फिल्म की तरह 'सौतन की डोली' जैसे उपन्यासों के होर्डिंग्स लगे हुए दिखाई पड़े। हिंदी के कुछ चर्चित-अचर्चित कहानियों-उपन्यासों पर फीचर फिल्में और टेलीफिल्में बनीं। ऐसी फिल्मों के लेखक और निर्देशक ज्यादातर एक-दूसरे से मुकदमे बाजी में भी उलझे दिखाई दिए।

दूरदर्शन, अखबार, व्यावसायिक पत्रिकाओं और सरकार के सांस्कृतिक केंद्रों, संस्थानों-अकादेमियों ने भी अपने-अपने तरीके से साहित्य को प्रभावित-अनुकूलित किया। बड़े राष्ट्रीय दैनिकों के रविवारीय परिशिष्टों में छपने वाली कविता, समीक्षा और कहानी को अपनी रुचियों और योजनाओं के अनुरूप कंट्रोल करने वाले कई युवा कवियों के लिए यह संकट का साल रहा। 1980 के बाद से ऐसा लगने लगा था कि प्रेस में बड़ी पूँजी के निवेश से हिंदी की साहित्यिक लघु पत्रिकाएँ खत्म हो चुकी हैं, लेकिन सत्तासी में लघुपत्रिकाओं की अनोखे ढंग से वापसी हुई। 'पहल', 'पूर्वग्रह', 'नयापथ', 'साक्षात्कार', 'दस्तावेज', 'संपर्क', 'वर्तमान साहित्य' और 'वैचारिकी' जैसी लघुपत्रिकाओं के कुछ अंक इस वर्ष चर्चित रहे। उत्तर प्रदेश हिंदी संस्थान ने 'अतएव' नामक बृहद्काय साहित्यिक पत्रिका प्रकाशित की और म.प्र. फिल्म विकास निगम ने हिंदी में सिनेमा पर 'पटकथा' जैसी अच्छी पत्रिका निकाली। 'कलावार्ता' को भी दुबारा शुरू करने का फैसला म.प्र. कला परिषद ने लिया। गोरखपुर से प्रकाशित पत्रिका 'दस्तावेज' ने अज्ञेय, श्रीकांत वर्मा, अमृतलाल नागर पर केंद्रित अंक प्रकाशित किए। 'साक्षात्कार' ने शमशेर, त्रिलोचन और केदारनाथ अग्रवाल पर एक संग्रहनीय समन्वित विशेषांक प्रकाशित किया। विजयदान देथा के ग्रंथ–'रूंख' ने पत्रिका और पुस्तक के बीच की परम्परागत विभाजक रेखा पहली बार काटते हुए, पेंगुइन प्रकाशन की 'ग्रांटा' जैसी शुरुआत हिंदी में भी की। 'पहल' ने चीनी साहित्य पर एक अत्यंत महत्त्वपूर्ण अंक प्रकाशित किया जिससे प्रयोगधर्मिता के आग्रही जो आधुनिक रचनाकार बार-बार सुदूर पश्चिम की ओर मुँह उठाते थे उन्हें निकट पूर्व के इस विपुल और प्रखर साहित्यिक भंडार

पर अचरज हुआ।

सत्तासी में ही प्र.ले.सं. द्वारा आयोजित अफ्रो-एशियाई लेखक सम्मेलन राजधानी के विज्ञान भवन में हुआ। जितना व्यय इस सम्मेलन में हुआ उससे इसे साठ के महान एथेंस लेखक सम्मेलन या हरारे के गुट निरपेक्ष सम्मेलन जैसा भव्य और महत्त्वपूर्ण होना चाहिए था लेकिन किसी महान त्रासदी का भरपूर प्रहसन करने वाला यह सम्मेलन गैर लेखक अध्यापकों, पार्टी कार्यकर्त्ताओं, शोधार्थियों की गोष्ठी बनकर रह गया। 'लोटस' ने अफ्रीकी-एशियाई लेखकों पर एक बहुत बुरा अंक प्रकाशित किया।

आठवें दशक में अपने वैचारिक मुद्दों और विवादास्पद साहित्यिक पूर्वग्रहों के जरिए बार-बार बहुव्यापी विवादों को जन्म देने वाले 'पूर्वग्रह' के युवा (अब अधेड़) कवि-आलोचक अशोक वाजपेयी ने इस साल फिर से विवाद खड़ा करने की कुछ कोशिशें कीं, लेकिन विवाद खड़ा नहीं हुआ। पूर्वग्रह द्वारा आयोजित आलोचक सम्मेलन 'समवाय' में शामिल होने से इंकार करने वाले कई मार्क्सवादी आलोचकों-पुरोहितों के 'गोपनीय' पत्रों को 'लीक' करके और एक तीखा संपादकीय लिखकर अशोक वाजपेयी ने साहित्य में भी अरुण शौरी वाला करिश्मा करना चाहा था लेकिन **कारपेरियर** के शब्दों में : 'यह ऐसा समय है, जब किसी भी स्कैंडल की कोई संभावना नहीं बची है।'

हिंदी में उपन्यास की स्थिति सत्तासी में और भी दरिद्र और दयनीय हुई। 'द नेम रोज' के लेखक उंब्रतो इको ने 87 में प्रकाशित अपनी किताब 'ट्रेवेल्स ऑन हाइपर रियलिटी' में यूरोप में उपन्यासों की मृत्यु पर एक दिलचस्प टिप्पणी की है। उनके अनुसार जिस मध्यवर्ग ने उपन्यास को पैदा किया था, उसके घर से 'आराम कुर्सी' (आर्म चेयर) जैसे मामूली फर्नीचर के गायब होते ही, उपन्यास भी उसके जीवन के बाहर चला गया। हिंदी के मध्यवर्ग के घरों से आराम कुर्सी गायब हो चुकी है, उपन्यास के लिए यह खतरे की घंटी है। सत्तासी में ऐसा एक भी उपन्यास नहीं लिखा गया जिसे मैला आँचल, आधा गाँव, धरती धन न अपना या कुरु-कुरु स्वाहा की कोटि में रखा जा सके। सूखा बरगद, झीनी-बीनी चदरिया, गठरी आदि जिन उपन्यासों की इस साल चर्चा हुई वे पहले लिखे गए थे और उनकी कोटि को लेकर भी अभी स्थिति स्पष्ट नहीं है।

1980 में 'कविता की वापसी' के नारे के साथ जिस दशक की शुरुआत हुई थी, सत्तासी ने उस कविता को मुकम्मल तौर पर वापस पठा दिया है। कहानी ने कविता को पूरी तरह से विस्थापित कर दिया। इस वर्ष स्व. श्रीकांत वर्मा के जिस संग्रह 'गरुड़ किसने देखा है' को साहित्य अकादमी ने पुरस्कार दिया वह उनके पूर्व संग्रह 'मगध' का वैसा ही उच्छिष्ट है जैसा धूमिल का 'कल सुनना मुझे' उनके पूर्व संग्रह 'संसद से सड़क तक' का। अकादमी के पुरस्कारों के पीछे जिस महत्त्वपूर्ण 'रचनात्मक तथ्य' का सत्य उजागर हुआ है वह सत्य कीर्केगार्द की 'रचनात्मक मृत्यु' है। मरो और पुरस्कृत हो जाओ। श्रीकांत वर्मा की स्मृति में युग कवि राजेश जोशी

(जो लगभग अशोक वाजपेयी की उम्र के हैं) के जिस संग्रह 'मिट्टी का चेहरा' को इस साल पुरस्कृत किया गया, वह 1985 में प्रकाशित हुआ था।

वैसे सत्तासी में उन रचनाकारों ने राहत की साँस ली होगी जो तमाम लेखक संगठनों के आतंक और तानाशाही की बात अक्सर उठाते रहते थे। लेकिन प्र.ले.सं. और ज.ले.सं. के निर्बल और दिग्भ्रमित हो जाने के बाद फौरन ही छोटी-मोटी मित्र मंडलियाँ इन संगठनों का स्थानापन्न बन गईं और इन्होंने वही किया जो प्रख्यात अलोचक डॉ.नामवर सिंह के शब्दों में 'कोई भी माफिया करता है।' दिल्ली से भोपाल तक अखबारों, सांस्कृतिक संस्थानों और पत्रिकाओं की खाद पर पनपी इन मंडलियों के कवि एक-दूसरे की कविताओं पर अहो-अहो करते रहे और अपने-अपने क्षुद्र भौगोलिक अहंकार में डूबते-उतराते रहे। सत्तासी ने हिंदी की समकालीन कविता को कोई नई दिशा, नया विजन या कोई महत्त्वपूर्ण नई व्याख्या दी हो, ऐसा नहीं लगा। कोई महत्त्वपूर्ण कविता संग्रह भी सामने नहीं आया। कहानीकारों के भी ऐसे ही कई छोटे-बड़े गिरोह बने जो अक्सर किसी न किसी संपादक के पीछे एकत्र हुए। यह एक विडंबना ही है कि जिस साल (सत्तासी में) वामपंथी राजनीतिक दलों ने मध्यावधि चुनावों में ऐतिहासिक सफलता पाई, दिल्ली में अब तक की सबसे बड़ी रैली निकाली—उसी साल वामपंथी कवियों-लेखकों की साँस सबसे ज्यादा उखड़ती दिखी और वे मार्क्स-लेनिन को छोड़कर स्वामी अग्निवेश के कदमों पर गिरे।

जिन दो-चार पुस्तकों की चर्चा इस साल जरूरी लगती है उनमें से एक प्रख्यात समाजशास्त्री पी.सी. जोशी की राजकमल से प्रकाशित किताब 'सामाजिक परिवर्तन के सांस्कृतिक आयाम' हैं। इस पुस्तक के कुछ लेख पहले पूर्वग्रह, आलोचना और कथन के अंकों में छपे हैं और कुछ अंग्रेजी में लिखे गए लेखों के अनुवाद हैं। प्रेमचन्द के भारतीय गाँव का ढाँचा, भारतीय किसान की अवधारणा से लेकर आधुनिक 'मास कल्चर' वाले समूचे समाज की सांस्कृतिक छानबीन की यह कोशिश हिंदी में अपनी तरह रो अकेली है। इसी तरह डॉ. भगवान सिंह की पुस्तक 'हड़प्पा सभ्यता और वैदिक साहित्य' पहली बार अंग्रेजी बुद्धिजीवियों और पश्चिमी आँख से भारतीय इतिहास को देखने वाले विद्वानों के सामने एक साहसिक चुनौती है। भगवान सिंह ने वेदों, खासतौर पर ऋग्वेद के श्लोकों की (अंग्रेजी अनुवादों से अलग बल्कि विपरीत) मौलिक व्याख्या की है और ये प्रमाण जुटाए हैं कि आर्य मूलरूप से यहीं बसे और बाद में वे अन्य देशों की ओर गए। रिलायंस कप और एशियाई खेलों में जिस भारतीय का राष्ट्रीय अहंकार हीनता ग्रंथि से पीड़ित हो रहा हो, उसके गिरे हुए मस्तक को यह किताब गर्व से ऊपर उठा सकती है।

अंत में, इसी साल प्रसिद्ध चित्रकार और कहानीकार रामकुमार का कहानी संग्रह 'दीमक और अन्य कहानियाँ' प्रकाशित हुआ। बिना किसी नाटकीय कथ्य

और घटनापूर्ण संवेग के इस संग्रह की कहानियाँ एक अलग ही स्वाद देती हैं। एक नए कहानीकार नरेंद्र नागदेव का कहानी संग्रह 'तमाशबीन' भी समकालीन कहानी लेखन को एक ताजा स्वर और नई दिशा देता है। क्या यह भी महज संयोग है कि रामकुमार और नरेंद्र नागदेव दोनों मूलतः चित्रकार और अभिकल्पक हैं?

इतिहास की प्रामाणिकता के बावजूद

'जब कोई मरीज डॉक्टर के पास जाता है तो उसके रोग को पहचानने के लिए डॉक्टर का पहला सवाल होता है, 'आपने रात में क्या खाया?' या जब कोई मनोरोगी किसी मनःचिकित्सक के पास पहुँचता है तो वह रोगी को उसके बचपन की ओर ले जाता है। इसी तरह जब कोई समाज किसी गहरे संकट में फँसता है तो वह उस संकट की पहचान और उसके निदान के लिए अपने इतिहास की ओर झाँकता है।' यह एक बहुप्रचलित उक्ति है।

लेकिन बीसवीं सदी के अंतिम वर्ष तक आते-आते हमारे अब तक के परिचित ज्ञान, मीमांसा और स्मृति के जिन क्षेत्रों का स्तब्धकारी उन्मूलन हुआ है उनमें से एक इतिहास का भी क्षेत्र है। अचानक यह लगने लगा है कि इतिहास भी गल्प या काव्य की तरह कृत्रिम, विनिर्मित, कलंकित और रचा हुआ है। इतिहास की पुनर्व्याख्याएँ और पुनर्रचनाएँ उसी तरह संभव हैं जैसे किसी प्राचीन आख्यान या मिथक की पुनर्रचना या पुनर्लेखन। शायद यही कारण है कि इस सदी के उत्तरार्द्ध से ही, तथाकथित उत्तर-आधुनिकतावादियों के शोर शराबों के बहुत पहले, संसार की अन्य भाषाओं की तरह हिंदी में भी उपन्यास और गद्य लेखन के क्षेत्र में इतिहास को रचने, गढ़ने और उसकी पुनर्व्याख्याओं के अनेक सफल-असफल प्रयास हुए। इतिहास का अंत वैसा नहीं हुआ जैसा पश्चिम के कुछ चिंतकों ने दावा किया था बल्कि इतिहास की सृजनात्मक पुनर्रचनाओं ने उसके प्रति हमारी खोई हुई उत्सुकता और जिज्ञासा को दुबारा पैदा किया। उदाहरण के लिए, ब्रिटिश राज के विरुद्ध सन् 1857 का भारतीय संग्राम, जिसे अंग्रेजों ने गदर कहा था, वह अनेक सफल-असफल सृजनात्मक प्रयत्नों का आधार बना।

वरिष्ठ कवि राजीव सक्सेना ने अपने नए उपन्यास 'रमैनी' के लिए 1857 की उथल-पुथल से गुजरते अवध को चुना है। उनके अनुसार 'रमैनी' लिखने की प्रेरणा उन्हें अयोध्या के बाबरी मस्जिद विवाद से मिली और दिसंबर 1992 में इसके ढहा दिए जाने के बाद उपजी उनकी उद्विग्नता ने इस नए सांप्रदायिक उभार की जड़ों को खोजने के लिए प्रेरित किया। अगर हम 'रमैनी' को उपन्यास की जगह

एक संवेदनशील रचनाकार द्वारा इतिहास की एक खोज यात्रा मानें तो कुछ अत्यंत महत्त्वपूर्ण तथ्य हासिल होते हैं।

1857 में अंग्रेजों के विरुद्ध मुक्ति संग्राम के दौरान यही बाबरी मस्जिद अवध राज्य के मुक्त क्षेत्रों के प्रशासन और सुरक्षा के लिए स्वतंत्रता सेनानियों के केंद्रीय शिविर में बदल गई थी। इसकी देखभाल का काम जिस परिषद के हाथों सौंपा गया था, उसमें बाबा रामचरण दास, मौलवी अमीर अली, पंडित राम प्रसाद शुक्ल, चौधरी अच्छन खाँ और बुझावन पांडे आदि थे। दिलदार खाँ यहाँ की सेना के सूबेदार थे। 'रमैनी' के अनुसार इन्हीं दिलदार खाँ के आदेश से मस्जिद के परिसर के भीतर हिंदू सिपाहियों के पूजा-पाठ के लिए एक चबूतरा बनाकर उस पर रामलला की मूर्ति रखी गई और स्वयं मौलवी अमीर अली जैसे लोगों ने यह प्रचारित किया कि यह चबूतरा संत तुलसीदास के कहने पर बहुत पहले अकबर ने बनवाया था। इसी तरह हिंदू सिपाहियों के लिए खाना पकाने की जगह को 'सीता की रसोई' का नाम दिया गया। यानी 1857 के स्वाधीनता संग्राम के दिनों में बाबरी मस्जिद, रामलला का चबूतरा और सीता की रसोई एक ही स्थल पर थे। जब हम आज उन मिथकों को टूटते और उनके भीतर से उठती सांप्रदायिक घृणा की लपटों को देखते हैं तो कह सकते हैं कि भारतीय मुक्ति संग्राम की ऐतिहासिक पराजय उन्नीसवीं सदी के मध्य में नहीं, हमारी अपनी आँखों के सामने इस बीसवीं सदी के अंतिम दशकों में हुई। इस उपन्यास के पाठकों को उस समय के अंग्रेज हुक्मरानों के चेहरे स्वतंत्रता के बाद के राजनेताओं के चेहरों से मेल खाते दिखाई पड़ें तो आश्चर्य नहीं।

'रमैनी' में नवाज वाजिद शाह के शासनकाल में राजपुरा नामक एक छोटे से इलाके के जागीरदार ब्रजराज सिंह, उनकी पत्नी रामायणी उर्फ 'रमैनी' और मुंशी रामनारायण की कथा है। उम्मीद बँधती है कि उस काल की इतिहास प्रसिद्ध बेगम हजरत महल जैसा कोई औपन्यासिक चरित्र इस कथा के बीच से उभरेगा। लेकिन ऐसा नहीं होता। उपन्यास बनते-बनते यह कथा असफल हो जाती है और 'रमैनी' उस काल के बहुत से ऐतिहासिक दस्तावेजों का एक निश्चित उद्देश्य से किया गया संकलन भर बनकर रह जाता है। पूरे उपन्यास में कोई भी स्मरणीय चरित्र नहीं है। कोई निश्चित आधार कथा नहीं है। अपने ढाँचे और बनावट में 'रमैनी' यशपाल के प्रख्यात उपन्यास 'झूठा सच' से मेल खाता है लेकिन दस्तावेजी तथ्यों के संकलन की पद्धति के बावजूद रोचक आख्यानात्मक आधार के कारण जहाँ 'झूठा सच' को एक उपन्यास की तरह पढ़ा जा सकता है, दुर्भाग्य से 'रमैनी' का उपन्यास जैसा पाठ संभव नहीं है।

इतिहास को आख्यान में रूपांतरित करने की हिंदी में अब तक जो सफल सृजनात्मक चेष्टाएँ हुई हैं उनके आधार पर दो तरह की औपन्यासिक पद्धतियों

का सामान्य उदाहरण दिया जा सकता है। पहली पद्धति में वृंदावनलाल वर्मा और अमृतलाल नागर जैसे उपन्यासकार आते हैं, जहाँ उपन्यास वस्तुतः इतिहास के ज्ञात, अल्पज्ञात या उपेक्ष्य तथ्यों का कथात्मक अनुसंधान होता है। लेकिन इतिहास को आख्यान में रूपांतरित करने का हिंदी में सबसे मौलिक और संभावनापूर्ण प्रयोग जिस रचनाकार ने विस्मयकारी विदग्धता के साथ किया है, उसकी ओर अक्सर ध्यान नहीं जाता। वह हैं 'बाणभट्ट की आत्मकथा' और 'चारुचंद्रलेख' के उपन्यासकार हजारी प्रसाद द्विवेदी। यहाँ इतिहास आख्यान में तथ्यात्मक रूप में उपस्थित होकर उपन्यास को इतिहास का अनुकर्त्ता नहीं बनाता, बल्कि यहाँ इतिहास का बोध किसी पर्यावरण की तरह उपस्थित होकर भी अदृश्य रहता है और रचनाकार समूची उन्मुक्तता के साथ नए-नए पात्रों और प्रसंगों को रचता-विनष्ट करता हुआ, कल्पना, फंतासी और गल्प के वाग्विलास से हमें उस सत्य की ओर ले जाता है, जहाँ कोई प्रामाणिक इतिहास नहीं, कोई रचना ही ले जा सकती है।

(जनसत्ता : 6 जून 1999)

बृहत्तर भारतीय यथार्थ

'बारामासी' की पहली विशेषता यह है कि एक बार पढ़ना शुरू करते ही यह अपनी कथा और शिल्प के आकर्षक विन्यास में किसी भी पाठक को अंत तक बाँधे रखता है। ज्ञान चतुर्वेदी ने बिना किसी प्रयोगवादी मोह में पड़े इस उपन्यास के माध्यम से यह लगभग सिद्ध कर दिया है कि पारंपरिक ढंग के, चिर-परिचित ढाँचे वाले औपन्यासिक विन्यास में भी आज के जीवन की गाथा न सिर्फ संभव है, बल्कि यह भी कि पारंपरिक उपन्यास की संरचनात्मक क्षमताओं का अभी भी अपरिमित दोहन शेष है।

अपने शिल्प, भाषिक विन्यास और आधार कथा में बिल्कुल सहजता और स्पृहणीय सरलता के साथ, बिना किसी चौंकाऊ युक्ति का सहारा लिए उन्होंने हिन्दी के समकालीन उपन्यास लेखन में लंबे अरसे से अनुपस्थित हो चुके उस साधारण मध्यवर्गीय परिवार को दोबारा उसके समस्त आयामों और विसंगतियों के साथ उपस्थित किया है, जो आज भी विशाल संख्या में असंख्य कस्बों और जनपदों में साँसें ले रहा है। महत्त्वपूर्ण यह भी है कि यह परिवार हाशिए का वह मध्यवर्गीय परिवार है, जो बड़े शहरों के उपभोक्ता मध्यवर्ग के प्रचलित दायरे में नहीं आता। इस परिवार की संपत्ति-सूची में आज के परिचित तकनीकी घरेलू उपकरण नहीं हैं। यह रेडियोकालीन कस्बाती मध्यवर्गीय परिवार है, जहाँ दहेज के बिना कोई बिन्नू बार-बार सजा-सँवारकर लड़की देखने आए वर पक्ष वालों के सामने पेश की जाती है और हर बार कुंडली या किसी ग्रहचाल की वजह से उसके सपने टूटते रहते हैं। और अंततः वह किसी अधेड़ संतान-संपन्न दुहाजू के पीछे गहने-जेवर रेहन रखकर जुटाए गए गाजे-बाजे, पंगत-परात और टिन के बक्से में रखी दहेज सामग्री के साथ विदा कर दी जाती है। एक ऐसा परिवार जहाँ अंधी भाग्यरेखाओं वाले बेरोजगार लड़के भोले सपनों, बंबइया फिल्मों, मोहल्ले की लड़कियों से मुहब्बत, पूजा-पाठ और अपराधों के धुँधले अँधेरे में बड़े और बूढ़े होते रहते हैं।

'बारामासी' समकालीन उपन्यास लेखन को अत्यंत प्रभावशाली ढंग से उस बृहत्तर भारतीय यथार्थ से जोड़ता है, जो पिछले कुछ दशकों से आख्यान ही नहीं, व्यवस्था और बाजार के केंद्रीय विमर्श और सरोकारों से भी बाहर रह गया था।

यानी भारतीय उपन्यास की वह पारंपरिक कथा-भूमि जो 'गोदान' से लेकर 'मैला आँचल' और 'राग दरबारी' तक किसी त्रासदी भरे आलाप की तरह मौजूद है।

यह उपन्यास बुंदेलखंड के झाँसी जिले के एक साधारण गाँव अलीपुरा में बसने वाले एक परिवार की रोजमर्रा की जिंदगी के बयान के माध्यम से धीरे-धीरे रोचक और विडंबनामूलक शैली में आगे बढ़ता है। समय की दृष्टि से यह वह संक्रांति काल है जब 'दिलीप युग' बीत रहा है और 'धर्मेंद्र युग' का आगमन हो रहा है। लगभग ढाई सौ पृष्ठों तक फैले इस परिवार की गाथा जब समाप्त होती है, तब 'अमिताभ युग' का सवेरा होने वाला है। आजादी के बाद के इस ऐतिहासिक काल विभाजन से ही हम ज्ञान चतुर्वेदी की उस व्यंग्य दृष्टि का कुछ-कुछ अंदाजा लगा सकता हैं, जो उन्हें हमारे समय का एक बेजोड़ व्यंग्यकार बनाती है तथा हम उनके लेखन में परसाई-शरद जोशी और श्रीलाल शुक्ल की परंपरा का नवोन्मेष देखते हैं। इस उपन्यास के संवाद और उसकी खांटी बुंदेलखंडी लोकधर्मिता इसे पिछले कुछ वर्षों में प्रकाशित महत्त्वपूर्ण उपन्यासों की कतार में किसी ऊँची चौकी पर खड़ा करते हैं।

इस उपन्यास में जिस परिवार की कथा कही गई है, उसमें युधिष्ठिर की तरह बड़े भाई गुच्चन हैं, जो दिन-रात पूजा-पाठ में डूबे रहते हैं। अर्जुन की तरह बुद्धिजीवी चंदू हैं, जिनकी आँख डॉक्टर बनने में ही लगी रहती है और जिसमें सफल होते ही वे इस संकटग्रस्त परिवार से अपना पल्ला झाड़ लेते हैं। भीम जैसे लल्ला हैं, जो पहलवानी और दादागिरी के अलावा डकैती के जरिए अपनी किस्मत पलटने का इंतजार करते हैं और छुट्टन हैं, जो इश्क, लफंगई और परम चालूपने के साथ भविष्य सुधार परियोजना में लगे हुए हैं। और कुंती जैसी एक बूढ़ी माँ है, जो जब से इस परिवार में आई है, लगातार चक्की पीस रही है और रोटियाँ बेल रही है। एक स्मरणीय मामाजी भी हैं जो शकुनि मामा के उलट हैं और जिनके जीवन का एकमात्र लक्ष्य इन भानजों को पटरी से लगाना है। 'बारामासी' इस तरह से आज के सामान्य कस्बाई परिवार का एक रोचक महाभारत है, जहाँ मौजूदा यथार्थ का एक ऐसा विकट कुरुक्षेत्र है, जिसमें हर सपना लहूलुहान होता है और हर आदर्श की हत्या होती है। लेकिन यह सब कुछ उस व्यंजना और हास्य के साथ कि इस समूचे वृत्तांत के समाप्त हो जाने के बाद ही पाठक को उसकी मारक गंभीरता का पता चलता है।

'बारामासी' समकालीन उपन्यास लेखन की मुख्यधारा का एक अत्यंत सफल और महत्त्वपूर्ण रचनात्मक साक्ष्य है और इसे 'व्यंग्य-उपन्यास' जैसी संदिग्ध श्रेणी के हाशिए में डालने की हर कोशिश को संदेह के साथ देखा जाना चाहिए। इसमें समय और संत्रास से निरपेक्ष भाषा का कौतुक या वाग्विलास नहीं, तिर्यक लोकोक्तियों और ठेठ बुंदेली बोली की गजब की व्यंजना का इस्तेमाल है। एक ऐसा औपन्यासिक शिल्प, जिसमें हाशिए के मनुष्य के जीवन की मार्मिक साँस और उसकी धड़कनें हैं।

(इंडिया टुडे : 4 अगस्त 1999)

अपने समय का महाकाव्य

हर अच्छी कहानी के हर वाक्य में उस समूची कहानी की रूपरेखा और संभावना पहले से ही मौजूद रहती है। हर अच्छी कहानी अपनी समग्रता में एक संपूर्ण वाक्य बनाती है और इसी वाक्य के निर्माण के लिए कथाकार कहानी के विन्यास में असंख्य अन्य वाक्यों का इस्तेमाल करता है। इन समस्त वाक्यों का अपना अलग अस्तित्व, संरचना और अर्थ होते हुए भी, उस महावाक्य (अर्थात् कहानी) से पृथक उनकी कोई अस्मिता नहीं होती। ये असंख्य वाक्य उसी एक महावाक्य के लिए अपने स्वतंत्र अस्तित्व को उत्सर्जित करते हैं। इसीलिए जब उत्तर-संरचनावादी आलोचक यह कहते हैं कि कोई भी भाषिक कला अपनी समग्रता में वस्तुतः एक वाक्य होती है, तो वह गलत नहीं है।

यानी सीधी-सी बात यह कि जितना महत्त्वपूर्ण कहानी का कथ्य, उसका सामाजिक, सांस्कृतिक, मनोवैज्ञानिक या दार्शनिक पक्ष होता है उससे कम महत्त्वपूर्ण उसका भाषिक विन्यास नहीं होता, जिसकी हिंदी कहानी और कथा आलोचना में—निरंतर अवहेलना हुई है। ज्यादातर हिंदी आलोचना तो दुर्दांत वाक्य विन्यासों का दयनीय कबाड़खाना ही है।

कथाकार हरीचरन प्रकाश का प्रस्तुत कहानी संग्रह समकालीन हिंदी कथा परिदृश्य में चुपचाप उपस्थित होने वाला ऐसा महत्त्वपूर्ण कहानी संग्रह है, जिस पर सबसे पहले ध्यान उसकी भाषिक विलक्षणता और उसके सघन, सतर्क, सौंदर्यमूलक विन्यास के कारण ही जाता है। संग्रह की लगभग हर कहानी अपने आप में नए आख्यान के भाषिक विन्यास का एक नया 'मॉडल' या उदाहरण प्रस्तुत करती है। लेकिन ऐसा करते हुए वह कहानी के अन्य आयामों को खारिज नहीं करती, बल्कि गहरी अंतर्दृष्टि, सचेत आलोचनात्मक विवेक के साथ, गहरी सृजनात्मक संलग्नता और तपश्चर्या के साथ उन्हें अभिव्यक्त करने की चेष्टा करती है। इन कहानियों में कथाकार का कौशल और उसकी सृजनात्मक सामर्थ्य कहानी के संपूर्ण होने के बाद उपलब्ध होने वाली पाठकीय अनुभव की प्रतीक्षा नहीं करती, बल्कि कहानी के समूचे पाठ के दौरान हर पल, हर पद और हर वाक्य के साथ

कथाकार की मेहनत और हिकमत दोनों का अवबोध कराती चलती है। इतनी संलग्नता, श्रम और धैर्य के साथ लिखने वाला ऐसा कथाकार समकालीन कथा परिदृश्य में विरल ही कोई है।

प्रकाश की आख्यान शैली कथा-भाषा की उस व्यंजना और 'विट्' को दोबारा हासिल करती है, जो ज्ञानरंजन के बाद कहानियों में लगभग विस्मृत हो गई थी। लेकिन प्रकाश की मौलिक विदग्धता का महत्त्वपूर्ण पक्ष यह है कि इस भाषा को उन्होंने उस नौकरशाही या प्रशासनिक तंत्र से अर्जित किया है, जिसके वे स्वयं अंग हैं। भारतीय नौकरशाही की 'बाबू-भाषा' का ऐसा व्यंजनापूर्ण इस्तेमाल श्रीलाल शुक्ल के 'राग दरबारी' की विदग्धता का स्मरण दिलाता है। कह सकते हैं कि प्रकाश ने अपनी कथा-भाषा के लिए परंपरा, प्रयोग और प्रत्यभिज्ञा–तीनों का सहारा लिया है। उन्होंने अनेक प्रविधियों की संस्कारित स्मृतियों के माध्यम से अपनी विशिष्ट कथाप्रविधि विकसित की है। संग्रह की किसी भी कहानी में अन्य-मनस्कता, रचनात्मक विचलन या संरचनात्मक शिथिलता नहीं है। कुछ कहानियाँ कथात्मक विचलन की शिकार लगती हैं, लेकिन दूसरे पाठ के बाद कथाकार के उस व्यामोह का पता भी चल जाता है, जो मूल कथा के कुछ अन्य आयामों को कथा में विन्यस्त करने के आग्रह के कारण है।

कहानी की वर्णनात्मकता का एक उदाहरण "मैं हृदय से लोकतंत्री हूँ न"–क साहब ने जैसे किसी वाक्य का अगला अधूरा हिस्सा पूरा किया। पिछला हिस्सा योगेन जी के हृदय में था। घड़ी देखकर पाँच-सात मिनट देर से पहुँचना और उनके कुत्तों से मुखर रूप से बिदकना, यह सब योगेन जी के आत्मसम्मान की संतुलित अभिव्यक्तियाँ थीं। क साहब ने तिपाई पर रखी घंटी बजाई तो वही नौकर आया। उन्होंने कहा 'ले आओ।' दो बार में सोडावाटर से भरा टोंटीदार जग, एक बोतल, आइस बकेट, आलू के चिप्स, नीबू के रस में भीगे मूँगफली के छिले हुए दाने और सलाद आए। तीसरी बार में नौकर तंबाकू, पाइप और माचिस लाया। क साहब ने सेंटर टेबल के नीचे हाथ बढ़ाया और ऐश ट्रे निकालकर मेज पर रखी। टीनी-वापर कुनमुनाए, उछले और क साहब के अगल-बगल बैठ गए। क साहब ने सस्नेह उन्हें देखा और मेज से बोतल उठाकर ढक्कन खोला। योगेन जी के गिलास में डालते उन्होंने पूछा, 'से व्हेन'। हँसकर योगेन जी ने कहा 'बस बस।'

'से व्हेन' योगेश जी ने सोचा। पहली बार गंगातट पर जब क साहब ने कहा था 'से व्हेन' तो वे वाक्य-विमूढ़ हो गए थे।

यह अंश एक सरकारी अफसर (संस्कृति सचिव) और एक 'क्रांतिकारी वामपंथी' लेखक-कलाकार की अंतरंग दारू गोष्ठी के वर्णन का है। 'से व्हेन' उस बाबू-भाषा का उदाहरण है, जिसका जिक्र पहले किया जा चुका है और 'वाक्य-विमूढ़' उस विदग्धता का, जो प्रकाश के भाषिक कौशल को विशिष्ट पहचान देती है।

जाहिर है, 'से व्हेन' जैसा जुमला हिंदी पट्टी के उस अफसर वर्ग की बाबू-भाषा का शब्द है, जो हिंदी-अंग्रेजी की अधपकी खिचड़ी से बना है और जो निश्चित ही भारतीय अंग्रेजी लेखकों की ठेठ हिंदुस्तानी 'हिंग्लिश' के ठाठ से कतई भिन्न है।

लेकिन 'वाक्य-विमूढ़' जैसी पद संरचना का निर्माण प्रकाश के उस 'विट्' और भाषिक व्यंजना का सूचक है, जिसका सधा हुआ इस्तेमाल वे कहानी के मूल विन्यास में अपनी ओर से करते हैं। दो पदों के ऐसे संयोजन और अ–सामासिक प्रयोग से वे अपने कथा शिल्प में नया आस्वाद, ऊर्जा और भंगिमा अर्जित करते हैं। ऐसे अनेक उद्धरण उनकी कहानियों में विद्यमान हैं।

लेकिन संग्रह की कहानियाँ अपने भाषिक विन्यास के अलावा प्रखर सामाजिक बोध और मौजूदा समय और यथार्थ के अंतर्विरोधों के प्रति भी पाठक को निरंतर जागरूक करती चलती हैं। बल्कि कहानी की बुनावट में जो व्यंग्य अकसर भाषा के धरातल पर लगातार सक्रिय दिखाई देता है, वस्तुतः उसका मूल संदर्भ आज का समय और यथार्थ ही होता है। इसी संदर्भित के विरोधाभासों और विपर्ययों को भाषा की भंगिमा में बदलने की सिद्धहस्त चेष्टा प्रकाश अपनी कहानियों में करते हैं। उदाहरण के लिए इस संग्रह में 'तस्वीर का तिलक' एक ऐसी कहानी है, जो भारतीय समाज के सुपरिभाषित सामंत वर्ग के विघटन और उसके समानांतर, स्वतंत्रता के बाद के वर्षों में लगातार विकसित होकर उसका स्थानापन्न बनने वाले नव-सामंत नौकरशाह वर्ग का एक रोचक लेकिन गंभीर वृत्तांत है। 'डेढ़ टाँग की सवारी' पिछली सदियों में विकसित क्रांतिकारी विचारधाराओं की मौजूदा प्रहसनमूलक वास्तविकताओं का अवबोध कराती महत्त्वपूर्ण कहानी है। नौकरशाही और अवसरवादी मध्यवर्ग के तमाम पाखंडों का मारक व्यंजनात्मक विखंडन प्रकाश को इस दौर में सक्रिय कई 'प्रकाश' नामधारी कथाकारों के बीच एक अत्यंत महत्त्वपूर्ण और संभावनाशील कथाकार सिद्ध करता है। एक ऐसा कथाकार जिसकी हर कहानी के एक-एक वाक्य में उसके श्रम, कौशल और प्रत्यभिज्ञा की छाप है। उनकी कहानियाँ अपनी समग्रता में अपने समय और यथार्थ का महावाक्य बनाती हैं और उनमें प्रयुक्त होने वाले हर वाक्य के विन्यास में उस कहानी की रूपरेखा कहीं-न-कहीं अंतर्भूत रहती है।

'उपकथा का अंत' समकालीन हिंदी कथा में एक नई, संभावनापूर्ण शुरुआत है।

(इंडिया टुडे : 8 मई 2002)

नींद के बाहर का नरक

पिछले दो-ढाई दशकों के दौरान उत्तर-औद्योगिक मुक्त पूँजी ने विश्वस्तर पर जिस सामाजिक यथार्थ का निर्माण किया है, जिसकी सबसे विकट और विडंबनापूर्ण संरचनाएँ तीसरी दुनिया के गरीब समाजों में ज्यादा प्रकट हैं और हम आज भी जिसके बीचों बीच हैं, लेकिन क्या कारण है कि हिंदी कहानी या कविता में उस यथार्थ के प्रामाणिक मध्यवर्गीय अनुभवों को अभिव्यक्ति के उदाहरण अभी भी विरल हैं। बिल्कुल संभव है कि इस स्थिति की पृष्ठभूमि में किसी एक की नहीं, बल्कि कई कारकों की भूमिका हो। मसलन, एक ऐसी समकालीन साहित्यिक आलोचना की अनुपस्थिति जो इस नए यथार्थ और नई रचनाशीलता के अवबोध और उसकी व्याख्या के लिए आवश्यक उपकरणों और संवेदना से संपन्न हो। दूसरे इस नए गतिशील और अभी भी अ-स्थिर यथार्थ से उपजने वाले और उससे प्रतिकृत होने वाले नए मध्यवर्ग की पारंपरिक हिंदी साहित्य से विछिन्नता, अलगाव और बढ़ती हुई दूरी। तीसरे हिंदी आलोचना ही नहीं बल्कि हिंदी कहानी और कविता में भी प्रचलन और पारंपरिकता से उपजने वाली वह जड़ता और गतिरोध, जो प्रयोग, यथार्थ से टकराहट और समकालिक चुनौतियों से कतराते हुए बने बनाए और अब तक लगभग निरामिष तथा सर्वस्वीकृत हो चुके ढर्रे पर चलने में अपनी सुविधा तथा लाभ देखती है। या फिर समकालीन लेखन में रत स्वयं रचनाकारों में उस जीवन अनुभव से अपरिचय और उस विश्व दृष्टि का अभाव, जो इस परिवर्तित समय और यथार्थ की सृजनात्मक अभिव्यक्ति में उनके लिए अनिवार्य और सहायक हो सके।

अगर समकालीन परिदृश्य पर निगाह डालें तो संस्कृति और साहित्य ही नहीं, राजनीति में भी यह वर्तमान का अतीत द्वारा हैरतअंगेज अधिग्रहण का चिंताजनक परिदृश्य है। आलोचना, कहानी और कविता में बीसवीं सदी के पचास-साठ-सत्तर के दशक की प्रवृत्तियाँ नए सिरे से प्रतिष्ठित और बलशाली हैं। आलोचना की प्रविधि, सैद्धांतिकी और अकादमिक शास्त्रीयता उस कहानी और कविता के अस्वीकार और अवमानना के लिए कृतसंकल्प हैं जिसमें उत्तर-औद्योगिक या नव औपनिवेशिक जीवन अनुभवों की नई सृजनात्मक संरचनाएँ उपस्थित हैं। जिस तरह समकालीन राजनीति समकालीन नागरिक जीवन के नए अनुभवों और नए संकटों के लिए फिलहाल अपने

भीतर या तो कोई दबाव और चुनौती नहीं महसूस करती या फिर उनके दमन, नकार और उपेक्षा में ही अपने अस्तित्व की सुरक्षा देखती है, लगभग वैसा का वैसा परिदृश्य साहित्य और संस्कृति के क्षेत्र में भी उपस्थित है। यह हिंदी आलोचना कविता और कथा का सबसे जर्जर और वृद्ध काल है। जो जितना जर्जर है, वह उतना ही प्रासंगिक, सम्मानित और बलवान है। ऐसे में युवा और समकालीन सृजनशीलता के नाम पर जिस नए लेखन को प्रतिष्ठित किया जा रहा है, अगर आप गौर से देखें तो उसका डीएनए साठ-सत्तर के दशक की प्रवृत्तियों का ही वंशज है। ये रचनाएँ आज के उद्भ्रांत और परिवर्तनशील समय में अतीत की प्रेत-अनुगूँजें हैं, जिनका संकीर्तन वे कर रहे हैं, जो अब स्वयं भूत हो चुके हैं। संक्षेप में कहें तो यह कि रिटायर्ड वैभवशाली, ऐय्याश, पाखंडी और अनैतिक राजनीतिकों और सांस्कृतिकों की आँख से आज का वह समूचा का समूचा समकालीन यथार्थ और जीवन गायब है, जिसके संकट, सवाल, अनुभव और संवेदना की नई महत्त्वपूर्ण और भविष्योन्मुखी रचनात्मक संरचनाएँ लगभग हाशिए में डाल दिए गए आज के नए लेखन में पूरे सामर्थ्य के साथ प्रकट हो रही हैं।

सुप्रसिद्ध युवा कथाकार धीरेंद्र अस्थाना की लंबी कहानी 'नींद के बाहर' संभवतः नव औपनिवेशिक पूँजी द्वारा रचे जा रहे नए यथार्थ और नए मध्यवर्गीय जीवन के अनुभवों का पहला सुदीर्घ, प्रामाणिक और प्रभावशाली वृत्तांत है। इस कहानी की मुंबई, चालीस-साठ के दशक की मुंबई, दिल्ली या कलकत्ता जैसा महानगर नहीं है। नई अर्थनीति और राजनीति द्वार बनाया जा रहा यह ठेठ आज का महानगर है। इसका चेहरा राजकपूर के 'आवारा', 'श्री चार सौ बीस' या ख्वाजा अहमद अब्बास की 'बंबई रात की बाँहों में' जैसी फिल्मों से मेल नहीं खाता, न जगदंबा प्रसाद दीक्षित के 'मुर्दाघर' जैसे उपन्यासों से। यह 'सत्या' और 'चाँदनी बार' के समय की मुंबई है। इसमें पचपन-साठ साल पहले के औद्योगिक युग की आधुनिकता और उत्तर छायावादी रोमांटिकता नहीं है। इसमें उस काल की राजनीतिक यूटोपियाओं की न सिर्फ अनुपस्थिति है, बल्कि उनसे मोहभंग और उनकी दिगंबर वास्तविकताओं का निर्मम निरुद्विग्न उद्घाटन है। 'नींद के बाहर' का मुख्य पात्र धनराज उस मध्यवर्ग का प्रतिनिधित्व नहीं करता जो गुजरी सदी में समाज और संस्कृति का अवांगार्द हुआ करता था और जो चर्चित हिंदी कहानियों की अद्यतन परंपरा में भी प्रचुरता से पाया जाता है। वर्चस्वशील हिंदी आलोचना का अत्यंत सुविधाजनक प्रिय 'आइकन'। धीरेंद्र के आख्यान की पारदर्शिता धनराज के चरित्र को उस नए मध्यवर्ग से जोड़ती है, जो अपने संघर्षों और अनुभवों में आत्मकेंद्रित, स्वार्थी, महत्त्वाकांक्षी और ऊर्ध्वगामी है। समाज के निचले वर्गों से जुड़ने की बजाय वह ऊपर के खाते-कमाते स्वर्ग तक पहुँचना चाहता है। बल्कि नमक बनाने वाली एक बड़ी कंपनी का मीडिया डॉयरेक्टर होकर वह वहाँ तक पहुँच भी गया है। उसकी शामें क्लबों, पार्टियों, कॉलगर्लों, जनसंपर्कों और बारों में गुजरती हैं। उसके घर में वह सब कुछ है, जिसका होना नव-उपभोक्ता मध्यवर्ग के स्वप्नों

और आकांक्षाओं के केंद्र में है। इस तरह सम्राट समूह का मीडिया डॉयरेक्टर धनराज चौधरी एक खाता-कमाता, पीता-पिलाता, फूँकता-छानता अपने सुखों और भोग में मस्त नए उत्तर-आधुनिक मध्यवर्ग का नया प्रोटोटाइप है। वह औद्योगिक आधुनिक काल का 'बाबू' या सरकारी 'अफसर' नहीं, वह आज के स्वच्छंद वाणिज्यिक समय का प्रबंधक या 'एक्जिक्यूटिव' है। एक डिबाच पति, लापरवाह पिता, असामाजिक सफल प्रोफेशनल यानी संक्षेप में नव मध्यवर्ग का एक सर्वव्याप्त प्रतिनिधि। समस्या यह है कि इस संक्रमण से गुजरने वाले भारतीय मध्यवर्ग की वह पहली ही पीढ़ी का प्रतिनिधि है। उसके अतीत में अभी भी कस्बाती अँधेरा है, जहाँ उसकी बहन क्वाँरी बैठी है, बीमार माँ है, गृहस्थी की गाड़ी और कर्ज का बोझ खींचता एक भाई है, जो फ्रिज की मरम्मत करने वाला मामूली मैकेनिक है। एक छोटा भाई है, जो बेरोजगारी से जूझता हुआ उस रास्ते की ओर चला गया है, जो रास्ता बिहार या आंध्र प्रदेश की ओर जाता है। नक्सलवाद का रास्ता। लेकिन धीरेंद्र अपने अन्य समकालीन कथाकारों की तरह इसे किसी विकल्प के बतौर सरलीकृत न करते हुए अधिवक्ता कथा (एडोवोकेसी फिक्शन) की प्रचलित कृत्रिम रूढ़ि से स्वयं को बचाते हैं तथा जीवन और यथार्थ की संश्लिष्ट, गत्यात्मक, विचलनकारी तथा अर्थपूर्ण संरचनाओं पर अपनी दृष्टि केंद्रित किए रखते हैं। संभवतः इसी के चलते धीरेंद्र 'नींद के बाहर' जैसी बहुत लम्बी कहानी में भी विश्वसनीयता, तनाव तथा सम्मोहक पठनीयता कथा के आदि से अंत तक साध पाने में सफल हो सके हैं।

धीरेंद्र की इस लंबी कहानी का शीर्षक 'नींद के बाहर' अर्थपूर्ण है। कथा का मुख्यपात्र धनराज तब तक 'नींद के भीतर' के संसार में रहता है, जब तक नमक कंपनी सम्राट में मीडिया डॉयरेक्टर के पद पर वह काम करता रहता है। इस कहानी की शुरुआत ही उसके नींद से बाहर आने की नाटकीय घटना के साथ होती है, क्योंकि सम्राट कंपनी के डूबने के साथ ही धनराज की नौकरी, कार और सेलफोन छिन जाता है और वह नींद के बाहर के उस विशाल बीहड़ संसार की वास्तविकता से दो-चार होता है, जिसका अस्तित्व उसके नींद के भीतर के स्वर्ग में अब तक नहीं था। यह मुंबई ही नहीं भारत के किसी भी महानगर या तीसरी दुनिया के किसी भी शहर का आज का यथार्थ है। नींद के बाहर का नरक। गरीबी, असुरक्षा, अभाव, बेरोजगारी, अपराध, हिंसा, तनाव और भ्रष्टाचार से बजबजाता आज का बृहतर यथार्थ। धनराज की अब तक की नींद के भीतर औद्योगिक विनिवेश और मानव श्रम से विच्छिन्न उस आवारा और तरल उत्तर-औपनिवेशिक पूँजी द्वारा रचा गया उस हवाई गुब्बारे का लोक था, जिसकी क्षणभंगुरता के बारे में हम सब जानते हैं। गुब्बारे के फूटने के साथ ही धनराज अपनी अब तक की नींद की दुनिया से बाहर आ गिरता है, जहाँ उसकी पत्नी, बेटा, भाई, मुहल्ले के लोग, लोकल में सफर करती भीड़, सांप्रदायिक दंगे, बलात्कार और हवाएँ और आत्महत्याएँ हैं। इसी बिंदु से धीरेंद्र की यह कहानी अपने गहरे सामाजिक अर्थों को धीरे-धीरे खोलना प्रारंभ करती है।

धनराज चौधरी न तो गरीब है, न सामाजिक सरोकार और निजी स्वार्थ के बीच के द्वंद्व को छुपाता कोई टिपिकल आधुनिक मध्यवर्गीय 'हिपोक्रेट'। वह अपने निहित स्वार्थों और निजी संघर्षों को उन्नीसवीं-बीसवीं सदी की उदात्त विचारधाराओं की प्रवचनकारी लफ्फाजी में नहीं छिपाता। वह आज के समय का निदाघ, पारदर्शी ईमानदार चरितनायक है। वह जानता है कि इस उत्तर-आधुनिक काल में उसका सामाजिक स्तर न तो नैतिकता और वैचारिक प्रतिबद्धताओं से और न औद्योगिक उत्पादन संबंधों की सामाजिक संरचना में उसकी स्थिति से निर्धारित होगा। वह जानता है कि यह उत्पादन के संबंधों के आधार पर निर्धारित होता मार्क्स की क्लासिकी परिभाषाओं का पूँजीवादी समाज नहीं, उपभोक्ता की उपभोग क्षमता से परिभाषित होता उत्पाद-संबंधों का समाज है। इसीलिए वह और उसका बेटा अपनी सामाजिक हैसियत बढ़ाने के लिए पुराने मक्खीचूस मध्यवर्गीय पात्र की तरह खर्च की किफायत में नहीं, उपभोक्ता उत्पादों की खरीद और भोग की ओर जाते हैं। लांसर कार, रोलेक्स घड़ी, वुडलैंड्स, क्लब बार, कबाब, बिसलेरी, इंटरनेट आदि-इत्यादि। लेकिन विडंबना यही है कि यह सारा ऐश्वर्य विनिवेशित उत्तर-औद्योगिक नकदी के क्षणभंगुर आवारा गुब्बारे पर टिका हुआ है। नींद के संभ्रम के भीतर का मायालोक।

कहानी के अंत में धनराज का भाई उससे कहता है—'बुरा मत मानना भाई साहब। असल में आपकी समस्या यह है कि आपके जीवन का कोई मकसद नहीं है। आप जैसे लोग दोनों तरफ से मारे जाते हैं। आपकी जरूरत न इधर है, न उधर। एशिया की सबसे नारकीय झोपड़पट्टी धारावी आपकी मुंबई में ही है। कभी वहाँ गए हैं आप? निपाणी का नरक देखा है आपने? मुंबई की कितनी कपड़ा मिलें बंद हो गई हैं। उनके मजदूर क्या कर रहे हैं, पता है आपको? मुझे मालूम है इन सवालों से नहीं टकरा सकते आप। ये बहुत असुविधाजनक सवाल हैं। आपका पूरा जीवन मैं से मैं के बीच चक्कर काटते बीता है। इसलिए बाकी लोग खुद आपके जीवन से बाहर हो गए हैं। उन सबके जीवन में भी अब आपकी कोई जरूरत नहीं।...ऐसा करो, आप मुरारी बाबू की शरण में चले जाओ। सुना है, मुंबई में उसकी नौटंकी सुपर-डुपर हिट है।' यह महत्त्वपूर्ण है कि धीरेंद्र का कथानायक कहानी के अंत में हाथों में ईंट लिए अयोध्या की ओर ही जाता है। एक नींद से दूसरी नींद की ओर। यह धीरेंद्र अस्थाना की एक यादगार कहानी है। जहाँ तक शिल्प और शैली की बात है, तो पाल वेलेरी का वह कथन याद आता है कि शिल्प ही मेरे लिए कथ्य है। वर्ना भला शिल्प और किस चीज का नाम है? 'नींद के बाहर' का शिल्प उतना ही आवेगात्मक, पारदर्शी और 'कंट्री-किक' से भरपूर है, जैसा धनराज का जीवन। इस संग्रह में और भी कहानियाँ हैं, लेकिन वे 'नींद के बाहर' की कथा नहीं कहतीं।

(राष्ट्रीय सहारा : 16 सितंबर 2002)

कविता की ओट में 'बाघ'

केदारनाथ सिंह की कविता 'बाघ' पर कुछ सोचने और कुछ लिखने का आज सबसे अधिक अनुकूल समय है। जैसा कि प्रचलन है, अगर औपचारिक, सार्वजनिक और उत्सवधर्मी भाषा का सहारा लें तो यह वर्ष, जो कि अपने आप में ही खासा ऐतिहासिक वर्ष है, संयोग से केदारनाथ सिंह की सृजनात्मक यात्रा का पचासवाँ वर्ष भी है। अर्थात् हमारे समय के एक अत्यन्त महत्त्वपूर्ण वरिष्ठ कवि की एक सचमुच लम्बी, खाइयों-शिखरों, उतार-चढ़ावों और चुप्पियों-अभिव्यक्तियों की कई अनेकरूपताओं से भरी महत्त्वपूर्ण काव्य-यात्रा की स्वर्णजयन्ती।

केदारनाथ जी ने अभी-अभी बीत चुकी बीसवीं सदी के ठीक उत्तरार्द्ध से कविता लिखने की शुरुआत की थी। सन् 1950 से। लेकिन एक दशक तक लिखने के बाद, 1960 से 1980 तक, यानी लगभग बीस लंबे वर्षों तक वे कविता के परिदृश्य से लगभग फरार रहे। इन बीस वर्षों में उनकी अनुपस्थिति और निःशब्दता, 1980 में उनकी वापसी के ठीक पहले तक, उनके रचनाकाल में अक्सर इतिहास में पाए जाने वाले किसी 'अंधकार युग' की तरह पसरी हुई है। इस 'निस्तब्ध-काल' या 'अज्ञातवास-काल' में अपने न लिखने के कारणों के बारे में अपने किसी भी साक्षात्कार में न तो उन्होंने कोई बहुत विस्तृत स्पष्टीकरण दिया है, न कविता के किसी उल्लेखनीय आलोचक ने इस अंधकार की छानबीन की कोई खास चेष्टा की है।

प्रश्न है कि इस अवधि में केदारनाथ सिंह कहाँ थे और क्या कर रहे थे। जाहिर है इसका यह उत्तर यहाँ अप्रासंगिक और निरर्थक होगा कि वे इस दौरान पडरौना में थे और वहाँ किसी कॉलेज के प्राचार्य थे। माना तो यही जाता है कि ऐसे उत्तर कविता या कला के क्षेत्र में कहीं नहीं ले जाते। ऑस्कर वाइल्ड ने किसी पत्र में लिखा था—'वे लोग बड़े उथले होते हैं, जो उसे देखकर फैसला नहीं करते, जो सामने प्रत्यक्ष दिखाई देता है। लेकिन वास्तविकता यही है कि इस संसार में जो भी रहस्य है, वह प्रत्यक्ष है, अदृश्य नहीं।' इसका अर्थ यही हुआ कि रहस्य पडरौना में उनके 'होने' और साठ-सत्तर के दशकों में तमाम हलचलों, घटनाओं और परिवर्तनों से गुजर रही हिंदी कविता के परिदृश्य में उनके 'न होने' में ही

कहीं मौजूद है। यानी उनका 'होना शुरू होना' तत्कालीन कविता की स्थानीयता के परिचित इलाके या भूगोल के बाहर शुरू हुआ। और यह रेखांकित करने लायक तथ्य है।

लेकिन इस तथ्यात्मक विरोधाभास को ध्यान में रखना जरूरी है कि केदारनाथ सिंह की निजी सृजन-यात्रा का यह जो 'अंधकार पर्व' है, वह स्वातंत्र्योत्तर हिंदी कविता का एक सर्वाधिक चमकदार काल है। नई कविता के लगभग सभी महत्त्वपूर्ण कवियों ने इसी बीच अपनी पहचान बनाई। कुँवरनारायण, विजयदेव नारायण सही, भारतभूषण अग्रवाल, मुक्तिबोध, रघुवीर सहाय, सर्वेश्वरदयाल सक्सेना आदि। ये वे दशक थे जब राजनीतिक सत्ता और मध्यवर्गीय आस्था के केन्द्र से नेहरू विचलित हो रहे थे और एक ऐतिहासिक किस्म के बहुचर्चित 'मोहभंग' को जन्म दे रहे थे। दूसरी ओर 'प्रतीक' और 'तार सप्तक' और प्रयोगवाद जैसे कीर्तिमानों के बावजूद 'राहों के अन्वेषी' अज्ञेय कविता के केंद्र से अपदस्थ हो रहे थे और कविता के हलके में एक-दूसरे 'मोहभंग' की अराजक और विस्फोटक पैदाइश हो रही थी, जिसके मलबे और गर्द से अकविता सरीखे कई छिटपुट काव्य आंदोलनों ने बाद में जन्म लिया। अराजक इसलिए कि अज्ञेय जैसे 'ध्रुव' की कोई वैकल्पिक धुरी कहीं थी नहीं। प्रगतिवाद अपने तमाम अंतर्विरोधों और हदों के चलते पहले ही बिखर कर निस्तेज़ हो चुका था। कविता में धूमिल और मुक्तिबोध (मृत्योपरांत) का अभूतपूर्व प्रादुर्भाव भी इन्हीं वर्षों में हुआ। यानी कुँवरनारायण, श्रीकांत वर्मा, रघुवीर सहाय, सर्वेश्वरदयाल सक्सेना आदि के अलावा धूमिल और मुक्तिबोध जैसे रचनाकारों की प्रतिष्ठा का यही काल है। नेहरू की मृत्यु के बाद या उसके आसपास। विपर्यय यह कि केदारनाथ सिंह की रचना का यही 'निस्तब्ध-काल' है। इस दौर में ऐसा भी नहीं था कि काव्य-विमर्श के दायरे में केदारजी, विस्मृत कर दिए गए हों। उनकी चर्चाएँ तब भी थीं और 'माध्यम', 'आलोचना' जैसी पत्रिकाओं में कभी-कभार उनकी कविताएँ प्रकाशित भी होती रहीं। 'फर्क नहीं पड़ता', 'चुनाव की पूर्व संध्या', 'जमीन' और 'बैल' जैसी उनकी बहुचर्चित कविताएँ इसी दौर में छपीं। लेकिन जो कवि—'तीसरा सप्तक' का कवि रहा हो और 'प्रतीक' में छप चुका हो, उसके प्रति बनतीं अपेक्षाओं के परिप्रेक्ष्य में बीस वर्षों का यह सेंट एंड्रयूज कॉलेज या पडरौना-प्रवास एक अज्ञातवास और आत्मनिर्वासन जैसा ही कुछ है। इसकी पुष्टि तब और हो जाती है, जब हम इन दो दशकों में मुख्यधारा की हिंदी कविता के केंद्र में होनेवाली हलचलों और उथल-पुथल को देखते हैं।

यह वह समय भी था जब हिंदी के बौद्धिकों के लिए 'ल मोंद' या 'दि गार्डियन' कही जानेवाली प्रभावशाली साप्ताहिक समाचार पत्रिका 'दिनमान' का प्रकाशन बेनेट कोलमेन एंड कंपनी ने अज्ञेय के संपादन में दिल्ली के दरियागंज में शुरू किया था और रघुवीर सहाय, सर्वेश्वरदयाल सक्सेना तथा श्रीकांत वर्मा उसमें

सम्मिलित थे। (स्वातंत्र्योत्तर हिंदी साहित्य में दरियागंज के अवदान पर शोध का काम एक रोचक विषय हो सकता है।) अज्ञेय के बाद रघुवीर सहाय उसके संपादक बने और श्रीकांत वर्मा सत्ताधारी राजनीतिक दल कांग्रेस के महासचिव होने की मंजिल तक पहुँचे। मनोहर श्याम जोशी भी इसी दिनमान के बाद हिंदुस्तान टाइम्स द्वारा प्रकाशित और बंबई से डॉ. धर्मवीर भारती के संपादन में निकलने वाली लोकप्रिय पत्रिका 'धर्मयुग' की प्रतिस्पर्द्धी कहे जाने वाले 'साप्ताहिक हिंदुस्तान' के संपादक बने। यह एक अजब-सा लगने वाला तथ्य है कि इस दौर के बाद लगातार साहित्य और लेखन में इन्हीं व्यावसायिक प्रकाशन संस्थानों (साहू, जैन, बिड़ला, डालमिया और बाद में गोयनका प्रतिष्ठान) से प्रत्यक्ष या अप्रत्यक्ष रूप से जुड़े पत्रकार-लेखकों ने ही साहित्यिक प्रतिष्ठा अर्जित की। यह प्रक्रिया कुछ हद तक अभी तक मौजूद है, भले ही नब्बे के दशक के बाद टेलीविजन और इंटरनेट तथा सरकारी, अर्द्ध-सरकारी संस्थानों की सांस्कृतिक गतिविधियों की नई सक्रियता के हस्तक्षेप से इनका वर्चस्व कुछ कम हुआ हो। बहरहाल, इतना स्पष्ट है सत्तर के दशक तक हिंदी कविता का सत्ता-केंद्र बनारस या इलाहाबाद से हटकर दिल्ली आ चुका था, जो आज तक है।

इस केंद्र से बहुत दूर, उत्तर प्रदेश का पिछड़ा हुआ अंचल पडरौना क्या ज्यां पॉल सार्त्र की कल्पना का 'गेलॉपोगोस द्वीप' था, निर्वासन और आत्मरक्षा का ऐसा द्वीप, जहाँ वह पेरिस के तनावों से भागकर शरण लेना चाहता था। विष्णु खरे ने लिखा है—"कुछ-कुछ गीतात्मकता तथा उसके बाद 'नई कविता' के संस्कारों से शुरू करने वाले केदारनाथ सिंह इन बीस वर्षों में न डरे, न दिग्भ्रमित हुए। वे इस या उस भगदड़ में शामिल नहीं हुए। हिंदी में इतना धैर्य, मजबूती, बेफिक्री और इतना आत्मविकास भी—कम ही मिलते हैं। युवा कवियों के पदार्पण से वरिष्ठ कवि चिंतित न हों यह तो समझ में आता है किंतु अपने तीन महत्त्वपूर्ण समकालीनों—कुँवरनारायण, रघुवीर सहाय और श्रीकांत वर्मा की बदलती, विकसित होती कविता तथा बढ़ती हुई प्रतिष्ठा से भी वे विचलित नहीं हुए, यह एक सुखद आश्चर्य है।"

1960 में प्रकाशित कविता-संग्रह 'अभी बिल्कुल अभी' और 1980 में प्रकाशित उनके दूसरे संग्रह 'जमीन पक रही है' को आमने-सामने रखकर देखें तो उनकी कविताओं में एक ऐसा चौंकाने वाला फर्क दिखाई देता है, जो संभवतः इस तरह किसी अन्य कवि के संदर्भ में पहले कभी नजर नहीं आया। यह उनकी सृजनात्मकता की एक विस्मयकारी 'गुणात्मक छलाँग' है। एक 'क्वालिटिटेटिव लीप'। 'जमीन पक रही है' की कविताओं में न तो उनकी पुरानी गीतात्मकता वाली रूमानियत है, न सूक्ष्म सौंदर्य-बोध-सूचक पंख जैसे हलके हाथों की कला। वे 'मद्धिम संवेगों' वाले कवि भी नहीं रह गए हैं न 'शिशु बेचैनी' के साथ 'विभावन

व्यापार' वाले 'प्रकृति के अछूते सौंदर्य-चित्र' देनेवाले एक और 'पंतवादी कवि'। महत्त्वपूर्ण यह भी है कि इस दौरान नगरी-महानगरी केन्द्र में विकसित होनेवाली हिंदी या 'नई कविता' के काव्य-संस्कारों की परिचित परछाईं भी यहाँ दिखाई नहीं देती है। किसी कवि के विकास की दिशा का पूर्वानुमान, कुछ आड़ी-तिरछी या तिर्यक रेखाओं के बावजूद, इतना अनपेक्षित अक्सर नहीं होता, जैसा केदारनाथ सिंह के संदर्भ में हुआ है।

'तीसरा सप्तक' की भूमिका में केदारनाथ जी का वक्तव्य था—'कविता में मैं सबसे अधिक ध्यान देता हूँ बिम्ब-विधान पर।....विषय को वह मूर्त और ग्राह्य बनाता है, रूप को संक्षिप्त और दीप्त। यह विचित्र बात है कि काव्य में बिम्बों का अंतरावलम्बन उसी प्रकार चलता रहता है, जिस प्रकार जीवन में संस्कृतियों का।...एक अंग्रेज आलोचक का तो यहाँ तक कहना है कि आधुनिक कवि नए-नए बिम्बों के निर्माण की योजना के द्वारा ही अपनी नागरिकता का शुल्क अदा करता है प्राचीन काव्य में जो स्थान 'चरित्र' का था, आज की कविता में वही स्थान बिम्ब अथवा 'इमेज' का है।" जाहिर है यह युवा केदारनाथ सिंह का खासा 'सारकास्टिक' किस्म का वक्तव्य है, फिर भी इससे उन दिनों के उनके बिम्ब-व्यामोह के बारे में सूचना तो मिलती ही है। लेकिन 'जमीन पक रही है' तक आते-आते वे कुछ और ही हो गए हैं बिम्बधर्मिता के प्रति आग्रह, प्रगीतात्मकता, अज्ञेय के असर और नई कविता से लगभग विमुक्त...कुछ-कुछ ब्रेख्टियन...या फिर नेरूदा और मुक्तिबोध के करीब। या शायद यह कहना ज्यादा सही होगा कि शमशेर और मुक्तिबोध के बीच। अब उनकी चिन्ता के केन्द्र में बिम्ब विधान या प्रकृति के स्मृति-चित्र ही नहीं, बल्कि समकालीन मनुष्य के मूल संकट और उसके जीवनानुभव एक बिल्कुल भिन्न विन्यास और उद्विग्न करनेवाली अर्थ-संरचनाओं के साथ उपस्थित हैं—

मैं भरी सड़क पर सुनना चाहता हूँ वह धमाका
जो शब्द और आदमी की टक्कर से पैदा होता है।
या उनकी प्रसिद्ध कविता—
भाषा जो मैं बोलना चाहता हूँ
मेरी जिह्वा पर नहीं बल्कि दाँतों के बीच की जगह पर फँसी हुई है
मैं बहस शुरू तो करूँ
पर चीजें एक ऐसे दौर से गुजर रही हैं कि सामने की मेज को मेज कहना
उसे यहाँ से उठाकर अपराधियों के बीच रख देना है।

कहा जा सकता है कि केदारनाथ सिंह इस दौर में उस समय की मुख्यधारा की कविता, जो संयोग से दिल्ली केन्द्रित थी, के प्रचलित तेवर, सर्वस्वीकृत विन्यास,

भाषिक-विधान, उभरती हुई बौद्धिक मध्यवर्गीय चिंता और आकांक्षा, तथा अन्य संरचनात्मक विनिर्मितियों आदि से मुक्ति और उसके विकल्प की किसी गहरी चेष्टा और संघर्ष से मुब्तिला थे। यही नहीं, स्वतंत्रता के बाद किसी दैत्याकार सामाजिक प्रक्रिया के रूप में शहरीकरण और तथाकथित विकास का जो सर्वव्यापी अंधड़ चला, उसकी चपेट में नष्ट होने वाले जनपदीय जीवन और लोक-संस्कृति के अनेक मूल्यवान पारम्परिक और जीवन्त तत्त्वों को बचाने की चिंता उनके सृजन के केंद्र में थी। ठीक यही वो बिंदु है जहाँ वे कुँवरनारायण, विजयदेवनारायण साही और रघुवीर सहाय आदि अपने वरिष्ठ नागर समकालीनों से निर्णायक तौर पर अलग दिखाई देते हैं और यही अलगाव उन्हें त्रिलोचन और नागार्जुन के निकट करता है। (इस तथ्यात्मक स्थापना के पीछे साहित्यिक 'पोलिमिक्स' खोजने की जरूरत नहीं है। यह दिल्ली द्वारा खींची गई 'बड़ी लकीरों' के बरक्स एक 'ज्यादा बड़ी लकीर' खींचने की हिमाकत भी नहीं है।)

संभवतः यही वह कारण है कि 1980 में 'कविता की वापसी' के साथ उभरने वाली दिल्ली से बाहर के युवा कवियों के बीच उन्हें भरपूर आत्मीयता और स्वीकृति मिली। निराला, नागार्जुन, शमशेर, त्रिलोचन की परम्परा से स्वयं को जोड़कर देखने वाले और सामाजिक परिवर्तन की गहरी आकांक्षा रखने वाले इन जनवादी या नव-प्रगतिशील युवा कवियों के वे कितने निकट थे, इसकी पुष्टि के लिए इससे ज्यादा प्रत्यक्ष दूसरा उदाहरण नहीं मिलेगा कि उनकी ऊपर उद्धृत कविता पंक्तियाँ—'मैं भरी सड़क पर सुनना चाहता हूँ वह धमाका/जो शब्द और आदमी की टक्कर से पैदा होता है।' आतंकवादियों द्वारा मार डाले गए पंजाबी के युवा कवि पाश की डायरी में उसकी प्रिय कविता के रूप में दर्ज थी, जो बाद में पाश के संग्रह में उसी की कविता के रूप भूलवश प्रकाशित हुई। अभी भी बहुत से लोग इसे पाश की ही कविता समझते हैं।

एक महत्त्वपूर्ण तथ्य यह भी है कि इस समूची नई युवा कविता का उभार दिल्ली से दूर, क्षेत्रीय शहरों या जनपदों में हुआ था। कुल मिलाकर रेखांकित करने लायक तथ्य यह है कि केदारनाथ सिंह की कविता में वापसी त्रिलोचन, नागार्जुन, शमशेर और मुक्तिबोध की पुनःप्रतिष्ठा के साथ-साथ हुई इसका कोई एक अर्थ तो अवश्य लगाया जा सकता है।

केदारनाथ सिंह के संघर्षों का एक और महत्त्वपूर्ण पक्ष अपने लिए एक भिन्न और निजी काव्य-भाषा और युक्ति के आविष्कार का है, जिसमें वे उन शब्दों, ध्वनियों, अनुगूँजों और अनुभवों-अभिव्यक्तियों को अपनी कविता में बचा लेना चाहते हैं, जो विजातीय और आधुनिक तथा तकनीक के विभिन्न प्रारूपों से उपजे बाहरी दबावों के सामने अकस्मात् विलुप्त होने के संकट के बीच अकस्मात् घिर गए हैं। कोई आधुनिकता विरोधी रोमैंटिक जनपदीयतावाद या हिंदी के कथा-संसार

में पनपा 'किसानवाद' या आंचलिक ग्रामीणतावाद नहीं, बल्कि एक आधुनिक कवि की सचेष्ट बौद्धिक काव्यचेष्टा। एक भिन्न तरह की ब्रेख्टियन काव्य-युक्ति। एक सुविचारित पोएटिक स्ट्रेटजी। वर्ना ऐसा क्यों होता कि इस लोकधर्मी जातीय भाषा के साथ-साथ ऐसे असंख्य बिम्ब उनकी कविताओं में निरन्तर मिलते चलते, जो साधारण मनुष्य के दैनन्दिनी जीवनानुभव में उपस्थित आसपास के साधारण चित्र हैं। टमाटर बेचनेवाली बुढ़िया, नूर मियां, रोटी, भेड़ों को हाँकता गड़रिया, बढ़ई और चिड़िया, मांझी का पुल, जाड़ों के शुरू में आलू, नमक, कुल्हाड़ी, आटा, चक्की, पतीली, चूल्हा आदि। यह दिलचस्प है कि केदारनाथ सिंह की इस दौर की कविताओं में आने वाली वस्तुओं की अगर सूची बनाई जाए तो वह नागार्जुन की कविता के वस्तु-उपकरणों की सूची जैसी लगेगी। जाहिर है कि इस कथन में इस सच का नकार नहीं है कि इन 'वस्तुओं' के प्रति संबंध और उनके काव्य-व्यवहार के संदर्भ में इन दोनों कवियों में अंतर है। बाबा नागार्जुन जहाँ अपनी प्रकट सामाजिक प्रतिबद्धताओं के चलते इन्हीं वस्तुओं के इस्तेमाल से अपने समय के उत्पीड़ित मनुष्य के जीवन का विकट अभिधात्मक बिम्ब प्रस्तुत करते हैं, वहीं उन्हीं वस्तुओं से केदारनाथ सिंह किसी 'निष्णात रूपवादी' या अगर गुरुदेव रवीन्द्रनाथ टैगोर का शब्द उधार लें, तो किसी 'रूप-दक्ष' कवि की तरह विलक्षण भाषिक संरचनात्मकता और लगभग अतियथार्थवादी या अभिव्यंजनावादी लगती काव्य-युक्ति के द्वारा अपनी उस निजी काव्य विशिष्टता को हासिल करते हैं, जिससे हम सब परिचित हैं। इन दोनों कवियों के बीच कोई समानता है, इसकी मीमांसा अभी बाकी है। इस संभावना के संकेत के लिए उनकी एक कविता की यह पंक्तियाँ उपयोगी हो सकती हैं : 'नमक और पानी/सिर्फ दो शब्द मेरे पास हैं/तीसरा हमेशा उसके पास रहता है।' यानी कह सकते हैं कि अन्य समानताओं की उपस्थिति के साथ, कविता में इसी 'तीसरे शब्द' के कारण केदारनाथ सिंह अपनी वह निजता और विशिष्टता हासिल करते हैं, जो उन्हें त्रिलोचन और नागार्जुन से भिन्न करती है। बहरहाल, कुल मिलाकर निष्कर्ष यह कि अपनी कविता के 'अंधकार पर्व' में केदारनाथ सिंह वहाँ थे, जहाँ—

> जहाँ गोली चिड़िया के डैने में घुसती है
> जहाँ रोटी पानी में गल जाती है
> मैं ठीक वहीं से बोल रहा हूँ
> जहाँ भूख शर्म से अलग होती है
> जहाँ काले चीते भुनते हुए आलू की खुशबू में बदल जाते हैं।

एक और कोण से देखें तो केदारनाथ सिंह इस दौर के उन विरल कवियों में से हैं जो बीसवीं सदी को एक विलक्षण निस्संगता और निर्वेग वस्तुपरकता के साथ बहुत पहले से ही बीतता हुआ देख रहे थे। इसके प्रमाण में उनकी अनेक

कविताएँ प्रस्तुत की जा सकती हैं। संभव है तत्कालीन कविता के 'शक्ति-विमर्श' (पॉवर डिस्कोर्स) से उनकी दूरी और उनकी वैयक्तिक स्थितियाँ इसकी पृष्ठभूमि में रही हों, लेकिन वे अपने समय के निरपवाद ऐसे अकेले कवि हैं, जिसमें बीसवीं सदी की भौतिक और वैचारिक विनिर्मितियों को लेकर पहले से ही एक स्पृहणीय विरक्ति, तटस्थता और निस्संगता है। जैसे वे 'आधुनिकतावाद' विनिर्मितियों की नियति से कोई निरपेक्ष भविष्य-द्रष्टा हों। कविता में इस 'पूर्व घोषित मृत्यु' के सर्वप्रथम पूर्व-द्रष्टा। कुछ-कुछ बोर्खेजियन और कुछ-कुछ कबीर वाला लक्षण। उनमें स्वातंत्र्योत्तर भारतीय मध्यवर्ग की बौद्धिक बनावट में मौजूद वर्चस्वशील वैचारिक, राजनीतिक और सांस्कृतिक बनावटों को लेकर एक विरल वस्तुपरक ठंडापन और खिलवाड़ से भरी कुछ वैसी ही फक्कड़ निस्संगता है।

अगर 'जमीन पक रही है' संग्रह की बहुचर्चित कविता 'टूटा हुआ ट्रक', जिसकी अपनी-अपनी तरह की व्याख्याएँ आलोचकों के अलावा अरुण कमल, राजेश जोशी और विष्णु खरे आदि परवर्ती कवियों ने भी की हैं, को इस दृष्टिकोण से देखें, तो आज इस नई सदी या सहस्राब्दी की दहलीज पर उसमें अंतर्भूत काल का एक विलक्षण बिंब कौंधता हुआ दिखाई देता है–

मैं पिछलती बरसात से उसे देख रहा हूँ
वह वहाँ उसी तरह खड़ा है
टूटा हुआ और हैरान
और अब उसमें अँखुए फूट रहे हैं

मैं देख रहा हूँ
एक छोटी-सी लतर
स्टीयरिंग की ओर बढ़ी जा रही है
एक जरा-सी पत्ती
भोंपू के पास झुकी है
जैसे उसे बजाना चाहती हो
एक बहुत महीन और बेआवाज-सी ठोंक-पीट
लगातार जारी है समूचे ट्रक में...

क्या यह ट्रक 19वीं-20वीं सदी के मशीनकाल की एक ऐसी विनिर्मिति है, जो इस उत्तर-आधुनिक दिक्-काल में किसी 'जंक' या करकट में तब्दील हो रहा है? पश्चिम के महान नवोदय काल या ऐतिहासिक औद्योगिक क्रांति से उपजा एक ऐसा नायकत्व जो बीसवीं सदी की ढलान पर, तीसरी प्राविधिक क्रांति के बाद, एक विडम्बनामूलक विद्रूप में बदल रहा है। उसके लिए अब जो दिशा की संभावना शेष है, वह 'तिनसुकिया' और 'बोकाजान' की है। यानी भविष्यहीनता के अंधकार

की ओर खुलता एक भविष्य। युवा कनाडाई टॉमसन हाइवे के चर्चित नाटक की 'कापुसकेसिंग' जैसी जगह।

अगर 'टूटा हुआ ट्रक' कविता में इस ट्रक को देखें तो वनस्पतियों और प्रकृति के माध्यम से दरअसल यह परिवर्तित समय उसके साथ कुछ-कुछ ऐसा व्यवहार कर रहा है, जैसे कोई बच्चा आज के किसी म्यूजियम में हिटलर की मूँछों से खेले। या जैसे कोई चिंपैजी किसी पिछले समय के महान और डरावने नाजीवाद का भोंपू बजाए। क्या यह ट्रक बीतती हुई सदी का सिर्फ एक भौतिक उत्पाद भर है या कोई बहुलार्थी बृहत्तर प्रतीक। केदारनाथ सिंह की एक अप्रतिम विशिष्टता कविता में अक्सर अबोध और सहज लगते किसी बिंब की अभिव्यंजना में एक ऐसे 'गुणक' का निर्माण है जो अपने अभिप्रेत में सारतः बहु-वाचिक और बहुलार्थी होता है। सहज लगते बिंबों या रूपकों में 'मल्टीलॉक्वेन्स' या बहुवाचिकता की अपरिमित संभाव्यता केदार जी की सृजनात्मकता की खास उपलब्धि है। इस कविता का ट्रक भी एक वस्तुतः एक गुणक मात्र है। अपनी व्याप्ति में बीसवीं सदी के तमाम लक्षणों को घेरता हुआ। वह बीसवीं सदी की उन वैचारिक-सांस्कृतिक-दार्शनिक-राजनीतिक विनिर्मितियों की 'अनुकृति' या प्रतिनिधित्व है, जिनकी चपेट में उस काल की कविताएँ और कलाएँ आज करकट हो गई लगती हैं। इसमें बड़ी मात्रा में एक समय का दुर्निवार आधुनितावादी माल-मत्ता भी सम्मिलित है। विज्ञानवाद, समाजवाद, लोहियावाद, मार्क्सवाद, अस्तित्ववाद, नाजीवाद, फासीवाद, हिंदुत्ववाद, पोंगावाद, राष्ट्रवाद, ब्राह्मणवाद वगैरह-वगैरह। बस वाद लगाते चलिए। बीसवीं सदी का 'जंकयार्ड' भरता चला जाएगा।

दरअसल हर बार काल इसी तरह चलता है। वह हमेशा भविष्य के लिए अतीत की 'महानताओं' का कबाड़ इकट्ठा करता चलता है। सदी का बीतना उसकी समस्त सम्पदाओं, निर्मितियों, इतिहासों और दर्शनों-संस्कृतियों का भी बहुत बड़ी हद तक बीतना है। केदारनाथ सिंह, यह साफ है कि नई कविता और उसके विकल्पों के दावे के साथ उभरने वाली इस दौर की कविता की उस नींव के ध्वंस को पहले से ही देख पा रहे थे, जो बीसवीं सदी की ही एक विनिर्मिति थी और जिसके ऊपर तत्कालीन कविता का समूचा वागाडम्बर या भाषिक ढाँचा खड़ा हुआ था। अपनी सदी के इस तिरोधान को सबसे पहले संभवतः शमशेर के अलावा केदारनाथ सिंह ने देखा। इसीलिए इन दोनों कवियों में आइडियोलॉजी या किसी नए रिपब्लिक या यूटोपिया को लेकर सबसे कम व्यामोह है। कविता को स्वयं अगर इस 'तिरोधान' या 'एक्सटिंक्शन' से बचना था, तो यह उसकी भाषा के पुनराविष्कार, उसकी मूल अभिव्यंजनाओं, पदों और ध्वनियों की नई सम्भाव्यताओं की खोज द्वारा ही संभव था। आखिर भाषा ही वह सत्ता है जिसकी निरंतरता असंदिग्ध है। वह भाषा जो मनुष्य को उसकी तमाम ऐंद्रिकताओं के साथ उसके समय और यथार्थ से जोड़ती

है। इसीलिए 'ग्वालियर का मजूर' जैसी 'गैर-शमशेरियत' की उद्धरणीय कविता लिखकर अपनी प्रकट प्रतिबद्धता का ठोस सबूत प्रस्तुत करने वाले शमशेर भी अपनी उत्कृष्ट और वास्तविक कविताओं के लिए एक अलग स्वायत्त और निजी परंतु विस्तारित 'स्पेस' का निर्माण करते हैं। दरअसल कविता में प्रतिबद्धता किसी दर्शन या विचार का अधिनायकत्व स्वीकार कर लेने से नहीं, शब्द की सत्ता के संधान से ही संभव है। केदारनाथ सिंह के भीतर भी उस सदी की 'हेजेमोनिक' वैचारिक विनिर्मितियों के प्रति समर्पित प्रतिबद्धताओं के ऐसे दबावों को लेकर एक स्पष्ट संशय है। संशय ही उनकी कविताओं को बचाता है। 'हाँ, यह जरूर है कि एक प्रतिबद्ध लेखक की रचनात्मक चुनौतियाँ कई गुना बढ़ जाती है। अंततः उसकी प्रतिबद्धता आकार पाती है शब्द के द्वारा और शब्द से सामना होते ही लेखक एक बिल्कुल नए किस्म के संघर्ष में प्रवेश करता है, जिसकी हार या जीत का निर्माता वह स्वयं होता है।' 'जाहिर है कविता में पराजित होकर विचार में विजेता बनने की कोई आकांक्षा शमशेर की तरह केदारनाथ सिंह में भी नहीं है। कविता की कठिन शर्तों पर ही उनका मानवीय सरोकार भाषा में विन्यस्त हुआ है। लेकिन यह वह 'कलावाद' नहीं, जिसका एक फिलीस्टाइन या भोगवादी आस्वाद से इतर, किसी भी गहरे मानवीय या सामाजिक सरोकार से कोई वास्ता नहीं होता। कुल जमा यह कि अगर सत्तर और अस्सी के दशक तक आते-आते 'सप्तक', 'नई कविता' और पश्चिम से अनुप्रेरित अन्य काव्य-चेष्टाओं की नींव धँसक चुकी थी। तो सदी के बीतते-बीतते वे कविताएँ भी जैसे अतीत की प्रेत-छायाएँ लगने लगीं, जिनको लेकर अभी कुछ वर्ष पहले तक बहसें बड़ी गर्म हुआ करती थीं। ज़ब शीतयुद्ध नहीं रहा, समाजवाद नहीं रहा, कई तरह के यूटोपिया नहीं रहे, एक-डेढ़ दशकों के भीतर-भीतर तेज परिवर्तनों के वात्याचक्र ने बीसवीं सदी की तमाम वैचारिक विनिर्मितियों और राज्यसत्ताओं के धुर्रे बिखेर डाले—तो उस विनष्ट हो चुकी दुनिया के किसी खम्भे पर बिजूके की तरह टँगी कविताएँ किस तरह अनश्वर और कालातीत होतीं। जिस तरह बनारस के किसी एक जुलाहे का हथकरघा बचा लेने से मध्यकाल का भक्ति-काव्य नहीं बच सकता, या किसी गृहस्थ के घर का एक लोटा बचा लेने से कुओं और बावड़ियों का संसार नहीं लौट सकता उसी तरह एक क्यूबा या बंगाल के बचे रह जाने से न तो बीसवीं सदी का साम्यवाद, न किसी जनेऊधारी ब्राह्मण की चोटी को और कविता में अज्ञेय को तमाम सांस्थानिक-सरकारी प्रयत्नों और खर्च द्वारा बचाए रखने पर मनुस्मृति, राजसूय यज्ञ, ब्राह्मण वर्चस्व और वर्णाश्रम व्यवस्था के बचने की ठोस संभावना दिखाई पड़ती है। केदारनाथ सिंह का 'टूटा हुआ ट्रक' अपनी अभिव्यंजनाओं में बदलते दिक्-काल का एक ऐसा रूपक रचता है, जिसमें एक मामूली जंगली लतर बीसवीं सदी की तमाम ऐसी 'महानताओं' का भोंपू बजा रही है। इसीलिए यह जोर देकर कहने की जरूरत है कि केदारनाथ

सिंह निरपवाद रूप से उत्तर-शती के पहले प्रामाणिक कवि हैं।

जब सूरज डूब रहा था
एक आदमी खड़ा था शहर की सबसे ऊँची मीनार पर
और चिल्ला रहा था—
दोस्तों, यह सदी बीत रही है
बीत रहे हैं सारे पहाड़ और नदियाँ
और हावड़ा का पुल
और हवाई जहाज के डैने
और बुनते हुए हाथ/और चलते हुए पैर
पर दोस्तों, हमें जीना होगा/जीना होगा बाघ के साथ
और बाघ के बिना भी जीना होगा

ये पंक्तियाँ केदारनाथ सिंह की प्रदीर्घ कविता 'बाघ' की उन्नीसवीं कड़ी में से उद्धृत हैं। 'बाघ' एक तरह से बीसवीं सदी के विखंडन का 'उपरान्त-कथ्य' (एपिलॉग) है। शब्दकोश में इसे 'भरतवाक्य' भी कहा जाता है। 'टूटा हुआ ट्रक' अगर उस सदी की संपदाओं के ध्वंस का वृत्तांत है, तो 'बाघ' उसकी 'पोस्ट-स्क्रिप्ट'। उपर्युक्त काव्यांश की संरचना को देखें तो एक रोचक कुंजी हाथ लगती है। शुरू की दस पंक्तियाँ एक-एक कर अपने ध्वन्यात्मक संवेग में जैसे किसी काव्य-स्थिति को सघन और मूर्त करती चलती हैं, और तभी हतप्रभ करने वाली अंतिम तीन पंक्तियाँ आती हैं। अब तक मूर्त होती काव्य संगति को एकाएक अतार्किक और अननुमानित 'स्ट्रोक' के साथ ध्वस्त करती हुईं। दस पंक्तियों की संगति द्वारा विनिर्मित किसी भी अर्थ या अन्तर्वस्तु (कांटेंट) का एक आकस्मिक स्फोट के साथ संहार और उसके ऊपर एक अप्रत्याशित अर्थ या अर्थाभास या अर्थहीनता का प्रक्षेपण। यही है केदारनाथ सिंह की खासियत। कविता में प्रकट संगति और उसके माध्यम से मूर्त होते किसी विचार, भावदशा या विषय-वस्तु के आकस्मिक संहार से एक नितांत भिन्न और अप्रत्याशित प्रभाव तथा काव्यानुभव की उपलब्धि—और फिर उसकी अनेकार्थता की संभाव्यता। यही, जैसा अभी कुछ पल पहले मैंने कहा, केदारनाथ सिंह की सिद्धि या मौलिकता है। इसी विशिष्टता के चलते वे श्रीकांत वर्मा, रघुवीर सहाय और कुँवरनारायण से भिन्न हो जाते हैं।

ऐसा नहीं है कि उनकी यह विशिटता कविता के आलोचकों और पाठकों द्वारा अलक्षित रही हो, परंतु निष्कर्ष तक पहुँचने के अधैर्य में इस विशिष्टता को कभी प्रभाववादी या उत्तर-संरचनावादी समझने की भूलें होती रही हैं। ऐसा उनकी कविता की उस विमुक्ति की परिणति है, जो किसी भी पारम्परिक आलोचक को उसी दुविधा के बीच ला खड़ा करती है, जो अन्य प्रकार से शमशेर या मुक्तिबोध की कविता के समक्ष हमेशा आ खड़ी होने वाली उसकी दुविधा है। यह देखना

सचमुच विलक्षण है कि केदारनाथ सिंह एक साथ ब्रेख्टियन हैं और ठीक इसी के साथ अपनी तरह के निष्णात् 'फॉर्मलिस्ट' या 'रूप-दक्ष'। वे नागार्जुन, मुक्तिबोध और शमशेर के समाहार हैं, इसलिए तीनों से भिन्न। और यह अतिशय-कथन नहीं है।

अब आइए एक नाटकीय रूपक गढ़ें। अभी कुछ देर पहले इसी आलेख में एक प्रश्न प्रस्तुत हुआ था कि स्वातंत्र्योत्तर कविता के सर्वाधिक 'चमकदार काल' के दो दशकों के दौरान केदारनाथ सिंह कहाँ थे। एक उत्तर भी हमने खोजा था। लेकिन हमारे गढ़े गए प्रस्तुत रूपक में इसका एक दूसरा उत्तर बनता है—इस दौरान केदारनाथ सिंह तत्कालीन कविता के विकल्प की खोज में तराई के किसी अज्ञात जंगल में उस 'बाघ' को खोजने गए थे, जिसने बीसवीं सदी की कुछ महानताओं के साथ-साथ संस्कृत के प्रख्यात वैयाकरण पाणिनि के व्याकरण को अचानक ही एक दिन किसी दंत कथा में निगल डाला था। पाणिनि समेत। उस व्याकरण को, जो चरमसत्तावादी था, क्योंकि समस्त सत्ताओं पर उसकी सत्ता थी, और उस पाणिनि को भी, जो वाक्साधना के महर्षि थे।

तो प्रश्न यह है कि यह बाघ क्या है? भौतिकजगत में अभी तक किसी बाघ को व्याकरण खाते नहीं जाना गया। पंचतंत्र की कथाओं में जहाँ पशु-पक्षी अक्सर अपनी वास्तविक सत्ता से भिन्न मनुष्य के चरित्रों और उसकी कोटियों के प्रतीक में अवघटित हो चुके हैं—वहाँ भी कोई ऐसा बाघ मेरी जानकारी में नहीं है, जो वाक्यों, पदों और व्याकरण को खाता हो। उस व्याकरण को जिसकी सत्ता अन्य सत्ताओं में सर्वोच्च है क्योंकि वह वाणी यानी भाषा को ही अनुशासित, नियंत्रित और संरचित करता है जिसमें बाकी समस्त सत्ताएँ उत्कीर्ण हैं या अंतर्भूत हैं। यह माना जा सकता है कि व्याकरण का परिवर्तन समाजैतिहासिक परिवर्तन के साथ ही अतीत के अन्य परिवर्तनों की भवितव्यता या उनकी स्मृति को ही मिटा डालता है। उदाहरण के लिए आज अर्द्ध-ऐतिहासिक काल के तमाम परिर्वतन और वैचारिक विनिर्मितियाँ इसीलिए व्यर्थ, अज्ञेय और अनगुेय हैं क्योंकि अब एक अन्य व्याकरण हमारे पास है। क्योंकि पिछले व्याकरण को बाघ खा गया। व्याकरण के विलोप का मतलब है, इतिहास का विलोप। (अगर आज के समय में हमारी मातृ-भाषाओं को मिटाने का इतना बड़ा उपक्रम भूमंडलीय पैमाने पर हो रहा है, तो निश्चित जानिए यह हमारे उस इतिहास और स्मृति को मिटाने के लिए है जिसमें बीसवीं सदी की औपनिवेशिक गुलामी के विरुद्ध संघर्ष और स्वतंत्रता की हमारी चेष्टाएँ उन मातृ-भाषाओं में उत्कीर्ण हैं)

निश्चय ही यह बाघ पंचतंत्र के पशुलोक में पाए जाने वाले उस बाघ से बिल्कुल भिन्न है, जो किसी मानवीय अभिप्रेत का प्रतिनिधित्व करता हुआ किसी कथा की ओट में एक किसी प्रतीक में अवघटित हो गया है। इसका खुलासा स्वयं

केदारनाथ सिंह ने इस 'बाघ' की प्रस्तावना में किया है—'हर कालजयी कृति की तरह पंचतंत्र का ढाँचा भी अपनी आपात् सरलता में अननुकरणीय है। पर मुझे लगा कि पंचतंत्र एक ऐसी कृति है, जो एक समकालीन रचनाकार के लिए जितनी चाहे बड़ी चुनौती हो, पर जरा-सा रुककर सोचने पर वह सृजनात्मक संभावना की बहुत-सी नई और लगभग अनुद्घाटित पर्तें खोलती-सी जान पड़ती है। मुझे यह भी लगा कि यदि एक बार उस ढाँचे की कार्यकारण-बद्ध शृंखला को थोड़ा ढीला कर दिया जाए तो इस संभावना को कई गुना और बढ़ाया जा सकता है। वस्तुतः सृजनात्मक सत्य के इसी नए साक्षात्कार से 'बाघ' का जन्म हुआ था—लगभग आड़ी-तिरछी रेखाओं के बीच घिरे एक शिशु की क्रीड़ा की तरह।

यानी यह बाघ पंचतंत्र के गुंफित ढाँचे से इसलिए विमुक्त किया गया है, जिससे वह पंचतंत्र के अर्थ—परिसीमन से स्वतंत्र होकर यहाँ उन पूर्व-निर्धारित प्रतीकों में अवघटित न हो जाए। लेकिन हर कविता के सिर पर यह दुर्निवार खतरा हमेशा मौजूदा रहता है कि किसी भी पद की बार-बार आवृत्ति उसके रूढ़ अर्थों को एक तरफ और प्रतीकार्थों को दूसरी तरफ अक्सर पुनजीर्वित कर देती है। औसत ही नहीं, बहुत अच्छी कविताएँ भी विमुक्ति के एक शिखर तक पहुँचकर अक्सर पदों में पुनःसृजित हो जाने वाले रूढ़ अर्थों या पूर्व-प्रक्षेपित प्रतीकों से समझौता कर एक प्रकार के काव्य-तोष तक पहुँचकर रुक जाती हैं। केदारनाथ सिंह की कविता 'बाघ' का महत्त्व इसलिए ऐतिहासिक किस्म का हो गया है कि हर ऐसी रूढ़ि के पुनरागमन या पुनर्जागरण के ऐन बिन्दु पर वे अपनी कविता का विक्षेप कर उस रूढ़ि को निरस्त कर देते हैं और अपनी सिद्ध असंगत-तार्किकता की युक्ति से इस पद (यहाँ पर 'बाघ') की अर्थ या प्रतीक-गर्भिता को विनष्ट कर देते हैं। इस अन्यत्र अनुपलभ्य उदाहरण के लिए 'बाघ' शृंखला की पहली ही कविता की पंक्तियाँ देखिए—

'बिंब नहीं/प्रतीक नहीं/तार नहीं/हरकारा नहीं/मैं ही कहूँगा/क्योंकि मैं ही जानता हूँ/मेरी पीठ पर/मेरे समय के पंजों के/कितने निशान हैं/'

स्पष्ट है कि शुरू में ही 'बाघ' कविता का मूल पद अपने समस्त पूर्वनियोजित सूत्रों से तथा कविता में अनुमानेय उपयोग के आसन्न बोध से अपने विच्छेद का संकल्प प्रस्तुत कर देता है। यही वह कारण है कि जिसने प्रख्यात उड़िया कवि हरप्रसाद दास को एक जटिल उलझन में डाला था—'बाघ' कविता ने अद्भुत ढंग से झकझोरा सोचता रहा 'बाघ' है क्या। क्या यह कोई प्रतीक है या कोई विराट बिंब, जिसमें अनेक चित्र और रूपक समाहित हो जाते हैं। असल में हम 'बाघ' को तीन या चार धरातलों पर पढ़ सकते हैं—बाघ जो था, बाघ जो अब नहीं है, बाघ जिसकी हमें तलाश है और उससे भी अधिक महत्त्वपूर्ण वह जो बाघ कभी था ही नहीं।

यह स्पष्ट है कि कविता में किसी पद की इतनी हैरअंगेज बहु-वाचिकता का कोई दूसरा ऐसा उदाहरण हिंदी कविता में अलभ्य है। यह एक अत्यंत विनम्र तथ्यात्मकता है और एक तरह की चुनौती भी।

अगर पुनरुक्तियों और पद-आवृत्तियों के द्वारा कविता में बहुवाचिकता या व्यंजनात्मकता अर्जित करने वाले दूसरे महत्त्वपूर्ण कवि श्रीकांत वर्मा की 'मगध' कविता का उदाहरण लिया जाए, तो इस तुलना के माध्यम से इन दोनों महत्त्वपूर्ण कविताओं के अंतर और सीमाओं को एक हद तक प्रदर्शित किया जा सकता है। केदारनाथ सिंह की तरह ही श्रीकांत वर्मा भी 'मगध' में अपने मूल पद के पूर्वनियोजित परि-संदर्भों से विच्छेद का संकल्प प्रस्तुत करते हैं—'बंधुओ/यह वह **मगध** नहीं/तुमने जिसे पढ़ा है/किताबों में' निश्चय ही यह इतिहासार्थकता से पद (**मगध**) के विच्छेद का संकल्प है, साथ ही उसके प्रत्याशित अर्थों से भी। लेकिन ठीक इसी के बाद की अगली दो पंक्तियों में वे इस विमुक्ति को परिसीमित भी कर देते हैं—'यह वह मगध है/जिसे तुम/मेरी तरह गवाँ चुके हो।' अर्थात् वाचक (मैं) की समकालिकता द्वारा 'मगध' की इतिहासार्थकता का परिसीमन अथवा विनियोजन।

इसके बरक्स 'बाघ' 'एक जादू है/और इतना विकट/कि अँधेरे में नाम लो/तो हो जाएगा प्रकट'। केदारनाथ सिंह 'बाघ' की भौतिक-सत्ता से पद की विमुक्ति के लिए मनुष्य की सहजात वृत्ति (भय) और आदिम युक्ति (जादू) की उद्भावना से काम लेते हैं। श्रीकांत वर्मा अपनी कविता 'मगध' में मूल पद की निरंतर आवृत्ति और पुनरुक्तियों द्वारा पद के इतिहासार्थक-अनुगूँजों को बार-बार जगाते हुए और उसे पद की समकालिक अर्थ-व्यंजनाओं द्वारा हर बार काटते हुए, एक ऐसे तनाव का निर्माण करते हैं, जिस पर 'मगध' की अर्थ-संरचना का समूचा विन्यास निर्भर है। मगध, कोशल, हस्तिनापुर, कौशाम्बी, पाटलिपुत्र—कोई भी नाम लीजिए, उसकी आवृत्तियों में से उपजते इतिहास की अनुगूँजों और समकालिक व्यंजनाओं के साथ उनके द्वंद्व या टकराहट से उत्पन्न तनाव, और फिर उस तनाव से पैदा हुए अर्थ-फल की उपलब्धि—यह श्रीकांत जी की युक्ति है। इसमें वे अपनी तरह से अप्रतिम हैं।

'मगध में शोर है/कि मगध में शासक नहीं रहे/जो थे/वे मदिरा प्रमाद और आलस्य के कारण/इस लायक नहीं रहे/कि उन्हें हम मगध का शासक कह सकें/' समकालीन नियति का ऐतिहासिक या पौराणिक पद-अर्थ परिसंदर्भों पर प्रक्षेपण और इस तरह से एक इतिहासाभास में विनियोजित अर्थाभास। ध्यान दें—'अर्थ' नहीं 'अर्थाभास'। इतिहास नहीं—'इतिहासाभास'। एक किस्म की 'स्यूडो-हिस्टॉरिसिटी।' इतिहास का छद्म और अर्थ का भी 'छद्म'। इसीलिए श्रीकांत वर्मा की कविता 'मगध' अपनी अर्थ-बहुलता और बहु-वाचिकता के लिए एक विलक्षण स्पेस का निर्माण

कर पाती है। कविता में एक प्रकार की अर्थ-बहुल लोकतांत्रिकता। लेकिन ऐसा नहीं कि यह श्रीकांत जी की कोई नई या अब तक अपरिलक्षित काव्य-सिद्धि हो। बहुत पहले अपनी कविता 'बाबर और समरकंद' में वे यह सिद्धि अर्जित कर चुके थे। इसीलिए 'बाबर और समरकंद' वस्तुतः 'मगध' की काव्य-संरचना का ही बीज-काव्य है। उसी तरह, जिस तरह केदारनाथ सिंह की कविता 'टूटा हुआ ट्रक' 'बाघ' की बीज-कविता है। लेकिन महत्त्वपूर्ण यह है कि 'बाघ' अपनी समग्रता और परिणतियों में उस हद तक पहुँचता है, जिसकी प्रत्याशा 'टूटा हुआ ट्रक' को पढ़ते हुए लगभग असंभव है। 'बाघ' एक विलक्षण अप्रत्याशित कविता है।

अगर हम 'ट्रक' को बीसवीं सदी की किसी विनिर्मिति के प्रतीक तक अवघटित करके देखें तो 'बाघ' कविता में उसका समरूपक हमें ट्रैक्टर के रूप में मिलता है। बाघ से उस ट्रैक्टर की मुठभेड़ की एक रोचक बिंबात्मकता में 'बाघ' कविता का वह विकास उपस्थित है, जो उसे पिछली कविता से पृथक करता है—'एक सुंदर और विशाल ट्रैक्टर/वहाँ खेत में खड़ा था/दिन-भर चलने के बाद/वह इतना थक चुका था/कि इस समय अपनी परछाईं की माप से/छोटा था न बड़ा/' बाघ उस ट्रैक्टर को देखता है—'उसे ट्रैक्टर एक विराट दाने की तरह लगा/हराई में पड़ा हुआ/एक पुख्ता लाल दमकता हुआ दाना/और बाघ ने. सोचा अब मजा आएगा/क्योंकि अब जैसा होता है एक बुढ़िया आएगी/जो दाने को उठाकर/रख लेगी झोली में/ले जाएगी घर/और डाल लेगी अपनी अँधेरी/खुदबुदाती हुई बटुली में/' इस बिंब को विखंडित करके अगर कोई अर्थ-फल या फलितार्थ पाने की कोशिश करे तो हाथ यह आता है कि 'ट्रक' की ही तरह 'ट्रैक्टर' भी, जो बीसवीं सदी की एक तकनीकी या वैचारिक विनिर्मिति है, यहाँ इसलिए भिन्न हो जाता है कि वह ट्रक की तरह कवि द्वारा नहीं, बल्कि बाघ द्वारा देखा जा रहा है। ट्रक हो या ट्रैक्टर, दोनों आधुनिकता के उपादान हैं। लेकिन बाघ, जो कि एक साथ कभी मिथकीय है, कभी वास्तविक और कभी 'कुछ नहीं' होकर सिर्फ एक दृष्टि में बदलता हुआ—वह उसे एक नितांत अनाधुनिक या प्रति-आधुनिक रूप में देखता है। दाने की तरह। इस तरह वह ट्रैक्टर की वस्तु-सत्ता और उसकी प्रतीकार्थकता को एक ही झटके में विनष्ट कर डालता है। इसके बाद बाघ की कल्पना में आती है एक बुढ़िया। यहाँ हम एक चेष्टा कर सकते हैं। बुढ़िया क्या है। क्या जरा—यानी स्वयं काल। वह उस ट्रैक्टर को, जो अब बाघ की दृष्टि में दाने की शक्ल में रूपांतरित है, अपनी बटलोई में डाल लेती है। तो क्या समय की बटलोई में बीसवीं सदी की उस विनिर्मिति की नियति किसी दाने की तरह पक जाने की है। और इस तरह बाघ उसके अंत का पूर्व-द्रष्टा बनता है लेकिन तभी एक खतरा पैदा होता है—और वह है स्वयं बाघ के किसी प्रतीकार्थ में स्थिर हो जाने का। और कौतुक देखिए कि केदारनाथ सिंह एक अद्‌भुत विदग्धता के साथ उसे भी निरस्त कर

देते हैं—'फिर उसने एक दबी हुई ईर्ष्या से/नीचे से ऊपर तक/गौर से देखा समूचे ट्रैक्टर को/और खुद-ब-खुद/एक बुढ़िया की बटुली में पकने की इच्छा से हो गया लाल!'

यही वह सिद्धि है जो हर बार बाघ को किसी भी अर्थ में अवघटित होकर स्थिर नहीं होने देती और हर बार बाघ एक नए अवतार में प्रस्तुत होता रहता है। हर बार उसका ध्वंस होता है, और फीनिक्स की तरह हर बार एक नया निर्माण और पुनः विनाश—और इस समूची राख और मलबे से कविता का अर्थ-फल उपलब्ध होता है। इसीलिए हमेशा बाघ के प्रति एक उत्सुकता किसी आदिम भय के साथ घुली-मिली बनी रहती है : 'पैरों से पूछ रहे हैं जूते/गरदन से पूछ रहे हैं बाल/नखों से पूछ रहे हैं कंधे/बदन से पूछ रही है खाल/कि कब आएगा/फिर कब आएगा बाघ।'

यह देखना अत्यंत रोचक है और मेरे जैसे सीखते हुए कवि के लिए विस्मयकारी भी कि केदारनाथ सिंह अपनी इस कविता में अपने मूल पद को किस तरह बार-बार उसके स्थिरीकृत अवधारणाओं और अर्थों से विच्छिन्न करने की 'शिशु-क्रीड़ा' करते हैं। जैसे ही बाघ अपने पीछे-पीछे, परछाईं की तरह लगी हुई हिंसा और बर्बरता को प्रकट करने लगता है तभी उसे हवा में पकते हुए आम की गंध मिलने लगती है और वह एक पृथ्वी भर लंबी साँस लेकर, अपने बदन को जरा ढीला करके हो जाता है चित! निहत्था, निष्कवच, पूरी तरह वध्य—'वल्नरेबल'। अपनी ही छवि और अपने ही हिंस्र अर्थपरकता को नष्ट कर एक लाचार, अहिंसक पात्र में बदलता हुआ। जिस समय में वह है, वहाँ किसी दीवार पर लटकती हुई एक मरे बाघ की लंबी देह दिखाई देती है और किसी भय में घिरा वह चीखना चाहता है—*'मैं मार डाला जाऊँगा/मार डाला जाऊँगा।'* अपनी ही छवि और अपने ही जड़ीभूत अर्थ के कारण अपनी हत्या की आशंका। यह सिर्फ उस बाघ का मृत्यु-भय नहीं है, जो अपनी करुणा में बुद्ध की तरह है, यह हमारी अपनी हत्या की आशंका से भी हमें विमूढ़ करती है। यह भय इतना विकट है कि यह किसी शब्द की हत्या की आशंका के सामने हमें यक-ब-यक खड़ा करता है, जिसका वध किसी अन्य के हाथों नहीं अपने ही अर्थ के हाथ सन्निहित है। अपने ही अर्थ के हाथों मारा जाता हुआ पद। यह हिंसा का चरम रूपक है।

विलियम ब्लेक ने बाघ पर एक कविता लिखी थी। वह कविता मैंने तो नहीं पढ़ी लेकिन बोर्खेज ने अपने प्रसिद्ध कविता संग्रह 'दि गोल्ड ऑफ दि टाइगर्स' में उसका स्मरण किया है। सूर्यास्त की पीली होती धूप में एक पिंजड़े में बंद वह बंगाल का बाघ एक खास लय में टहलता है। उसे देखकर ही बोर्खेज को ब्लेक की वह कविता याद आती है। फिर उसके सुनहले रोयों से कौंधने लगते हैं सोने के अनेक बिंब। दूसरे सारे रंग समय के साथ-साथ छोड़ते जाते हैं और अंत में

बचा रहता है वही सुनहला जो बाघ के रोयों में उस सूर्यास्त के समय देखा गया था। एक सोने की ऐसी अँगूठी, जो हर नौवीं रात दूसरी नौ अँगूठियों को आलोकित करती है, जो फिर नौ अन्य अँगूठियों क़ो उद्‌भासित करती हैं और इंस तरह रात में समूचे सौरमंडल में ये जगमग अँगूठियाँ नक्षत्रों की तरह फैल जाती हैं। कविता के अंत में बोर्खेज कहता है—'सूर्यास्तों के समय, ओ सारे बाघ, ओ मिथकों और महाकव्यों के सारे आश्चर्यों, ओ मेरे सबसे प्रिय सोना, तुम्हारे रोयों का सोना, जिन्हें छूने के लिए अब भी तड़पते हैं मेरे हाथ।'

समकालीन कविता की संवेदनशील और प्रतिभाशाली कवयित्री अनामिका ने 'बाघ' की तुलना टेड ह्यूज की प्रसिद्ध कविता 'क्रो' (कौआ) से की है : 'बाघ' और 'क्रो' दोनों मल्टीलॉक्वेंट हैं—बिंब और प्रतीक—दोनों स्तरों पर कई तरह की ध्वनियों का आभास कराते हैं। किसी एक राजनीतिक-आर्थिक-धार्मिक-सांस्कृतिक दर्शन के शीशकक्ष में बँधने वाला न बाघ है, न 'क्रो'। किसी भी महान कविता की पहली शर्त शायद यही होती है कि वह पहले धरातल पर तो दर्पण की तरह झकझक होती है, दूसरे धरातल पर प्रिज्म की तरह सात रास्ते सुझाने वाली। इस कसौटी पर केदारजी ह्यूज से कहीं सफल दीखते हैं। उनके यहाँ बाघ एक बिंब पहले है, प्रतीक बाद में।' कहने का आशय यही कि बाघ की बहुवाचिकता और अर्थबहुलता उसके अभिव्यंजनार्थों की संभाव्यताओं की इतनी खिड़कियाँ खोलती है कि पाठक को इस कविता की मार्फत एक नहीं सात या उससे ज्यादा सत्य मिलते हैं। एक नितान्त उत्तर-आधुनिक जैसी लगती अवस्थिति। इसीलिए बाघ किसी एक प्रतीक, मिथक या भौतिक-सत्ता में स्थिरीकृत होकर किसी एक अभिप्रेत में अपवर्जित होने की बजाय, एक ऐसे अभूतपूर्व 'गुणक' के रूप में प्रयुक्त हुआ है, जिसमें इस पद के अनगिनत लक्षण समाहित हैं।

दरअसल 'बाघ' को बीसवीं सदी के उत्तरार्द्ध की महत्त्वपूर्ण कविता-उपलब्धियों के क्रम में रखकर देखना चाहिए। मुक्तिबोध की 'अँधेरे में', धूमिल की 'पटकथा' और श्रीकांत वर्मा की 'मगध' के साथ। सत्तर के दशक में आने वाली धूमिल की कविता 'पटकथा' को हिंदी कविता में एक विभाजक मोड़ के लिए याद किया जाता है। अल्पायु में मृत्यु के कारण धूमिल अपनी उस काव्य-चेष्टा को ऐसी सृजनात्मक परिणति तक नहीं ले जा सके जिसकी अपरिमित संभावनाओं को उन्होंने अत्यंत विलक्षण तरीके से 'पटकथा' में खोज निकाला था। धूमिल का अपने समकालीनों पर गहरा असर भी पड़ा। लेकिन 'पटकथा' और 'मोचीराम' का महत्त्व कविता में किसी नई संरचनात्मक उपलब्धि के कारण नहीं बल्कि कविता में पहली बार इतने मौलिक और प्रभावशाली तरीके से आने वाले आख्यानात्मक वृत्तांत के कारण है। नेहरू युग से मोहभंग और आजादी के बाद के भारतीय लोकतंत्र के उभरते संकटों और विडंबनाओं का ऐसा काव्यालेख धूमिल ने 'पटकथा' में रचा जो उनकी इस

कविता को मिटा डालने के तमाम उपक्रमों के बावजूद उसकी स्मृति और प्रासंगिकता को निरन्तर गाढ़ा करती चलती है। अगर देखें तो 'पटकथा' की आख्यानात्मकता दरअसल श्रीकांत वर्मा की कविता 'मगध' का ही पूर्व-दक्ष है इसीलिए इन दोनों कविताओं के पाठ-बोध में एक अजब-सी समानता है। धूमिल ने हिंदी कविता के प्रचलित रूप-विधान, उसकी संरचना या बनावट में कोई बड़ा मौलिक विक्षेप नहीं किया था। जिस तरह की 'पंचलाइंस', तेज मुहावरेदानी और तुकों का इस्तेमाल उन्होंने 'पटकथा' और 'मोचीराम' सरीखी कविताओं में किया था, वह उनके पहले भवानी प्रसाद मिश्र और श्रीकांत वर्मा की कविताओं में मौजूद थी। इसी तरह मुक्तिबोध की कविता 'अँधेरे में' या 'ब्रह्मराक्षस' जैसी कविताओं का महत्त्व उनकी उस संश्लिष्ट संरचना के कारण है, जो फंतासी तथा अतियथार्थवादी युक्तियों के अब तक हिंदी में अभूतपूर्व विन्यास से उन फलितार्थों की अभिव्यक्ति को संभव बनाती है, जिसके पाठ से हम आज भी विचलित और स्तब्ध हो जाते हैं। इस तरह 'पटकथा', 'अँधेरे में' और 'मगध' तीनों कविताएँ बीसवीं सदी के उत्तरार्द्ध के भारतीय यथार्थ की वे अप्रतिम अर्थ-छवियाँ हैं, जिन्हें हम आधुनिक हिंदी कविता की शिखर उपलब्धियों में, एक नहीं अनेक कारणों से गिन सकते हैं।

इस दृष्टि से 'बाघ' हिंदी की उत्तरशती की पहली प्रामाणिक काव्योपलब्धि है। इसकी मौलिकता और अपूर्वता इस तथ्य में अंतर्निहित है कि यह कविता बीसवीं सदी की भौतिक और वैचारिक विनिर्मितियों को ही विलक्षण विदग्धता के साथ निरस्त करती है और हिंदी कविता को अतीत के उस व्यामोह से विमुक्त करती है, जहाँ पहुँचकर वह हर बार ठहर जाती थी।

'बाघ' कविता इस नई सदी में पहली बार निर्मम निस्संगता और अंतर्दृष्टि के अतिरिक्त एक नितांत नई वाक्-संयोजना के साथ उस जगह की तलाश की अनुपयोगिता को उद्घाटित करती है, जहाँ यह दुनिया हर बार एक पोस्ते के फूल में बदल जाया करती है।

ढलती सदी में उपन्यास

कहा जाता है कि कविता-कहानी, नाटक-निबंध, गीत-आलोचा आदि साहित्य की अन्य विधाएं छोटे-मोटे पशु-पक्षी हैं, जब कि उपन्यास एक ऐसा विशाल हाथी है, जिसके विलुप्त होने या बीमार होने और मरने की भविष्यवाणियां बीसवीं सदी से आज तक लगातार की जाती रही हैं। लेकिन उपन्यास अपनी भारी-भरकम काया और आत्मा को ढोता हुआ आज तक किसी आश्चर्य की तरह समकालीन बना हुआ है।

यह सचमुच आश्चर्यजनक है कि अट्ठारहवीं सदी के यूरोप में औद्योगिकीकरण और पूंजीवादी लोकतंत्र के साथ-साथ जन्म लेने वाला आख्यान का यह अपूर्व ढांचा, जिसे उपन्यास कहा गया, वह कैसे अपने-आपको भीतर और बाहर से लगातार बदलता हुआ, इक्कसवीं सदी में भी न सिर्फ प्रासंगिक बना हुआ है बल्कि प्रकाशकों और व्यवसायियों के लिए बाजार का एक सर्वाधिक बिकाऊ साहित्यिक उत्पाद है। आज के उत्तर-औद्योगिक समय मे जब स्वयं लोकतंत्र, इतिहास, विचारधारा और आलोचना समेत सभ्यता के सारे महावृत्तांत या तो संदेह के घेरे में हैं या फिर उनके साथ जुड़े समस्त मिथक ओर स्वप्न टूट चुके हैं, उनकी कलई उघड़ चुकी है, उनके ढकोसले जगजाहिर हो चुके हैं और उनके अंत तक की घोषणाएं हो चुकी हैं, ऐसे में साहित्य का यह विराट् हाथी या बरगद अपनी पुरानी जर्जर जड़ों के द्वारा कहां से और कैसे जीवित रहे आने का तत्व जुटाता है?

लेकिन यह भी सच है कि पश्चिम में औद्योगिकीकरण, लोकतंत्र, आधुनिकता और शहरी मध्यवर्ग के जन्म के साथ ही, साहित्य की जो अपूर्व विधा प्रकट हुई और जिसे 'मध्यवर्ग का महाकाव्य' कहा गया, उसकी तुलना में उन्नीसवीं सदी के उत्तरार्द्ध में जन्म लेने वाले भारतीय उपन्यास की परिस्थितियां और संदर्भ बिल्कुल दूसरे थे। औपनिवेशिक और सामंती जकड़न में जी रहे भारतीय जन-जीवन के जिस यथार्थ की अभिव्यक्ति पश्चिम से आयातित इस नए स्थापत्य (उपन्यास) के भीतर हुई, वह जीवन मुख्यतः ग्रामीण था। वह जीवन किसान का जीवन थां अंतर्विरोध ा ने अगर एक ओर प्रारंभिक भारतीय उपन्यासकारों के सामने कई तरह की

सृजनात्क कठिनाईयां खड़ी कीं, तो दूसरी ओर उपन्यास के ढांचे और उसकी अंतर्वस्तु की इसी टकराहट ने, पश्चिम से भिन्न एक देशी किस्म के भारतीय उपन्यास के विकास की दिशाएं भी खोलीं। अब यह एक रोचक इतिहास है कि पश्चिम के औपनिवेशिक संपर्क की सहज प्रक्रिया में उभरने वाले आधुनिक भारतीय मध्यवर्ग ने किस तरह भारतीय भाषाओं में लिखो जा रहे उपन्यासों का मजाक बनाया और आलोचकों ने, जो मूलरूप से क्लीशे और शास्त्रीय रूढ़ियों के अधीन रहते हैं, बहुत बाद तक, यहां तक कि बीसवीं सदी में 'गोदान' जैसे कालजयी उपन्यास लिखे जाने के समय तक इसे 'पश्चिमी फॉर्म' और 'देशी कथानक' का 'अनमेल विवाह' मानते रहे। माना जाता है कि पहला भारतीय उपन्यास 'छह बीघा खेत' उड़िया में फकीर मोहन सेनापति ने लिखा। जैसा कि शीर्षक से ही स्पष्ट है, भारतीय उपन्यास की नींव ही यूरोप से नितान्त भिन्न ग्रामीण किसान के जीवन की गाथा के साथ रखी गई। बाद में यह परंपरा मुंशी प्रेमचंद से लेकर तकषि शिवशंकर पिल्लई, माणिक वंद्योपाध्याय, विभूतिभूषण, फणीश्वरनाथ रेणु, जगदीश चन्द्र, नागार्जुन, शिवप्रसाद सिंह, भैरप्पा, चंद्रशेखर कंबार, कमलाकांत त्रिपाठी आदि तक चलती चली गई है। पिछले डेढ़ दशकों से भारतीय किसानों की बड़ी संख्या में आत्महत्याओं और अभी पिछले दिनों बंगाल में सिंगूर और नांदीग्राम जैसी घटनाओं के संदर्भ में देखें तो एक बार फिर लगता है कि इक्कीसवीं सदी के भारतीय उपन्यास के केन्द्र भी संभवतः आज का संकटग्रस्त ग्रामीण जीवन ही रहेगा। क्योंकि उपन्यास किसी भी काल और समाज के मनुष्य के समूचे जीवन की थरथराहट है।

चर्चित युवा आलोचक ज्योतिष जोशी ने अपनी नयी आलोचना पुस्तक 'उपन्यास की समकालीनता' में बीसवीं सदी के अंतिम दो दशकों में, हिन्दी में लिखे गए उपन्यासों को गंभीरता और गहराई के साथ अपने विश्लेषण और जांच-पड़ताल का विषय बनाया है और इस प्रक्रिया मे कई-कई बार उन्होंने जो निष्कर्ष निकाले हैं, उससे इस संभावना के संकेत मिलते हैं कि हिन्दी की कथा आलोचना अब तक जिस प्राध्यापकीय जड़ता और पिछड़े राजनीतिक पूर्वग्रहों से ग्रस्त रही है, उससे छुटकारे के दिन बहुत दूर नहीं हैं। हिन्दी में कथा आलोचना को वह केन्द्रीयता और प्रतिष्ठा अभी तक हासिल नहीं हो सकी है, जो कविता केन्द्रित आलोचना की है। ऐसे में ज्योतिष जोशी का यह आलोचनात्मक प्रयत्न प्रासंगिक भी है और महत्वपूर्ण भी। वे समकालीन हिन्दी आलोचना में संभवतः अकेले ऐसे युवा आलोचक हैं, जिनके पास आलोचना के ज्यादा विकसित, विविध और वृहत्तर उपकरण हैं। इन आलोचनात्मक उपकरणों और प्रविधियों को उन्होंने अन्य कलाओं की समीक्षा-दृष्टियों से अर्जित किया है। उनमें वह अपेक्षित धैर्य और सृजनात्मक संवेदना भी है जो उनकी आलोचना को मुख्यतः अध्यापकों द्वारा बहुतायत में लिखी जा रही कथा-आलोचना से एक अलग पहचान और संभावना

प्रदान करती है। किसी भी उपन्यास के स्थापत्य, उसकी आंतरिक संरचना और उसकी भाषिक विदग्धत की अनदेखी करके, सिर्फ कथानक अथवा विषय के आध ाार पर समूचा मूल्यांकन करने वाले आलोचकों को ज्योतिष अपनी पुस्तक के प्रारंभ में ही आगाह करते हैं:

'एक सुगठित और सुनियोजित कथा के अभाव में उपन्यास का सृजन सम्भव नहीं है। पर क्या कथा ही उपन्यास का अंतिम सत्य है, एक बंद वृत्त में लेखकीय कौशल की परिक्रमा अंततः उपन्यास को बांध देती है और उसमें आगे की संभावनाएं समाप्त सी हो जाती है। कथा के मजबूत बंधन को तोड़-फोड़ मचाने वाले चरित्र ही अंततः उपन्यास में प्राण भरते हैं और पाठकों की आकांक्षा को नए स्तरों पर ले जाकर उसे वास्तविकता प्रदान करते हैं। यही कारण है कि ई. एम. फॉस्टर लगातार यह कहते रहे हैं कि जब हम कथा की बात करते हैं तो उपन्यास के एक घटिया स्तर पर बात करते हैं।'

और 'कथा अपने आप में एक ऐसा सूत्र है, जिससे उपन्यास को गति मिलती है, पर वही अभीष्ट हो जाए तो रचना मारी जाती है। आज के युग में ऐसे उपन्यासों का कोई भविष्य नहीं है, जो कथा कहने के लिए लिखे जाते हैं।'

किसी उपन्यास की कथा की सीमाओं के विरूद्ध कथाकार के संघर्ष से निसर्जित होने वाली नयी आख्यान-संरचना के संदर्भ में ज्योतिष प्रेमचंद के 'गोदान' और अज्ञेय तथा जैनेन्द्र के उपन्यासों का उदाहरण देते हैं। उन्हीं के शब्दों में:

'गोदान' मनुष्य की नीयति, उसके संघर्ष और उसकी सीमाओं का महाकाव्य बन सका तो उसका मूल कारण यही है कि प्रेमचंद ने कथा के उस ढांचे को तोड़ दिया जिससे उसका समापन सुखद होने की ओर बढ़ सकता था।'

यही वह आलोचकीय दृष्टिकोण है, जो ज्योतिष जोशी को समकालीन आलोचना परिदृश्य से कुछ दूर, अलग हटकर खड़ा करता है। इसी दृष्टिकोण के चलते वे हिंदी उपन्यास की उस दूसरी समानांतर परंपरा के महत्व को भी रेखांकित कर पाने में समर्थ हो सके हैं, जिस परंपरा में 'शेखर एक जीवनी' से लेकर 'नौकर की कमीज', 'कसप', 'आखिरी कलाम', 'अंतिम अरण्य', 'मायालोक', 'निन्यानबे', 'समय सरगम', 'कलि कथा वाया बाइपास' आदि ऐसे उपन्यास आते हैं, जिनमें कथा और चरित्रों से अध्कि महत्वपूर्ण उनमें पस्तुत आख्यान का समग्र पर्यावरण, उनकी वाचिक संरचना और अंततः इसी के परिणामस्वरूप इन उपन्यासों का नया स्थापत्य है।

पिछले बीस-बाइस वर्षों के दौरान लिखे गए हिंदी के कई उपन्यासों के साथ इस युवा आलोचक की यह पहली संक्षिप्त मुठभेड़ इस बात का पर्याप्त संकेत देती है कि अगर ज्योतिष के आलोचना कर्म ने उपन्यासों से अपना मुंह फेर नहीं लिया तो उनकी अगली पुस्तक एक अधिक सम्पन्न और स्वयं ज्योतिष की आलोचना

में पीछे से चले आते कुछ प्रक्षिप्त अंतर्विरोधी से सर्वथा मुक्त एक प्रौढ़ और अपेक्षाकृत व्यवस्थित आलोचना की किताब होगी। क्योंकि डी.एच. लारेंस के जिस महत्वपूर्ण निबंध के एकाधिक उद्धरणों का उल्लेख उन्होंने अपनी इस पुस्तक के पहले ही अध्याय 'उपन्यास का स्थापत्य' में किया है, उसी निबंध में डी. एच. लारेंस ने भविष्य में लिखे जाने वाले उपन्यासों के बारे में जेसे कोई 'प्रोफेसी' की थी। उन्होंने लिखा थाः

'उपन्यास जीवन की पुस्तक है। पुस्तकें जीवन नहीं है। वे सिर्फ हवा में थरथराहट पैदा करती हैं। लेकिन एक ऐसी थरथराह है, जो समूचे जीवित मनुष्य को कंपा सकती है। कविता, दर्शन, विज्ञान या किसी भी पुस्तक की थरथराहट से कहीं ज्यादा जबरदस्त उपन्यास की थरथराहट है।'

ज्योतिष जोशी के पक्ष में, जिन्होंने पिछले एक दशक में 'जैनेंद्र संचयिता' , 'भारतीय कला के हस्ताक्षर' तथा 'पुरखों का पक्ष' जैसी कई कृतियों के माध्यम से हमारा ध्यान बार-बार अपनी ओर खींचा है, यही कहा जा सकता है कि आने वाले समय में, आज के भारतीय मनुष्य के जीवन की समूची थरथराहट को अपनी संरचना और स्थापत्य में समेटने वाला नया उपन्यास ही संभवतः समकालीन आलोचना के मौजूदा गतिरोध और जड़ता को तोड़ेगा। यही कारण है कि 'उपन्यास की समकालीनता' ज्योतिष जोशी की कथा आलोचना की उपलब्धि से अधिक उनकी संभावनाओं का संकेत देने वाली एक महत्वपूर्ण पुस्तक है।

(इंडिया टुडे, 22 अगस्त 2007)

व्यक्तिगत

ब्रेख्त के घर में

'मेरे प्यार ने मुझे बताया है, कि उसे मेरी बहुत जरूरत है
इसीलिए मैं आजकल अपनी बहुत देखभाल करता हूँ
जहाँ कहीं भी जाता हूँ, अपना पूरा खयाल रखते हुए,
डरते हुए कि वर्षा की छोटी-छोटी बूँदें भी मुझे मार स्कती हैं!'

ब्रेख्त की यह एक साधारण-सी, बहुत सरल प्रेम कविता है। ऐसी बहुत-सी प्रेम कविताएँ ब्रेख्त ने लिखी हैं, जिनमें उसकी छवि उसकी बहु-विख्यात क्रांतिकारी नाटककार और नाजीवाद तथा पूँजीवाद के विरुद्ध जुझारू संघर्ष करने वाले सक्रिय बौद्धिक की छवि से अलग दिखाई देती हैं। उदाहरण के लिए एक अन्य कविता का अंश देखिए : 'एक पत्ती तुम भेजो मुझे, सिर्फ एक पत्ती, लेकिन उस झाड़ी की, जो तुम्हारे घर से फ़क़त आधे घंटे दूर उगी हो...' या फिर ये पंक्तियाँ : 'मैंने कभी इतना प्यार नहीं किया...आह! जितना उस शाम, जब मैं चलता हुआ तुमसे दूर निकल आया...।'

उन लोगों ने, जिन्होंने बर्तोल्त ब्रेख्त (या ब्रेष्ट) के सिर्फ राजनीतिक नाटक ही नहीं देखे, बल्कि उसकी कविताएँ भी पढ़ी हैं, वे जानते हैं कि संसार भर में नाटककार के रूप में चर्चित हो जाने के बावजूद ब्रेख्त सबसे पहले और सबसे अंत में एक कवि ही थे। एक अत्यंत महत्त्वपूर्ण, संवेदनशील और महाप्राण कवि, जिसे जर्मनी का नाजीवाद या अमेरिका का मैकार्थीवादी दमन-तंत्र भले ही न मार पाया हो, लेकिन जो भीतर से इतना अल्पप्राण और इतना कोमल भी था, कि जो वर्षा की छोटी-छोटी बूँढ़ों से ही मर सकता था।

गालिब का वह शेर याद आता है : 'मैं हूँ वो सब्ज़ा कि ज़ेहराब उगाता है मुझे!' (मैं ऐसा पौधा हूँ, जो विष-जल-सींचने से उगता और बढ़ता है।)

बर्तोल्त ब्रेख्त के जीवन पर काफी कुछ यह शेर लागू होता है। नाजीवादी और पूँजीवादी दमन के सामने निरंतर अपराजेय रहने वाला, जीवन भर खानाबदोश की तरह एक देश से दूसरे देश अपने बसने का ठौर-ठिकाना खोजता हुआ यह दरबदर घुमक्कड़ रंगकर्मी और कवि, हर बार अपनी जड़ों पर डाले गए 'विषजल'

के बाद, नई-नई रचनाओं के साथ वापस लौटता रहा, और जब अंत में, जीवन भर की भटकन के बाद, दूसरे विश्वयुद्ध की समाप्ति तथा हिटलर तथा नाजियों के पराभव के बाद उसे स्थायी रूप से बसने और चैन की साँस लेने लायक ठिकाना मिला, तो वह नहीं जी सका। वर्षा की शीतल बूँदों ने संभवतः उसे वह विश्रांति दी कि वह मर गया।

अभी पिछली 26 और 27 जून, 2003 को मैं बर्लिन के चाउसीस्ट्रास पर स्थित ब्रेख्त के उसी 125 नंबर के घर में, दोनों दिन कुछ घंटे था, जहाँ उसने जीवन के अंतिम दिन बिताए। अक्टूबर 1953 से लेकर 1956 के अंत तक, अपनी मृत्यु की अंतिम घड़ी तक, ब्रेख्त इसी घर में रहा। यह इमारत लगभग दो सौ साल से ज्यादा पुरानी है। ब्रेख्त ने इस इमारत के पिछवाड़े की ओर तीन कमरे किराए पर ले रखे थे। उस समय के अनुसार इतने बड़े मकान का किराया कुछ सस्ता ही कहा जा सकता है, जो ब्रेख्त की जेब के मुताबिक भी था। शायद किराया कम होने की दो वजहें हो सकती हैं। एक तो यह इमारत बहुत पुरानी थी और दूसरे यह ठीक कब्रगाह के पास थी। पुराने बर्लिन की पुरानी सिमेट्री। हो सकता है भूत-प्रेत पर विश्वास करने वाले भद्र-अमीर जनों को यह मकान किराए पर लेना ठीक न लगता रहा हो। जर्मन लोग हम भारतीयों से कम अंधविश्वासी नहीं होते। आखिर संसार भर में विख्यात 'काउंट ड्रैकुला' की डरावनी प्रेत-कथा लिखने वाले ब्रैम स्टोकर जर्मन ही तो थे।

पहली मंजिल में, पिछवाड़े की ओर वे तीन कमरे हैं, जिनमें ब्रेख्त के ड्राइंगरूम, बेडरूम और स्टडीरूम हैं। स्टडीरूम सबसे पीछे की ओर है और उसकी बड़ी-सी काँचदार खिड़की से लगी हुई ब्रेख्त की मेज और कुर्सी है। मेज पर अभी भी वह काले चमकीले रंग का छोटा-सा टाइपराइटर रखा हुआ है, जिस पर ब्रेख्त अपने अंतिम नाटकों पर काम करते रहे होंगे। संभवतः इसी टाइपराइटर पर उन्होंने अपने मित्र सुरकांप को वह पत्र टाइप किया होगा, जिसमें इस मकान में बसने की उनकी खुशी दर्ज है—

'मैं अब चाउसीस्ट्रास में रहने लगा हूँ, फ्रांसीसी कब्रगाह के ठीक बगल में! मेरी सारी खिड़कियाँ इसी कब्रगाह की ओर खुलती हैं। लेकिन यह दृश्य प्रसन्न और उमंग भरा भी है। इमारत की पछीत में पहली मंजिल पर मैंने तीन कमरे ले रखे हैं, जो कि सामने वाली इमारत की ही तरह, कहते हैं, डेढ़ सौ साल पुरानी है। कमरे खूब ऊँचे हैं, और ऐसी ही खिड़कियाँ भी कितना खुशनुमा इनका अनुपात है। मेरा सबसे बड़ा कमरा नौ वर्ग मीटर जितना है, यानी मैं इसमें अलग-अलग कामों के लिए कई सारी मेज़ें लगा सकता हूँ। वास्तव में यह सारी जगह ही निहायत आनुपातिक ढंग से बनी है। और इसमें उन फर्नीचरों के साथ रहना कितना मजेदार है, जो फर्नीचर खुद ही एक सौ बीस-तीस साल पुराने हैं। चलो यह कहें कि अतीत के पूँजीवादी

परिवेश में, वर्तमान का समाजवादी परिवेश यहाँ पर मौजूद है। अब मैं थियेटर (बर्लिनेर एंसेंबल थिएटर, जिसकी स्थापना ब्रेख्त ने ही 1949 में की थी।) के इतना नजदीक हूँ कि सारे नौजवान हमेशा मेरे आसपास ही मौजूद रहते हैं। वे झुंड बना कर जब चाहे यहाँ चले आते हैं, लेकिन मैं तुमसे सच कहूँ, यह मुझे बहुत अच्छा लगता है।'

इसी मकान की दूसरी मंजिल में ब्रेख्त की पत्नी हेलेने वेगल रहने आ गई थीं। ब्रेख्त से उनका विवाह 1929 में हुआ था। इसी साल ब्रेख्त कम्युनिस्ट पार्टी में शामिल हुआ था और इसी वर्ष से जर्मनी में उसके नाटकें पर प्रतिबंध लगा दिया गया था। तीन बार ब्रेख्त और वेगल में अलगाव हुआ और वेगल तीनों बार ब्रेख्त के पास लौटीं। ब्रेख्त की मृत्यु के बाद 1956 में वे ग्राउंडफ्लोर पर चली आईं और 1971 में अपनी मृत्यु तक इसी मकान में रहीं। दोनों पति-पत्नी की बर्लिन वापसी एक तरह से पंद्रह साल के वनवास के बाद उनकी घर वापसी थी। यंत्रणा भरे, पंद्रह वर्ष। छोटे-छोटे बच्चों के साथ खानाबदोशी से भरे पंद्रह वर्ष। एक शहर से दूसरे शहर एक देश से दूसरे देश। ब्रेख्त की ही पंक्तियाँ याद करें 'जूतों से ज्यादा शहर और देश बदलते हुए...'। डेनमार्क, फिनलैंड, स्वीडेन, रूस और अमेरिका। हाँ, अमेरिका से याद आया कि जर्मनी में नाजीवादियों के लिए एक खतरनाक शत्रु बन चुके ब्रेख्त को प्रारंभ में अमेरिकी लोकतंत्र की उदारता पर कुछ भरोसा जैसा था। रोजीरोटी चलाने के लिए उन्होंने हॉलीवुड में हाथ-पाँव मारे और कुछ पटकथाएँ लिखीं। एक फिल्म जो बन सकी, उसके नाम से ही ब्रेख्त के इरादों और विचारों का पता चल जाता है। ब्रेख्त की पटकथा पर बनी फिल्म का नाम था—'जल्लाद भी मरा करते है' (हैंगमेन आल्सो डाइ)। एक लेखक के रूप में अपनी अस्मिता बचाए रखने और फिल्मी लेखन से अपनी आजीविका चलाने का विकट संघर्ष ब्रेख्त के अब तक के अनुभवों से बिल्कुल अलग किस्म का संघर्ष था। लेकिन ब्रेख्त के विचार हॉलीवुड के मुगलों को पसंद नहीं आए। कामर्शियल सिनेमा के लिहाज से ब्रेख्त के विचार बाजार विरोधी थे—'रोटी का भरपूर उत्पादन, भरपूर वितरण और भरपूर आनंद। लेकिन तब भी और आज भी, किसी भी पूंजीवादी देश के बाजार विरोधी विचार ही राष्ट्रविरोधी विचार सिद्ध कर दिए जाते हैं। 1947 में अमेरिका की कुख्यात 'गैर अमेरिकी गतिविधि समिति' (अन अमेरिकन एक्टिविटी कमिटी) ने हॉलीवुड में काम कर रहे जिन लेखकों और फिल्कर्मियों को निगरानी में ले लिया उनमें सुप्रसिद्ध उपन्यासकार डैशियल हैमिट, आर्थर मिलर, रिचर्ड राइट आदि के साथ ब्रेख्त भी थे। अमेरिकी खुफिया तंत्र एफबीआई ने ब्रेख्त पर जो आरोप लगाए वे अभी भी आप एफबीआई की साइट से डानलोड कर सकते है। इस मामले में एफबीआई हमारी सीबीआई से ज्यादा खुली और उदार है। बरहाल, ब्रेख्त अमेरिकी अदालत के सामने अपना विख्यात दोहरे अर्थों वाला बयान देकर अमेरिका से निकल भागे और जर्मनी लौटे।

ब्रेख्त के कमरों की दीवारों पर बहुत सारे मुखौटे टँगे हैं अफ्रीकी, जापानी और चीनी मुखौटे। एक मुखौटा बिल्कुल किसी हिंदू देवता जैसा लगा। वह था भी। लेकिन वह भारतीय नहीं, संभवतः इंडोनेशिया या थाइलैंड से उपहार में दिया गया मुखौटा था। बुक शेल्फ में बहुत-सी पुरानी किताबें थीं। चीनी दार्शनिक लाओत्से और कनफ्यूशियस की भी किताबें। मार्क्स और लेनिन तो थे ही। मैं कविता की किताबें खोज रहा था। बहुतेरे जर्मन कवियों की किताबें थीं, लेकिन सबसे प्रमुख जगह पर, आधा बाहर निकला हुआ कविता संग्रह था—अमेरिक कवि वाल्ट व्हिटमैन का। साफ था कि हिरोशिमा नागासाकी पर इतिहास का पहला बम गिरवाने वाले अमेरिकी प्रेसिडेंट टुमेन और वहाँ का कुख्यात खुफिया तंत्र एफबीआई भी ब्रेख्त के हृदय से वहीं के कवि व्हिटमैन की कविताओं के प्रति प्रेम और आदर को कम नहीं कर सका। दीवालों पर वाल हैंगिंग्स ज्यादातर चीनी थीं। ब्रेख्त के इस घर के बाहर के काउंटर पर टँगी सूचना भी यही कहती थी है कि ब्रेख्त चीनी, जापानी और भारतीय रंग परंपरा से बहुत प्रभावित थे।

इस घर के पिछवाड़े मेपल, पोपलर, और स्प्रूस के पेड़ों की छाँह से घिरी जो कब्रगाहा है, उसमें पहले बाएँ मोड़ से तीसरी कब्र बर्तोल्त ब्रेख्त की है। बिल्कुल साधारण और अप्रत्याशित। बेतरतीब। स्वाभाविक रूप से वहाँ पौधे और घास उग आए हैं। लगता ही नहीं कि यही वो जगह है, जहाँ बीसवीं सदी का इतना बड़ा और कालजयी रचनाकार सोया हुआ है। कब्र के ऊपर, बहुत पहले, (संभवतः 1998 में, जब उनकी जन्मशती मनाई गई थी) किसी सुंदर बैंगनी फूलों के पौधे हृदय के आकार में लगाए गए हैं। अब बहुत ध्यान से देखने पर ही उनके इस आकार का पता चलता है। मैंने चुपके से एक फूल तोड़ कर जेब के हवाले किया। एक तिकोना सा अनगढ पत्थर वहाँ रखा हुआ है, जिस पर सिर्फ इतना लिखा है—बर्तोल्ट ब्रेख्त। जन्म-मृत्यु की कोई तिथि नहीं। बस एक नाम। लेकिन विडंबना ही कहें कि ठीक उनके कब्र के सामने ही फ्रेडरिख मान और टामस मान की भी कब्र है। वही टामस मान, जिनके साथ ब्रेख्त की जीवन भर तुलना की जाती रही और हंगरी के मशहूर मार्क्सवादी आलोचक जॉर्ज लुकाच जिन्हें जीवन भर, अपनी आलोचना में ब्रेख्त के सामने बड़ा सिद्ध करते रहे। ब्रेख्त ने एक तरह से अपना साहित्यिक सिद्धांत इस आलोचना की प्रतिक्रिया और रिस्पांस में ही विकसित किया था। इन्हीं मार्क्सवादी आलोचकों के विमर्श का परिणाम था कि सोवियत रूस का 'लेकिन शांति पुरस्कार' (जिसका नाम स्टालिन शांति सम्मान रख दिया गया था।) टामस मान को दिया जा रहा था। इनके इनकार के बाद ही वह ब्रेख्त को मिला।

मन को तसल्ली हुई कि जहाँ जॉर्ज लुकाच की एक जमाने की चर्चित आलोचना का अंत तीसरे दरजे के उपन्यासों की प्रशंसा में व्यर्थ हुआ, वहाँ ब्रेख्त के नाटकों को देखने के लिए आज भी दर्शकों की भीड़ उमड़ती है। हर सप्ताह

बर्लिन में ब्रेख्त के नाटक खेले जाते हैं। जिस दिन मैं ब्रेख्त के घर को देख रहा था, उसकी अगली शाम बर्लिनर एंसेंबल में 'मदर करेज' का मंचन हो रहा था। लेकिन ब्रेख्त के संग्रहालय का निदेशिका ने बताया कि वह बहुत अच्छा प्रोडक्शन नहीं है। 'थ्री पेनी ऑपेरा', 'एंटिगनी', 'काकेशियन चाक सर्किल' और 'मदर करेज' आज भी बर्लिन में खेले जाते हैं। बर्लिन की दीवार अब नहीं है। तथाकथित उत्तर-समाजवादी युग राजनीति से लेकर बाज़ार तक पर छा गया है। पूर्वी जर्मनी के कम्युनिस्ट सरकार को लोग कड़वाहट के साथ याद करते हैं, हिटलर को हमेशा के लिए भूल, जाना चाहते हैं, लेकिन बर्तोल्त ब्रेख्त अभी भी प्रासंगिक बने हुए हैं।

यह हर कोई आज मानता है शेक्सपियर, शिलर, गोइठे के समानांतर आज की उत्तर-आधुनिक और एकीकृत जर्मनी में जो साहित्यकार सबसे अधिक लोकप्रिय और सम्मानित है, वह बर्तोल्त ब्रेख्त है।

और हाँ, इसी कब्रगाह में कुछ ही कदम दूर उस महान जर्मन दार्शनिक की कब्र है, जिसने संसार को 'भाववाद' नामक वह दार्शनिक प्रणाली दी थी, जिसके बिना मार्क्सवाद न पैदा होता। मशहूर कहावत है कि हीगेल के दर्शन को सिर के बल, उलटा खड़ा करके मार्क्स ने 'द्वंद्वात्मक भौतिकवाद' की वह प्रणाली विकसित की, जिसका उद्देश्य दुनिया को समझना ही नहीं, उसे बदलना भी था। कार्ल मार्क्स की कब्र भी यहीं होनी चाहिए थी, लेकिन अभागे थे वे कि उनकी मृत्यु लंदन में हुई। मैं सोच रहा था कि क्या ऐसा नहीं हो सकता कि जिस तरह आस्ट्रिया में मरने वाले टामस मान के अवशेष, जर्मनी लाकर उनके प्रतिद्वंद्वी ब्रेख्त के कब्र के ठीक सामने दफन कर दिए गए, क्या उसी तरह हीगेल के ठीक सामने लंदन से मार्क्स के अवशेष लाकर हीगेल के ठीक सामने नहीं रखे जा सकते? अंत में कुछ बातें और। पहली यह कि आर्काइव की निदेशिका ने ब्रेख्त के अध्ययन कक्ष में अचानक एक बड़ी-सी मेज का दराज खोल दिया। उनकी आवाज में उदासी और कंपन था। उन्होंने बताया कि 1953 में जब से ब्रेख्त इस घर में आए, लगातार वे अपनी मृत्यु के बारे में चुपचाप सोचते रहते थे। 'देखिए, उन्होंने अपने लिए कितने डेथ मास्क्स (मृतक मुखौटे) बनवा रखे थे।

मैं उस लगभग दो-ढाई मीटर लंबी दराज में एक कतार में रखे दर्जन भर ब्रेख्त के चेहरों को स्तब्ध देखता रहा। सभी में उनकी आँखें मुँदी हुई थीं और एक गहरी शांत क्षीण-सी मुस्कान के साथ उस चेहरे पर फैली हुई थी। हर चेहरे में उस शांति की आभा अलग-अलग थी। 'वे कभी इन मुखौटों से संतुष्ट नहीं हो पाते थे। शायद वे अपने चेहरे पर मृत्यु के बाद वह शांति देखना चाहते थे, जो अपने जीवन में उन्हें कभी नहीं मिल सकी थी।' निदेशिका ने बताया कि उनके शव के साथ जो मास्क रखा गया है, पता नहीं ब्रेख्त उससे पूरी तरह संतुष्ट थे

या नहीं। जब ब्रेख्त के बाथरूम का दरवाजा खुला तो निदेशिका हँसने लगीं। 'ब्रेख्त दो चीजों के लिए जीवन भर बदनाम रहे। एक तो न नहाने के लिए और दूसरे, अपनी पत्नी के अलावा एक साथ कई दूसरी स्त्रियों से पूरी मासूमियत और घाघपने के साथ प्यार करने के लिए।' डर लगा, कहीं नारीवाद के इस दौर में इस सूचना से महिलाएँ 'मदर करेज' को भूल कर ब्रेख्त के विरुद्ध न हो जाएँ। किसी रचनाकार को समग्रता में देखने का दौर अब कम से कम हमारे देश में तो विरले जैसा ही है। मैंने ब्रेख्त के पलंग को देखा। अभी तक वैसा ही, जैसा अभी-अभी कोई इसमें से उठकर गया हो। पास की तिपाई पर वह अखबार रखा हुआ था जिस पर 14 अगस्त, 1956 की तारीख थी। यही वह तारीख थी जब वर्षा की शीतल बूँदों से यह अशांत क्रांतिकारी कवि और रंगकर्मी मर गया था। जब मैं बाहर निकला तो बर्लिन की आकाश में गहरे धूसर बादल छाए हुए थे, हवा नम थी। लगा कि अभी बारिश होगी।

(राष्ट्रीय सहारा : 6 जुलाई 2003)

नवीन सागर : विदा में हिलते हाथ ओर गाँधी जी

नवीन के अब न होने पर विश्वास ही नहीं होता। लगता है कि वे अभी हैं। यह विचित्र-सी बात है कि जब तक नवीन थे, तब तक वे उस शहर में लगभग अनुपस्थित थे। अब नहीं हैं, तो लगता है उनकी उपस्थिति में हम हर ओर से घिर गए हैं।

कितनी चुप, विनम्र, आत्मीय, अघोषित, निःशब्द और तरल थी उनकी उपस्थिति—कि उनके होने का पता ही नहीं चलता था। अपने समय और किसी भी स्थानिकता के प्रति ऐसी अन-आरोपित उपस्थिति, सोचिए—कितनी विरल बात है। उनके होने का कोई शोर नहीं था। जहाँ वे थे, वहाँ उनके लिखे कुछ अकेले के चुपचाप शब्द थे और कुछ अपने आप को छुपाते हुए रंग थे। इसके अलावा और कुछ नहीं। सिर्फ उनकी वे आँखें थीं, जो किसी बच्चे की उत्सुकता के साथ हमें देखती थीं, जैसे हमारा हाल पूछती हुईं।

अब भोपाल जाने में डर लगेगा। नवीन के न होने पर अब हमारा हाल पूछती कोई आँख वहाँ न होगी। यह सोचना भय देता है। एक शहर में लगभग अनुपस्थित-सा रहने वाले व्यक्ति के चले जाने के बाद, यही शहर कितना बदल जाता है, इतना ज्यादा यह पहले कभी समझ में नहीं आया।

कोई बताए कि अब भोपाल में क्या बचा है?

जब मैं सोचता हूँ तो मुझे सन् 1972-73 का सागर विश्वविद्यालय दिखता है। टैगोर हॉस्टल में ब्रजेश के कमरे में लगातार लिखने और पढ़ने का काम करते हुए एक अवर्णनीय सुंदर-आकर्षक नवीन सागर। ब्रजेश क०ल ऐंसियंट हिस्टरी में थे अब कुरुक्षेत्र में पढ़ाते हैं। वे भी बहुत शोकाकुल होंगे। गोविंद द्विवेदी, केवल जैन, रघु ठाकुर आदि लड़के समाजवादी युवाजन सभा में होते थे। मैं और मेरे दोस्त ऑल इंडिया स्टूडेंट्स फेडरेशन में थे। हम सब एक जैसी बेचैनी और उत्साह से भरे हुए, धीरे-धीरे वयस्क होते लड़के थे। यह सच है कि सागर की जब याद आती है, तो वही चिंताओं से भरी उत्तेजित बहसें याद आती हैं और वे प्रेम प्रसंग भी, जिनके पीछे हमेशा एक बेहद ईमानदार हृदय हुआ करता था। गोविंद द्विवेदी तब

प्यार से भरे हुए थे और शमशेर के 'कबूतरों की ग़ज़ल' गुनगुनाते रहते थे। एक तरह से 'नायक' जैसा व्यक्तित्व। नवीन की एक कहानी उन्हीं दिनों 'धर्मयुग' में छपी थी और वे हॉस्टल में चर्चा और उत्सुकता के केंद्र बन गए थे। इस तरह से 'नायक' जैसा व्यक्तित्व। इस नायकत्व के पीछे उनका सुंदर होना, उनका बोलना, उनके विचार, 'धर्मयुग' में उनकी कहानी का प्रकाशित होना और उनके प्रेम विवाह के एडवेंचर और रोमांस से भरे किस्सों की भी भूमिका थी। उन दिनों वे समाजवादी पार्टी की सुप्रसिद्ध पत्रिका 'जन' के लिए काम कर रहे थे, जिसके तत्कालीन संपादक संभवतः ओमप्रकाश दीपक थे। गोविंद जी ने ही मुझे 501 नंबर गणेश छाप मंगलूरी बीड़ी के सुट्टे खींचते हुए बहस करना और बीड़ी पत्ते का गुटका खाना सिखाया था। बीड़ी तो छूट गई, जीवन भर गोविंदजी की याद दिलाती गुटके-तंबाकू की लत आज तक बरकरार है। नवीन इन सभी दोस्तों के दोस्त थे।

उन पर मैं एक लंबा संस्मरणात्मक आलेख लिखना चाहता हूँ। लेकिन अभी तो समय और स्थान की सीमा है। पिछले साल ही मैंने उन्हें एक पत्र लिखा था। ऐसा करने के लिए मुझसे अत्यंत प्रतिभाशाली समकालीन युवा कवि संजय चतुर्वेदी ने कहा था। वे पेशे से स्वयं चिकित्सक हैं और नवीन से मिलने के बाद वे उनके स्वास्थ्य की गंभीरता के साथ-साथ उनके विकट अकेलेपन से भी विचलित हो गए थे। मुझे नवीन का जवाब नहीं मिला। अब कभी मिलेगा भी नहीं। लेकिन यह संयोग ही था कि पिछले वर्ष एन.बी.टी. के पुस्तक मेले में मुझे भी लेखक समझकर भोपाल बुलाया गया था और वहाँ नवीन आ गए। चुपचाप यह योजना बन गई कि कार्यक्रम समाप्त होने के बाद मैं होटल छोड़कर अपने दोस्त राजकुमार जी के घर चला जाऊँगा और शाम को नवीन वहाँ आ जाएँगे। तो, मैं होटल से गायब हो लिया और शाम को राजकुमार जी के घर पर नवीन आ गए। नवीन ने उस पत्र का जिक्र किया फिर बात उस कहानी पर चली जो मैंने मोहम्मद रफी की स्मृति में लिखी थी। हम सब इस बात पर सहमत थे कि मोहम्मद रफी ने जितने तादात्म्य, रागात्मकता और संवेदना के साथ हिंदू भजन गाए हैं, उनका मुकाबला नहीं है और हमारे समय की राजनीति का सबसे काला और अक्षम्य अपराध यह है कि उसने ऐसे भजनों की संभावनाओं की हत्या की कोशिश की है। राजकुमार जी ने अपने विलक्षण 'आर्काइव' से तलत महमूद के गाए हुए ऐस भजन निकाले जिन्हें हमने पहले कभी नहीं सुना था। और तो और, उसमें एक आरती भी थी। दर्द भरे गजलों के अमर गायक तलत की गाई हुई आरती—ओम जय जगदीश हरे! हमारी आँखें भीग गईं। और तभी नवीन ने महात्मा गाँधी के जीवन का एक ऐसा प्रसंग सुनाया, जो हम कभी भूल नहीं सकते। सागर विश्वविद्यालय के बीते हुए पल जैसे उस रात कुछ देर के लिए फिर लौट आए थे।

प्रसंग गाँधीजी की किसी पद यात्रा से जुड़ा हुआ था। संभवतः दांडी या चंपारण

की यात्रा। हुआ यह था कि पैदल चलते-चलते जहाँ तक उस रोज गाँधीजी पहुँचे थे और शाम हो गई थी, वह किसी नदी का तट था। उस नदी को पार करने के लिए जो पुल था, वह बाँस और रस्सियों में गाँठें लगाकर बनाया गया पुल था। हर कदम पर हिलता हुआ। बहुत सावधनी के साथ, संतुलन बनाते हुए, अभ्यासपूर्वक ही उस पर चला जा सकता था। यह एक मुश्किल काम था, जो गाँधीजी के स्वास्थ्य और उम्र को देखते हुए संभव नहीं लग रहा था। इसलिए यह तय किया गया कि आज रात को पद यात्रियों का तंबू यहीं तान लिया जाए और फिर अगले दिन सुबह किसी पालकी जैसी चीज पर गाँधी जी को बिठाकर उस पुल को पार किया जाए।

नवीन ने इस घटना के बारे में किसी आत्मकथात्मक प्रसंग को पढ़ने के दौरान जाना था। शायद महादेव भाई के संस्मरण। नवीन ने उस पुस्तक का ज़िक्र भी किया था, लेकिन वह मुझे अब याद नहीं है। अगर हममें से किसी ने उसे पढ़ा हो तो इसे सुधार लें। तो उस रात, लगभग बारह-एक बजे जब इस पुस्तक के लेखक की नींद टूटी तो सहज उत्सुकतावश उसने यह जानना चाहा कि गाँधीजी अपने तंबू में ठीक-ठाक हैं या नहीं। वहाँ अभी भी दीया जल रहा था। उसने झाँककर देखा तो बापू वहाँ नहीं थे। उसने सोचा शायद बापू निवृत्त होने आस-पास गए हों और अभी लौट आएँगे इसलिए वह इंतजार करने लगा। देर हो गई, गाँधी बब्बा नहीं लौटे। अब उसे चिंता होने लगी। जंगली इलाका, नदी तट, अँधेरे से भी ज्यादा अँधेरा, क्या पता कहीं कोई जंगली जानवर...।

उसने टॉर्च उठाई और वह गाँधीजी को खोजने निकल पड़ा। आशंकाओं से घिरा हुआ। बीच-बीच में 'बापू-बापू' की आवाज लगाता। और फिर उसने जो देखा, वह स्तब्धकारी दृश्य था।

गाँधीजी उस बाँस और रस्सी से बनाए गए हिलते हुए पुल पर संतुलन बनाए हुए, एक-एक कदम पूरी तल्लीनता और एकाग्रता के साथ रखते हुए, इस पार से उस पार और उस पार से इस पार होने का अभ्यास कर रहे थे। कोई भी चूक, एक छोटा-सा असंतुलन, एक मामूली-सी असावधानी उन्हें उस पुल के नीचे बहती नदी के अँधेरे में डूबी तेज धार में गिरा सकती थी।

बापू अकेले थे और रात अपने जीवन के साथ एक कठिन चुनौती को पार करने का यह जोखिम भरा प्रयोग कर रहे थे। उनके हर कदम पर वह पुल हिलने लगता था और स्वयं को गिरने से किसी तरह बचाते हुए बापू अपने अगले कदम की तैयारी में लग जाते थे।

'क्योंकि दूसरों के कंधों पर बैठकर किसी को पुल पार करन गाँधीजी को ठीक नहीं लग रहा था। उनका हृदय इसे स्वीकार नहीं कर रहा था।'—इस प्रसंग को सुनाते हुए नवीन जी की आवाज भर्राई हुई थी।

उस रात भी जब हमने तलत महमूद के गाए हुए भजन सुने, बाहर बहुत अँधेरा था। एक बज रहा था। मैंने राजकुमार से कहा कि नवीन को घर जाने में काफी देर हो गई है। 'नहीं, चिंता की कोई बात नहीं। मैं आराम से अपने घर पहुँच जाऊँगा।' नवीन ने कहा।

जब वे स्कूटर पर जा रहे थे तो ऐसा लगा जैसे सामने के लाइट पोस्ट से उनका स्कूटर टकरा जाएगा—मैं दौड़ा तो राजकुमार हँसन लगे। ठीक उस पोस्ट के पास पहुँचकर नवीन ने स्कूटर को झटके से रोका और घूमकर हमारी ओर देखा। हमने देखा कि वह भी हँस रहे थे।

'पट्ठे को ऐसा नाटक करने में बड़ा मजा आता है।' राजकुमार ने प्यार से कहा। नवीन ने स्कूटर घुमाया और जाते हुए अपने हाथ हिलाए। वे हाथ तब तक हिलाते रहे जब तक वे उस मोड़ पर गायब नहीं हो गए।

नवीन से यही अंतिम मुलाकात थी।

हरिशंकर परसाई : मौखिक परंपरा का लेखक

परसाई जी ने मुझे अपनी एक चिट्ठी में लिखा था, "मैं अब बिल्कुल अप्रासंगिक सा हो गया हूँ। कहीं आ-जा नहीं पाता। पलंग पर ही रहना पड़ता है। मेरा एक दोस्त है—सोमदत्त। तुम जानते होगे, वह एक अच्छा कवि है। पशु चिकित्सक है। उसका कहना है कि जब बैल को ऐसा रोग हो जाता है तो उसे 'बूचर हाउस' (कसाईघर) भेज दिया जाता है।"

यह एक दहला देने वाला और विचलित कर देने वाला पत्र था। 1976 में ही उनके साथ एक साधारण सी दुर्घटना हुई थी और उनकी टाँग की हड्डी टूट गई थी। वे दिल्ली आए। सफदरजंग अस्पताल में उनका इलाज चला। इसके पहले जबलपुर में उनका ऑपरेशन हुआ था जो बिगड़ गया। नतीजा यह हुआ कि जख्म में मवाद बनने लगा और खतरा यह था कि कहीं 'एंपुटेशन' न करवना पड़े। मैं हर शाम उनके पास जाता था। दिल्ली में मित्रों और कुछ लेखकों की मदद से उनका इलाज हुआ। लेकिन परसाई जी कभी पाबंद और नियमित जिंदगी के अनुशासन में बँध ही नहीं सकते। स्वतंत्रता उनके स्वभाव का एक अनिवार्य सहज अंग है। उनकी इस फक्कड़ता का परिणाम यह निकला कि डॉक्टरों ने उनकी टाँग की हड्डी के ऑपरेशन के बाद जो व्यायाम उन्हें बतलाए थे, जितनी सावधानियाँ और परहेज उन्हें सुझाए गए थे, परसाई जी ने उनमें से एक का भी पालन नहीं किया। और अपनी हालत उन्होंने खुद बिगाड़ ली। अब वे बिल्कुल चल फिर नहीं सकते। उनका समूचा जीवन ही खुद अपने हाथों बिगाड़ा गया जीवन है।

फिर भी, अब भी वे लगातार लिखते हैं और उनके लेखन में कहीं भी अपनी इस दशा पर कोई दया या लाचारी नहीं है। परसाई अदम्य जिजीविषा और मार्मिक विडंबनाओं के लेखक हैं।

एक घटना याद आती है। 1971 में भारत-पाकिस्तान युद्ध जोरों पर था। युद्धोन्माद और राष्ट्रीयता का बुखार हर किसी पर चढ़ा हुआ था। उन दिनों सागर विश्वविद्यालय में एक वामपंथी छात्र संगठन की ओर से हमने परसाई जी को निमंत्रित किया। अपने भाषण की शुरुआत में ही परसाई जी ने कहा—"जब राजनेता

यह पाते हैं कि उनकी कुर्सी खतरे में है, जनता अपने संकट और बदहाली का असली कारण कुछ-कुछ पहचानने की कोशिश कर रही है, तो उसका ध्यान बँटाने के लिए दो देशों के नेता आपस में 'शिखरवार्त्ता' करते हैं और फैसला करते हैं कि चलो पंद्रह दिन का एक टूर्नामेंट हो जाए। यह युद्ध एक ऐसा ही टूर्नामेंट है।" उस मौके पर ऐसी बेबाक बात कहना बड़े साहस की बात थी। यह भीड़ की आम मानसिकता के खिलाफ कुछ कहने का जोखिम था। परसाई जी ऐसे जोखिम हमेशा उठाते रहे हैं। राष्ट्रीय स्वयंसेवक संघ के हमले के बाद परसाई जी की टिप्पणी थी—"मेरे लेखन के खिलाफ हथियार उठ गया मैं संतुष्ट हूँ। मेरा लिखना सार्थक रहा।"

अगर मध्यप्रदेश के दो लेखकों, हरिशंकर परसाई और शरद जोशी के समूचे लेखन का समग्र संकलन तैयार किया जाए तो स्वातंत्र्योत्तर भारत का अंतर्दृष्टिसंपन्न सामाजिक-सांस्कृतिक इतिहास स्वतः तैयार हो जाएगा। परसाई ने स्वतंत्रता के बाद की हर महत्त्वपूर्ण घटना पर कुछ न कुछ लिखा है। सबसे बड़ी बात यह कि उनके लेखन के पीछे सक्रिय जीवन दृष्टि 'प्रखर' बौद्धिक और सामाजिक संदर्भों-सरोकारों से कटे हुए एक सामान्य आधुनिक बुद्धिजीवी की दृष्टि नहीं बल्कि इस समूची वर्गीय व्यवस्था और उसके दबावों को झेलती साधारण जनता की जीवन दृष्टि है। उनकी रचनाएँ व्यापक रूप से आज हमारी मौखिक परंपरा में शामिल हो जाने की प्रक्रिया में हैं।

अभी 13 फरवरी को भारत भवन, भोपाल में मध्यप्रदेश के सर्वोच्च राज्य पुरस्कार 'शिखर सम्मान' से उन्हें सम्मानित किया गया और 17 फरवरी को बंबई में 'चकल्लस' पुरस्कार से। 'चकल्लस पुरस्कार' पिछली बार शरद जोशी को प्राप्त हुआ था। पुरस्कार क्रम की इस अदला-बदली में कुछ लोग कहने लगे हैं कि अब इस हिसाब से अगला 'शिखर सम्मान' शरद जोशी के हक में जाता है, मिले उन्हें भले ही न!

(दिनमान : 19-25 फरवरी 1984)

विजय बहादुर सिंह : विदिशा के विष्णु-स्तंभ

आज से लगभग सात-आठ साल पहले की बात है। 1995-96 का वर्ष रहा होगा। उन दिनों मैं एक ऐसे प्रोजेक्ट पर काम कर रहा था, जिसके सिलसिले में देश के कई इलाकों में घूमना पड़ रहा था। प्रोजेक्ट भारतीय इतिहास से संबंधित था। हर रोज कहीं किसी नई जगह की खोज करने और वांछित स्थल तक पहुँचने में हजार-हजार कठिनाइयाँ आतीं।

उन्हीं दिनों की बात है। आपको याद होगा कि सम्राट अशोक के कई स्तंभों में से एक अत्यंत महत्त्वपूर्ण स्तंभ मध्यप्रदेश के नागौद में भी है। उन्नीसवीं सदी के उत्तरार्द्ध में कनिंघम द्वारा खोजे गए इस स्तंभ से भारतीय इतिहास के सम्राट अशोक के काल से संबंधित अवधारणाओं में बहुत बड़ा परिवर्तन आया था। इसी के पास स्थित भरहुत और उसकी शिल्प कृतियाँ भारतीय कला और इतिहास में महत्त्वपूर्ण स्थान रखती हैं। मैं कुछ दिनों से नागौद और सतना के उन्हीं इलाकों में अशोककालीन ही नहीं, प्रागैतिहासिक और बाद के कालों से संबंधित स्थलों, स्थापत्य, शिल्प और अन्य प्रमाणों के 'डॉक्युमेंटेशन' में लगा हुआ था। लेकिन दिमाग में एक चिंता बार-बार सता रही थी। मैंने वहाँ से अपने भोपाल के कई मित्रों को फोन किए, कुछ ऐसे विद्वानों को भी, इतिहास और पुरातत्व में जिनकी दक्षता और दखल प्रसिद्ध थी, लेकिन मुझे कोई ठीक से नहीं बता पा रहा था कि सिकंदर के बाद बैक्ट्रिया से भारत आने वाले और भारत में बस जाने वाले यूनानियों (यवनों) में से एक हेलियोदोरस के बनवाए हुए विष्णु स्तंभ का अस्तित्व कहीं है भी या नहीं।

आपको यह सब कुछ सरल तरीके से मैं बताता हूँ। दरअसल, सिकंदर के साथ और उसके बाद भी बहुत से ग्रीक शासक भारत आते रहे और उन्होंने अपने राज्य यहाँ कायम किए। पंजाब का राज मीनेंडर इनमें से काफी प्रसिद्ध रहा है, जो बाद में बौद्ध बन गया। 'मिलिंदपाद' नामक प्रसिद्ध बौद्ध-ग्रंथ, जिसमें बौद्धधर्म से संबंधित दार्शनिक प्रश्न और उत्तर हैं, इसी मीनेंडर से संबंधित है। बौद्ध बनने के बाद उसका नाम मिलिंद पड़ा था और 'मिलिंदपाद' में यही मिलिंद महान बौद्ध

दार्शनिक नागसेन (नागार्जुन) से संवाल करता है। इसी तरह एक अन्य और अपेक्षाकृत कम चर्चित यूनानी विजेता हेलियोदोरस ने वैष्णव धर्म अपना लिया था। मैंने पढ़ रखा था कि सांची के आसपास, विदिशा जिले में हेलियोदोरस ने वैष्णव धर्म अपना लिया था। इस स्तंभ में उसने विष्णु अथवा वैष्णव धर्म के संबंध में कुछ मत उत्कीर्ण करवाए थे। मेरे अंदर गहरी उत्सुकता और बेचैनी थी कि उस स्तंभ को देखूँ। लेकिन जैसे-जैसे समय गुजरता, मैं निराश होता जाता। मेरे पास इतना समय और साधन भी नहीं था कि मैं लंबे समय तक वहाँ रुक सकूँ। चिंता बढ़ी जा रही थी।

बस तभी अचानक विजय बहादुर जी का ध्यान आया। उनसे मैं पहले भी 1980-81 के दौरान मिल चुका था। उनके लेखन और विचारों से तो अच्छी तरह से परिचित था ही। मन में कहीं यह आशंका भी थी कि विजय बहादुर जी तो साहित्यकार हैं, उन्हें भला पुरातत्व और इतिहास से संबंधित किसी अल्पज्ञात से स्थल की जानकारी भला कहाँ होगी? लेकिन फिर यह भी लगा कि जिस तरह अपनी जमीन और अपनी ठेठ स्थानिकता के साथ वे जुड़े हुए हैं, शायद उन्हें इसके बारे में कुछ पता हो। मैंने संदेह और दुविधा के बीच ही उन्हें फोन लगाया तो दूसरी तरफ आत्मीयता, उत्साह और ऊष्मा से भरी हुई वही आवाज थी, जिससे हम सब परिचित हैं। 'अरे कहाँ से बोल रहे हैं आप? आ जाइए। मैं ले चलूँगा आपको हेलियोदोरस के विष्णु-स्तंभ तक। लेकिन खाना खाना होगा हमारे यहाँ, समझे!' फिर उत्फुल्ल ठहाका। अपनी ओर खींचता हुआ आवेगात्मक निमंत्रण। एक पारदर्शी सरल-सहज, संवेदनात्मकता में भीगी हुई 'विजयबहादुरियन' हँसी। जिस तरह स्नेह का 'मारग' 'अति' 'सूधो' होता है, जहाँ 'सयानेपन' की किसी वक्रता की गुंजाइश नहीं, वैसे ही ऐसी पवित्र, उन्मुक्त, स्वच्छ जल जैसी हँसी भी हर किसी के वश की बात नहीं। यह हँसी तो मीर के शब्दों में—'एक भारी पत्थर है', जो हर किसी के उठाए नहीं उठ सकती।

जाहिर है, अगले ही रोज मैं अपने कैमरे, कागज और कलम के साथ विदिशा में अवतरित हो गया। मारुति वैन थी सवारी के लिए। पूछता-ताछता विजय बहादुर जी के घर पहुँचा तो वहाँ मिल गए शलभ श्रीराम सिंह। सुविख्यात जनवादी कवि, गीतकार और श्रमजीवी पत्रकार। 1973-74 में उनकी लोकप्रियता बुलंदियों पर हुआ करती थी। हम सब उनकी कविताओं से अच्छी तरह परिचित थे। शलभ जी ने बताया कि विजय बहादुर जी अभी-अभी घर से बाहर निकले हैं। आस-पास ही होंगे।

अब हम शलभ जी के साथ विजय बहादुर जी को विदिशा में खोजने लगे। जहाँ जाते, पता चलता। 'हाँ-हाँ, अभी यहीं थे। बस अभी-अभी यहाँ से निकले हैं।' या जवाब मिलता—'अरे बस आप दो मिनट लेट हो गए। अभी तो यहीं थे।'

विदिशा में विजय बहादुर जी को खोजना किसी रहस्य-यात्रा जैसा सिद्ध होने लगा। सँकरी गलियाँ, लेन, चक्करदार सड़कें, रिहायशी बस्तियाँ, होटल, ढाबे, चाय के ठेले। सब देख डाले। 'बस, आप बस जरा-सा चूक गए। अभी थोड़ी ही दूर गए होंगे। लपक लीजिए। पा जाएँगे।' साथ में हमारे खोजी हमसफर बन गए थे शलभ जी। कम्युनिस्टों का चिर-विख्यात आशावाद अर्थात् 'ऑप्टिमिज़्म' उनके साँवले मुख मंडल की आभा को चमकाए चला जा रहा था। जाएँगे कहाँ? अभी पकड़ लेंगे। वे कहते और हम फिर किसी गली में घुस जाते। बार-बार दूधनाथ सिंह जी की कविता 'कृष्णकांत की खोज में दिल्ली यात्रा' याद आती रही। दिल्ली में सांसद-पत्रकार-कवि श्रीकांत वर्मा को खोजने जैसा ही उपक्रम बन गया था विदिशा में विजय बहादुर जी को खोजना। शलभ जी का क्रांतिकारी उत्साह ठंडा नहीं पड़ रहा था और इधर मेरे पेट में जठराग्नि सुलगने लगी थी। चूहे गश्त पर किसी सी. आर.पी.एफ. की बटालियन की तरह निकले हुए थे। इतने दिनों तक लगातार की यात्रा की बेतहाशा थकान तो थी ही। मुझे झुँझलाहट होने लगी, शलभ जी पर भी और विजय बहादुर सिंह पर भी। 'एक बुद्धिमान निराशावाद, किसी मूर्ख आशावाद से हमेशा बेहतर होता है'—जिसका भी यह कथन रहा हो, यह वाक्य बार-बार मेरे दिमाग में गूँज रहा था। 1974 की रेलवे हड़ताल के समय समूचे भारतीय समाज और राजनीति में आमूल क्रांति का राग अलापने और स्वप्न देखने वाले, इस भावुक सरल और बेहद ईमानदार कवि पर मुझे गुस्सा आने लगा। इन्हें इतनी मामूली-सी बात का पता नहीं कि हर बार क्रांति होते-होते क्यों रह जाती है? ठीक निर्णायक मोड़ पर पहुँचकर, कोई समाज अचानक अपने पैर वापस क्यों खींच लेता है? वह मामूली-सी बात यही थी, जो गुस्से में मैं शलभ जी को बताना चाहता था, कि क्रांति इसलिए नहीं हो पाती क्योंकि जिनके द्वारा कोई भी क्रांति संभव हो सकती है, वे भूखे होते हैं और हमारा शासक समाज यह अच्छी तरह से जानता है कि किसे भूखा रखना है। इसी व्यवस्था ने शलभ जी को भी भूखा रखा हुआ था और सच तो यह था कि फिलहाल मैं भी भूखा था। इतने दिनों की यात्राओं की थकान तो थी ही।

लगा हम 1995-96 की विदिशा में विजय बहादर सिंह को नहीं, ईसापूर्व 275 के प्रख्यात नगर भिलसा में किसी अति चंचल और अति-गतिशील बौद्ध परिव्राजक की खोज में भटक रहे हैं। वह किधर जाएगा, इसका कोई संकेत भी किसी को नहीं दे रहा है। सम्राट अशोक की अर्द्धांगिनी देवी की यह नगरी तो कई महाजनपदों और गणराज्यों को जोड़ने वाले मार्गों का महान संगम स्थल रही है। कहीं विजय बहादुर जी पश्चिम का पथमार्ग पकड़कर उज्जयिनी, कोसांबी, पाटलिपुत्र या बनारस की ओर तो नहीं निकल गए? या दक्षिण का पथ पकड़कर श्रावस्ती अथवा प्रतिष्ठानपुर की ओर? विदिशा तो सम्राट अशोक की प्रिय नगरी

रही है उसके साम्राज्य का सबसे महत्त्वपूर्ण केन्द्र। कहते हैं सवा दो सौ वर्ष ईसा पूर्व बुद्ध के प्रमुख शिष्यों के अवशेषों को सांची के स्तूप में संरक्षित करने के पीछे अशोक के मन में अपनी अत्यंत सुंदर पत्नी देवी के प्रति प्रेम की वही भावना थी, जो ताजमहल का निर्माण करवाने वाले मुगल बादशाह शाहजहाँ का अपनी बेगम मुमताज महल के प्रति

'शलभ जी, विजय जी को छोड़िए, अगर थोड़ी देर और हमारे उदर को भोजन प्राप्त नहीं हुआ तो प्राणांत सन्निकट है।' मैंने कातरता के साथ शलभ श्रीराम सिंह के दैदीप्यमान 'आप्टिमिस्टिक' क्रान्तिकारी चेहरे को देखा। 'हमारी आंतें अकुला रही है वत्स! अग्नाशय से धूम्र उठने लगा है।'

शलभ श्रीराम सिंह चौंक गए। चलिए, घर ही चलते हैं। विजय बहादुर जी आखिर लौट कर तो आएँगे ही। ठीक है। यही उचित होगा। मैंने भी सोचा। हो सकता है विजय बहादुर जी हेलियोदोरस से यह पूछने चले गए हों कि बताओ यवनराज, तुमने यह विष्णु-स्तंभ कहाँ पर निर्मित किया था?

बहरहाल, जब हमारी खटारा मारुति वैन विजय बहादुर जी के घर के सामने, सारी विदिशा की परिक्रमा करने के बाद, पहुँची तो वहाँ बहादुर जी हमारी बाट जोहते खड़े हुए मुस्कुरा रहे थे। वही आत्मीय, तरल, पारदर्शी मुस्कान। कहाँ, निकल गए थे आप लोग? 'हम आपको पूरे शहर में खोज आए।' वे हमसे ही शिकायत कर रहे थे। उन्होंने हमें भोजन करवाया और ठीक उसके उपरांत हमें ले जाकर हेलियोदोरस के विष्णु-स्तंभ के सामने खड़ा कर दिया। 'ये लीजिए, ये रहा विष्णु-स्तंभ।' चारों ओर बस्ती से घिरा, हर तरफ से एनक्रोंचमेंट का शिकार यह महत्त्वपूर्ण स्तंभ इस देश में ऐतिहासिक महत्त्व के पुरास्थलों की नियति की चिरपरिचित कथा वहाँ भी दुहरा रहा था। लेकिन मैं उसके सामने रोमांचित खड़ा था।

यह विजय बहादुर जी से भेंट का एक संक्षिप्त संस्मरण है। मेरा जैसा जीवन रहा है, उसके चलते मैं लेखकों-साहित्यकारों से बहुत मिलजुल भी नहीं पाता हूँ। अगर 'मिल' भी लूँ तो 'जुल' नहीं पाता हूँ, क्योंकि न तो वैसे साधन मेरे पास हैं, न वैसी युक्तियाँ। लेकिन विजय बहादुर जी से जितनी बार भी, इसी उड़ंतू ढंग से मिला हूँ, हर बार उस भेंट ने एक नई ऊर्जा से भर दिया है। उनके स्नेह ने नहला दिया है। पता नहीं किसकी गजल का शेर है—'उनसे मिल कर लगता है, हम हुए नहाए से।' उनसे मिलने के बाद लगता है, जैसे हम अभी-अभी नहा कर लौट रहे हैं।

हिंदी की आलोचना और चिंतन में उनका महत्त्वपूर्ण योगदान है। मार्क्सवाद को उन्होंने किसी जड़ राजनीतिक सिद्धांत या रणनीति की तरह नहीं, एक ऐसे माध्यम के बतौर बरता है, जिसमें भारतीय दर्शनमीमांसा और विचारों को समन्वित

करने की तरलता और नम्यता है। वे भारतीय समाज और संस्कृति की मीमांसा के लिए बहुत दूर तक पश्चिम की ओर रवाना नहीं होते, लौट कर अपनी परंपरा और अपनी जमीन की स्थानिकताओं में समस्याओं की जड़ों को खोजने लग जाते हैं। वे दुर्खीम और फूको की तरफ बढ़ने से पहले, गाँधी, आचार्य नरेंद्र देव, लोहिया, रानाडे और अंबेडकर को उलटना-पलटना ज्यादा पसंद करते हैं। इसीलिए उनके विचारों में विश्वसनीयता और प्रामाणिकता अधिक होती है। वे हिंदी आलोचना के ऐसे चिंतनशील तोते नहीं हैं, जो सिर्फ पश्चिम की रटंत दोहराता है। विजय बहादुर जी भारतीय काव्य और दार्शनिक चिंतन की परंपराओं को पर्याप्त वरीयता देते हैं, इसीलिए वे हमारे समय के ऐसे विरल आलोचकों-विचारकों में से हैं जो हिंदी समाज के विमर्श को पश्चिम का उपनिवेश बनने से बचाते हुए दिखते हैं।

और हिंदी जनपक्षीय कविता की बृहत् धारा को परिभाषित व्याख्यायित करने में उनका योगदान अब किसी से स्वीकार-अस्वीकर का मोहताज नहीं है। भवानी प्रसाद मिश्र की कविता को जड़ मार्क्सवादी सत्तापरस्त आलोचकों की उपेक्षा के अंधकार से वापस कविता के केंद्र में लाकर उन्होंने जो महत्त्वपूर्ण कार्य किया है, कई बार उसकी तुलना डॉ. रामविलास शर्मा द्वारा निराला की रचनाशीलता की आलोचना के युगांतरकारी कार्य से करने का मन होता है।

वे शतायु हों, सहस्रायु हों, लक्षायु हों। उनके होते किसी नागार्जुन, किसी शलभ श्रीराम, किसी आलोक धन्वा, किसी मेरे जैसे लेखक को अँधेरे और अवसाद के निराशापूर्ण समय में यह हमेशा लगता है...कि एक कोई है, विदिशा में, जो कहेगा...'अरे आप कहाँ से बोल रहे हैं। चले आइए। कोई समस्या नहीं और हाँ भोजन यहीं करना है। मैं ले चलूँगा आपको विष्णु-स्तंभ के पास।'

विजय बहादुर सिंह मेरे लिए हिंदी के सत्ताविहीन और सत्तात्रस्त रचनाकारों के विष्णु-स्तंभ हैं। सृजन के पालनकर्ता। उसके संरक्षक। उन्हें नव वर्ष की ढेरों शुभकामनाएँ।

(रागभोपाली : जनवरी 2004)

बच्चों का सपनीला संसार और एक बूढ़ा बच्चा शंकर

शंकर पिल्लै का घरेलू नाम है शंकर, लेकिन अब यह घरेलू नाम देश की सरहदें पार कर अंतर्राष्ट्रीय ख्याति अर्जित कर चुका है, शंकर वही व्यंग्यकार हैं जिनके व्यंग्यचित्र कई दशकों तक अपने वक्त की हर राजनैतिक घटना और राजनैतिक व्यक्तित्व पर एक गहरी टिप्पणी करते रहे, शंकर्स वीकली का उन्होंने संपादन किया। हिंदुस्तान टाइम्स में व्यंग्य चित्र बनाते रहे। नेहरू के वे बहुत निकट के मित्रों में थे। उन्हीं के संस्थान से निकलने वाली बच्चों की पत्रिका 'चिल्ड्रेन वर्ल्ड' के संपादक रामकृष्ण का कहना था : 'शंकर ने बच्चों के प्रति यह प्यार नेहरू से ही पाया।'

बच्चों के प्रति शंकर के इस प्यार ने बच्चों के लिए एक भरी पूरी दुनिया तैयारु कर डाली है। सैकड़ों चित्र कथाएँ, पंचतंत्र, जातक, विज्ञान कथाएँ से लेकर मासिक षत्रिका 'चिल्ड्रेन वर्ल्ड' सब कुछ बच्चों के लिए। साथ में एक भरा पूरा गुड़ियों-गुड्डों का संग्रहालय 'डाल्स म्यूजियम' जिसमें हर देश के गुड्डे-गुड़ियाँ हैं। 'शंकर अंतर्राष्ट्रीय चित्र प्रतियोगिता' के मुख्य संपादक श्री गोविंदन ने बतलाया : 'शंकर जब बहुत थक जाते हैं या किसी दिमागी तनाव में बेचैन हो जाते हैं तो वे चुपचाप आकर इसी 'डाल्स म्यूजियम' में खड़े हो जाते हैं, घंटों।' गोविंदन ने वह गुड़िया भी दिखलाई जिसे वर्षों पहले हंगरी के राजदूत ने शंकर को दिया थे। यही वह गुड़िया थी जिसने शंकर की कल्पना के पंख खोल दिए। उन्होंने उसी क्षण तय कर लिया कि वे एक ऐसा संग्रहालय तैयार करेंगे जिसमें सभी देश के गुड्डे संग्रहित होंगे, विविधताओं से भरे।

शंकर की उम्र इस समय 81 वर्ष की है। गोविंदन से पूछा, उनका स्वास्थ्य कैसा है? तो उनका कहना था—'वह तो मुझसे भी ज्यादा स्वस्थ और चलते पुरजे हैं, रोज 10 से लेकर 5 बजे तक काम करते हैं।' खुद गोविंदन की उम्र 66 वर्ष है और वे भी सक्रिय हैं।

आज से चौंतीस वर्ष पहले शंकर ने बच्चों के लिए एक कला प्रतियोगिता आयोजित की थी जिसकी लोकप्रियता के कारण अगले ही वर्ष उसे एक अंतर्राष्ट्रीय

चित्र प्रतियोगिता का रूप दे दिया गया। 1950 में इसमें 13 देशों के 7,000 बच्चों ने हिस्सा लिया था अब इसमें 135 देशों के 1,60,000 बच्चे भाग ले रहे हैं। किसी भी दूसरे देश में इतने लंबे अर्से तक किसी अंतर्राष्ट्रीय प्रतियोगिता का आयोजन नहीं किया जा सका है।

इस प्रतियोगिता में आए चित्रों में से 2,000 चित्रों का चयन एक अंतर्राष्ट्रीय निर्णायक समिति करती है, इनका तीन सप्ताह के लिए प्रदर्शन होता है, फिर राजधानी में ही एक समारोह में राष्ट्रपति और प्रधानमंत्री द्वारा बच्चे पुरस्कृत होते हैं। चित्रकला ही नहीं, बच्चों के मौलिक लेखन की प्रवृत्ति को भी प्रोत्साहित करने के लिए 1978 से एक लेखन प्रतियोगिता आयोजित की जाती है। पुरस्कार के रूप में चिल्ड्रेन बुक ट्रस्ट स्वर्ण पदक और नेहरू स्मृति स्वर्ण पदक दिया जाता है।

शंकर बहुत कम बोलते हैं। आत्म-प्रचार से बचते हैं। उनका साक्षात्कार ले पाना टेढ़ी खीर है। उन्होंने अपने एक छोटे से संस्मरण में लिखा है—'मैं पंडित जी (नेहरू) के पास गया और कहा कि पंडित जी, मैं बच्चों के लिए कुछ करना चाहता हूँ। सोचता हूँ कुछ किताबें ही उनके लिए प्रकाशित करूँ।' पंडित जी ने कहा, 'तो इस मामले में मैं क्या कर सकता हूँ।' 'मुझे रुपए चाहिए।' मेरा जवाब था। नेहरू को आश्चर्य हुआ—'रुपए चाहिए? तुम अपने आपको समझते क्या हो? मेरे पास रुपए माँगने चले आए।'

'मुझे रुपए दान में नहीं, उधार चाहिए।' मुझे कहना पड़ा। पंडित जी ने पूछा, 'तुम रुपयों का करोगे क्या?'

'एक प्रेस लगा लूँगा और बच्चों के लिए किताबें छापूँगा।'

'तुम पूरे बेवकूफ हो। तुम्हें यह तो पता है नहीं कि व्यापार कैसे चलाया जाता है। क्योंकि तुम खामखाह अपने ऊपर मुसीबतें मोल ले लोगे। तो भी मैं सरकार से यह कड़ी सिफारिश करूँगा कि वह तुम्हें कुछ रुपए दे दे।'

तो इस तरह पंडित जी की मदद से ही शुरू हुआ वह सिलसिला जो अब बच्चों के एक भरपूर सपनों भरे संसार के रूप में तब्दील हो गया है और इसी संसार में खोया रहता है एक इक्यासी साल का बच्चा जिसका नाम है—शंकर, विश्वविख्यात व्यंग्यचित्रकार।

(दिनमान : 13-19 नवंबर 1983)

'बीप' के बाद आप अपना संदेश छोड़ दें

अब इतने दिनों बाद, जब कि अभी तक उस अप्रत्याशित आघात से उबर पाना संभव नहीं हो सका है, लगता है वह मृत्यु एक ऐसी परिघटना थी, जिसकी आशंकित और भयभीत प्रतीक्षा हम सब लंबे समय से कर रहे थे। इधर कुछ अर्से से रघुनंदन के कई संदेश ऐसे होते थे, जिसमें उनकी गहरी होती जाती निराशा और बढ़ते जाते अवसाद का संकेत होता था। फोन पर भी वे ऐसी ही बातें करने लगते थे। उनकी बातें अस्वाभाविक इसलिए नहीं लगती थीं क्योंकि हममें से कई के भीतर, वैसा ही अवसाद और निराशा थी। जिस समय में हम जी रहे थे, उसमें उदात्तताओं और नैतिकताओं की धज्जियाँ बिखेरी जा चुकी थीं। एक अंधकार था, जो घिरता चला आ रहा था। समूचे परिवेश में, राजनीति से लेकर संस्कृति तक में, जिन दो ध्रुवों के झगड़े हम देख रहे थे, वे दरअसल एक ही थे। दुनिया दो ध्रुवीय नहीं रह गई थी। सत्ता और पूँजी की अनैतिक राजनीति का मूल चरित्र एक ही था। उनकी अर्थनीतियाँ एक थीं। सामान्य मनुष्य के प्रति उनका दृष्टिकोण एक था। स्वार्थ, हिंसा और लोभ की एक जैसी संरचनाएँ दोनों तरफ मौजूद थीं। मानवीय संवेदनाओं, सरोकारों और सृजनात्मक चेष्टाओं की यह ऐसी मूलगामी पराजय थी, जो हमसे जीवन के प्रति हमारी अब तक की आस्थाओं से ही हमें वंचित कर रही थी। किसी ऐसे ही समय में घिरे हुए बीसवीं सदी के चहेते स्पेनिश कवि लोर्का ने लिखा होगा–

'मृत्यु और हत्याओं के इस धुँधले चौराहे में
मैं चुप हो जाऊँगा और हो जाऊँगा शांत
गाते हुए अपने गीत
और अपने निष्फल जीवन से उपजी
मेरी गहरी कटुता और वितृष्णा
रचेगी एक ऐसा सूर्यास्त जो पतझड़ के आकाश में
अकसर दिखाई देता है ठीक रात के पहले'

यह समय जिसमें रघुनंदन थे और जिसे त्याग कर वे चले गए, वह समय

रघुनंदन का नहीं था। यह हममें से भी किसी का समय नहीं है, यह हिंदी के उस गद्य और उन कहानियों का समय नहीं है, जिसे रघुनंदन रच रहे थे। उनकी कहानियाँ अद्‌भुत होती थीं। बहुत धीमे स्वर में बोलने वाली कहानियाँ। अकेले में, चुपचाप। उन्हें पढ़ा भी उसी तरह से जा सकता था। उन कहानियों को रेलगाड़ी में, मेले में या किसी समारोह के बीचोंबीच नहीं पढ़ा जा सकता था। चारों ओर फैले शोर से दूर जाकर, किसी कमरे को बंद करके या फिर कहीं किसी एकांत पुलिया पर बैठकर उनकी कहानियाँ पढ़ी जा सकती थीं। एक बड़े उपन्यासकार ने कहा था कि संसार में दो तरह के लोग होते हैं—'कलेक्टिव' और 'सॉलितेयर'। जो कलेक्टिव होते हैं, वे कम्यूनल होते हैं। यानी जो सामूहिक होते हैं, वे ही ज्यादातर सांप्रदायिक होते हैं। (कृपया इस वाक्य को आज की राजनीतिक भाषा के बाहर पढ़ें।) रघुनंदन 'सॉलितेयर' थे। वे ऐसे रचनाकार थे, जो अकेला होता है, चुप रहता है और अपने कुछ 'विपात्रों' के साथ अपने समय के तमाम अँधेरे कोनों और हाशिए के जीवन की यंत्रणाओं और मुस्कानों को देखता-खोजता हुआ अपनी भाषा में दर्ज करता रहता है।

जो 'सॉलितेयर' होता है, वह महाप्राण तो होता है लेकिन अकसर देखा गया है कि उसकी साँस सबसे पहले असमय रुक जाती है। किसी भी महाप्राण की छाती में किसी पक्षी-सा जीवन होता है।

मुझसे अगर पूछा जाए कि आपके जीवन में गर्व करने लायक घटना कौन-सी है? तो मेरा उत्तर होगा—'रघुनंदन के कहानी संग्रह 'वह लड़की अभी जिंदा है' का विमोचन।' रघु की जिद के कारण ही जयपुर में प्रेमचंद गाँधी, सत्यनारायण आदि उनके मित्रों के सान्निध्य में वह विमोचन हुआ था। मेरे साथ दिल्ली से मेरे मित्र डॉ. द्वारिका प्रसाद चारुमित्र गए थे। वह रात लगता है, अभी कल की ही रात है। उसकी स्मृति इसलिए भी अमिट है क्योंकि मैंने अपने जीवन में पहली किताब का ही विमोचन किया था। उस रात होटल के कमरे में देर रात तक रघु अपने जीवन के बारे में असंबद्ध-सी ऐसी बातें बताते रहे, जिनका विन्यास उसी तरह का था, जैसा उनकी कहानियों में दिखाई देता था। दरअसल वे एक शुद्ध, संपूर्ण रचनाकार थे। भाषा को उनकी संवेदना ने आत्मसात् कर लिया था। वे वाक् से संपृक्त उसी के अविभाज्य अवयव हो चुके थे। उनकी लौकिक सामाजिक चेतना भाषिक चेतना से अविभाज्य थी। रचना और रचनाकार के स्वत्व अब अविभक्त थे।

और ऐसा होना बहुत खतरनाक होता है।

अगर आपने जॉर्ज लुकाच की ऑटोलॉजी 'सोल एंड फॉर्म' पढ़ी हो तो उसने उसमें यही चेतावनी दी थी कि कवि को अपने स्व (सेल्फ) को कविता के स्व से पृथक करना चाहिए। जो कवि ऐसा कर पाने में असफल रहते हैं, उनका जीवन

आत्मघातक होता है। वह जीवन अपना विध्वंस स्वयं रचता है। टी.एस. इलियट की मशहूर थ्योरी—'भोक्ता मानस और रचयिता मानस के बीच की अनिवार्य दूरी।'

दुर्भाग्य से रघु के जीवन में यह दूरी लगातार मिटती जा रही थी। रचना और रचनाकार, कर्त्ता और कर्म एक होते जा रहे थे। जब उनकी मृत्यु की सूचना उनके मराठी अनुवादक जयप्रकाश सावंत को मिली तो उनका जो ईमेल मुझे मिला, मैं उसे ज्यों-का-त्यों उद्धृत कर रहा हूँ—

I was trying frantically to contact you yesterday night without any success. Are the numbers changed? I was leafing thru 'Kathadesh' and had a shock of my life to see photograph of our Raghunandan Trivedi printed in Shraddhanjali column. I can't describe what I went through. I needed to talk with you. I am still unable to get over this and am feeling terribly sad. I had never met or talked to Raghunandan (he didn't mention his telephone number in his letters...)...but had exchanged good many letters with him. His letters also were quite characteristic just like his stories. He came thru them as such a gentle, honest and delicate person, it's difficult to accept this news I don't know why but he gave a feeling of being depressed in last few letters, particularly the last letter of 14th June is saddening. In fact a letter in January was in such low spirit that I asked him to come out of such feeling. I further had asked him to come over to Nagpur for Pahal-Puraskar function for a change.

What was wrong? Was he ill or this was a sudden attack?

It was you who had introduced his work to me. I liked his stories immensely and had so far translated 5-6 of them. People here and friends liked them. I really feel a sense of loss. I wish to send a letter of condolence to his family. To whom shall I write? I don't know anything about his family background. I had inquired once (against my grain) but he had kept silence. Has any article appeared about him in Hindi? I would like to preserve it. Can you help? I intend to write about him to if possible. Do mail back. Send you changed telephone number too.

—Sawant

जयप्रकाश सावंत स्वयं अत्यंत प्रतिभाशाली और संवेदनशील मराठी लेखक अनुवादक हैं। अनुवाद के बारे में वे बहुत कठोरता से चयन करते हैं। महाराष्ट्र फाउंडेशन का प्रतिष्ठित पुरस्कार उन्हें अनुवाद के लिए मिल चुका है। उनके इस पत्र से अन्दाजा लगाया जा सकता है कि रघुनंदन के बिल्कुल ही आकस्मिक मृत्यु

ने उन्हें किस हद तक विचलित और उद्वेलित किया है। मुझे स्वयं लगता है कि हाल के वर्षों में किसी और मृत्यु ने इतनी गहराई तक अपनी खरोंच हमारे अवचेतन में नहीं छोड़ी होगी जितनी रघु की मृत्यु ने। कई बार लगता है कि क्या जोधपुर में रघुनंदन की मृत्यु और भोपाल में नवीन सागर की मृत्यु के बीच कोई गहरी समानता और एकरूपता थी। नवीन भी तो सॉलितेयर ही थे। अकेले। वे 'कलेक्टिव' और 'कम्युनल' कभी नहीं हो सके। दोनों जब तक थे, उनकी उपस्थिति का शोर कहीं नहीं था। लेकिन जब वे गए तो उनकी अनुपस्थिति को सह पाना उनके मित्रों के लिए असह्य हो रहा है।

आप में से संभवतः बहुतों को पता होगा कि इसी साल 19 जुलाई को अमेरिका में रह रहीं भारतीय कवयित्री रीति का वज़ीरानी ने अपने दो साल के बेटे के साथ आत्महत्या कर ली थी और उस समय यह बहस जोरों से उठी थी कि क्या कवि और रचनाकार स्वभावतः मृत्यु से प्यार करने वाले लोग होते हैं और क्या सिल्विया प्लाथ से लेकर मायकोवस्की तक के सैकड़ों उदाहरण यह प्रगट करते हैं कि उनके भीतर एक कोई 'स्युसाइडल इंपल्स' (आत्मघाती वृत्ति) हमेशा सक्रिय रहती है? रीतिका वज़ीरानी समकालीन अंग्रेजी कविता के परिदृश्य में बहुत तेजी से उभर रही थीं। उन्हें कविता की झुंपा लाहिड़ी कहा जाता था। उसने पुलित्जर पुरस्कार विजेता चर्चित कवि यूसुफ कोमुन्याका से विवाह किया था। जॉन अपडाइक जैसे विख्यात अमेरिकी कवियों ने भी रीतिका की आत्महत्या को हमारे समय की कविता के समाज में घटित एक बड़ी त्रासद घटना की तरह परिभाषित किया है। रीतिका वज़ीरानी को जानने वाले तमाम परिचितों ने हमेशा खुश दीखने वाली उस आकर्षक भारतीय लड़की की चेतना में हमेशा उपस्थित रहने वाले अवसाद और हताशा का वर्णन उसकी मृत्यु के बाद किया है। कैसा संयोग है कि उसी जुलाई के महीने में, एक-दो दिनों के अंतराल के बीच, उसी सप्ताह, अमेरिका से हजारों किलोमीटर दूर, जोधपुर में, एक और कवि-कथाकार का जीवन समाप्त हुआ। ऐसी उपस्थितियों का अंत, जिनके होने का कोई शोर नहीं था। ऐसा अंत, जो लगता है इच्छित था।

मैं 'कथादेश' के पाठकों के लिए और रघुनंदन की स्मृति में रीतिका वज़ीरानी की ही एक कविता का आंशिक अनुवाद प्रस्तुत कर रहा हूँ–

यह मैं हूँ जो अभी घर में नहीं है

शहर में यह देर का समय है और मैं नींद में हूँ
आप बाद में फोन करिए
(कृपया 'बीप' की आवाज के बाद अपना संदेश छोड़ दें)

ओह! चेखव? 'क' जो है वह 'ख' को प्यार करता है
मैं ताली बजाऊँ खुशी की खातिर?'
'अ' जो है वह 'ब' को प्यार करती है
'ब' कोई जवाब नहीं देता
शहर में यह देर का समय है और मैं नींद में हूँ

अगर आप कभी मेरे चेहरे के करीब तक पहुँचें
मेरा चेहरा जो चेहरा कम और एक जाना पहचाना नक्शा ज्यादा है
बेघरबार शरणार्थी नक्शा,
एक गुज़र चुकी, बीत चुकी दुनिया का नक्शा और एक बिलकुल नए भूगोल का

यह मैं हूँ
(कृपया 'बीप' की आवाज के बाद अपना संदेश छोड़ दें)

मैं घर की चाभी छोड़ जाऊँगी आपके लिए
जब आप आएँगे और रिसीवर उठाएँगे, तब आप टेप सुन सकते हैं

मैं घर में नहीं हूँ
शहर में यह देर का समय है और मैं नींद में हूँ
(कृपया 'बीप' की आवाज के बाद आप अपना संदेश छोड़ दें)

रघु थे तब भी, और अब जब वे नहीं हैं तब भी, आप सब जीवित लोग 'बीप' की 'आवाज' के बाद अपना संदेश छोड़ सकते हैं।

लेकिन सबसे बड़ा और त्रासद प्रश्न यह है कि क्या समाज, संस्कृति और राजनीति में निरंतर सक्रिय किसी सत्तावान सामूहिक (कलेक्टिव और कम्युनल) व्यक्ति के पास रीतिका या रघु जैसे 'सॉलितेयर' को देने के लिए कोई संदेश भी है? या फिर उसके पास सिर्फ शोर है जिसे 'बीप' के बाद भी कहीं नहीं छोड़ा जा सकता।

क्योंकि वह बहुत डरावना होता है। उतना ही डरावना, जितना डरावना यह समय है।

(कथादेश : जनवरी 2005)

अनुपस्थित निर्मलता

पहले निर्मल वर्मा की डायरी का एक अंश–

'हर रोज कोई मेरे भीतर कहता है, तुम मृत हो। यही एक आवाज है, जो मुझे विश्वास दिलाती है कि मैं अब भी जीवित हूँ।'

वह छब्बीस या सत्ताईस अक्तूबर 2005 की सुबह थी। लगभग सात बजे मोबाइल बजा। बिज्जी (विजयदान देथा) बोरुंदा से बोल रहे थे। बोरुंदा, जोधपुर (राजस्थान) से 105 किलोमीटर दूर है।

"ये लोग रात भर सोए नहीं हैं और सुबह से यहाँ मेरे पास बैठे हैं। अंतिम संस्कार में दिल्ली आना चाहते हैं। कितने बजे और कहाँ पर होगा? पता करके बताओ।"

मैं असमंजस में था, "बिज्जी, ऐसा संभव कैसे होगा? संस्कार तो आज ही तीन बजे शाम है। लोदी रोड पर। ये लोग वहाँ से यहाँ तक पहुँचेंगे कैसे?"

"पहुँच जाएँगे।" बिज्जी की संक्षिप्त-सी उदास लेकिन आश्वस्त आवाज थी। यह उस लेखक की आवाज थी, जो निर्मल वर्मा के लेखन का सख्त आलोचक था।

...और वे लोग सममुच वहाँ पहुँच गए। लोदी रोड। एयर टिकट लेकर। निर्मलजी के पाठक। उनके एकांत में अपने एकांत को पढ़ने वाले, जो उस रात सो नहीं पाए थे। रात भर जागते हुए, टीवी चैनल में उसी दुःखद समाचार को बार-बार देखते हुए। बस, अंत में वे एक बार साथ होना चाहते थे। किसी भी तरह। किसी भी 'कीमत' पर। शायद वे सब, जो एक साथ वहाँ पहुँचना चाहते थे, अलग-अलग और अपने में अकेले लोग थे। लेकिन एक बात निश्चित थी कि वे सब निर्मल वर्मा के पाठक थे। जैसा कभी बोर्खेस ने कहा था कि 'हर लेखक का कोई न कोई एक अपना पाठक अवश्य होता है। हो सकता है, वह पाठक उसके करीब न हो। वह पृथ्वी के किसी दूसरे छोर पर हो। अकेला अपने प्रिय लेखक को पढ़ता हुआ।...या यह भी सम्भव है कि वह अभी कहीं भी न हो। वह भविष्य में कहीं छुपा बैठा हो।'

निर्मल वर्मा के पाठक थे। बहुत दूर। अनगिनत अकेले पाठक। पृथ्वी के तमाम दूसरे छोरों और कोनों में बिखरे हुए। असंख्य तो अभी भविष्य में छुपे बैठे होंगे। होंगे नहीं... हैं।

दिल्ली में रहते हुए वे जिस तरह अकेले थे, एक बार उन्होंने उसकी तुलना चिड़ियाघर के पिंजड़े में कैद किसी चीते से की थी। ऐसा चीता, जो सौ गज के एक पिंजड़े के भीतर 'चलता' था। हर बार उसी बिंदु से अपनी यात्रा शुरू करके, पहले वाली फिर उसी जगह पर समाप्त करता हुआ। एक हताश अंतहीन यात्रा।. ..निर्मल वर्मा ने इस एकांत को स्वयं चुना था या उन्हें उसमें धकेल दिया गया था? मुझे लगता है, दोनों ही बातें थीं। अपनी डायरी में उन्होंने यह भी लिखा है–'मैं जब अकेले में सोचता हूँ–यह मैं हूँ, यह मेरा क्षण है, मेरी जगह, कोई मुझे इससे नहीं छीन सकता...तो एक गहरी राहत और खुशी महसूस होती है...मैं स्वतंत्र हूँ और पहली बार अपनी स्वतंत्रता पूरी तरह चख सकता हूँ।'

उन्होंने एक लेखक के एकांत और अकेलेपन को समझने के लिए काफ्का का फेलिस के नाम वह पत्र भी उद्धृत किया था जिसमें लेखक के एकांत की तुलना किसी संन्यासी के एकांत से नहीं, किसी मृतक के एकांत से ही गई थी।

उस पल जब उनका शव चिता पर रखा जा चुका था, मुखाग्नि दी जा चुकी थी और लपटें धीरे-धीरे उन्हें घेरने लगी थीं, मुझे लग रहा था वे अपने अकेलेपन से निकल कर अपने एकांत की ओर जा रहे हैं।

निर्मल वर्मा की डायरी का दूसरा अंश–

हमें समय के गुजरने के साथ-साथ अपने लगावों और वासनाओं को उसी तरह छोड़ते चलना चाहिए, जैसे साँप अपनी केंचुली छोड़ता है...और पेड़ अपने पत्तों और फलों का बोझ...! जहाँ पहले प्रेम की पीड़ा वास करती थी, वहाँ सिर्फ खाली गुफा होनी चाहिए, जिसे समय आने पर संन्यासी और जानवर दोनों छोड़कर चले जाते हैं। बूढ़ा होना...क्या यह धीरे-धीरे अपने को खाली करने की प्रक्रिया नहीं है? अगर नहीं है तो होनी चाहिए...ताकि मृत्यु के बाद जो लोग तुम्हारी देह को लकड़ियों पर रखें, उन्हें कोई भार महसूस न हो और अग्नि को भी तुम पर ज्यादा समय न गँवाना पड़े, क्योंकि तुमने अपने जीवनकाल में ही अपने भीतर वह सब कुछ जला दिया है, जो लकड़ियों पर बोझ बन सकता था...

मैं देख रहा था, गगन किसी अधेड़ महिला के कंधे पर सिर रखकर फूट-फूट कर रो रही थी। मैं गगन को 1977 से जानता था। लगभग अट्ठाईस साल का परिचय। वह अपने अकेलेपन से निकलकर निर्मल जी के एकांत की ओर एक दिन चुपचाप चली गई थी। ठीक उसी पल के बाद हमेशा अकेले रह जाने के लिए।

वह इस समय इस तरह अनियंत्रित आवेग में शायद इसीलिए रो रही थी,

क्योंकि वह उन्हें अपने उस एकांत में चुपचाप हमेशा के लिए जाते हुए देख रही थी, जो उनका अंतिम शरण्य था। खुद पीछे अपने अकेलेपन में बेबस छूटती हुई। गगन की कविताओं में भी उसी एकान्त की अनुगूँजें हैं। उसकी एक कविता का शीर्षक है–'अँधेरे में बुद्ध।' यह आश्चर्यजनक है कि कई वर्ष पहले, जर्मनी के हाइडेलबर्ग विश्वविद्यालय में दिए गए अपने एक व्याख्यान में निर्मल वर्मा ने ईसाइयत और इस्लाम की तुलना में बौद्ध धर्म को हिंदू अध्यात्म के करीब पाया था, क्योंकि इन दोनों में मृत्यु के पार भी एक दूसरे जीवन के दरवाजे खुले रहते हैं। मृत्यु जैसे कोई एक ऐसा कमरा...जिसके भीतर एक दूसरा जीवन टकटकी लगाए मृत्यु की दहलीज को लाँघकर आने वाले अतिथि की प्रतीक्षा करता रहता हैं। उन्होंने जर्मनी में दिए अपने भाषण में कहा था कि मोहम्मद साहब और ईसा मसीह संसार की ओर लौट रहे थे, जबकि बुद्ध संसार को कर रहे थे। शायद इसीलिए उन्हें बुद्ध से गहरा लगाव था। वे तिब्बत की सांस्कृतिक बौद्ध अस्मिता की स्वतंत्रता के पक्ष में शुरू से थे। लेकिन हिंदी की मुख्यधारा के लेखकों-बौद्धिकों के बीच इस मामले में भी वे अकेले पड़ गए थे। तिब्बत की सांस्कृतिक अस्मिता की स्वतंत्रता के पक्ष में बोलने का अर्थ था, एक बड़ी राजनीतिक सत्ता के विरुद्ध बोलना। उस लगभग सर्वस्वीकृत आधुनिकता के विरुद्ध खड़े होने, जिसके प्रति निर्मल वर्मा हमेशा शंकालु रहे। उनके लिए राजनीति हमेशा किसी संस्कृति का ही सभ्यतामूलक व्यावहारिक रूप होती थी। वह ऐसी राजनीति को स्वीकार नहीं कर पाते थे, जिसकी जड़ें किसी संस्कृति के भीतर से न फूटी हों और जो अपने चरित्र में सिर्फ और सिर्फ सत्तावादी...'सर्वसत्तावादी' हो। 'राज' और 'नीति' के जिन दो प्रत्ययों से जिस पद की विनिर्मिति हुई हो, उसके अंतिम प्रत्यय की व्युत्पत्ति जिस 'नैतिक' पद से हुई थी और जिसका अर्थ अंग्रेजी में 'इथिक्स' या 'मोरोलिटि' से अविच्छिन्न हो, वे राजनीति को उसी रूप में देखना चाहते थे। बुद्ध के प्रति उनके लगाव का एक और कारण समझ में आता है। बुद्ध अकेले थे और संसार को तजते हुए, वैभव और ऐश्वर्य को छोड़ते हुए उस दिशा की ओर जा रहे थे, जहाँ मृत्यु किसी अनुत्तरित प्रश्न की तरह मौजूद थी। बुद्ध अपने अकेलेपन में मृत्यु का उत्तर खोज रहे थे। मुझे लगता है, कभी गगन ने उन्हें रात गए, अपनी लिखने की मेज पर झुके हुए देखा होगा। और जब उसने अपने कविता संग्रह का शीर्षक 'अँधेरे में बुद्ध' रखा होगा, तो उसकी स्मृति में उस रात के बिंब की ही कौंध रही होगी।

उस दिन लोदी रोड में, जब चिता की लपटों ने उनकी देह को चारों ओर से घेर लिया था, वहाँ से कुछ ही दूर लगातार अपनी उदास आँखों से, होठों में कोई मंत्र गुदबुदाते बौद्ध भिक्षु भी खड़े थे। तिब्बत से आए शरणार्थी। अपना शरण्य भारत की उस राजनीति में खोजने वाले, जहाँ अब किसी संस्कृति का स्वप्न और अतीत नहीं, सिर्फ सत्ता और पूँजी की विकृतियाँ रंगीन और उत्तेजक लिबास में

भोग-विलास में लिप्त थीं।

लेकिन इंदिरा गाँधी एयरपोर्ट से लोदी रोड तक पहुँचते-पहुँचते वे लोग, जो जोधपुर से आए थे, लगभग पौन घंटे लेट हो गए। वहाँ से सब लोग जा चुके थे। सिर्फ कुछ पत्रकार और मीडिया वाले थे, और कुछ ऐसे लेखक जो कैमरों के सामने बोल रहे थे। इन लोगों में उनकी कोई रुचि नहीं थी।

तब तक मैं भी वहाँ से लौट रहा था और दिल्ली की सीमा पर था। अपने घर वैशाली के बहुत करीब पहुँचता हुआ। मेरे साथ कृष्णमोहन थे। युवा कथा-आलोचक कृष्णमोहन नहीं, समकालीन युवा कवि कृष्णमोहन झा। 'सारंगी' जैसी सुंदर कविता के कवि। उत्तर-पूर्व में पढ़ाते हैं। जे.एन.यू. के पूर्व छात्र। तभी फोन आया "मैं शिवदत्त बोल रहा हूँ। हम लोग लेट हो गए हैं। यहाँ से सब लोग जा चुके हैं। हम अब किसे अपनी संवेदना दें?" फिर ठहरकर उनकी आवाज आई—"गगन जी से हमारा थोड़ा-सा परिचय है। क्या इस समय उनके पास जाना ठीक होगा? या हम ऐसे ही लौट जाएँ?"

कृष्णमोहन ने उन्हें मोबाइल से निर्मलजी के घर का पता (मयूर विहार वाला) बताया। वे मुझसे और बात करना चाहते थे लेकिन मैं कार चला रहा था और ट्रैफिक वाले सामने खड़े थे। वे लोग, जो जोधपुर से दिल्ली के लोदी रोड तक कुछ ही देर में पहुँच गए थे, बहुत संपन्न लोग नहीं थे। वे अपने या अपने परिवार के लिए एयर टिकट लेकर कहीं जाने की बात सोच भी नहीं सकते थे। लेकिन अपने प्रिय लेखक को अंतिम बार देख लेने की तीव्र उत्कंठा और बेचैनी के चलते वे हजार से भी ज्यादा किलोमीटर उड़कर लोदी रोड के श्मशान तक पहुँचे थे।

कुछ दिनों बाद जब मैं सुप्रसिद्ध कवि आलोक धन्वा को यह बात बता रहा था, तो उन्होंने गोर्की का यह संस्मरण सुनाया, जो चेखव की मृत्यु के बाद लिखा गया था। रेल के जिस डिब्बे में समुद्री घोंघे, मछलियाँ, साँप और इस तरह का माल ढोया जाता था, उसी डिब्बे में रूस के उस महान कथाकार का शव लाया गया था।

राहत की बात थी कि वे—यानी निर्मल वर्मा, उस रोज चेखव की तरह अकेले नहीं थे। उनके पास उनके पाठक पहुँच गए थे। और अगर अंतिम संस्कार एक दिन और रोका जाता, तो मुझे लगता है, बहुत से पाठक अपने प्रिय लेखक के साथ अंतिम बार साथ होने के लिए वहाँ और पहुँचते।

निर्मल वर्मा की डायरी का तीसरा अंश—

'जब मैं अपने विगत जीवन के बारे में सोचता हूँ—तो वे सब घर याद आते हैं, जहाँ मैं रहा था, नए शहर और लंबी यात्राएँ और पुराने मित्र, उन लोगों के चेहरे याद आते हैं, जो वर्षों पहले इस दुनिया को छोड़कर चले गए और वे लोग

जो अब भी इस दुनिया में हैं, लेकिन जो हमारी जिंदगी में कभी नहीं आएँगे—पढ़ी हुई किताबें, छोड़े हुए घर, छूटे हुए रिश्ते...कोई अंत है? उनके बारे में सोचता हूँ तो अपनी जिंदगी कितनी लंबी जान पड़ती है...लेकिन जब मैं अपने आप से पूछता हूँ कि इतनी लंबी जिंदगी ने मुझे क्या सिखाया—तो लगता है, कि मैंने अपना जीवन अभी शुरू ही नहीं किया...मैं उन लोगों में हूँ, जो मृत्यु के क्षण तक अपने जन्म की प्रतीक्षा करते रहते हैं।'

सोचता हूँ—क्या उनका जन्म कहीं हो गया होगा? क्या 25 अक्टूबर, 2005, मंगलवार का दिन, दिन जब उनकी मृत्यु हुई, क्या हिंदी कहानी के इतिहास में वह दिन कहीं किसी रूप में दर्ज होगा? क्या निर्मल वर्मा की उपस्थिति और उनका प्रस्थान हिंदी साहित्येतिहास में किसी कथायुग या कथा काल का संकेत करता है? यानी जिसे हम इतिहास अथवा 'हिस्ट्री' कहते हैं, उसमें निर्मल वर्मा की जगह कौन-सी है और उसकी व्याख्या क्या है? वह किस तरह से परिभाषित हो सकता है?

सामाजिक-राजनीतिक इतिहास लेखन का काम जिस तरह इतिहासकार करता रहा है, साहित्य में यह काम आलोचक करता आया था। लेकिन जैसा हम सब जानते हैं, 'अबोधताओं का युग अब बीत चुका है' (दिस इज प्रिसाइजली एन एज ऑफ एंड ऑफ अडॉलोसेंस)। आज इतिहास लिखने वाला और साहित्य की तथाकथित आलोचना लिखने वाला, दोनों ही संदेहों के घेरे में हैं। दोनों संदिग्ध हो चुके हैं। निरंतर इन दोनों ने अपनी 'संदिग्धता' को और उजागर, और अधिक पुष्ट किया है। आलोचक पर यह अभियोग किसी दक्षिणपंथी भाववादी, प्रतिक्रियावादी साहित्यकार ने नहीं, स्वयं सूजान सोटैग ने अपनी चर्चित किताब 'अगेंस्ट इंटरप्रेटेशन्स' में लगाया था। वे आलोचना को सत्ता का ही एक औजार (पॉवर टूल) मानती थीं, जो असहमति के सृजन से वैसा ही बदला लेती हैं, जिस तरह सत्ताएँ असहमति की लोक-चेतना से लेती हैं। आलोचना सृजन के बीच एक वैसा ही विजातीय और बाहरी हस्तक्षेप है, जैसा किसी मनुष्य के निजी एकांत में राजनीतिक सत्ताओं की घुसपैठ। निर्मल वर्मा स्वयं 'इतिहास' की इस 'धोखाधड़ी' को अच्छी तरह से जानते थे। लेकिन क्या वे एक लेखक के रूप में इससे चिंतित रहते थे? मेरे जैसे अनेक लेखकों के लिए यह प्रश्न इसलिए महत्त्वपूर्ण है क्योंकि निर्मल वर्मा हमें नागरिक समाज के, शहरी लोक समाज के पहले सबसे अधिक महत्त्वपूर्ण 'स्वतंत्र' लेखक और चिंतक लगते हैं। वे इतिहास और मिथक को अलग करके नहीं देखते थे। इतिहास की 'धोखाधड़ी' का प्रत्याख्यान और उसका संशोधन उनके लिए उस मिथक में मौजूद लगता था, जो इतिहास के समानांतर पाठकों की स्मृतियों में निर्मित होता रहता है। हर सच्चे लेखक की हर रचना अपने पाठक की स्मृति में एक नए मिथ का निर्माण करती है और रचना की यह वही मिथकीय

शक्ति है, जो आलोचना और 'इतिहास' की 'राजकीय सत्ता' से मुठभेड़ करती है। अक्सर उसे पराजित भी करती है। इसका सबसे बड़ा और प्रसिद्ध उदाहरण तॉल्सतॉय का ही है। मशहूर कहावत है कि जब कोई रचनाकार अपने समय पर कोई छाप छोड़ता है, तो छाप को मिटाने के लिए कई दर्जन आलोचक 'रबर' (इरेज़र) लेकर दौड़ते हैं।

निर्मल वर्मा तो उस समय भी लिख रहे थे, जब इतिहास के अंत की घोषणा उत्तर-आधुनिकतावादियों ने कर दी थी। 'पूर्वग्रह' को दिए गए एक साक्षात्कार में (हालाँकि इसमें कुछ हास्य जैसा भी है, जो निर्मल जी की 'गंभीरता' का ही एक पक्ष था।) उन्होंने कहा था–'आज तक के जितने भी आख्यान हैं, टॉमस मान के डॉक्टर फाउस्ट से लेकर आज तक के, वे इतिहास या मिथ (जिन्हें अलग करके मैं नहीं देखता) के आख्यान हैं। लेकिन इतिहास के अंत के बाद समय का क्या हश्र होगा और मनुष्य की स्मृति के लिए क्या कोई 'स्पेस' बचा रहेगा–इस बोध से रचना करना, मैं नहीं समझता कि किसी लेखक ने इसकी परिकल्पना की होगी। तॉल्सतॉय ने मृत्यु की परिकल्पना जरूर की थी और अपनी मृत्यु से त्रस्त होकर कहानियाँ भी लिखी थीं, जिनमें उन्होंने मृत्यु के बाद के शून्य और त्रास को व्यक्त किया, लेकिन तॉल्सतॉय जानते थे कि मेरी मृत्यु के बाद भी मेरे उपन्यासों को पढ़ा जाएगा। यानी उसके बाद भी जीवन और 'इतिहास' (या मिथक और स्मृति से रचा जाता इतिहास–उ.प्र.) जारी रहेगा।' अब हिंदी के 'आलोचक' और हिंदी साहित्य के 'इतिहासकार' निर्मल वर्मा की कथा समय में उपस्थिति को जिस तरह भी रेखांकित करें, उनकी कहानियों, उपन्यासों, निबंधों, जर्नल्स और डायरियों के एक पाठक की हैसियत से मुझे लगातार लगता है कि हिंदी कहानी में उनका होना लगभग उसी तरह था, जैसा रूसी कहानी में चेखव का होना। यह संयोग ही है कि जिस समय निर्मल वर्मा का निधन हुआ, उस समय कथा सम्राट (इस सामंती विशेषण को सहन करें) प्रेमचंद की, जिन्हें हिंदी के आलोचकों ने 'हिंदी का गोर्की' मान लिया था, की सवा सौवीं जयन्ती मनाई जा रही थी। वहाँ यह याद करने की जरूरत है कि निर्मल वर्मा ने अपने एक निबंध में लिखा था कि 'जिस तरह यूरोप की आधुनिक यथार्थवादी कहानी गोगोल के 'ओवरकोट' से बाहर निकली, उसी तरह हिंदी की आधुनिक यथार्थवादी कहानी का जन्म मुंशी प्रेमचंद की कहानी 'कफन' से हुआ।'

क्या नहीं लगता कि जिस तरह रूसी भाषा में तॉल्सतॉय, गोर्की और चेखव एक ही कथा परंपरा के बड़े कथाकार थे, उसी तरह प्रेमचंद और उनकी परंपरा के अन्य कथाकारों की तरह निर्मल वर्मा चेखव के स्थान पर (हिंदी में) थे।

लेकिन यह प्रमेय समस्यामूलक है। यह एक 'प्रॉब्लेमेटिक' है। क्योंकि एकध्रुवीय, सपाट और ग्लोबल हो चुकी पूँजीवादी राजनीतिक सत्ताएँ और उनके

भारतीय साझीदार इस प्रमेय से असहमत होंगे। कारण यह कि उनकी 'प्रदर्शनकारी' राजनीति अभी तक बीसवीं सदी के दो ध्रुवों वाले कूट खेल पर निर्भर है। उनका 'डॉयलेक्टिक्स' तब तक संभव नहीं होता जब तक वे दो कृत्रिम ध्रुवांतों का 'निर्माण' करके उनमें से एक 'कृत्रिम' में अपने लिए सत्ता-स्थल (पॉवर स्पेस) न खोज लें।

तो समस्या यह है कि जो निर्मल वर्मा 1968 से ही रूस की राजनीतिक राज्यसत्ता से अपनी असहमति को सार्वजनिक तौर पर प्रगट कर चुके थे, उन्हें एक महान रूसी कथाकार चेखव की पदवी कैसे दी जाए? शायद निर्मल वर्मा ने जब 1968 में चेकोस्लोवाकिया में रूस के अतिक्रमण का विरोध किया था, उसी समय उन्हें अपने 'इतिहास' से बाहर फेंक दिए जाने का अंदाजा हो गया था। 'इरेजर' लेकर उनकी हर रचना, हर कथा की ओर दौड़ने वाले 'आलोचक-इतिहासकारों' की तादाद खासी बड़ी थी। फिर सरकार और उसकी संस्थाओं का सहयोग भी इन 'रबरधारियों' को हासिल था, क्योंकि अगर सूजान सोटैग के शब्दों का स्मरण करें, तो वे कोई और नहीं, सत्ता के ही 'हथियार' थे। संभवतः इसीलिए निर्मल वर्मा ने उसी साक्षात्कार में कहा था—'आज बीसवीं शताब्दी के अंत में 'पोस्टमॉडर्निटी' आदि की बहसें हो रही हैं और इतिहास के अंत की बात कही जा रही है, लेकिन चेकोस्लोवाकिया में, मैं समझता हूँ, यह वह क्षण था जिसे हम इतिहास का अंत कह सकते हैं। जिसे ज्यां फ्रांसुआ लियोतार अपनी किताब 'दि पोस्टमॉडर्न कंडीशन' में 'एंड ऑफ हिस्ट्री' कहते हैं।' उन्नीसवीं शताब्दी की आदर्शमूलक धारणाओं का हश्र बीसवीं सदी के उत्तरार्द्ध में जिस तरह हुआ है, उसकी कल्पना किसने की थी?

लेकिन भारत में 1975 के दौरान एक बार फिर उसी तरह 'इतिहास का अंत' हुआ। इतिहास की 'धोखाधड़ी' को अच्छी तरह से जानने वाले निर्मल वर्मा ने एक सच्चे, निर्भय और नैतिक लेखक की तरह फिर अपनी असहमति प्रगट की। दोनों ही बार वे बीसवीं सदी के आदर्शवादी सिद्धांतों-अवधारणाओं के पक्ष में बोले। इतिहास से बाहर कर दिए जाने के खतरे को जानते हुए भी।

उस दिन इंडिया इंटरनेशनल के सभागार में निर्मल वर्मा की शोकसभा में जो लोग आए हुए थे, उन्होंने वहाँ भी इतिहास, स्मृति और मिथकों की टकराहट देखी होगी। विख्यात कवि जोसेफ ब्राडस्की ने 'इतिहास' से बाहर फेंक दिए गए रूसी कवि ओसिप मांदेल्स्ताम के बारे में कहा था कि 'पुश्किन और मांदेल्स्ताम की कविताएँ जब तक रहेंगी, तभी तक रूसी भाषा बची रहेगी।' लगभग यही यहाँ निर्मल वर्मा के बारे में कहने का मन हो रहा है।

(नया ज्ञानोदय : दिसंबर, 2005)

एक कवि की हत्या का रहस्य

इसी 7 नवंबर के 'टेलीग्राफ' में एक ऐसी सूचना है, जो अगर सच साबित हुई तो बीसवीं सदी की विश्व कविता की एक अत्यंत त्रासद और मार्मिक घटना पर से शीघ्र ही रहस्य का परदा उठ जाएगा। दक्षिणी स्पेन के प्रांत ग्रानाडा के निक अल्फाकार नगर के मेयर जुआन साबायेरो ने घोषित किया है कि जल्द ही नगर की उस कब्रगाह को खोदा जाएगा, जहाँ स्पेन ही नहीं विश्व कविता के एक अत्यंत लोकप्रिय, संवेदनशील, अप्रतिम और महान कवि का अभागा कंकाल दबा हुआ है। साबायेरो का कहना है कि अब समय आ गया है जब हमारा देश अपने बर्बर अतीत को साहस के साथ सारी जनता के सामने प्रस्तुत करे। अतीत की बर्बरता का उदाहरण बनने जा रहा यह कंकाल और किसी का नहीं, बीसवीं शताब्दी की विश्व कविता के महान आधुनिक कवि फेदरिको गार्सिया लोर्का का है।

यह स्मरण दिलाने की अलग से जरूरत नहीं कि स्पेनिश भाषा के कवि लोर्का ने समकालीन हिंदी कविता को भी गहराई से प्रभावित किया है। इन पंक्तियों के लेखक ने आज से लगभग 25 वर्ष पहले, डॉ. शिवमंगल सिद्धांतकर के संपादन में निकलने वाली पत्रिका 'हिरावल' में लोर्का के जीवन और उसकी कविता पर एक लंबा लेख लिखा था। 1975 के आपातकाल के दिनों में जिन कवियों की कविताएँ हम सब युवा रचनाकारों को प्रतिरोध की प्रेरणाएँ देती थीं, उनमें से लोर्का की कविता 'फाइव एट दि आफ्टर नून' (पाँच बजे दोपहर) भी फैज़, नज़रुल, पॉल एलुआ और ब्रेख्त की कविताओं के साथ शामिल थी।

अभी पिछले दिनों दिल्ली में आयोजित अंतरराष्ट्रीय फिल्म समारोह में ईरान की युवा फिल्मकार समीरा मखमलकाफ़ द्वारा अफगानिस्तान में बनाई गई बहुचर्चित और पुरस्कृत फिल्म 'पंज अस्त्र' (पाँच बजे) की मूल प्रेरणा की पृष्ठभूमि में भी लोर्का की यही कविता थी। लोर्का ने यह कविता अपने मित्र सांचियाज़ के साँड़-युद्ध में मारे जाने के बाद एक शोकगीत के रूप में लिखी थी। आश्चर्य है कि फिल्म और साहित्य, दोनों में समीक्षा का काम करने वाले विद्वान समीक्षकों को इस कविता की याद तब नहीं आई, जबकि उस फिल्म में इस कविता का अंश-पाठ भी सम्मिलित

था।

अगर लोर्का के समय को याद करें तो वह समय अलग-अलग और परस्पर विरोधी राजनीतिक विचारधाराओं के सत्ता-वर्चस्व का काल था। 1936 में जब इस संवेदनशील कवि-नाटककार की हत्या की गई, उस समय इटली में मुसोलिनी, जर्मनी में हिटलर, रूस में स्तालिन और स्वयं स्पेन में फासीवादी तानाशाह फ्रांको का शासन था। हिंसा और वैचारिक कट्टरता के उस युग में हर तरह की राजनीति में एक प्रकार का सैन्यवाद अंतर्भूत था, जिसके अवशेष हम आज की राजनीति में भी देखते हैं। ऐसे समय में एक स्वतंत्र रचनाकार, जो किसी राजनीतिक दल का सदस्य न हो, फिर भी जो फ्रांको की फासीवादी हिंसा के विरोध में लगातार नाटकों का मंचन कर रहा हो और कविताएँ लिख रहा हो, उसकी बाध्यता और निहत्थेपन की कल्पना की जा सकती है।

लोर्का कम्युनिस्ट नहीं था। वह स्पेन की साधारण जनता के संकटों और यंत्रणाओं से जुड़ा उन्हीं के जीवन अनुभवों को गाने वाला एक कवि-नाटककार था। उसके 'डीप सांग्स' में न केवल गहरी आध्यात्मिकता और मिथकीय बिंबात्मकता मौजूद है बल्कि उसने स्पेन के मुस्लिम अतीत से गजलों और रुबाइयों की विशिष्टताओं को भी अपनी कविताओं में अपनाया। सल्वादोर दाली जैसे सुप्रसिद्ध अतियथार्थवादी चित्रकार और लुई बुनुएल जैसे प्रभाववादी फिल्मकार के साथ गहरी दोस्ती के बावजूद लोर्का ने अपनी कविताओं और नाटकों के लिए एक चुनौतीपूर्ण अन-आधुनिक रास्ता चुना। उसके नाटक 'हाउस ऑफ बरनाल्दा अल्बा', जिसका अनुवाद रघुवीर सहाय ने 'बिरजिस कदर का कुनबा' के नाम से किया था और जिसका मंचन अस्सी के दशक में राष्ट्रीय नाट्य विद्यालय में किया गया था, उस नाटक में लातीनी अमरीकी समाज में स्त्री की नियति की मार्मिक अभिव्यक्ति थी। लोर्का के एक अन्य नाटक 'येरमा' का मंचन भी दिल्ली और कुछ दूसरे स्थानों में हो चुका है।

यह स्पष्ट है कि समकालीन भारतीय कविता और रंगमंच को गहराई से प्रभावित करने वाले लेखकों में लोर्का और ब्रेख्त सबसे महत्त्वपूर्ण हैं। एक दिलचस्प तथ्य यह भी है कि जर्मन लेखक बर्तोल्त ब्रेख्त, अमरीकी साहित्यकार अर्नेस्ट हेमिंग्वे और स्पेनिश भाषा में लिखने वाले बीसवीं सदी की राजनीति की हिंस्र कट्टरवादिता के युग में लोर्का का अपराध सिर्फ इतना था, कि वह एक स्वतंत्र कवि और लेखक था। दूसरा अपराध यह था कि वह अत्यंत लोकप्रिय था। उसकी अभूतपूर्व लोकप्रियता का जिक्र प्रख्यात स्पेनिश कवि पाब्लो नेरुदा ने और सुप्रसिद्ध फिल्मकार लुई बुनुएल ने अपनी-अपनी आत्मकथाओं में किया है। कहा जा सकता है कि मौलिक सृजनात्मका, गहरी लोक-संपृक्ति, लोकतांत्रिकता, तीव्र संवेदनात्मक आवेग और जनता के बीच उसकी लोकप्रियता ने ही लोर्का को फासिस्ट सत्ताधारियों का

सबसे बड़ा शत्रु बन डाला।

अगर साहित्य के इतिहास पर निगाह डालें तो 1920-36 का समय सारे संसार में आधुनिकतावाद के उत्थान का काल है। अन्य भाषाओं के कवियों की तरह, लातीनी अमरीकी कवि भी उस समय आधुनिकतावादी रचनाएँ प्रस्तुत कर रहे थे। ऐसे समय में लोर्का ने लोकगीतों और ग्यारहवीं-बारहवीं सदी की लगभग अन-आधुनिक काव्यरूपों में रचनाएँ कीं। प्रारंभ में वर्चस्वशील साहित्यिक हलकों में लोर्का को एक सिरे से खारिज किया गया। लेकिन 'जिप्सियों के गीत' नामक उसके कविता संग्रह ने लोर्का को स्पेन की जनता के हृदय में समाहित कर दिया। इसीलिए जब 19 अगस्त, 1936 की सुबह लोर्का को फासिस्टों ने गोली मारी तब पाब्लो नेरुदा ने कहा था, कि जो ताकतें स्पेन की जनता की छाती पर गोली दागना चाहती थीं, उन्होंने लोर्का को मार कर बिल्कुल सही निशाना चुना था। उस रोज, यानी जुलाई 1936 की किसी एक तारीख को लोर्का स्पेन के ग्रामीण इलाकों में अपने नाटकों का मंचन करने के बाद अपने घर में रुका हुआ था, जब उसे फ्रांको के सिपाहियों ने गिरफ्तार किया। 19 अगस्त को लोर्का से कहा गया कि उसके एक रिश्तेदार, जो ग्रानाडा का पूर्व मेयर था, से उसे मुलाकात करनी है। मेयर की हत्या पहले ही की जा चुकी थी। कहा जाता है कि सिमेट्री में पहुँचकर लोर्का को कार से उतारा गया और पहले बंदूक के कुंदों से उसे मारा गया फिर यह निश्चित करने के लिए कि उसकी मृत्यु हो चुकी है, उसे गोली मारी गई।

कहा यह भी जाता है कि लोर्का को पहले अपनी कब्र खोदने के लिए मजबूर किया गया और फिर उसे मार कर उसमें दफनाया गया। जिस फौजी जनरल होसे वाल्देस ने लोर्का को गोली मारने का आदेश दिया था, वह कूट भाषा का इस्तेमाल किया करता था। किसी की हत्या के आदेश के लिए वह 'इसे कॉफी पिलाओ' कहता था। यह ठगों की कूट भाषा हुआ करती है। जिन लोगों ने भारतीय ठगों के बारे में किताबें पढ़ी हों वे 'तंबाकू खिलाओ' और 'खीर खिलाओ' के असली क्रूर अर्थों को जानते होंगे। आज हर कोई जानता है, कि फ्रांको ने अपनी तानाशाही ठगों, उचक्कों, अपराधियों और भाड़े के लड़ाकों के जरिए ही हासिल की थी और उसने समूची बर्बरता के साथ उस समय की महान प्रतिभाओं की हत्या आयोजित की थी।

बहरहाल, जिस दिन लोर्का को जनरल होसे वाल्देस के सामने पेश किया गया, वह लोर्का को देखकर मुस्कुराया, फिर उसने सिपाहियों से कहा—'इस कवि को खूब सारी कॉफी पिलाओ।'

मृत्यु के पहले लोर्का को जिन अमानुषिक यंत्रणाओं को झेलना पड़ा होगा, उसकी कल्पना ही सिहरन पैदा करती है। आज स्पेन ही नहीं, संसार भर के लोग लोर्का की मृत्यु की वास्तविक यातनाओं के बारे में जानना चाहते हैं। लोर्का की

जीवनी लिखने वाले लेखक इयान गिब्सन का कहना है कि यह एक रहस्य ही है कि लोर्का की हत्या फासिस्टों ने किस जगह पर की। मृत्यु के पूर्व उस अत्यंत संवेदनशील कवि को कितनी यातनाएँ दी गईं। गिब्सन के अनुसार लोर्का की मृत्यु से जुड़ा एक सत्य भी सौ किताबों से ज्यादा कीमती है।

लोर्का जिस जगह अपने टूटे-फूटे शरीर के साथ सोया हुआ है, वहाँ उसे पहचान पाना भी एक मुश्किल काम होगा क्योंकि वहाँ फासिस्टों ने तीन-चार हजार अन्य निर्दोष नागरिकों को मार कर दफना रखा है। लोर्का अपने जीवन काल में भी नागरिक समाज का कवि था और मृत्यु के बाद भी वह उसी मृत नागरिक समाज के बीच है। एक बर्बर राजनीतिक सत्ता ने उसकी हत्या की, दूसरी उदार राजनीतिक सत्ता लोकमत के दबाव में उसके कंकाल का उत्खनन करने जा रही है। लोर्का बीसवीं सदी की कट्टरतावादी राजनीति तंत्र द्वारा स्वतंत्र, लोकतांत्रिकतावादी लेखक-कलाकारों और बौद्धिकों के उत्पीड़न और संहार का ही उदाहरण नहीं, वह राजनीतिक सत्तातंत्र द्वारा निर्दोष लोक समाज या नागरिक समाज पर ढाए गए जुल्मों का भी एक मार्मिक उदाहरण है।

क्या बीसवीं सदी के ही महान रूसी उपन्यासकार, 'मास्टर एंड मार्गरीता' और 'हॉर्ट ऑफ ए डॉग' के लेखक मिखाइल बुल्गाकोव की मृत्यु के रहस्य पर से भी पर्दा इसी तरह उठेगा। क्या राजनीति को ही सृजन और कलात्मकता का मापदंड समझने वाले बीसवीं सदी के सत्ता-पूँजी परस्त लेखक और राजनीतिकर्मी इतिहास की इन त्रासदियों से कोई नैतिक सबक लेंगे? क्या भविष्य में कोई निर्दोष नागरिक या स्वतंत्र लेखक बर्बर राजनीतिक सत्ताओं के वफादार ठगों और भाड़े के लड़ाकों द्वारा मार दिए जाने से बचा रह पाएगा।

(राष्ट्रीय सहारा : 7 दिसंबर 2003)

डॉ. शहाणे का संघर्ष

मध्यप्रदेश के आदिवासी शहडोल जिले में एक छोटा-सा कस्बा अनूपपुर, जहाँ नवंबर, 1990 में पुलिस गोलीबारी से अब्दुल वहीद की मौत हुई। उसके बाद सैकड़ों छात्र-नौजवानों तथा अन्य नागरिक गिरफ्तारी, जेल व मुकदमों के शिकार हैं। सरकारी आतंक ओर सांप्रदायिक साजिशों की अति से गुजरते हुए इस कस्बे की जिंदगी में एक के बाद दूसरे नए उत्तेजक अनुभवों का सिलसिला बना हुआ है। ऐसा ही एक उल्लेखनीय अनुभव अनूपपुर के शासकीय चिकित्सालय के वरिष्ठ चिकित्सक और ब्लॉक मेडिकल ऑफिसर डॉ. दिनेश मनोहर शहाणे का है। जो वर्षों से राष्ट्रीय स्वयंसेवक संघ के जिला बौद्धिक प्रमुख और विकास खंड के गजटेड ऑफिसर एसोसिएशन के अध्यक्ष रहे हैं। पर जिन्होंने डॉक्टरी पेशे की नैतिकता तथा अनूपपुर के सांप्रदायिक सौहार्द की परंपरा की रक्षा के लिए स्थानीय प्रशासन, पुलिस और राज्य सरकार के दबावों के सामने झुकने से इनकार कर दिया है।

नौजवान अब्दुल वहीद की शहादत और अधेड़ डॉ. दिनेश मनोहर शहाणे के नैतिक साहस से अनूपपुर कस्बे में ऐसी नागरिक ऊर्जा का संचार हुआ है कि कस्बा पहली बार कर्फ्यू, गोलीबारी, गिरफ्तारी के साए में सहमा हुआ भी सांप्रदायिक साजिशों के खिलाफ एकजुट-सा हो गया है।

अनूपपुर की एक पहचान है—ग्रामीण अंचल, जंगल और सोन नदी। सुंदर शांत विस्तार। अक्टूबर-नवंबर, 1990 में जब बाबरी मस्जिद राम जन्मभूमि विवाद चरम पर था, अनूपपुर के जीवन में एक मामूली घटना घटी थी। दो छात्रों ने अलग-अलग एक ही कंपनी की चप्पल एक ही दुकान से खरीदी। दोनों छात्रों की आपसी मुलाकात से यह तत्काल जाहिर हो गया कि दुकानदार ने एक छात्र से जयादा कीमत ले ली है। शिकायत करने पर दुकानदार ने छात्र से दुर्व्यवहार किया फिर थाने में शिकायत भी की। थाने में भी पुलिस और नशे में धुत एक कांस्टेबल ने छात्रों से दुर्व्यवहार किया। अगले दिन आंदोलित छात्रों ने तहसीलदार को ज्ञापन देकर दुकानदार और पुलिसकर्मी के दुर्व्यवहार की जाँच पड़ताल और कार्रवाई की माँग की। इसी माँग के समर्थन में 19 नवंबर को थाने पर प्रदर्शन कर रहे सैकड़ों छात्र-छात्राओं पर पहले लाठीचार्ज फिर पुलिस गोलीबारी हुई। दर्जनों छात्र घायल हुए और अब्दुल वहीद मारा गया।

अनूपपुर शांति समिति का यह नौजवान सदस्य तो वहाँ छात्र-पुलिस टकराव रोकने गया था। उसने एक ओर छात्रों को पथराव करने से रोका था, तो दूसरी ओर पुलिसकर्मियों से अनुरोध किया था कि छात्रों से तत्काल बातचीत शुरू करें। कई प्रत्यक्षदर्शी बताते हैं कि पुलिस ने करीब से, गाली-गलौज करते हुए अब्दुल की कनपटी पर गोली मार दी। वह वहीं लहूलुहान होकर गिर गया।

पर अनूपपुर में तनाव और झगड़ा फैलाने वाली ताकतें सिर ठाने लगीं। दुकानदार और ग्राहक के विवाद को सिंधी और गैर-सिंधी का विवाद, पुलिस और अब्दुल के वाकए को हिंदू और मुसलमान का विवाद बनाने की कोशिश होने लगी। एक प्रशासनिक अधिकारी के घर पर हमला, आगजनी व लूटपाट की वारदात हो गई। टुच्ची राजनीतिक प्रतिद्वंद्विता खुलकर सामने आ गई। इस दबाव में प्रशासन-पुलिस भी आतंककारी होता गया। यहीं से एक वरिष्ठ डॉक्टर दिनेश मोहन शहाणे के संघर्ष की शुरुआत हुई, जिसने उनका जीवन बदल दिया है।

हाल में डॉक्टर शहाणे को दिल का दौरा पड़ा है। ई.सी.जी. रिपोर्ट और मेडिकल सर्टिफिकेट के मुताबिक उन्हें तीन महीने तक बिस्तर पर रहना है। दवा की गोलियाँ ही उनका जीवन हैं। लेकिन शहडोल के कलेक्टर के निर्देश पर इसी हालत में उनका तबादला एक पिछड़े आदिवासी इलाके में कर दिया गया है। उन्हें जनवरी से वेतन नहीं मिला है। उनकी छुट्टी की अर्जियों को ज्यों का त्यों प्रशासन वापस लौटा देता है। प्रकट है, कलेक्टर, सिविल सर्जन, पुलिस अफसर और राज्य सरकार की निगाह में डॉ. दिनेश मोहन शहाणे ने गंभीर अपराध किया है। आखिर डॉ. शहाणे का अपराध क्या है?

डॉ. शहाणे बताते हैं, '19 नवंबर की दोपहर लगभग डेढ़ बजे अनूपपुर के शासकीय अस्पताल में अब्दुल वहीद को नाजुक हालत में लाया गया। अस्पताल में मौजूद साधनों और चिकित्सकों की कोशिशों के बावजूद दो बजते-बजते अब्दुल वहीद की मौत हो गई। उसे इंडोर नंबर 12 प्राथमिक स्वास्थ्य केंद्र, अनूपपुर में मृत घोषित कर दिया गया। इसके बाद कलेक्टर और पुलिस अफसरों ने दबाव डालना शुरू किया कि पोस्टमार्टम रिपोर्ट में अब्दुल की मौत की वजह पत्थर लगना, मारपीट होना दिखाया जाए।'

स्थानीय प्रशासन के सरगना कलेक्टर और एस.डी.एम. पुलिस के साथ मिलकर अब्दुल की हत्या का मामला रफा-दफा करना चाहते थे। साथ ही घटना को हिंदू-मुसलमान का सांप्रदायिक दंगा बनाकर अब्दुल की हत्या का मामला अनूपपुर के नागरिकों और स्कूली छात्रों पर मढ़ने की साजिश कर रहे थे। डॉ. शहणे उसी वक्त अपने आपको इस कुचक्र से अलग कर लेना चाहते थे। इसलिए उन्होंने कलेक्टर और अन्य अधिकारियों से अनुरोध किया कि चूँकि इस प्राथमिक स्वास्थ्य केंद्र में कोई मुर्दाघर नहीं है, इसलिए अब्दुल की लाश किसी दूसरे अस्पताल में स्थानांतरित की जाए और पोस्टमार्टम की कार्रवाई के लिए बनाई जाने वाली

चिकित्सकों की टीम में उन्हें शामिल न किया जाए।

यह डॉक्टर शहाणे का दुर्भाग्य ही था कि अनूपपुर के नागरिक उन पर श्रद्धा और विश्वास रखते थे। पोस्टमार्टम की रिपोर्ट कलेक्टर और पुलिसवाले मिलकर चौपट न करने पाएँ, इसलिए अनूपपुर के नागरिकों की ओर से न्यायिक दंडाधिकारी को प्रार्थनापत्र दिया गया कि अब्दुल वहीद की लाश के पोस्टमार्टम के लिए चिकित्सक दल में डॉ. शहाणे अवश्य शामिल किए जाएँ। यही दबाव था कि कलेक्टर के न चाहने के बावजूद पोस्टमार्टम के लिए जिन चार चिकित्सकों का दल बना, उसमें डॉक्टर शहाणे का नाम भी शामिल करना पड़ा।

और 12.30 बजे रात अब्दुल वाहीद की लाश को पोस्टमार्टम रिपोर्ट पुलिस को सौंप दी गई; जिसमें दर्ज था कि अब्दुल वहीद की मौत सिर में गोली लगने से हुई है। यही था डॉ. दिनेश मनोहर शहाणे का अपराध, जिसकी उन्हें सजा मिल रही है।

डॉ. शहाणे अपने पेशे के प्रति लगन, बीमारों के प्रति सेवाभाव और नैतिक-शासकीय कर्त्तव्यों के प्रति अद्‌भुत जागरूक हैं। इन्हीं कारणों से वे इस पूरे इलाके में लोकप्रिय हैं। वे कहते हैं, 'हिंदू होना और सांप्रदायिक हिंदू होना दो बिल्कुल अलग चीज है। क्या यह झूठ लिखकर कि अब्दुल वहीद गोली से नहीं पत्थर से मरा, 'हिंदुत्व' खरा और प्रामाणिक हो जाता। एक डॉक्टर के नाते मैंने अपने कर्तव्य का, एक सामाजिक मनुष्य के नाते अपनी जिम्मेदारी का और एक हिंदू के नाते अपने धर्म का पालन किया है।'

डॉक्टर शहाणे ने मध्यप्रदेश के मुख्यमंत्री और राज्यपाल के समक्ष भी अपना मामला प्रस्तुत किया है। लेकिन राजभवन खामोश है। मुख्यमंत्री ने कोई हस्तक्षेप नहीं किया है। इससे दुखी होकर डॉ. शहाणे ने राष्ट्रीय स्वयंसेवक संघ के सरसंघचालक बाला साहब देवरस और भाजपा के राष्ट्रीय महामंत्री कुशाभाऊ ठाकरे को मार्मिक पत्र लिखे हैं। और उनसे व्यक्तिगत भेंट भी की है, लेकिन उन्हें कोई संतोषजनक जवाब नहीं मिला है। राज्य सरकार का रुख पूर्ववत प्रतिकूल और कठोर है।

जैसे आज अनूपपुर को भी शांति और सांप्रदायिक सौहार्द, डॉक्टर शहणे का साथ देने की सजा मिल रही हो। नवंबर के बाद से अब तक वह सरकारी आतंक के साये में ही जी रहा है। हर स्कूल-कॉलेज, हर मुहल्ले में गिरफ्तारी या उसका डर, झूठे मुकदमे, पुलिस की मारपीट, प्रताड़ना, कोई दया, कोई धर्म, कोई वर्ग इससे मुक्त नहीं रह पाया है। लेकिन अनूपपुर के नागरिकों ने अपना संयम शांति और सांप्रदायिक सौहार्द बनाए रखा है। अनूपपुर के लेखकों, पत्रकारों, वकीलों, डॉक्टरों, सामाजिक, राजनीतिक कार्यकर्ताओं द्वारा गठित जन शांति समिति की गतिविधियों के कारण ही आज के अनूपपुर में अब्दुल और डॉक्टर शहाणे की परंपरा में सवाल और संघर्ष जीवित है।

(नवभारत टाइम्स : 26 अप्रैल 1991)

नई शिक्षानीति यानी लोक कथा की भैंस

बुंदेलखंड में एक कहानी बहुत प्रचलित है। दो बुंदेलखंडी जवान फूटे हुए सिर और खून सने कपड़ों में एक-दूसरे के खिलाफ फौजदारी की रपट लिखाने थाने पहुँचे। दरोगा ने पूछा, 'तुम लोगों ने एक-दूसरे का सिर क्यों फोड़ा?' पहले ने जबाव दिया कि 'इस आदमी ने अपनी भैंस मेरे आँगन में खूँटा गाड़कर बाँध दी। बताइए, इससे मेरा घर गंदा और बरबाद नहीं होगा?' दरोगा दूसरे से मुखातिब हुआ—'तुम्हारी भैंस कहाँ है?' दूसरे का जबाव था—'वह तो मैंने अभी खरीदी नहीं,' अब दरोगा ने पहले व्यक्ति से पूछा—'और तुम्हारा घर कहाँ है?' पहले का जवाब था—'वह तो मैंने अभी बनवाया नहीं।' यानी न भैंस थी और न घर-आँगन था, लेकिन दो लोग एक-दूसरे का सिर फोड़ बैठे थे।

नई शिक्षानीति भी उसी बुंदेलखंडी भैंस की तरह है। यह फिलहाल कहाँ है और इसका ढाँचा, इसकी रूपरेखा क्या है, इसे कोई नहीं जानता, लेकिन तमाम सेमिनारों में, अखबारों में अनेक शिक्षाविद् एक-दूसरे का सिर तोड़ रहे हैं। यह नई शिक्षानीति कैसी है, इसे वे भी नहीं जानते जो इसकी निर्माता समिति के सदस्य है। संभवतः शिक्षामंत्री के.सी. पंत और प्रधानमंत्री राजीव गाँधी भी इसके बारे में उतना ही जानते हैं, जितना उन्होंने अपने भाषणों में कहा है।

सवाल यह है कि नई शिक्षानीति अगर बहस का इतना बड़ा मुद्दा बनी है तो क्यों? दरअसल, हुआ यह था कि दिसंबर 1984 में लोकसभाई चुनावों के दौरान नए-नए प्रधानमंत्री राजीव गाँधी ने जिन चीजों को बदल डालने के बारे में अपनी मंशा प्रकट की थी, शिक्षा प्रणाली उनमें से एक थी। फिर चुनावों के बाद राष्ट्र के नाम संदेश में भी उन्होंने यही बात दुहराई। इसके बाद नए मंत्रिमंडल के गठन के लंबे अर्से के बाद शिक्षा को काबीना का दर्जा मिला और राजीव गाँधी के अत्यंत निकट माने जाने वाले कृष्णचंद्र पंत शिक्षामंत्री नियुक्त हुए।

अटकलें बस यहीं से शुरू हुईं कि अब हम इस बाबू पैदा करने वाली मैकाले की औपनिवेशिक शिक्षानीति की अलविदा कर देंगे और इक्कीसवीं शताब्दी की ओर छलाँग मारते अपने देश के लिए एक आधुनिक, प्रासंगिक और क्रांतिकारी

शिक्षाप्रणाली का विकास करेंगे।

लेकिन संदेह और सवाल इसी बिंदु पर पैदा होते हैं। क्या नई शिक्षानीति की यह सरकारी घोषणा सचमुच किसी गंभीर और दूरगामी शिक्षा योजना का पूर्वकथन है या युवा पीढ़ी के वोट बटोरने के लिए नए प्रधानमंत्री द्वारा दिया गया एक 'प्रि-इलेक्शन स्पीच' भर है? अगर नई शिक्षानीति बनती भी है तो उसको बनाएगा कौन—राजनैतिक नेता, नौकरशाह, प्राध्यापक, उद्योगपति, शिक्षाविद्? इसे अमली जामा कौन पहनाएगा? इस शिक्षा नीति की दिशा क्या होगी? और इससे समाज के किस वर्ग को फायदा होगा? हमारा जो समाज भाषा, जाति, संस्कृति, धर्म के तमाम विरोधी और भिन्न तानों-बानों से बना है, उसके प्रति इसका सरोकार क्या होगा? क्या 50 प्रतिशत गरीबी की रेखा से नीचे रहने वाली आबादी और 75 प्रतिशत अशिक्षित अधेड़ों, वयस्कों को भी इससे कुछ लाभ मिलेगा? पुरानी शिक्षानीति को अगर बदला जा रहा है तो किसके हितों के लिए? सरकारी जरूरतों के लिए या समाज में लगातार गहराती सांप्रदायिकता, पृथकतावाद और मध्यकालीन धार्मिक बर्बरता को मद्देनजर रखते हुए?

सवाल ढेरों हैं, शंकाएँ भी। दिल्ली विश्वविद्यालय शिक्षक संघ ने कला संकाय परिसर में पिछले दिनों इन्हीं प्रश्नों को ध्यान में रखकर एक सेमिनार आयोजित किया जिसमें जाने-माने शिक्षाविदों, अध्यापकों और अन्य लोगों ने भाग लिया।

अखिल भारतीय शिक्षक संगठन (फेक्टो) के महासचिव प्रोफेसर एच.एस. मेहता ने शुरू में कहा—'शिक्षानीति में यह बदलाव दरअसल देश के विकसित तकनीकी उद्योगों के हितों के लिए किया जा रहा है। बदलाव नीचे ने नहीं पैदा हो रहा है ऊपर से लाया जा रहा है। अगर गौर से देखें तो आजादी के बाद के सालों में शिक्षा संस्थानों की स्वतंत्रता लगातार कम होती गई है। राजनैतिक दबावों, प्रशासनिक दखलंदाजियों से लेकर केंद्रीकरण तक के तथ्य इसमें शामिल हैं। विश्वविद्यालय तक पहुँच पानेवाले छात्रों की संख्या में भी लगभग 2.3 प्रतिशत की सालाना गिरावट हुई है—एक ओर हमारी जनसंख्या लगातार बढ़ रही है दूसरी तरह उच्च शिक्षा के लिए आने वाले छात्रों की तादाद कम हो रही है। जो देश तीन सौ साल तक विदेशी औपनिवेशिक गुलामी का शिकार रहा हो, उसके लिए शिक्षा का मौजूदा बाजार एक हास्यास्पद मजाक भर है। दरअसल, शिक्षा प्रणाली की समस्याओं को तब तक दुरुस्त नहीं किया जा सकता है जब तक शिक्षा परिसर के बाहर, पूरे परिवेश की समस्याओं को ठीक से नहीं समझा जाता।'

छात्र समुदाय की ओर से बोलते हुए जवाहरलाल नेहरू वि.वि. छात्र संघ के भूतपूर्व अध्यक्ष और 'छात्र संघर्ष' पत्रिका के संपादक सीताराम येचुरी ने कहा : नए बजट में 6.7 प्रतिशत से घटाकर 1.02 प्रतिशत राशि रखने से इन सारे दावों का खोखलापन ही साबित होता है।

विश्वविद्यालय अनुदान आयोग के उपाध्यक्ष और सरकार द्वारा नई शिक्षा नीति की निर्माता समिति के सदस्य प्रोफेसर रईस अहमद के वक्तव्य का सबको इंतजार था कि देखे इस बहुचर्चित नई शिक्षानीति का ढाँचा और उसकी बनावट कैसी है।? लेकिन प्रोफेसर रईस अहमद ने बड़े ठंडे लहजे में सूचना दी कि नई शिक्षा नीति के बारे में कई स्तरों पर परामर्श हो रहा है और जो कुछ भी वे यहाँ कह रहे हैं वह उनकी 'निजी' राय है, 'सरकारी' नीति नहीं। उन्होंने स्वीकार किया कि 'हमारी शिक्षा प्रणाली की आधाररचना बिल्कुल जर्जर है। अध्यापक तंबुओं और पेड़ों के नीचे पढ़ाते हैं। लड़के बिना खड़िया, स्लेट और किताबों के पढ़ते हैं। लेकिन फिर भी हमें हर राज्य में शिक्षा के कुछ ऐसे उत्कृष्ट संस्थान खड़े करने चाहिए जहाँ प्रतिभावान और अधिक अंक प्राप्त करने वाले छात्रों को दाखिला मिले।'

उन्होंने कहा, 'शिक्षा सब के लिए नहीं हो सकती, उच्च शिक्षा सिर्फ उन्हें ही दी जानी चाहिए जो इसको 'डिजर्व' करते हैं'। उन्होंने मौजूदा बजट पर असंतोष प्रकट किया और सुझाव दिया कि, 'विकास योजनाओं के साथ शिक्षा को जोड़ना चाहिए और अगर हम सचमुच शिक्षा को विकसित करना चाहते हैं तो विकासशील औद्योगिक घरानों तथा जनता पर शिक्षा का टैक्स लगाना चाहिए। एक दिक्कत यह भी है कि शिक्षा संस्थानों को दिया जाने वाला अनुदान सही जगह तक नहीं पहुँचता है। दूसरी तरफ जो लोग शिक्षानीति को अमली जामा पहनाते हैं वे सरकारी सचिवालयों के वह लोग होते हैं जो प्रमोशन और तरक्कियाँ पाकर स्टेनोग्राफर से सचिव बन जाते हैं। हमें शिक्षा के विस्तार को नहीं उसकी गुणात्मकता को भी देखना चाहिए। पश्चिमी देशों में किए गए सर्वेक्षणों से यह तथ्य सामने आया है कि उच्च शिक्षा—खासतौर पर विज्ञान की शिक्षा, अपने स्वभाव से ही 'एलीट' है। 1968 में कोठारी कमीशन ने भी कुछ उत्कृष्ट शिक्षा संस्थानों को खोलने का सुझाव दिया था जिसे लोकसभा ने अस्वीकार कर दिया था। अगर बढ़ती हुई जनसंख्या की जरूरतों को ध्यान में ही रखकर हम इसी तरह दनादन विश्वविद्यालय और कालेज खोलते चले गए तो बीस साल बाद देश भर में 20 हजार कालेज और सात सौ विश्वविद्यालय होंगे, लेकिन शिक्षा की गुणात्मकता चौपट हो जाएगी। अभी तक शिक्षा करदाता जनता के पैसे पर आधारित है, अब हमें शिक्षा संस्थानों के 'उत्पादन' और व्यावसायिक औद्योगिक संस्थानों की 'लागत' के बीच रिश्ता जोड़ना पड़ेगा। जहाँ तक शिक्षा का पेशेवरीकरण करने की बात है, तो यह सिर्फ पाठ्यक्रमों पर ही नहीं, शिक्षा के सारे समुदायों पर लागू होता है। हमें पेशेवर कुलपति भी तैयार करने होंगे।'

जाहिर है कि प्रो. रईस अहमद के वक्तव्य में नयी शिक्षानीति नामक बरगद के सारे बीज मौजूद है। सवाल उठता है कि किसी लोकतांत्रिक देश में शिक्षा रोजी और रोटी की तरह जनता का 'मौलिक अधिकार' है या यह सिर्फ उनके लिए

है जो उसके 'योग्य' माने जा रहे हैं। उत्कृष्ट शिक्षा संस्थानों के जिस सिद्धांत की नींव प्रो. रईस अहमद रख रहे थे, उसमें गाँवों में रहने वाले 75 प्रतिशत पेड़ों के नीचे पढ़ने वाले वंचित छात्रों को कौन-सी जगह मिलेगी? प्रतिभा और परीक्षा में पाए गए अंको के ही आधार पर अगर उच्च शिक्षा संस्थानों में दाखिले होने लगे तो उनका क्या होगा जिनको अपनी पढ़ाई जारी रखने के लिए कई तरह के दूसरे रोजगार करने पड़ते हैं। क्या यह नयी शिक्षानीति उस देश की जरूरतों के तहत निर्मित की जा रही है, जहाँ 70 प्रतिशत लोग दस्तखत की जगह अँगूठा लगाते हैं और 50 प्रतिशत गरीबी की रेखा के नीचे रहते हैं?

दिल्ली विश्वविद्यालय के प्राध्यापक प्रो. मनोरंजन मोहंती ने टिप्पणी की कि, 'नयी शिक्षा नीति के निर्माता शायद यह समझते हैं कि शिक्षा की सारी समस्याओं का निपटारा प्रशासनिक सुधार करके किया जा सकता है। कुलपति की जगह रिटायर्ड आई.ए.एस. अफसर, लेखापाल की जगह बैंकों के रिटायर्ड एकाउंटेंट और विश्वविद्यालय के सुरक्षा कर्मचारियों की जगह भूतपूर्व फौजियों को भर्ती कर लेने से शिक्षा की समस्याएँ सुलझने वाली नहीं है। दरअसल नयी शिक्षा नीति जनता पर ऊपर से उसी तरह थोपी जा रही है जैसे 10+2+3 पद्धति थोपी गयी थी।' प्रो. मोहंती ने रईस अहमद के वक्तव्य पर टिप्पणी करते हुए कहा कि, 'एक लोकतांत्रिक देश में कोई भी उत्कृष्ट शिक्षा सिर्फ मुट्ठी भर उच्च वर्ग के लोगों के लिए नहीं सीमित की जा सकती। हमें 'एलीटिस्ट' उत्कृष्टता की जगह पर 'लोक-तान्त्रिक' उत्कृष्टता को विकसित करने वाली शिक्षानीति निर्मित करनी पड़ेगी।

दिल्ली शिक्षक संघ के कार्यकारी परिषद के सदस्य और अर्थशास्त्र विभाग के अध्यक्ष प्रो. काशीराम शर्मा का कहना था : 'हम संसार में सबसे ज्यादा आबादी और सबसे ज्यादा अनपढ़ पैदा करने वाले मुल्क हैं। लेकिन नयी शिक्षानीति गढ़ने के पहले पुरानी शिक्षानीति की खामियों को भी जाँचना पड़ेगा। सच्चाई यह है कि तीसरी दुनिया के तमाम देशों की तुलना में हमारी पुरानी शिक्षानीति के नतीजे खराब नहीं रहे हैं।'

इस सेमिनार में प्रो. टी. एम. थामस, भाषा के वैज्ञानिक रवींद्रनाथ श्रीवास्तव, आई. फेक्ट के महासचिव प्रो. भट्टाचार्य, शिक्षक संघ के अध्यक्ष मुरलीमनोहर प्रसाद सिंह आदि ने भी हिस्सा लिया। सेमिनार की अध्यक्षता कर रहे जामिया मिलिया के प्रो. सुरेश शुक्ल ने बहुत नपी-तुली और साफ-सुथरी दृष्टि से इस पूरी बहस पर टिप्पणी की कि 'नयी शिक्षा नीति में प्रौढ़ शिक्षा के लिए कोई प्रावधान नहीं है, जबकि गाँधी, नेहरू काल से लेकर आज तक यह किसी भी शिक्षानीति का एक जरूरी पहलू रही है।' उन्होंने संदेह प्रकट किया कि, 'शिक्षानीति में यह बदलाव समाज की जरूरतों के लिए नहीं, बल्कि आधुनिक तकनीकों, कम्प्यूटरों और

फूलते-फलते उद्योगों की जरूरतों के लिए किया जा रहा है। कहीं ऐसा न हो कि ब्राजील और हांगकांग जैसे देशों में ऐसी शिक्षा नीति के जो नतीजे सामने आए हैं, वही नतीजे हमारे सामने भी आएँ।'

प्रो. रईस अहमद इन टिप्पणियों से उत्तेजित थे। उन्होंने कहा : 'आप अपने शब्द मेरे मुँह में रखकर उन पर लाठी चला रहे हैं। हमारे शिक्षकों की हालत यह है कि वे कुछ नया नहीं पढ़ते। उन्हें पुस्तकालयों के आसपास भी नहीं देखा जाता। जिन बड़े सामाजिक मूल्यों से प्रतिबद्ध शिक्षा की बात आप कर रहे हैं वह सिर्फ क्लासरूम में भाषण पिलाकर नहीं पैदा की जा सकती। हमारी शिक्षानीति व्यापक जनता के लिए भी होगी और साथ ही 'सेलेक्टिव' भी होगी। कोई भी लोकतंत्र अनुशासन के बिना उतना ही बुरा होता है, जितना कोई भी अनुशासन बिना लोकतंत्र के।' प्रो. शुक्ल ने टिप्पणी की कि, 'वे 80 प्रतिशत अध्यापक जो कुछ नहीं पढ़ते और नाकारा हैं, वे सिफारिशों और राजनीतिक नेताओं के जोड़-तोड़ से अध्यापक बने हुए लोग हैं। इसीलिए हम शिक्षा की स्वायत्तता की माँग करते हैं।'

कुल मिलाकर नयी शिक्षानीति पर यह बहस उतनी ही अमूर्त रही जितनी नयी शिक्षा नीति का चेहरा है। अगर शिक्षाविद् कृष्णकुमार के शब्दों में कहें तो 'मौजूदा शिक्षा-प्रणाली युवाओं को बौद्धिक उत्तेजना देने में असमर्थ है। यह उनकी संवेदना को छू भी नहीं पाती और उनके आदर्शों से इसका कुछ भी लेना-देना नहीं। लेकिन हम इस स्थिति को सतही हेरफेर या प्रशासनिक रद्दोबदल से ही नहीं बदल सकते। जिस चीज की जरूरत है वह है उस ज्ञान और सोच की पुनर्व्याख्या और पुनर्रचना, जो ज्ञान हमारी शिक्षा संस्थाएँ छात्रों को देती हैं।'

(दिनमान : 21-27 अप्रैल 1985)

हम भी खोलेंगे एक खुला विवविद्यालय

अगस्त के आखिरी सप्ताह में ब्रिटेन कें शिक्षा जगत का एक बहुचर्चित व्यक्तित्व भारत के दौरे पर था। वह व्यक्तित्व है 75 वर्ष की उम्र में भी कर्मठ, आधिकारिक तौर पर रिटायर होने के बाद भी सक्रिय, संसार के पहले खुले विश्वविद्यालय के कुलपति लार्ड पेरी आफ वाल्टन का व्यक्तित्व।

लार्ड पेरी के भारत आने का उद्देश्य था कि वह केंद्र सरकार द्वारा खोले जाने वाले देश के पहले महत्त्वपूर्ण खुले विश्वविद्यालय—'इंदिरा राष्ट्रीय खुला विश्वविद्यालय' की योजना को अपना सहयोग दे सकें। यह देश का ऐसा पहला विश्वविद्यालय होगा जिसमें पत्राचार, विभिन्न संचार माध्यमों, शिक्षा शिविरों और सेमिनारों के माध्यम से ऐसे लोगों को शिक्षा दी जाएगी, जो अनिवार्य परिस्थितियों के कारण परंपरागत विश्वविद्यालयों में पढ़ाई नहीं कर पाते। हालाँकि हैदराबाद पहले से ही कहने के लिए खुला विश्वविद्यालय है, लेकिन अगर संसार के अन्य 30 खुले विश्वविद्यालयों के साथ इसकी तुलना की जाए तो उसे ज्यादा से ज्यादा पात्राचार विश्वविद्यालय ही कहा जा सकता है। लार्ड पेरी ने टिप्पणी की, 'आपके शिक्षामंत्री श्री पंत ने अपना होमवर्क अच्छा-खासा किया है। मुझे ऐसा लगा कि वह इस दिशा में लंबे समय से मेहनत कर रहे थे।'

लार्ड पेरी के पास अनुभवों का एक अच्छा-खासा रोचक खजाना है। उन्होंने बताया, 'जब 1969 में ऐसे विश्वविद्यालय की धारणा पहली बार सामने लायी गयी तो अखबार से लेकर शिक्षा संस्थाओं और शिक्षाविदों ने इसे एक हास्यास्पद विचार मानकर इसका मजाक बनाया था। लेकिन यह ब्रिटेन के श्री हेरल्ड विल्सन का राजनैतिक हठ ही था जिसने 1971 में न सिर्फ खुले विश्वविद्यालय को चालू किया बल्कि इसकी उपलब्धियों को देखकर कुछ ही सालों में खुद परंपरावादी अकादमिक विशेषज्ञों ने इसे शिक्षा के क्षेत्र में इस शताब्दी का एक सबसे महत्त्वपूर्ण शैक्षणिक और सामाजिक प्रयोग माना। 1971 में ब्रिटेन के इस खुले विश्वविद्यालय में पढ़ाई करने वाले 21 साल से लेकर 80 साल तक की उम्र के छात्रों की संख्या 25 हजार थी, और अब 14 वर्षों बाद इसमें 60 हजार लोग स्नातक की शिक्षा ले रहे हैं और

65 हजार अन्य शैक्षणिक योग्यताओं के लिए अध्ययनरत हैं। इस विश्वविद्यालय के 300 से ज्यादा शिक्षा केंद्र हैं, जिनका जाल शहरों और कस्बों तक फैला हुआ है और 6 हजार प्रशिक्षक इस समूचे तंत्र में काम कर रहे हैं। टेलीविजन, रेडियो और पत्राचार के अलावा गर्मी की छुट्टियों के दिनों में आयोजित किए जाने वाले शिविरों के जरिए लोगों को पढ़ाया जाता है।'

यह पूछने पर कि 'इन विश्वविद्यालयों से डिग्री पाने वाले छात्रों को नौकरियों आदि में उपयुक्त वरीयता दी जाती है या पारंपरिक छात्रों की तुलना में उन्हें निचली कोटि का माना जाता है?' लार्ड पेरी का जवाब था, 'ऐसा बिल्कुल नहीं है। हमारे छात्र आसानी और बराबरी से सभी किस्म की नौकरियाँ पा जाते हैं। सरकार या बड़े औद्योगिक संस्थान नौकरी देने में कोई भेदभाव नहीं अपनाते। हाँ छोटी-मोटी कंपनियाँ जरूर थोड़ा डरती हैं।'

सवाल यह है कि यूरोप में सफल हो चुके इस खुले विश्वविद्यालय का भविष्य भारत में क्या होगा, जहाँ संचार तकनीक का विकास तो हुआ है लेकिन उसकी पहुँच अभी भी साधारण लोगों तक नहीं है, ब्रिटेन में 10 प्रतिशत परिवारों के पास अपने टेलीविजन और वीडियो कैसेट प्लेयर्स हैं। रेडियो-टेलीफोन से लेकर अन्य संचार प्रणालियाँ अधिकांश लोगों की रोजमर्रा की आदत का हिस्सा बन चुकी हैं। हमारे यहाँ तो गाँव में डाकखाने तक नहीं हैं। खुले विश्वविद्यालय द्वारा तैयार किए गए विभिन्न विषयों के कैसेट कौन देख पाएगा? अगर टेलीविजन के इकलौते राष्ट्रीय नेटवर्क का उपयोग भी इसके लिए कर डाला जाए तब भी एक अकेला चैनल कितना भार उठा सकता है? फिर जिस देश में बीसियों से ज्यादा भाषाएँ हों, वहाँ एक पाठ्यक्रम का वीडियो कितनी-कितनी भाषायों में डब होकर एक ही चैनल पर कितनी बार दिखाया जा सकेगा? गाँव और कस्बों के प्रौढ़ साक्षरों को स्नातक बनाने का यह काम जरा मुश्किल ही रहेगा।

लार्ड पेरी इस प्रश्न की गंभीरता और चुनौती को समझते हैं। उनका कहना है कि 'इंदिरा राष्ट्रीय खुला विश्वविद्यालय की योजना और इसके कार्यान्वयन के अलावा अगर पाठ्यक्रम और शिक्षण पद्धति को सर्व-सुलभ और व्यावहारिक नहीं बनाया गया तो हमेशा-हमेशा के लिए इस देश में खुले विश्वविद्यालय का विचार हास्यापद होकर रह जाएगा।' लार्ड पेरी ने गंभीरता से अंतिम टिप्पणी यह जोड़ी—'वैसे, आपके पड़ोसी पाकिस्तान ने 1978 में और श्रीलंका ने 1981 में ऐसे विश्वविद्यालय खोले हैं, तो लगता है आप भी खोल सकेंगे।'

(दिनमान : 8-14 सितंबर 1985)

इसे 'वार्षिक प्रदर्शनी' कहना बेहतर होगा

ललित कला अकादेमी द्वारा आयोजित राष्ट्रीय कला प्रदर्शनी, 1983 पिछले तीन-चार सालों की प्रदर्शनी की दरिद्रता और एकरसता को एक हद तक तोड़ती है। इस साल प्रदर्शित कृतियों में विविधता है और समकालीन कला की कई नयी प्रवृत्तियों का उल्लेखनीय प्रतिनिधित्व दीर्घा में हो गया है। ग्राफिक्स को छोड़कर मूर्ति शिल्प और चित्रकला, दोनों हिस्सों में इस विविधता को देखा जा सकता है। यह प्रदर्शनी पिछली प्रदर्शनियों से अपेक्षाकृत बेहतर मानी जा सकती है।

अकादेमी द्वारा इस वर्ष से राज्य अकादेमियों के माध्यम से कृतियों को स्वीकार करने के नए नियम का कोई महत्त्वपूर्ण असर इस प्रदर्शनी पर नहीं दिखाई देता। वैसे इस प्रदर्शनी को अधिक मुक्त और खुला रख कर ही अधिक संभावनापूर्ण बनाया जा सकता है। राज्य कला अकादेमी के मार्फत आने वाली कृतियाँ दुहरी चयन प्रक्रिया या स्थानीय पूर्वाग्रहों का शिकार हो सकती हैं। वैसे, इस प्रदर्शनी में 621 कलाकारों ने अपनी कृतियाँ सीधी ही अकादेमी को भेजी थीं। 271 कलाकारों की केवल 440 कृतियाँ ही राज्य अकादेमियों के द्वारा भेजी गयी थीं। प्रवेश के नियमों में अकादेमी को निरंतर अपने नियमों में ढील और संवेदनशीलता बनाए रखने की जरूरत होगी, वरना संभव है कि इस प्रदर्शनी को लेकर कलाकारों के बीच जो उदासीनता बनी हुई है, वह और गहरी हो।

इस प्रदर्शनी में प्रदर्शित कृतियों को देखकर यह संकेत आसानी से मिलता है कि पिछले वर्षों में कला में अमूर्त की जो प्रवृत्तियाँ बहुत प्रचलित थीं, उनको आकृतिमूलक चित्रों ने लगभग विस्थापित सा कर दिया है। अभी भी दीर्घा में यहाँ-वहाँ अमूर्तन की कला चेष्टाएँ दिखाई पड़ती हैं लेकिन प्रदर्शनी का अधिकांश और प्रभावशाली हिस्सा आकृतिमूलक कृतियों का ही है। इस प्रदर्शनी के आधार पर समकालीन भारतीय कला की मौजूदा प्रवृत्तियों का कोई बहुत अनुमान तो नहीं लगाया जा सकता, फिर भी एक नियमित दर्शक ने यह टिप्पणी जरूर की कि 'इस बार चित्र ज्यादा समझ में आते हैं। उनकी संरचना और अवधारणा में पहले जैसा जटिल अमूर्तन नहीं रहा।' पुरस्कृत कृतियों में भी शमशाद हुसेन, यूसुफ,

पुष्प बेतला, भास्करन का रुझान आकृतिमूलक ही है। यह एक अत्यंत महत्त्वपूर्ण तथ्य है। क्या चित्रों की आकृति-परकता कला के क्षेत्र में भारतीयता की तलाश के साथ कहीं जुड़ी हुई है– इसका उत्तर बहुत आसान नहीं है। संभव है अभी भी पहले की तरह ही पश्चिमी आंदोलनों का असर वहाँ भी ढूँढ़ लिया जाए क्योंकि आकृतिमूलक चित्रों की वापसी की यह प्रक्रिया अतंर्राष्ट्रीय है।

फिर भी आकृतिपरकता के बावजूद समकालीन भारतीय कला में 'फिगरेटिव आंदोलन' चलाने वाले अत्यंत महत्त्वपूर्ण कलाकारों–विवान सुंदरम्, गुलाम शेख, नलिनी मलानी, सुधीर पटवर्द्धन, भूपेन खख्खर–की कृतियों का न होना एक बहुत बड़ी कमी का संकेत देता है। इन कलाकारों ने इसमे जानबूझ कर हिस्सा नहीं लिया या अकादेमी ने जरूरी पहल नहीं की, इसकी जानकारी नहीं मिल सकी। वैसे इन कलाकारों की कृतियाँ पिछली प्रदर्शनियों में भी नहीं थीं। यह एक अच्छी स्थिति नहीं कही जा सकती कि नए कलाकारों की कई कृतियों में जहाँ विकास भट्टाचार्य, सुधीर पटवर्द्धन और विवान के प्रभाव स्पष्ट दिखाई दे रहे थे, वहाँ इन कलाकारों की सृजनात्मक हिस्सेदारी बिल्कुल ही अनुपस्थित हो। उनका न होना प्रदर्शनी के सामने फिर से एक बार प्रश्नचिन्ह लगा जाता है। अकादेमी के एक अधिकारी का कहना था कि 'ये कलाकार जानबूझकर अपनी कृतियाँ नहीं भेजते जब कि नियम बहुत उदार रखे गए हैं।' यही नहीं वरिष्ठ पीढ़ी के कई महत्त्वपूर्ण और जानेमाने कलाकारों की कृतियाँ भी वहाँ नहीं हैं। हुसेन, गायतोंडे, अंबादास, स्वीमानाथन, रामकुमार आदि ऐसे चित्रकार हैं, जो अभी भी सक्रिय है। समकालीन भारतीय कला के समग्र परिदृश्य की कल्पना उनके अभाव में की ही नहीं जा सकती। क्या उन्होंने भी अपनी कृतियाँ जानबूझकर नहीं भेजीं? या कहीं ऐसा तो नहीं है कि अकादेमी की चयन प्रक्रिया और प्रवेश के नियम ही पर्याप्त गरिमापूर्ण न हों। यही वजह है कि इसे राष्ट्रीय प्रदर्शनी कहते हुए एक अचकचाहट होती है। क्या 'ललित कला अकादेमी की वार्षिक कला प्रदर्शनी' एक अधिक उपयुक्त नाम नहीं है? या जैसा कि 'दिनमान' ने 24वीं प्रदर्शनी के समय टिप्पणी की थी, क्या यह प्रदर्शनी से अधिक 'कला मेला' नहीं दिखाई देती? एक कलाकार का कहना था कि त्रिनाले के भारतीय हिस्से को देख लेने के बाद इस प्रदर्शनी की 'राष्ट्रीयता' की असलियत का और भी अच्छी तरह रो अहसास होता है।

पुरस्कारों के बारे में हमेशा से विवाद रहा है। इस बार भी है। जिन कृतियों को पुरस्कृत किया गया है वे इस बार अपेक्षाकृत अच्छी है लेकिन उनके अलावा भी प्रदर्शनी में बहुत-सी कृतियाँ ऐसी हैं जो उन्हीं कसौटियों पर पुरस्कृत की जा सकती थीं। परमजीत सिंह का लैंडस्केप और अर्पिता सिंह के चित्र ऐसे हैं, जो अलग से ध्यान खींचते हैं, कई बिल्कुल नए कलाकारों का काम भी इतना महत्त्वपूर्ण है कि उन्हें पुंरस्कृत कृतियों से उन्नीस नहीं कहा जा सकता। मूर्ति शिल्प के हिस्से

में मदनलाल के शिल्प की उत्कृष्टता पुरस्कार के निर्णय में काम कर रही दृष्टि की सीमाओं का तीखा बोध कराती है।

दिल्ली और आसपास के इलाकों के कलाकारों का दबाव भी स्तर के लिहाज से इस बार कुछ टूटता दिखाई देता है। बंगाल से आए कुछ ग्राफिक्स और रेखांकन महत्त्वपूर्ण हैं। दूसरे राज्यों से कृतियों के सम्मिलित होने की प्रक्रिया को प्रोत्साहित करना चाहिए। खासतौर पर कलकत्ता के एक नए कलाकार की कृति 'दूसरी मृत्यु' अपनी संरचना के अलावा उसमें अंतर्निहित विचार के कारण भी अपनी ओर ध्यान खींचती थी।

आमंत्रित कलाकारों का हिस्सा इस बार पिछले वर्षों की तुलना में अपेक्षाकृत बेहतर है। कृष्णखन्ना, हिम्मत शाह और सांखो चौधरी की कृतियों के कारण इसे जरा-सा सम्मानित होता हुआ देखा जा सकता है।

कहा जा सकता है कि इस बार का यह 'कला मेला' कुछ कम दरिद्र है। तैल, जल, रेखांकन, कोलाज, मिश्रित माध्यम, एचिंग, ग्राफिक्स और मूर्ति शिल्प के कई सार्थक प्रयोग इसे विविधता देते हैं, रोचकता भी। इसीलिए चित्रों को देखते हुए ऊब नहीं होती, ज्यादा समय तक दीर्घा में रहने की इच्छा होती है। एक कलाकार, जो पूरी चयन प्रक्रिया और पुरस्कार निर्णय से असंतुष्ट था, का कहना था : 'खुद जिनके काम को आज का कोई कलाकार पसंद नहीं करता, जो लगभग अप्रासांगिक से हो गए हैं, उनका अकादेमी की नीति और चयन प्रक्रिया पर प्रभाव क्या एक नकारात्मक चीज नहीं है?' इस बार समिति में राजकुमार के फिर न रह पाने का उसे गहरा अफसोस था। एक कलाकार ने पूछा : 'क्या स्वामीनाथन, अंबादास, विवान, गायतोंडे जैसे कलाकारों की गैर मौजूदगी में किसी प्रदर्शनी को राष्ट्रीय माना जा सकता है?'

(दिनमान : 10-16 अप्रैल 1983)

विदेशी योगियों की कला देशी दर्शकों के सामने

पिछले दिनों 'नेशनल गैलरी आफ माडर्न आर्ट' दिल्ली में बल्गारिया की पारंपरिक 'आइकोन पेंटिंग' (प्रतिमा चित्र) की प्रदर्शनी आयोजित हुई है जो 11 दिसंबर तक चलेगी। इस प्रदर्शनी का अपना महत्त्व है। इसके माध्यम से बल्गारिया की एक खास ऐतिहासिक पारंपरिक कला शैली का ही हम साक्षात्कार नहीं करते बल्कि बल्गारिया की पिछली सात-आठ शताब्दियों की समूची सांस्कृतिक अस्मिता और बनावट से भी परिचित होते हैं। 9वीं सदी से ही बल्गारिया के स्लाव कलाकारों ने बाइजेंतियम प्रतिमा चित्र (आइकोन) को स्वीकार किया था और कुछ ही समय में इस कला शैली को जन्म देने वाली मूल जाति को भी वे पीछे छोड़ गए।

यह प्रदर्शनी भारत आने के पहले कई योरोपीय देशों—लेनिनग्राद, वियना, लंदन, कोलोन, मेक्सिको, केराकास, हवाना आदि में प्रदर्शित हो चुकी है। पेरिस में भी इस प्रदर्शनी ने फ्रांस के कलाकारों और नृतत्त्वशास्त्रियों पर गहरा असर डाला। राष्ट्रीय आधुनिक कला दीर्घा में प्रदर्शनी के मौके पर आए बल्गारिया के इतिहास के प्राध्यापक से 'दिनमान' कला समीक्षक की बातचीत हुई, जिसमें उनका कहना था कि 'इस प्रदर्शनी का कोई धार्मिक प्रयोजन नहीं है बल्कि इन चित्रों के माध्यम से आप बल्गारिया की महान राष्ट्रीय परंपरा के एक पहलू से परिचित हो सकते हैं।' यह पूछे जाने पर कि क्या 'प्रतिमा चित्र कला की इस शैली में आज भी काम हो रहा है?' उनका कहना था : 'वैसे तो यह शैली मूलतःऐतिहासिक और पारंपरिक महत्त्व की है लेकिन इसकी रचनाप्रक्रिया से जुड़े कुछ गहरे कला मूल्यों के कारण आइकोन चित्रकला की एक अलग पहचान बन चुकी है। बल्गारिया अपने अतीत की संस्कृति की एक शक्ल इन कलाओं में भी देखता है। अभी भी इस शैली में वहाँ के कलाकार काम कर रहे हैं। कई आधुनिक कलाकारों ने भी अपने देश की इस दीर्घ कला परंपरा से प्रेरणा लेकर समकालीन कला में कुछ नया और अलग काम किया है।"

'आइकोन' (प्रतिमा चित्र) कला दरअसल जीसस क्राइस्ट, दिव्य कुमारियों और पवित्र संतों के चित्रण की कला है। बल्गारियाई शब्दकोश में इसका यही अर्थ

है। सामान्यतया ये चित्र मध्यकालीन बल्गारिया में पूर्वी परंपरावादी गिरजाघरों में पूजा के लिए लकड़ी के तख्तों, दीवालों या कुछ अन्य सपाट समतल पटों पर बनाए जाते थे। गिरजाघरों के अलावा साधारण घरों में भी पूजा के लिए इनका उपयोग होता था।

कई अर्थों में बल्गारिया की यह कलापरंपरा हमारे अपने देश की प्राचीन कला परंपराओं के इतिहास से बहुत कुछ मेल खाती है। जिस तरह विजातीय विदेशी आक्रमणों के कारण भारतीय शिल्प कला की अनेक अद्भुत कृतियाँ नष्ट हो गईं, उसी तरह बल्गारिया भी पिछली शताब्दियों में तमाम आक्रमणों और अतिक्रमणों का शिकार होता रहा। वहाँ भी मूर्ति-भंकों ने इस मूल्यवान कला परंपरा की अनेको उत्कृष्ट कृतियों को नष्ट कर डाला। जिस तरह भारतीय कला के एक विशेष कालखंड में शिल्पों और मूर्तियों का एक पारलौकिक परमार्थिक आधार हुआ करता था ठीक वैसा ही बल्गारिया की प्रतिमा चित्र कला की रचना के साथ भी है। इन चित्रों को बनाने वाले कलाकार के सामने एक कड़ी शर्त रहती थी कि 'वह चोर न होड़ झगड़ालू, विद्वेषी, ईर्ष्यालु न हो, व्यर्थ की वितंडा और बात करने वाला न हो तथा विनयशील हो।' उसी तरह जैसे प्राचीन भारतीय ऋषियों और शिल्पियों ने इस लौकिक और भौतिक जगत के परे एक परमचेतना की परिकल्पना में श्रेष्ठतम रचनाएँ कीं, ठीक उसी तरह इन मध्यकालीन बल्गारियाई कलाकारों ने भी अपने ईश्वर और पवित्र संतों की विशुद्ध चेतनागत छवियों को रंगों और आकारों में व्यक्त किया। इन्हीं धार्मिक और दार्शनिक आधारों के कारण ही इन कलाकारों और कलाओं को विधर्मी मूर्तिभंजक आक्रमणकारियों के क्रोध का शिकार होना पड़ा।

इस प्रदर्शनी को देखते हुए इस आध्यात्मिक और समर्पित कला साधना की पवित्रता की अनुभूति तो होती ही है, एक पारंपरिक कला शैली की खास निजी विशिष्टताएँ भी प्रकट होती हैं। सबसे बड़ी बात यह कि बल्गारिया की सरकार और वहाँ की जनता ने जिस तरह से अपनी इस अत्यंत मूल्यवान सांस्कृतिक धरोहर को सुरक्षित किया है, उससे भारतीय कला प्रशासक और संग्रहालयों के अधिकारी बहुत कुछ सीख सकते हैं।

इस प्रदर्शनी को आयोजित करने में बल्गारिया के भारत स्थित राजदूत टोचो टोचेव तथा राष्ट्रीय आधुनिक कला दीर्घा के निर्देशक एल.पी. सिहारे और उनके सहयोगियों की महत्त्वपूर्ण भूमिका रही है। रोदां की कला को देश के दर्शकों के सामने प्रस्तुत करने के बाद शताब्दियों पुरानी कला की एक बिल्कुल निजी और जातीय परंपरा को प्रस्तुत करने का यह काम निश्चित ही सराहनीय है।

(दिनमान : 4-10 दिसंबर 1983)

अतीत से विचलन और अलगाव की कला चेष्टाएँ

अगर एक ऐसे दर्शक या कला समीक्षक की कल्पना करें, जिसने आज से बत्तीस साल पूर्व 1968 में आयोजित पहली त्रैवार्षिकी देखी हो और फिर उसकी स्मृति के साथ, तीस से अधिक वर्षों के अंतराल के बाद, वह इस दसवीं त्रैवार्षिकी को सीधे देख रहा हो—तो क्या होगा? वह ऐसी ऐन्द्रिक परिघटना के सामने खड़ा होगा, जहाँ तीन दशकों के आरंभ और अंत में स्थित दो बिंदुओं के बीच किसी तरह की निरंतरता, संगति और विकास की किसी सरल रेखा की उपस्थिति की खोज या तो निरर्थक या फिर असंभव होगी। उसे इस बीच कला के क्षेत्र में घटित परिवर्तनों और रूपांतरणों के एक तेज झटके का बोध होगा। तीस साल पहले उसने कैनवस, जल, तैल रंग, एचिंग, प्रिंट्स आदि के साथ जिन दिक्-संदर्भित चित्रों या मूर्तिशिल्पों को देखा होगा, विरूपन या आकृतिमूलकता की जिन छवियों से वह परिचित रहा होगा, आधुनिकतावादी कला के जिस इतिहास से अब तक उसका परिचय रहा होगा, उसके सामने अब अनेक विस्मयकारी चाक्षुष-निर्मितियाँ किसी असंदर्भित और अराजक प्रस्तुतिमूलकता के साथ खड़ी होंगी। यानी कहने के लिए भले ही यह 2001 का त्रिनाले, ललित कला अकादेमी द्वारा हर तीसरे वर्ष आयोजित होने वाली अंतर्राष्ट्रीय कला प्रदर्शनी की 'दसवीं तिसाला कड़ी' हो, वास्तव में यह समकालीन कला के पूर्व संदर्भों से विचलपन, अलगाव और पृथक्करण की एक अर्थपूर्ण रोचक परिघटना है।

अगर यह कहें कि कला की हर शैली अपने देखे जाने के लिए एक नए प्रेक्षक या नए बोधक का आग्रह करती है और कला की हर नई प्रवृत्ति कला का एक नया पाठ तैयार करती है, कुछ-कुछ उस तरह जैसे हर नया फैशन हर बार मनुष्य के शरीर की एक नई व्याख्या और पाठ तैयार करता है, तो इस बार दसवीं त्रैवार्षिकी में सम्मिलित संसार के 30 देशों के कलाकारों के साथ 37 भारतीय कलाकारों की कृतियों में से कुछ में इन तीन दशकों में हुए बदलाव को बहुत स्पष्ट देखा जा सकता है। यह बदलाव सिर्फ कला के 'विचार' में ही नहीं उसकी 'सामग्री' में भी है। कला के पिछले संदर्भों के सामने अप्रत्याशित सामग्री और सोच।

दसवीं त्रैवार्षिकी के पहले संभवतः इतनी अधिक संख्या और प्रभाव में संस्थापन कृतियाँ (इंस्टालेशंस) कभी सम्मिलित नहीं हुई होंगी। यही नहीं अंतर्राष्ट्रीय जूरी ने जिन नौ कृतियों को पुरस्कृत किया, उनमें सभी संस्थापन कृतियाँ ही थीं। क्या कला में आने वाले विचलन और बदलाव के स्वीकार का यह प्रमाण नहीं हैं? यही नहीं यह कलाओं के अपने ही परिभाषित और पूर्व परिचित इतिहास से विसंदर्भीकरण की भी एक ठोस उत्तर-आधुनिक सूचना है।

उदाहरण के लिए इस बार पुरस्कार पाने वाले दो में से एक भारतीय कलाकार हेमा उपाध्याय की कृति का अंतर्राष्ट्रीय जूरी द्वारा पुरस्कार के लिए चयन स्वयं हेमा उपाध्याय के लिए ही नहीं, कला समीक्षकों के लिए भी विस्मयकारी रहा होगा। लेकिन 1972 में जन्मी मुंबई की इस युवा कलाकार के संस्थापन छौने और वयस्क (निंफ एंड दि एडल्ट) को जिसने देखा हो, वह इस युवा कलाकार की स्पृहणी भवन ऊर्जा, कल्पनाशीलता और उसके परिश्रम से अवश्य प्रभावित हुआ होगा। रवींद्र भवन में आयोजित प्रदर्शनी के प्रारंभ में ही इस संस्थापन को जगह दी गई थी। समूची दीवाल तथा छत और फर्श के कुछ हिस्सों में रेंगते हुए दो हजार से ज्यादा काक्रोच परमाणु विनाश की भयावह आशंका को समूचे प्रभाव के साथ प्रस्तुत करते थे। अगर यह मानें कि कलाएँ अलग-अलग सामग्रियों, पदार्थों और माध्यमों में अपने समय को सोचने की ही भिन्न चेष्टाएँ हैं, तो इस दृष्टिकोण से यह कह सकते हैं कि हेमा उपाध्याय एक्रिलिक, एम. सील और धातु की बारीक निर्मितियों के साथ अपनी इस प्रस्तुति में वही सोचती दिखाई देती हैं, जो एक दूसरे माध्यम (भाषा) में, अरुंधती राय अपने चर्चित लेख 'कल्पना का अंत' में सोचती हैं। ललित कला अकादेमी के इस अवसर पर प्रकाशित कैटलॉग में दिए गए अमरनाथ सहगल के आलेख का उद्धरण लेकर कहें तो इस अशांत समय में 'हिंसा, उत्पीड़न और करुणा से भरे संसार के अनुभवों को दूसरों तक निस्संगता और निरपेक्षता के साथ संप्रेषित करने की चेष्टा।' लेकिन इस अर्थ का आरोपण तो प्रेक्षक की अपनी अलग चेष्टा है। इसकी अनुपस्थिति में भी हेमा का इंस्टालेशन अपने प्रभाव की सृष्टि करता है।

इसी तरह इस त्रैवार्षिक में पुरस्कार पाने वाले नौ में से अंतिम दूसरे भारतीय कलाकार प्रबीर गुप्त भी अपेक्षाकृत युवा हैं। 1960 में जन्मे, कलकत्ता में शिक्षा प्राप्त प्रबीर के संस्थापन की सामयिकता भी प्रत्यक्ष थी। लगभग अर्द्ध ऐतिहासिक काल से लाए गए कुछ अनगढ़ धातु उपकरण, जैसे उन्हें किसी हड़प्पाकालीन स्थल की खुदाई से निकाला गया हो, पात्रों में रखे गए अनाज के दाने और बिल्कुल हमारे समय के अखबारों की सुर्खियों के साथ हिंसा की सूचनाएँ। काफी जगह घेर कर लगाए गए अपने संस्थापन से प्रबीर गुप्त अपने समय के बारे में एक उद्विग्न वक्तव्य देते लग रहे थे। हेमा उपाध्याय की तुलना में उनका संस्थापन ज्यादा

संश्लिष्ट और संरचना बहुल था इसीलिए उसका प्रत्यक्ष चाक्षुष प्रभाव उतना त्वरित और सीधा नहीं था। लेकिन वह एक बहुत संरचनात्मक, जटिल तथा अधिक स्थायी अनुभव देता था। सूअर और गाय के रूपकों और कुछ अन्य उपकरणों के समायोजन से इस समय की सांप्रदायिक परिघटना को उन्होंने एक वस्तुपरक विदग्धता के साथ, ठंडे और निरुद्विग्न तरीके से प्रस्तुत किया था।

संस्थापन कृतियों के साथ एक विशेषता यह जुड़ी हुई कि वे स्वयं को तो विसंदर्भित और विमुक्त करती हैं। लेकिन अपने दर्शक को अपने भीतर कैद करती हैं। पहले की तरह, दीवार पर एक छोटी-सी जगह पर टंगे, किसी कैनवस में बने पारंपरिक चित्र को दर्शक जिस तरह अलग, कुछ दूर से एक वस्तु की तरह देख लेता था। वैसी स्थिति और सुविधा संस्थापनों के मामले में नहीं रह गई है। इन कृतियों को आप उन कृतियों के भीतर से ही देखते हैं। अब से लगभग दस साल पहले जब दिल्ली में संस्थापन का काम नया-नया था और जब शमशाद ने अपने संस्थापनों को प्रस्तुत किया था, तब उनका जोर कृतियों से अधिक उनकी प्रस्तुति के पर्यावरण पर होता था। संगीत, झरने, झाड़ियाँ और प्रकाश वृत्त के विभिन्न स्थलों पर रखी कृतियाँ उस पर्यावरण में अपनी प्रस्तुति के बावजूद उससे विच्छेद्य कला वस्तुएँ थीं। वह संस्थापन या कलाओं के विसंदर्भीकरण या उनके ऐतिहासिक विचलन की प्रारंभिक अवस्था थी। तब से अब तक, यानी इन दस वर्षों के बदलावों को ध्यान से देखें, तो बहुत कुछ ऐसा हो चुका है, जो अप्रत्याशित और अविचारित है। समय और यथार्थ के अन्य अविचारित परिवर्तनों की तरह ही। उदाहरण के लिए स्वीडेन के युवा कलाकार गुनिला क्लिंगबर्ग और पीटर गेस्कविंड का संस्थापन *चीप हाई* बिना अपने भीतर प्रवेश के, दूसरे किसी तरह से देखे जाने का अवसर नहीं देता था। उसके भीतर की वह जगह भी निर्धारित और निर्दिष्ट नहीं थी, जहाँ से दर्शक इस कृति को देख सकता था। मिश्रित माध्य से बनी कृति ने एक पूरे कमरे की जगह को घेर रखा थ। आज के उपभोक्ता और प्राविधिक समय के प्रकट आभास और मनुष्य पर पड़ने वाले उसके प्रभाव को व्यक्त करने के लिए अलग-अलग व्यास की प्लास्टिक की ट्यूबों को, कई भिन्न आवृत्तियों और दिशाओं में एक-दूसरे के साथ जोड़ दिया गया था और उनके भीतर से एक खास संवेग में हवा प्रवाहित कर दी गई थी। रंगीन, कृत्रिम व्यावसायिक ब्रांडों से चित्रित चमकते ये लंबे विशाल हवा-गुब्बारे धीरे-धीरे हिलते-काँपते उस कमरे में आज की आक्रामक व्यावसायिकता और विज्ञापनों की चकाचौंध को प्रगट करते थे। लेकिन वे सारे गुब्बारे इतने पतले और सहज वेध्य थे कि उनकी कभी भी फूट जाने की आशंका भी दर्शक के भीतर हमेशा उपस्थित रहती थी। और यही दोनों कलाकारों का लक्ष्य ी था। क्षणभंगुरता, नश्वरता या किसी भी क्षण उनके अस्तित्व के मिट जाने की आशंका का भय, यह हमारी आज की सभ्यता पर एक रोचक टिप्पणी थी।

इसी तरह जर्मन कलाकार पीटर एफ. स्त्राउस की पुराना किला को पृष्ठभूमि बनाकर उसके लॉन में प्रदर्शित किए गए अभिकल्पन को देखें तो, वह अनुभव ही अलग था। यह एक दुस्साहसिक और साधारण उत्तर-आधुनिक कृतियों की तुलना में अवधारणाओं के स्तर पर ज्यादा रोचक संस्थापन था। स्त्राउस का कहना था कि सभी प्राचीन धार्मिक स्थल और नगर वस्तुज्ञान के मूल सिद्धांतों के आधार पर ही निर्मित होते थे। उनको बनाने के कुछ सुनिर्धारित नियम और संहिताएँ होती थीं। विज्ञान और आधुनिकता ने वास्तुज्ञान की उस पुरानी स्मृति को हमसे छीन लिया है। स्त्राउस के अनुसार उनके संस्थापन उसी प्राक् वास्तुज्ञान के पुनःस्मरण की कलात्मक चेष्टाएँ हैं।

स्त्राउस को पुराना किला ही नहीं, दिल्ली के कुछ अन्य ऐतिहासिक स्मारक भी वास्तु की दृष्टि से अत्यंत महत्त्वपूर्ण लगे थे। खासतौर पर कुतुब मीनार। उनके अनुसार—'ये इमारतें अपने आसपास एक ऐसे स्पंदन को जन्म देती हैं, जिससे लगता है जैसे जिस स्थल पर ये बनाई गई हैं, उसके नीचे, किसी भू-संस्तर में कोई पानी का सोता बह रहा हो। आश्चर्य है कि उस पूर्व विज्ञानकला में भी वास्तुकारों को इसकी जानकारी हो जाती थी।'

स्त्राउस के पास एक ऐसा कंपास था जो उनके अनुसार धरती की सतह के नीचे छिपे जल स्रोत या किसी धातु की उपस्थिति का संकेत कर सकता था। इसी के द्वारा उन्हें कुतुब मीनार और पुराना किला की वास्तु कला की विलक्षणता का पता चला था। उनका प्रयास आधुनिकता और परंपरा के समायोज और प्राक् स्मृतियों के विस्मरण के विरुद्ध कला के माध्यम से हस्तक्षेप का था। इसके लिए उन्होंने 18 मीटर लंबाई और इतनी ही चौड़ाई के वर्गों को मिट्टी से बनाई गई ईंटों के 9 मीटर लम्बाई और चौड़ाई वाले 81 समान वर्गों में बाँट दिया था। ऐसा लगता था जैसे किसी पुरातात्विक उत्खनन में मिले किसी विलुप्त नगर का यह स्मृत्ति चिन्ह है। केन्द्र में जाकर ये वर्गीय रूपाकार सँकरे होते जाते थे और इस ज्यामितिक नियोजन से केन्द्र में एक ऐसी तीव्र गतिमयता प्रकट होती थी, जो उनका उद्देश्य था। उनके अनुसार यह पूरब की उस परंपरा का पश्चिम की आधुनिकता के साथ संयोजन था, जो फिलहाल अब यूरोप में विलुप्त हो गई है।

इतना ही रोचक और अपनी प्रयोगशीलता में अधिक उत्तेजक था जर्मनी की ही गैब्रिएला हेडेकर (जन्म 1945) का संस्थापन रेड लेक फील्ड। अशोक होटल के पास नेहरू उद्यान के खुले क्षेत्र में विनिर्मित इस संस्थापन की समूची अवधारणा में कला ही नहीं, अन्य अनुशासनों की सम्मिलित उपस्थिति थी। गैब्रिएला जहाँ अपनी कला की सामग्री के संदर्भ में विद्रोही और अवांगार्द है, वही उसकी संख्या के संदर्भ में पूर्व आधुनिक और आध्यात्मिक। पृथ्वी अगर एक देह है तो उसके भीतर के जल स्रोत उसकी रक्त शिराएँ। जल ही जीवन है। धरती का प्राण उसके

भीतर के जल में अवस्थित है। प्रकृति कुछ नहीं, पृथ्वी के जीवन का ही उपलक्षण है। गैब्रिएला इसीलिए पृथ्वी को ही अपना कैनवस बनाती है और अपनी रचना को प्रकृति के अनुषंग के रूप में प्रस्तुत करती है। उनकी कला को प्रकृति से विच्छिन्न नहीं किया जा सकता। इस त्रैवार्षिकी में उन्होंने नेहरू पार्क में फूलों के बगीचों और घास के मैदान के बीच विभिन्न आकारों के चौकार झीलों का निर्माण किया। चौखटों के भीतर की काली सतह पर भरे गए पानी में लोहे के पाइपों के जरिए सिंदूर जैसा गाढ़ा लाल रंग घोल कर उन्होंने इन कृत्रिम झीलों को यों ही खुले आकाश के नीचे प्रदर्शित कर दिया था। दिन में सूर्य और रात में चंद्रमा की किरणों के साथ प्रतिकृत होते इस रक्ताभ के अलग-अलग परिवर्तनों को किसी गोचर प्राकृतिक दृश्य की तरह ही देखा जा सकता था। नेहरू पार्क के फूलों के बगीचे और घास के गलीचे के बीच गैब्रिएला के वर्गाकार पोखर या नन्ही झीलें किसी सहज प्राकृतिक भू-दृश्य की तरह ही उपस्थित थीं। काले और लाल रंग का चयन उन्होंने भारतीय देवी काली को मूर्त करने के आध्यात्मिक अर्थ में किया था। उन कृत्रिम झीलों के सूख जाने के बाद इन चौखटों या फ्रेमों की काली सतह पर लाल रंग के प्रक्षिप्त होने से जो चिटकी हुई रोचक और अयाचित संरचनाएँ बनीं, वे मोहक थीं। ये स्वतःस्फूर्त थीं इसलिए उनमें आकस्मिकताओं के रोचक रूपाकार उपस्थित थे। इन्हें बाद में राष्ट्रीय आधुनिक कला दीर्घा में प्रदर्शित किया गया। दीर्घा के फर्श पर रखी ये संरचाएँ वहाँ भी दर्शकों का ध्यान अपनी ओर लगातार खींचती रहीं।

संस्थापनों में इस बार सबसे अधिक चर्चित था आस्ट्रेलिया के यूजीन कारचेस्लो का अपेक्षाकृत बिल्कुल सादा-सा संस्थापन ऑन कंटेपरेरी साइलेंस (समकालीन चुप्पी के बारे में)। संगीत समारोह में सैक्साफोन और गिटार वादक रहे यूजीन कारचेस्लो अपनी रचनाओं में नीरवता या मौन को सबसे ज्यादा प्राथमिकता देते है। रवींद्र भवन की दीर्घा की सफेद दीवार में सफेद कागज के 138 शंकुओं को कई कतारों में लगा कर कारचेस्लो ने जैसा सांगीतिक, लयात्मक और किसी शांत संवेग में दर्शक को अपने भीतर भर लेने वाले प्रभाव पैदा किया वह सचमुच अनोखा था। साधारण ए-4 आकार के कागजों से बनाए गये शंकुओं के इस संस्थापन को लगाने में उन्हें तीन दिन लगे थे। शंकुओं के इस इस्तेमाल की प्रेरणा यूजीन को आठवें दशक में तब मिली थी जब उन्होंने इतालवी भविष्यवादियों का एक ऐसा पुराना चित्र देखा, जिसमें वे ऐसे ही तिकोने आकार के शंकुओं का प्रयोग संगीत कार्यक्रमों में ध्वनियों के प्रभाव पैदा करने के लिए करते थे। यूजीन को इन शंकुओं के भीतर के खालीपन में एक ऐसी खामोशी का आभास हुआ, जिससे प्रत्यावर्तित हो कर कोई भी आवाज विस्तारित हो जाती थी। स्वयं संगीत से जुड़े यूजीन ने अपनी कला के द्वारा शंकु के भीतर की उस अदृश्य

ऊर्जा को खोजने की निरंतर चेष्टा की। उनके अनुसार यह एक ऐसा आकार है जो ध्वनि और चाक्षुप बिंब, दोनों के बीच के अंतःसंबंध को बहुत सहजता से स्थापित करता है। वैसे इसके पहले माचिस की डिब्बियाँ, रंगीन कागज और लकड़ी या गत्ते के टुकड़े उनकी कला की सामग्री रह चुके हैं।

दसवीं त्रैवार्षिकी में प्रदर्शित कृतियों को समग्रता के साथ देखने पर यह बात स्पष्ट हो जाती है कि अब कलाकारों की प्राथमिकता में उनकी कृतियों के विषय वस्तु का कोई केंद्रीय विचार नहीं, बल्कि स्वयं कृतियों को बनाने की प्रक्रिया ही मौजूद हो गयी है। यानी सृजन की प्रक्रिया ही कृति का केंद्रीय विषय हो चुकी है। इतना ही नहीं, समकालीन जीवन की दैनिकता में इस्तेमाल होने वाली कोई भी चीज या उपकरण अब कला की सामग्री के रूप में अपनाए जाने की एक उत्तेजक चुनौती प्रस्तुत करती है। अगर मध्यप्रदेश के दिवंगत चित्रकार विष्णु चिंचालकर 10वीं त्रैवार्षिकी को देख रहे होते तो उन्हें संतोष होता कि जो काम वह कर रहे थे, वह इतना अकेला काम नहीं था।

निश्चित ही विषय, शैली, सामग्री या विचार की किसी भी केंद्रीयता की अनुपस्थिति इस त्रैवार्षिकी को पहली प्रामाणिक उत्तर-आधुनिक अंतर्राष्ट्रीय कला प्रदर्शनी सिद्ध कर रही थी। यह भी एक संयोग ही था कि नयी सहस्राब्दी या शताब्दी की इस पहली त्रैवार्षिकी में ही यह संभव हो पाया। कलाकृतियों के बीच की असंबद्धताएँ, उनकी परस्पर भिन्नताएँ, उनके बीच किसी भी 'समान' उपस्थिति की अनुपस्थिति और उनके बीच साफ प्रगट होते आकस्मिक विरोधाभास आज के कलाकार के व्यक्तित्व के उस अलगाव और निजता को गहराई से रेखांकित करते थे, जो इतनी प्रमुखता से इसके पहले कभी नहीं देखी गयी थी। लगता था जैसे हर कलाकार अपने ही तरीके से इस समय में अपने होने को मूलगामी पारदर्शिता के साथ अभिव्यक्त करने के लिए बेचैन है। उसका होना दूसरे किसी और के होने से बिल्कुल भिन्न और विशिष्ट है। असंबद्ध निजताएँ ही जैसे इस त्रैवार्षिकी का मुख्य विषय बन गयी थीं। अपने आप, बिना किसी घोषणा के।

उदाहरण के लिए सिंगापुर के हेमान चांग के 'मोलोतोव कॉकटेल' का विषय तो शहर का जीवन था लेकिन माध्यम था तीन चौखटों में विभाजित टेलीविजन का परदा। इस पर उनके द्वारा निर्मित एक फिल्म लगातार चलती रहती थी। स्वचालित होने के कारण अंत तक पहुँचते ही यह दुबारा शुरू से शुरू हो जाती थी। प्रस्थापित किए गए इलेक्ट्रोनिक उपकरणों के माध्यम से हेमान चांग अपनी रचना से एक ऐसा ऐंद्रिक और भावात्मक आवेग पैदा करने में सफल होते हैं, जहाँ से नगर का सामूहिक जीवन एक अकेले व्यक्ति की थकान, उत्तेजना और हताशा के बीच बार-बार आवाजाही करता है। वे शहर की सर्वव्यापी सत्ता को सब से पहले स्वीकार कर उसे एक ऐसे गतिशील रूपक में बदलते हैं जहाँ हम अपनी

संस्कृति या सभ्यता की ओर खुलने वाली खिड़की के पास खुद को खड़ा हुआ पाते हैं। हेमान चांग यह अवसर देते हैं कि वहाँ खड़ा होकर हर दर्शक अपना निजी यथार्थ या अपना खास शहर उस चलचित्र के अनुभव के बीच के क्षणों में खोज सके। परस्पर विरोधाभासी और एक-दूसरे को काटते या निरस्त करते दैनिक अनुभवों और मनःस्थितियों का एक ऐसा गतिशील चित्रांकन, जिसका अनुभव पारंपरिक कलारूपों से मिलनेवाले अनुभवों से स्पष्टतः भिन्न था। मैंने हेमान चांग की इस प्रस्तुति के सामने एक बहुत कमजोर और बूढ़ी महिला को घंटों अपनी बैसाखी के सहारे खड़े हुए देखा। उसको शहर के उस निरपेक्ष और गतिशील जीवन की लगातार भागती और बनती-मिटती छवियों में अपना जीवन कहाँ मिल रहा था, जिसे वह शायद एक बार फिर देखना चाहती थी।

राष्ट्रीय आधुनिक कला दीर्घा में दर्शकों की सब से अधिक भीड़ जुटती थी, कैथरीन यास्स की शृंखला के छह पोर्ट्रेट्स या व्यक्ति-चित्रों के सामने। 1963 में जन्मी ब्रिटेन की कैथरीन यास्स ने ये चित्र मुंबई की मशहूर फिल्म नगरी का दौरा कर के तैयार किए थे। बालीवुड से यह उनकी निजी अंतरंग टकराहट थी। इन चित्रों को ब्रिटिश काउंसिल ने विशेष रूप से इसी त्रैवार्षिकी में प्रदर्शित करने के लिए बनवाए थे। इसके पूर्व कैथरीन ने एक विज्ञापन कंपनी में काम करने वाले लोगों के ऐसे ही रोचक पोर्ट्रेट्स तैयार किए थे, जिनकी बड़ी चर्चा हुई थी। ये चित्र हिंदी फिल्मों द्वारा निर्मित पॉपुलर लोक-मिथकीय पात्रों का एक ही पल में मिथक भंजन और दूसरे ही पल उनका पुनर्स्थापन करते दीखते थे। हेमा मालिनी, शाहरुख खान, संजय दत्त, माधुरी दीक्षित, अमिताभ बच्चन और करिश्मा कपूर के इन व्यक्ति चित्रों के जरिए कैथरीन ने जैसे छवि-विज्ञान (इमेजोलॉजी) के रहस्य का उच्छेदन करने की चेष्टा की थी। पृष्ठभूमि को धुँधला और विरूपित कर के उन्होंने अपने विषय को दर्शक के लिए केंद्रीय बना दिया था। लेकिन एक ही पल वे व्यक्ति जहाँ फिल्मों के पात्रों की भूमिका निभाने वाले किसी आख्यान के पात्र लगते, वहीं ठीक उसी पल वे वास्तविक और साधारण मानवीय रूप में दिखाई देने लगते। कैथरीन ने उन्हें आभासी (वर्चुअल) और वास्तविक (रियल) यथार्थ के बीच के किसी दुविधा भरे क्षण में औचक कैमरे से पकड़ लिया था। हिंदी फिल्मों के ये सभी नक्षत्र अपनी बेहद मानवीय आँखों से दर्शकों को निहत्थे निहारते थे, लेकिन जैसे ही दर्शक उन पर कुछ भरोसा करता, उसके पहले वे चाँदी की सतह पर चमकने वाले नक्षत्रों में बदलने लगते थे। अभिनय और वास्तविक जीवन, फिल्मी सेट और असली जमीन, कल्पना और यथार्थ के बीच से पकड़े गए इन फिल्मी सितारों के चित्रों को राजधानी की मीडिया ने भरपूर जगह दी।

10वीं अंतर्राष्ट्रीय त्रैवार्षिकी के भारतीय दर्शकों को मेक्सिको की लोरेना हेरेरा की कृतियों ने भी आत्मीयता और हार्दिकता के साथ सम्मोहित किया। 1972 में

जन्मी लोरेना हेरेरा ने कला की विधिवत औपचारिक शिक्षा हासिल नहीं की है लेकिन अपनी बनारस यात्रा के दौरान उसने अपने भीतर बनने वाली छवियों और भारत के बिंबों को सहज और आत्मीय संस्थापनों और अन्य शैलियों में व्यक्त किया। एक तरफ शिवलिंग का संस्थापन और पार्वती के प्रतीकांकन और दूसरी तरफ सूती कमीजों पर बने डालर और मुद्राओं के छापे। एक तरफ *काली 2000* और *सूर्य नमस्कार* जैसी कृतियाँ, तो दूसरी ओर *रोटी कपड़ा और मकान*। समकालीन भारतीय यथार्थ पर यह एक सहज टिप्पणी थी।

नाइजीरिया जैसे अफ्रीकी और चीन जैसे एशियाई देशों की प्रविष्टियों को देखना मेरे जैसे दर्शकों को बहुत आत्मीय लगता रहा होगा। वहाँ अभी भी पूर्व आधुनिक छवियों, बिंबों और विषयों की मौजूदगी थी। नाइजीरिया के कलाकार कुनले एडेयेमी के कैनवस पर बने तैल चित्र में एक वादक सारंगी जैसा कोई वाद्य बजा रहा था और उसमें किसी कृषि समाज की गैर नगरी तल्लीनता थी। उन्हीं के एक और चित्र में असंख्य मटकों के बीच एक कुम्हार एक और घड़ा रख रहा था। यहीं के एक अन्य कलाकार ब्लाचार्ड सेटेलोमा के एक तैल चित्र में एक गड़ेरिया गायों के झुंड के बीच बाँसुरी बजा रहा था। पृष्ठभूमि में वही झोंपड़ियाँ थीं, जो कभी सार्वभौमिक हुआ करती थीं। ये विस्थापित होती जाती, बचीखुची छवियाँ हैं।

मध्य एशियाई देशों में, जहाँ प्रविधि और औद्योगिकी का मूलगामी प्रभाव अभी दैनिक जीवन पर पड़ना शुरू हुआ है, वहाँ कला की सामग्री तो अभी भी पारंपरिक है और इस मामले में अधिक दुस्साहसिक प्रयोगशीलता वहाँ दिखाई नहीं देती लेकिन वहाँ भी कैनवस की आकृतिमूलक छवियों में कॉमिक और विज्ञान कथाओं और फिल्मों के काल्पनिक पात्र दाखिल हो रहे हैं और ये यथार्थ की छवियों को विस्थापित करते दिखाई देने लगे हैं। वहाँ यह संक्रमण का समय है। संभवतः जब अगली 11वीं त्रैवार्षिकी आयोजित होगी तो हम इन देशों से आने वाले संस्थापनों को देखेंगे और इस तेजी से बदलती कला के आकस्मिक रूप के सामने अचरज करेंगे।

अचरज के बहुत से कारण तो इस त्रैवार्षिकी में भी थे।

(समकालीन कला : अक्टूबर 2001)

एक छवि का टूटना

केवल एक वर्ष में उन्होंने 190 चित्रों की रचना की, जैसे कोई पागल व्यक्ति चाकू से शरीर पर हमला करता है, वॉन गॉग ने उसी तरह तूलिका से कैनवस पर हमला किया। आकृतियों और रूपों का संहार करते हुए निर्माण किया, रंगों के संसार को फैलाते हुए इस तरह समेट दिया कि समूची प्रकृति वॉन गॉग के कैनवस पर सिमट कर आ गई। शायद ही किसी कलाकार ने इतनी शक्ति के साथ अपने-आप से और अपनी कल्पना से लड़ाई लड़ी हो, जितनी कि वॉन गॉग ने । कुछ भी उनके अनुकूल नहीं था—स्वास्थ्य, सामाजिक और आर्थिक परिस्थितियाँ, कला के पारखी। जीने का एक तर्क होता है। इस तर्क की अनुपस्थिति में जीने का कोई कारण नहीं रह जाता। वॉन गॉग के पास ऐसा कोई तर्क नहीं था। 27 जुलाई 1890 को अपनी विक्षिप्तता के दौर में खेतों से गुजरते हुए उन्होंने स्वयं को गोली मार ली। अपनी ही गोली से घायल होने के बावजूद वह कस्बे के कैफे तक वापस आए। लेकिन उनके कलाकार मित्र डॉ. गैशेट के प्रयत्नों के बावजूद उन्हें बचाया नहीं जा सका। 29 जुलाई को उनकी मृत्यु हो गई।'

आज से तीस वर्ष पहले दिवंगत श्रीकांत वर्मा ने, उस समय की सुविख्यात साप्ताहिक पत्रिका 'दिनमान' में वॉन गॉग पर लिखे अपने अविस्मरणीय आलेख में ये पंक्तियाँ लिखी थीं। उस समय हालैंड के एम्सटरडम शहर में वॉन गॉग की स्मृति में स्थापित किया गया संग्रहालय नया-नया ही था और श्रीकांत जी उसे देख कर ही इतना उद्वेलित हुए थे। एम्सटरडम का कला संग्रहालय वैसे भी संसार के कुछ गिने-चुने अत्यंत प्रतिष्ठित कला संग्रहालयों में से एक है।

पिछले साल भी जून के महीने में, जब एम्सटरडम में अंतर्राष्ट्रीय कविता महोत्सव आयोजित हो रहा था, उस दौरान वहाँ वॉन गॉग की महत्त्वपूर्ण पुनरवलोकन प्रदर्शनी आयोजित थी। कविता समारोह में संसार के अनेक देशों से आए कवियों में से अधिकतर ने वहाँ जाकर इस महान चित्रकार के चित्रों और उनसे संबंधित सामग्री का अवलोकन किया था। वॉन गॉग संभवतः संसार के उन विरल चित्रकारों में से एक थे, जिनके कला संसार में उनके समय और अतीत के साहित्य की

महत्त्वपूर्ण स्मृतियाँ हैं। उनका सुप्रसिद्ध चित्र 'स्टिल लाइफ विद बाइबिल' में एक मेज पर, चिरागदान में बुझी हुई मोमबत्ती के सामने खुली हुई बाइबिल रखी है, और ठीक उसके पास एमिल जोला का उपन्यास रखा है। यह चित्र साहित्य और अध्यात्म के साथ वॉन गॉग के संबंधों को समझने की एक कुंजी है।

जिस तरह हम तारकोव्स्की की फिल्मों में पुश्किन, दास्तोव्यस्की से लेकर अन्य साहित्यकारों के संदर्भों को बार-बार पाते हैं और वे संबंध दर्शक को सामने के परदे पर घटित होते 'आडियो-विजुअल' माया के पार स्मृति और चिंतन की एक अलग दुनिया में ले जाते हैं, लगभग वैसा ही कुछ वॉन गॉग के चित्रों के साथ भी होता है। वे सिर्फ किसी चाक्षुप ऐंद्रिक अनुभव तक सीमित नहीं रहते। अगर याद करें तो कुछ-कुछ ऐसा ही ऋत्विक घटक की फिल्मों के साथ भी होता था। साहित्य ने कैनवस या सिनेमा की दुनिया के स्मृति-संदर्भों को बहुत महत्त्वपूर्ण तरीके से एक अन्य प्रकार के अनुभव में बदला है। संभवतः यही कारण है कि तीस साल पहले जब श्रीकांत वर्मा वॉन गॉग पर यह लेख लिख रहे थे, तो उसमें उनकी संलग्नता इतनी गहरी थी कि अब यह आलेख हिंदी की एक अविस्मरणीय धरोहर बन चुका है।

ललित कला अकादेमी की कला पत्रिका 'समकालीन कला' के नए अंक (संपादक : ज्योतिष जोशी) ने इस लेख को दुबारा उस समय प्रकाशित किया है, जब साहित्य के साथ कलाकार के कैनवस के संसार के मेलजोल का एक समकालीन उदाहरण हैदर रजा पर लिखी गई किताब 'आत्मा का ताप' की चर्चा जोरों पर है। रजा की विशेषता भी साहित्य, अध्यात्म और साहित्यकारों के साथ उनकी सृजनात्मकता के अंतःसंबंधों के विरल होते गुण पर टिकी है।

पिछले वर्ष जून में एम्सटरडम में जब वॉन गॉग की पुनरवलोकन प्रदर्शनी चल रही थी, उन्हीं दिनों उनके जीवन और उनकी कला पर शोध करने वाले कुछ अध्येताओं की महत्त्वपूर्ण सामग्री सामने आई थी, जो वॉन गॉग के बारे में हमारी अब तक की बनी-बनाई समझ को एक हद तक बदल देती है। अगर श्रीकांत जी इस समय होते तो निश्चय ही उन्हें इन नई सूचनाओं और शोध सामग्रियों से बहुत प्रसन्नता होती। वॉन गॉग के जो अब तक उपलब्ध पत्र और डायरियाँ, नोट्स आदि हैं, जिनमें उनके भाई थियो और बहन विलेमिना को लिखे पत्र भी हैं, के विश्लेषणों से यह धारणा पूरी तरह ध्वस्त होती है कि वे विक्षिप्तता अथवा मनोविक्षेप के किसी रोग के शिकार थे। या उनके जीवन की विकट परिस्थितियों ने उनके व्यक्तित्व को लगभग नष्ट-भ्रष्ट का डाला था।

सच यह है कि अपना कान काट डालने और खुद को गोली मार लेने की घटनाओं के आधार पर वॉन गॉग की जो विक्षिप्त छवि आम तौर पर बना डाली गई, जिसकी काफी कुछ विह्वल अनुगूँजें श्रीकांत वर्मा के इस आलेख में भी दिखाई

देती हैं, वह बहुत सच नहीं है। तथ्य यह भी है कि उनके पत्र व्यवहार में मौजूद लगभग आठ सौ संदर्भ ऐसे हैं, जो वॉन गॉग के समकालीनों से लगातार अतीत के डेढ़ सौ से ज्यादा साहित्यकारों-लेखकों की रचनाओं से संबंधित हैं। यह उनके अध्ययन के आश्चर्यजनक दायरे और परिव्याप्ति की ओर संकेत करता है। इतना विशाल साहित्य का स्मृति-संदर्भ तो स्वयं ज्यादातर साहित्यकारों का भी नहीं होता। साहित्य को लेकर वॉन गॉग का यह जुनून उन्हें एक बार फिर कवियों-लेखकों के निकट लाएगा, यह तय है। जब वॉन गॉग ने अपने भाई थियो को पत्र में किताबों को लेकर अपनी 'विकट भूख' (कंज्यूमिंग पैशन) के बारे में लिखा था, तो वह बिल्कुल ठोस सच था। वे जीवन के लिए किताब को 'ब्रेड' (रोटी) से भी ज्यादा जरूरी मानते थे।

अपनी बहन विलेमिना को लिखे पत्रों में भी उन्होंने विडंबनाओं और फैंटेसी से भरे साहित्य के प्रति अपने लगाव के बारे में कई बार लिखा था। इन पत्रों में वाल्तेयर के प्रति उनका प्रेम तो खैर प्रगट होता ही है, कई ऐसे उद्धरण भी वे इन पत्रों में देते हैं, जो उनकी प्रतिभा तो प्रमाणित करते ही हैं, इनसे यह भी पता चलता है कि ऐसे उद्धरण वही दे सकता है जिसने उद्धृत लेखक को गहराई से पढ़ा है। उदाहरण के लिए एक यही उद्धरण देखिए : 'आदमी चूंकि भेड़िए के रूप में इस धरती पर नहीं आया था, इसीलिए उसने प्रकृति का रूपांतरण किया। लेकिन ऐसा करते-करते वह अनजाने खुद भेड़िए में बदल गया। ईश्वर ने उसे नोट और बंदूक (पाउंड एंड बायनट) देकर तो संसार में नहीं भेजा था, लेकिन उसने इनका आविष्कार किया और एक-दूसरे का संहार करने लगा।'

समकालीन कला के फरवरी-मई 2003 के अंक में 'धरोहर' स्तंभ के अंतर्गत श्रीकांत वर्मा का तीस वर्ष पहले लिखा गया यह लेख अवश्य पढ़ा जाना चाहिए। इसी अंक में भूपेन खक्खर पर प्रयाग शुक्ल का आलेख भी महत्त्वपूर्ण है और संयोग से वॉन गॉग और भूपेन खक्खर, दोनों के चित्रों में जो आम लोगों के रोजमर्रा जीवन की छवियाँ हैं, वे किसी भी बड़े कलाकार के मूल सरोकारों को एक ही धरातल पर लाकर जोड़ती हैं। वॉन गॉग के 'पोटेटो ईटर्स' और भूपेन खक्खर के 'जनता वाच रिपेयरिंग' के बीच भले स्थान और काल का बहुत बड़ा अंतराल हो, दोनों के बीच आम मनुष्य के जीवन को लेकर चिंता और सरोकार का गहरा अंतःसंबंध है। इन दोनों आलेखों से यह भी लगता है कि कला समीक्षा और किसी भी कला-पत्रिका को उन लोगों से भरसक बचाया जाना चाहिए, जो पूरी तरह से सिर्फ और मात्र कला समीक्षक हैं। ऐसा करना पत्रिका के दायरे को परिसीमित करना और कला को उसके अन्य परिसंदर्भों से काटने का काम होगा।

लेकिन यह विचित्र है—और निश्चित ही यह प्रूफ की गलती नहीं है—कि फरवरी-मई 2003 का अंक फरवरी-मई 2004 में छप कर सामने आया हैं ललित

कला अकादेमी को इस महत्त्वपूर्ण पत्रिका के प्रकाशन को नियमित करना चाहिए और अगर भविष्य के किसी अंक में वॉन गॉग की याद फिर आए तो उनकी अब तक की बनी-बनाई छवि को बदल डालने वाली, तीन शोधकर्ताओं द्वारा लिखी गई किताब 'विंसेंट्स च्वायस' के अंश या उसकी समीक्षा भी छापनी चाहिए। कला की इस चौमासा को हर तीसरे महीने प्रकाशित करना चाहिए।

(जनसत्ता : 16 मई 2004)

चौंतीस साल पहले देखा गया 1984 क्या अभी भी चौंतीस साल दूर है?

इस बार 1 जनवरी को अपनी आदत के मुताबिक दिल्ली दूरदर्शन ने सुबह अपनी शृंखला स्टार ट्रेक दिखलायी। इस बार इस शृंखला के एक दृश्य में एक पात्र पागलपन, निराशा और अथाह यंत्रणा में छटपटाता हुआ डाक्टरों से प्रार्थना करता है कि उसे जहर का इंजेक्शन दे दिया जाए, क्योंकि वह एक क्षण भी जिंदा नहीं रहना चाहता। वह अपने आपको 'टाइम ट्रेवलर' (कालयात्री) कहता है। फिल्म में हुआ यह है कि यह कालयात्री समय की यात्रा करते हुए मनुष्य के भविष्य तक को देख आया है और उसके भयावह आतंककारी साक्षात्कार के बाद उसमें अब इतना माद्दा बाकी नहीं है कि वह जिंदा रहने की बात सोचे। 'स्टार ट्रेक' संयोग से उसी निर्देशक की फिल्म है जिसने अभी कुछ दिनों पहले दि डे आफ्टर फिल्म बनायी थी, जिसके पश्चिमी टेलीविजन में प्रदर्शन को लेकर एक लंबा विवाद और हंगामा हुआ था। यह हंगामा इस कदर प्रभावशाली था कि फिल्म के फौरन बाद अमेरिकी राष्ट्रपति को टेलीविजन में यह कहते हुए दिखाया गया कि 'हम परमाणु अस्त्रों की होड़ के खिलाफ हैं।' 'दि डे आफ्टर' न्यूट्रान के विस्फोट से हुए संसार के महाविनाश की कल्पना को पेश करता है।

जार्ज आर्वेल का उपन्यास '1984' भी कुछ अर्थों में मानव विरोधी, अधिनायकवादी शक्तियों के गिरफ्त में लगातार फँसते और टूटते जाते मनुष्य के भविष्य को प्रस्तुत करता है। विंस्टन स्मिथ अंततः 'बिग ब्रदर' की तानाशाही के सामने हताश होकर समर्पण कर देता है और इस तरह नकारात्मक ताकतों के सामने मनुष्य की स्वतंत्रता हमेशा के लिए समाप्त हो जाती है। इसमें सिर्फ दोगले अर्थोंवाली भाषा 'न्यू स्पीक' ही नहीं है, एक दोगला, दोमुँह संसार भी है, जिसमें शांति मंत्रालय युद्ध का संचालन करता है, स्वतंत्रता दरअसल गुलामी है और मूढ़ता शक्तिशाली है। ओशीनिया की यह कल्पना 1984 के भावी मानव समाज का पूर्व चित्र है।

मनुष्य समाज के भावी स्वरूप की कल्पना समाजशास्त्रियों, लेखकों, चिंतकों ने हमेशा से की है। तुलसीदास के रामचरित मानस में भी कलियुग का पूर्व वर्णन है। लेकिन भावी समाज के बारे में ऐसी सभी पूर्व कल्पनाओं को, जिनमें सकारात्मक शक्तियों को विकसित होते हुए देखा गया है, एक मिनट में 'यूटोपिया' कहकर

खारिज कर दिया जाता रहा है। मार्क्स, गाँधी, सेंट साइमन, प्लेटो आदि का भावी समाज तो 'यूटोपिया' है क्योंकि उसमें शांति, व्यवस्था और हारमनी है। लेकिन आर्वेल, स्किनर, माल्थस, हक्सले, एल्विन टाफलर आदि की पूर्व कल्पनाएँ 'संभावनाएँ' हैं। क्योंकि इनमें आशंका, विध्वंस और विनाश है। शायद हम अपने भविष्य की आतंककारी, भयावह और नकारात्मक तस्वीर ही देखना अधिक पसंद करते हैं। आर्वेल के 1984 को जब दुबारा देखा जाए तो यह अहसास हो सकता है कि स्तालिन के काल के रूस और इस तरह से समूची दुनिया की जो कल्पना आर्वेल ने की थी वह ठीक उसी तरह घटित नहीं हुई। स्तालिन के बाद के रूसी साम्यवाद में उदारतावाद इस तरह पनपा कि खुद साम्यवादी खेमों में उसे 'संशोधनवादी' कहा गया। लगभग यही बात माओ त्से तुंग की मृत्यु के बाद चीन पर भी लागू होती है। इन देशों में स्तालिन की तरह 'बड़े भैया' का अवतरण दुबारा नहीं हुआ। दरअसल आर्वेल ने फ्रांको और हिटलर के फासीवाद के क्रूर यथार्थ को समाजवादी देशों के भविष्य के साथ नत्थी कर डाला था। आर्वेल ने ऐसा समाजवाद से अपने मोहभंग के कारण किया या शीतयुद्ध की राजनीति के चलते, यह विवाद का मुद्दा है। बल्कि कई मायनों में 1984 के शीतयुद्धीय इस्तेमाल के बावजूद यह उपन्यास आज समाजवादी देशों के यथार्थ से कम और पाकिस्तान, बांग्लादेश, चिली आदि उन देशों के यथार्थ से कहीं अधिक मेल खाता है, जहाँ किसी न किसी तरह की निरंकुश सत्ताएँ अस्तित्व में हैं। आर्वेल के 1984 पर जब बात चल रही थी तो एक मित्र ने एक बहुत महत्त्वपूर्ण बात कही—"देखा यह जाना चाहिए कि 1984 का तीसरी दुनिया और खास तौर पर हमारे अपने मुल्क की सच्चाई और उसके भविष्य के साथ कैसा रिश्ता है? जहाँ तक रही भयावह भविष्य से डरने की बात, तो वास्तविकता यह है कि हम भारतीयों को भविष्य से कहीं अधिक हमारा अतीत डरावना और आतंककारी लगता है, जहाँ विदेशी आक्रमण है, नरसंहार है, औपनिवेशिक गुलामी का लंबा अँधेरा है, रूढ़ियों और कुरीतियों का निर्मम साम्राज्य है, सामंती और महाजनी शोषण का दहला देने वाला इतिहास है। हमारे लिए 1984 से कहीं अधिक डरावने 1684 या 1584 हैं।" यह बात एक हद तक सही है कि दो-ढाई सौ साल की औपनिवेशिक गुलामी से संघर्ष करके आजाद होने वाले देशों का 1984 और पश्चिम के औद्योगिक देशों का 1984 निश्चित ही अलग-अलग अर्थ रखते हैं। जैसे इसी बात पर ध्यान दें कि जब 1948-49 में यह उपन्यास लिखा गया लगभग उसी वक्त हम ब्रिटिश गुलामी से मुक्त हुए। यानी एक ओर जब इंग्लैड का साम्राज्य विघटित हो रहा था, हिटलरकी जर्मनी के टुकड़े हो चुके थे ठीक उसी वक्त हमारी आँखों के सामने पुनर्निर्माण, स्वतंत्र भविष्य के नए स्वप्न थे। हमारे लिए 1984 का अर्थ 1948 में बिल्कुल भिन्न था। और इसी फर्क को ध्यान में रख कर आर्वेल का 1984 फिर से पढ़ा जाना चाहिए।

(दिनमान : 8-14 जनवरी 1984)

फिल्म अब भी संभावना है

किसी भी हिंदी फिल्म के प्रीमियर शो के समय यह एक असाधारण दृश्य है कि उसमें लेखक, रंगकर्मी, समाजशास्त्री, नृतत्त्वशास्त्री, इतिहासकार, पत्रकार भी साधारण दर्शकों के बीच उपस्थित हों और उत्सुकता के साथ फिल्म देख रहे हों। बॉलीवुड के जिस सिनेमा को अर्सा पहले से विसंस्कृति या अपसंस्कृति का सबसे प्रभावशाली औजार मान लिया गया हो, वह किसी सांस्कृतिक या वैचारिक बहस को उत्तेजित कर सके, इसकी उम्मीद ही नहीं बाँधी जा सकती । दूसरी ओर फिल्म वित्त निगम के अनुदान की बैसाखी के सहारे बनी जिस उच्च भ्रू कला सिनेमा की ओर वर्षों उम्मीदें बाँधी गयीं, वह कला सिनेमा कुछ स्वघोषित 'महान फिल्मकारों' या 'महान समीक्षकों' की मीडियाकर और अल्पविकसित नस्ल पैदा कर के रह गया।

लेकिन 8 जनवरी को महाश्वेता देवी के उपन्यास 'हजार चौरासी की माँ' पर आधारित, इसी शीर्षक से बनी गोविंद निहलानी की फिल्म के पहले प्रदर्शन के मौके पर उपस्थित दर्शकों को देखकर ऐसा लगता था जैसे हम पचास-साठ के दशक के उस समय में पहुँच गए हैं जब व्ही. शांताराम, विमल राय, गुरुदत्त या राजकपूर की फिल्मों के प्रीमियर शो हुआ करते थे। हालांकि गोविंद निहलानी उस समय गुरुदत्त के कैमरा मैन वी.के. मूर्ति के युवा सहायक थे, लेकिन तब उन्हें इसका अंदाजा शायद नहीं रहा होगा कि वे अपने भीतर छायाकार वी.के. मूर्ति की ही नहीं स्व. गुरुदत्त की विशेषताओं को भी आत्मसात् कर रहे हैं। 8 जनवरी को उनकी 'हजार चौरासी की माँ' के प्रीमियर पर गौजूद दर्शकों में से कुछ नाम यों हैं : केदारनाथ सिंह, राजेंद्र यादव, पी.सी. जोशी, जी.पी. देशपांडे, डॉ. कुमार सुरेश सिंह, रामगोपाल बजाज, अरविंद कुमार, दूधनाथ सिंह, अरविंद जैन आदि। यह सूची बहुत लंबी है। ये वे कुछ नाम हैं जिनसे हिंदी भाषी समुदाय की उत्तर भारतीय संस्कृति अपरिचित नहीं है। गोविंद निहलानी की सबसे बड़ी कामयाबी यही है कि उन्होंने न तो 'कला सिनेमा' के महानों की तरह महानगरों के अंग्रेजी भाषी 'एलीट' को ही अपना एक मात्र 'टारगेट आडिएंस' माना न

व्यावसायिक धारा के फिल्मकारों की तरह सिर्फ 'बॉक्स ऑफिस' पर ही अपनी आँखें गड़ाए रखीं। आक्रोश, आघात, अर्द्धसत्य, तमस जैसी अपनी कृतियों के साथ वे बार-बार हमारे समय के सामाजिक यथार्थ के साथ एक खुली, अंतर्भेदी और उद्वेलित करने वाली बहस में शरीक रहे। उनकी हर फिल्म ने एक बौद्धिक हलचल पैदा की।

1971 में 'गुड्डी' फिल्म के जरिए भोपाल के पत्रकार तरुण भादुड़ी की लड़की जया भादुड़ी ने जब फिल्म में प्रवेश किया था, उस समय दर्शकों को लगा था कि अब हिंदी की मसाला फिल्मों को 'लोलिता' का नया सेक्स सिंबल मिल गया है। आज लगभग सत्ताईस साल बाद उसी 'लोलिता' को 'हजार चौरासी की माँ' के रूप में देखना किसी प्रतीक के रूपांतरण की रोमांचक घटना है। कुछ-कुछ वैसा ही जैसा 'आवारा' की नर्गिस को 'मदर इंडिया' की भूमिका में देखना। यह भी एक संयोग ही है कि व्लादीमीर नाबोकाब के उपन्यास 'लोलिता' पर बनी हालीवुड की फिल्म भी इसी साल प्रदर्शित हो रही है। 'गुड्डी' की अभिनेत्री जया बच्चन का 'हजार चौरासी की माँ' की छवि में रूपांतरण एक मायने में रूसी उपन्यासकार ब्लादीमीर नबोकोब की 'लोलिता' का दूसरे रूसी उपन्यासकार मैक्सिम गोर्की की 'मदर' में रूपांतरण की घटना है और यह कोशिश गोविंद निहलानी की है।

यह फिल्म 1967-70 के दशक में बंगाल और देश के पूर्वी राज्यों में फैलते नक्सलबाड़ी आंदोलन को अपनी कथा का आधार बनाती है। स्वतंत्रता के बाद, अगर आंध्रप्रदेश के तेलंगाना आंदोलन को छोड़ दें, तो यह व्यवस्था के विरुद्ध पहला बड़ा सशस्त्र आंदोलन था। व्रती चटर्जी एक ऐसा ही नौजवान है, जो सशस्त्र क्रांति के सपने देखता है और अपने साथियों के साथ मारा जाता है। पुलिस और अपराधी तंत्र, उसके सपनों की सशरीर हत्या कर देते हैं। गोविंद निहलानी की फिल्म उसी व्रती चर्टी की माँ के माध्यम से उस हत्या की मार्मिक मानवीय अनुगूँजों को प्रकट करने का प्रयास करती है। इस तरह गोबिंद निहलानी की फिल्म 'हजार चौरासी की माँ' नक्सलबाड़ी आंदोलन के इतिहास की 'पोस्ट स्क्रिप्ट' या उत्तर-कथा है। यह उन अबोध, रोमैंटिक, प्रतिभाशाली और आदर्शवादी नौजवानों की त्रासदी की उत्तर-कथा है, जो अपनी हिंसा और हथियार के साथ उस अत्यंत शक्तिशाली हिंसक और सशक्त व्यवस्था से टकरा गए, जिसका वही अंत होना था। एक पूर्व घोषित हत्या का वृत्तांत। क्रॉनिकल ऑफ ए डेथ फोर टोल्ड। पिछले 4-5 दशकों का इतिहास यह बार-बार प्रमाणित करता रहा है कि राज्य और पूंजी दोनों के पास हिंसा की अपरिमित शक्ति है और उसके विरुद्ध व्रती चटर्जी जैसे नौजवानों की मासूम और कोशिशों का हर बार अंत यही हुआ है। गुलजार ने 'माचिस' जैसी फिल्म बना कर पंजाब के नौजवानों की ऐसी ही त्रासदी को प्रकट किया था। वह फिल्म भी उन स्वप्नदर्शी रूमानी नौजवानों

के प्रति हमारी मानवीय करुणा और वात्सल्य को उद्‌बुद्ध करती थी। कोस्तागावरास की मशहूर फिल्म 'मिसिंग' भी ऐसे माता-पिता की व्यथा की फिल्म है, जिनका बेटा खो गया है। बलिक 'खो' नहीं गया है, हिंसा के सबसे बड़े और वैधानिक संस्थागत ढाँचे ने, जिसे राज्य या व्यवस्था कहते हैं, उसका 'गायब' कर दिया है।

यह राहत की बात है कि गोविंद निहलानी अपनी फिल्म में अपनी दृष्टि 'हजार चौरासी की माँ' पर ही केंद्रित रखते हैं। अगर यह फिल्म व्रती चटर्जी या उसके किसी साथी पर केन्द्रित होती तो साधारण दर्शकों की रुचि के लायक कुछ न बचता। वैसे भी, इस प्रदर्शन के दौरान मध्यांतर में हाल की आधी सीटें खाली हो गई थी। महत्त्वपूर्ण तथ्य यह है कि सीटें छोड़कर जाने वाले लोगों में ज्यादातर हिस्सा राजधानी के नौजवान वर्ग का था। नक्सलबाड़ी आंदोलन की त्रासदी या उसकी परिणतियों के साथ उसका कोई रिश्ता नहीं बनता। यह पीढ़ी अस्सी-नब्बे के दशक की पीढ़ी है। यह यथार्थ एक नया यथार्थ है। इसमें उस गोपी बल्लभपुर की कोई स्मृति नहीं है जहाँ 1967 में नक्सबाड़ी आंदोलन का सपना देखा गया। दिल्ली एक दूसरा देश है। यहाँ बथानी टरोला की घटना पर बनी कोई महान फिल्म भी एक सिहरन पैदा नहीं कर सकती। यहाँ का नायक व्रती चटर्जी नहीं हो सकता। यहाँ का दर्शक जावेद, जाफरी या रुबी भाटिया को देखना पसंद करता है। वह फिल्म में फालतू का झंझट नहीं चाहता। वह मजा चाहता है। गोविंद निहलानी ने शायद ध्यान दिया हो, फिल्म के बाद सबसे ज्यादा ऑटोग्राफ उस अभिनेता से लिए जा रहे थे, जिसने पुलिस अफसर का ठंडा और क्रूर लेकिन प्रभावशाली रोल किया था। क्योंकि दिल्ली या किसी भी महानगर के खाते-पीते, शांत-सुखी मध्यवर्गीय नागरिक परिवार के लिए वह पुलिस अफसर एक अभिभावक की तरह है, जो समाज में हिंसा के जरिए किसी भी तरह की नागरिक असुरक्षा या गड़बड़ी पैदा करने वाले नौजवानों को ठिकाने लगाता है। यहाँ यह बहस बेमानी है कि वे नौजवान क्रांति का सपना देखते हैं, या खालिस्तान, कश्मीर या बोड़ो लैंड का।

वसंत विहार के प्रिया सिनेमा हाल में दर्शकों ने उस समय सबसे ज्यादा तालियां बजाईं जब व्रती चटर्जी के दोस्त नीतू की हत्या करके भाग रहे दो में से एक हत्यारे को हजार चौरासी की माँ' ने पकड़ लिया और उसकी टाँगों को तब तक नहीं छोड़ा जब तक वहाँ भीड़ नहीं जुट गई और उन हत्यारों को पकड़ नहीं लिया गया। ये तालियाँ उन दर्शकों ने बजाई थीं जो वसंतकुंज, हौजखास, लाजपत नगर या किसी भी नागरिक आवास कॉलोनी से वारदात या हत्या करके भाग जाने वाले अपराधी को पकड़ाकर एक निरापद और शांत नागरिक जीवन की आकांक्षा रखते हैं। और यह आकांक्षा हिंसाओं के तमाम रूपों से उत्पीड़ित और त्रस्त लोगों की सम्भवतः स्वाभाविक आकांक्षा है।

जब 70 के दशक में महाश्वेता देवी का उपन्यास 'हजार चौरासी की माँ' छप कर आया था, तब उसके प्रति दिल्ली की ही युवा पीढ़ी में अपार उत्सुकता थी। हाथोंहाथ उस उपन्यास की प्रतियाँ बिकीं। उस पर बहसें हुईं। अब 1998 के प्रारम्भ में गोबिंद निहलानी जैसे समर्थ और प्रतिभाशाली फिल्मकार उस उपन्यास पर इतनी साफ-सुथरी फिल्म लेकर हाजिर हैं और फिल्म कोई बड़ी वैचारिक उत्तेजना पैदा कर पाने में अगर असफल रह जाती है, तो मुख्य वजह शायद यही होगी कि इस बीच गंगा और वोल्गा में बहुत पानी वह चुका है। पिछली कई चीजें इतिहास और विस्मरण के अँधेरे में खोती जा रही हैं। कई भग्न स्वप्नों की त्रासदियाँ अब विस्मरण के कोहरे में ढँकती जा रही हैं।

लेकिन कहा यह भी जाता है कि सभी कलाएँ, महाकाव्य और फिल्म यथार्थ में अधूरे रह गए स्वप्नों को, स्वप्न में पूरा करने का काम करती हैं। विस्मरण में खोई चीजों को दुबारा स्मृति में लौटाती हैं। अगर ऐसा ही काम गोविंद निहलानी करना चाहते हैं तो उन्हें निश्चित ही अपने फिल्मों की भाषा और उसकी संरचना बदलने की ज़रूरत है।

ये काम इस तरह से नहीं होगा। क्योंकि व्यवस्था में परिवर्तन भी उस तरीके से नहीं होगा, जिस तरीके का इस्तेमाल अभागे व्रती चटर्जी ने किया था।

क्या भारत को आजादी गाँधी-नेहरू ने नहीं माउंटबेटन ने दिलाई?

हम आखिर 15 अगस्त को ही क्यों आजाद हुए, 17 सितंबर या 28 अप्रैल को क्यों नहीं? यह सवाल पूछा जाए तो कोई समझदार भारतीय यही जबाव देगा कि 'क्योंकि इसी दिन अंग्रेजों नेभारत की सत्ता यहाँ की राष्ट्रीय सरकार को सौंपी।' आज सवाल फिर अपनी जगह होगा : 'आाखिर 15 अगस्त को ही क्यों?'

ऐसा सवाल एक व्यर्थ का कुतर्क लग सकता है और कोई भी व्यक्ति ऐसे ऊल-जलूल सवालों का जवाब देने से इनकार कर सकता है। लेकिन इस सवाल का जवाब देती है बी.बी.सी. के लिए 6 खंडों में बन रही टी.वी. फिल्म 'माउंटबेटन : दि लास्ट वायसराय।' फिल्म का जवाब यह है कि कभी-कभी लार्ड माउंटबेटन पत्रकारों के सवालों से झुंझलाकर कुछ भी बक दिया करते थे। एक बार जब भारतीय पत्रकारों ने उनसे कई पूछा कि 'भारत को आजादी कब मिलेगी? आप ठीक-ठीक बताइए।' तो उन्होंने आँखें मूँदी और कुछ पल चुप रहने के बाद कहा—'15 अगस्त 1947 को।'

माउंटबेटन के आसपास खड़े सारे ब्रिटिश उच्चाधिकारी और वायसराय के प्रचार तथा जनसंपर्क अधिकारी एलेन कैंपबेल जानसन उनकी बात सुनकर चौंक जाते हैं। श्रीमती माउंटबेटन यानी एडविना भी भौंचक्की होकर माउंटबेटन से पूछती हैं : 'डिकी, ऐसा फैसला ब्रिटिश सरकार ने कब लिया?'

'माउंटबेटन का उत्तर था : 'यह 15 अगस्त की तारीख मेरे दिमाग की सनक है। कभी-कभी अपने भीतर से आने वाली ऐसी आवाज का यकीन किया करता हूँ।'

अब आप सोचिए अपने इतिहास की जिस तारीख को हम एक राष्ट्रीय पर्व की तरह अपनी समूची भावना और उत्साह के साथ मनाते हैं, जो तारीख हमारे शरीर की सारी नसों को एक जोशीली उत्तेजना में झनझना देती है, जो तारीख हमारी लंबी गुलामी के खात्मे और स्वतंत्रता की नई सुबह की महान ऐतिहासिक तारीख है, वही तारीख अगर एक अंग्रेज वायसराय की दिमागी सनक की एक नुमाइश साबित हो जाए तो गर्व करने के लिए हमारे पास रह क्या जाता है?

यही है वह मूल अंग्रेज दृष्टि, जिससे भारतीय इतिहास को देखने की कोशिश बार-बार की जाती रही है। हेनरी मिलर के उपन्यासों में जिन्होंने भारतीय पात्रों को देखा है, वे इस दृष्टि से अच्छी तरह से परिचित हैं। लेपिएर और कालिंस भी 'फ्रीडम एट मिडनाइट' में भारतीय राष्ट्रीय नेताओं के चरित्र चित्रण में कई बार अपनी इसी 'खूबी' का परिचय देते हैं। सलमान रुश्दी बनाम श्रीमती...विवाद तो कुछ सप्ताह पहले चर्चित हो ही चुका है। पिछले दिनों नेताजी सुभाषचंद्र बोस परली बनने वाली कनाडा टेलीविजन आफ दि स्प्रिंगिंग टाइगर फिल्म के बारे में भी विवाद उठा था, जिसमें सुभाष बोस को एक भावुक, उन्मादी और राजनीतिक भ्रष्ट से एक मसखरे व्यक्ति के रूप में पेश करने की कोशिश की गई थी।

पश्चिमी यूरोप और इंग्लैंड में फिल्म और कितबों का जो बाजार है, उसमें सबसे ज्यादा बिकाऊ चीजें हैं—शांति, अंहिसा और ब्रिटिश राज पुराने का यशोगान। इसी बाजार के चलते एटनबरों की फिल्म 'गाँधी' में वहाँ धूम मचाई। हिंसा, परमाणु जखीरों और मिसाइली अड्डों की बुर्ज पर बैठे यूरोप के लिए महात्मा गाँधी का समूचा व्यक्तित्व और उनका संदेश साफ शीतल बयार या 'ट्रैंक्विलाइजर' की तरह उन्होंने 'गाँधी' फिल्म को अपने भय से भक्ति के लिए, अपनी जरूरतों के लिए बनाया और इधर हम कृतार्थ हैं कि जिन भारतीयों में लार्ड साल्सवरी ने ब्रिटेन की संसद में 'काले कलूटे काहिल' कहा था, वहीं इंग्लैंड आज गाँधी गाँधी करता हुआ एक भारतीय व्यक्तित्व का जाप कर रहा है उसी गाँधी को ढेरों अकादेमी और ऑस्कर अवार्ड मिल रहे हैं।

एल्विन टाफलर की चर्चित किताब 'फ्यूचर शॉक' जिन्होंने देख रखी हो, वे मानेंगे कि यूरोप और अमेरिका के लिए जो सबसे डरावनी चीज है, वह उसका भविष्य। आरवेल का '1984' उपन्यास भी एक ऐसे ही डरावने और मनुष्य विरोधी भविष्य की पूर्व कल्पना थी, साइंस फिक्शन के आधार पर बनने वाली तमाम फिल्में, जिनमें मशहूर 'दि डे ऑफ्टर' भी शामिल है, आणविक विनाश के बाद संसार की भयावह परिकल्पना से प्रेरित हैं। जो समुदाय अपने भविष्य से डरता है, वह अपने अतीत की गोद में जाता है, जिसको ब्रिटिश राज नास्टेल्जिया कहा जाता है वह इसी अतीत मोह का परिणाम है।

'दिनमान' में कुछ अंक पहले प्रख्यात अंग्रेजी उपन्यासकार सलमान रुश्दी का एक लेख प्रकाशित हुआ था जिसमें उन्होंने लिखा था : 'चाहे आप टेलीविजन का स्विच खोलिए या सिनेमा हाल में जाइए, चाहे किसी किताब की दूकान में घुस जाइए, लगभग साढ़े तीन दशक तक गायब रहने के बाद अब 'ब्रिटिश राज' आपकों हर जगह वापस लौटता दिखाई देगा।'

यह इसी 'ब्रिटिश राज की वापसी' का नतीजा है कि 'गाँधी', 'आक्टोपसी'

जैसी बड़ी बजट की फिल्मों के अलावा 'दि फार पेवेलियंस' और 'जेवेल इन दि क्राउन' जैसी टीवी श्रृंखलाएँ वहाँ अकूत मुनाफा बटोर रही हैं। ये ऐसी फिल्में हैं जिनमें अक्सर भारतीय अभिनेताओं को खलनायक की भूमिका दी जाती रही है। 'हीट एंड डस्ट' में एक कुटिल और चालाक राजकुमार की भूमिका शशिकपूर ने निभाई, सईद जाफरी 'गाँधी' और 'जेवेल इन दि क्राउन' में 'खलनायक' बने तो अब इस नई टी.वी. फिल्म 'माउंटबेटन : दि लास्ट वायसराय' में ए.के. हंगल सरदार पटेल की भूमिका निभा रहे हैं, जो कि इस फिल्म के अनुसार जिन्ना के अलावा दूसरे खलनायक हैं। डेविड लीन का यह कहना अपनी जगह बिल्कुल सही है कि 'अभी तक कोई भी फिल्म निर्माता भारत की सही तस्वीर पर्दे पर उतारने में सफल नहीं हुआ है।'

सबसे महत्त्वपूर्ण और दिलचस्प तथ्य यह है कि जब 'गाँधी' फिल्म की शूटिंग दिल्ली में हो रही थी तो उसके राष्ट्रपति भवन में किसी भी दृश्य को फिल्माने की इजाजत नहीं दी गई थी। जब कि इस नई टी.वी. फिल्म माउंटबेटन : दि लास्ट वायसराय' को न सिर्फ राष्ट्रपति भवन के दरबार हाल में शूटिंग की अनुमति दी गई बल्कि राष्ट्रपति ज्ञानी जैल सिंह ने इस फिल्म के सभी अभिनेताओं और निर्माता-निर्देशकों का स्वागत भी किया। कहा जाता है कि इस फिल्म की पूरी पटकथा को भारतीय विदेश विभाग के अधिकारियों ने अच्छी तरह से जाँच-परख लिया है और उसमें ऐसा कुछ भी नहीं है जिससे कहीं भारतीय गरिमा पर धब्बा लगता हो। वह माना जाता है कि इस फिल्म में भारतीय स्वतंत्रता के प्रति एक सहानुभूतिपूर्ण दृष्टिकोण अपनाया गया है।

अभी तक अंग्रेजों ने भारतीय इतिहास पर जितनी भी फिल्में बनाई हैं उसके बारे में एडवर्ड ने अपनी महत्त्वपूर्ण किताब 'ओरिएंटलिज्म' में लिखा है कि, 'भारतीय व्यक्तित्वों का ऐसा चित्रण, साम्राज्यवाद को नैतिक, सांस्कृतिक और कलात्मक समर्थन देने के लिए हुआ है।' लगातार यह कोशिश की जाती रही है कि ब्रिटिश सभ्यता को एशियाई या पूर्वी सभ्यता से हर हालत में श्रेष्ठ साबित किया जाए। अगर कोई अंग्रेज-लेखक ऐसा नहीं करता और गुलाम देशों में अंग्रेज हुक्मरानों के दूसरे चेहरे को पेश करता है तो उसे 'अंग्रेजविरोधी' घोषित करने में देर नहीं लगाई जाती।

मध्यप्रदेश के एक छोटे से शहर देवास में अपना बचपन गुजारने वाले प्रख्यात उपन्यासकार ई.एम. फार्स्टर ने 'ए पैसेज टु इंडिया' में जरा सहानुभूति से लिखा तो उनके बारे में नए फिल्म निर्देशक डेविड लीन का कहना है, 'फार्स्टर 'राज विरोधी' और अंग्रेज विरोधी थे। मैं नहीं मानता कि सारे अंग्रेज ऐसे ईडियट रहे हैं जैसा फार्स्टर ने उन्हें बना डाला है। फिल्म के प्रोड्यूसर रिचर्ड गुडविन ने मुझसे कहा

कि मैं अंग्रेजी को फिल्म में वैसा ही रहने दूँ तो मैंने साफ जवाब दिया, मैं ऐसा कतई नहीं कर सकता!'

अंग्रेज अफसरों और प्रशासकों को विरूपित करने से साफ इनकार करने वाले इन फिल्मकारों ने यही जागरूकता भारतीय चरित्रों के प्रति क्यों नहीं दिखाई? यह एक ऐसा सवाल है जिसका जवाब नस्लवाद के अलावा किसी दूसरी विचारधारा के पास नहीं है।

'माउंटबेटन : दि लास्ट वायसराय' में सरदार पटेल, मोहम्मद अली जिन्ना भारतीय नेताओं—राजे-रजवाड़ों और वायसराय हाउस में काम करने वाले भारतीय कर्मचारियों को जिस रूप में पेश किया गया है उसे देखकर कोई भी पूछ सकता है कि आखिर इस फिल्म को राष्ट्रपति भवन में शूटिंग करने की अनुमति क्यों दी गई और अगर दी गई तो इसके पहले यह विशेषाधिकार एटनबरो की कहीं अच्छी फिल्म 'गाँधी' को क्यों नहीं मिला था? राष्ट्रपति ने इस फिल्म के दल के सदस्यों का स्वागत तो किया ही, भारतीय जल, थल और वायु सेना के अपने कुशल और खूबसूरत अफसरों की सेवाएँ भी उनको प्रदान कीं। एक पत्रकार की टिप्पणी थी कि 'लगता था जैसे यह फिल्म कोई विदेशी संस्था नहीं, भारतीय रक्षा मंत्रालय बना रहा है।' राष्ट्रपति भवन भी अब आजादी के 38 सालों बाद इतना बदल चुका है कि 'वायसराय हाउस' के रूप में उसको दिखाए जाने के लिए फिल्मकारों को काफी मेहनत करनी पड़ी। फर्नीचर को नए सिरे से लगाया गया, दीवारों पर 19वीं शताब्दी के प्रख्यात अंग्रेज चित्रकारों की बड़ी-बड़ी पेंटिंग्स टाँगी गईं, ब्रिटिश झाड़-फानूस और गुलदस्ते लगाए गए।

'माउंटबेटन : दि लास्ट वायसराय' फिल्म की निर्माता ज्यूडिथ दि पाल एक ऑपेरा की भूतपूर्व मालकिन रह चुकी हैं और उनके सहयोगी श्री वाकर एक भूतपूर्व घूँसेबाज। इस फिल्म में गाँधी की भूमिका लंदनवासी भारतीय मूल के अभिनेता सैम डैस्टर निभा रहे हैं। संयोग से डैस्टर का जन्म दिन 2 अक्तूबर को ही पड़ता है जिस दिन गाँधी पैदा हुए थे। सैम डैस्टर का कहना है कि एटनबरो की फिल्म में भी उन्हें गाँधी की भूमिका मिल सकती थी लेकिन वे 'लेटलतीफ' निकले, फलतः यह सम्मान बेन किंग्सले को मिला। सरदार पटेल की भूमिका में हैं भारतीय अभिनेता ए.के. हंगल और नायक (माउंटबेटन) के रूप में हैं निकोल विलियम्सन। एडविना का अभिनय कर रही हैं जैनेट सूजमैन और नेहरू के रूप में इयान रिचर्डसन।

इयान रिचर्डसन इतने ज्यादा नेहरू से मिलते-जुलते हैं कि प्रख्यात अंग्रेजी समीक्षक अमिता मलिक ने उनके 'मेकअप मैन' को शाबाशी दी है। अमिता जी ने '1947 में इंडिया गेट पर नेहरू को काफी नजदीक से तिरंगा झंडा फहराते हुए

देखा था और उनका मानना था कि रिचर्डसन की शक्ल तो शक्ल, उनकी त्वचा का रंग भी हू-ब-हू नेहरू के रंग से मेल खाता है।'

इस फिल्म के पहले खंड की शुरुआत ही कलकत्ता में हिंदू-मुस्लिम दंगे से होती है। हिंदुओं के एक निरीह और भयभीत समूह को दंगाई मुसलमान हलाक कर रहे हैं 'लड़के लेंगे पाकिस्तान, पाकिस्तान जिंदाबाद,' के नारे उछल रहे हैं और कुछ अंग्रेज अधिकारी गमगीन होकर उस हालत पर बातचीत कर रहे हैं। पूरा पंजाब, बंगाल तथा पश्चिम के सरहदी इलाके खून खराबे में डूबे हुए हैं। इंग्लैंड के तत्कालीन लेबर दल के प्रधानमंत्री लाड एटली अपने 'समाजवादी रुझानों' के कारण भारत को फौरन आजादी देना चाहते हैं। राजा किंग जार्ज भी यही चाहते हैं, लेकिन अंग्रेजों की कुल चिंता यही है कि अपने इस 'बहुमूल्य हीरे' को इस हालत में कैसे छोड़ें? जहाँ कांग्रेस और मुस्लिम लीग यानी नेहरू-पटेल और जिन्ना-लियाकत के बीच के सत्ता-फसाद में पूरा हिंदुस्तान जल रहा है और देश को टुकड़े-टुकड़े होने से बचाने के लिए सिर्फ दो ही पक्ष चिंतित हैं, एक तरफ महात्मा गाँधी, जो उस दौर की राजनीति में 'अछूत' मान लिए गए हैं। दूसरी ओर वायसराय माउंटबेटन, एडविना, एटली आदि जो दुर्भाग्य से अंग्रेज हैं।

माउंटबेटन की माँ प्रिंसेज विक्टोरिया का कहना है : भारतीय नेता आज के माहौल में कोनों में दुबककर बैठ गए हैं। वे आजादी नहीं चाहते। माउंटबेटन भी भारत का वायसराय बनना इसी शर्त पर कबूल करते हैं कि प्रधानमंत्री एटली उसकी आजादी की तारीख पहले से ही मुकर्रर कर दें। जून 1948 को यह वक्त तय हो जाता है। अब यह माउंटबेटन के 'करिश्माती व्यक्तित्व' का कमाल है कि अंग्रेज हुकूमत ने जो वक्त पहले से तय किया था, उसके पहले ही उन्होंने भारत को आजादी दे दी। पूरे इंग्लैंड में एक ही व्यक्ति इस आजादी का विरोधी है, वे हैं भू.पू. कंजरवेटिव प्रधानमंत्री विंस्टन चर्चिल।

अमिता मलिक ने अंग्रेजी अखबार 'संडे आब्जर्वर' में सवाल उठाया है कि 'क्या कश्मीर को भारत में मिलाने का काम माउंटबेटन ने ही किया, जैसा कि यह फिल्म कहती है।' लेकिन सवाल और भी कई हैं, जो इससे भी महत्त्वपूर्ण हैं। जैसे : क्या भारत और पाकिस्तान के लिए डोमीनियन स्टेटस देने की बात भी माउंटबेटन की सूझ थी? या क्या यह सच नहीं है कि माउंटबेटन के भारत आने के 30 साल पहले 1916 में कांग्रेस के लखनऊ अधिवेशन में इसका प्रस्ताव पहले ही रखा जा चुका था? क्या कश्मीर ही नहीं, जूनागढ़, हैदराबाद और दूसरे देशी रियासतों को भारत में बनाए रखने में भी माउंटबेटन ने वैसी ही भूमिका निभाई जैसी इस फिल्म में दिखाई गई है? क्या जिन्ना की पृथक पाकिस्तान की माँग के माउंटबेटन भी 'उतने' ही विरोधी थे, जितने महात्मा गाँधी और नेहरू?

क्या माउंटबेटन ने ही पूर्वी और पश्चिमी पाकिस्तान को जोड़ने के लिए जिन्ना

की एक लंबे 'कारिडोर' की माँग को ठुकराया था (सरदार पटेल के कारण ऐसा नहीं हुआ था)? क्या माउंटबेटन के पहले जितने भी अंग्रेज वायसराय भारत आए उन्होंने भारतीय नेताओं और जनता से कसेई संपर्क ही नहीं रखा था और यह श्रेय सिर्फ माउंटबेटन को जाता है कि बिन बुलाए सपरिवार किसी भी कांग्रेसी नेता के घर पहुँच जाते थे, बलिक उन्होंने ही पहली बार वायसराय के कार्यालय में जनसंपर्क अधिकारी का पद निर्मितकिया? सवाल और भी हैं जो दूसरे स्तर के हैं, जैसे–क्या सरदार पटेल ऐसे ही अड़ियल और नेतृत्व के लोभी थे तथा जिन्ना ही नहीं, नेहरू और गाँधी के भी विरोधी थे? क्या एडविना और नेहरू के बीच वैसा ही रोमांटिक संबंध थे, जै सा इस फिल्म में दिखाया गया है? क्या अंतरिम सरकार की स्थापना वायसराय

लार्ड वेवेल की सदिच्छा से हुई थी? क्या नेहरू माउंटबेटन के भारत आने के पहले गाँधी के अनुयायी थे और उनके आने के बाद माउंटबेटन से सहमत होने लगे थे?

जाहिर है कि इन सारे सवालों को जाँचने के लिए ब्रिटिश हुकूमत के आखिरी सालों का सारा इतिहास दुहराना पड़ेगा, जिसकी गुंजाइश यहाँ नहीं है। लेकिन 'माउंटबेटन : दि लास्ट वायसराय' में सांप्रदायिक दंगों के लिए मुस्लिम लीग, जिन्ना, पटेल, राष्ट्रीय स्वयंसेवक संघ आदि को जिस तरह जिम्मेदार ठहराया गया है और अंग्रेजों को सांप्रदायिक सद्भावना का पक्षधर बताया गया है, उसकी असलियत तो मुरादाबाद के अंग्रेज कमांडेंट लेफ्टिनेंट कर्नल कोक के उस दस्तावेज को देखने से ही सामने आ जाती है जिसमें उन्होंने साफ लिखा था–'हमारी कोशिश यह होनी चाहिए कि हम पूरी ताकत से विभिन्न धर्मों और जातियों के बीच भेदभाव बना रहने दें। फूट डालो और राज करो ही भारतीय सरकार का सिद्धांत होना चाहिए।' गाँधी ने लिखा है कि कांग्रेस पार्टी के संस्थापक श्री ह्यूम ने उनसे स्पष्ट कहा था कि 'ब्रिटिश सरकार फूट डालो और राज करो की नीति पर दृढ़ है।' 1910 में जे.आर. मैकडोनल्ड ने 'दि अवेकनिंग ऑफ इंडिया' में लिखा था 'अंग्रेज अफसर शिमला और लंदन में बैठे-बैठे मुस्लिम नेताओं को नचा रहे हैं तथा हिंदू और मुसलमानों के बीच जानबूझकर मनमुटाव पैदा कर रहे हैं।'

यह फिल्म अंग्रेजों को 'अखंड भारत' और 'सांप्रदायिक सद्भावना' का पक्षधर सिद्ध कर रही है तो सवाल यही पूछा जा सकता है कि क्या 1857 के राष्ट्रीय क्रांति, 1929 के जलियांवाला बाग, 1946 के नौसेना विद्रोह को बड़ी निर्ममता से कुचल डालने वाली अंग्रेज सरकार क्या सचमुच 1947 में इतनी कमजोर हो गई थी कि वह 47 के दंगों के सामने परास्त हो गई और जिन्ना ने अपना पाकिस्तान बनाकर ही दम लिया? क्या यह सच नहीं है कि 1937 के चुनावों में जिन्ना की

इसी मुस्लिम लीग को मुसलमानों का सिर्फ 4.6 प्रतिशत मत मिला था फिर भी अंग्रेजों ने हमेशा उन्हें गाँधी के बराबर के पलड़े पर मुसलमानों के निर्विवाद नेता के रूप में रखा?

एक किताब अंग्रेज संस्कृति के भारतीय लाउडस्पीकर नीरद सी. चौधरी ने अंग्रेज वायसराय लार्ड क्लाइव के बारे में लिखी थी, जिसमें उन्होंने लार्ड क्लाइव को एक महान मानवतावादी मसीहा घोषित किया था। लेकिन इस छोटे से ऐतिहासिक तथ्य को वे छुपा ले गए थे कि उसी क्लाइव को एक मामूली ब्लेड से अपना गला काटकर आत्महत्या करनी पड़ी। डेविड बटलर के द्वारा माउंटबेटन के 'तमाम दस्तावेजों' को आधार बनाकर लिखी गई यह फिल्म भी ब्रिटेन के अंतिम वायसराय को इतना ज्यादा 'बड़ा' बनाती है कि उसके सामने गाँधी, नेहरू, पटेल आदि सारे भारतीय व्यक्तित्व बौने नजर आते हैं। और यह फिल्म जिन दो सबसे बड़ी ऐतिहासिक सच्चाइयों पर पर्दा डालती है वे यह हैं कि, दूसरे विश्वयुद्ध के बाद ब्रिटिश साम्राज्यवाद की आर्थिक दशा इतनी जर्जर हो चुकी थी कि इतने विशाल उपनिवेश-भारत का शासन संभालना उसके वश में नहीं रह गया था और दूसरा यह कि यहाँ का राष्ट्रीय स्वतंत्रता आंदोलन नेहरू, गाँधी और कांग्रेस पार्टी के नेतृत्व में इतना मजबूत और विकसित हो चुका था कि किसी भी वक्त 1857 का अधूरा काम पूरा किया जा सकता था। 1946 में नौसेना विद्रोह इसी का संकेत था।

गाँधी कितने भी अकेले हो गए हों, लेकिन भारतीय जनता पर उनका प्रभाव इतना कभी नहीं घटा था कि 'राष्ट्रीय स्वयंसेवक संघ और लीगी कार्यकर्ता उनके घर में घुसकर उत्पात मचाकर चले जाएँ, खिड़कियाँ तोड़ डालें और बापू अपने घर मेहमान के रूप में रुके सुहरावर्दी की रक्षा भी न कर सकें।' ऐसी घटना अगर घटी भी हो तो भी उसके जरिए बापू या नेहरू की राजनैतिक शक्ति की पैमाइश करना एक गलत कोशिश है।

दरअसल सलमान रुश्दी की इस बात में दम है कि–'अब ऐसा मौका आ गया है कि ब्रिटिश राज की नई वापसी के बारे में खुलकर बात की जानी चाहिए! टेलीविजन और फिल्मों के माध्यम से भारतीय इतिहास की जिस धारणा को फैलाया और प्रचारित किया जा रहा है उससे खुलकर और जमकर टक्कर ली जानी चाहिए। उनमें से एक सबसे महत्त्वपूर्ण धारणा यह है कि ब्रिटिश राज का अंत किसी क्लब में कुछ बूढ़े दोस्तों के बीच एक बड़े उदार और शालीन समझौते के कारण हुआ और ब्रिटिश साम्राज्य अपनी तमाम संकीर्णताओं, गड़बड़ियों और टुच्चेपन के बावजूद बुनियादी रूप में बहुत भव्य था और ब्रिटेन की 'महानता' और 'उच्चता' को प्रकट करता था।'

(दिनमान : 30 सितंबर-6 अक्तूबर 1984)